DIREITO PROCESSUAL CIVIL
VOL. I

FRANCISCO MANUEL LUCAS FERREIRA DE ALMEIDA
Juiz Conselheiro Jubilado do Supremo Tribunal de Justiça

DIREITO PROCESSUAL CIVIL
VOL. I

DIREITO PROCESSUAL CIVIL

AUTOR
FRANCISCO MANUEL LUCAS FERREIRA DE ALMEIDA

EDITOR
EDIÇÕES ALMEDINA, SA
Av. Fernão Magalhães, n.º 584, 5.º Andar
3000-174 Coimbra
Tel.: 239 851 904
Fax: 239 851 901
www.almedina.net
editora@almedina.net

PRÉ-IMPRESSÃO | IMPRESSÃO | ACABAMENTO
G.C. GRÁFICA DE COIMBRA, LDA.
Palheira – Assafarge
3001-453 Coimbra
producao@graficadecoimbra.pt

Fevereiro, 2010

DEPÓSITO LEGAL
306227/10

Os dados e as opiniões inseridos na presente publicação
são da exclusiva responsabilidade do(s) seu(s) autor(es).

Toda a reprodução desta obra, por fotocópia ou outro qualquer processo,
sem prévia autorização escrita do Editor,
é ilícita e passível de procedimento judicial contra o infractor.

Biblioteca Nacional de Portugal – Catalogação na Publicação

ALMEIDA, Fernando Manuel Lucas Ferreira de

Direito processual civi. -   v. – (Manuais
universitários)
1º v. :   p. - ISBN 978-972-40-4052-3

CDU   347

À memória de meus Pais

À Maria Teresa

Ao Francisco António e
Aos meus netos, Afonso Maria e
João Bernardo

PREFÁCIO

Versa esta edição sobre o *processo civil declarativo*. A abordagem analítica dos títulos executivos surge a título meramente relacional com a caracterização do processo executivo.

Constitui ela, na sua essência, um repositório sedimentado dos fascículos das Lições preleccionadas aos alunos do 3.º ano da Faculdade de Direito da Universidade Lusófona de Lisboa nos anos lectivos de 2005-2006 a 2008-2009. E que só agora se convertem em livro actualizado, na expectativa de que se siga uma razoável pausa na imensa torrente legislativa que vem submergindo o nosso direito processual. Basta atentar em que a Lei n.º 52/2008, de 28 de Agosto (Lei de Organização e Funcionamento dos Tribunais Judiciais) contempla, no seu seio, a 54.ª alteração ao Código de Processo Civil de 1961! – ainda hoje a sua codificação estruturante. Isto sem embargo das profundas alterações nele introduzidas pelas Reformas de 1967 e de 1995/1996, para além de diversas outra modificações avulsas subsequentes, entre as quais as atinentes às importantes matérias dos recursos, da acção executiva e do inventário, bem como às diversas formas de processamento e transmissão electrónica de dados, actos e factos com relevância processual.

Temos para nós que esta inestancável proliferação legislativa, extensiva, de resto, à legislação circum-processual e circum-judiciária, não raras vezes desgarrada e incoerente, redunda em manifesto prejuízo da celeridade e, consequentemente, da eficácia na defesa dos direitos, ao onerar os diversos actores e agentes forenses com redobrados e sucessivos esforços de adaptação e conformação. Mormente quando as novas soluções se encontram sistematicamente desinseridas dos Códigos em vigor.

Não obstante, e para além de um ou outro ponto específico, não nos moveu, como objectivo primeiro, um detalhado labor crítico da política legislativa que vem sendo seguida, antes privilegiámos a análise prática das soluções consagradas pelo direito positivo; por um lado, com o fim didático-propedêutico de propiciar aos estudantes uma melhor compreensão das instituições e dos institutos processuais; por outro, com o objectivo de facilitar aos diversos profissionais do foro a busca de soluções adequadas para as questões e problemas mais candentes do direito adjectivo.

Neste volume I, desdobrado em oito capítulos, para além do enquadramento histórico e jurídico-constitucional e da caracterização dos diversos meios processuais clássicos e alternativos, bem como dos procedimentos e da execução cautelar, são também tratados, com algum desenvolvimento e com reporte à doutrina e jurisprudência dominantes, os princípios gerais, os pressupostos processuais (com especial destaque para o da competência internacional), os actos processuais e as vicissitudes da instância.

Seguir-se-á um volume II, já em gestação, e que versará sobre as fases da acção declarativa comum, os recursos (breves referências) e o caso julgado, numa abordagem abrangente das instituições que enformam o actual direito processual civil português.

O nosso anseio é o de que a obra a que nos propusemos atinja os enunciados objectivos úteis.

Lisboa, Janeiro de 2010.

SIGLAS E ABREVIATURAS

ADSTA	– Acórdãos Doutrinais do Supremo Tribunal Administrativo
AC	– Autoridade da Concorrência
ADR	– Meios alternativos de resolução de litígios
AJ	– Actualidade Jurídica
AP-DR	– Apêndice ao Diário da República
AC UNIF	– Acórdão Uniformizador de Jurisprudência
BFD	– Boletim da Faculdade de Direito
BMJ	– Boletim do Ministério da Justiça
BOA	– Boletim da Ordem dos Advogados
CC	– Código Civil
CCom	– Código Comercial
CCP	– Código dos Contratos Públicos
CE	– Comunidade Europeia
CEHD	– Convenção Europeia dos Direitos do Homem
CIRE	– Código da Insolvência e da Recuperação de Empresas
CJ	– Colectânea de Jurisprudência (acórdãos das Relações)
CJSTJ	– Colectânea de Jurisprudência (acórdãos do STJ)
CN	– Código do Notariado
CP	– Código Penal
CPA	– Código do Procedimento Administrativo
CPC	– Código de Processo Civil
CPC 39	– Código de Processo Civil de 1939
CPC 61	– Código de Processo Civil de 1961
CPC 67	– Código de Processo Civil de 1967
CPC 95	– Código de Processo Civil de 1995
CPI	– Código da Propriedade Industrial
CPP	– Código de Processo Penal
CPT	– Código de Processo do Trabalho
CPTT	– Código Procedimento e de Processo Tributário
CPTA	– Código de Processo nos Tribunais Administrativos
CRC	– Código do Registo Civil

CRCom	– Código do Registo Comercial
CRP	– Constituição da República Portuguesa
CRPredial	– Código do Registo Predial
CSC	– Código das Sociedades Comerciais
DPC	– Direito Processual Civil
DR	– Diário da República
DHDH	– Declaração Universal dos Direitos do Homem
EMJ	– Estatuto dos Magistrados Judiciais
EMP	– Estatuto do Ministério Público
EOA	– Estatuto da Ordem dos Advogados
ER,S	– Entidades Reguladoras
ETAF	– Estatuto dos Tribunais Administrativos e Fiscais
ETIJ	– Estatuto do Tribunal Internacional de Justiça
ETJUE	– Estatuto do Tribunal de Justiça da União Europeia
FGA	– Fundo de Garantia Automóvel
FGADM	– Fundo de Garantia de Alimentos Devidos a Menores
LADT	– Lei de Acesso ao Direito e aos Tribunais
LAR	– Lei do Arrendamento Rural
LAV	– Lei da Arbitragem Voluntária
LCT	– Lei do Tribunal Constitucional
LEC	– Ley de Enjuiciamiento Civil (Espanha)
LF	– Lei Fundamental (CRP)
LOTJ	– Lei de Organização dos Tribunais Judiciais de 1987
LOFTJ/99	– Lei de Organização e Funcionamento dos Tribunais Judiciais de 1999
LOFTJ/2008	– Lei de Organização e Funcionamento dos Tribunais Judiciais de 2008
LULL	– Lei Uniforme sobre Cheques
LUCH	– Lei Uniforme sobre Letras e Livranças
NCPC	– Nouveau Code de Procédure Civile (França)
NRAU	– Novo Regime do Arrendamento Urbano
OA	– Ordem dos Advogados
OTM	– Organização Tutelar de Menores
RC	– Tribunal da Relação de Coimbra
RCP	– Regulamento das Custas Processuais
RCTFP	– Regime do Contrato de Trabalho em Funções Públicas
RAU	– Regime do Arrendamento Urbano de 1990
RE	– Tribunal da Relação de Évora
RG	– Tribunal da Relação de Guimarães
RL	– Tribunal da Relação de Lisboa
RLJ	– Revista de Legislação e de Jurisprudência

RLOFTJ	– Regulamento da Lei de Organização e Funcionamento dos Tribunais Judiciais
ROA	– Revista da Ordem dos Advogados
RDES	– Revista de Direito e Estudos Sociais
RP	– Tribunal da Relação do Porto
RPCOP	– Regime dos Procedimentos destinados a exigir o Cumprimento de Obrigações Pecuniárias emergentes de Contratos
STA	– Supremo Tribunal Administrativo
STA-PLENO	– Supremo Tribunal Administrativo – Tribunal Pleno
STJ	– Supremo Tribunal de Justiça
TC	– Tribunal Constitucional
TCE	– Tratado da Comunidade Europeia
TEDH	– Tribunal Europeu dos Direitos do Homem
TGUE	– Tribunal Geral da União Europeia
TIJ	– Tribunal Internacional de Justiça
TJUE	– Tribunal de Justiça da União Europeia
TFUE	– Tratado Sobre o Funcionamento da União Europeia
TUE	– Tratado da União Europeia
UC	– Unidade de conta
UE	– União Europeia
ZPO	– Zivilprozessordnung (Alemanha)

CAPÍTULO I

Acesso à justiça e aos tribunais.
Direito de acção e direito ao processo.
Conceito e natureza do direito processual civil.
Fontes e evolução histórica.

> SUMÁRIO: **1.** O acesso aos tribunais. Direito à tutela jurisdicional efectiva. Enquadramento jurídico-constitucional. O prazo razoável. **2.** Direito ao processo. Natureza jurídica do direito de acção. **3.** Conceito, natureza, autonomia e relevância do direito processual civil. **4.** Fontes e evolução histórica. **4.1.** Das raízes romanas. **4.2.** Evolução do direito processual civil português. **5.** Legislação complementar, circum-processual e circum-judiciária.

1. O acesso aos tribunais. Direito à tutela jurisdicional efectiva. Enquadramento jurídico-constitucional. O «prazo razoável».

O n.º 1 do art.º 20.º da Constituição da República Portuguesa (CRP) assegura a todos «o *acesso ao direito e aos tribunais* para defesa dos seus direitos e interesses legítimos, *não podendo a justiça ser denegada por insuficiência de meios económicos*». Por isso no n.º 2 do mesmo preceito reforça a possibilidade de exercitação desse direito – de resto integrado no elenco dos «*direitos fundamentais*» – com a concretização do *direito ao apoio judiciário*.

Consagra assim a Lei Fundamental (LF) um «*direito geral à protecção jurídica e judicial*[1], que a lei ordinária acolhe no n.º 1 do art.º 8.º

---

[1] Direito que, «pela sua essencialidade na garantia da cidadania», pode integrar-se no *"direito a um mínimo de existência condigna"* acolhido, por ex., no art.º 59.º, n.º 1,

da LOFTJ/2008[1], no qual se reproduz a estatuição do n.º 1 daquele art.º 20.º. Direito esse que encontra ainda tradução consequente no art.º 205.º da CRP, ao estabelecer, nos seus n.ºs 2 e 3, a obrigatoriedade (*vinculatividade*) e a *primariedade* das decisões dos tribunais relativamente a quaisquer entidades públicas e privadas, bem como ao impor e garantir a respectiva execução. No n.º 4, ainda desse art.º 20.º, institucionaliza-se o *direito* de todos a que uma causa em que intervenham seja objecto de *decisão em prazo razoável* e mediante um *processo equitativo*.

As normas constitucionais e infra-constitucionais relativas aos direitos fundamentais (nestes incluído o direito ao processo) devem, de resto, ser interpretadas e integradas de harmonia com a Declaração Universal dos Direitos do Homem – DUDH[2] (art.º 16.º, n.º 2, da CRP). Assim, através da integração com o art.º 10.º dessa Declaração, pode, desde logo, extrair-se do art.º 20.º da CRP, o *princípio da equidade*, nas suas vertentes da *contraditoriedade* e da *igualdade de armas*, bem como ainda o *«princípio do prazo razoável»*, este expressamente contemplado no art.º 6.º da Convenção Europeia dos Direitos do Homem (CHDH)[3]. Princípios estes a que devem ser associados os *da publicidade do processo* (art.º 206.º) e *da legalidade* e *da fundamentação* da *decisão* (art.ºs 203.º e 205.º, n.º 1), todos essas normas da CRP[4].

O *princípio da independência dos tribunais* é expressamente contemplado no art.º 203.º da Lei Fundamental (LF): «*os tribunais são independentes e apenas estão sujeitos à lei*». Do que emerge o chamado *princípio do juiz legal* ou *do juiz natural,* que se traduz essencialmente,

---

al. a), in fine, da CRP – cfr. VIEIRA DE ANDRADE, A Justiça Administrativa (Lições), 9.ª ed., Coimbra, Almedina, 2007, p. 160, nota 290.

[1] A actual Lei de Organização e Funcionamento dos Tribunais Judiciais foi aprovada pela Lei n.º 52/2008, de 28 de Agosto (LOFTJ/2008), para entrar em vigor em 1 de Janeiro de 2009 (nas comarcas-piloto a que se reporta o n.º 1 do respectivo art.º 171.º), passando a aplicar-se a todo o território nacional a partir de 1 de Setembro de 2010 – (cfr. o art.º 187.º respectivo). As comarcas piloto foram, entretanto, declaradas instaladas a partir de 14 de Abril de 2009 pelo art.º 49.º do Dec.-Lei n.º 25/2009, de 26 de Janeiro.

[2] Adoptada e proclamada pela Assembleia Geral das Nações Unidas, através da sua Resolução 217 A (III), de 10 de Dezembro de 1948 e publicada, entre nós, no Diário da República de 9 de Março de 1978.

[3] Aprovada em Portugal pela Lei n.º 45/78, de 11 de Setembro.

[4] Cfr. LEBRE DE FREITAS, Introdução ao Processo Civil – Conceito e Princípios Gerais à Luz do Código Revisto, 2.ª ed., p. 82.

Capítulo I – Acesso à justiça e aos tribunais...

quer na predeterminação do tribunal competente para o julgamento, quer na proibição da criação de tribunais *ad hoc* ou da atribuição (artificiosa) da competência a um tribunal diferente (ou a um juiz diferente) daquele que *ab initio* era o legalmente competente para o julgamento (v.g. por distorção das regras da distribuição) – art.º 32.º, n.º 9, da CRP. E que vigora, não apenas para o juiz da sentença em primeira instância (juiz singular), mas para todos os juízes a quem caiba participar na decisão, ainda que actuando em colectivo (*princípio dos juízes legais*)[1].

Também a DUDH e a CEDH – cujas normas foram absorvidas pelo direito interno "ex-vi" do n.º 2 do art.º 8.º da CRP – postulam a necessidade de que os *tribunais sejam independentes e imparciais*. O mesmo estabelece o art.º 14-1, §1.º, do Pacto Internacional Sobre os Direito Civis e Políticos (PIDCP)[2], acrescentando ainda o art.º 6.º-1 da CEDH, a tal postulado, a exigência de que o *tribunal* (*independente e imparcial*) seja *criado por lei*[3]. Princípio este igualmente reiterado e acolhido no art.º 4.º da LOFTJ/2008, no qual se reproduz a estatuição do art.º 203.º da CRP, e em cujo reforço o n.º 1 do art.º 4.º do mesmo diploma orgânico dispõe que «os juízes julgam apenas segundo a Constituição e a lei».

É o conjunto destas garantias constitucionais que enforma o chamado *direito à jurisdição*. Direito este que requer que todos os cidadãos, com vista a uma (tanto quanto possível) plena realização de todos os seus direitos individuais e sociais, tenham *direito a um processo justo e equitativo – princípio da equidade*, em íntima associação com o *princípio da igualdade das partes,* imanente ao nosso *estado de direito* (cfr. o art.º 2.º da CRP)[4].

---

[1] Cfr. GOMES CANOTILHO e VITAL MOREIRA, Constituição da República Portuguesa Anotada, 3.ª ed., Coimbra Editora, 1993, p. 207.

[2] Aprovado pela Lei n.º 29/78, de 11 de Setembro.

[3] Para além do *direito de acção,* materializado através do processo, compreendem--se, no direito de acesso aos tribunais, nomeadamente: «a) *o direito a prazos razoáveis de acção ou de recurso*; b) *o direito a uma decisão judicial sem dilações indevidas*; c) *o direito a um processo justo,* baseado nos *princípios da prioridade e da sumariedade,* no caso daqueles direitos cujo exercício pode ser aniquilado pela falta de medidas de defesa expeditas; d) *o direito a um processo de execução*» (art.º 205.º, n.º 3, da CRP)» – cfr. GOMES CANOTILHO e VITAL MOREIRA, Constituição da República Portuguesa Anotada, 3.ª ed. cit., pp. 163 e 164.

[4] Cfr. LEBRE DE FREITAS, Introdução cit, pp. 107-108.

A concretização prática do *direito de acesso à justiça e aos tribunais*, como *direito efectivo à jurisdição*, reclama pronúncias jurisdicionais em prazos tanto quanto possível abreviados, assim obviando a que o retardamento excessivo de uma decisão ou de uma providência executiva possam equivaler a uma verdadeira denegação de justiça[1]. O Código de Processo Civil actualmente em vigor (doravante CPC)[2] reitera, no seu art.º 2.º, o *princípio da tutela jurisdicional efectiva*, ao estatuir que «a protecção jurídica através dos tribunais implica o *direito de obter, em prazo razoável, uma decisão judicial* que aprecie, com força de caso julgado, a pretensão regularmente deduzida em juízo, bem como a possibilidade de a fazer executar» (n.º 1). Direito esse, de acesso aos tribunais, que engloba tanto o *direito de acção* como o *direito de defesa*.

Por *prazo razoável ou atendível*, em processo civil, deve entender-se o que medeia entre a data da propositura da acção e o termo final do processo, não olvidando que o excesso de prazo pode resultar de inércia impulsionadora imputável às próprias partes[3]. A sua violação só casuisticamente poderá relevar, depois de devidamente sopesados a complexidade da causa, os interesses conflituantes em jogo e o concurso dilatório dos diversos *actores judiciários*[4]. Noutra perspectiva, o direito de acesso aos tribunais compreende também uma *proibição ínsita de prazos de caducidade demasiado exíguos* que prejudiquem a defesa dos direitos.

Com o *direito a um processo de execução*, pretende-se evitar que as decisões judiciais e a garantia dos direitos e interesses particulares por

---

[1] Constitui *denegação de justiça* a falta de resposta à pretensão: *na acção declarativa* a não pronúncia da decisão de mérito e, *na acção executiva*, a não efectivação das providências executivas, se verificados os respectivos pressupostos processuais. O tribunal não pode abster-se de julgar (art.º 8.º, n.º 1, do CC), podendo os magistrados que deneguem justiça incorrer em *responsabilidade civil* (art.ºs 14.º da Lei n.º 67/2007, de 31 de Dezembro e 1083.º do CPC). Uma sentença proferida tardiamente ou um pagamento executivo efectuado muito tempo após a propositura da acção podem traduzir-se praticamente (para o autor) numa pura ausência de decisão ou de satisfação da pretensão.

[2] Consideram-se como pertencentes ao Código de Processo Civil as normas citadas no texto sem designação do diploma em que se encontram integradas.

[3] Sobre o *direito à obtenção de uma decisão em prazo razoável*, vide JOAQUIM LOUREIRO, Convenção Europeia dos Direitos do Homem: Queixas contra o Estado Português, in Scientia Juridica, n.ºs 259/261, Jan/Jul. de 1996, pp. 73 e ss.

[4] Uma lei processual pouco adequada à eficiência da justiça ou o mau estado da organização judiciária não afastam a violação da CEDH – cfr. VELU-ERGEC, La Convention Européenne dês Droits de L'Homme, Bruxelles, Bruylant, 1990, pp. 55 e 447.

Capítulo I – Acesso à justiça e aos tribunais...

aquelas assegurados se reduzam a meras declarações de carácter pirrónico ou platónico a favor de uma das partes (sem, pois, qualquer consistência prático-jurídica ou prático-económica)[1].

2. Direito ao processo. Natureza jurídica do direito de acção.

O *direito de acção* consagrado no art.º 20.º da CRP, e incluído no âmbito do *direito de acesso aos tribunais*, materializa-se ou concretiza-se, pois, através do *processo*. Qualquer cidadão, utilizando os meios facultados pela lei processual civil, pode propor em juízo *acções* para fazer valer os seus direitos ou interesses tutelados pelo direito material. Traduz-se, no fundo, num *direito subjectivo* (ou mesmo de um interesse difuso[2]) de levar determinada pretensão ao conhecimento do órgão jurisdicional, solicitando a abertura de um *"processo"*, com o consequente dever de pronúncia desse órgão mediante decisão fundamentada (art.º 205.º, n.º 1, da CRP) – *direito ao processo*[3]. Direito no qual se integra o *direito de vista do processo*, nesta incluída a consulta domiciliária dos autos (pelos interessados e respectivos mandatários), salvas restrições especiais (extravio, segredo de justiça, etc.)[4-5].

Concretiza esse direito, na lei ordinária, o n.º 2 do art.º 2.º do CPC, ao postular o *princípio da correspondência* entre qualquer direito e a «*acção* adequada a fazê-lo valer em juízo, a prevenir ou reparar a violação dele e a realizá-lo coercivamente, bem como os procedimentos necessários para acautelar o efeito útil da decisão». O que exclui o sistema da *justiça*

---

[1] Cfr. GOMES CANOTILHO e VITAL MOREIRA, Constituição da República Portuguesa Anotada, 3.ª ed. cit., pp. 163-164.

[2] Cfr. a acção popular regulada pela Lei n.º 83/95, de 31 de Agosto.

[3] Porém, para ANSELMO DE CASTRO, Direito Processual Civil Declaratório (DPCD), vol I, Coimbra, Almedina, ed. de 1981, pp. 95-96, o «*direito de acção* reconduz-se a uma situação subjectiva, cujo conteúdo se cifra no poder de pôr (colocar e reunir) as condições necessárias para que o órgão jurisdicional se ponha em movimento, em obediência às regras internas que disciplinam a sua acção», mas que «não deve confundir-se com um direito subjectivo».

[4] Cfr. GOMES CANOTILHO e VITAL MOREIRA, Constituição da República Portuguesa Anotada, 3.ª ed. cit., pp. 163 e ss.

[5] A *confiança do processo* para exame encontra-se regulada nos art.ºs 169.º a 173.º e a passagem de certidões nos art.ºs 174.º e 175.º.

privada assente no *princípio da auto-defesa e da acção directa*, repudiado pelas actuais exigências civilizacionais. Desde logo, porque a parte lesada, mesmo que munida dos meios coercitivos adequados, dificilmente poderia ser *bom juiz* juiz em causa própria, designadamente para definir os limites da sua actuação ou para estabelecer os termos da *reparação devida*[1]. Depois, porque constituiria factor de agravação das querelas inter--subjectivas, em natural comprometimento das almejadas paz social e reposição da ordem jurídica violada.

Daí que no art.º 1.º do CPC se haja instituído expressamente a *proibição da auto-defesa*, «salvo nos casos e dentro dos limites» definidos no n.º 1, "in fine", e no n.º 3 do art.º 336.º do CC. São eles os casos do recurso à *acção directa geral*, observados que sejam determinados pressupostos (art.º 336.º) e à *acção directa em especial* – art.ºs 1277.º (possuidor perturbado ou esbulhado na sua posse), 1314.º (defesa da propriedade), 1315.º (defesa de qualquer direito real), *a legítima defesa* (art.º 337.º) e *a actuação em estado de necessidade* (art.º 339.º), todos este preceitos do CC[2]. Neste elenco, se podem incluir também, e a título de exemplo, a invocação da *exceptio non adimpleti contractus* (art.º 428.º, n.º 1) ou do *direito de retenção* (art.º 754.º e ss), *o embargo judicial de obra nova* (art.º 412.º, n.º 2), a cessão de bens aos credores (art.º 831.º do CC), *a declaração de compensação* (art.º 847.º) e o *arranque e corte de raízes de árvores pelo proprietário do prédio vizinho* (art.º 1366.º).

Na mesma senda, mas reportando-se especificamente às *áreas do direito público*, postula a CRP (art.º 21.º) o *direito de resistir* «a qualquer ordem que ofenda os seus direitos, liberdades e garantias e de repelir pela força qualquer agressão, quando não seja possível recorrer à autoridade pública» – *direito de resistência*[3].

Proibindo assim aos particulares o recurso à (própria) força, o Estado assegura, através de órgãos seus (soberanos e independentes) para tal

---

[1] Cfr. ANTUNES VARELA/J. M. BEZERRA/SAMPAIO E NORA, Manual de Processo Civil, 2.ª ed. Reimp., Coimbra Editora, 2004, pp. 2 e 3.

[2] «Constituindo um expediente de emergência, a *acção directa* subentende a ulterior necessidade de o agente regularizar a situação prática do direito» – cfr. M. J. ALMEIDA COSTA, Direito das Obrigações, 12.ª ed. Rev. e Aum., Coimbra, Almedina, 2009, p. 570.

[3] O CPTA prevê mesmo um meio processual próprio para assegurar o exercício, em tempo útil, de um direito, liberdade ou garantia: o *processo de intimação* regulado no art.º 109.º e ss.

Capítulo I – Acesso à justiça e aos tribunais...

adequados e vocacionados (os tribunais), a todo o titular do direito violado as providências necessárias à sua reintegração efectiva. O que é próprio de um *sistema de justiça pública,* ou seja, *da função jurisdicional* que constitui *monopólio do Estado* (ainda que com possibilidade de *delegação* em específicos órgãos para-judiciários). Delegação esta traduzida nas diversas vias *alternativas* ou *complementares* (extrajudiciais) da resolução de litígios"[1] ou mesmo em entidades essencialmente *administrativas* ou hierarquicamente *dependentes*[2].

O *direito de acção* (de exercitação processual) é, por isso, *um direito público* – como tal *irrenunciável*[3] – totalmente independente da existência ou verosimilhança da situação jurídica para a qual se solicita a tutela judiciária. Ainda que a pretensão se perfile como inconsistente ou infundada, a sua simples dedução em juízo fará desencadear a *abertura de um processo*, com o consequente *direito à emissão de uma decisão judicial de mérito* (positivo ou negativo)[4].

Na lapidar síntese conclusiva de Antunes Varela[5], «o direito de acção é, na sua essência, um *poder jurídico*, de carácter *publicístico*, conferido a uma pessoa (autor) no sentido de exigir do Estado determinada providência (de conteúdo essencialmente variável) contra uma outra pessoa (réu) através de um conjunto de actos (processo), exercitação essa a que corresponde um duplo momento: a) – *num primeiro momento*, cabe ao tribunal apreciar e decidir sobre a aparente viabilidade formal da providência; b) – *no segundo momento*, trata-se de averiguar, ouvida a parte demandada ou requerida, da possibilidade de conhecer do mérito da pretensão e de a adoptar «quando, em face do direito objectivo aplicável, se mostre que ela reúne as condições necessárias à sua procedência».

---

[1] Como, por ex., os tribunais arbitrais e os julgados de paz.

[2] Como as *conservatórias do registo civil*, para as pretensões alimentares deduzidas por filhos maiores ou emancipados e para os divórcios por mútuo consentimento e como o *Ministério Público*, para os processos relativos à autorização ou confirmação de certos actos (art.ºs 2.º a 5.º e 12.º do Dec.-Lei n.º 272/2001, de 13 de Outubro).

[3] Daí resulta a nulidade do *pactum de non petendo* (com afloramento no art.º 2310.º do CC), convenção pela qual o titular do direito se obriga a não agir em juízo, seja pura e simplesmente, seja a termo ou condicionadamente – cfr. Castro Mendes, Direito Processual Civil (DPC), Lisboa, ed. da AAFDL, 1980, vol I, p. 130.

[4] Cfr. Manuel de Andrade, Noções Elementares de Processo Civil, Coimbra Editora, 1963, pp. 3-4.

[5] Cfr. RLJ, ano 126.º, n.º 3831 (1-10-93), pp. 169-170.

Direito de acção, no sentido de *mero poder jurídico* de desencadear a intervenção do tribunal (da administração da justiça ou da máquina judiciária) para a dirimência de um dado litígio (*direito abstracto à jurisdição*)[1], que *não um direito concreto à tutela jurídica* estadual. Poder, pois, juridicamente tutelado, *não um simples poder de facto* – não se confundindo assim o *direito* (*processual*) de acção com a *liberdade constitucional* de acesso aos tribunais – de reclamar/solicitar do Estado, através desses seus órgãos soberanos, a adopção da providência requerida e a direcção dessa providência contra outra pessoa (o réu). Daí a «natureza *triangular* atribuída à relação processual»[2].

3. Conceito, natureza, autonomia e relevância do direito processual civil.

§1.º – Noção. Acepções.

Como *disciplina jurídica,* o processo civil tem por objecto o estudo científico das normas reguladoras, quer da propositura da acção, quer da actividade a desenvolver pelo tribunal (magistrados e funcionários), pelas partes (e seus mandatários ou representantes) e pelos demais intervenientes, nas diversas fases em que se desenvolve um dado feito introduzido em juízo, até à emissão da decisão final apreciadora do respectivo mérito. Normas essas referentes «aos tipos ou modos e condições do direito de acção», bem como «aos termos a observar em juízo na sua propositura ou desenvolvimento»[3].

O vocábulo *processo* «compõe-se, na sua raiz etimológica, do prefixo *pro* e do verbo *cedere* (*procedere*), o que significa caminhar para a frente ou para o lugar de, avançar para um dado objectivo»[4]. O termo é geralmente utilizado para designar todo o encadeamento de actos ou fenómenos conducentes a um certo objectivo final; ou seja, e em sentido

---

[1] Cfr., neste sentido, A. MONTALVÃO MACHADO/PAULO PIMENTA, O Novo Processo Civil, Coimbra, Almedina, 8.ª ed., 2006, pp. 13-14.

[2] Cfr. ANTUNES VARELA, in RLJ, loc. cit..

[3] Cfr. MANUEL DE ANDRADE, Noções Elementares cit., pp. 5 e 6.

[4] Cfr. MANUEL DE ANDRADE, Noções Elementares cit., p. 6.

Capítulo I – Acesso à justiça e aos tribunais...

vulgar, para significar «uma sequência de actos humanos ou factos naturais dirigida ou pré-ordenada a um determinado e concreto resultado»[1].

Em acentuação do conjunto de regras sequenciais ou actos-trâmite a observar pelas partes com vista à emissão de uma pronúncia final por parte do órgão legalmente competente, fala-se, a este respeito, em *procedimento*[2]. Em *sentido jurídico*, o *processo* constitui pois, e também, um verdadeiro *procedimento* traduzido numa cadeia lógico-sequencial de actos (jurídicos) articulados entre si, com vista ao decretamento, no seu *terminus*, de uma dada *providência jurisdicional*[3].

Nesta dicotomia *direito privado substantivo*, versus *direito público adjectivo*, o *direito (privado) civil* pode definir-se como o conjunto de normas reguladoras das relações entre os sujeitos de direito entre si ou com o Estado e outros entes públicos – conquanto que estas entidades públicas hajam intervindo em tais relações em pleno pé de igualdade com os particulares –, despidos, pois, da sua *auctoritas* ou *jus imperii*. Tais relações traduzem-se, praticamente, na atribuição de um *direito subjectivo* (poder jurídico de exigir de outrem certo comportamento) a um dos sujeitos e na imposição ao outro de um correlativo *dever jurídico*.

E daí a noção de *acção civil* dada por MANUEL DE ANDRADE[4]: «a pretensão de um qualquer dos meios de tutela jurisdicional formulada em juízo para uma dada relação material de direito (*pretensão cuja atendibilidade o tribunal a seu tempo verificará*)». Ao requerente da providência dá-se geralmente a designação de *autor, demandante* ou *exequente* e ao requerido (a pessoa contra quem a tutela jurisdicional é solicitada), respectivamente a de *réu, demandado* ou *executado*). Deduzida[5] a pretensão em juízo (*propositura da acção*) segue-se uma fase destinada à averiguação (*instrução*) da existência/ocorrência da situação de facto invocada pelo autor, bem como à indagação dos preceitos normativos

---

[1] Cfr. ANTUNES VARELA/J. M. BEZERRA/SAMPAIO E NORA, Manual cit., p. 10.

[2] Neste sentido, as definições legais de *procedimento administrativo* e de *processo administrativo* contempladas no art.º 1.º, n.ºs 1 e 2, respectivamente, do CPA 91 (Código do Procedimento Administrativo aprovado pelo Dec.-Lei n.º 442/91, de 15 de Novembro).

[3] Cfr. MANUEL DE ANDRADE, Noções Elementares cit., p. 6.

[4] Cfr. Noções Elementares cit., pp. 4 e 5.

[5] A esse acto de dedução ou apresentação em juízo de uma dada pretensão através de requerimento próprio chama-se também *proposição* ou *propositura, instauração* ou *intentação*.

susceptíveis de materialmente a enquadrar; e, se necessário, uma fase de adopção das medidas necessárias à efectivação prática da decisão que vier a ser emitida (*execução do julgado*). Sempre, é claro, com a audiência e intervenção da contraparte (*princípio do contraditório*).

Ora, «quer a propositura da acção, quer a actividade a empreender pelo tribunal e pelos agentes processuais, – *partes* ou *litigantes* e *auxiliares processuais* e *demais intervenientes* (testemunhas, peritos, intérpretes etc.) – no decurso daquela investigação ou da subsequente efectivação da providência concedida, obedecem a certas normas impostas e definidas com maior ou menor detalhe pela lei (que não a soluções ou procedimentos de ordem avulsa ou casuística deixados ao livre alvedrio dos operadores ou interventores ocasionais no processo) – «sendo o conjunto dessas normas que forma *o direito processual civil*»[1]. É, assim, o processo civil que fixa «os requisitos a que deve obedecer a instauração da acção «(*pressupostos processuais*), bem como o formalismo a observar no seu desenvolvimento em juízo» (actos processuais e suas formas e ordem sequencial) e a oportunidade da respectiva prática (*rito ou ritualismo processual* ou *processo em sentido estrito*)»[2].

O termo *processo* é ainda utilizado noutras acepções, no âmbito da linguagem corrente jurídica e judiciária ou da *praxis forensis*[3]. Umas vezes identifica-se materialmente o processo com os próprios *autos* (*pasta, caderno* ou *dossier*) da acção em curso, constituídos pelas peças escritas nele entranhadas, pelas decisões nele proferidas e pelo relato/transcrição dos actos e diligências no seu seio praticados (acepção cada vez mais em crise, face à utilização dos meios electrónicos, hoje já dominante, e que torna a tramitação praticamente *virtual*). Num sentido mais circunscrito, emprega-se o termo *processo* para significar *causa, feito, litígio, pleito, demanda* ou *lide* ou para qualificar a situação/pendência de uma dada pretensão de tutela jurisdicional introduzida em juízo por determinado sujeito de direitos, com oposição real (ou potencial) pela sua contraparte.

O *processo* – tal como incidentalmente foi definido pelo Supremo Tribunal de Justiça – traduz-se numa «organização normativa de actos,

---

[1] Cfr. MANUEL DE ANDRADE, Noções Elementares cit., pp. 4 e 5.

[2] Ou seja: o «*formalismo processual, a liturgia* ou o *rito do processo*» – cfr. ANTUNES VARELA/J. M. BEZERRA/SAMPAIO E NORA, Manual cit., p. 11.

[3] Cfr. MANUEL DE ANDRADE, Noções Elementares cit., pp. 14 e 15.

Capítulo I – Acesso à justiça e aos tribunais...

cuja essência é a constituição do caminho global tendente à resolução de diferendos e ao respeito pelos valores e interesses legítimos»[1].

Em *sentido técnico-jurídico*, o direito processual civil será, portanto, o *conjunto de normas de direito público reguladoras dos diversos tipos, formas e requisitos da acção civil – bem como das formalidades que devem ser observadas em juízo na sua propositura e desenvolvimento –, tendentes à justa composição de um litígio de interesses privados, pelo acolhimento ou rejeição da pretensão de um dos litigantes, através da intervenção de um órgão próprio, imparcial e soberano que é o tribunal*[2-3].

§2.º – O direito processual civil como direito público adjectivo.

Caracteriza-se o direito processual por ser um *ramo de direito público próprio e autónomo*, em contraposição ao direito que define e estabelece os interesses juridicamente relevantes – o *direito material*. Neste conspectu, soi apelidar-se o direito processual de *direito adjectivo, formal* ou *instrumental* e o direito civil ou comercial de *direito substantivo* ou *material*. Com efeito, não obstante a sua *natureza subsidiária* em relação aos restantes ramos do direito processual, o processo civil abrange, em princípio, apenas as acções fundadas no *direito civil* e no *direito comercial*, ou seja, as chamadas *acções cíveis*[4].

O *direito público* regula as relações em que um dos sujeitos, pelo menos, exerce uma função dominante e em que, por conseguinte, se estabelece, entre os respectivos sujeitos, uma relação de *supremacia* ou *superintendência (jus imperii)*. À relação jurídica processual civil subjaz – entre as partes e o magistrado julgador – um *nexo de verdadeira subordinação ou dependência,* neste nexo residindo a força vinculativa especial de que gozam as decisões judiciais. O juiz exerce, em tal relação, uma típica função de soberania – a *função jurisdicional*.

---

[1] Cfr. o Assento n.º 12/94, in DR, 1.ª Série, n.º 167, de 21 de Julho de 1994, rectificado pelo DR n.º 186, de 16 de Fevereiro de 1994.

[2] Cfr. CASTRO MENDES, Direito Processual Civil, vol I, ed. da AAFDL,1969, vol. I, cit., p. 28.

[3] Cfr. ANTUNES VARELA/J. M. BEZERRA/SAMPAIO E NORA, Manual cit., pp. 6 e 7.

[4] Isto não olvidando outros tipos de acções fundadas em outros e distintos ramos de direito substantivo (penais, administrativas, laborais e fiscais) cuja regulação se encontra cometida aos respectivos ramos de direito processual.

24   *Direito Processual Civil*

Na acção (disciplinada pelo processo) encontram-se, prima facie, em equação os *interesses* (*particulares*) das partes, enquanto que *no direito processual* sobreleva *o interesse colectivo da paz social*, o interesse público primordial da (*justa*) *composição dos conflitos de interesses jurídico-privados*, mediante a aplicação das normas jurídicas adequadas. Daí que ao juiz caiba, não apenas *decidir*, mas também, e ainda, *convencer* as partes, especialmente a parte vencida, do bom fundamento da decisão[1]. A tal *natureza publicística* (do processo) não obsta a existência de normas processuais avulsas de carácter dispositivo, como tal derrogáveis pela vontade das partes, «mas a grande massa das normas de ordem pública constitui *direito absoluto, imperativo ou coactivo* (*jus cogens*)»[2]. A natureza (civil ou processual, substantiva ou adjectiva) da norma determina-se, porém, em função do seu objecto e não do lugar sistemático em que ela se insira (há normas de natureza processual ou com incidência processual no seio do CC – cfr., v.g., os art.ºs 1410.º, 1677.º-B, n.º 3, 1776.º, 1792.º, n.º 2, 1793.º, n.º 2, 2078.º e 2091.º).

O *direito processual civil* destina-se, pois, a disciplinar o exercício de uma função soberana do Estado (a *função jurisdicional*)[3], em cujo desempenho ele – o ente público – intervém claramente revestido do seu poder de supremacia[4-5-6]. Como *direito adjectivo ou instrumental*, regula apenas os meios, expedientes ou remédios jurídicos necessários para, a partir do direito privado, se poder dar realização efectiva ao direito violado. Mas a avaliação da consistência ou do bom fundamento do direito invocado pelo autor ou requerente tem de ser aferida pelas normas, critérios e princípios (gerais e abstractos) emergentes do direito material, os

---

[1] Cfr. ANTUNES VARELA/J. M. BEZERRA/SAMPAIO E NORA, Manual cit., pp. 9 e 10.

[2] Cfr. MANUEL DE ANDRADE, Noções Elementares cit., p. 14.

[3] *Os tribunais são os órgãos de soberania com competência para administrar a justiça em nome do povo* (art.º 202.º da CRP) e *as suas decisões «são obrigatórias para todas as entidades públicas e privadas e prevalecem sobre as de quaisquer outras autoridades»* (art.º 205.º, n.º 2, da CRP).

[4] Cfr. MANUEL DE ANDRADE, Noções Elementares cit., p. 13.

[5] Acerca deste item, vide ANTUNES VARELA/J. M. BEZERRA/SAMPAIO E NORA, Manual cit., pp. 7 a 10.

[6] Precisamente por não bulirem *directamente* com as querelas inter-subjectivas, é que *as normas de direito processual civil* são geralmente de *aplicação imediata* aos actos a praticar após a sua entrada em vigor, mesmo nas acções pendentes (*princípio da aplicação imediata da lei nova*).

quais «fornecem a *substância normativa da decisão*»[1]. A título de exemplo: a exercitação do direito ao divórcio ou à separação (art.ºs 1781.º e ss do CC) faz-se através da acção de divórcio ou de separação sem o consentimento do outro cônjuge (art.ºs 1407.º e 1408.º do CPC); a subsistência dos direitos do proprietário (art.º 1305.º do CC) ou do proprietário confinante com direito de preferência (art.º 1380.º do CC) pode ser assegurada através da *acção de revindicação* (art.º 1311.º do CC) ou da *acção de preferência* (art.ºs 1407.º e ss do mesmo CC); o direito à cessação do contrato de arrendamento opera-se através da *acção de despejo* a que se reporta o art.º 14.º do NRAU; a efectivação de res-ponsabilidade civil extracontratual instaurada pelo pretenso lesado, mediante a análise dos pressupostos da obrigação de indemnizar (ilicitude, culpa, dano, nexo de causalidade) terá que fazer-se ao abrigo das normas dos art.ºs 483.º e ss do CC, que não das *normas de carácter adjectivo*.

Representa, assim, o direito processual civil um *instrumento* ao serviço das soluções decorrentes do direito substantivo, sem esquecer a repercussão negativa que a inobservância de certas regras processuais pode surtir na concreta relação material objecto do litígio. E, constitui, noutro plano, um poderoso meio de *preservação da legalidade em geral*, que à função jurisdicional cumpre primordialmente assegurar para defesa do *direito objectivo e da paz social*[2].

§3.º – Relevância, autonomia e natureza subsidiária do direito processual civil.

É geralmente reconhecido que só a partir de meados do século XIX (ano de 1868), data da publicação da clássica obra do processualista alemão Oskar Von Bülow intitulada *«Die Lehre von den Prozesseinrenden und die Prozessvoraussetzungen»*, o direito processual civil, como ciência jurídica, alcançou a sua emancipação[3]. E isto face à "autonomização" (feita por esse autor) do conceito de *relação jurídica processual* (a esta-

---

[1] Cfr. Antunes Varela/J. M. Bezerra/Sampaio e Nora, Manual cit., p. 8.

[2] O *princípio do Estado de Direito*, com o correlativo *princípio da legalidade*, encontra-se genericamente consagrado no art.º 2.º da CRP.

[3] Cfr. Castro Mendes, Direito Processual Civil, ed. de 1969, vol I cit., pp. 5 e ss e Antunes Varela/J. M. Bezerra/Sampaio e Nora, Manual cit., pp. 14 e 15.

belecida entre as partes e o Estado) – processo ou *judicium* – relativamente ao de *relação substantiva ou material* subjacente (*res in judicium deducta*). Passaram assim, desde então, a versar-se, de modo sistemático-metodológico e com pela autonomia, os temas do chamado *ritus processualis* (até então apenas reservados aos práticos do direito).

As especificidades do direito processual relativamente ao direito (civil) deram origem a uma distinta disciplina científica, assim se superando uma antiga ideia de subalternidade ou menoridade da matéria, sem dignidade bastante para merecer um tratamento especializado[1]. Ademais, nela se degladiam e nos respectivos *institutos* se reflectem, muitas vezes, as concepções jurídicas e sociais dominantes e as opções de política legislativa em cada momento prevalecentes, não raras vezes ditadas ou influenciadas (na actualidade) por soluções de direito comparado ou supra-nacional merecedoras de adequado tratamento e aprofundamento teórico-filosófico. Daí o tratar-se de um direito crucial para a realização prática (eficácia) do direito material, mormente na falta de acatamento espontâneo (pelos particulares) dos preceitos jurídico-substantivos, o que, contende directamente com a *coercibilidade* ou *coactividade* dos diversos tipos de comandos legais[2]. E daí, também, a importância teórico-dogmática do estudo das normas e princípios do direito processual civil.

O direito processual civil – pese embora o seu carácter *instrumental* – pode, através da sua aplicação concreta, surtir uma influência decisiva no desfecho (positivo ou negativo) da pretensão deduzida pelo autor em juízo. Um mau uso dos meios processuais ou uma má ou leviana condução/gestão do processo, *vis a vis* os factos apurados e o direito material aplicável, pode comprometer irremediavelmente o êxito do pedido ou requerido. Exemplos paradigmáticos serão os do não cumprimento de

---

[1] A verdadeira *carta de alforria* do direito processual civil como disciplina autónoma foi, entre nós, o Alvará Régio de 16 de Janeiro de 1805, ao instituir a cadeira de "*Forma Judicial*", que passou a ser obrigatória para os bacharéis, tanto da Faculdade de Cânones como da Faculdade de Leis. A Lição inaugural foi proferida em Outubro de 1807 pelo lente de Cânones José Inácio da Rocha Peniz, subordinada ao significativo título "*Da influência do foro sobre a felicidade pública*". Efemérides que marcaram o relevo académico da disciplina, de resto, nunca mais abandonado, quer em Portugal, quer no Brasil – cfr. RUI DE FIGUEIREDO MARCOS, in Prefácio da obra "Lições de História do Processo Civil Lusitano" da co-autoria de JOSÉ ROGÉRIO CRUZ TUCCI e LUIZ CARLOS DE AZEVEDO, co-edição das Editoras Revista dos Tribunais e Coimbra Editora, 2009.

[2] Cfr. ANTUNES VARELA/J. M. BEZERRA/SAMPAIO E NORA, Manual cit., p. 15.

Capítulo I – Acesso à justiça e aos tribunais...　　　27

ónus (legais), maxime os relativos aos prazos para a prática dos actos, com o consequente *princípio da preclusão*, ou da formulação insuficiente ou deficitária do pedido, face à impossibilidade de a sentença final considerar a parte em falta (*ne eat iudex ultra petitum*), ainda que a factualidade apurada possa apontar no sentido do reconhecimento do respectivo direito.

Uma deficiente ou inconsiderada conduta processual pode também repercutir-se na chamada *responsabilidade tributária* (pelas custas ou multas processuais). Assim, se praticados *actos e* deduzidos *incidentes inúteis ou supérfluos*, o encargo de custas recai, não sobre a parte vencida, mas sobre aquela que (escusadamente) os requereu (art.º 448.º, n.º 1), o que se traduz na imposição de uma verdadeira *sanção económica* pelo uso inadequado do processo, mesmo que o seu fautor haja saído vencedor do pleito. Em responsabilidade sancionatória (multa) pode também incorrer, v.g., a parte que, sem que se verifique justo impedimento, se apresente a praticar um acto fora do prazo, se pretender obviar à extinção do respectivo direito (art.º 145.º, n.ºs 5 e 6).

Importância prática que respeita, também, aos *profissionais forenses* (magistrados, advogados e funcionários judiciais) a quem caiba a gestão da actividade processual).

De referir, neste âmbito, que a generalidade dos códigos processuais remete para o Código de Processo Civil, a título *subsidiário ou supletivo*, para preenchimento das respectivas lacunas, assim reconhecendo o respectivo corpo normativo como verdadeiro padrão matricial e referencial de regulação processual[1]. Conf., v.g, o Código de Processo Penal[2] (art.º 4.º), o Código de Processo do Trabalho[3] (art.º 1.º, n.º 2, alíneas a), b) e e)), o Código da Insolvência e da Recuperação de Empresas[4] (art.º 16.º) e a OTM (art.ºs 70.º e 161.º)[5]. O mesmo sucede com os *diplomas processuais das jurisdições jurídico-públicas*, como a Lei do Tribunal Constitucional[6] (nos seus art.ºs 48.º, 69.º, 79.º-B, n.º 1 e 84.º, n.º 8), o Código de

---

[1] Em Espanha, é a própria Ley de Enjuiciamiento Civil (LEC) em vigor (aprovada pela Lei1/2000, de 7 de Janeiro) que, no seu art.º 4.º, consagra, expressis verbis, o carácter supletivo geral das respectivas normas.

[2] Aprovado pelo Dec.-Lei n.º 78/87, de 17 de Dezembro.

[3] Aprovado pelo Dec.-Lei n.º 480/99, de 9 de Novembro.

[4] Aprovado pelo Dec.-Lei n.º 53/2004, de 18 de Março, e alterado pelo Dec.-Lei n.º 200/2004, de 18 de Agosto.

[5] Aprovada pelo Dec.-Lei n.º 314/78, de 27 de Outubro.

[6] Aprovada pela Lei n.º 28/82, de 15 de Novembro.

28   *Direito Processual Civil*

Processo nos Tribunais Administrativos[1] (art.ºs 1.º e 140.º) e o Código de Procedimento e Processo Tributário[2] (art.º 2.º, al. e)) e, ainda, com *diplomas registrais* como o Código de Registo Predial (art.º 117.º-P) e o Código do Registo Civil (art.º 231.º).

4. Fontes e evolução histórica.

4.1. Das raízes romanas.

A partir da promulgação da Lei das XII Tábuas (450 a.C.?), o *"ius romanum"* «deixou, de ser um *ius consuetudinarium,* baseado exclusivamente no costume, para passar a ser um *ius legitimum,* baseado essencialmente na *lex ou* nas *leges*»[3].

A história do *processo civil romano* (no qual, à semelhança do direito substantivo, radicam, em última análise, as principais instituições do processo civil português)[4] – é caracterizada por uma progressiva *publicização do direito privado.* O processo das *legis actiones* representou a primeira manifestação da subordinação da justiça à direcção e controlo da autoridade estatal. Distinguiam-se, entre elas, as *actiones in rem* (protecção dos direitos sobre coisas) e as *actiones in personam* (protecção dos direitos de crédito): as primeiras, tutelavam direitos (*iura*) sobre coisas (direitos reais), por ex. a *reivindicatio* que permitia ao proprietário recuperar a posse da *res* de que fora privado; nas segundas, afirmava-se

---

[1] Aprovado pela Lei n.º 15/2002, de 19 de Fevereiro e entrado em vigor em 1 de Janeiro de 2004.

[2] Aprovado pelo Dec.-Lei n.º 433/99, de 26 de Outubro.

[3] Cfr., quanto a este ponto, e quanto à definição das épocas e datações históricas, SEBASTIÃO CRUZ, Direito Romano (Ius Romanum) – I, 4.ª ed., especialmente pp. 52 a 54, 182 e 200.

[4] A propósito da actual *europeização dos diversos ramos de direito* (constitucionais e infra-constitucionais), «na senda de um novo *jus commune europaeum*» ancorado no «velho tronco do direito romano», e no sentido de este se ter tornado o «modelo reconhecido do operar jurídico-conceitual, e desse modo, um *common law lógico-espiritual* europeu», cfr. FRANCISCO LUCAS PIRES, in Introdução ao Direito Constitucional Europeu, Coimbra, Almedina, 1997, p. 19, citando, a esse respeito, HÄBERLE, Europäische Rechtskultur, in Revue Europénne de Droit Public, 1994, vol. 6, n.º 2, pp, 289 e ss. e SCHMIT, La Condizione della Scienza Giuridica Europeia – trad. Italiana – Roma, 1996, p. 47.

Capítulo I – Acesso à justiça e aos tribunais...

um *oportere* (*dever*), assumido pelo demandado (por contrato ou delito), de *dare, facere* ou *prestare,* devendo a demanda ser exclusivamente dirigida contra o obrigado[1].

O sistema processual das *legis actiones* dividia-se em duas fases distintas: a fase *in iure,* presidida pelo magistrado romano competente, a quem incumbia emitir a opinião (*sententia*) sobre o litígio depois da prova (ou da falta dela) dos factos alegados pelas partes; e a fase *apud iudicem,* presidida por um juiz privado romano (*iudex privatus*) escolhido ou nomeado na fase *in jure.* A *actio, formalmente* o primeiro acto do processo (*impulso inicial*) constituía um meio de protecção de um *direito subjectivo preexistente* reconhecido pelo *ius civile* ou uma *situação de facto* que o magistrado considerava merecedora de tutela jurídica. Na fase *in iure,* a instauração da *actio* exigia a condução do demandado à presença do magistrado. Segundo a Lei das XII Tábuas, o autor dirigia-se ao demandado, onde quer que o encontrasse, ordenando-lhe, com palavras solenes, que o acompanhasse (*in ius uocatio*). Se o demandado desrespeitasse ou recusasse essa citação, o demandante, perante testemunhas, deitava-lhe as mãos e conduzia-o ao magistrado; o demandado só podia eximir-se a essa *manus iniectio* se uma pessoa (*vindex*), de categoria social e económica semelhante à sua, se dispusesse a garantir essa comparência, salvas algumas (previstas) situações de dificuldade.

Tratava-se de um *judicium legitimum,* integrado na *ordo iudiciorum privatorum,* inicialmente de utilização exclusiva pelos *cives romani.* Só eram permitidas as *actiones* expressamente reconhecidas na Lei das XII Tábuas (*«nulla actio sine lege»*), devendo o ritualismo (formal e oral) ser escrupulosamente observado, sob pena de perda da demanda (*causam cadere*). Era único depositário das fórmulas sacramentais o *Colégio dos Pontífices,* que as mantinha secretas, provavelmente como via (política) de obrigar a *plebe* a recorrer à protecção de um *patricius* como *patronus.* Sendo escasso o número de *iurisconsulti,* concorriam frequentemente na mesma pessoa as qualidades de representante judicial e de *patronus,* sendo habitual as partes designarem um *advocatus* como *procurator.*

A figura do *praetor* havia sido introduzida no ano 367 a.C. pelas *Leges Liciniae Sextiae* (que vieram instituir uma nova magistratura), ao qual foi atribuída a função de *in urbe ius dicere.* Surgiu então a necessidade de distinguir o *imperium* e a *iurisdictio.* O *imperium* era o *poder supremo atribuído* aos *magis-*

---

[1] Cfr., acerca da matéria do processo das *legis actiones,* do *processo agere per formulas,* do *processo extra-ordinem* e dos *processos especiais* e respectivos pressupostos e fases processuais, A. SANTOS JUSTO, Direito Privado Romano – I – Parte Geral (Introdução. Relação Jurídica. Defesa dos Direitos), 3.ª ed., BFD, Stvdia Jurídica, pp. 233 a a 442 e, especialmente pp. 20, 50, 236-238, 265, 271-273 e 429, que seguimos muito de perto a propósito desta epígrafe.

trados considerados substitutos do *rex* no governo da *civitas*. Já a *iurisdictio* (*ius dicere*) significava todo o leque de actuações (civis) do magistrado na fase *in iure* do processo e, mais tarde, a faculdade de emitir edictos (*ius edicendi*). Na *fase pós-clássica* (230 a 530 d.C), a *iurisdictio, nas* suas diversas modalidades, foi-se separando do *imperium,* tornando-se susceptível de delegação expressa (ou tácita de carácter consuetudinário) em magistrados não detentores de *imperium.*

Nascidas ao lado das *actiones civiles, as actiones praetoriae* vieram impulsionar, de modo decisivo, o *jus romanum.* Em casos especiais, o magistrado, no uso do seu *imperium,* passou a resolver o *litígio* directamente, sem a mediação de um juiz privado (*cognitio extraordinaria ou cognitio extra ordinem*). Com a fase da *cognitio extra ordinem*, e fundidas numa só as fases *in iure* e *apud iudicem* da *ordo iudicioru privatorum,* desapareceram os juízes privados, passando os magistrados a integrar uma organização hierárquica cuja cúpula suprema era ocupada pelo imperador romano. O sistema da *cognitio extra ordinem* veio a ser paulatinamente substituído pelo processo das fórmulas (*agere per formulas*). A rigidez do processo das *legis actiones* (caracterizado pela oralidade) cedeu assim (na época clássica) o passo ao processo das fórmulas, o qual, durante largo tempo, coexistiu com o processo anterior e que veio a obter reconhecimento pela *Lex Aebutia de formulis* (do ano 130 a.C.) e pela *Lex Julia iudiciorum priuatorum* (da mesma época). As solenidades *orais* da *litis contestatio* cederam o passo a um *documento escrito* (*formula*), que consubstanciava uma ordem dada pelo pretor ao juiz (particular) para condenar ou absolver em função da prova (ou da falta dela) dos factos alegados pelo demandante.

Até à *Lex Aebutia* só havia acções baseadas no *jus civile* (*actiones civiles*). Depois dessa lei, o pretor passou a poder – sempre que a justiça ou a equidade o exigissem – «neutralizar a *actio civilis*», recusando a concessão da *actio* (*denegatio actionis*) ao autor (*actor*) ou «inutilizando a sua eficácia» pela concessão ao demandado (*defensor'*) de uma *exceptio*», bem como a criar *actiones* próprias adequadas às específicas situações. Em suma: a «integrar e a corrigir directamente o *jus civile* pela via processual»[1].

Com o reconhecimento do Cristianismo como religião oficial do império por Constantino (século IV d.C.), assistiu-se a algum incremento na resolução dos litígios por *autoridades eclesiásticas* (*episcopais*). Tratava-se, todavia, de uma *jurisdictio* facultativa, a cuja recusa não correspondia um procedimento de contumácia. O processo utilizado, mais abreviado que o ordinário, não exigia o *libelus conventionis* e decorria sob a *forma oral.* As sentenças, embora exequíveis e inapeláveis, não passavam de *resoluções* destinadas a pôr termo às contro-

---

[1] Cfr. SEBASTIÃO CRUZ, Direito Romano cit., pp. 333-335.

Capítulo I – Acesso à justiça e aos tribunais...

vérsias (sobretudo às de maior afinidade com a ética, a fé e a moral religiosas) e a instituir a *pax* entre os litigantes com base na *lex christiana*.

Ao tempo das invasões germânicas (séc. V d.C) e com o declínio do império, vigorava na Península, tal como nas restantes províncias, um sistema de *direito romano vulgar*, um misto de práticas consuetudinárias e da degenerescência do direito romano clássico. Este continuou a persistir autonomamente dentro dos novos Estados (fruto do *princípio da personalidade do direito* adoptado pelos povos germanos), a par do direito dos invasores, ainda que com interpenetração entre os dois sistemas.

Em 622 d.C (sec. VII), com a instalação do primeiro reino visigótico na Península, seguiu-se um período de acalmia institucional propiciadora de uma intensa actividade legislativa, que culminou com a promulgação do *Código Visigótico* ("*Lex Visigotorum*", "*Liber Judicum*" ou *Liber Judicorum*") pelo rei Recesvindo (649-672 d.C). A partir de 711-713 d.C, os invasores árabes passaram a dominar a Península, situação que se prolongou até à reconquista cristã; apesar disso, a população cristã (*moçárabe*) manteve o seu culto e o seu direito (o direito da monarquia visigótica), aplicado por *juízes próprios*, tendo mesmo o Código Visigótico sido traduzido para língua árabe. Esta autonomia jurídica era, de resto, respeitada mediante o pagamento de um oneroso *imposto de capitação*. O Código Visigótico manteve-se ainda como fonte de direito em Portugal durante todo o século XII, mesmo depois da fundação da nacionalidade.

À Lei das XII Tábuas, seguiu-se um longo interregno codificador, porquanto só no século V d.C. veio a ser publicado o *Código Teodosiano* e, no século VI d.C (época justinianeia de 530 a 565 d.C), o *Corpus Juris Civilis*. O *jus romanum* subsistiu na Europa, ainda depois da queda do Império Romano do Ocidente em 476 d.C[1]. O *direito justinianeu* perdurou mesmo desde o século VI até ao século XI (sobretudo no oriente), assistindo-se ao seu renascimento no ocidente a partir do século XI, altura em que o *Corpus Juris Civilis* reassumiu o seu estatuto de «paradigma institucional, formativo e evolutivo, de todos os modernos direitos europeus»[2] – *período da recepção do direito romano*[3].

---

[1] O Império romano do oriente só veio a cair em 1453 com a tomada de Constantinopla pelos turcos, que marca o fim da idade média.

[2] Cfr, acerca desta matéria, M. J. ALMEIDA COSTA, História do Direito Português, 3.ª ed., Coimbra, Almedina, 2008, pp. 173-180.

[3] Cfr. SEBASTIÃO CRUZ, Direito Romano cit., p. 94.

4.2. Evolução do direito processual civil português.

Seguindo o Prof. M. J. ALMEIDA COSTA, na evolução do direito português podem assinalar-se três grandes períodos: *período da individualização do direito português* (meados do século XII a meados do século XIII); *período do direito português de inspiração romano-canónica* (desde meados do séc. XIII até à segunda metade do século XVIIII); *período da formação do direito português moderno* (desde a segunda metade do século XVIII até aos começos do século XX). Este segundo período desdobra-se em dois sub-períodos: época da recepção do direito romano renascido e do direito canónico renovado (direito comum), desde meados do século XIII a meados do século XV, e época das Ordenações (desde meados do século XV até aos começos do século XIX). O terceiro subdivide-se, por seu turno, em época do jusnaturalismo racionalista, época do individualismo (desde os começos do século XIX, com o advento do liberalismo em 1820, até ao começo do Século XX) e época do direito social (desde o começo do século XX – a partir da grande guerra de 1914-1918)[1].

Já a evolução do *direito processual civil português* comporta quatro grandes *ciclos* ou *períodos*[2], a saber: – da fundação da nacionalidade até ao advento do regime liberal (período anterior ao Código de 1876); – entre o Código de 1876 e o Código de 39; – entre o Código de 39 (e depois os Códigos de 61 e 67) e o Código de 95; – a partir do Código de 95.

§1.º – Período anterior ao Código de 1876.

Nos primórdios da nacionalidade, tal como nos restantes reinos cristãos da península, vigorava o *Código Visigótico de Recesvindo.* As normas hoje de qualificar como *processuais* constavam do segundo dos doze livros desse código, entre as quais as relativas à subordinação funcional do juiz (à Coroa), à natureza pública da justiça e à publicidade, pes-

---

[1] Cfr., acerca desta matéria, História do Direito Português, 3.ª ed., cit., pp. 173-180.

[2] Cfr., quanto a esta temática, ANTUNES VARELA/J. M. BEZERRA/SAMPAIO E NORA, Manual cit., pp. 27 a 41 e A. MONTALVÃO MACHADO/PAULO PIMENTA, O Novo Processo Civil, 8.ª ed. cit., pp. 17-26.

soalidade e oralidade da audiência, à contraditoridade da produção da prova e à competência jurisdicional conjunta, civil e criminal, tudo eivado das singularidades próprias do direito medieval.

Características que se mantiveram, quer nos Livros Terceiros das Ordenações Afonsinas, Manuelinas e Filipinas – então a compilação oficial do Reino –, quer na legislação extravagante sistematizada na obra "Primeiras Linhas Sobre o Processo Civil", da autoria de JOAQUIM PEREIRA E SOUSA (1810-1814), depois completada pelos quatro volumes do correspondente "Apêndice".

Nas Ordenações Filipinas (Livro 3.º), a vigorar desde 29 de Janeiro de 1603, depois confirmadas por D. João IV – as quais mantiveram os traços gerais da estrutura do processo civil provindos da precedente legislação –, já se contemplavam quatro espécies de procedimentos[1]:

"a) – *ordinário*, preponderantemente escrito, constando de petição "per scripto", contestação, eventual reconvenção, juramento de calúnia, artigos contrários de réplica e tréplica, produção da provas e "assim os outros actos necessários para a boa ordem do juízo" (3.20.pr.), em tal maneira, que quando o feito finalmente for conclusos, o juiz seja bastantemente informado da verdade, para que justamente possa dar sentença de absolvição ou condenação, conforme o pedido";

b) – *sumário:* nas causas de valor inferior a 1.000 réis, caracterizando-se por ser um misto de processo oral e escrito (3.20.pr. e 3.30.1 a 3);

c) – *sumaríssimo* ou *verbal:* os actos eram orais e caracterizados pela informalidade, nas causas sobre bens móveis, cujo valor não ultrapassasse 400 réis (1.65.7); e, ainda, "nas acções de força nova" (3.48);

d) – *especial:* derivado do procedimento da acção decendiária, com incidência mais ampla nas Ordenações Filipinas.

Em 3.25 é traçada a distinção entre a acção de execução da sentença e a acção que nasce da sentença (origem da acção executiva e da sentença): *"Em que maneira se procederá contra os demandados por escrituras públicas, ou alvarás, que têm força de escritura pública, ou reconhecidas pela parte"*.

O *regimento das audiências* determinava que os juízes deveriam tratar as partes com *urbanidade*, «não dizendo palavras de escândalo, nem remoque aos procuradores, nem escrivães, nem outros oficiais da audiência, nem a parte alguma, que perante eles vier requerer sua justiça» (3.19.14). Impunha-se também

---

[1] Cfr., quanto a este tema, J. ROGÉRIO CRUZ E TUCCI e LUIZ CARLOS DE AZEVEDO, Lições de História do Processo Civil Lusitano, pp. 166-170, Revista dos Tribunais/ Coimbra Editota, 2009, pp. 122-124.

às partes a proibição de empregarem palavras «desonestas ou difamatórias» em seus artigos e arrazoados. Desobedecida a regra, atribuía-se ao juiz o poder de impor sanção ao procurador ou à parte, "que os tais artigos fez ou os ofereceu em juízo" (3.20.34).

Quanto ao *ajuizamento da demanda,* recomendava-se aos litigantes que se aconselhassem com seu advogado, para os orientar "a *não mover acção temerá-ria"*(3.20.2).

Aforada (ajuizada) a demanda, o juiz determinava a *citação do réu.* Na audiência então designada, cabia ao magistrado aproximar as partes (para a mesma convocadas) numa *tentativa de conciliação,* «porque o vencimento da causa é sempre duvidoso» (3.20.1).

Não se viabilizando a conciliação, o juiz poderia formular perguntas às partes, «assim para a ordem do processo, como para a decisão da causa». Dependendo de quanto apurado em tal acto processual, *"a sentença poderia ser desde logo proferida"* (3.20.4).

«O autor oferecia o seu *libelo* (escrito) na própria audiência, que deveria ser lido para conhecimento do juiz e do réu (3.20.5). Nas causas de procedimento sumário e sumaríssimo, o *libelo era deduzido oralmente.* Autorizava-se a *adição ao libelo,* concedendo-se novo prazo ("o mais breve possível") para o réu responder ao aditamento. E isso, tantas vezes quantas o autor fizesse nova adição (3.20.7 e 8).

Não funcionava, de resto, o *princípio da eventualidade* para as alegações das partes (nem para o autor nem para o réu), o que se repercutia negativamente nas delongas das demandas.

Ainda segundo o regimento das audiências, todos os actos processuais realizados em audiência eram *reduzidos a termo* pelos escrivães ou tabeliães (3.19.12).

Impunha-se severa *sanção pecuniária* ao autor que demandasse mais do que lhe era devido *(pluris petitio).* Vencia somente no montante que tivesse provado ser-lhe devido; no entanto, se litigasse maliciosamente, era condenado no *triplo das custas.* Pagaria apenas as custas devidas se provasse que ignorava estar a deduzir um pedido excessivo (3.34.pr.)».

As transformações sociais do liberalismo vieram reacentuar o carácter público do processo e a obediência da actuação dos juízes à lei e, principalmente, aos princípios da "lei fundamental"· Tudo em tradução dos nóveis ideais da Revolução Francesa que ressoavam por toda a Europa, tendo por base o princípio da separação dos poderes do Estado (legislativo, executivo, judicial).

De salientar, *durante o período liberal,* e de entre a abundante produção legislativa, a *Reforma Judiciária,* de 16 de Maio de 1832, de

MOUZINHO DA SILVEIRA[1], a *Nova Reforma Judiciária*, de 29 de Novembro de 1836 e de 13 de Janeiro de 1837, de PASSOS MANUEL e a *Novíssima Reforma Judiciária*, de 21 de Maio de 1841, de COSTA CABRAL. Vigorava, nessa altura, o Código Comercial de FERREIRA BORGES, de 1833, que abrangia, não só o direito comercial substantivo, como também todo o processo comercial e a organização judiciária comercial[2-3].

Com a entrada em vigor da Carta de Lei de 1 de Julho de 1867, que aprovou o Código Civil (de SEABRA), tornou-se instante a elaboração de um novo Código de Processo Civil que adjectivasse as profundas mutações introduzidas no direito substantivo. Tarefa de que foi igualmente incumbido o Visconde ALEXANDRE DE SEABRA e que culminou com a promulgação da Carta de Lei de 8 de Novembro de 1876, com entrada em vigor em 17 de Maio de 1877.

Este *primeiro Código de Processo Civil Português*, que revogou toda a legislação processual anterior, possuía, como marcas mais significativas: a concepção dualística ou privatística do processo, toda ela impregnada do clássico princípio dispositivo; a consagração de uma única forma de processo independentemente do valor da acção; o exagerado relevo dado à solenidade dos actos e às formalidades do processo ordinário; a redução a escrito de toda a produção de prova, com prejuízo para a celeridade, eficácia e simplicidade processuais.

§2.º – Período compreendido entre os Códigos de 1876 e de 1939.

As lacunas e insuficiências do Código de 1876 foram sendo sucessivamente colmatadas através de legislação avulsa. Daí os sucessivos

---

[1] Data da época liberal (pela Constituição de 1822) a criação do Supremo Tribunal de Justiça, sendo essa instituição depois objecto dos Decretos de 16 e 19 de Maio de 1832 (Mouzinho da Silveira) e tendo a sua instalação sido realizada em 23 de Setembro de 1833, sob a presidência do Conselheiro Silva Carvalho – Cfr. CAETANO GONÇALVES, Supremo Tribunal de Justiça, Memória Histórico-Crítica no Primeiro Centenário da sua Fundação (1832-1932), Edição Fac-simile de 1998. Acerca da *Casa da Suplicação* e do significado dos assentos pela mesma tirados a partir da década de sessenta do século XVIII, e do seu funcionando como «Supremo Tribunal das Justiças» – cfr. RUI DE FIGUEIREDO MARCOS, «O Jusracionalismo Setecentista em Portugal», in "Separata de Direito Natural, Justiça e Política" – II Colóquio Internacional do Instituto Jurídico Disciplinar da Faculdade de Direito da Universidade do Porto, vol. I, Coimbra Editora, 2005.

[2] Cfr. MANUEL DE ANDRADE, Noções Elementares cit., pp. 18-19.

[3] Cfr. A. MONTALVÃO MACHADO/PAULO PIMENTA, O Novo Processo Civil cit., p. 18.

diplomas tendentes à sua expurgação de actos inúteis e a uma cada vez maior prevalência do fundo sobre a forma, bem como à flexibilização dos esquemas processuais em função do grau de complexidade das querelas substantivas.

Assim, e por ex., pelo Decreto n.º 3, de 29 de Maio de 1907, insti-tui-se uma forma de processo mais simples e expedita para as acções de reduzido valor. Os Decretos n.ºs 12.353, de 22 de Setembro de 1926 e 21.287, de 26 de Maio de1932, vieram reconhecer aos juízes uma inter-venção pro-activa na indagação da verdade material, dando-se início a uma paulatina superação da tradicional rigidez do princípio dispositivo, com a sua progressiva mitigação com o princípio inquisitório e com os correlativos poderes do juiz na averiguação da matéria de facto e na justa decisão do pleito.

Na sequência da publicação do Código Civil de 1867, foi publicado em 1888, com entrada em vigor em 1 de Julho de 1895, o Código Comercial de VEIGA BEIRÃO, o qual continuou também a englobar a matéria de *processo comer-cial*. Não sem que – e atenta a conveniência da separação entre o direito material e o direito processual – hajam surgido sucessivamente dois Códigos de Processo Comercial, um em 1895 e outro em 1896. A matéria referente ao processo falimentar veio, todavia, a ser consolidada num primeiro Código de Falências, aprovado por Decreto de 26 de Julho de 1899, o qual autorizava o governo a publicar um novo Código de Processo Comercial que abrangesse também essa matéria, daqui nascendo o terceiro Código de Processo Comercial, aprovado por Decreto de 14 de Dezembro de1905, o qual veio concentrar toda a matéria processual comercial num único diploma. A matéria especial das falências veio ulteriormente a dar lugar ao novo Código de Falências, aprovado pelo Decreto n.º 25 981, de 26 de Outubro de 1935.

Entrada em vigor a Constituição da República de 1933, com as suas relevantes alterações super-estruturais, reclamava-se a aprovação de (mais) um novo Código de Processo Civil. Assim, em 12 de Dezembro de 1933, foi o Prof. J. ALBERTO DOS REIS encarregado de proceder à elabora-ção do respectivo projecto. Este, depois de revisto por uma comissão *ad hoc* (de que faziam parte, não só o Prof. ALBERTO DOS REIS, como o próprio Ministro da Justiça, Prof. MANUEL RODRIGUES), converteu-se no Código de Processo Civil de 1939, aprovado pelo Dec.-Lei n.º 29.637, de 28 de Maio de 1939, com entrada em vigor em 1 de Outubro desse ano.

Constituem traços mais marcantes desse diploma: – a *prevalência da verdade material* sobre a verdade formal, através da simplificação do *ritus* e do *iter* processuais; – a *criação da fase do saneamento e condensação* com vista à expurgação de todos vícios formais obstativos da decisão de mérito e a concentração em três peças fundamentais (despacho saneador, especificação e questionário) da matéria de facto relevante para a boa decisão da causa; – a *acentuação do princípio inquisitório*; – a instituição do regime *da oralidade* na produção da prova, com os consequentes ganhos em termos de celeridade e eficácia do aparelho judiciário; – a *abolição da distinção entre o processo civil e o processo comercial*, passando o Código de Processo Civil a abranger toda a matéria de processo comercial, nesta incluída a referente às falências[1].

§3.º – O Código de 61.

A execução prática do CPC de 39 foi sendo acompanhada na *Revista de Legislação e Jurisprudência* (RLJ) e, de novo sob a égide do próprio Prof. J. ALBERTO DOS REIS, levou-se a efeito *um inquérito* público, com o fito de recolher opiniões, sugestões e críticas acerca do diploma. Do que resultou o reconhecimento da necessidade da sua revisão, cuja tarefa não chegou, contudo, a concretizar-se, face ao decesso do insigne processualista ocorrido no ano de 1955.

Foi, por isso, e de seguida, nomeada pelo então Ministro da Justiça, Prof. ANTUNES VARELA, uma comissão de reforma do Código de 1939, da qual fizeram parte, entre outros, os juízes-conselheiros EURICO LOPES CARDOSO, JOSÉ OSÓRIO, EDUARDO COIMBRA e DIAS FREIRE e ainda o Prof. ADELINO DA PALMA CARLOS, com a estreita colaboração do próprio Prof. ANTUNES VARELA.

Assim, foi dado à estampa o Código de Processo Civil de 1961 (CPC 61), aprovado pelo Dec.-Lei n.º 44.129, de 28 de Dezembro de 1961, entrado em vigor em 24 de Abril de 1962, o qual veio introduzir no direito processual constituído importantes modificações, não só no *aspecto formal* (aperfeiçoamento da técnica legislativa e formulação conceitual da generalidade dos preceitos), como também no *aspecto substancial*.

Quanto a este último, e continunado a seguir muito de perto a resenha do ANTUNES VARELA/J. M. BEZERRA/SAMPAIO E NORA[2], simplificou-se o

---

[1] Cfr. ANTUNES VARELA/J. M. BEZERRA/SAMPAIO E NORA, Manual cit., pp. 32-33.
[2] Cfr. Manual cit., pp. 34-36.

regime dos *incidentes* anteriores à contestação; – eliminou-se a tentativa obrigatória de conciliação prévia; – consagrou-se a atendibilidade dos factos jurídicos supervenientes, a exercitar através da figura dos articulados supervenientes (actual art.º 663.º); – reconfigurou-se o regime da audiência preparatória; – clarificou-se a fase do saneamento e condensação do processo, fundiram-se num só acto (ou despacho), embora conservando a sua autonomia, o despacho saneador, a especificação e o questionário, em ordem à coerência substancial da elaboração dessas três peças (cfr. art.º 511.º); – simplificou-se a matéria dos recursos; – instituiu-se um sistema misto de reclamação de créditos na acção executiva[1]; – substituiram-se os antigos "processos preventivos e conservatórios» pelos "procedimentos cautelares", com vista a prevenir utilizações abusivas e/ou a sua excessiva perduração; – quanto ao sistema probatório, e além do mais, alargou-se o objecto da inspecção judicial; – adoptou-se a possibilidade de gravação dos depoimentos, quer das partes, quer das testemunhas.

Na fase do *julgamento em 1.ª instância*, manteve-se a colegialidade na apreciação da matéria de facto (a fim de pôr termo às críticas relativas à apreciação livre e sem controlo das provas por um único juiz), estendeu-se a intervenção do colectivo às acções sumárias acima de certo valor e operou-se a cisão entre discussão da matéria de facto e discussão do aspecto jurídico da causa; introduziu-se ainda a obrigatoriedade da fundamentação (pelos juízes) das respostas aos quesito*s*, em ordem a um acompanhamento mais atento, aturado e auto-controlado da produção da prova, passando, também, a admitir-se o *voto de vencido* nas próprias decisões do colectivo[2].

No âmbito dos *recursos*, eliminou-se o chamado *recurso de queixa* (antiga *carta testemunhável*), reconfiguraram-se os *recursos* extraordinários de revisão e de oposição de terceiro e precisaram-se os regimes e campos de aplicação dos recursos de revista e agravo. Quanto ao *processo de execução*, circunscreveu-se o concurso de credores àqueles que,

---

[1] Cfr. A. Montalvão Machado/Paulo Pimenta/ O Novo Processo Civil cit., p. 22.

[2] Insurgiam-se frequentemente os práticos do direito contra os resultados da produção da prova, acusando os juízes de, aquando o julgamento da matéria de facto, não raras vezes «adequarem» as respostas (dadas aos quesitos) à decisão, já pré-concebida, da questão de direito objecto do litígio – cfr. Antunes Varela/J. M. Bezerra/Sampaio e Nora, Manual cit., p. 35.

Capítulo I – Acesso à justiça e aos tribunais...

dispondo de título executivo, fossem simultaneamente titulares de garantia real sobre os bens que constituissem objecto da penhora.

No capítulo dos *processos especiais*, deu-se nova regulação ao processo de falência, conferindo-se efectiva primazia aos meios preventivos da liquidação do património, como a concordata e o acordo de credores. Relativamente ao processo de inventário – objecto de amplas modificações nos seus aspectos formais –, atribuiu-se à conferência de interessados um activo papel na composição e distribuição dos quinhões hereditários.

Finalmente, no campo dos processos de jurisdição voluntária, procedeu-se a uma maior uniformização dos respectivos prazos e actividade instrutória.

§4.º – O Código de 67. A chamada Reforma Intercalar de 85.

O CPC 61 – ainda hoje fundamentalmente em vigor na sua estrutura essencial e nos seus princípios gerais – veio a ser objecto de diversas alterações e reformas. A primeira, operada pelo Dec.-Lei n.º 47.690, de 11 de Maio de 1967, que lhe alterou cerca de 500 artigos, com vista a compatibilizá-lo com o novo Código Civil, entretanto entrado em vigor em 1 de Junho de 1967. Mercê dessas alterações, passou o Código a designar-se por *Código de Processo Civil de 1967* (CPC 67).

A necessidade de adequar o processo às novas concepções políticas e jurídico-normativas decorrentes do movimento de 25 de Abril de 1974 e da entrada em vigor da Constituição da República Portuguesa de 1976 (25 de Abril de 1976) esteve na génese da chamada *"Reforma Intercalar" de 1985*. "Intercalar", pois que se aguardava que uma comissão presidida pelo Prof. Antunes Varela apresentasse um projecto de criação de um novo código, se bem que tendo procedido à alteração de mais de 50 das suas disposições. Traduziu-se a Reforma num conjunto de medidas de emergência, em ordem a normalizar o fluxo processual que se vinha experimentando, em literal afogamento, sobretudo nos tribunais cíveis de Lisboa e Porto, as quais mereceram consagração no Dec.-Lei n.º 242/85, de 9 de Julho, entrado em vigor em 1 de Outubro desse ano[1].

---

[1] Cfr. Antunes Varela/J. M. Bezerra/Sampaio e Nora, Manual cit., pp. 38 a 41.

Paralelamente, foram publicados, de forma avulsa, diversos outros diplomas autónomos com afinidades estreitas com as áreas do processo, entre eles, de destacar: – o Dec.-Lei n.º 605/76, de 24 de Julho, em matéria de acções de *divórcio* e *de separação de pessoas e bens*; – a Lei n.º 31/86, de 29 de Agosto, em matéria de *arbitragem voluntária*; – o Dec.-Lei n.º 368/77, de 3 de Setembro, de adequação à nova CRP de alguns preceitos relativos à prova; – o Dec.-Lei n.º 496/77, de 25 de Novembro, em matéria de *direitos de família*: – a Lei n.º 21/78, de 3 de Maio, alterando o regime de *competência internacional* dos tribunais portugueses; – o Dec.-Lei n. 321-B/90, de 15 de Outubro, que instituiu o novo *Regime de Arrendamento Urbano* (RAU); – o Dec-Lei n.º 132/93, de 23 de Abril, que aprovou o *Código de Processos Especiais de Recuperação da Empresa e de Falência*; – o Dec-Lei n.º 227/94, de 8 de Setembro, que alterou significativamente a tramitação do *processo de inventário*; – e o Dec.-Lei n.º 39/95, de 15 de Fevereiro, introduzindo inovações no *registo da prova*.

Entre os diplomas de carácter orgânico e estatutário publicados nesse período, há a salientar: a Lei n.º 82/77, de 6 de Dezembro (*Lei Orgânica dos Tribunais Judiciais*); – o Dec.-Lei n.º 385/82, de 16 de Setembro, de reorganização das *secretarias judiciais;* – o Dec.-Lei n.º 84/84, de 16 de Março, de aprovação do *Estatuto da Ordem dos Advogados*; – a Lei n.º 21/85, de 30 de Julho, que aprovou o novo *Estatuto dos Magistrados Judiciais*; – o Dec.-Lei n.º 320/85, de 5 de Agosto, que introduziu alterações ao Dec.-Lei n.º 385/82, de reorganização das *secretarias judiciais*; – a Lei n.º 47/86, de 15 de Outubro, de aprovação da Lei Orgânica (hoje *Estatuto*) *do Ministério Público*.

§5.º – O Código de 1995.

Por Despacho ministerial de 27 de Janeiro de 1992, foi nomeado um outro grupo de trabalho (constituído pelo Prof. LEBRE DE FREITAS, dois magistrados designados pelo Centro de Estudos Judiciários, dois advogados indicados pela respectiva Ordem e uma jurista do Ministério da Justiça) com a incumbência de apresentar as designadas "Linhas Orientadoras da Nova Legislação Processual Civil", cujo texto veio a ser publicitado em finais daquele ano.

Tarefa que veio a ter consagração no Dec.-Lei n.º 329-A/95, de 12 de Dezembro, cuja entrada em vigor, inicialmente prevista para 1 de Março de 1996, veio a ser sucessivamente diferida para 15 de Setembro desse ano (cfr. o art.º 1.º da Lei n.º 6/96, de 29 de Fevereiro) e 1 de Janeiro de 1997 (esta última data face à necessidade de introduzir algumas correcções no texto do diploma, que vieram a obter concretização

Capítulo I – Acesso à justiça e aos tribunais... 41

pelo Dec.-Lei n.º 180/96, de 25 de Setembro). Não obstante ter mantido a estrutura básica do Código de 61 (com as profundas alterações introduzidas pela Reforma de 1967), ficou o diploma a ser correntemente designado por *Código de Processo Civil de 1995* (CPC 95), como se de um novo código se tratasse, face à monta e profusão das modificações operadas no texto anterior[1].

Entre essas alterações, merecem especial referência as seguintes: – o significativo reforço dos *poderes de intervenção do tribunal* em sede factual, com vista à almejada *prossecução da verdade material*; – a consagração expressa do *princípio da cooperação* entre as partes, seus mandatários e o próprio tribunal, em ordem a uma justa composição dos conflitos de interesses; – a extensa *reformulação das matérias dos incidentes da instância e dos procedimentos cautelares* com vista às suas simplificação e agilização[2]; – a reformulação de toda a *fase do saneamento* (despacho pré-saneador e audiência preliminar) e da tramitação dos recursos; – o *controlo jurisdicional do julgamento da matéria de facto,* com absorção das alterações entretanto introduzidas pelo Dec.-Lei n.º 39/95, de 15 de Fevereiro, sobre o *registo e gravação da prova*; – uma *melhor concretização normativa dos princípios estruturais do processo declaratório* (princípios do dispositivo, do inquisitório, do contraditório, da igualdade das partes e da economia e celeridade processuais).

Tendo sofrido, anteriormente à reforma de 1995/1996, 31 alterações, foi o Código de 61 (na sua versão de 95) já objecto de várias outras significativas alterações. Assim: – pelo Dec.-Lei n.º 38/2003 de 8 de Março, procedeu-se à *reforma da acção executiva*: – pelo Dec.-Lei n.º 303/2007, de 24 de Agosto, reformulou-se profundamente o *regime dos recursos*, com abolição dos recursos de agravo e de oposição de terceiro (revogando os preceitos do Código ao mesmo respeitantes) e instituiu-se *um novo recurso extraordinário para uniformização de jurisprudência*; para além da matéria dos recursos, este diploma veio introduzir muitas outras alterações no CPC[3] (abrangendo matérias que vão desde a

---

[1] Cfr., neste sentido, Lebre de Freitas/João Redinha/Rui Pinto, Prefácio ao Código de Processo Civil Anotado, Coimbra, 1999.

[2] A matéria dos incidentes da instância encontra-se regulada nos art.ºs 302.º e 380.º e a dos procedimentos cautelares entre os art.ºs 381.º e 427.º, todos do CPC.

[3] Foram alterados 84 artigos do Código, contando-se também por dezenas as disposições do mesmo que foram revogadas, tendo-lhe ainda aditados 26 novos preceitos (cfr. os art.ºs 1.º, 2.º e 9.º do Dec.-Lei n.º 303/2007, de 24 de Agosto).

representação do menor, aos *títulos executivos*, à *resolução dos conflitos de jurisdição e de competência*, à prática de *actos processuais*, à *fixação do valor da causa e à alteração dos valores das alçadas*); – pelo art.º 2.º do Dec.-Lei n.º 34/2008, de 28 de Fevereiro, adequou-se o Código ao novo *Regulamento das Custas Processuais* por esse diploma aprovado; – pelo art.º 15.º do Dec.-Lei n.º 116/2008, de 4 de Julho, adequou-se a redacção dos art.ºs 46.º, 50.º, 51.º, 810.º, 838.º, 879.º, 886.º e 900.º às novas regras e procedimentos registrais; – pelo art.º 160.º da Lei n.º 52/2008, de 28 de Agosto (LOFTJ/2008), procedeu-se à 54.ª alteração enxertada na nova *Lei de Organização e Funcionamento dos Tribunais Judiciais*; – pelo art.º 4.º da Lei n.º 61/2008, de 31 de Outubro, alterou-se a epígrafe do capítulo XVII do título IV do livro III (consequência da alteração do regime jurídico do divórcio); – pelos art.ºs 1.º e 2.º do Dec.-Lei n.º 226/2008, de 20 de Novembro, levou-se a efeito a 56.ª alteração, consistente, não só na modificação de um significativo número de artigos, como também no aditamento dos art.ºs 675.º-A, 812.º-C, 812.º-D, 812.º-E, 812.º-F, 833.º-A, 833.º-B e 907.º-B, todos relativos ao processo executivo; – pela Lei n.º 29/2009, de 29 de Junho, instituiu-se um novo *Regime Jurídico do Processo de Inventário*, com a consequente revogação de parte substancial das normas a esse respeito atinentes do CPC, tendo-se ainda aditado novos preceitos relativos à *mediação pré-judicial* (cfr. os art.ºs 78.º, 79.º e 86.º dessa Lei).

5. Legislação complementar, circum-processual e circum-judiciária.

Entre os diversos diplomas anteriores e posteriores ao Código de 95 que vieram bolir, mais ou menos profundamente, com os regimes processuais e judiciários instituídos e cuja disciplina continua essencialmente em vigor, há a salientar os seguintes:

– a Lei n.º 31/86, de 29 de Agosto, instituiu e regulamentou a *arbitragem voluntária;* – o Dec.-Lei n.º 211/91, de 14 de Junho, aprovou o *novo regime do processo civil simplificado*; – a Lei n.º 83/95, de 31 de Agosto, instituiu um novo regime da *acção popular*; – o Dec.-Lei n.º 269/98, de 1 de Setembro (depois sucessivamente alterado pelo Dec.--Lei n.º 107/2005, de 1 de Julho, pela Lei n.º 14/2006, de 24 de Abril e pelo Dec.-Lei n.º 303/2007, de 24 de Agosto), instituiu o *regime dos procedimentos para cumprimento de obrigações pecuniárias emergentes de contratos*, bem como das obrigações emergentes de transacções comerciais e *injunção*; – o Dec.-Lei n.º 78/87, de 17 de Fevereiro, aprovou o Código de Processo Penal, cuja 17.ª e última alteração foi introduzida pelo art.º 161.º da Lei n.º 52/2008, de 28 de Agosto (LOFTJ/2008); – o

Dec.-Lei n.º 433/99, de 26 de Outubro, aprovou o *Código de Procedimento e de Processo Tributário,* cuja 15.ª alteração foi operada pela Lei n.º 40/2008, de 11 de Agosto; – o Dec.-Lei n.º 480/99, de 9 de Novembro, aprovou o novo *Código de Processo do Trabalho,* cujas últimas alterações foram introduzidas pelo Dec.-Lei n.º 295/2009, de 13 de Outubro; – a Lei n.º 15/2002, de 22 de Fevereiro, na redacção da Lei n.º 4-A/2003, de 19 de Fevereiro, aprovou o novo *Código de Processo nos Tribunais Administrativos* entrado em vigor em 1 de Janeiro de 2004; – o Dec.-Lei n.º 272/2001, de 13 de Outubro, veio transferir a competência decisória em determinados *processos de jurisdição voluntária* dos tribunais judiciais para o Ministério Público e para as conservatórias do registo civil *(procedimentos perante o Ministério Público e perante as Conservatória do Registo Civil)* – a Lei n.º 78/2001, de 13 de Julho, re-instituiu os *julgados de paz,* cuja regulamentação actual foi aprovada pela Portaria n.º 1112/2005, de 28 de Outubro; – a Lei n.º 34/94, de 29 de Julho, depois complementada pelo Dec.-Lei n.º 71/2005, de 17 de Março e pela Portaria n.º 1085-A/2004, de 31 de Agosto, aprovou o regime do *Acesso ao Direito e aos Tribunais,* lei essa depois alterada pela Lei n.º 47/2007, de 28 de Agosto e completada pela Portaria n.º 10/2008, de 3 de Janeiro; – o Dec.-Lei n.º 108/2006, de 8 de Junho, procedeu à criação de um *regime processual civil de natureza experimental* aplicável às acções *declarativas cíveis a que não corresponda processo especial e a acções especiais para o cumprimento de obrigações pecuniárias emergentes de contratos,* entradas a partir de 16 de Outubro de 2006; – a Lei n.º 67/ /2007, de 31 de Dezembro de 2007, veio aprovar o novo regime da *responsabilidade civil extracontratual do Estado e demais entes públicos* por danos decorrentes da função administrativa, com as inerentes implicações em sede de *competência em razão da matéria*[1]; – a Portaria n.º 114/2008, de 6 de Fevereiro[2], veio regular a prática dos actos processuais das partes e da secretaria *(entrega de peças processuais e notificações),* bem como dos magistrados, por *via electrónica.*

Finalmente, o Dec.-Lei n.º 34/2008, de 26 de Fevereiro, veio aprovar o novo *Regulamento das Custas Processuais,* para entrar em vigor em 1 de Setembro de 2008 (entretanto rectificado pela Declaração n.º 22/

---

[1] Cfr. DR, 1.ª série, n.º 251, de 31 de Dezembro de 2007, pp. 9117 e ss.
[2] Cfr. DR, 1.ª Série, n.º 26, de 6 de Fevereiro de 2008, pp. 928 e ss.

/2008, de 24 de Abril e sucessivamente alterado pela Lei n.º 43/2008, de 27 de Agosto, pelo Dec.-Lei n.º 181/2008, de 28 de Agosto e pela Lei n.º 64-A/2008, de 31 de Dezembro (Lei Orçamental), esta a diferir a sua entrada em vigor para 26 de Abril de 2009) e cujo âmbito de aplicação se estende «*aos processos que correm nos tribunais judiciais e nos tribunais administrativos e fiscais*». Diploma que, paralelamente, introduziu algumas significativas alterações no capítulo VII do título I do livro III do CPC, subordinado à epígrafe "Das custas, multas e indemnização" (cfr. art.º 2.º respectivo).

Entre os chamados *diplomas orgânicos e estatutários*, há que dar particular relevo: – à já citada *Lei de Organização e Funcionamento dos Tribunais Judiciais* aprovada pela Lei n.º 3/99, de 13 de Janeiro (LOFTJ 99), cujas últimas alterações foram operadas através da Lei n.º 42/2005, de 29 de Agosto e pelo art.º 5.º do Dec.-Lei n. 303/2007, de 24 de Agosto e ao respectivo Regulamento aprovado pelo Dec-Lei n.º 186-A/99, de 31 de Maio (Lei essa substituída pela nova LOFTJ/2008 aprovada pela Lei n.º 52/2008, de 28 de Agosto), depois alterado pelo art.º 51.º do Dec.-Lei n.º 25/2009, de 26 de Janeiro; – ao Dec.-Lei n.º 25/2009, de 26 de Janeiro, que veio proceder à organização das comarcas-piloto instituídas pelos n.ºs 2 e 3 da Lei n.º 52/2008, declarando a sua instalação efectiva a partir de 14 de Abril de 2009 (art.º 49.º); – ao *Estatuto dos Magistrados Judiciais* (EMJ 85) aprovado pela Lei n.º 21/85, de 30 de Julho e cuja 10.ª alteração foi operada através da Lei n.º 52/2008, de 28 de Agosto (LOFTJ/2008); – ao *Estatuto do Ministério Público* aprovado pela Lei n.º 47/86, de 15 de Outubro e cuja 7.ª alteração foi operada pelo art.º 164.º da Lei n.º 52/2008, de 28 de Agosto (LOFTJ/2008); – ao *Estatuto dos Tribunais Administrativos e Fiscais* aprovado pela Lei n.º 13/2002, de 19 de Fevereiro e cuja 5.ª e última alteração foi introduzida pela Lei n.º 26/2008, de 27 de Junho; – ao *Estatuto dos Assessores Judiciais* aprovado pela Lei n.º 2/98, de 8 de Janeiro; – ao *Estatuto da Câmara dos Solicitadores* aprovado pelo Decreto-Lei n.º 88/2003, de 26 de Abril; – ao *Estatuto dos Funcionários da Justiça* aprovado pelo Decreto-Lei n.º 343/99, de 26 de Agosto e cuja 4.ª alteração foi operada pela Lei n.º 42/2005, de 29 de Agosto; – ao *Estatuto da Ordem dos Advogados* aprovado pela Lei n.º 15/2005, de 26 de Janeiro de 2005; – à Lei n.º 2/2008, de 14 de Janeiro (LOCEJ), que veio regular «ex-novo» o *ingresso nas magistraturas judicial e do Ministério Público*; – à Lei n.º 59/2008, de 11 de Setembro, que veio aprovar o Regime do Contrato de Trabalho em Funções Públicas (RCTFP).

De referir ainda a *Lei Orgânica Sobre Organização, Funcionamento e Processo do Tribunal Constitucional* aprovada pela Lei n.º 28/82, de 15 de Novembro, e alterada pelas Leis n.ºs 143/85, de 26 de Novembro, 85/89, de 7 de

Capítulo I – Acesso à justiça e aos tribunais... 45

Setembro, 88/95, de 1 de Setembro e 13-A/98, de 26 de Fevereiro, reguladora da admissibilidade, tramitação e julgamento dos *recursos de constitucionalidade*[1].

Por contenderem intimamente com institutos e regulamentação processual civil, há que mencionar os grandes *corpos normativos codificados de direito material* em vigor, também eles já objecto de sucessivas alterações ulteriores, a saber: – o *Código Civil* de 1966 aprovado pelo Dec.-Lei n.º 47.344, de 25 de Novembro de 1966 e entrado em vigor em 1 de Janeiro de 1967 (cujas últimas alterações foram introduzidas pelo art.º 4.º do Dec.-Lei n.º 116/2008, de 4 de Julho, pelo art.º 1.º da Lei n.º 61/2008, de 31 de Outubro e pelo art.º 1.º da Lei n.º 14/2009, de 1 de Abril); – o *Código Comercial* de 1888, aprovado pela Carta de Lei de 28 de Junho de 1888; – a *Organização Tutelar de Menores* aprovada pelo Dec.-Lei n.º 314/78, de 27 de Outubro e cujas últimas alterações foram introduzidas pela Lei n.º 31/2003, de 22 de Agosto; – o *Código das Sociedades Comerciais* revisto pelo Dec.-Lei n.º 257/96, de 31 de Dezembro; – o *Regime do Arrendamento Rural* aprovado pelo Dec.-Lei n.º 385/88, de 25 de Outubro; – o *Código das Expropriações* aprovado pela Lei n.º 168/99, de 18 de Setembro, cuja 4.ª e última alteração foi introduzida pela Lei n.º 56/2008, de 4 de Setembro; – o *Código do Trabalho* aprovado pela Lei n.º 7/2009, de 12 de Fevereiro.

E outros diplomas avulsos como: – a Lei n.º 75/98 de 19 de Novembro, alterada pelo Dec.-Lei n.º 164/99, de 13 de Maio, instituidora do *Fundo de Garantia de Alimentos Devidos a Menores*; – o Regime Jurídico do *Contrato de Locação Financeira*, aprovado pelo Dec.-Lei n.º 149/95, de 24 de Junho, cujas últimas alterações introduzidas pelo Dec-Lei n.º 30/2008, de 25 de Fevereiro; – a *Lei de Defesa do Consumidor* aprovada pela Lei n.º 24/96, de 31 de Julho; – o Dec.-Lei n.º 67/2003, de 8 de Abril (posteriormente alterado pelo Dec.-Lei n.º 84/2008, de 21 de Maio), relativo à *Venda de Bens de Consumo*; – o Dec.-Lei n.º 291/2007, de 21 de Agosto, sobre *Seguro de Responsabilidade Civil Automóvel e Fundo de Garantia Automóvel*; – o *Código dos Contratos Públicos* aprovado pela Lei n.º 18/2008, de 29 de Janeiro; – o Regime Jurídico do *Contrato de Seguro*, aprovado pelo Dec.-Lei n.º 72/2008, de 16 de Abril.

E também os chamados diplomas registrais: – o Registo de Propriedade Automóvel aprovado pelo Dec.-Lei n.º 54/75, de 12 de Fevereiro, alterado pelo Dec.-Lei n.º 178-A/2005, de 28 de Outubro; – o *Código de Registo Predial* aprovado pelo Dec.-Lei n.º 224/94, de 6 de Junho (e profundamente alterado pelo Dec.-Lei n.º 116/2008, de 4 de Julho); – o *Código do Registo Civil* aprova-

---

[1] O regime de custas no Tribunal Constitucional é o estabelecido pelo art.º 84.º, n.ºs 1 a 5, da Lei n.º 28/82, de 15 de Novembro (LCT), com reporte ao Dec.-Lei n.º 303/98, de 7 de Outubro, alterado pelo Dec.-Lei n.º 91/2008, de 2 de Junho.

do pelo Dec.-Lei n.º 131/95, de 6 de Junho; – o *Código do Notariado* aprovado pelo Dec.-Lei n.º 207/95, de 14 de Agosto (e cujas últimas alterações foram introduzidas pelo art.º 8.º do Dec.-Lei n.º 116/2008, de 4 de Julho); – o *Código da Propriedade Industrial* aprovado pelo Dec.-Lei n.º 36/2003, de 5 de Março, cuja 4.ª e última alteração foi introduzida pelo art.º 167.º da Lei n.º 52/2008, de 28 de Agosto (LOFTJ/2008); – o Dec.-Lei n.º 143/2008, de 25 de Julho; – o *Código do Registo Comercial* aprovado pelo Dec.-Lei n.º 403/86, de 3 de Dezembro (e cujas últimas alterações foram introduzidas pelo art.º 9.º do Dec.--Lei n.º 116/2008, de 4 de Julho).

Entre a *legislação internacional e comunitária*[1], há que ter presentes os seguintes diplomas: – o *Tratado CE* (de Nice), assinado em 26 de Fevereiro de 2001 e entrado em vigor em 1 de Fevereiro de 2003; – a Convenção de Nova York, de 10 de Junho de 1958, Sobre *Reconhecimento e Execução de Sentenças Arbitrais Estrangeiras*; – a *Convenção Europeia dos Direitos do Homem* (CEDH) assinada em 1950 e respeitante a *direitos civis e políticos*; – a *Convenção de Viena*, de 18 de Abril de 1961 sobre *imunidades de jurisdição*; – as *Convenções de Bruxelas* (1968) e de *Lugano* (1988), relativas à *execução de decisões em matéria cível e comercial*; – a *Convenção de Haia* de 5 de Outubro de 1961, relativa à Supressão da Exigência de *Legalização dos Actos Públicos Estrangeiros*; – o *Regulamento (CE) n.º 44/2001*, do Conselho, de 22 de Dezembro de 2000, relativo à *competência judiciária, ao reconhecimento e à execução de decisões em matéria civil e comercial*, alterado pelos Regulamentos (CE) n.ºs 1496/2002, da Comissão, de 21 de Agosto de 2002, 1937/2002, da Comissão, de 9 de Novembro de 2004 e 2245/2004, da Comissão, de 27 de Dezembro de 2004; – o *Regulamento (CE) n.º 1206/2001*, do Conselho, de 28 de Maio de 2001, relativo à cooperação entre os tribunais dos Estados-Membros no domínio da *obtenção de provas em matéria civil e comercial* – o *Regulamento CE, n.º 1/ /2003*, do Conselho, de 16 de Dezembro de 2002, relativo ao *controlo judicial da concorrência*; – o *Regulamento (CE) n.º 2201/2003*, do Conselho, de 27 de Novembro, relativo à competência, ao *reconhecimento e à execução de decisões em matéria matrimonial e em matéria de responsabilidade parental*, alterado pelo Regulamento (CE) n.º 2116/2004, de 2 de Dezembro de 2004; – o Regulamento (CE) n.º 805/2004, do Parlamento Europeu e do Conselho, de 21 de Abril de 2004, que cria o *título executivo europeu* para créditos não contestados; – o Regulamento (CE) n.º 1896/2006, do Parlamento Europeu e do Conselho da União Europeia, de 12 de Dezembro de 2006, mas com entrada em vigor em 12 de Dezembro de 2008, que cria o chamado «*procedimento europeu de injunção*

---

[1] As normas de direito comunitário fazem parte integrante do direito interno português (efeito directo), «ex-vi» do n.º 3 do art.º 8.º da CRP.

Capítulo I – Acesso à justiça e aos tribunais... 47

de pagamento» destinado a «facilitar as cobranças de dívidas não controvertidas e a evitar, fundamentalmente, a falência de pequenas e médias empresas»; – o Regulamento (CE) n.º 861/2007, do Parlamento e do Conselho, de 11 de Julho, com aplicação a partir de 1 de Janeiro de 2009 (art.º 29.º) que veio estabelecer *«um processo europeu para acções de pequeno montante»* em litígios transfronteiriços, como *alternativa* aos processos existentes nos termos da lei nos Estados-Membros; – o Regulamento (CE) n.º 1393/2007, do Parlamento Europeu e do Conselho, de 13 de Novembro de 2007, relativo à citação e à notificação dos actos judiciais e extrajudiciais em matérias civil e comercial nos Estados-Membros.

Capítulo II
Interpretação, integração e aplicação das leis processuais.

> Sumário: **6.** Interpretação das leis processuais. **7.** Integração de lacunas das leis processuais. **8.** Sucessão de leis processuais no tempo. **8.1.** Princípios gerais. A não retroactividade da lei. **8.2.** Aplicações práticas dos princípios sobre aplicação temporal.

6. Interpretação das leis processuais.

Tal como no âmbito do direito privado, pode o intérprete ver-se confrontado com a necessidade de interpretar as normas processuais. Não estabelece, contudo, a nossa lei processual civil quaisquer critérios especiais para a interpretação do direito adjectivo. O carácter específico deste direito não reclama, em princípio, a adopção de regras ou métodos interpretativos diversos dos aplicáveis aos restantes ramos de direito. Essas regras são, por isso, as plasmadas nos art.ºs 9.º e ss. do CC.

Na clássica *teoria da interpretação*, logo se perfilavam duas teses divergentes: a subjectivista e a objectivista. Para a *concepção subjectivista,* o intérprete deveria cingir-se ao pensamento e vontade do legislador real, efectivo e histórico, dos detentores do poder legislativo no momento da publicação da lei (o chamado *espírito da lei* ou *mens legislatoris*). Já para a *concepção objectivista*, a interpretação deveria antes procurar o conteúdo de pensamento e vontade objectivados na própria *letra da lei* (*mens legis*) sem curar do sentido realmente querido pelos seus autores[1].

---

[1] Cfr. Manuel de Andrade, Noções Elementares cit., p. 27.

Comentando aquele art.º 9.º, advertem PIRES DE LIMA e ANTUNES VARELA[1] para o facto de o preceito fornecer uma simbiose ou um compromisso evidentes entre a *concepção subjectivista* (n.º 1) – em princípio prevalecente – e a *objectivista* (n.º 2), ao rejeitar a possibilidade de qualquer hipotético pensamento legislativo que não encontre (no texto legal) um mínimo de tradução literal. E, mandando embora atender às circunstâncias (históricas) em que a lei *foi* elaborada (*tese subjectivista*), não deixa o preceito de conferir relevância às condições específicas do tempo em que a norma é aplicada, assim assumindo uma postura nitidamente *actualista.*

Isto sem olvidar os princípios gerais específicos do processo civil, presentes em múltiplas das suas disposições e que não podem ser postergados na tarefa interpretativa[2]. Assim, a estatuição-previsão de qualquer norma dissonante do respectivo âmago e lhes constitua excepção não deve ser ampliada. Por ex., as normas que dispensam a *audiência prévia do requerido* (art.º 385.º, n.º 1) ou relegam o exercício do contraditório para depois de adoptada a providência (art.º 388.º, n.º 1, al. b)) no domínio dos procedimentos cautelares. Já, em sentido diverso, a faculdade, por parte do réu, de, na contestação, *arrolar testemunhas e requerer outras provas*, há-de, por uma razão de paridade (princípio da igualdade das partes) e no silêncio dos art.ºs 486.º e ss, considerar-se como emanação do n.º 2 do art.º 467.º, que idêntica faculdade expressamente concede ao autor. Também para uma correcta interpretação/aplicação concreta dos pressupostos legais da condenação por *litigância de má-fé* e, bem assim, dos *conceitos indeterminados* vertidos no art.º 456.º, n.º 2, alíneas a), b), c) e d), há que atentar no sentido e alcance daqueles supra-citados princípios. De resto, impondo ao tribunal o dever de obediência à lei (n.º 2 do art.º 8.º do CC), este preceito, no seu n.º 3, não deixa de apelar ao julgador-intérprete para que, ao decidir, se socorra dos casos merecedores de tratamento análogo, «a fim de obter uma interpretação e aplicação uniformes do direito», princípio que, à semelhança dos demais princípios gerais e porque pré-ordenado à preservação dos valores da *certeza e da segurança do direito*, deverá ser igualmente extensivo ao processo civil.

A doutrina costuma distinguir, neste domínio, entre *remissões estáticas ou materiais* – remissão para certa norma em atenção ao seu conteú-

---

[1] Cfr. Código Civil Anotado, vol. I, 4.ª ed., p. 58.
[2] Sobre estes princípios, cfr. infra, capítulo V, n.ºs 22 a 35.

Capítulo II – Interpretação, integração e aplicação das leis processuais 51

do – e *dinâmicas ou formais* – remissão para certa norma em atenção apenas a ser aquela que, em certo momento, regula na ordem jurídica determinada questão. Mas a orientação corrente vai no sentido de dar prevalência às *remissões dinâmicas ou formais*, a menos que existam especiais razões, maxime uma norma expressa, a apontar em sentido contrário[1-2].Também devem ser qualificadas como *remissões dinâmicas ou formais* as normas dos diversos códigos processuais que remetem (genericamente) para as normas do CPC como direito subsidiário.

É também legítimo o apelo aos chamados *elemento sistemático* (complexo normativo em que se integra a norma interpretanda), *elemento histórico* (fontes da lei e trabalhos preparatórios) e *elemento racional ou teleológico* (razão de ser da norma ou *ratio legis*). Há, contudo, que conferir menor relevância à *interpretação actualista* e maior saliência ao *elemento sistemático*, atenta especificidade dos princípios gerais do processo civil, de que resulta «deverem as normas *desviantes* ser interpretadas restritivamente»[3].

Se, porém, a norma comportar duas dimensões interpretativas possíveis, sendo uma incompatível e outra compatível com determinado preceito constitucional, deve o intérprete/aplicador escolher esta última, ou seja, fazer uma «*interpretação conforme à Constituição*»[4]. De considerar ainda o *princípio da interpretação conforme ao direito comunitário*,

---

[1] Cfr. Parecer da PGR, DR, II.ª Série, de 9-6-94, p. 5731.

[2] Exemplo de *remissão dinâmica* é a da remissão genérica para o regime da acção administrativa especial e da extensão de aplicabilidade aos processos em matéria jurídico-administrativa da competência de tribunais de outra ordem jurisdicional contempladas nos art.ºs 191.º e 192.º do CPTA. Assim, o art.º 178.º do EMJ 85, que manda aplicar subsidiariamente ao processo de recurso contencioso de anulação das deliberações do Conselho Superior da Magistratura (impugnáveis perante o STJ) as normas que regem os trâmites processuais dos recurso interpostos para o STA, deve – por força da revogação, pelo art.º 6.º da Lei n.º 15/2002, de 22 de Fevereiro, da Parte VI do Código Administrativo, bem como do Dec.-Lei n.º 41234, de 20 de Agosto de 1957, que aprovara o RSTA 57 e também da LPTA 85 aprovada pelo Dec.-Lei n.º 267/85, de 16 de Julho – ser interpretada como havendo transformado as referências feitas em legislação extravagante ao antigo recurso contencioso de anulação em *remissões dinâmicas* para a nova acção administrativa especial regulada no art.º 46.º e ss do CPTA – cfr. Mário Aroso de Almeida e C. A. Fernandes Cadilha, Comentário ao Código de Processo nos Tribunais Administrativos, Coimbra, Almedina, 2005, p. 907.

[3] Cfr. Anselmo de Castro, DPCD, vol I, ed. de 1981 cit., p. 44.

[4] Cfr. Gomes Canotilho, Direito Constitucional, 5.ª ed., 1992, pp. 235 e ss.

numa reafirmação do *primado* desse direito sobre o direito nacional regulador da mesma situação material ou *processual*; postula ele que os tribunais nacionais interpretem o seu direito interno em conformidade com a letra e com a finalidade (espírito) das normas do direito comunitário, anteriores ou posteriores, com ou sem efeito directo[1].

7. Integração de lacunas das leis processuais.

Ao aplicador da lei – de qualquer ramo do direito incluindo o direito processual civil – deparam-se, por vezes, situações carecidas de tutela jurídica que a mesma não contempla, ou porque, aquando da feitura e publicação da lei, tais situações não tenham sido realmente previstas (*caso omisso*) ou porque, embora previsíveis, o legislador, ao regulá-las, incorreu em verdadeiros lapsos de regulamentação (*lacuna da lei*).

Mas os juízes não podem abster-se de julgar sob a invocação da «falta, obscuridade ou ambiguidade da lei» ou «de dúvida insanável acerca dos factos em litígio» (conf. os art.ºs 8.º, n.º 1, do CC e 3.º, n.º 2, do EMJ). Deverá ser, por isso, o julgador (o juiz titular do processo) a suprir a regulamentação do caso omisso ou a preencher as respectivas lacunas. Actividade em cujo exercício, à míngua de critérios legais próprios do direito processual, terá de socorrer-se dos critérios aplicáveis ao direito civil comum plasmados no art.º 10.º do CC. Este preceito impõe, como primeiro critério, o recurso à norma aplicável aos casos análogos (*analogia*) – n.º 1 – sendo que «há analogia sempre que no caso omisso procedam as razões justificativas da regulamentação do caso previsto na lei» (n.º 2). «Na falta de caso análogo, a situação deverá ser resolvida de harmonia com a norma *que o próprio intérprete criaria se houvesse de*

---

[1] No sentido da possibilidade do controlo da conformidade das próprias normas da União Europeia pelos tribunais portugueses, designadamente pelo Tribunal Constitucional – mormente depois do aditamento do n.º 4 do art.º 8.º da CRP pela 6.ª revisão –, desde que contendendo as mesmas com os princípios informadores/estruturantes do «núcleo essencial», «núcleo duro» ou «núcleo infungível» da Constituição da República Portuguesa, ainda que com prévia submissão da questão das respectivas «interpretação» ou «validade» à apreciação do TJUE, através do mecanismo do reenvio prejudicial – cfr. J. M. CARDOSO DA COSTA, in Ab Uno ad Omnes – 75 anos da Coimbra Editora, Coimbra, 1998, pp. 1366-1377 e a Jurisdição Constitucional em Portugal, Coimbra, Almedina, 3.ª Ed. Rev. e Act., p. 32, nota 34 e p. 36, nota 37.

Capítulo II – Interpretação, integração e aplicação das leis processuais   53

legislar dentro do espírito do sistema» (n.º 3), ou seja através dos princípios por que se rege o direito constituído. É, assim, de aferir a analogia das situações «em função das *razões justificativas* da solução fixada na lei e não por obediência à mera *semelhança formal* das situações»[1].

Segundo o art.º 11.º do CC, «as *normas excepcionais* não comportam aplicação analógica, mas admitem interpretação extensiva», conceitos que importa, por isso, distinguir: – a *analogia* pressupõe a existência de uma *lacuna da lei* – determinada situação não está compreendida nem na letra da lei nem no seu espírito; – na *interpretação extensiva*, existindo embora um texto legal (não ocorrendo assim omissão), mostra-se necessário «estender» a respectiva previsão, por se reconhecer que a expressão verbal não corresponde ao verdadeiro pensamento do legislador, o qual, ao formular a norma, terá ficado aquém do que efectivamente pretendia dizer (*minus dixit quam voluit*)[2].

8. Sucessão de leis processuais no tempo.

8.1. Princípios gerais. Não retroactividade da lei.

Deve o processo ser regulado pela *lei vigente ao tempo do facto ou relação material* subjacente à causa ou *pela lei em vigor ao tempo da instauração da acção*? A *cada acto processual* deverá ou não aplicar-se a lei em vigor ao tempo da sua prática? Querelas que podem suscitar-se quando, tendo-se o processo iniciado na vigência de uma dada lei, não conheceu ainda o seu epílogo aquando da entrada em vigor de uma nova lei pontualmente conflituante com a disciplina da anterior.

A natureza do processo como sequência ou encadeamento de actos protraídos no tempo, torna-o particularmente atreito a conflitos deste tipo. Há, por isso, que indagar sobre qual das leis em confronto deve eleger-se como aplicável em casos congéneres e quais os critérios de aferição dessa aplicabilidade.

---

[1] Cfr. Pires de Lima e Antunes Varela, Código Civil Anotado, vol. I, 4.ª ed., pp. 59-60.

[2] Cfr. Pires de Lima e Antunes Varela, Código Civil Anotado, vol. I, 4.ª ed. cit., p. 60.

As mais das vezes, o problema é solucionado, quer por meio de *disposições transitórias gerais,* válidas para todas as novas leis ou para as novas leis de certo tipo ou categoria, quer somente para determinada lei processual (*disposições transitórias especiais*). Há ainda que atentar nas *normas transitórias sectoriais* ou *parcelares* acerca do âmbito temporal dos diplomas relativos a certas matérias (por ex. as atinentes ao formalismo processual). Como exemplos típicos de *disposição transitória geral* podem apontar-se o art.º 2.º do Dec.-lei n.º 47690, de 11 de Maio de 1967, que aprovou o Código vigente, o qual excluiu a sua aplicabilidade às acções que devessem ser julgadas pela legislação civil anterior ao Código Civil de 1966, e também a do art.º 142.º do próprio CPC sobre a *lei reguladora da forma e dos actos processuais,* respectivamente a vigente à data em que foram praticados (n.º 1) e a vigente à data em que a acção foi proposta (n.º 2). Também do Dec.-Lei n.º 329-A/95, de 12 de Dezembro, introdutor da mais recente ampla reforma do processo civil, constam diversas *disposições transitórias especiais e sectoriais,* sendo que no respectivo art.º 16.º (depois alterado pelo art.º 5.º da Lei n.º 28/96, de 2 de Agosto) se estabeleceu uma *disposição transitória geral* no sentido de que o diploma só se aplicaria, em princípio, aos processos iniciados após o início da sua vigência (1 de Janeiro de 1997). Entre essas disposições transitórias especiais ou sectoriais, contém o diploma as relativas a prazos processuais (art.º 18.º), aos procedimentos cautelares (art.º 22.º), à citação e às notificações (art.º 19.º n.ºs 1 n.º 3), à marcação de diligências (art.º 20.º, n.º 1), ao adiamento de actos ou audiências (art.º 20.º, n.º 2), à instrução (art.º 23º, n.º 1), ao registo de audiências (art.º 24.º), à impugnação de decisões (art.º 25.º, n.º 1) etc.. Também o Dec.--Lei n.º 303/2007, de 24 de Agosto, instituidor do novo sistema de recursos, veio, através do seu art.º 12.º, estatuir que o mesmo só entraria em vigor no dia 1 de Janeiro de 2008 e, através do n.º 1 do seu art.º 11.º, estabelecer que as suas disposições não se aplicariam aos processos pendentes à data da sua entrada em vigor. De igual modo, o art.º 26.º do novo Regulamento das Custas Processuais aprovado pelo Dec.-Lei n.º 34/2008, de 26 de Fevereiro (RCP), fixou, como data da sua entrada em vigor, a de 1 de Setembro de 2008 (depois sucessivamente diferida para 5 de Janeiro de 2009 e para 26 de Abril de 2009, respectivamente pelo art.º 1.º do Dec.-Lei n.º 101/2008, de 28 de Agosto, e pela Lei Orçamental n.º 64-A//2008, de 31 de Dezembro) enquanto que, quanto à aplicação no tempo, o seu art.º 27.º veio determinar que as alterações às leis do processo por

Capítulo II – Interpretação, integração e aplicação das leis processuais

esse diploma introduzidas, bem como o novo Regulamento, se aplicariam genericamente apenas aos processos iniciados a partir daquela mesma data, todavia com as excepções constantes dos n.ºs 2 a 6 do mesmo preceito.

Na falta de solução expressa no *texto* da nova lei, poderá o aplicador encontrar solução no seu *espírito* com apelo à *ratio legis ou à occasio legis*.

Antes do recurso à analogia ou aos princípios gerais do direito transitório, importará sempre, pois, averiguar previamente se a lei nova, através das suas próprias disposições, oferece solução específica para o efeito. Mas, no seu silêncio, o *princípio geral a aplicar neste domínio é sempre o da aplicação imediata das leis de processo*. De modo irrestrito, aos pleitos instaurados após a sua entrada em vigor e, nas próprias acções já pendentes, a todos os termos processuais subsequentes.

Brande-se, a este propósito, com *a natureza publicística e instrumental do processo*[1]. O direito processual é um *ramo do direito público*, ao qual subjaz e no qual predomina o interesse público fundamental da administração da justiça (*justiça pública*) na sua vertente da justa e célere composição dos conflitos entre particulares; como assim, é de entender que à adopção de tais novas normas correspondeu uma melhor e mais perfeita (na óptica do legislador) adequação das novas opções ao escopo em causa. E daí a norma genérica do n.º 1 do já citado art.º 142.º reguladora da forma dos actos processuais – «a lei em vigor no momento em que são praticados» (*princípio tempus regit actum*). «Quando se publica uma lei nova – escrevia ALBERTO DOS REIS – «isso significa que o Estado considera a lei anterior imperfeita e defeituosa para a administração da justiça ou para o regular funcionamento do poder judicial. Tanto basta para que a lei nova deva aplicar-se imediatamente»[2].

Por outro lado, o direito processual civil é um ramo de *direito adjectivo* que não um sector do *direito material ou substantivo*, não decidindo, por isso, *a se*, sobre a existência ou inexistência do direito que o autor se arroga; limita-se a regular o modo e as regras através dos quais os sujeitos de direito podem/devem fazer valer em juízo os poderes que lhes assistem face ao direito substantivo. Deste modo, se se torna inaceitável, face à consciência jurídica dominante, retirar a qualquer titular um direito (substantivo) que lhe era conferido pela lei vigente à data em que o

---

[1] Cfr. MANUEL DE ANDRADE, Noções Elementares cit., p. 43.
[2] In Processo Ordinário e Sumário, 2.ª ed., Coimbra, 1928, n.º II, p. 32.

respectivo facto aquisitivo se verificou, já não repugna que seja de aplicação imediata uma nova lei (adjectiva) que apenas altera o modo de o fazer valer, ou seja o *modus faciendi* da sua actuação em juízo.

MANUEL DE ANDRADE aludia, muito elucidativamente, à *«máxima segundo a qual as leis contêm implícito um doravante, um daqui para o futuro,* que, quando aplicada às leis do processo, significa naturalmente que os diversos actos processuais devem ter como lei reguladora a lei vigente ao tempo da sua prática»[1].

O princípio da aplicação imediata da nova lei processual não se encontra expressamente formulado no CPC[2], mas nem por isso deixa de encontrar-se implícito nas suas escassas disposições transitórias gerais[3]. Deverá, assim, seguir-se, com as necessárias adaptações, a doutrina genericamente estabelecida no art.º 12.º do CC. Preceito que contém ínsito o seguinte *princípio geral: a lei só dispõe para o futuro*; ainda que lhe seja atribuída eficácia retroactiva, presume-se que ficam ressalvados os efeitos já produzidos pelos factos que a lei se destina a regular (n.º 1)[4].

Continua, por isso, a vigorar o princípio tradicional e geral da *não retroactividade das leis*, no sentido de que elas só se aplicam para futuro. E, mesmo que se apliquem para o passado – *eficácia retroactiva* –, presume-se que há a intenção de respeitar os efeitos jurídicos já produzidos. O que significa, na área do direito processual, que a nova lei é de aplicar às *acções futuras* e, outrossim, aos *actos que se vierem futuramente a praticar nas acções pendentes*. A validade e regularidade dos actos processuais anteriores continuarão a aferir-se pela lei antiga, à sombra da qual foram praticados, já que a lei nova não se aplica aos chamados

---

[1] Cfr. Noções Elementares cit., p. 42.

[2] Em Espanha, o art.º 2.º da Ley de Enjuiciamiento Civil (LEC), sob a epígrafe "Aplication em el tiempo de las normas procesales civiles", estatui que «salvo que outra cosa se establezca em disposiciones legales de Derecho transitório, los asuntos que correspondam a los tribunales civiles se sustanciarán siempre por éstos con arreglo a las normas procesales vigentes, que nunca serán retroactivas».

[3] Cfr. PIRES DE LIMA e ANTUNES VARELA, Código Civil Anotado, vol I, 4.ª ed. cit., pp. 61 a 63.

[4] Sobre a aplicação da lei nova aos procedimentos cautelares deduzidos após o seu início de vigência, bem como à revisão e modificação das já decretadas medidas (não obstante o processo principal seguir a tramitação da lei antiga), cfr. AMÂNCIO FERREIRA, Curso, 11.ª ed. cit. pp. 471-472, baseado, para tanto, na disposição transitória 7.ª da Lei de Enjuiciamento Civil espanhola.

Capítulo II – Interpretação, integração e aplicação das leis processuais 57

factos pretéritos para não atingir efeitos já produzidos por estes. «O respeito da validade e eficácia dos actos anteriores pode inclusivamente obrigar à aplicação da lei antiga mesmo a actos posteriores à entrada em vigor da nova lei, se tal for necessário para que os actos anteriormente realizados não percam a sua utilidade»[1]. Princípio que vale também para as chamadas *leis de direito probatório material* (que versam sobre o ónus da prova e a admissibilidade e força probatória dos diversos meios de prova)[2].

O *princípio da não retroactividade da lei* encontra-se expressamente consagrado na CRP unicamente para a *matéria penal* (n.ºs 1 e 4 do art.º 29.º), para as *leis restritivas de direitos, liberdades e garantias* (n.º 3 do art. 18.º) e para o *pagamento de impostos* (art.º 103.º, n.º 3), sendo que a própria LF prescreve que a declaração de inconstitucionalidade ou de ilegalidade com força obrigatória geral, por infracção de norma constitucional ou legal posterior, só produz efeitos desde a entrada em vigor desta última (art.º 282.º, n.º 2). Todavia, e de harmonia com a jurisprudência uniforme do Tribunal Constitucional, embora esse princípio não tenha assento expresso na Constituição (salvos aqueles citados casos), uma lei retroactiva pode ser inconstitucional, não por ser retroactiva, mas por contrariar normas ou princípios constitucionais, como, por ex., o *princípio da protecção da confiança*, «ínsito no princípio do Estado de direito democrático, especificamente acolhido no art.º 2.º da Constituição», o que sucederá quando a aplicação retroactiva de um preceito legal se revelar «ostensivamente irrazoável», «quando a norma retroactiva violar, de forma intolerável a segurança jurídica e a confiança que os cidadãos e a comunidade hão-de depositar na ordem jurídica que os rege»[3].

Daí que o conceito de *retroactividade* adoptado pelo art.º 12.º do CC, se deva considerar como «constitucionalmente conforme e adequado», pois que expressão «de uma linguagem jurídica comum, tendencialmente válida em todos os sectores do ordenamento jurídico»[4].

---

[1] Cfr. MANUEL DE ANDRADE, Noções Elementares cit., p. 44.

[2] Cfr. VAZ SERRA, As Provas – Direito Probatório Material, Lisboa, 1962, p. 7.

[3] Cfr., v.g, os acórdãos do TC n.ºs 70/92 e 95/92, respectivamente, de 24-2-1992 e 17-3-1992, BMJ, n.ºs 414, pp. 130 e 415, p. 190 / Cons.º A. RIBEIRO MENDES.

[4] No sentido de que o art.º 12.º do CC, embora não estando inserido na Constituição, «funciona como uma autêntica bitola profunda da ordem jurídica» – cfr. A. MENEZES CORDEIRO «Problemas de Aplicação da Lei no Tempo – Disposições Transitórias», in A Feitura das Leis, II, 1986, pp. 374 e ss.

8.2. Aplicações práticas dos princípios sobre aplicação temporal.

§1.º – Leis sobre a competência dos tribunais.

As *leis sobre a competência dos órgãos judiciários* fixam a medida da jurisdição dos diversos tribunais, definindo os critérios de repartição do poder de julgar entre os diversos órgãos jurisdicionais de uma determinada ordem[1]. Ao sucederem-se no tempo, essas leis podem introduzir *alterações orgânicas* ou simplesmente *funcionais* na competência dos tribunais: – as *leis orgânicas* criam ou suprimem tribunais; – as *leis funcionais* limitam-se a operar uma redistribuição das diversas causas pelos tribunais existentes, modificando assim a medida da sua jurisdição[2]. De harmonia com o *princípio da aplicação imediata da lei processual*, as alterações introduzidas pela lei nova em matéria de competência deveriam ter aplicação, não só a todas as acções futuras, como às próprias acções pendentes. Outra é, contudo, a solução legal.

A LOFTJ/2008 contempla, com efeito, no seu art.º 24.º, uma disposição transitória geral relativa à lei reguladora da competência. Assim, de harmonia com o n.º 1 desse preceito, a *competência (do tribunal) fixa-se no momento em que a acção se propõe, sendo irrelevantes as modificações de facto que ocorram posteriormente*; e, face ao seu n.º 2, sendo igualmente irrelevantes as *modificações de direito (posteriores)*, é de aplicar imediatamente a nova lei se for *suprimido o órgão a que a causa estava afecta* ou *lhe for atribuída competência de que inicialmente carecia* para o conhecimento da causa. A regra é, pois, a da *aplicação imediata* da nova lei apenas quanto às *acções futuras*; relativamente às *acções pendentes,* a regra já será a da aplicação da *lei vigente à data da propositura da acção*: se o tribunal for competente no momento da propositura da acção, competente se manterá até ao julgamento final – princípio da *perpetuatio jurisditionis*[3].

Reporta-se a *1.ª excepção* à *supressão pela nova lei do órgão (judiciário) a que a causa estava afecta*: extinto o tribunal a que a causa se encontrava adstrita, não se prolongará artificialmente a sua "existência" e

---

[1] Cfr. ANTUNES VARELA/J. M. BEZERRA/SAMPAIO E NORA, Manual cit., p. 50.

[2] Cfr. MANUEL DE ANDRADE, Noções Elementares cit., pp. 44-45.

[3] Cfr. MANUEL DE ANDRADE, Noções Elementares cit., p. 46.

Capítulo II – Interpretação, integração e aplicação das leis processuais   59

o seu funcionamento para levar até final a acção nele em curso; e as acções pendentes, mesmo se já exaurido o prazo dentro do qual a incompetência do tribunal poderia ser normalmente arguida ou suscitada «ex officio», *devem ser oficiosamente remetidas para o órgão jurisdicional que passe a ser competente segundo a nova lei* (art.º 64.º do CPC). Traduz-se a *2.ª excepção* em a nova lei *atribuir ao tribunal onde pende a acção a competência de que ele não dispunha* no momento da respectiva instauração. Nesta hipótese, a nova lei tem *aplicação imediata*, não só às acções futuras, mas também às acções pendentes; seria, com efeito, incompreensível retirar o processo do tribunal onde pendesse – agora competente para julgar a acção se esta ali houvesse sido instaurada –, a fim de o remeter para o tribunal deixado de ser competente[1].

§2.º – Leis sobre o ritualismo ou formalismo processual.

As normas reguladoras dos *actos* a praticar na proposição e desenvolvimento da acção, neles incluídos os respectivos *termos* e *formalidades*, bem como das diversas formas de processo, são das mais típicas e relevantes do direito processual civil. Os diversos actos processuais (*termos* e *formalidades*) encadeiam-se logicamente num complexo mais vasto, não raro servindo de preparação de actos subsequentes e, em última análise, da própria sentença a proferir (*actos instrumentais, preparatórios ou instrutórios*).

Também, neste domínio, é de acolher, em termos genéricos, o *princípio da aplicação imediata da lei nova*, abrangendo, quanto aos *actos processuais*, não só os actos a praticar em *acções futuras*, como ainda os actos a praticar nas *acções pendentes* à data da sua entrada em vigor. Na verdade, se o legislador, numa melhor ponderação do interesse público que lhe incumbe prosseguir, acabou por entender necessário alterar as condições de validade ou da eficácia de certo acto, bem como o *ritus*, os pressupostos processuais ou os meios de tutela judiciária, «passa a haver urgência na aplicação do novo regime, abarcando inclusivamente os processos pendentes»[2]. Isto a menos que essa aplicação imediata possa

---

[1] Cfr. Antunes Varela/J. M. Bezerra/Sampaio e Nora, Manual cit., pp. 51-52.
[2] Cfr. Anselmo de Castro, DPCD, vol. I cit., pp. 59-60.

Direito Processual Civil

acarretar a *invalidação* de actos praticados à sombra da lei antiga ou se revelem contrários ao espírito da nova lei.

Princípios esses, de resto, *expressis verbis* consagrados no já citado art.º 142.º, subordinado à epígrafe "Lei reguladora da forma dos actos e do processo", preceito que, distinguindo entre a forma (ou esquema geral) do processo e a forma de cada um dos actos *uti singuli*, estatui que: «*a forma dos diversos actos processuais é regulada pela lei que vigore no momento em que são praticados*» (n.º 1); e que «*a forma de processo aplicável* determina-se pela lei vigente à data em que a acção é proposta» (n.º 2). Confirma, assim, esse n.º 1 o princípio doutrinário traduzido na fórmula latina *tempus regit actum,* com rejeição da aplicabilidade da lei em vigor à data da proposição da acção ou à data da apreciação da validade do concreto acto.

O que vale por dizer: – *quanto aos actos praticados na vigência da lei pretérita*, é esta que continua a regular a sua validade, *mesmo que a acção destinada a impugná-los seja proposta já no domínio da nova lei*; esta deve contudo respeitar os actos anteriores à sua vigência, cuja regularidade e eficácia continuam a ser aferidas pela lei antiga; – *quanto ao futuro*, a nova lei deve aplicar-se a todos os actos processuais posteriores à sua entrada em vigor. MANUEL DE ANDRADE[1] refere, a este propósito, o seguinte exemplo: «se uma nova lei viesse restabelecer o sistema da discussão escrita abolindo o actual sistema da oralidade, a discussão da causa deveria continuar a ser oral relativamente aos processos em que estivesse já iniciada a respectiva audiência».

No que tange aos chamados *actos duradouros* em geral, *cuja realização* se pode prolongar no tempo, tais como o da *inquirição das testemunhas ou a audiência de discussão e julgamento*, a nova lei reguladora desses actos *não deve aplicar-se às acções pendentes*, porquanto da sua aplicação pode resultar a inutilização de actos anteriormente praticados. Pode mesmo (por vezes) tornar-se necessário que «o processo continue a seguir durante uma parte do seu curso os trâmites da mesma lei antiga ou praticar outros actos para que a utilidade dos já praticados não deixe de subsistir no trânsito da lei antiga para a lei nova»[2]. Mas já «*deve aplicar--se imediatamente a lei que, dentro da forma de processo que está a ser*

---

[1] Cfr. Noções Elementares cit., p. 47.
[2] Cfr. MANUEL DE ANDRADE, Noções Elementares cit., p. 44 e ANSELMO DE CASTRO, DPCD, vol. I cit., p. 57.

Capítulo II – Interpretação, integração e aplicação das leis processuais   61

observada, suprima um acto ou altere os pressupostos da sua prática, como, por exemplo, a lei que suprima um dos articulados ou altere os requsisitos da sua admissibilidade»[1].

§3.º – Leis sobre provas.

Provas são os meios a utilizar para o apuramento da realidade dos factos (controvertidos) deduzidos pelas partes e que, face ao direito aplicável, interessam ao exame e decisão do mérito da causa.

As normas relativas a tal actividade podem constituir *direito probatório material* ou *direito probatório formal*. O *direito probatório material* trata e regula: o ónus da prova e suas regras distributivas, a admissibilidade e força probatória dos vários meios de prova (documental, pericial, por confissão, por inspecção ou por presunção). O *direito probatório formal* regula *o modo de produção das provas em juízo*, determinando quais os actos a praticar para a utilização dos diversos meios de prova[2].

Ora, *deve aplicar-se imediatamente o novo direito probatório formal* porquanto se trata de puro formalismo processual. A nova lei valerá, assim, não só para as *acções futuras*, mas também para as *acções pendentes*, quanto a todas as diligências probatórias que importe realizar após a sua entrada em vigor. Idêntica doutrina é de observar para o *direito probatório material*, enquanto regula a *admissibilidade das provas de quaisquer factos em geral*, já que se não descortina qualquer razão para arredar a sua aplicação imediata, mesmo às acções pendentes.

É, contudo, de seguir o *princípio tempus regit actum* quanto ao novo *direito probatório material* relativo à admissibilidade das provas de determinados factos (ou negócios) jurídicos especiais, tais como de um contrato-promessa de compra e venda de imóveis (art.º 410.º, n.ºs 2 e 3), de um arrendamento urbano (art.º 1069.º), de um contrato de compra e venda ou de doação de um imóvel (art.ºs 875.º e 947.º) ou de de um contrato de mútuo superior a certo montante (art.º 1143.º), todos estes preceitos do CC[3]. Orientação contrária poderia contender com a situação jurídico-

---

[1] Cfr. ANTUNES VARELA/J. M. BEZERRA/SAMPAIO E NORA, Manual cit., p. 55.

[2] Cfr. MANUEL DE ANDRADE, Noções Elementares cit., p. 47-48 e VAZ SERRA, Provas – Direito Probatório Material cit., p. 7.

[3] Cfr. a nova redacção dada aos art.ºs 410.º, 413.º e 1143.º do CC pelo art.º 4.º do Dec.-Lei n.º 116/2008, de 4 de Julho.

-material das partes, não sendo, em todo o caso, justo sujeitar qualquer delas às (maiores) exigências de uma nova lei, que não a vigente à data da consumação do acto jurídico negocial[1].

Se se tratar da prova de *factos naturais* (como o nascimento, um acidente, um óbito, um casamento etc), já o princípio *tempus regit actum* não é de acolher, por não existirem nesses casos expectativas relevantes na aplicação da lei então vigente que sobrelevem as vantagens resultantes da aplicação imediata da lei nova.

No caso especial *dos meios de prova das relações sexuais*, em acção de investigação da paternidade (v.g. testemunhais ou periciais) deverão ser atendidos os admitidos pela *lei vigente ao tempo da propositura da acção*, que não os admitidos, por ex., pela lei em vigor ao tempo da concepção.

No que se refere à chamada *prova por presunções* – ilações que a lei ou o julgador deduz de um facto conhecido para firmar um facto desconhecido (art.º 349.º do CC) –, mais propriamente quanto às *presunções legais*, ou seja, àquelas hipóteses em que de um facto a lei conclui a existência ou a não existência de um direito ou relação jurídica, há que sufragar a opinião doutrinal corrente da inclusão de tais presunções no âmbito do *direito material*. Valerá pois, igualmente, nesta sede, o princípio «*tempus regit actum*»[2].

§4.º – Leis sobre recursos.

Regulam estas leis a *admissibilidade e a tramitação dos recursos*, isto é dos meios processuais destinados a impugnar as decisões judiciais, provocando uma nova apreciação (reexame) das decisões e um novo julgamento por parte de um tribunal de hierarquia superior. Entre essas normas, importa distinguir, para o efeito da sua aplicação no tempo, entre *as que fixam as condições de admissibilidade do recurso e as que se limitam a regular as formalidades da preparação, instrução e julgamento do recurso.*

Quanto à *tramitação do recurso* – porque se trata de mero formalismo processual (por ex. o regime das alegações, dos vistos e das noti-

---

[3] Cfr. ANTUNES VARELA/J. M. BEZERRA/SAMPAIO E NORA, Manual cit., p. 62.
[2] Cfr. ANSELMO DE CASTRO, DPCD, vol I cit., p. 72.

Capítulo II – Interpretação, integração e aplicação das leis processuais   63

ficações) –, deve *aplicar-se imediatamente a lei nova* a *todas as decisões* que venham a ser proferidas nas causas pendentes (*ainda não julgadas*). E não só aos *recursos a interpor futuramente* em acções pendentes, como aos próprios *recursos já pendentes*[1].

Relativamente às normas que fixam as condições de admissibilidade do recurso (por ex., de alteração da alçada dos tribunais), porque a sua aplicação pode contender de forma decisiva com a relação substantiva controvertida em juízo, costuma a doutrina distinguir diversos tipos de situações:

a) – *se a nova lei passar a admitir um recurso de decisões que anteriormente o não admitiam,* não deve, em princípio, aplicar-se às decisões já proferidas à data da sua entrada em vigor; de contrário, frustrar-se-iam as expectativas fundadas sobre o *caso julgado,* uma vez que a nova lei operaria uma destruição retroactiva da força e autoridade que a decisão adquirira à sombra da lei antiga[2]; cfr., neste sentido, ANSELMO DE CASTRO, ao observar que a aplicação da lei nova iria, nesse caso, atingir um processo já encerrado, sendo certo que o caso julgado constitui um limite à aplicação de qualquer nova norma[3];

b) – *se a nova lei passar a negar o recurso* que a lei anterior admitia, há, por seu turno, que distinguir: – *se o recurso já estiver interposto* (ou mesmo admitido), a nova lei não se aplica às decisões anteriores pois que, de contrário, ofenderia gravemente as legítimas expectativas do recorrente fundadas na lei vigente à data da interposição do recurso; – *se o recurso não estiver ainda interposto*, propendemos também, na peugada da posição doutrinal corrente, pela inaplicabilidade da nova lei, porquanto «de outro modo, a decisão passaria a ter um valor que lhe não competia pela lei do tempo em que foi pronunciada»[4] [5]; na dúvida, pois, a solução mais correcta é a da *não aplicabilidade da nova lei às decisões*

---

[1] Cfr. ANTUNES VARELA/J. M. BEZERRA/SAMPAIO E NORA, Manual cit., pp. 55 e ss.

[2] Cfr., ALBERTO DOS REIS, Sobre a Aplicação das Leis de Processo Quanto ao Tempo, RLJ, ano 86.º, pp. 84 e ss.

[3] Cfr. DPCD, vol I cit., p. 61.

[4] Cfr. MANUEL DE ANDRADE, Noções Elementares cit., p. 49.

[5] Cfr. ALBERTO DOS REIS: «A posição do juiz que dita uma sentença sujeita a recurso não é a mesma da do juiz que dita uma sentença da qual não é lícito recorrer. Seria, por isso, estranho e perigoso que se suprimisse bruscamente a garantia do recurso, ou melhor, se eliminasse abruptamente o novo exame da causa com o qual o próprio juiz contava no acto da elaboração e emissão da sentença» – RLJ, ano 86.º, p. 87.

susceptíveis de recurso, de harmonia com o direito em vigor à data da respectiva prolação; na solução contrária, para além de a nova lei vir conferir retroactivamente força de caso julgado a decisões que a não possuíam aquando da sua emissão, seria indefensável que se deixasse ao factor (meramente aleatório) da maior ou menor prestreza na interposição do recurso que decisões do mesmo teor e sentido, proferidas na mesma data, umas transitassem e outras não transitassem em julgado[1], em clara violação do *princípio da igualdade*.

c) – relativamente às decisões que venham a ser proferidas (no futuro) *em acções pendentes, a nova lei é imediatamente aplicável, quer passe a admitir* recurso anteriormente não admissível, *quer negue* o recurso em relação a decisões anteriormente recorríveis. As expectativas criadas pelas partes ao abrigo da legislação anterior perderam já actualidade no momento da decisão, não justificando, por isso, qualquer dilação na aplicação da nova lei.

De notar que o legislador vem seguindo a muito louvável prática de consagrar *expressis verbis*, nas próprias disposições eliminatórias dos recursos, a sua não aplicação aos processos pendentes à data da respectiva entrada em vigor – conf. por ex,. no art.º 8.º, n.º 2 do Dec.-Lei n.º 375-A/99, de 20 de Setembro, quanto à não admissibilidade de recurso para o Supremo das decisões da Relação proferidas ao abrigo dos números 1 a 5 do art.º 712.º (decisões sobre matéria de facto), bem como das decisões proferidas nos procedimentos cautelares (art.º 387.º-A) e no art.º 12.º do Dec.-Lei n.º 303/2007, de 24 de Agosto, quanto à entrada em vigor das (suas) novas disposições sobre a matéria dos recursos e o valor das alçadas, diferida para 1 de Janeiro de 2008.

§5.º – Leis sobre prazos judiciais.

Estas leis fixam os *lapsos de tempo* a partir dos quais o acto deve ser praticado, períodos esses compreendidos entre um termo inicial (*terminus a quo*) e um termo final (*terminus ad quem*) havendo, desde logo, que distinguir, entre *prazo legal*, se estabelecido por lei, e *prazo judicial* se fixado pelo juiz no decurso do processo.

---

[1] Cfr. ANTUNES VARELA/J. M. BEZERRA/SAMPAIO E NORA, Manual cit., p. 57.

Capítulo II – Interpretação, integração e aplicação das leis processuais 65

Contempla a lei duas modalidades legais de prazo: *prazo dilatório* e prazo *peremptório* (art.º 145.º, n.º 1). Assim: – *o prazo dilatório* difere para certo momento a possibilidade de realização de um acto ou o início da contagem de um outro prazo (n.º 2); – o decurso do *prazo peremptório* extingue o direito de praticar o acto (n.º 3), salvos os casos de prática (acompanhada do pagamento imediato de uma multa) nos três dias úteis seguintes ao termo do prazo (art.º 145.º) e de justo impedimento (art.º 146.º).

Também, neste campo, se leis posteriores vierem alterar os prazos estabelecidos em leis anteriores devem distinguir-se as possíveis situações, tendo sempre como princípios directores os contemplados no art.º 297.º do CC sobre alteração de *prazos substantivos*, cuja doutrina é extensiva, na parte aplicável, aos *prazos fixados pelos tribunais ou por qualquer autoridade* (cfr. n.º 3 respectivo), ou seja, a *todos os prazos judiciais e administrativos*[1]. Assim:

a) – *deve aplicar-se imediatamente* (isto é, aos prazos relativos a actos a praticar futuramente no seio de acções pendentes, bem como aos próprios prazos já em curso) *a nova lei que alonga um prazo peremptório*, computando-se, porém, no novo prazo o período temporal já decorrido na vigência da lei antiga (n.º 2 do art.º 297.º do CC)[2]; *deve também aplicar-se imediatamente*, por força desse n.º 2, *a nova lei que alongue um prazo dilatório*;

b) – deve *aplicar-se imediatamente a nova lei que encurte um prazo peremptório* (mesmo *aos prazos em curso*), mas contando-se apenas o tempo decorrido na vigência da lei nova, salvo se daí resultar, no caso concreto, um alargamento do prazo;

c) – *deve aplicar-se* também *imediatamente*, mesmo aos prazos em curso, *a lei nova que venha abreviar ou encurtar um prazo dilatório*; mas se, face à nova lei, o prazo dilatório já estiver consumado (exaurido), ao contrário do que acontecia sob a égide da lei anterior, a *dilação deve*

---

[1] Cfr. Pires de Lima e Antunes Varela, Código Civil Anotado, I, 4.ª ed. cit., p. 271. Cfr. ainda, sobre este temática, J. Baptista Machado, Sobre a Aplicação no Tempo do Novo Código Civil, Coimbra, Almedina, 1968, pp. 232-244.

[2] O acórdão do TC n.º 680/2006, in DR, Série II, de 29-1-2007, não julgou inconstitucional a norma do art.º 5.º, n.ºs 1 e 3, da Lei n.º 15/2003, de 22 de Fevereiro, interpretada no sentido de que o prazo para a interposição de um recurso num processo pendente à data da entrada em vigor dessa Lei era o prazo previsto na LPTA (então em vigor) e não o prazo, mais alargado, contemplado no CPTA (lei nova).

considerar-se finda na data da entrada em vigor da nova lei: seria frustrar as legítimas expectativas das partes e contrário ao espírito do preceito do n.º 1 do art.º 297.º «levar mais longe a aplicação imediata da nova lei, considerando a dilação finda antes de ela entrar em vigor»[1].

Assim, por exemplo, e configurando uma hipótese de *encurtamento, pela nova lei, de prazos peremptórios e de prazos dilatórios*: – se a lei nova, entrada em vigor no dia 5 de determinado mês de Maio, vier reduzir um desses prazos de 30 para 15 dias, o prazo já em curso desde por ex. o dia 30 do anterior mês de Abril (e que normalmente expiraria em 30 de Maio seguinte) é já atingido pela nova lei; contudo, no (novo) prazo de 15 dias fixado pela nova lei só se computa o período de tempo decorrido na vigência dela, pelo que o prazo para a prática do acto se deve considerar findo no dia 20 e não no dia 30 (e não também no dia 15); – já não será assim, de harmonia com a doutrina vertida no n.º 1 do art.º 297.º do CC, se, segundo a lei antiga, «faltar menos tempo para o prazo se completar»; deste modo, no mesmo exemplo anterior (de redução pela nova lei para 15 dias de um prazo legal anterior de 30), os prazos em curso há mais de 15 dias continuarão sujeitos à contagem da lei antiga; a não ser assim, e se se contasse um novo prazo (de 15 dias), mas só a partir da vigência da lei nova, o prazo acabaria por ser concretamente alongado, ao arrepio da intenção do legislador; deste modo, se, por hipótese, o prazo (inicialmente de 30 dias) se houvesse iniciado em 18 de Abril, em 5 de Maio subsequente (data da entrada em vigor da nova lei introdutória do prazo mais curto de 15 dias) já haviam transcorrido 17 dias (prazo superior ao fixado pela nova lei). Assim, o prazo em curso, a dever ser contado de harmonia com a lei antiga, esgotar-se-à em 18 de Maio, e não em 20 de Maio, restando, por isso, à parte o prazo adicional de 13 dias para a prática do acto.

Não olvidar, neste âmbito, que se a *um prazo peremptório se seguir a um prazo dilatório*, os dois prazos se deverão contar como se *de um só se trate* e de modo continuado (art.º 148.º).

---

[1] Cfr. ANTUNES VARELA/J. M. BEZERRA/SAMPAIO E NORA, Manual cit., p. 64.

Capítulo II – Interpretação, integração e aplicação das leis processuais 67

§6.º – Leis sobre alçadas.

Entende-se por "alçada" de um tribunal *o limite (máximo) do valor da causa, dentro do qual e até ao qual o tribunal julga sem admissibilidade de recurso ordinário*. Este valor máximo influencia, desde logo, de modo indirecto e por aplicação dos critérios estabelecidos pelos artigos 462.º e 465.º, a *forma do processo* (comum) aplicável à acção – ordinária, sumária ou sumaríssima. E também a *admissibilidade/possibilidade de recurso* das decisões judiciais, atentos os parâmetros e pressupostos contidos no art.º 678.º.

Assim, a nova lei que altere ou modifique os valores das alçadas dos tribunais – a última foi o art.º 5.º do Dec.-Lei n.º 303/2007, de 24 de Agosto, que veio dar nova redacção ao n.º 1 do art.º 24.º da LOFTJ/99 (cfr. hoje o art.º 31.º da nova LOFTJ/2008) – pode suscitar, no que concerne à sua aplicação intertemporal, uma dupla ordem de questões: *qualificação da forma de processo aplicável* às acções abrangidas pela alteração/modificação e *recorribilidade/irrecorribilidade* das respectivas decisões. Uma nova lei que amplie ou *eleve* o valor-limite da alçada torna irrecorrível um maior número de causas; se, ao invés, *diminuir* ou reduzir o valor da alçada, alarga a possibilidade de recurso das respectivas decisões.

A título de exemplo, a seguinte interrogação: tendo a LOFTJ 99 (com a alteração do citado Dec.-Lei n.º 303/2007) elevado de €14.963,94 para €30.000 a alçada da Relação em matéria cível[1], uma acção com o valor de €14 963,95, que até à publicação deste diploma seguia a forma ordinária por virtude do disposto no art.º 462.º, passaria a seguir a forma sumária por mor da entrada em vigor da nova lei? E a decisão nela proferida, antes recorrível até ao Supremo Tribunal de Justiça ao abrigo da lei antiga, passaria a ser decidida pela Relação sem admissibilidade de recurso ordinário? Mais uma vez, para responder a esta dúplice questão, haveríamos de socorrer-nos dos cânones interpretativos acolhidos no n.º 1 do art.º 12.º do CC. Assim:

a) – no que respeita à *forma do processo*, o princípio de *economia processual* recomenda que um processo iniciado sob determinada forma deva seguir essa forma até final, atenta a íntima conexão e interligação

---

[1] Antes da entrada em vigor da LOFTJ 99, o valor das alçadas era o fixado no art.º 20.º da Lei n.º 38/87, de 23 de Dezembro, cifrando-se o das relações em 2.000.000$00 e dos tribunais de 1.ª instância em 500.000$00.

dos diversos actos enformadores de cada esquema ou fórmula processual, assim se respeitando os actos já praticados no seu seio; o critério do grau de adiantamento de cada acção ou o dos eventuais inconvenientes da aplicação concreta de cada uma das leis em confronto, para além de aleatórios, poderiam ser colidentes com os valores da *certeza e segurança* que neste domínio importa preservar; de resto, e porque se trata de uma questão de alteração de forma de processo, *a forma observar deve ser a correspondente à lei vigente à data da propositura da acção* (art.º 142.º, n.º 2) – na hipótese vertente processo ordinário;

b) – quanto à *admissibilidade do recurso*, o n.º 3 do art.º 24.º da LOFTJ 99 veio estatuir (*norma transitória particular*) que «*a admissibilidade dos recursos por efeito das alçadas é regulada pela lei em vigor ao tempo em que foi instaurada a acção*», assim invertendo a anterior solução legal plasmada no art.º 106.º da anterior LOTJ 87[1], nos termos do qual «a matéria da admissibilidade dos recursos por efeito das alçadas é regulada pela lei em vigor ao tempo em que foi proferida a decisão recorrida» (o art.º 12.º do Dec.-Lei n.º 303/2007, de 24 de Agosto, veio determinar que o novo sistema de recursos e alçadas nele instituído só entraria em vigor em 1 de Janeiro de 2008, estabelecendo o n.º 1 do art.º 11.º desse diploma que se não aplicaria aos processos pendentes); solução aquela – a do n.º 3 do art.º 24.º da LOFTJ 99 (hoje n.º 3 do art.º 31.º da LOFTJ/2008) – que deveria seguir-se, mesmo no silêncio da lei, na medida em que a exclusão de um grau de recurso admissível no domínio da lei antiga, frustrando, de modo excessivo e desproporcionado, legítimas expectativas da parte, seria violador do *princípio da confiança* subjacente ao *princípio da legalidade*, este, por seu turno, ínsito no *princípio do Estado de direito democrático* vertido no art.º 2.º da CRP[2].

---

[1] Lei Orgânica dos Tribunais Judiciais aprovada pela Lei n.º 38/87, de 23 de Dezembro.

[2] Cfr. M. Teixeira de Sousa, Estudos Sobre o Novo Processo Civil, Ed. LEX, Lisboa, 1997, p. 388.

Capítulo III
Tipologia das acções e das formas de processo.

Sumário: **9.** Acções declarativas. **9.1.** Acções de simples apreciação. **9.2.** Acções constitutivas e de anulação. **9.3.** Acções de condenação. **10.** Formas de processo comum e processos especiais. **10.1.** Processos especiais de natureza mista e acções especiais constantes de leis avulsas. **10.2.** Processos de jurisdição voluntária. **10.3.** A alçada dos tribunais. **11.** Procedimentos alternativos de natureza judicial. **11.1.** Regime do processo civil simplificado. **11.2.** Acção declarativa especial para cumprimento de obrigações pecuniárias emergentes de contratos e injunção. **11.3.** Regime processual civil de natureza experimental (Dec.-Lei n.º 108/2006). **12.** Procedimentos alternativos de natureza extrajudicial. **12.1.** O processo nos julgados de paz. **12.2.** A mediação nos julgados de paz e em outros litígios excluídos da competência dos julgados de paz. **12.3.** Mediação pré--judicial. **12.4.** O processo na arbitragem voluntária. **12.5.** O processo na arbitragem necessária e institucionalizada. **13.** O processo executivo. Função e autonomia. Espécies e forma aplicável. **14.** Títulos executivos. **14.1.** Noção e exequibilidade. **14.2.** Espécies.

Secção I
Meios processuais declarativos clássicos.

9. Acções declarativas.

Prevê a lei processual diversos *tipos de acções* adequadas à resolução eficaz dos conflitos de interesses em função da diversidade das providências judiciárias permitidas pelo sistema de justiça pública.

70   *Direito Processual Civil*

O art.º 4.º consagra uma classificação das diversas espécies de acções[1] consoante o seu *fim*. Assim, as acções são declarativas ou executivas (n.º 1). *Declarativas* quando o autor pede ao tribunal que declare a existência ou inexistência de um direito ou de um facto jurídico (*acção de simples apreciação*), que condene o réu prestação de uma coisa ou de um facto a que o autor tem direito (*acção de condenação*) ou que altere a esfera jurídica das partes em conformidade com um direito potestativo do autor (*acção constitutiva*) – n.º 2 alíneas a), b) e c). *Executivas* quando visam a reparação material (reintegração) de um direito violado, no pressuposto da sua existência (n.º 3).

As *acções declarativas* podem, pois, ser de simples apreciação, de condenação e constitutivas (n.º 2). Contudo, a uma mesma relação jurídica substantiva podem corresponder, consoante o efeito processual pretendido, um qualquer dos desses três tipos de acções.

Assim, uma *relação obrigacional* relativa a um contrato-promessa pode dar origem a uma *acção constitutiva* de execução específica (art.º 830.º do CC), a uma *acção de simples apreciação positiva ou negativa* da validade do negócio (art.º 4.º, n.º 1, al. a)) ou a uma *acção de condenação* por incumprimento (art.º 798.º do CC).

Também uma *relação familiar matrimonial* pode dar origem a uma *acção constitutiva* de divórcio (art.ºs 1778.º a 1786.º do CC), a uma *acção de simples apreciação da validade do casamento* (art.º 4.º, n.º 2, al. a)) ou a uma *acção de condenação* (autónoma) a intentar pelo cônjuge lesado para reparação dos danos causados ao outro, nos termos gerais da responsabilidade civil (art.º 1792.º, n.º 1, do CC)[2]; ou mesmo, tratando-se de pedido de divórcio baseado no fundamento da al. b) do art.º 1781.º (alteração grave das faculdades mentais do outro cônjuge por tempo superior a um ano), a um pedido de indemnização por danos não patrimoniais causados ao outro cônjuge pela dissolução do casamento, pedido este a enxertar na própria acção de divórcio (art.º 1792.º do CC)[3].

Nas *situações em que se aprecie a validade e subsistência do contrato de arrendamento* (art.º 678.º, n.º 3, al. a), do CPC) – v.g. sob a invocação da sua

---

[1] O termo *acção* tem, no art.º 4.º, o sentido de *pedido*: Nesse artigo «contém-se primariamente uma classificação de pedidos» – cfr. Castro Mendes, DPC, vol I, ed. de 1969 cit., p. 270.

[2] *Acção de condenação*, que terá como fim a reparação dos danos causados por factos anteriores ao divórcio ou pelos factos (ilícitos) que lhe serviram de fundamento (art.º 483.º do CC).

[3] Cfr. Antunes Varela/J. M. Bezerra/Sampaio e Nora, Manual cit., p. 17, nota 1.

Capítulo III – Tipologia das acções e das formas de processo 71

nulidade por falta de forma legal ou da sua caducidade pelo decurso do prazo ou por transmissão por morte do arrendatário não aceite pelo senhorio respectivamente – e em que não exista título executivo bastante (nos termos do art.º 15.º da Lei n.º 6/2006 ou do art.º 46.º, n.º 1, al. c), do CPC), a acção a intentar para obter a restituição do imóvel arrendado «terá de ser uma acção declarativa (*mista*, de *simples apreciação* e de *condenação*), designadamente uma *acção de reivindicação* (já que, em regra, o senhorio é o proprietário do imóvel)»[1].

9.1. Acções de simples apreciação.

As acções de simples apreciação (os *declaratory judgements* do direito anglo-saxónico) são aquelas em que o autor, reagindo contra uma *situação de incerteza objectiva*, visa «obter unicamente a declaração da existência (*apreciação positiva*) ou de inexistência (*apreciação negativa*) de um direito ou de um facto» (art.º 4.º, n.º 1, al. a))[2].

Perante uma situação tornada duvidosa ou posta em crise (resultante de um facto ou ocorrência externa) que o impede de beneficiar do pleno efeito útil normalmente proporcionado pela relação jurídica material, ou lhe cause um dano patrimonial ou moral apreciável, o autor (sujeito de direitos) pretende munir-se de uma simples declaração/reconhecimento (dotada da vinculatividade própria das decisões judiciais) da existência ou inexistência de um direito (próprio ou de outrem, respectivamente) ou de um facto jurídico. No primeiro dizem-se de *simples apreciação* (*ou mera declaração*) *positiva*; no segundo, de *simples apreciação* (*ou de mera declaração*) *negativa*.

Como exemplos clássicos podem citar-se os seguintes[3]:
– no campo dos *direitos das coisas* (*direitos reais*): – um proprietário vem reclamar do tribunal a declaração da inexistência de uma servidão de trânsito que

---

[1] Cfr., neste sentido, Laurindagemas/Albertina Pedroso/J. Caldeira Jorge, Arrendamento Urbano, Novo Regime Anotado e Legislação Complementar, 3.ª ed., Quid Iuris, p. 48-49.

[2] Não bastando, pois, «a simples dúvida subjectiva do demandante ou o seu interesse puramente académico em ver definido o caso pelos tribunais» – cfr. Manuel de Andrade, Noções Elementares cit., p. 80.

[3] Cfr. Manuel de Andrade, Noções Elementares cit., p. 8.

o proprietário vizinho (sem chegar a fazer passagem sobre o seu prédio) se arroga em público contra ele (acção negatória de servidão, a qual será de condenação se a pretendida servidão chegou a ser exercitada); – um proprietário pretende a declaração judicial da existência de um seu direito, impugnado por um terceiro (não possuidor desse prédio, nem por qualquer forma perturbador ou ameaçador da posse do requerente); – sabendo que o dono de certo prédio rústico se propõe vendê-lo, o proprietário vizinho faz correr nas imediações a informação de que é titular de um crédito hipotecário sobre o mesmo, podendo o dono do imóvel, em tal situação, entrar em juízo com uma acção (de simples apreciação ou mera declaração negativa) para que se declare a inexistência desse ónus[1]; – o autor pretende ser declarado o verdadeiro proprietário de determinada coisa contra alguém que vem questionando nas redondezas uma tal qualidade jurídica ou que seja declarado que o réu não é proprietário de certa coisa que ele, autor, possui[2];

– no âmbito dos *direitos de crédito* (*direito das obrigações*): o portador de um título de crédito, arguido de falsidade por algum dos seus vários subscritores, vem a juízo requerer a declaração da autenticidade do mesmo; – o autor pretende que seja declarado não haver celebrado com o réu um determinado contrato de empreitada, que o réu afirma ter tido lugar; – o autor pretende seja declarado que determinado contrato, que celebrou, é nulo ou, pelo contrário, válido; – ou ainda que certo documento, que o réu afirma ter sido por ele (autor) assinado, na realidade o não foi, ou que a sua assinatura foi aposta em outro texto, seguidamente falsificado;

– no campo dos *direitos de família*: – alguém a quem outrem atribui certa relação (natural) de paternidade ou maternidade, pretende a declaração da inexistência dessa relação; – alguém que seja acusado falsamente por outrem de não cumprir as (suas) obrigações inerentes à sua responsabilidade parental pretende seja declarada a falsidade dessa declaração;

– no âmbito da *propriedade intelectual*, o autor de uma obra literária ou artística, cuja autoria seja publicamente posta em dúvida por certa casa editora ou por uma dada galeria de arte, vem a juízo solicitar se declare dever ser-lhe reconhecida tal autoria[3];

– no campo dos *direitos de personalidade* (direito ao bom nome e honra pessoal, ao crédito público ou à idoneidade comercial): outrem lança dúvidas ou faz afirmações desabonatórias contra um cidadão que, sentido-se lesado ou ameaçado de lesão de algum desses desses seus direitos, vem solicitar ao tribunal que declare que tais afirmações não são verdadeiras.

---

[1] Cfr. ANTUNES VARELA/J. M. BEZERRA/SAMPAIO E NORA, Manual cit., pp. 20-21.
[2] Cfr. LEBRE DE FREITAS, Introdução cit., p. 23.
[3] Cfr. ANTUNES VARELA/J. M. BEZERRA/SAMPAIO E NORA, Manual cit., p. 21.

Capítulo III – Tipologia das acções e das formas de processo 73

A mera declaração sobre a existência (ou inexistência) ou a subsistência (ou insubsistência) de um acto jurídico, bem como da genuinidade ou da falsidade de um documento, com abstracção dos respectivos efeitos, equivale à apreciação da existência (ou inexistência) de um facto produtor de efeitos de direito (*facto juridicamente relevante*), que não de um facto juridicamente indiferente, como, por ex., um facto natural ou qualquer outro desprovido de potencialidade lesiva[1].

9.2. Acções constitutivas e de anulação.

As *acções constitutivas* têm por fim *autorizar uma mudança na ordem jurídica existente* (art.º 4.º, n.º 2, al. c)). Através delas, o autor pretende obter, com a colaboração e a intervenção da autoridade judicial, *um novo efeito jurídico material* que altera ou modifica a esfera jurídica do demandado, independentemente da vontade deste, e que tanto pode consistir na *constituição* de uma nova relação jurídica como na *modificação ou extinção* de uma relação jurídica preexistente.

É o tipo de acções especialmente ajustado à exercitação dos chamados *direitos potestativos*, quando, para a produção do efeito jurídico visado, *importa recorrer a uma decisão judicial* (não bastando um simples *acto unilateral* do respectivo titular)[2]. Torna-se, pois, necessário, para que possa falar-se de uma acção constitutiva, «que se esteja perante um *direito potestativo de exercício judicial*»[3]. Não, pois, o exercício de um *direito potestativo de exercício extrajudicial* como, por exemplo, a resolução ou denúncia de um contrato ou a escolha da prestação na obrigação alternativa[4].

---

[1] De realçar, quanto ao *ónus da prova* que, nas acções de simples apreciação ou declaração negativa, «compete ao réu a prova dos factos constitutivos do direito quer se arroga» (art.º 343.º, n.º 1, do CC) – Cfr. sobre este ponto, ANSELMO DE CASTRO, DPCD, vol. I cit., pp. 122 a 125 e CASTRO MENDES, DPC I, ed. de 1969 cit., pp. 111-112.

[2] Sobre a noção de *direito potestativo* como *direito subjectivo* que pode ser de natureza *constitutiva, modificativa, transmissiva* (ou *reversiva*) e *extintiva*, vide OLIVEIRA ASCENSÃO, Direito Civil, Teoria Geral, vol III, Coimbra Editora, 2002, pp. 97-98.

[3] Cfr. CASTRO MENDES, Teoria Geral do Direito Civil, Lisboa, vol II, ed. de 1979, pp. 124-126.

[4] Cfr. LEBRE DE FREITAS, Introdução cit., p. 25 e nota 14. Como bem observa este autor, os direitos potestativos de exercício extrajudicial «não podem ser exercidos por meio de acção, embora a petição inicial de uma acção possa conter a declaração de

Enquanto que as *acções declarativas* (de simples apreciação ou de condenação) reconhecem ou apreciam uma situação jurídica pré-existente, as *acções constitutivas* criam uma *situação jurídica nova*. Daí que os efeitos da sentença proferida na acção declarativa se produzam normalmente *ex-tunc,* enquanto que os da sentença proferida na acção constitutiva se produzam, em princípio, apenas *ex nunc*[1]. Assim, por ex., o reconhecimento judicial da propriedade em acção declarativa de reivindicação (art.º 1311.º do CC) opera retroactivamente (*ex-tunc*), restituindo o proprietário turbado no seu direito ao estado anterior à turbação. Já uma sentença de divórcio apenas surte efeitos para o futuro (*ex-nunc*), porquanto só a partir do respectivo trânsito em julgado os cônjuges passam a estar constituídos no *estado* de divorciados[2], o mesmo sucedendo com as acções (constitutivas) de investigação de paternidade (art.º 1869.º do CC), uma vez que a sentença favorável ao autor (investigante) constitui este no estado (*status*) de filho de certo indivíduo.

Neste tipo de acções, *o autor não requer a condenação do réu*, na medida em que o efeito jurídico pretendido obter (em princípio com eficácia *ex-nunc*)[3] não depende da vontade do demandado. Por ex: comprovado o preenchimento dos pressupostos do divórcio litigioso (sem, pois, o consentimento do outro cônjuge), o respectivo decretamento depende, tão-somente, do dictat jurisdicional. *Acção constitutiva* significa precisamente que «o efeito jurídico pretendido pelo autor, embora radicando as mais das vezes na vontade deste, nasce (*constitui-se*) directamente da decisão judicial»[4]. Isto sem prejuízo de o tribunal só conceder a providência requerida depois de verificar, mediante investigação apropriada –

---

vontade que consubstancia o seu exercício. Assim, por exemplo, pode pedir-se ao tribunal que declare ter sido resolvido um contrato, ainda que a declaração de resolução só tenha sido feita na petição. Mas não se lhe poderá pedir que efectue, ele próprio, pela sentença a emitir, essa resolução. Está-se então perante uma acção de mera apreciação, não perante uma acção constitutiva» (sic).

[1] Cfr. ALBERTO DOS REIS, Comentário ao Código de Processo Civil, vol. 1.º, p. 21.

[2] Todavia, «se a separação de facto entre os cônjuges estiver provada no processo, qualquer deles pode requerer que os efeitos do divórcio retroajam à data (que a sentença final fixará) em que a separação tenha começado» – cfr. o n.º 2 do art.º 1789.º do CC, na redacção do art.º 1.º da Lei n.º 61/2008, de 31 de Outubro).

[3] Atente-se contudo na eficácia *ex-tunc* da declaração de nulidade ou da anulação de um negócio jurídico "ex-vi" do art.º 289.º, n.º 1, do CC.

[4] Cfr. ANTUNES VARELA/J. M. BEZERRA/SAMPAIO E NORA, Manual cit., p. 18.

Capítulo III – Tipologia das acções e das formas de processo 75

e com audiência da parte contrária – a presença dos requisitos legalmente necessários para o reconhecimento do direito invocado.

Outros exemplos: – a acção destinada a obter a anulação do casamento ou a obter o divórcio ou a separação dos cônjuges (art.ºs 1631.º e ss. do CC); – a acção destinada a constituir uma servidão de passagem em benefício de um prédio encravado, não acordando as partes nos termos em que haveriam de constituí-la voluntariamente (art.º 1550.º do CC); – a acção visando a constituição, a mudança ou a cessação de uma servidão (art.ºs 1547.º e ss, 1568.º, 1569.º e 1570.º do CC); a acção para a fixação de uma pensão de alimentos (art.ºs 2003.º e ss do CC); – a acção de execução específica de contrato-promessa (art.º 830.º do CC); – a acção para o exercício do direito de preferência (art.º 1380.º do CC); – a acção de despejo (art.º 14.º do NRAU)[1] [2]; – a acção de investigação de maternidade (art.º 1814.º do CC); – a acção de impugnação de perfillhação (art.º 1859.º do CC); – a impugnação pauliana (art.º 610.º e ss); – a

---

[1] 1.º – para a *denúncia do contrato de arrendamento* de duração indeterminada (cfr. art.º 26.º da Lei n.º 6/2006), pelos fundamentos previstos nos art.ºs 1101.º, alíneas a) e b) e 1103.º, do CC (*denúncia para habitação própria e para demolição ou realização de obra de remodelação ou restauro profundos*); 2.º – para a *resolução do contrato de arrendamento*, quando esta se funde: –a)– *no incumprimento* do contrato pelo arrendatário nos termos dos art.ºs 1083.º, n.º 2 e 1084.º, n.º 2, do CC; –b)– *na oposição* do arrendatário à realização dos actos necessários à avaliação fiscal ou à determinação do coeficiente de conservação do prédio (art.º 36.º, n.º 3, da Lei n.º 6/2006). *Dispondo já o senhorio de título executivo*, designadamente dos formados ao abrigo do disposto no art.º 15.º dessa Lei, a via judicial a seguir para obter o despejo é a da *execução para entrega de coisa imóvel arrendada* (art.ºs 930.º-A a 930.º-E, do CPC).

[2] Em caso de *falta de pagamento de renda*, o senhorio (locador) pode resolver o contrato de arrendamento mediante comunicação à contraparte (locatário-arrendatário- -inquilino), através de *notificação judicial avulsa*, onde fundamentadamente se invoque a obrigação incumprida (art.º 1084.º, n.º 1, por reporte ao n.º 3 do art.º 1083.º, ambos do CC). Por tal comunicação, opera-se a *resolução extrajudicial do contrato de arrendamento*, findando este no momento em que a declaração se torna eficaz, ou seja, no momento em que chegue ao conhecimento do destinatário (*declaração unilateral receptícia* – art.º 224.º do CC). O arrendatário notificado fica obrigado a proceder à desocupação/restituição do locado (cfr. os art.ºs 1043.º, 1081.º e 1087.º, todos do CC). Não se torna, pois, necessária a utilização da *acção* (declarativa) *de despejo* para que se opere uma tal resolução. Cfr., porém, sobre esta temática, e acerca da das diversas situações de *obrigatoriedade/facultatitividade* do recurso à acção de despejo, LAURINDA GEMAS/ALBERTINA PEDROSO/J. CALDEIRA JORGE, Arrendamento Urbano, 3.ª cit., pp. 47-74, em anotação aos art.ºs 14.º e 15.º do NRAU e 366-381, em anotação ao art.º 1083.º do CC e ainda a mesma obra, a pp. 48-50.

acção de divisão de coisa comum (art.º 1052.º); – a acção de anulação de deliberação social (art.º 59.º do CSC), etc.

Como observam ANTUNES VARELA/J. M. BEZERRA/SAMPAIO E NORA, «em certas situações, o efeito jurídico a produzir "ex-novo" através da exercitação da acção constitutiva pode corresponder a um poder (de natureza *vinculada* ou *discricionária*) do juiz, como v.g. na constituição do vínculo da adopção (art.ºs 1973.º e ss do CC e 162.º e ss da OTM[1]), na redução equitativa da cláusula penal (art.º 812.º do CC) ou na fixação judicial de um prazo (art.º 1456.º);» e, «nas acções de investigação de maternidade (art.º 1814.º do CC) ou de paternidade (art.º 1869.º do CC), o interesse predominante a alcançar é o do reconhecimento judicial (*ope iudicis*) do vínculo da filiação (o *status* de filho), não radicado propriamente em qualquer direito potestativo do filho (as investigações/averiguações da maternidade ou da paternidade podem mesmo ser oficiosas – cfr. os art.ºs 1808.º a 1813.º e 1864.º a 1868.º do CC). Tudo sem embargo de o vínculo judicialmente constituído pela sentença (a filiação) *retroagir* os seus efeitos à data do nascimento (art.º 1797.º, n.º 2, do CC)»[2].

No caso particular da acção (impugnação) pauliana, o autor (titular do direito potestativo) não é, sequer, sujeito da relação jurídica material que pretende destruir no todo ou em parte (art.ºs 610.º e 616.º, n.º 4, do CC).

Devem, finalmente, ser qualificadas como constitutivas as acções de *declaração de nulidade* de um dado acto ou contrato, por. ex., por simulação, por impossibilidade física ou legal ou indeterminabilidade de objecto ou por contrário à ordem pública ou aos bons costumes (art.ºs 240.º, n.º 2 e 280.º, n.ºs 1 e 2 do CC)[3] [4] e as de *mera anulação*, por ex. de um dado acto ou negócio jurídico por erro, dolo, coacção, simulação, etc. (art.ºs 247.º, 254.º, n.º 1 e 256.º do CC).

---

[1] Cfr. a redacção dada a estes preceitos pela Lei n.º 31/2003, de 22 de Agosto.

[2] Cfr. Manual cit., p. 19, nota 1.

[3] Para CASTRO MENDES, DPC, ed. de 1969, vol I cit., p. 113, *as acções de declaração de nulidade* (absoluta) deverá ser qualificadas, não como constitutivas, mas como de simples apreciação.

[4] A *nulidade* de um dado negócio jurídico é invocável a todo o tempo e pode ser declarada oficiosamente pelo tribunal (art.º 286.º do CC), enquanto que a *anulabilidade* (mera anulação) só pode ser arguida pelos interessados e apenas através de uma acção intentada dentro do ano subsequente à cessação do vício que lhe serve de fundamento, não bastando a simples declaração dirigida à parte contrária (art.º 287.º do CC).

Capítulo III – Tipologia das acções e das formas de processo 77

9.3. Acções de condenação.

As *acções de condenação* têm por fim exigir a prestação de uma coisa ou de um facto (art.º 4.º, n.º 1, al. b)). E isto quer a prestação assuma ou não *natureza obrigacional* (contratual), já que também as prestações de *natureza real* podem constituir seu objecto. São estas também as acções adequadas ao apuramento da *responsabilidade civil extracontratual*, *delitual* ou *aquiliana,* cuja causa de pedir é um facto ilícito imputável ao lesante. Nelas, o demandante (autor) arroga-se um direito que diz ter sido ofendido ou lesado pelo demandado (réu), pretendendo que tal se declare e se ordene simultaneamente ao ofensor a realização de determinada prestação como reintegração do direito violado ou como um sancionamento legal de tipo diverso.

Exemplos: – o autor (lesado), vítima de um acidente de viação causado, em violação das regras do direito estradal, por um dado condutor, pede ao tribunal que condene a seguradora do responsável (e/ou também a pessoa deste) no ressarcimento dos danos patrimoniais e não patrimoniais para si advenientes desse evento danoso; – o autor afirma-se proprietário ou possuidor e pretende que quem da coisa própria ou possuída se apossou abusivamente seja condenado a restituir-lha (acção de reivindicação ou acção de restituição de posse), podendo cumulativamente exigir ao esbulhador a correspondente indemnização por dano; – o credor reclama em juízo o seu crédito (acção de dívida) ou imputa a outrem o não cumprimento de uma obrigação, solicitando ao tribunal condene o devedor a reconhecer a existência do seu direito de crédito e a violação do correspondente dever e lhe ordene a realização da prestação devida e a reparação dos danos causados pelo não cumprimento ou a satisfação da cláusula penal pré-negociada (art.ºs 798.º e 811.º do CC).

Pressuposto lógico da condenação é a violação de um direito (art.º 483.º, n.º 1, do CC); não se torna, contudo, necessário que tal violação seja "*actual*", isto é consumada à data da introdução do pleito em juízo ou mesmo à data da sentença (art.º 817.º do CC); excepcionalmente pode requerer-se a condenação do réu prevenindo-se apenas a violação do direito (do autor) no futuro ou dando lugar a uma intimação ao réu para que se abstenha dessa violação – conf. art.ºs 472.º, n.º 2 e 662.º (condenação *in futurum*).

Às acções de condenação pode corresponder uma qualquer forma de *processo declaratório comum* (ordinário, sumário ou sumaríssimo), uma forma de *processo especial* ou a forma de processo de *jurisdição voluntária*.

10. Formas de processo comum e processos especiais.

Forma do processo é uma série ordenada de actos a praticar, bem como de formalidades a cumprir, tanto na proposição como no desenvolvimento da acção.

A tramitação a observar nas diversas acções não obedece a um esquema (protótipo ou arquétipo) único. São diversos os *modelos-tipo* (*formas*) regulados na lei para a dedução em juízo das pretensões dos sujeitos de direito – *princípio da tipicidade legal das formas de processo*. A forma depende de plúrimos factores, tais como o «da *espécie de providência requerida* (processo declaratório, processo executivo, acção de investigação, acção de reivindicação, acção de preferência ou processo de insolvência), o do *valor dos interesses em jogo* (processo ordinário, processo sumário) e o da *natureza da relação material que serve de base à pretensão* (processo sumaríssimo e uma qualquer das formas da execução quanto ao fim)[1]. Mas, a mesma forma processual, v. g. o *processo ordinário de declaração* – pode adoptar-se em distintas espécies de providências judiciais (acções de condenação, acções constitutivas ou acções de simples declaração/apreciação positiva ou negativa), ser aplicável a acções de valor muito discrepante e veicular relações materiais de diversa natureza, tais como direitos de personalidade, direitos de crédito, direitos reais e direitos de família ou sucessórios.

Distingue a lei entre *processo comum* e *processos especiais* (art.º 460.º, n.º 1), postulando o n.º 2 do mesmo preceito que «o *processo especial* se aplica aos casos expressamente designados na lei», enquanto que «o *processo comum* é aplicável a todos os casos a que não corresponda processo especial». A *regra* é, pois, a do processo comum; o processo especial constitui a *excepção*.

Dentro do *processo comum de declaração* prevê a lei três formas distintas – *o processo ordinário, o processo sumário e o processo sumaríssimo* (art.º 461.º) –, entre si distinguíveis pela maior ou menor complexidade e solenidade dos esquemas de tramitação e de formalismo da acção, regendo, quanto ao seu domínio de aplicação, o art.º 462.º. À instituição dessa diversidade de formas presidiu fundamentalmente, o critério do *valor*, explicável por numa certa ideia (por vezes falível e

---

[1] Cfr. ANTUNES VARELA/J. M. BEZERRA/SAMPAIO E NORA, Manual cit., pp. 67 a 69.

Capítulo III – Tipologia das acções e das formas de processo   79

aleatória) da verificação de uma relação directa entre a complexidade da causa e a relevância dos valores (materiais) em jogo e pela convicção de que, em regra, se equacionam questões de maior simplicidade nas hipóteses concebidas para as formas de processo sumário e, especialmente, de processo sumaríssimo, ao contrário da maior relevância das concebidas para o processo ordinário[1]. Porém, e por ex., às chamadas *acções de estado* (divórcio, separação, anulação de casamento, investigação de paternidade, etc.) ou a quaisquer *outras sobre interesses imateriais*, corresponde sempre, face à superior relevância dos interesses (pessoais) em jogo, o processo ordinário[2]. E daí um segundo critério, complementar do anterior, baseado na natureza da relação jurídica controvertida, ou seja, na terminologia de ALBERTO DOS REIS[3], o critério do *fim da acção*.

Assim: a) – o *processo ordinário* aplica-se às causas de maior valor, ou seja, àquelas cujo valor exceda o da alçada da Relação – actualmente de €30.000 (art.ºs 31.º da LOFTJ/2008 e 462.º do CPC); b) – o *processo sumário*, constituindo um patamar intermédio entre a fórmula mais abreviada do processo sumaríssimo e o maior rigorismo formal do processo ordinário, é aplicável a todas as acções cujo valor da causa seja igual ou inferior ao valor da alçada do tribunal da Relação; c) – o *processo sumaríssimo* utiliza-se (não havendo lugar a *procedimento especial*) quando o valor da causa não ultrapassar o valor fixado para a alçada do tribunal da comarca (€5.000), e, além disso, a acção se destinar ao cumprimento de obrigações pecuniárias, à indemnização por dano ou à entrega de coisas móveis. A forma de *processo sumaríssimo* é algo assimilável aos *processos especiais,* assentando a sua concepção em razões de *celeridade e de descongestionamento do serviço dos tribunais,* com um consequente maior aligeiramento na solenidade e no rito processual (só são, por ex., admitidos dois articulados).

A propósito do âmbito do processo sumaríssimo, perfilhava ANTUNES VARELA uma tese abrangente, entendendo por «*cumprimento de obrigações pecuniárias*» (art.º 462.º), não só a acção que visasse, o *pagamento de uma prestação contratual fixada em dinheiro,* v. g., o pagamento do preço no contrato

---

[1] Cfr. LEBRE DE FREITAS, A Acção Declarativa Comum cit., pp. 17 e 18.

[2] As *acções sobre o estado das pessoas ou sobre interesses imateriais* consideram-se sempre de valor equivalente à alçada da Relação e mais €0,01 (art.º 312.º).

[3] Cfr. CPC Anotado, vol II, anotação ao art.º 471.º, p. 297.

80 Direito Processual Civil

de compra e venda» e a correspondente indemnização pela mora (art.ºs 559.º, 806.º e 879.º, al. c), do CC) ou a *restituição da quantia mutuada*, acrescida dos respectivos juros de mora no mútuo de dinheiro (art.ºs 559.º, 806.º, 1142.º, 1145.º, n.º 2, do CC), como ainda a que tivesse por objecto a *restituição de uma quantia em dinheiro* em decorrência da *invalidade do contrato* (art.º 289.º do CC)». Isto porque, solicitando o autor (credor) em acção sumaríssima o cumprimento de uma obrigação *pecuniária* em execução do contrato, o réu poderia, na sua defesa, excepcionar com a respectiva *anulabilidade* (art.º 287.º do CC), podendo ainda o tribunal conhecer *ex officio* de uma (sua) qualquer causa de *nulidade* (art.º 286.º do CC), o que tornaria incompreensível que se não conhecesse do pedido em processo sumaríssimo sempre que, «invocando (o autor) a *invalidade do negócio por via de acção*, fosse ele próprio a solicitar o *cumprimento* da correspondente *obrigação pecuniária*»[1].

Concordaríamos em absoluto com essa tese, não fora a (actual) forma da «*acção declarativa especial para cumprimento de obrigações pecuniárias*», genericamente aplicável a toda a prestação em dinheiro, cuja *causa de pedir* (fonte) seja um *contrato*, introduzida pelo Dec.-Lei n.º 269/98, de 1 de Setembro, acção essa, de resto, «baseada no modelo da acção sumaríssima»[2]. O que torna praticamente *letra morta* o 1.º segmento do citado art.º 462.º, porquanto não se descortina como pode uma obrigação pecuniária não ter origem num contrato. Líquido é que a *responsabilidade extracontratual*, com a consequente obrigação de indemnizar, cabe inteiramente na fórmula «indemnização por dano» (2.º segmento do mesmo preceito).

Deste modo, sempre que a obrigação de prestação em dinheiro (*obrigação pecuniária*)[3] emirja directamente (tenha como causa de pedir) de um qualquer tipo contratual, a acção deve seguir (obrigatoriamente) a sobredita forma da *acção declarativa especial* instituída pelo Dec.-Lei n.º 269/98. O mesmo se passando se tal obrigação resultar de um causa de pedir conexa, como um vício invalidante ou de uma causa resolutiva do negócio concretamente celebrado, com a consequente obrigação (pecuniária) de restituição, a título sucedâneo, do montante economicamente quantificado da prestação restituenda (art.º 289.º do CC), quer o valor da acção seja inferior, quer seja superior a €5.000 (desde que igual ou inferior a €15.000), porquanto o processo sumaríssimo só tem lugar *não havendo lugar a procedimento especial* (cit. art.º 462.º).

---

[1] Cfr. ANTUNES VARELA/J. M. BEZERRA/SAMPAIO E NORA, Manual cit., p. 98.

[2] Cfr. preâmbulo do Dec.-Lei n.º 269/98, de 1 de Setembro.

[3] Cfr., sobre o conceito de obrigação pecuniária como aquela que «tendo por objecto uma prestação em dinheiro, visa proporcionar ao credor o valor que as respectivas espécies possuam como tais», ANTUNES VARELA, Das Obrigações em Geral, vol. I, 9.ª ed.. p. 874.

Capítulo III – Tipologia das acções e das formas de processo 81

A lei consagra, todavia, a *subsidiariedade geral do processo ordinário* relativamente ao processo sumário e aos processos especiais (art.º 463.º n.º 1)[1]. Isto sem olvidar que *é em face do tipo de pretensão de tutela jurisdicional deduzida pelo autor na acção que deve apreciar-se e aferir--se a propriedade da forma processual utilizada*[2]. E tendo sempre presente que assiste ao juiz o poder-dever de («*ex-officio*»), ouvidas as partes, fazer as adaptações que as especificidades da causa aconselharem, quando a definição legal abstracta dos actos de sequência a elas se não adequem – *princípio da adequação formal* (art.º 265.º-A).

Quer a acção declarativa, quer a acção executiva, podem, em casos expressamente designados na lei (art.º 460.º, n.º 2), normalmente em função do tipo de pretensão concretamente formulada, dar lugar a *formas de processo especiais*; «isto é, a sequências ordenadas de actos especificamente predispostos para se fazer valer um dado tipo de pretensão»[3]. Algumas formas de *processo especial* foram, contudo, determinadas em função de *factores* e *critérios* de índole diversa, como é, por ex., o caso do procedimento especialmente previsto para o *cumprimento de obrigações pecuniárias emergentes de contratos* (Dec.-Lei n.º 269/98, de 1 de Setembro)[4].

Prevê o CPC diversos *processos especiais* nos art.ºs 944.º e ss. Assim, por exemplo: – o processo para prestação provocada ou espontânea de caução (art.ºs 981.º a 990.º); – o processo de reforço e substituição das garantias especiais das obrigações (art.ºs 991.º a 997.º); – o processo para expurgação de hipotecas e da extinção de privilégios (art.ºs 998.º a 1007.º); – o processo de prestação provocada e espontânea de contas (art.ºs 1014.º a 1023.º); – o processo de consignação em depósito (art.ºs 1024.º a 1032.º); – o processo de divisão de coisa comum (art.º 1052.º); – o processo de regulação e repartição de avarias marítimas (art.ºs 1063.º a 1068.º); – o processo de reforma de documentos, autos ou livros visando a sua reconstituição (art.ºs 1069.º a 1082.º); – o processo da acção de indemnização contra magistrados judiciais ou do Ministério Público (art.ºs 1083.º a 1093.º); – o processo de revisão de sentenças estrangeiras (art.ºs 1094.º a 1102.º); – o processo de justificação da ausência e a declaração de morte presumida do ausente (art.ºs 1103.º a 1114.º); – o processo de liquidação judicial

---

[1] Quanto ao processo sumaríssimo, o art.º 464.º, remete sucessivamente para o processo sumário e para o processo ordinário o suprimento das lacunas de regulamentação.

[2] Cfr. Antunes Varela/J. M. Bezerra/Sampaio e Nora, Manual cit., p. 69, nota 1.

[3] Cfr. Lebre de Freitas, A Acção Declarativa Comum cit., pp. 11 (e sua nota 1) e 12.

[4] Cfr. infra. n.º 8.2.

82 Direito Processual Civil

das sociedades, pelo qual se faz a atribuição do património das sociedades, comerciais ou civis, dissolvidas ou de constituição inválida (art.ºs 1122.º a 1130.º); – o processo de liquidação da herança vaga em benefício do Estado (art.ºs 1132.º a 1134.; – o processo de divórcio e separação litigiosos (art.ºs 1407.º e 1408.º); – o processo de tutela da personalidade, do nome e da correspondência confidencial (art.ºs 1474.º e 1475.º); – o processo de apresentação de coisas ou documentos (art.ºs 1476.º a 1478.º); – o processo de inquérito judicial à sociedade por violação de diversos deveres sociais (art.ºs 1479.º, n.º 1 a 1483.º, n.º 1); – o processo de oposição à fusão e cisão de sociedades (art.ºs. 1488.º e 1489º); – o processo de averbamento, conversão e depósito de acções e obrigações (art.ºs. 1490.º, 1493.º e 1494.º); – o processo de liquidação de participações sociais (art.ºs. 1498.º e 1499.º).

O regime jurídico do *processo de inventário* destinado a pôr termo à comunhão hereditária, a relacionar os bens que constituem o objecto da *sucessão* ou servir de base à eventual liquidação da herança, bem como para *partilha dos bens* em caso de divórcio ou separação judicial de pessoas e bens ou de declaração de nulidade ou anulação do casamento ou, finalmente, para *deferimento da curadoria e entrega de bens do ausente*, consta hoje da Lei n.º 29/2009, de 29 de Junho, sendo para tal *competentes os serviços de registo* a designar pelo membro do Governo responsável pela área da Justiça e os *cartórios notariais, sem prejuízo do controlo geral do processo pelo juiz* (cfr. os art.ºs 1.º, 3.º, 69.º e 71.º da citada Lei)[1].

Tendo sido requerida a *separação de bens nos termos do art.º 825.º*, ou tendo de proceder-se a *separação por virtude da insolvência de um dos cônjuges*, aplica-se o disposto para o regime previsto na mesma Lei para o processo de inventário em consequência de separação, divórcio, declaração de nulidade ou anulação do casamento, com as especialidades das alíneas a) a d) do n.º 1 do art.º 1406.º

10.1. Processos especiais de natureza mista e acções especiais constantes de leis avulsas.

Há formas especiais de acção declarativa, formas especiais de acção executiva e formas especiais mistas de acção declarativa e acção

---

[1] A Lei n.º 1/2010, de 15 de Janeiro, veio diferir para 18 de Julho de 2010 a entrada em vigor da Lei n.º 29/2009.

Capítulo III – Tipologia das acções e das formas de processo 83

executiva. Exemplos de formas de natureza prevalentemente declarativa que englobam actuações executivas, o que lhes confere uma *natureza híbrida ou mista,* são, os dos art.ºs 987.º, n.ºs 1 e 2, 994.º, n.º 2, 1003.º, n.º 2, 1029.º, n.º 3, 1056.º, n.º 2, 1108.º, n.º 4, 1112.º, n.º 2, 1127.º, n.º 3, 1133.º, n.º 2, 1357.º, n.ºs 2 e 3, 1378.º n.º 3, 1384.º, n.º 1, al. c), 1478.º, 1491.º, n.º 2 e 1493.º, n.º 2, todos do CPC, e 152.º, n.º 2 a 159.º, n.º 1, do CSC[1] («ex vi» do art.º 1125.º).

No próprio processo comum de acção declarativa podem ter lugar algumas *actuações de natureza executiva* (cfr. art.ºs 532.º, 537.º e 583.º, n.º 2). Por sua vez, *os procedimentos cautelares* (art.ºs 381.º e ss.) assumem frequentemente *natureza mista,* iniciando-se com uma fase declarativa, a que se segue uma fase executiva, como acontece com os procedimentos conservatórios e com alguns procedimentos antecipatórios como a restituição provisória de posse (art.º 393.º), o arresto (art.ºs 406.º e ss) e o embargo de obra nova (art.ºs 412.º e 420.º, n.º 2)[2].

Entre o *elenco dos processos especiais não regulados no CPC,* podem ainda incluir-se outros com concepção e tramitação reguladas por leis avulsas, a par de diplomas que estabelecem *regimes* simultaneamente de natureza substantiva e adjectiva[3]. É o caso, entre outros, dos *processos especiais de insolvência e de recuperação de empresas* (cfr. o Código aprovado pelo Dec.-Lei n.º 53/2004, de 18 de Março e modificado pelo Dec.-Lei n.º 200/2004, de 18 de Agosto – exemplos: art.ºs 20.º, por um lado, e 21.º a 45.º, por outro)[4], do processo de *expropriação litigiosa* (art.ºs 38.º a 66.º do Código de Expropriações aprovado pela Lei 168/99, de 18 de Setembro e cuja 4.ª e última alteração foi introduzida pela Lei n.º 56/2008, de 4 de Setmbro) e do processo da acção de *despejo de prédio rústico* (art.º 42.º da Lei do Arrendamento Rural aprovada pelo Dec.-Lei n.º 385/88, de 25 de Outubro).

---

[1] Código das Sociedades Comerciais revisto pelo Dec.-Lei n.º 257/96, de 31 de Dezembro.

[2] Sobre as *formas processuais executivas* e as *formas mistas,* cfr. LEBRE DE FREITAS, "A Acção Executiva à Luz do Código Revisto", 2.ª ed., n.ºs 9.2.1 e 24.

[3] Cfr. LEBRE DE FREITAS, A Acção Declarativa Comum cit., p.15.

[4] Nos termos do art.º 16.º do CIRE, a respectiva disciplina aplica-se sem prejuízo do estabelecido, quer na legislação especial sobre o consumidor relativamente a procedimentos de reestruturação do passivo, quer no Dec.-Lei n.º 316/98, de 20 de Outubro, relativamente ao procedimento extrajudicial de conciliação» (n.º 1), e não «prejudica o regime constante de legislação especial relativa a contratos de garantia financeira» (n.º 2).

84   *Direito Processual Civil*

A *acção de despejo* de prédio urbano, tendente à cessação jurídica do contrato de arrendamento e à consequente restituição do prédio arrendado ao senhorio, sempre que a lei imponha o *recurso à via judicial* para adregar tal cessação (art.ºs 1084.º e 1103.º do CC), é regulada pelos art.ºs 14.º e 15.º do Novo Regime do Arrendamento Urbano (NRAU) aprovado pela Lei n.º 6/2006, de 27 de Fevereiro. Segue tal acção a forma de *processo comum declarativo* (art.º 14.º, n.º 1), com as especialidades constantes dos n.ºs 2 a 5 do mesmo artigo.

10.2. Processos de jurisdição voluntária.

No elenco legal dos processos especiais incluem-se, também, os chamados processos de *jurisdição voluntária*. São de jurisdição voluntária os processos regulados no livro III, título IV, cap. XVII, do CPC (art.º 1409.º e ss)[1].

Distinguem-se os *processos especiais* de *jurisdição voluntária ou graciosa* dos *processos-regra* de *jurisdição contenciosa ou litigiosa.*

Nos processos de *jurisdição contenciosa*, encontra-se suscitado *um* conflito de interesses entre as partes (credor e devedor, proprietário e possuidor, locador e locatário, etc.), submetido ao escrutínio do tribunal em função de critérios e princípios próprios do direito substantivo. Neles o tribunal é chamado a exercer a função (jurisdicional) própria dos *órgãos judiciários,* ditando a *solução concreta* que emerge do direito material aplicável (*jus dicendum*)[2].

Nos processos de *jurisdição voluntária,* há um *interesse fundamental juridicamente tutelado* (acerca de cuja protecção podem formar-se posições ou perspectivas entre si dissonantes)[3] e que ao juiz cumpre regular nos termos *mais convenientes* (como v.g. no de *suprimento do consentimento, de fixação judicial de um prazo,* de *concessão de autori-*

---

[1] Os art.ºs 1414.º, 1414.º-A , 1418.º, 1423.º e 1446.º do CPC foram revogados pelo art.º 21.º do Dec.-Lei n.º 272/2001, de 13 de Outubro, que veio instituir certos *procedimentos a serem tramitados perante o Ministério Público e perante as Conservatórias do Registo Civil.*

[2] Cfr. ANTUNES VARELA/J. M. BEZERRA/SAMPAIO E NORA, Manual cit., p. 70.

[3] Cfr. CASTRO MENDES, DPC, vol I, ed. de 1969 cit., p. 29.

Capítulo III – Tipologia das acções e das formas de processo   85

zação e de regulação do poder paternal, etc.)[1]. Esta jurisdição pressupõe que um ou mais interesses particulares se encontrem em *situações anómalas* que, sem constituirem um litígio (propriamente dito), justificam a respectiva regulação por via jurisdicional. Não subjaz, em princípio, a tais situações um real "conflito" de interesses a compor através da exercitação do *direito de acção*. Assim, por exemplo, nas providências relativas aos filhos, na falta de acordo entre os respectivos progenitores, cumpre ao juiz decidir de harmonia com os interesses do menor e só dos dele (art.ºs 2.º e 180.º, n.º 1, da OTM)[2].

A distinção (entre jurisdição voluntária e jurisdição contenciosa) resulta, assim, não propriamente da existência ou não de *controvérsia*, mas da existência ou não de um *litígio* em sentido técnico[3].

Alguma similaridade pode detectar-se com os procedimentos suscitados pelos interessados junto das entidades registrais e notariais, com vista a «certificar, determinar ou esclarecer, por via documental», uma dada «regulamentação de interesses, produto da autonomia da vontade». Mas o certo é que o notário ou o conservador «se ocupam de *situações normais de regulamentação de interesses* (celebração, perante o notário, pelos respectivos contraentes, da escritura pública de compra e venda de um dado imóvel ou efectivação, perante o conservador do registo predial, da inscrição registral desse acto translativo), ao passo que o tribunal se ocupa de *situações anormais ou anómalas*»[4].

De ter presente que o Dec.-Lei n.º 272/2001, de 13 de Outubro, entrado em vigor em 1 de Janeiro de 2002, «ex-vi» do seu art.º 22, *veio transferir competências para as conservatórias do registo civil em matérias respeitantes a um conjunto de processos de jurisdição voluntária relativos a relações familiares* – atribuição de alimentos a filhos maiores e da casa de morada de família, privação e autorização de apelidos de actual ou anterior cônjuge e conversão da separação em divórcio e, bem

---

[1] Neste tipo de processos especiais, «a função exercida pelo juiz não é tanto de *intérprete* e *aplicante da lei,* como de verdadeiro *gestor de "negócios"*, que a lei coloca sob a fiscalização do Estado através do poder judicial» – cfr. ANTUNES VARELA/J. M. BEZERRA/SAMPAIO E NORA, Manual cit., pp. 69-70.

[2] Organização Tutelar de Menores aprovada pelo Dec.-Lei n.º 314/78, de 27 de Outubro.

[3] Cfr. CASTRO MENDES, DPC, vol I, ed. de 1969 cit., p. 31.

[4] Cfr. CASTRO MENDES, DPC, vol I, ed. de 1969 cit., p. 35.

86   *Direito Processual Civil*

assim, a decisão, pelo conservador do registo civil, dos processos de reconciliação de cônjuges separados – processos estes aos quais não corresponde, por natureza, uma situação de litígio. Na senda, de resto, da atribuição da competência decisória respeitante à separação e divórcio por mútuo consentimento operada já em 1995, passando também a ser deferida a essa autoridade registral a decisão dos divórcios por mútuo consentimento em que existam filhos menores, cujos interesses são objecto de regulação com base na participação activa do Ministério Público (conf. preâmbulo do diploma). Competência essa que, para os procedimentos elencados no respectivo art.º 12.º, é *pertença exclusiva do Conservador do Registo Civil*, como por ex. os relativos à reconciliação dos cônjuges separados (n.º 1, al. a)), à separação e divórcio por mútuo consentimento (com excepção dos casos resultantes de acordo obtido no âmbito de processo de separação ou divórcio por mútuo consentimento)[169] – n.º 1, al. b)) – e à declaração de dispensa do prazo internupcial – n.º 1 al. c)). Já para os *processos especiais relativos a autorização ou confirmação de certos actos*, tais como a venda (pelo respectivo representante – pai ou tutor) de bens pertencentes a menor (n.º 1, al. b)) e, bem assim, a outras providências relativas a suprimentos, autorizações e confirmações relativas a incapazes e ausentes, a *competência é exclusiva do Ministério Público*, com observância do procedimento regulado nos art.ºs 2.º a 4.º desse mesmo diploma.

O procedimento regulado na Secção I, do capítulo III desse mesmo diploma aplicando-se, em princípio, aos pedidos de alimentos devidos a menores, atribuição da casa de morada de família, privação de uso dos apelidos do outro cônjuge, autorização do uso de apelidos do ex-cônjuge e conversão de separação judicial de pessoas e bens em divórcio (art.º 5.º, n.º 1, alíneas a), b), c), d) e e) respectivamente), não se aplica, contudo, às pretensões referidas nas alíneas a) a d) «que sejam *cumuladas* com outros pedidos no âmbito da mesma acção judicial ou constituam incidente ou dependência de acção pendente», circunstâncias em que continuam a ser tramitadas nos termos previstos no CPC.

---

[169] Com excepção dos casos em que os cônjuges não apresentem algum dos acordos a que se refere o art.º 1775.º do CC ou em que algum desses acordos não seja homologado ou nos casos de acordo obtido no âmbito do processo de separação ou divórcio sem o consentimento do outro cônjuge – art.º 6.º da Lei n.º 61/1008, de 31 de Outubro.

Capítulo III – Tipologia das acções e das formas de processo

E porque se visa, em tal tipo de processos, a prossecução de *interesses privados* não organizados num típico conflito judicial, há quem seja levado a concluir que o tribunal exerce aqui, não propriamente uma *função jurisdicional* em sentido técnico como no processo contencioso, mas antes uma função tipicamente administrativa[1-2]. Por isso se fala (ZAOBINI)[3], a este respeito, de *administração pública de direitos privados*[4]. Destrinça nem sempre fácil de fazer, dada a sua estreita conexão com a *vexata quaestio* da distinção entre a *actividade jurisdicional* e a *actividade administrativa*. A este propósito se diz que, face à necessidade de dar cumprimento/execução a determinados comandos legais, os *órgãos do poder jurisdicional* agem com maior *independência e passividade*, enquanto que os *órgãos administrativos* agem com maior *parcialidade e iniciativa*[5]. E daí o afirmar-se também não constituir, em bom rigor, a jurisdição voluntária uma verdadeira jurisdição, só a jurisdição contenciosa constituindo uma jurisdição em sentido próprio, em virtude de só a esta poder subjazer uma genuína *controvérsia* entre as partes.

São princípios fundamentais aplicáveis aos processos de jurisdição voluntária os seguintes: a) – *princípio inquisitório* no domínio da instrução do processo (art.º 1409.º, contraposto ao dispositivo no campo da alegação – art.º 664.º); b) – *predomínio dos critérios da equidade sobre os critérios de legalidade estrita* (art.º 1410.º), diversamente do disposto no art.º 659.º, n.º 2, "in fine"; c) – *livre modificabilidade das decisões* (*resoluções*) ou providências de jurisdição voluntária (art.º 1411.º, n.º 1), em contraste com a inalterabilidade das decisões de jurisdição contenciosa (art.º 666.º)[6]; d) – *inadmissibilidade de recurso para o Supremo Tribunal de Justiça* das *resoluções* proferidas segundo critérios de conve-

---

[1] Cfr. LEBRE DE FREITAS, Introdução cit., pp. 50-51.

[2] Cfr. ALBERTO DOS REIS, Processo Especiais, vol II, p. 398.

[3] Cfr. Corso di Diritto Amministrativo, I.

[4] Cfr. DIAS MARQUES, Direitos Reais, pp. 310 e ss, e GUASP, Derecho Procesal Civil, 1969, citados por CASTRO MENDES, DPC, vol I, ed. de 1969 cit., p. 35.

[5] Cfr. MARCELLO CAETANO, Manual de Direito Administrativo, Tomo I, 10.ª ed., 1973, pp. 12-13.

[6] Essas *resoluções* (que não verdadeiras sentenças) não assumem, pela sua própria natureza, a força de caso julgado e podem, por isso, ser alteradas pelo juiz que as proferiu, logo que circunstâncias supervenientes, ou antecedentes mas até então ignoradas pelo julgador, justifiquem a modificação – cfr. ANTUNES VARELA/J. M. BEZERRA/SAMPAIO E NORA, Manual cit., p. 72.

88   *Direito Processual Civil*

niência ou oportunidade, que não sejam, pois, de mera legalidade (art.º 1411.º, n.º 2, em confronto com o disposto no art.º 678.º).

De referir que alguns processos pelo CPC, embora subordinados à epígrafe da *jurisdição voluntária*, são antes de qualificar tecnicamente como *processos de jurisdição contenciosa*. É, designadamente, o caso dos processos de tutela da personalidade, do nome e da correspondência e dos relativos ao uso de carta missiva não confidencial (art.º 78.º do CC), do direito à reserva sobre a intimidade da vida privada (art.º 80.º do CC) e dos demais direitos da personalidade ("qualquer ameaça à personalidade física ou moral"). E, ainda, o caso dos processos especiais para apresentação de coisas e documentos e de determinação do litígio a submeter a arbitragem e, também, de alguns dos processos que visam o exercício de direitos sociais (art.ºs 1479.º e ss). Ao invés, classifica a lei como de *jurisdição contenciosa* processos de qualificar como de *jurisdição voluntária* (por ex., os processos de interdição e de habilitação regulados nos art.ºs 944.º e ss)[1].

Expressamente qualificados – e com toda a propriedade – como processos de jurisdição voluntária são os chamados *processos tutelares cíveis* regulados nos art.ºs 146.º e ss do Título III da OTM (conf. o art.º 150.º deste diploma).

10.3. A alçada dos tribunais.

Entende-se por *alçada* de um tribunal o *limite do valor da causa dentro do qual e até ao qual o tribunal julga a título definitivo*, isto é sem admissibilidade de recurso ordinário (para o tribunal hierarquicamente superior)[2].

Trata-se de um valor fixado pelas leis de organização judiciária, até ao qual um tribunal de instância julga definitivamente as causas da sua competência e que releva, desde logo, para efeitos de recurso: a decisão proferida em *causa de valor contido na alçada do tribunal* que a profere não é, em regra, susceptível de recurso ordinário, enquanto que a proferida em *causa de valor superior a essa alçada* é, em princípio, recorrível, *desde*

---

[176] Cfr. LEBRE DE FREITAS, Introdução cit., p. 50, nota 20.
[177] Cfr. supra, n.º 8.2, §6.º.

Capítulo III – Tipologia das acções e das formas de processo 89

que desfavorável para o recorrente em valor superior a metade da mesma alçada (art.º 678.º, n.º 1). E ainda para efeitos da *distribuição da competência* entre os juízos de competência especializada cível (art.ºs 120.º a 122.º da LOFTJ/2008). O critério principal de determinação do processo declarativo é, deste modo, o do *valor económico do pedido*, ainda que funcionando, também, como determinativo o do *objecto da acção*.

Os valores das alçadas, oscilando ao sabor das flutuações do valor da moeda ou do fenómeno da inflação, têm vindo a ser sucessivamente alterados pelo legislador. Em matéria cível, a alçada dos tribunais da Relação é actualmente de €30.000 e a dos tribunais de 1.ª instância de €5.000 – (art.ºs 24.º, n.º 1, da LOFTJ 99 e 31.º da LOFTJ/2008)[1]. Os tribunais de *1.ª instância* são, em regra, os *tribunais de comarca*, os quais são tribunais de *competência genérica*, sem prejuízo do seu desdobramento em *juízos, em função da especialização* (art.º 68, n.ºs 1 e 2 da LOFT/2008); de *2.ª instância* os tribunais da Relação e, no topo da pirâmide dos tribunais judiciais, sem qualquer limitação de alçada, o *Supremo Tribunal de Justiça* (art.ºs 70.º a 72.º do CPC e 17.º e 32.º da mesma LOFTJ/2008)[2].

Temos, pois, que as decisões proferidas pelo tribunal de comarca em acções com valor igual ou inferior a €5.000, bem como as que sejam desfavoráveis à parte que pretenda recorrer em €2.500 ou menos, não são, hoje, em regra, recorríveis (cfr. art.º 678.º, n.º 1). Contrariamente ao que sucede noutros países (v.g. a Itália e o Brasil), nos quais assiste sempre à parte o direito a um *duplo grau de jurisdição*, ainda que depois com restrição do acesso ao tribunal supremo, entre nós, o direito (absoluto) a dois graus de jurisdição é circunscrito à matéria penal. Nos restantes

---

[1] A actual redacção do preceito foi-lhe conferida pelo art.º 5.º do Dec.Lei n.º 303/2007, de 24 de Agosto – cfr. supra n.º 7.

[2] Conforme os art.ºs 97.º, 99.º e 101.º da LOFTJ/99 , aos *tribunais de competência genérica* cabiam todas as causas para as quais fosse materialmente competente o tribunal judicial da 1.ª instância. Mas já os tribunais de competência específica sem competência residual, existentes em certas circunscrições judiciais (v.g. Lisboa e Porto), tinham competência limitada às causas, de entre essas, cujo valor se contivesse dentro do limite definido pela alçada da 1ª instância (*juízos de pequena instância cível*) ou excedesse o valor da alçada da 2.ª instância (*varas cíveis*); enquanto que os juízos cíveis a tinham para todas as causas não atribuídas nem às varas nem aos juízos de pequena instância cível.

90   *Direito Processual Civil*

domínios, é conferida ao legislador ordinário a liberdade de criar ou suprimir recursos judiciais, desde que não proceda à abolição (directa ou indirecta) do sistema de recursos *in totum*[1] [2].

Secção II
Meios processuais e procedimentais alternativos.

11. Processos alternativos de natureza judicial.

São três os chamados *meios alternativos intrajudiciais* (ou de *natureza judicial*) a operar facultativamente no sistema de justiça pública: – o *regime do processo civil simplificado introduzido* pelo Dec.-Lei n.º 211/91, de 14 de Junho; – a *«acção declarativa especial para cumprimento de obrigações pecuniárias* emergentes de contratos» e «injunção» introduzida pelo Dec.-Lei n.º 269/98, de 1 de Setembro; – o *regime processual civil de natureza experimental* aplicável às acções declarativas entradas a partir de 16 de Outubro de 2006, introduzido pelo Dec.-Lei n.º 108/2006, de 8 de Junho.

11.1. Regime do processo civil simplificado.

Permite este regime, instituído pelo Dec.-Lei n.º 211/91, de 14 de Junho, que as partes delimitem, logo à partida, o objecto do litígio, com vista à ultrapassagem das fases dos articulados e do saneamento e condensação, com os consequentes ganhos «em termos de celeridade, desburocratização e economia processual». Regime «destinado a *co-existir*

---

[1] Cfr. A. Ribeiro Mendes, Recursos, pp. 99-102, citado por Lebre de Freitas, em "A Acção Declarativa Comum" cit. p.19, nota 24 e o acórdão do TC n.º 100/99-Proc. 345/98, de 10-2-99, in DR, II.ª Série, n.º 77, de 1-4-99 e demais jurisprudência aí referida.

[2] «O direito à tutela judicial efectiva, consagrado no art.º 20.º da CRP, basta-se, pois, em matéria não penal, com uma instância única» – cfr. Amâncio Ferreira, Manual dos Recursos em Processo Civil, 9.ª ed., Coimbra, Almedina, 2009, p. 78 e jurisprudência do TC aí mencionada.

Capítulo III – Tipologia das acções e das formas de processo 91

(sem diminuição de garantias) com o *regime jurídico-processual vigente* e inspirando-se em idênticos princípios agora compatibilizados com as «exigências de uma cultura jurídica moderna» (sic)[1].

A utilização (*facultativa*) da forma de *processo civil simplificado* não depende, aliás, do tipo de pretensão deduzida.

Salvo se respeitar *a direitos indisponíveis*, podem as partes iniciar o processo cível com a *apresentação em tribunal de uma petição conjunta* (o que, em termos de direito comparado, corresponde à figura da *requête conjointe* do direito processual civil francês)[2]. Nela, as partes indicam os *factos* que admitem por acordo e os que, entre elas, são controvertidos e tomam posição sobre as questões de direito relevantes (art.ºs 1.º e 2.º). A *fase dos articulados* circunscreve-se a essa *petição subscrita por ambas as partes* (art.º 3.º, n.º 1, do mesmo diploma), sem prejuízo de, quando for total o acordo sobre os factos da causa, se seguir de imediato a fase do julgamento, precedida das respectivas alegações de direito (art.º 5.º, n.º 1, respectivo). Com a petição, as partes requerem logo as respectivas *provas* e tomam posição sobre as questões de direito relevantes (art.º 2.º, n.º 1).

Apresentada em juízo a *petição conjunta*, o juiz profere *despacho liminar* acerca da admissibilidade do uso dessa forma processual e da existência de quaisquer excepções dilatórias de conhecimento oficioso (art.º 3.º, n.º 2). Se o processo houver de prosseguir, o juiz designa, desde logo, o dia e hora para a *audiência final*, mediante previa concertação entre as partes, assim prevenindo o risco de adiamento forçoso do acto, audiência essa que, salva a necessidade de produção antecipada de prova, será realizada *no prazo máximo de 2 meses* a contar da apresentação da petição (art.º 3.º, n.ºs 3 e 4).

Só haverá *audiência preliminar* quando a complexidade do processo o recomende para um qualquer dos fins enunciados no art.º 4.º. Havendo *matéria de facto controvertida*, a intervenção do tribunal fica circunscrita à instrução, discussão e julgamento da causa nos termos da lei processual (art.º 3.º, n.º 1). Se a divergência das partes se limitar à solução jurídica do pleito, a intervenção do tribunal será restrita ao *julgamento da causa*, precedido de debate oral dos advogados relativamente à qualificação e

---

[1] Cfr. relatório preambular do Dec.-Lei n.º 211/91, de 14 de Junho.
[2] Cfr. os art.ºs 53.º e 793.º a 796.º do *"Nouveau Code de Procedure Civile"*.

efeitos jurídicos dos factos admitidos por acordo, sendo que, nos casos previstos no art.º 4.º do CC, podem as partes acordar em que o litígio seja resolvido segundo a *equidade* (art.º 4.º, n.ºs 1 e 2).

É aplicável, neste tipo de processo, a *título subsidiário*, o regime do CPC (art.º 6.º).

Talvez por falta de "tradição" ou por um certo atavismo quanto à (falta de) cooperação entre os mandatários, o certo é que o enraizamento desta "via alternativa" não passou, na prática, de uma simples quimera.

11.2. Acção declarativa especial para cumprimento de obrigações pecuniárias emergentes de contratos e injunção.

Impondo-se obviar «ao aumento explosivo da litigiosidade que vinha enxameando e ocupando os tribunais e os magistrados» com «acções de baixa densidade» relativas ao consumo de bens e serviços», o Dec.-Lei n.º 269/98, de 1 de Setembro, não limitando embora o *direito de acção*, veio introduzir algumas medidas de «desjudicialização consensual» desse tipo de litígios, instituindo a «*acção declarativa especial para cumprimento de obrigações pecuniárias e injunção*» – também com *tramitação especial própria no seio dos tribunais judiciais*. Pelo respectivo art.º 1.º, foi aprovado o «*Regime dos Procedimentos destinados a exigir o Cumprimento de Obrigações Pecuniárias Emergentes de Contratos*» (RPCOP), publicado em Anexo e fazendo parte integrante desse diploma. Paralelamente, propôs-se o mesmo dinamizar e incentivar o recurso à figura da *injunção* criada pelo Dec.-Lei n.º 409/93, de 10 de Dezembro, «no intuito de permitir ao credor de obrigação pecuniária a *obtenção de um título executivo de forma célere e simplificada*».

Emprega-se este *processo especial* quando o credor pretenda obter a condenação do devedor no cumprimento de *obrigação pecuniária* de origem contratual cujo montante *não exceda* €15.000 (art.º 1.º do Dec.--Lei n.º 269/98, de 1 de Setembro)[1]. O seu âmbito de utilização é, pois, determinado, quer pelo *valor do crédito*, quer pela *natureza pecuniária da obrigação*, quer pela *fonte contratual da dívida*, podendo usar-se sempre que não houver título que permita, desde logo, o recurso à acção executiva.

---

[1] Na redacção do art.º 6.º do Dec.-Lei n.º 303/2007, de 24 de Agosto.

Capítulo III – Tipologia das acções e das formas de processo 93

Nos casos de *domicílio convencionado* nos termos do n.º 1 do art.º 2.º do diploma preambular, a citação efectua-se nos termos do n.ºs 3 a 5 do art.º 237.º-A do CPC, com o efeito consignado no n.º 2 do art.º 238.º do mesmo diploma (cfr. art.º 1.º-A do RPCOP); se o réu, citado pessoalmente, *não contestar* (o prazo é o de 15 dias se o valor da acção não exceder a alçada do tribunal de 1.ª instância ou de 20 dias nos restantes casos), «*o juiz*, com *valor de decisão condenatória*, limitar-se-á a conferir *força executiva à petição*, a não ser que ocorram, de forma evidente, excepções dilatórias ou que o pedido seja manifestamente improcedente» (art.º 2.º). *Se a acção houver de prosseguir*, «pode o juiz julgar logo procedente alguma excepção dilatória ou nulidade que lhe cumpra conhecer ou decidir do mérito da causa» (art.º 3.º, n.º 1).

A *audiência de julgamento* realiza-se *dentro de 30 dias*, não sendo aplicáveis, nesta sede, as regras de *marcação e adiamento* previstas nos n.ºs 1 a 3 do art.º 155.º do CPC (cfr. art.º 3.º, n.º 2), podendo qualquer das partes requerer a *gravação* da audiência quando a decisão final admita recurso ordinário (art.º 3.º, n.º 3); as *provas* são oferecidas na própria audiência, não podendo o número de testemunhas exceder 3 ou 5 por cada parte (mas nunca mais de 3 sobre cada um dos factos a provar), consoante o valor não exceda ou exceda a alçada do tribunal de 1.ª instância (art.º 3.º, n.ºs 4 e 5). Nas acções de valor não superior à alçada do tribunal de 1.ª instância (€5.000), não existindo mandatário ou não comparecendo este, a inquirição é efectuada pelo juiz (art.º 4.º, n.º 4); *o depoimento pode ser prestado através de documento escrito* datado e assinado pelo seu autor se verificado o condicionalismo do art.º 5.º. A *sentença*, para a qual apenas se exige uma sucinta fundamentação, é logo *ditada para a acta* (art.º 4.º, n.º 7).

A *injunção* foi instituída pelo Dec.-Lei n.º 404/93, de 10 de Dezembro, diploma depois revogado pelo Dec.-Lei n.º 269/98, de 1 de Setembro, que aprovou o RPCOP, Dec.-Lei este actualmente (quer no diploma preambular, quer no respectivo "Anexo") com a redacção que lhe foi dada pelo Dec.-Lei n.ºs 107/2005, de 1 de Julho, pelo art.º 6.º do Dec.-Lei n.º 303/2007, de 24 de Agosto[186] e pelo art.º 10.º do Dec.-Lei n.º 226/

---

[186] Este diploma entrou em vigor em 15 de Setembro de 2005 (cfr. respectivo art.º 8.º). Na sua versão inicial, tinha por objecto os créditos cujo valor não excedesse a alçada do tribunal de 1.ª instância; pelo Dec.-Lei n.º 107/2005, de 1 de Julho, passou a abranger

/2008, de 20 de Novembro. Nos termos do art.º 7.º do Anexo a esse Dec.-
-Lei n.º 269/98 (actual redacção), considera-se *injunção*[1]: a) – a providência que tem por fim conferir força executiva a requerimento destinado a
exigir *o cumprimento de obrigações pecuniárias emergentes de contratos
de valor não superior a metade da alçada da Relação* (art.º 7.º do Anexo
com referência ao art.º 1.º do diploma preambular) ou seja, de valor não
superior a €15.000 (art.º 30.º da LOFTJ/2008); b) – e, *independentemente
do valor da dívida*, vise conferir força executiva a requerimento destinado
a exigir o *cumprimento de obrigações pecuniárias emergentes de transacções comerciais* abrangidas pelo n.º 1 do art.º 7.º do Dec.-Lei n.º 32/
/2003, de 17 de Fevereiro (art.º 7.º do RPCOP, este na redacção do Dec.-
-Lei n.º 107/2005, de 1 de Julho)[2].

O *procedimento de injunção* representa uma forma específica de
processo de condenação, integrada na categoria dos que, na terminologia de
CHIOVENDA, são de considerar como "averiguações com prevalente função
executiva" (*accertamenti con prevalente funzione esecutiva*). Trata-se de
um *procedimento especial* cujo escopo é a obtenção de uma *ordem ou
mandado judicial de cumprimento* de determinada prestação por parte do
devedor, após apreciação sumária da pretensão do credor. Não sendo a
imposição satisfeita no prazo fixado, ou se no seu decurso não for deduzida qualquer oposição por parte do intimado, a *ordem judicial* (de pagamento) é declarada executiva, podendo, consequentemente, servir de suporte
ao processo executivo». Torna-se, por isso, necessária, a prática de um

---

os créditos cujo valor não excedesse a alçada da Relação; actualmente e com a nova
redacção dada ao art.º 1.º do RPCOP pelo art.º 6.º do Dec-Lei n.º 303/2007, de 24 de
Agosto, passou a abranger créditos de valor não superior a €15.000 (metade do valor da
alçada do Tribunal da Relação).

[1] No Brasil, o *mandado de injunção* tem outro significado e alcance: pode utilizar-
-se nos casos em que, determinando a Constituição Federal que se legisle sobre certa
matéria, o poder legislativo ou executivo permaneçam inertes relativamente à elaboração
ou votação das respectivas leis. Essa acção só pode, contudo, ser proposta por quem se
veja directamente impedido do pleno exercício dos (seus) direitos, liberdades e garantias
constitucionais e de outras garantias relativas à nacionalidade, à soberania e à cidadania
(Constituição Federal, art.º 5.º, LXXI).

[2] Decorrendo o procedimento de injunção perante uma entidade administrativa – o
secretário judicial – não se lhe aplica o disposto no art.º 17.º, n.º 1, da Lei n.º 34/2004,
de 29 de Julho (apoio judiciário nos tribunais e nos julgados de paz). Não gozam, por tal
razão, o requerente e o requerido, do benefício do apoio judiciário na modalidade de
dispensa de pagamento de taxa de justiça.

Capítulo III – Tipologia das acções e das formas de processo   95

acto processual (judicial) que lhe atribua essa *chancela de eficácia*. Por tal razão, a chamada *injunção* instituída entre nós representa uma figura jurídica não coincidente com a que, sob a mesma designação, vigora nos direitos italiano, francês e espanhol[1]. E isto porque no nosso direito *a fórmula executória* pode também ser aposta por um *oficial de justiça*, na circunstância o *secretário judicial* (cfr. art.º 14.º, n.º 1, do Anexo ao Dec.- -Lei n.º 269/98, de 1 de Setembro).

Se o requerimento não for recusado pela secretaria[2-3] – o que só pode ocorrer nas situações de natureza formal taxativamente previstas no n.º 1 do art.º 11.º do RPCOP –, *o secretário judicial notifica o requerido por carta registada com aviso de recepção* para, em 15 dias, pagar ao requerente a quantia pedida, acrescida da taxa de justiça por ele paga, ou deduzir oposição à pretensão (art.º 12.º, n.º 1, do RPCOP)[4].

No caso de se frustrar a notificação do requerido e o requerente não tiver indicado que pretende que os autos sejam apresentados à distribuição nos termos da al. j) do n.º 2 do art.º 10.º, a secretaria devolve ao requerente o expediente respeitante ao procedimento de injunção (art.º 13.º-A do RPCOP). *Se, depois de notificado, o requerido não deduzir oposição*, o secretário aporá no requerimento a seguinte fórmula: *"Este documento tem força executiva"* (art.º 14.º, n.º 1, do RPCOP)[5]. O secretá-

---

[1] Cfr. AMÂNCIO FERREIRA, Curso de Processo de Execução, 11.ª ed. cit., pp. 57 a 68.

[2] O modelo do requerimento de injunção foi aprovado (ao abrigo do disposto no n.º 1 do art.º 10.º do RPCOP) pela Portaria do Ministro da Justiça n.º 808/2005, de 9 de Setembro (DR, 1.ª Série-B, n.º 174) rectificada pela Declaração de Rectificação n.º 72/ /2005, in DR, 1.ª Série-B, n.º 195, de 11 de Outubro. A sua apresentação no Balcão Nacional de Injunções é regulada pela Portaria n.º 220-A/2008, de 4 de Março.

[3] Através da Portaria n.º 220-A/2008, de 4 de Março, foram estabelecidas as regras para a apresentação do requerimento da injunção, da respectiva oposição e de outros actos do procedimento injuntivo por via electrónica, bem como a entrega daquele requerimento em suporte de papel por remessa sob registo postal.

[4] Em caso da falta de pagamento destas quantias, são ainda devidos juros de mora desde a data da apresentação do requerimento e juros à taxa de 5% ao ano a contar da data da aposição da fórmula executória (art.º 13.º, alínea d), do RPCOP). Estes *juros* são de qualificar como *compulsórios* e encontram-se igualmente previstos no n.º 4 do art. 829.º-A do CC, revertendo o respectivo montante, em processo de injunção, em partes iguais, para o exequente e para o Cofre Geral dos Tribunais (art.º 21.º, n.º 2, do RPCOP).

[5] Nos termos do n.º 5 do art.º 14.º, «aposta a fórmula executória, a secretaria disponibiliza ao requerente, preferencialmente por *meios electrónicos* (em termos a definir por Portaria do Ministro da Justiça), o requerimento de injunção, no qual tenha

Direito Processual Civil

rio só pode recusar a aposição da fórmula executória quando o pedido não se ajuste ao montante ou finalidade do procedimento (art.º 14.º, n.º 3, do RPCOP), cabendo, todavia, do acto de recusa *reclamação para o juiz* ou, no caso dos tribunais com mais de um juiz, para o que estiver de turno à distribuição (art.º 11.º, n.º 2, aplicável "ex-vi" do n.º 4 do art.º 14.º do mesmo Anexo).

O atraso de pagamento em *transacções comerciais,* nos termos previstos no Dec.-Lei n.º 32/2003, de 17 de Fevereiro, confere, pois, ao credor o direito a recorrer à injunção, independentemente do valor da dívida (art.º 7.º, n.º 1, respectivo)[1]. Tratando-se, porém, de transacção comercial (abrangida por esse diploma) de *valor superior à alçada da Relação,* a dedução de oposição ou a frustração da notificação no procedimento de injunção determina a *remessa dos autos para o tribunal competente, aplicando-se a forma de processo comum* (art.º 7.º, n.º 2, do Dec.-Lei n.º 32/2003 de 17 de Fevereiro). Mas se tais obrigações pecuniárias (provenientes de transacções comerciais) forem de *valor não superior à alçada da Relação,* as respectivas acções *seguem os termos da acção declarativa especial para cumprimento de obrigações comerciais emergentes dos contratos* (art.º 7.º, n.º 4, do mesmo Dec.-Lei – esses n.ºs 2 e 4 com a redacção do art.º 5.º do Dec.-Lei n.º 107/2005, de 1 de Julho).

Se o requerido deduzir *oposição* ou se a sua notificação se frustrar, tendo o requerente indicado que pretende que o processo seja apresentado

---

sido aposta a *fórmula executória»* (redacção do art.º 10.º do Dec.-Lei n.º 226/2008, de 20 de Novembro).

[1] Segundo o preâmbulo do Dec.-Lei n.º 32/2003, este diploma «visou transpor para a ordem jurídica interna a Directiva n.º 2000/35/CE, do Parlamento Europeu e do Conselho, de 29 de Junho, não procedendo, contudo, à transposição de todas as suas disposições, pois que muitas das suas soluções já se encontravam «consagradas na legislação portuguesa, nomeadamente no Código Civil». Veio a mesma «estabelecer medidas de luta contra os *atrasos de pagamento em transacções comerciais»,* «independentemente de terem sido estabelecidas entre pessoas colectivas privadas (a estas se equiparando os profissionais liberais) ou públicas, ou entre empresas e entidades públicas, tendo em conta que estas últimas procedem a um considerável volume de pagamentos às empresas. Por conseguinte, *regulamenta* todas as transacções comerciais entre os principais adjudicantes e os seus fornecedores e subcontratantes. *Não se aplica,* porém, *às transacções com os consumidores, aos juros relativos a outros pagamentos, como por exemplo aos pagamentos efectuados nos termos da legislação sobre cheques ou letras de câmbio ou aos pagamentos efectuados a título de indemnização por responsabilidade civil, incluindo os efectuados por companhias de seguros»* (art.º 2.º, n.ºs 1 e 2).

Capítulo III – Tipologia das acções e das formas de processo　　97

à distribuição nos termos da al. j) do n.º 2 do art.º 10.º, o secretário apresentá-lo-á à distribuição que imediatamente se seguir (art.º 16.º, n.º 1, do RPCOP). Também, salvo o disposto no n.º 2 do art.º 11.º e no n.º 4 do art.º 14.º (reclamação contra o acto de recusa), os autos serão imediatamente apresentados à distribuição sempre que se suscite questão sujeita a decisão judicial (art.º 16.º, n.º 2, do RPCOP).

Em notório incentivo à utilização dos meios informáticos, prevê agora o n.º 1 do art.º 19.º do RPCOP (na redacção que lho foi dada pelo art.º 10.º do Dec.-Lei n.º 34/2008, de 26 de Fevereiro) que «a entrega do requerimento de injunção por advogado ou solicitador seja «efectuada apenas por *via electrónica*», ficando o requerente que (sendo por qualquer deles representado) não cumprir tal determinação, sujeito ao pagamento imediato de uma multa no valor de ½ de de uma UC, salvo alegação e prova de justo impedimento» (cfr. n.º 2). Na falta de junção do documento comprovativo do pagamento da *taxa de justiça,* é logo desentranhada a respectiva peça processual (art.º 20.º)[1].

11.3. Regime processual civil de natureza experimental (Dec.- -Lei n.º 108/2006).

Pelo Dec.-Lei n.º 108/2006, de 8 de Junho, foi criado «um *regime processual civil de natureza experimental* aplicável às *acções declarativas* entradas a partir de 16 de Outubro de 2006, em tribunais a determinar por Portaria do Ministro da Justiça»[2]. Regime esse relativo a (todas) as

---

[1] A matéria de *custas nos procedimentos de injunção e nas execuções nos mesmos fundadas* é regulado pelo próprio Dec.-Lei n.º 269/98, de 1 de Setembro (art.ºs 19.º e 20.º).

[2] Mais um regime processual a legitimar um forte cepticismo acerca das pretendidas «agilidade e eficácia» do processo. Melhor seria – se se justificasse, o que não é o caso – operar-se uma inserção sistemática coerente, no seio do próprio Código, das medidas de política legislativa tidas por necessárias, pois que o seu carácter avulso, ainda por cima de natureza «experimental», pode constituir um forte factor de perturbação, quer da harmonia do sistema, quer da comodidade, confiança e segurança dos respectivos utilizadores. O actual CPC contém já, em si, se devidamente exploradas, todas as virtualidades que o novel diploma se propõe, sendo que o verdadeiro «problema» reside, não na lei vigente, mas numa certa "cultura da inércia e passividade" dos diversos operadores judiciários, como bem salientam A. MONTALVÃO MACHADO/PAULO PIMENTA, in O Novo Processo Civil, 8.ª ed., pp. 270 a 281, cujas apreciações críticas genericamente subscrevemos.

«*acções declarativas cíveis a que não corresponda processo especial*» e às «*acções especiais para o cumprimento de obrigações pecuniárias emergentes de contratos*» (art.º 1.º).

O diploma aplica-se nos tribunais a escolher de entre «os que apresentem elevada movimentação processual, atendendo aos objectivos de acção predominantes e actividades económicas dos litigantes»[1], devendo ser revisto no prazo de dois anos a contar da data da sua entrada em vigor, isto é a contar de 8 de Junho de 2008 (art.º 21.º, n.ºs 1 e 2)[2]. Visou o mesmo «assegurar um tratamento específico, no âmbito dos meios jurisdicionais, aos *litigantes de massa*, permitindo, designadamente, a prática de decisões judiciais que abranjam vários processos» (cfr. preâmbulo respectivo). Para o efeito, acolheu-se a nova figura da *agregação de acções* com vista a adequar a tramitação às especificidades da causa, em alternativa à apensação sempre que desaconselhável uma tramitacão conjunta (art.º 6.º). Tal como a apensação, a agregação pode ser *requerida pelas partes* ou, se pendentes os processos perante o mesmo juiz, *oficiosamente determinada*. A decisão de agregação só pode ser impugnada no recurso que vier a ser interposto da decisão final (art.º 6.º, n.º 6).

Institui-se, no seu art.º 2.º, o chamado «*dever de gestão processual*». O juiz dirige o processo (*juiz-gestor* do processo) cumprindo-lhe especificamente: «a) adoptar a tramitação processual adequada às especificidades da causa e o conteúdo e a forma dos actos processuais ao fim

---

[1] Pela Portaria do Ministro da Justiça n.º 955/2006, de 13 de Setembro, foram seleccionados para esse efeito os seguintes tribunais e juízos: a) – Juízos de Competência Especializada Cível do Tribunal da Comarca de Almada; b) – Juízos Cíveis do Tribunal da Comarca do Porto; c) – Juízos de Pequena Instância Cível do Tribunal da Comarca do Porto; d) – Juízos de Competência Especializada Cível do Tribunal da Comarca do Seixal. A Portaria n.º 1460-B/2009, de 31 de Dezembro, veio, ao abrigo desse último diploma, estender o regime experimental aos juízos de competência especializada cível do Tribunal da Comarca do Barreiro, aos juízes de competência especializada cível do Tribunal da comarca de Matosinhos e às Varas Cíveis do Tribunal da Comarca do Porto, a partir do dia 4 de Janeiro de 2010; mas tal Portaria foi entretanto revogada pelo art.º único da Portaria n.º 1460-B/2009, de 31 de Dezembro, atenta a constituição, em 15 de Dezembro de 2009, de uma *comissão de processo civil* destinada à "*construção de um novo paradigma de processo civil*"!...

[2] O artigo único do Dec.-Lei n.º 178/2009, de 7 de Agosto, veio dar nova redacção ao art.º 22.º do Dec.-Lei n.º 108/2006, de 8 de Junho, depois alterado pelos Dec.-Leis n.ºs 34/2008, de 26, de Fevereiro e 187/208, de 23 de Setembro, com vista ao alargamento do âmbito geográfico da aplicação do regime.

Capítulo III – Tipologia das acções e das formas de processo   99

que visam atingir[1]; b) garantir que não são praticados actos inúteis, recusando o que for impertinente ou meramente dilatório[2-3]; c) adoptar os mecanismos de agilização processual previstos na lei»[4].

Pode, assim, o juiz, em qualquer momento, praticar um acto ou uma diligência extensível a vários processos, sem que estes tenham de, no futuro, ser tratados conjuntamente. *A agregação reveste carácter meramente transitório e apenas para a prática do acto em causa*, sejam eles actos da secretaria, a audiência preliminar, a audiência final, despachos interlocutórios ou sentenças. O acto a praticar conjuntamente pode circunscrever-se – ainda segundo o mesmo preâmbulo – «à realização de uma determinada *diligência de instrução* – como a inquirição de testemunhas arroladas em vários processos ou a prestação de esclarecimentos pelos mesmos peritos – ou à discussão, em audiência preliminar ou final, de uma única questão de facto ou direito comum a várias causas». Findo ou praticado o acto, os processos prosseguem individualmente a sua tramitação própria e normal. O juiz passa, portanto, a poder praticar «*actos em massa*», bastando que exista um *elemento de conexão* entre as acções e que da realização conjunta de um acto processual ou diligência resulte a simplificação do serviço do tribunal.

Em sentido inverso, mas com objectivo idêntico, quando tenha sido admitida a *coligação inicial ou sucessiva* ou verificada situação prevista no n.º 4 do artigo 274.º (*pedido reconvencional com pluralidade de interessados*), «concede-se ao tribunal a possibilidade de determinar que a *instrução, a discussão ou o julgamento se realizem separadamente* se a tramitação conjunta se afigurar inconveniente ou a prática separada de certos actos proporcionar um andamento da causa mais célere ou menos oneroso para as partes ou para o tribunal. Faculta-se ao tribunal dar a tais situações uma «resposta mais elástica» do que as actualmente previstas no n.º 4 do artigo 31.º e no n.º 5 do artigo 274.º» (sic) – cfr. o art.º 7.º.

Na *fase liminar*, estão previstos apenas *dois articulados* (petição inicial e contestação), salvo quando seja deduzido pedido reconvencional

---

[1] O *princípio da adequação formal* encontra-se acolhido pelo art.º 265.º-A.

[2] O *princípio da limitação dos actos* encontra-se contemplado no art.º 137.º.

[3] O *princípio da direcção do processo* encontra-se plasmado no art.º 265.º.

[4] Esta «agilização» constitui um corolário lógico do *princípio da adequação formal* contemplado no art.º 265.º-A.

Direito Processual Civil

ou se trate de uma acção de simples apreciação negativa (cfr. art.º 8.º), sem prejuízo do respeito pelo *princípio do contraditório*, quando sejam deduzidas excepções, o que, a alvedrio do juiz, poderá ser observado na audiência preliminar ou na audiência final. A *fase liminar* pode, todavia, ser dispensada quando as partes apresentem a acção apenas para saneamento. Neste caso, além da petição conjunta, onde indicam, desde logo, os factos admitidos por acordo e os factos controvertidos, as partes requerem as respectivas provas e tomam posição sobre as questões de direito relevantes (cfr. art.º 9.º, n.ºs 1 e 2)[1].

Com vista a uma maior celeridade, impõe-se a *apresentação do requerimento probatório com os articulados* (cfr. art.º 8.º, n.º 5), garantindo à parte a quem for oposto o último articulado admissível um *prazo suplementar* de 10 dias para alterar o seu requerimento, sem prejuízo da faculdade, sempre subsistente, de adicionamento ou alteração do rol de testemunhas até 20 dias antes do início da audiência final.

Sendo a acção apresentada *para saneamento* (art.º 9.º, n.º 1) ou se as as partes apresentarem a *acta de inquirição por acordo das testemunhas arroladas*, nos termos previstos no art.º 638.º-A, ser-lhe-á aplicado o regime previsto no CPC para os *processos urgentes* (cfr. art.º 13.º). Em ambas as situações, a *taxa de justiça é reduzida a metade da taxa de justiça devida a final*, em clara propiciação de tais iniciativas das partes (art.º 18.º, n.º 1, na redacção do art.º 16.º do Dec.-Lei n.º 34/2008, de 26 de Fevereiro).

Os *depoimentos das testemunhas* passam a poder ser prestados *por escrito*, sem prejuízo de o tribunal poder ordenar, oficiosamente ou a requerimento da parte contrária, a respectiva renovação (cfr. art.º 12.º)[2].

Impondo-se a *marcação das diligências* mediante acordo prévio com os mandatários judiciais, obvia-se correspectivamente, e salvo justo impedimento, ao adiamento da audiência de julgamento por falta das partes ou dos seus mandatários (cfr. art.º 14.º).

---

[1] A taxa de justiça é reduzida a metade quando as partes apesentem a acção nos termos do n.º 1 do art.º 9.º ou usem da faculdade prevista no art.º 13.º.

[2] A possibilidade de prestação do depoimento por escrito encontrava-se já prevista no art.º 5.º do RPOCP aprovado pelo Dec.-Lei n.º 269/98, de 1 de Setembro, supra-mencionado.

Capítulo III – Tipologia das acções e das formas de processo 101

A *sentença* deve limitar-se à parte decisória, precedida da identificação das partes e da fundamentação sumária do julgado (art.º 15.º, n.º 2). Se o réu não contestar, pode a *discriminação dos factos provados* ser feita por *remissão para os articulados* (cfr. art.º 15.º, n.º 4), podendo ainda o juiz, em caso de adesão à doutrina de um acórdão de uniformização de jurisprudência, limitar-se também a remeter para os respectivos fundamentos (cfr. art.º 15.º, n.º 5). Com o mesmo objectivo de simplificação do momento de prolação da *sentença,* esta deve ser de imediato *ditada para a acta*, salvos os casos de manifesta complexidade (cfr. art.º 15.º, n.º 3).

No *âmbito dos procedimentos cautelares*, sempre que a natureza das questões ou a gravidade dos interesses envolvidos se não compadeça com a adopção de uma simples providência ou, pelo contrário revele a absoluta inutilidade da instauração de uma acção principal, permite-se que o tribunal, ouvidas as partes, «*antecipe o juízo sobre a causa principal*», desde que considere que foram trazidos ao processo todos os elementos necessários para uma decisão definitiva (cfr. art.º 16.º)[1].

Consagra-se, nesta sede, a chamada *tramitação electrónica* dos actos das partes, magistrados e secretaria (hoje regulada pela Portaria n.º 114/2008, de 6 de Fevereiro), assim se permitindo a desmaterialização do processo judicial (cfr. art.º 3.º). Também a *citação edital* passa a efectuar-se através de anúncio em página informática de acesso público e, em certos casos, de afixação de um único edital (cfr. art.º 5.º).

12. Procedimentos alternativos de natureza extrajudicial.

Preocupações de celeridade e economia processuais (comuns à forma de processo sumaríssimo), face ao congestionamento dos tribunais, ao aumento das despesas das demandas e às delongas próprias da justiça comum, têm levado os legisladores, nas últimas duas décadas, a ensaiar vias de *desjudicialização* (*consensual*) de certos litígios, mormente dos chamados *litígios de massa* no âmbito do direito do consumo de bens e serviços. Do que resultou uma crescente introdução de vias de conciliação preventivas e reguladoras, isto é *meios de resolução alternativa dos*

---

[1] Solução em tudo similar à consagrada no art.º 121.º do CPTA para os processos cautelares pendentes nos tribunais da jurisdição administrativa.

conflitos ou litígios (*Alternative Means of Dispute Resolution* – ADR), face às formas de justiça tradicional ou clássica[1,2]. No fundo, um presságio do fim do monopólio da justiça estadual[3].

A expressão ("ADR") utiliza-se para significar qualquer meio de resolução de litígios fora dos tribunais, *em alternativa*, pois, à *litigância normal* própria das vias judiciais comuns. Traduz-se, essa via, numa forma mais *coloquial*, em contraponto a uma forma mais *belicosa* ou *conflitual*, da abordagem de uma dada disputa (litígio). A crescente utilização da ("ADR"), em termos de direito comparado explica-se, a par da percepção de que a mesma propicia uma maior economia nos meios e custos da litigância, pela preferência por uma maior confidencialidade e pelo desejo (das partes) de um maior "controlo" sobre o processo de escolha ou indigitação dos decisores ou mediadores da respectiva querela litigiosa.

Daí diversos países (designadamente anglo-saxónicos e nórdicos) terem começado a adoptar «programas de "ADR"», de carácter facultativo uns, obrigatório outros. Neles se incluem, de forma típica, três sub-espécies: a *negociação*, a *mediação* e a *arbitragem*. Na "ADR" inclui-se, por vezes, um quarto tipo – a *conciliação* – esta, porém, actualmente encarada como forma de mediação. A *arbitragem* é também de uso frequente, face à inserção premonitória pelas partes, nos contratos em que intervêm, de cláusulas de resolução, por essa via, de qualquer futuro litígio atinente ao respectivo incumprimento. E também no âmbito laboral, da construção/ urbanismo e da regulação de seguros, ainda que não muito usual no domínio dos litígios comerciais, apesar do seu recente incremento no contexto dos contratos de consumo, v.g. dos contratos de cartão de crédito (*credit cards*), submetidos, contudo, ao escrutínio dos tribunais, designadamente quanto às chamadas acções *inibitórias* (v.g. por adopção de cláusulas negociais abusivas ou feridas de vícios invalidantes). Certas

---

[1] A "ADR" tem vindo, em certos países, a ser crescentemente conduzida *online* ou através do uso de meios tecnológico-electrónicos. Este ramo de ADR é conhecido por *Online Dispute Resolution* ou "ODR", cujos serviços podem ser providenciados pelas próprias entidades governamentais como parte integrante do processo litigioso.

[2] Ver referência a estas formas de resolução alternativa de conflitos, em M. Teixeira de Sousa, Estudos Sobre o Novo Processo Civil, Lisboa, 1997, Ed. LEX, pp. 61-62 e nota 29.

[3] Fala-se, também, a este respeito, em *desregulação* dos processos jurisdicionais, em *privatização da justiça* e em *resolução extrajudicial dos conflitos*.

Capítulo III – Tipologia das acções e das formas de processo 103

legislações adoptam mesmo medidas de incentivo à resolução por ADR de alguns feitos, geralmente por mediação antes do julgamento[1].

Como aspectos típicos dessas modalidades de ADR, há que salientar que: – na *negociação,* a participação é voluntária e directamente operada inter-partes, não havendo um terceiro (parte ou entidade) que facilite ou imponha a resolução do processo; – na *mediação* há um terceiro (mediador) que simplesmente *facilita,* ou *sugere* mesmo, uma solução, em certo sentido, assumindo-se, na segunda variante, como *mediador-proponente,* sem que, todavia, possa prescrever uma qualquer resolução às partes; – na *arbitragem* há um terceiro (ou mais do que um em número ímpar) que, na veste de *juiz privado, impõe* a solução do conflito.

Exemplos, entre nós, desses *procedimentos alternativos* ou *formas de justiça alternativa*, de natureza voluntária, são os *processos nos julgados de paz* (Lei n.º 78/2001, de 13 de Julho)[2], os *processos nos serviços de mediação de conflitos não incluídos na competência material dos julgados de paz* (art.º 16.º da Lei n.º 78/2001 e Portaria n.º 1112/2005, de 28 de Outubro) e os *processos de arbitragem voluntária* (Lei n.º 31/86, de 29 de Agosto), todos eles a serem processados fora dos órgãos jurisdicionais estaduais.

Vejamos algumas das especificidades mais relevantes desses diversas e recentes meios processuais (*não estatais*)[3].

---

[1] Na Reino Unido, o próprio *Civil Procedure Rules* contém, inseridos no seu seio, os princípios e regras directoras dessa via, com expressas referências à "ADR", com previsão de medidas concretas pré-activas e de encorajamento das partes à sua consideração e utilização (antes, pois, da instauração dos pleitos judiciais), medidas essas a que se reporta a *41 st Update*, de Março de 2006.

[2] Pondo termo a uma controvérsia que vinha subsistindo, o Supremo Tribunal de Justiça, através do AC UNIF JURISP, n.º 11/2007, datado de 24-5-2007, in DR, n.º 142, Série I, de 25-7-2007/ Cons° SALVADOR DA COSTA, veio firmar o entendimento de que «no actual quadro jurídico, a competência material dos julgados de paz para apreciar e decidir as acções enumeradas no artigo 9.º, n.º 1, da Lei n.º 78/2001, de 13 de Julho, nomeadamente as constantes da sua alínea h), é *alternativa* relativamente aos tribunais judiciais com competência territorial concorrente».

[3] Na fase da *cognitio extra ordinem* continuava a poder recorrer-se à arbitragem puramente privada para a resolução dos litígios – Cfr. A. SANTOS JUSTO, Direito Privado Romano I cit., p. 428.

12.1. O processo nos julgados de paz.

Os *julgados de paz* foram instituídos pela Lei n.º 78/2001, de 13 de Julho, a qual regula as respectivas organização, competência e funcionamento. A sua actuação é «vocacionada para permitir a participação cívica dos interessados e para estimular a justa composição dos litígios por acordo das partes», sendo os respectivos procedimentos «concebidos e orientados por princípios de *simplicidade, adequação, informalidade, oralidade* e absoluta *economia processual*» (art.º 2.º, n.º 1). Sendo constitucionalmente *tribunais* (art.ºs 202.º, n.º 4, 209.º, n.º 2 e 217.º, n.º 3, da CRP), os julgados de paz encontrando-se, contudo, organizados como *meios extrajudiciais de resolução de litígios.*

A *competência* (em *razão do objecto*) dos julgados de paz é circunscrita a *acções declarativas* (art.º 6.º, n.º 1), já que, para a *execução* das suas decisões, se aplica o disposto no CPC e legislação conexa sobre execuções das decisões dos tribunais de 1.ª instância (n.º 2). Em *razão do valor,* os julgados de paz «têm competência para questões cujo *valor não exceda a alçada do tribunal de 1.ª instância* (€5.000) – art.º 8.º[1].

Quanto à competência *em razão da matéria,* centra-se a mesma nas acções: – destinadas a efectivar o *cumprimento obrigações* (com excepção das que tenham por objecto prestação pecuniária e de que seja ou tenha sido credor originário uma pessoa colectiva); – de *entrega de coisas móveis*; – resultantes de *direitos e deveres de condóminos*, sempre que a respectiva assembleia não tenha deliberado sobre a obrigatoriedade de compromisso arbitral para a resolução de litígios entre condóminos ou entre condóminos e o respectivo administrador; – de resolução de *litígios entre proprietários de prédios* relativos a passagem forçada momentânea, escoamento natural de águas, obras defensivas das águas, comunhão de valas, regueiras e valados, sebes vivas, abertura de janelas, varandas e obras semelhantes, estilicídio, plantação de árvores e arbustos, paredes e muros divisórios; *possessórias, usucapião* e *acessão*; – referentes ao *direito de uso e administração da compropriedade, do usufruto, de uso e habitação e ao direito real de habitação periódica*; – atinentes à *responsabilidade civil contratual e*

---

[1] No acórdão da RP de 14-11-2006, CJ, Tomo V/2006, p. 178 / Des. Mário Cruz, entendeu-se ser da competência dos tribunais de pequena instância cível (não dos julgados de paz) «o julgamento das acções cujo valor não exceda a alçada do tribunal de 1.ª instância destinadas à cobrança de dívidas hospitalares ou de cuidados de saúde decorrentes de acidente de viação e cujo montante não exceda a alçada do tribunal da comarca».

Capítulo III – Tipologia das acções e das formas de processo 105

extracontratual; – respeitantes ao *incumprimento contratual* (excepto contrato de trabalho e arrendamento rural); – respeitantes à *garantia geral das obrigações* (art.º 9.º, n.º 1, alíneas a) a j)).

São também competentes (art.º 9.º, n.º 2, alíneas a) a h)) para apreciar os *pedidos de indemnização cível quando não haja sido apresentada participação criminal ou após a desistência da mesma*, emergentes de: – ofensas corporais simples; – ofensas à integridade física por negligência; – difamação; – injúrias; – furto simples; – dano simples; – alteração de marcos; – burla para obtenção de alimentos, bebidas ou serviços. A apreciação de um pedido de indemnização cível, nos termos do número desse n.º 2, preclude a possibilidade de instaurar o respectivo procedimento criminal (n.º 3).

A *incompetência* dos julgados de paz é por estes conhecida e declarada oficiosamente[1] ou a pedido de qualquer das partes e determina a *remessa* do processo para o julgado de paz ou para o tribunal judicial competente (art.º 7.º).

Podem ser *partes pessoas singulares* com capacidade judiciária (ou *pessoas colectivas*) as quais, se bem que *obrigatória a sua comparência pessoal*, podem fazer-se assistir por advogado, advogado estagiário ou solicitador (art.ºs 37.º e 38.º); é, contudo, *obrigatória* essa assistência nas situações do n.º 2 do art.º 38.º, sendo também sempre *obrigatória* a constituição de advogado na fase de recurso se a ela houver lugar (n.º 3). São admitidos o *litisconsórcio* e a *coligação de partes* apenas no momento da propositura da acção (art.º 39.º).

Se suscitado pelas partes um *incidente processual*, o juiz de paz *remete o processo para o tribunal judicial competente*, para que siga aí os seus termos, aproveitando-se os actos processuais já praticados (art.º 41.º).

São apenas admitidos *dois articulados – requerimento inicial* e *con-testação* (podendo esta ser apresentada por escrito ou verbalmente) –, *não sendo, em princípio, admissível reconvenção* (art.ºs 41.º, 47.º e 48.º)[2].

Os juízes de paz *julgam de acordo com a lei ou a equidade*, devendo previamente procurar conciliar as partes (art.º 26.º). As *decisões* têm o

---

[1] Princípio Kompetenz-kompetenz.

[2] Só é admissível reconvenção quando o demandado «se propõe obter a compensação ou tornar efectivo o direito a benfeitorias ou despesas relativas à coisa cuja entrega lhe é pedida» (cfr. o n.º 1 do art.º 48.º da Lei n.º 78/2001, de 13 de Julho).

valor de sentença proferida por tribunal de 1.ª instância (art.º 61.º) e, nos processos cujo valor exceda metade do valor da alçada do tribunal de 1.ª instância (€2.500), são *recorríveis* para o tribunal de comarca ou para o tribunal de competência específica que forem competentes em razão do lugar em que se encontre sediado o julgado de paz (art.º 62.º).

O *regime de custas nos julgados de paz* é regulado pela Portaria n.º 1456/2001, alterada pela Portaria n.º 209/2005, de 24 de Fevereiro. O *regime geral do apoio judiciário* é aplicável aos processos que corram os seus termos nos julgados de paz e ao pagamento da retribuição do mediador (art.º 40.º).

É também *subsidiariamente aplicável*, «no que não for incompatível com as normas do diploma, o *Código de Processo Civil*, com excepção dos art.ºs 290.º e 501.º a 512.º-A» (compromisso arbitral e saneamento e condensação) – cfr. o art.º 63.º.

12.2. A mediação nos julgados de paz e em outros litígios excluídos da competência dos julgados de paz.

Previa a Lei n.º 78/2001, de 13 de Julho, no seu art.º 16.º, que em cada julgado de paz existisse um *serviço de mediação* que disponibilizasse «a qualquer interessado a mediação como forma de resolução alternativa de litígios, *ainda que excluídos da competência jurisdicional dos julgados de* paz, com excepção dos que tivessem por objecto direitos indisponíveis».

A reorganização dos *serviços de mediação dos julgados de paz*, com vista a tal desideratum, foi operada através do Regulamento aprovado pela Portaria n.º 1112/2005, de 28 de Outubro, que veio substituir a Portaria n.º 436/2002, de 22 de Abril, com o mesmo objecto. A *mediação* é definida pelo n.º 1 do art.º 35.º da Lei n.º 78/2001 como *"uma modalidade extrajudicial de resolução de litígios, de carácter privado, informal, confidencial, voluntária e de natureza não contenciosa, em que as partes, com a sua participação activa e directa, são auxiliadas por um mediador a encontrar, por si próprias, uma solução negociada e amigável para o conflito que as opõe"*.

Meio, pois, *alternativo* de resolução de litígios, através do qual se procura alcançar um acordo com o auxílio de um profissional (*terceiro imparcial*) especialmente formado – o *mediador* – sendo que, na prestação

Capítulo III – Tipologia das acções e das formas de processo 107

dos serviços de mediação a que se reporta o art.º 14.º daquela Portaria, o mediador de conflitos se encontra sujeito às regras técnicas aplicáveis à mediação inscritas na Lei n.º 78/2001, de 13 de Julho (art.º 15.º).

Assim, por ex., e sob o patrocínio do Ministério da Justiça foi instituído (por "Protocolo" de 5 de Maio de 2006) um *Sistema de Mediação Laboral* destinado a promover a solução não judicial dos conflitos de trabalho, o qual foi subscrito pelas principais organizações patronais e sindicais[1]. Sistema que abrange *todos os litígios laborais* (excepto os respeitantes a acidentes de trabalho ou a direitos indisponíveis). Exemplos típicos de conflitos ou litígios susceptíveis de resolução por esta via (sem necessidade de intervenção de um tribunal clássico) são os relativos ao montante devido ao trabalhador por *despedimento,* à *transferência* de um trabalhador para outro local de trabalho e à *marcação de datas para o gozo de férias.* Acordo que não é imposto pelo mediador, o qual se limita a facilitar a sua obtenção através da aproximação das partes no litígio[2]. Pretende-se uma maior celeridade, uma menor onerosidade (relativamente a uma acção judicial de valor equivalente) e uma maior eficácia na resolução deste tipo de litígios, para além de um procedimento mais prático, mais flexível e mais célere (é de *3 meses o limite temporal para a obtenção do acordo,* prazo este susceptível de *prorrogação por acordo* entre as partes). Qualquer das partes podem, porém, a qualquer momento, pôr-lhe fim, sendo livres de fixar o conteúdo e os termos do acordo assim obtido: *se alcançado o acordo,* é este reduzido a escrito e assinado; *se não obtido o acordo,* qualquer delas pode utilizar a via judicial.

O *procedimento de conciliação e mediação* pode, contudo, assumir carácter *público,* devendo então seguir um iter procedimental com detalhe predeterminado e a ser operado por *orgãos administrativos* (cfr., v.g., em matéria juslaboral, e designadamente no âmbito da *resolução de conflitos colectivos de trabalho,* os art.ºs 523.º a 528.º do CT).

De realçar ainda, a chamada *mediação familiar,* a ser exercida (a título gratuito) por *gabinetes de mediação familiar* (públicos ou privados) com o seu âmbito de actuação hoje circunscrito aos *conflitos emergentes*

---

[1] Cfr. www.portugal.gov.pt/.

[2] Os mediadores, após os respectivos recrutamento e selecção, ficam a constar de uma lista elaborada pela Direcção-Geral da Administração Extrajudicial (DGAE) do Ministério da Justiça. A mediação pode realizar-se em espaços públicos ou privados onde existam salas disponíveis (espaços municipais, julgados de paz, centros de arbitragem, etc.).

108   Direito Processual Civil

da regulação, alteração e incumprimento do regime do exercício do poder paternal[1]. Com efeito, a Lei n.º 133/99, de 28 de Agosto, veio introduzir na OTM o art.º 147.º-D relativo à mediação, nos termos do qual pode o *juiz* «em qualquer estado da causa e sempre que o entenda conveniente – designadamente em processo de *regulação do exercício do poder paternal*, oficiosamente, com o consentimento dos interessados ou a requerimento destes (suspendendo, para o efeito a instância) – determinar a intervenção de serviços públicos ou privados de mediação» (n.º 1), devendo *homologar* «o acordo obtido por via de mediação se este satisfizer o interesse do menor» (n.º 2)[2].

A Lei n.º 18/2008, de 21 de Abril, veio autorizar o governo «a criar um *regime de arbitragem institucionalizada no âmbito da acção executiva*, designadamente prevendo a criação de *centros de arbitragem voluntária* com competência para a resolução de litígios resultantes do processo de execução, para a realização de diligências de execução e para o apoio à resolução de situações de multi ou sobreendividamento» (art.º 9.º); autorização essa que veio a ter concretização nos art.ºs 11.º a 18.º do Dec.-Lei n.º 226/2008, de 20 de Novembro.

A Lei n.º 21/2007, de 12 de Junho de 2007, veio, por seu turno, instituir e regular a *mediação em processo penal*[3].

---

[1] Está previsto que os *gabinetes de mediação familiar* possam passar, no futuro, a mediar conflitos nas seguintes matérias: a) – divórcio e separação de pessoas e bens; b) – conversão da separação de pessoas e bens em divórcio; c) – reconciliação de cônjuges separados; d) separação de bens; e) – atribuição e alteração de alimentos provisórios ou definitivos; f) – partilha de bens; g) – autorização para o uso do apelido do ex-cônjuge.

[2] Em 16 de Maio de 1997 e 21 de Maio de 2006, e sob o patrocínio do Ministério da Justiça, foram assinados os "Protocolos" de instalação dos *Centros de Mediação Familiar de Lisboa e Coimbra*, respectivamente, cujo sistema veio a ser instituído pelo Despacho n.º 18 778/2007, publicado no diário da República, 2.ª Série, de 22 de Agosto de 2007.

[3] A Lei n.º 21/2007, de 12 de Junho, procedeu à criação de um *regime de mediação penal*, em execução do art.º 10.º da Decisão Quadro n.º 2001/220/JAI, do Conselho da UE, de 15 de Março, relativa ao estatuto da vítima em processo penal. A mediação penal é um processo informal e flexível em que um terceiro imparcial e especificamente formado para o efeito – o mediador – auxilia as partes na tentativa de obter um acordo que permita pôr termo ao litígio e restaurar a paz social, podendo ter lugar em processo por crime cujo procedimento dependa de queixa, se se tratar de crime contra as pessoas ou contra o património, ou quando dependa de acusação particular, desde que o tipo legal de crime preveja pena de prisão superior a 5 anos. Dela estão excluídos os crimes contra

Capítulo III – Tipologia das acções e das formas de processo   109

12.3. Mediação pré-judicial.

O art.º 79.º da Lei n.º 29/2009, de 29 de Junho, veio instituir um sistema (voluntário) de *mediação pré-judicial e suspensão de prazos*, aditando ao CPC, a esse título, os novos art.ºs 249.º-A, 249.º-B e 249.º C.

O art.º 249.º-A faculta às partes (previamente à apresentação de qualquer litígio em tribunal) a respectiva resolução mediante a utilização de *sistemas de mediação pré-judicial* (n.º 1), a qual (se tais sistemas forem os previstos em portaria do membro do Governo responsável pela área da Justiça) *suspende os prazos de caducidade e prescrição* a partir da data em que for solicitada a intervenção de um mediador (n.º 2). *Contagem* que será, todavia, retomada «a partir do momento em que uma das partes *recuse submeter-se* ou *recuse continuar* com o processo de mediação, bem como quando o mediador determinar o final do processo de mediação» (n.º 3).

A *falta de acordo* e a *recusa de submissão a mediação* são comprovadas pelas entidades gestoras dos sistemas previstos na portaria referida no n.º 2 (cfr. o n.º 4, ainda do mesmo preceito)[1].

Se da mediação resultar um *acordo* (*pré-judicial*) as partes podem requerer a sua *homologação* por um juiz (art.º 249.º-B, n.º 1).

O *pedido de homologação judicial do acordo* (que assume *natureza urgente* e será decidido sem necessidade de prévia distribuição) – visando a verificação da sua conformidade com a lei em vigor – «é *apresentado em qualquer tribunal competente em razão da matéria, preferencialmente por via electrónica*, nos termos a definir em portaria do membro do Governo responsável pela área da Justiça» (art.º 249.º-B, n.ºs 1, 2, 3 e 4). Sendo *recusada a homologação do acordo*, será este *devolvido* às partes

---

a liberdade ou autodeterminação sexual, de peculato, corrupção ou tráfico de influências e dos casos em que o ofendido seja menor de 16 anos ou em que seja aplicável forma de processo especial sumária ou sumaríssima. A mediação penal é efectuada por mediadores para o efeito especialmente formados, com um curso reconhecido pelo Ministério da Justiça, sendo seleccionados e organizados em listas no quadro dos serviços de mediação dos julgados de paz (cfr. as Portarias n.ºs 68.º-A/2008, 68-B/2008 e 68.º-C/2008, todas publicadas no DR, n.º 15, Série I, de 22 de Janeiro de 2008).

[1] «A inclusão dos sistemas de mediação na portaria referida no n.º 2 depende da verificação da idoneidade do sistema, bem como da respectiva entidade gestora» (art.º 249.º-A, n.º 5).

110   *Direito Processual Civil*

podendo estas, no prazo de 10 dias, submeter um novo acordo a homologação (n.º 5 do mesmo preceito).

Excepto no que respeita ao acordo obtido, o art.º 249.º-C consagra a *confidencialidade do conteúdo das sessões de mediação*, o qual não pode ser valorado como prova (pré-constituída) em tribunal, salvas circunstâncias excepcionais, designadamente «quando esteja em causa a protecção da integridade física ou psíquica de qualquer pessoa».

Ao processo de trabalho são subsidiariamente aplicáveis, «com as necessárias adaptações», os artigos relativos à mediação previstos no CPC (cfr. o art.º 27.º-A do CPT).

12.4. O processo na arbitragem voluntária.

Na arbitragem voluntária, como *meio alternativo ou complementar de resolução de litígios*, as partes submetem *voluntariamente* a resolução do conflito a um (ou vários árbitros) organizados em tribunal arbitral, meio esse caracterizado pela *celeridade* e também por uma *menor onerosidade*[1]. Com a sua instituição teve-se, sem dúvida, presente a necessidade de obviar ao congestionamento dos tribunais por uma certa gama de litígios de ocorrência frequente.

A *arbitragem voluntária* encontra-se regulada pela Lei n.º 31/86, de 29 de Agosto (LAV)[2]. Desde que por lei especial não esteja submetido exclusivamente a tribunal judicial ou a arbitragem necessária, qualquer *litígio que não respeite a direitos indisponíveis* pode ser cometido pelas partes, mediante convenção de arbitragem, à decisão de (um mais) árbitros por elas designados ou a árbitros adstritos a tribunais arbitrais institucionalizados (art.ºs 1.º, n.º 1, 6.º, n.º 1 e 7.º). Também o Estado e outras pessoas colectivas de direito público podem celebrar convenções de arbitragem se para tanto forem autorizados por lei especial ou se as

---

[1] Cfr. o regime especial de custas instituído pela Portaria n.º 1456/2001, de 28 de Dezembro, alterada pela Portaria n.º 208/2005, de 24 de Fevereiro.

[2] O art.º 38.º da LAV veio autorizar o Governo a definir, mediante decreto-lei, o regime de outorga de competência a determinadas entidades para a realização de *arbitragens voluntária institucionalizadas*, o que veio a ser concretizado através do Dec.-Lei n.º 425/86, de 27 de Dezembro.

Capítulo III – Tipologia das acções e das formas de processo 111

mesmas tiverem por objecto litígios respeitantes a relações de direito privado (n.º 4)[1].

A *convenção de arbitragem* – negócio jurídico que o art.º 2.º exige seja *reduzido a escrito* sob pena de nulidade (art.º 3.º) –, pode ter por objecto um *litígio actual*, ainda que se encontre afecto a tribunal judicial (*compromisso arbitral*)[2] ou *litígios eventuais emergentes* de uma determinada relação jurídica contratual ou extracontratual (*cláusula compromissória*) n.º 2).

O tribunal pode pronunciar-se sobre a sua própria *competência*[3], mesmo que para esse fim seja necessário apreciar a existência, a validade ou a eficácia da convenção de arbitragem ou do contrato em que ela se insira ou a aplicabilidade da referida convenção (art.º 21.º, n.º 1).

Quanto à *constituição* do tribunal arbitral e à *designação dos árbitros*, regem os art.ºs 6.º, 12.º e 14.º e, quanto aos *princípios fundamentais* a observar no processo (v.g. *igualdade das partes, contraditório e audiência por via oral ou escrita*, antes de ser proferida a decisão final), o art.º 16.º.

As partes podem designar quem as represente ou assista em tribunal (art.º 17.º), podendo ser produzida perante o tribunal arbitral *qualquer prova admitida pela lei do processo civil* (art.º 18.º, n.º 1). O *prazo para a decisão* será de 6 meses salvo consenso das partes para outro prazo alternativo (art.º 19.º, n.ºs 1 e 2).

Os árbitros julgam segundo o direito constituído, a menos que as partes, na convenção de arbitragem ou em documento subscrito até à aceitação do primeiro árbitro, os autorizem a julgar segundo a *equidade* (*ex aequo et bono*) – art.º 22.º. A decisão arbitral (que deve ser *fundamentada* – art.º 23.º, n.º 3) deve ser notificada às partes e, se for caso disso,

---

[1] Quanto aos tribunais arbitrais e centros de arbitragem sem sede de jurisdição administrativa, cfr. os art.ºs 180.º a 187.º do CPTA, ambos com a redacção do art.º 11.º do Regime do Contrato de Trabalho em Funções Públicas aprovado pela Lei n.º 59/2008, de 11 de Setembro (RCTFP)

[2] Podem, assim, as partes, em qualquer estado da causa, «acordar em que a decisão de toda ou parte dela seja cometida a um ou mais árbitros» (art.º 290.º, n.º 1), caso em que a instância do processo judicial pendente será declarada extinta «ex-vi» da al. b) do art.º 287.º, em ordem a permitir a autorização (pelo Estado) «de *centros de arbitragem permanente* destinados à composição de litígios no âmbito das *relações jurídicas de emprego público*».

[3] Segundo a regra *Kompetenz-Kompetenz*.

depositada na secretaria do tribunal judicial do lugar da arbitragem nos termos (art.º 24.º), considerando-se *transitada em julgado* logo que não seja susceptível de recurso ordinário.

Radicando a «fonte da sua legitimação» na autonomia privada (num *contrato de prestação de serviço*), não dispõem os árbitros (*juízes privados*) da *competência coerciva ou executiva* dos *juízes estaduais* «estando-lhes, por isso, vedada a prática de actos que envolvam ou pressuponham o exercício da soberania», ou seja, de *actos de natureza autoritária/ impositva*, como por ex., os de decretamento ou de execução das providências cautelares (esta a ter lugar no seio do respectivo procedimento) e quaisquer outros *actos de natureza coercitiva* (quiçá com necessidade de intervenção da força pública), a praticar também em processos mistos de natureza declarativa e executiva. A própria *execução das decisões dos árbitros* é cometida por lei aos tribunais estaduais (art.º 30.º da LAV)[1].

Para além dos efeitos da *caducidade do compromisso* e da *ineficácia da cláusula compromissória* (art.º 4.º, n.º 1, al. c), da LAV), «os árbitros que injustificadamente obstarem a que a que a decisão seja proferida dentro do prazo fixado *respondem pelos danos causados*» (art.º 19.º, n.º 5, da LAV). A ultrapassagem do prazo (convencionado ou subsidiário legal) ou o não cumprimento do múnus funcional, por ex. de pronúncia sobre algum dos pedidos formulados, são, pois, se injustificados (culposos), violadores de *obrigações* assumidas perante os litigantes, como tal geradores de *responsabilidade contratual*. O que faz impender sobre o árbitro (relapso) o *ónus* de provar que a inobservância do prazo não foi devida a culpa sua (art.º 799.º, n.º 1, do CC)[2]. Quanto à *actividade decisória* propriamente dita e à *responsabilidade pelo conteúdo das respectivas decisões*, porque do *exercício de uma actividade ou função jurisdicional* se trata (legitimada não só pela convenção como, e sobretudo, pela própria lei – art.ºs 209.º, n.º 2, da CRP e 1.º da LAV), conduz a mesma à irresponsabilização civil dos árbitros (*juízes privados*) pelos actos (*jurisdicionais*) que pratiquem na condução e julgamento dos pro-

---

[1] Cfr., M. Henrique Mesquita, Arbitragem: A Competência do tribunal arbitral e responsabilidade civil do árbitro, in Ab Vno Ad Omnes, 75 anos da Coimbra Editora, Coimbra, 1998, p. 1382.

[2] Cfr. M. Henrique Mesquita, competência do tribunal arbitral, ob. e loc. cits. pp. 1389-1392.

Capítulo III – Tipologia das acções e das formas de processo   113

cessos em que intervenham, a menos que tenham agido com *dolo* ou *culpa grave*, precisamente nos mesmos termos que os juízes dos tribunais estaduais[1-2].

Salvos os casos de renúncia aos *recursos*[3] (ou de decisões segundo a equidade), da decisão arbitral cabem para o tribunal da Relação os mesmos recursos que caberiam da sentença proferida pelo tribunal da comarca (art.º 29.º, n.º 1). Pode, todavia, essa decisão ser *anulada* pelo tribunal judicial por algum dos fundamentos do n.º 1 do art.º 27.º, mas, se da sentença arbitral couber recurso e ele for interposto, a anulabilidade só pode ser apreciada no âmbito desse recurso (art.ºs 27.º, n.º 3)[4]. O direito de requerer a anulação da decisão dos árbitros é irrenunciável, podendo a respectiva acção ser intentada no *prazo de um mês* a contar da data da notificação da decisão arbitral (art.º 28.º, n.ºs 1 e 2)[5].

A decisão arbitral goza da *mesma força executiva que a sentença do tribunal judicial de 1.ª instância* (art.º 26.º, n.º 2). *A execução correrá no tribunal de 1.ª instância nos termos da lei do processo civil* (art.º 30.º), sendo que o decurso do prazo para intentar a acção de anulação não obsta

---

[1] Diversamente, a já aludida responsabilidade do Estado e dos juízes pela omissão da decisão de um litígio em prazo razoável reveste natureza extracontratual, e, por conseguinte, a prova da *culpa* (*do lesante*) incumbe ao lesado (art.º 487.º, n.º 1, do CC).

[2] Cfr. infra n.º 38.2.

[3] Tendo as partes, em compromisso arbitral, renunciado aos recursos, fica-lhes vedada a discussão em juízo do mérito ou demérito da decisão final dos árbitros, bem como da legalidade ou correcção, não apenas dessa decisão, como também das decisões interlocutórias que nela hajam influído; em tal eventualidade, as decisões dos árbitros só podem ser atacadas em acção de anulação, com fundamento em algum dos vícios taxativamente previstos no n.º 1 do art.º 27.º da LAV, ou por meio de embargos, conforme os art.ºs 31.º da mesma Lei e 814.º do CPC – cfr., neste sentido, o acórdão do STJ de 24-10-2006, CJSTJ, Tomo III/2006, p. 81 / Cons.º Oliveira Barros.

[4] É da competência dos tribunais comuns de competência genérica (que não dos tribunais de trabalho) a acção de anulação das decisões da "Comissão Arbitral Paritária" instituída no âmbito de um contrato colectivo de trabalho entre a Liga de Clubes e o Sindicato dos Jogadores Profissionais de Futebol (art.º 77.º, n.º 1, da LOFTJ 99), se atinente essa acção a meras questões processuais (excesso de pronúncia) sem qualquer conexão específica com a relação jurídica laboral – cfr., neste sentido, o acórdão do STJ de 31-3-2004, CJSTJ, Tomo III/2004, p. 290 / Cons.º Fernandes Cadilha.

[5] A acção de anulação da decisão arbitral tem efeitos meramente cassatórios (que não substitutivos), não tendo o tribunal judicial poderes para se pronunciar sobre o objecto (substantivo) do litígio dirimido no processo arbitral – cfr., neste sentido, o acórdão do STJ de 5-7-2007, CJSTJ, Tomo II/2007, p. 148 / Cons.º Azevedo Ramos.

114 *Direito Processual Civil*

a que a que se invoquem os seus fundamentos em sede de oposição à execução da decisão arbitral (art.º 31.º).

De mencionar ainda a *arbitragem internacional*, a qual poderá ter lugar se estiverem em jogo interesses do comércio internacional, podendo as partes *escolher o direito* a aplicar pelos árbitros se os não tiverem autorizado a julgar segundo a *equidade* (art.º 33.º, n.º 1), aplicando-se, *na falta dessa escolha*, o direito mais apropriado ao litígio (n.º 2). A decisão do tribunal não é, contudo, recorrível, salvo acordo das partes quanto à possibilidade de recurso e regulação dos respectivos termos (art.º 34.º), todos esses preceitos da citada Lei.

Quanto à *arbitragem voluntária* no âmbito das *relações jurídicas de emprego público* (*contratação colectiva*), cfr. os art.ºs 371.º a 380.º do RCTFP aprovado pela Lei n.º 59/2008, de 11 de Setembro e 187.º, n.º 1, al. c), do CPTA.

12.5. O processo na arbitragem necessária e institucionalizada.

Na *arbitragem necessária*, é a própria lei que impõe (a título exclusivo) a submissão à via arbitral da dirimência ou composição de um dado conflito ou de uma certa gama de conflitos de interesses (*arbitragens obrigatórias*), que não à justiça estadual ou clássica. O que não significa que a vontade das partes não releve em determinados momentos do *iter processualis,* v.g., na indicação dos árbitros.

Exemplo de *arbitragem obrigatória* é o surgido no âmbito dos *conflitos laborais colectivos* (*resultantes da celebração de uma convenção colectiva ou da sua revisão*) prevista nos art.ºs 508.º a 509.º do CT. No mesmo âmbito, prevêem a *arbitragem necessária* os art.ºs 510.º e 511.º do CT. O que não exclui a possibilidade de dirimência por *arbitragem voluntária,* nos termos dos art.ºs 506.º e 507.º do CT, dos «conflitos colectivos de trabalho que não resultem da celebração ou revisão de uma convenção colectiva» (cfr. o art.º 529.º do CT). E mesmo os conflitos colectivos de trabalho (resultantes ou não da celebração ou revisão de uma convenção colectiva) podem ser resolvidos por *mediação*, através do procedimento previsto nos art.ºs 526.º a 528.º do CT.

Outro exemplo será, no quadro do *exercício do direito à greve*, o concebido para a *definição do regime dos serviços mínimos,* quer no âmbito das *relações jurídicas de emprego público* – administração directa e indirecta do Estado (art.ºs 392.º e ss e 400.º, n.º 3, do RCTFP aprovado pela Lei n.º 59/2008, de 11 de

Capítulo III – Tipologia das acções e das formas de processo 115

Setembro e 377.º e ss do mesmo diploma e 254.º a 296.º do Anexo-II – Regulamento daquela Lei), quer no âmbito das relações jurídicas de emprego privado. A *arbitragem obrigatória* e a *arbitragem necessária*, bem como a *arbitragem sobre serviços mínimos durante a greve* e os meios necessários para os assegurar, de harmonia com o art.º 513.º e a al. b) do n.º 4 do art.º 538.º do CT, foram regulamentadas pelo Dec.-Lei n.º 259/2009, de 25 de Setembro.

A resolução dos litígios relativos à matéria da *propriedade industrial, nomes de domínio, firmas e denominações* que oponham particulares ou estes e a Administração Pública, encontra-se vinculadamente submetidos à jurisdição do *Arbitrare*, centro de arbitragem específico adstrito ao Instituto dos Registos e Notariado e ao Instituto da Propriedade Industrial (cfr. o art.º 1.º da Portaria n.º 1046/2009, de 15 de Setembro).

De referir ainda, no quadro das relações jurídico-públicas, a vinculação à jurisdição do Centro de Arbitragem Administrativa (CAAD), dos *diversos serviços centrais, pessoas colectivas públicas e entidades que funcionam no âmbito do Ministério da Justiça* elencados na Portaria n.º 1120/2009, de 30 de Setembro.

No caso particular das *dívidas hospitalares,* o Dec.-Lei n.º 218/99, de 15 de Setembro, veio institucionalizar o recurso à *arbitragem* para resolução dos conflitos surgidos com as entidades seguradoras e consagrar, como regra geral, a *acção declarativa,* com algumas especialidades. Nessa sequência, o Ministério da Justiça, o Ministério da Saúde e a Associação Portuguesa de Seguros assinaram, em 10 de Maio de 2006, um "Protocolo" que cria o *Centro de Informação, Mediação e Arbitragem de Dívidas Hospitalares* – CIMADH, com entrada em funcionamento em Junho de 2006. O CIMADH é, assim, um centro de arbitragem de carácter institucionalizado, com competência para dirimir litígios emergentes da *cobrança de dívidas hospitalares, por cuidados de saúde prestados no âmbito de contratos de seguro automóvel ou acidentes de trabalho.* Se a seguradora não proceder ao pagamento das despesas de um sinistrado assistido num hospital em consequência de um *acidente de viação* ou *acidente de trabalho,* o hospital pode utilizar o CIMADH para resolver o conflito com a seguradora. Ademais, qualquer acção sobre dívidas hospitalares relativa a *qualquer tipo de contrato de seguro,* que oponha entidades do Serviço Nacional de Saúde (SNS) a seguradoras, mesmo que já pendente em tribunal, pode ser imediatamente encaminhada para o CIMADH[1].

Para a realização deste tipo de arbitragem toma-se necessário o seguinte itinerário: – apresentação pela unidade de saúde da sua reclamação junto do CIMADH; – *contacto* da entidade seguradora a fazer pelo CIMADH, a fim de

---

[1] A adesão das seguradoras ao CIMADH pode ser *plena*, abrangendo todos os litígios apresentados no CIMADH, ou *individual*, se efectuada caso a caso.

116   *Direito Processual Civil*

indagar se aceita submeter o litígio à jurisdição do centro, caso não o tenha já efectuado anteriormente; – *citação da seguradora* (uma vez aceite a intervenção) para, querendo, contestar a acção; – *realização das diligências de prova* que se revelem necessárias; – *emissão da sentença* pelo tribunal arbitral, a qual se reveste da mesma *força executiva* que uma sentença do tribunal de 1.ª instância (cfr. o citado n." 2 do art.º 26.º da LAV).

De referir, por último, os Centros de Arbitragem do *Sector Automóvel* e os Centros de Arbitragem de *Conflitos de Consumo,* institucionalizados ao abrigo do Dec.-Lei n.º 425/86, de 27 de Dezembro.

Secção III

Processo executivo.

13. O Processo executivo. Função e autonomia. Espécies e forma aplicável.

Destinam-se as *acções executivas*, conforme prevê o art.º 2.º, à *realização coerciva de um direito já pré-reconhecido* ao requerente (art.º 4.º, n.º 3). Acções que possuem, em paridade com as acções declarativas, enquadramento constitucional no art.º 20.º, n.º 1, da LF (*direito de acesso aos tribunais e a uma tutela jurisdicional efectiva*). Direito que inclui no seu cerne «o *direito a um processo de execução*»[1], isto é a que, através do órgão jurisdicional próprio, se torne efectiva a cominação (sanção) ínsita em sentença judicial ou em título para tal (legalmente) habilitante, em ordem a que a decisão não passe da pura inocuidade[2].

---

[1] O *direito de requerer execução* prescreve no prazo de 20 anos (art.º 309.º do CC), pois que, nos termos do n.º 1 do art.º 311.º do CC, a sentença, (ou outro título executivo) transforma a prescrição de curto prazo, mesmo que presuntiva, numa prescrição normal. O *prazo prescricional* a ter em conta é, tão-somente, o que decorre após o trânsito em julgado da sentença, já que o decorrido anteriormente à citação é de considerar como inutilizado com a prática deste acto judicial (art.º 323.º, n.º 1, do CC) e o novo prazo de prescrição não corre na pendência do processo judicial (art.º 327.º, n.º 1, do CC).

[2] Cfr. Amâncio Ferreira, Curso de Processo de Execução, 11.ª ed., Coimbra, Almedina, 2009, pp. 19-25.

Capítulo III – Tipologia das acções e das formas de processo

A distinção entre *processo declaratório* e *processo executivo* reside na diferença entre o simples dizer ou declarar (*dictum*) e o fazer ou executar (*factum*). Quanto aos direitos de crédito, confere a lei civil ao credor a *acção de cumprimento e execução* (art.º 817.º do CC) para a eventualidade de a obrigação não ser voluntariamente cumprida pelo seu devedor; para o cumprimento, instaura o credor uma *acção declarativa* regulada nos art.ºs 467.º a 496.º, enquanto que, para a realização coerciva da prestação, desencadeia um *processo de execução* regulado pelos art.ºs 801.º a 942.º, todos esses preceitos do CPC.

Pelo *processo declaratório,* obtém-se a declaração da vontade concreta da lei ao caso controvertido, através da emissão de uma pronúncia jurisdicional a concluir um *processo de cognição* (ou cognitório) da relação material subjacente. Através do *processo executivo*, o autor (exequente) «requer ao tribunal a imposição coactiva ao devedor da respectiva prestação ou de um seu equivalente económico-patrimonial, isto é, a actuação prática daquela vontade – realização material coactiva ou *manu judicis*, com adopção das providências judiciais compulsórias adequadas à reintegração ou reparação do direito lesado ou violado» (art.º 4.º, n.º 3)[1]. Isto se o réu, uma vez condenado, persistir em desacatar o decreto judicial (condenatório).

É de acolher, nesta sede, a chamada *doutrina processualista ou publicista*, que funda a execução num *direito própio autónomo face ao direito material – o direito de acção executiva –*, o qual assume a natureza de um *direito subjectivo público*, cujo objecto é a concessão de uma tutela jurisdicional de natureza executiva[2]. Autonomia (entre o *dizer* ou *declarar* e o *fazer ou executar*) que abrange, não só o *processo comum*, mas também os *processos especiais* e os próprios *procedimentos cautelares*. Nos procedimentos cautelares de natureza especificada, como a restituição provisória de posse (art.º 393.º e ss), o arresto (art.º 406.º e ss) ou o embargo de obra nova (art.º 412.º e ss) e, bem assim, nos *processos especiais,* como por ex., o de divisão de coisa comum (art.º 1052.º e ss), podem descortinar-se uma *fase de natureza declaratória* e uma outra *fase de natureza executiva*[3].

---

[1] Cfr. MANUEL DE ANDRADE, Noções Elementares cit., p. 56.
[2] Cfr. AMÂNCIO FERREIRA, Curso de Processo de Execução, 11.ª ed. cit., p. 23.
[3] Cfr. ANTUNES VARELA/J. M. BEZERRA/SAMPAIO E NORA, Manual cit., pp. 73 a 76.

118   *Direito Processual Civil*

O critério legal da distinção contém subjacente a situação típica da prévia emissão de uma *sentença de condenação* (ainda que também aplicável às acções de simples apreciação ou constitutivas). Nessa hipótese mais «normal» (v.g. a da acções destinadas à cobrança de dívidas), o processo *executivo* é antecedido de um processo *declaratório ou cognitivo* destinado à condenação do réu no cumprimento da respectiva obrigação; trata-se, contudo, de *dois processos* entre si distintos e sucessivos, ainda que eventualmente podendo correr em *simultâneo*[1-2].

Nem sempre, todavia, a um processo declarativo se segue um processo excutivo. Desde logo, as situações de decaimento do pedido do autor em *acção condenatória julgada definitivamente improcedente* (*absolvição do réu do pedido*) ou *em que o réu haja sido* (*por motivos de mera forma*) *absolvido da instância*, as quais tornarão descabido o desencadeamento do processo executivo, a não ser quanto às questões residuais do pagamento das custas ou de qualquer indemnização não espontaneamente satisfeita.

Situação paralela ocorre nas *acções de simples apreciação* e em certas *acções constitutivas*, nas quais o efeito jurídico útil pretendido pelo autor se esgota com a decisão proferida pelo juiz. Nas *acções de simples apreciação*, basta-se o efeito útil da acção com o pôr-se termo ao invocado estado de incerteza objectiva (v.g. a propalação de um facto desonroso para o requerente), não havendo lugar a qualquer condenação do réu a uma prestação de *facere* ou *non facere*, tornando-se, assim, naturalmente despropositada qualquer acção executiva subsequente. Também nas *acções constitutivas* (por ex., a acção de divórcio, de anulação de um contrato celebrado por erro ou de anulação de um casamento celebrado sob coacção), a sentença que julgue a acção *procedente* bastará para alcançar o efeito jurídico visado pelo demandante. Não se emitindo, a final, qualquer *dictat* condenatório, não há que adoptar quaisquer providências coercitivas subsequentes.

Finalmente, *se o réu ou demandado acatar voluntariamente a decisão desfavorável proferida pelo juiz e satisfizer espontaneamente a pretensão do autor*, a eventual instauração da execução revelar-se-ia igualmente descabida.

---

[1] Cfr. Manuel de Andrade, Noções Elementares cit., p. 57.

[2] É o que sucede quando se instaura execução sobre uma sentença (de condenação) ainda pendente de recurso (com *efeito meramente devolutivo*) – art.º 47.º, n.ºs 1 e 2.

Capítulo III – Tipologia das acções e das formas de processo 119

No *desancadeamento da acção executiva*, os respectivos *impulsos inicial e subsequente* não assumem qualquer oficiosidade, antes incumbindo à parte vencedora (no processo declarativo) a exercitação do *princípio dispositivo*, pois que de meros interesses particulares se trata[1-2-3].

Pode, porém, o processo executivo não ter na sua génese um *processo declaratório*. É o que sucede sempre que o autor estive munido de um documento susceptível de servir, de pronto, de base à execução (*título executivo*). Isto é de um *documento* (*escrito*) que, mercê da sua força probatória especial, certifique a existência do direito do portador ou titular. Em tais situações, se o credor vier a usar sem necessidade da acção declarativa, assim violando *o princípio da economia processual*, *deve arcar com as custas do processo*; isto se se verificarem os pressupostos da al. c) do n.º 2 do art.º 449.º. O que constitui uma excepção à regra geral da responsabilidade da parte vencida pelo pagamento das custas, por ser ela *quem deu causa à acção* ou, não havendo vencimento (como por ex. na acção de arbitramento para divisão de coisa comum – art.º 1052.º e ss), *quem do processo tiver tirado proveito* (art.º 446.º, n.º 1). *Responsabilidade processual tributária* esta que só funciona, todavia, como *sanção* se o título disponível for dotado de *manifesta* e *incontroversa* força executiva, já não quando esta se mostrar *duvidosa*, porquanto só nessa primeira hipótese impenderá sobre o credor/autor o *ónus jurídico* de se socorrer, desde logo, do processo de execução[4].

Situações há, contudo, em que o autor tem necessidade de usar do processo de declaração, não obstante se encontrar munido com um título dotado de força executiva. É, por ex., o caso *da responsabilidade conjunta de ambos os cônjuges por uma dívida do casal*, se o título executivo vincular apenas um deles; nessa eventualidade, há que instaurar *acção declarativa contra ambos os cônjuges* para ambos serem declarados responsáveis, a fim de que se tenha por preenchido o pressuposto processual

---

[1] Cfr., porém, o art.º 89.º, n.º 1, do CPT (notificação oficiosa do autor-credor pela secretaria para nomeação de bens à penhora do réu condenado em quantia certa).

[2] Cfr. ANTUNES VARELA/J. M. BEZERRA/SAMPAIO E NORA, Manual cit., pp. 76 e 77.

[3] Compete, todavia, ao Ministério Público promover a execução por custas e multas judiciais impostas em qualquer processo (art.º 59.º do CPC), acção executiva essa regulada pelos art.ºs 35.º e 36.º do RCP.

[4] Cfr. ANTUNES VARELA/J. M. BEZERRA/SAMPAIO E NORA, Manual cit., pp. 95-96.

da *legitimidade passiva* a que se reporta do n.º 3 do art.º 28.º-A, assim se prevenindo uma qualquer oposição à execução com tal fundamento. Segundo o critério do n.º 2 do art.º 45.º, há que distinguir entre *execução para pagamento de quantia certa* (art.º 811.º e ss), *execução para entrega de coisa certa* (art.º 928.º e ss) e *execução para prestação de facto positivo ou negativo* (art.º 933.º e ss). Se o titular de um direito de crédito não logrou o pagamento voluntário da dívida, requer, contra o devedor condenado, *execução para pagamento de quantia certa*. Se, apesar da vitória do dono da coisa em acção de reivindicação, o seu detentor continua a recusar-se a abrir mão dela, poderá aquele solicitar que a mesma lhe seja entregue pelo tribunal depois de judicialmente apreendida (*execução para entrega de coisa certa*)[1]. Já a *execução para prestação de facto*, seja este um *facto positivo fungível* (art.º 828.º do CC) ou consista ele numa demolição de obra feita em violação de uma obrigação de omissão (art.º 829.º do CC), se traduzirá na prestação do facto por terceiro, sem prejuízo de o credor poder optar por uma indemnização independentemente dessa prestação (art.º 933.º, n.º 1), não havendo alternativa a esta quando o facto a prestar for de carácter *infungível* (art.º 767.º, n.º 2, do CC).

A reparação do direito ofendido pode, assim, traduzir-se: – na reintegração de um direito real de posse ou propriedade mediante a *entrega da coisa ao respectivo titular*; – na *realização específica de uma prestação* obrigacional de natureza não pecuniária; – e, mais amiúde, na *realização coactiva de uma obrigação de carácter pecuniário* não cumprida – *obrigação pecuniária primária*. Mas também no ressarcimento indemnizatório na sequência da violação de deveres genéricos de conduta (não obrigacionais), como os que mandam respeitar os *direitos de personalidade* de outrem (vida, intimidade, integridade física e personalidade moral) ou os chamados *direitos sociais económicos, sociais e culturais* (o direito ao trabalho ou o direito à propriedade privada) – *obrigação pecuniária secundária*[2]. Assim, por ex., a *execução para entrega de coisa determinada* ou para *entrega de coisa certa* (art.ºs 827.º do CC e 928.º e ss. do CPC)[3] pode ter na sua base um *direito real* (do exequente) ou um *direito*

---

[1] Cfr. Antunes Varela/J. M. Bezerra/Sampaio e Nora, Manual cit., p. 22.

[2] Cfr. Lebre de Freitas, Introdução cit., p. 26.

[3] Ou de uma *universalidade de coisas*, como por ex. um estabelecimento comercial – cfr. Lebre de Freitas, A Acção Executiva à Luz do Código Revisto, 2.ª ed., Coimbra

Capítulo III – Tipologia das acções e das formas de processo   121

de crédito, já que, uma vez constatada a impossibilidade material da entrega da coisa devida, pode passar-se a executar uma *obrigação de indemnizar* (art.º 931.º) como *sucedâneo* da obrigação de prestação da coisa originária[1].

O *processo comum de execução* segue *forma única* (art.º 465.º); o único critério diferenciador reside no *fim da execução ou natureza da obrigação exequenda*, não havendo, assim, que distinguir entre formas de execução ordinária e sumária em função da natureza da obrigação exequenda, por um lado, e do valor da execução e da espécie de título executivo, por outro. E são-lhe subsidiariamente aplicáveis, por força do n.º 1 do art.º 466.º, as disposições reguladoras do processo de declaração compatíveis com a natureza da acção executiva.

Como *processos executivos especiais*, prevê a lei a *execução por custas e multas* (art.ºs 466.º, n.º 3, 812.º-A e 813.º, n.ºs 1 e 2 do CPC e 35.º e 36.º do RCP), a *execução por alimentos* (art.ºs 2003.º e ss do CC e 1118.º a 1121.º-A do CPC) e a *execução para venda de navio abandonado* (Dec.-Lei n.º 202/98, de 10 de Julho). De referir ainda, pelas particularidades de que se revestem, o processo de *execução para entrega da casa de habitação principal* do executado, ao qual é aplicável o disposto nos n.ºs 3 a 6 do art.º 930.º-B, «ex-vi» do n.º 6 do art.º 930.º, e o processo de *execução para entrega de coisa imóvel arrendad*a *para habitação* (e respectivo *diferimento*), ao qual são aplicáveis as disposições relativas à execução para entrega de coisa certa (art.ºs 930.º-B a 930.º-E, *ex.-vi* do art.º 930.º-A[2]).

14. Títulos executivos.

14.1. Noção. Exequibilidade.

Qualquer execução tem de ter «por base um *título*, pelo qual se determinam o fim e os limites da acção executiva» (art.º 45.º, n.º 1). «*Títulos*

Editora, 1997, p. 303 e AMÂNCIO FERREIRA, Curso de Processo de Execução cit., p. 429, nota 877.

[1] Cfr. LEBRE DE FREITAS, Introdução cit., p. 26, nota 15.
[2] Introduzido pelo art.º 4.º da Lei n.º 6/2006, de 27 de Fevereiro (NRAU).

executivos são, assim, documentos que titulam actos *constitutivos ou certificativos de obrigações*, a que a lei reconhece eficácia para servirem de base ao desencadeamento de uma acção executiva». Dizia-se, de antanho, destes títulos, que se tratava de documentos «de execução aparelhada» (*parata executio* ou *qui parata habent executionem*). O título é, pois, condição necessária do processo executivo (*nulla executio sine titulo*)»[1].

Provada a constituição ou a existência da obrigação (dívida) e do direito subjectivo correspondente, a lei presume a inexistência de causas impeditivas, modificativas ou extintivas da mesma. O título demonstra, pois, até prova em contrário (*presunção juris tantum*), o incumprimento da obrigação, visto ser ao devedor que incumbe alegar e provar as correspondentes causas excipientes (art.º 342.º, n.º 2, do CC). O título é *constitutivo* da relação obrigacional quando a fonte desta reside no acto documentado, como, v.g., a escritura de compra e venda de um imóvel, na qual o vendedor se obriga a entregar o prédio e o comprador a pagar determinado preço. É *certificativo* da obrigação quando, procedendo a constituição da dívida de um outro acto, apenas confirma a sua existência, como, v.g., a sentença de condenação, ao dar por subsistente a dívida que o réu afirmava ter-se extinguido (por pagamento, dação em cumprimento, compensação, perdão, etc.).

Mas será o título executivo o próprio documento ou antes o acto jurídico por ele documentado (enquanto tal)?. Entendemos – na esteira da melhor doutrina e face ao direito processual constituído – que *o título executivo reside no próprio documento ao qual a lei confere força especial (força executiva), que não no acto por ele documentado*. O título só surge quando o documento for gerado, quer certifique um acto judicial, quer certifique um negócio celebrado inter-partes[2]. Por um lado, porque a virtualidade para servir de fonte à execução depende da observância da forma legal pelo acto ou negócio jurídico certificado; por outro lado, porque mesmo em caso de ineficácia ou de cessação de efeitos do acto documentado, a execução pode ser instaurada e prosseguir, podendo alguns desses efeitos perdurar mesmo depois de declarada aquela ineficácia ou extinção[3]. É, assim, na *força probatória do escrito*, atentas as formali-

---

[1] Cfr. MANUEL DE ANDRADE, Noções Elementares cit., pp. 58-59.
[2] Cfr. AMÂNCIO FERREIRA, Curso cit., p. 68-69.
[3] Cfr. MANUEL DE ANDRADE, Noções Elementares cit., p. 58.

Capítulo III – Tipologia das acções e das formas de processo   123

dades a observar, que radica a eficácia executiva do título (subsista ou não o acto documentado). Exige-se que o documento constitua ele próprio, ou certifique, uma obrigação já constituída, não bastando a mera previsão dessa constituição, como se extrai do disposto no art.º 50.º[1].

Para o prosseguimento da execução, torna-se indispensável que a obrigação se tenha tornado *certa, líquida* e *exigível*, se o não for em face da sentença (isto é do título). É o que, de modo apodítico, prescreve o art.º 802.º. Para efeitos executivos, diz-se genericamente que a obrigação é *certa* quando o seu objecto (a prestação) já estiver determinado, é *líquida* se o seu quantitativo já se encontrar apurado e é *exigível* se a prestação já se encontrar vencida. Pode realmente acontecer que a sentença condene o réu, em prestação *alternativa* (art.º 468.º, n.ºs 1 e 2), em prestação de coisa *genérica* (art.º 471.º)[2] ou em prestação *ilíquida* (art.ºs 661.º, n.º 2), ambos do CPC, e 564.º, n.º 2[3], e 565.º[4] do CC), ou mesmo até em prestação *dependente ainda da verificação de certa condição ou da realização de uma contraprestação* (art.º 804.º).

Com vista a assegurar essa *exequibilidade*, prevê a lei que, na fase inicial do processo de execução, se adoptem os procedimentos adequados, designadamente *a escolha da prestação na obrigação alternativa,* tornando certa a obrigação incerta em face da sentença (art.º 803.º), a *verificação da condição ou o oferecimento da prestação,* em ordem a tornar *exigível* a obrigação ainda não vencida (art.º 804º) e a *tornar líquida* a prestação em dívida (quantitativo ainda não apurado) aquando da prolação da decisão (art.º 805.º)[5]. De ter presente, contudo, nesta sede, que, face ao disposto no n.º 5 do art.º 47.º, caso tenha havido *condenação*

---

[1] Dentro deste entendimento, «o documento particular no qual se fixe a cláusula penal correspondente ao incumprimento de qualquer obrigação contratual não constitui título executivo em relação à quantia da indemnização ou da cláusula penal estabelecida, por não fornecer prova sobre a constituição da respectiva obrigação» – cfr. Antunes Varela/J. M. Bezerra/Sampaio e Nora, Manual cit., pp. 79-80.

[2] Quando o *objecto mediato da acção* seja uma universalidade de facto ou de direito (al. a)) ou quando não seja ainda possível determinar, de modo definitivo, as consequências do facto ilícito ou o lesado pretenda usar da faculdade que lhe confere o art.º 569.º do CC (al. b)).

[3] Cálculo da *indemnização dos danos futuros previsíveis*, com relegação da fixação da indemnização correspondente para decisão ulterior.

[4] Condenação imediata em *indemnização provisória* dentro dos limites provados, com relegação da fixação da indemnização definitiva para *execução de sentença*.

[5] Cfr. Antunes Varela/J. M. Bezerra/Sampaio e Nora, Manual cit., pp. 82-83.

genérica, nos termos do n.º 2 do art.º 661.º, e não dependendo a liquidação da obrigação de simples cálculo aritmético, a sentença só constitui título executivo após *liquidação* no processo declarativo, sem prejuízo da imediata exequibilidade da parte que seja líquida.

14.2. Espécies.

As diversas *espécies de títulos executivos* constam da *enumeração taxativa* do n.º 1 do art.º 46.º[1], neles se considerando abrangidos os *juros de mora, à taxa legal,* das obrigações deles constantes (n.º 2)[2]. Taxativa, que não meramente exemplificativa, conforme logo resulta do advérbio *apenas* que inicia a redacção do preceito. À execução *apenas* podem servir de base: a) – as *sentenças condenatórias;* b) – os *documentos exarados ou autenticados por notário* que importem constituição ou reconhecimento de qualquer obrigação; c) – os *documentos particulares, assinados pelo devedor,* que importem constituição ou reconhecimento de obrigações pecuniárias, cujo montante seja determinado ou determinável por simples cálculo aritmético de harmonia com as cláusulas dele constantes, ou de obrigação de entrega de coisa ou de prestação de facto; d) – os *documentos a que, por disposição especial, seja atribuída força executiva.*

O que exclui a validade das *cláusulas das convenções negociais* pelas quais as partes conferem força executiva a outros *documentos avulsos*[3], que não a daquelas pelas quais os particulares privam de força executiva os títulos negociais constantes do elenco legal[4]. Qualquer outro título

---

[1] Cfr. quanto a esta matéria, AMÂNCIO FERREIRA, Curso cit. pp. 28-50.

[2] A taxa legal de juros de mora para as *obrigações civis* foi fixada em 4% pela Portaria n.º 291/2003,de 8 de Abril (editada ao abrigo do disposto no n.º 1 do art.º 559.º do CC), com início em 1 de Maio de 2003, enquanto que para os *créditos de natureza comercial,* a taxa de juro será calculada em função das regras estabelecidas no Dec.-Lei n.º 32/2003, de 17 de Fevereiro; finalmente, a taxa aplicável por *dívidas ao Estado e a outras entidades públicas* cifra-se actualmente em 1% ao mês (cfr. o art.º 3.º do Dec.-Lei n.º 73/99, de 16 de Março).

[3] Contra a possibilidade de os particulares retirarem força a um documento que a lei qualifica como título executivo, cfr. M. TEIXEIRA DE SOUSA, "Acção Executiva Singular", 1998, pp. 67 e ss. e LEBRE DE FREITAS/J. REDINHA/RUI PINTO, "Código de Processo Civil Anotado", vol 1.º, 1999, p. 90.

[4] Cfr. AMÂNCIO FERREIRA, Curso cit., p. 28.

Capítulo III – Tipologia das acções e das formas de processo 125

avulso não incluído na referida catalogação poderá ser utilizado como *documento instrutor* de um processo de declaração, mas não como fonte geradora de uma acção executiva.

Para além, pois, das sentenças condenatórias proferidas pelos tribunais, que – a par dos despachos condenatórios, das decisões arbitrais e das sentenças proferidas por tribunais no estrangeiro constituem os *títulos executivos judiciais* – prevê o n.º 1 do art.º 46.º uma panóplia de outros documentos, os denominados *títulos executivos extrajudiciais*. Entre estes últimos, são de incluir «os *documentos exarados ou autenticados por notário ou serviço registral* competente (al. b)), os *documentos particulares assinados* pelo devedor e dotados dos demais requisitos da al. c) do n.º 1 desse preceito, os *documentos a que, por disposição especial, seja atribuída força executiva* e os *títulos exarados em país estrangeiro*.

Os fundamentos de *oposição à execução baseada em sentença*, quer comum quer arbitral, são os elencados no n.º 1 do art.º 814.º[1], sendo que a *oposição à execução baseada em sentença arbitral* pode ter ainda por base os fundamentos da respectiva anulação judicial (art.º 815.º). Não se baseando a execução em sentença, além dos fundamentos de oposição enunciados no art.º 814.º (na parte aplicável), podem ser alegados quaisquer outros que seria lícito deduzir no processo de declaração (art.º 816.º). Se a oposição for recebida, será o exequente notificado para contestar, dentro de 20 dias «seguindo-se, sem mais articulados, os termos do *processo sumário de declaração*» (art.º 817.º, n.º 2).

Detenhamo-nos, porém, mais em detalhe, sobre a caracterização dos títulos executivos legalmente admitidos:

§1.º – Sentenças e demais decisões condenatórias.

Diz-se *condenatória* toda a *sentença* (qualquer decisão dos tribunais, quer *comuns,* quer *arbitrais*, mesmo que na terminologia legal lhe corresponda outra designação, como *despacho* ou *acórdão*)[2] que, reco-

---

[1] Fundamentos esses que se aplicam igualmente à «*oposição à execução fundada em requerimento de injunção*, ao qual tenha sido aposta "*fórmula executória*", desde que o procedimento de formação desse título admita oposição pelo requerido» – cfr. o n.º 2 do mesmo art.º 814.º.

[2] Cfr. MANUEL DE ANDRADE, Noções Elementares cit., p. 62.

nhecendo ou prevenindo o inadimplemento de um dever jurídico cuja existência certifica ou declara (condenação *in futuro*), determina o seu cumprimento[1]. Na mesma epígrafe das *sentenças condenatórias,* inclui igualmente a lei as chamadas *sentenças homologatórias* de transacção, de desistência e de confissão do pedido (art.º 300.º, n.ºs 1 e 3) ou de partilha (art.º 1382.º, n.º 1)[2]. E ainda as *decisões condenatórias dos juízes de paz*, proferidas em sequência de julgamento ou homologatórias de acordos entretanto celebrados pelas partes (art.ºs 56.º, n.º 1 e 61.º da Lei n.º 78/2001, de 13 de Julho).

A sentença (ou decisão condenatória) só constitui, porém, título executivo depois do respectivo *trânsito em julgado*, ou seja, desde que insusceptível de recurso ordinário ou de reclamação (cfr. art.º 677.º), salvo se o recurso contra ela interposto tiver (como é a regra do art.º 692.º) *efeito meramente devolutivo* e *não for prestada caução* nos termos da lei (art.º 47.º, n.ºs 3 e 4). Porém, *se a sentença se encontrar pendente de reclamação* (arguição de alguma nulidade – art.º 668.º) ou pedido de aclaração ou reforma (art.º 670.º), mas se vier a verificar que o expediente da reclamação não passou de uma *manobra meramente dilatória* tendente a protelar artificiosamente o trânsito da decisão, poderá o tribunal superior declarar o trânsito em julgado da respectiva decisão, tornando-a passível de *imediata execução* (art.º 720.º).

São também dotadas de exequibilidade – para além das *sentenças proferidas nas acções de condenação* a que se refere a alínea b) do n.º 2 do art.º 4.º – «as *sentenças exaradas nas acções de simples apreciação ou nas acções constitutivas* previstas nas alíneas a) e c) dos mesmos número e artigo, na parte em que contenham um *segmento condenatório*, como ocorre no que concerne *a custas e a multa ou indemnização por litigância de má-fé*»[3].

Condenatória, *qua tale* podendo servir de título executivo, é, por ex., a *decisão final arbitradora da indemnização ao expropriado*, se a mesma não houver sido paga da forma espontânea ou provocada pela forma

---

[1] Cfr. ANTUNES VARELA/J. M. BEZERRA/SAMPAIO E NORA, Manual cit., p. 80.

[2] As certidões extraídas dos inventários cuja partilha foi homologada por sentença valerão como títulos executivos desde que contenham as especificações constantes dos diversas alíneas a) a d) e dos n.ºs 2 e 3 do art.º 52.º.

[3] Cfr. o acórdão do STJ de 27-5-99, BMJ, n.º 487, p. 263 / Cons.º HERCULANO NAMORA.

Capítulo III – Tipologia das acções e das formas de processo 127

prevista no n.º 4 do art.º 71.º do CEXP 99, tendo em atenção que, sobre o montante definitivo da indemnização ou sobre os montantes dos depósitos, incidem juros moratórios à taxa legal[1].

Igualmente as *sentenças penais*, na parte em que condenem no *pagamento de indemnização civil*, são títulos executivos, já que sobre elas se constitui caso julgado nos termos gerais das sentenças civis (art.º 84.º do CPP). Também no n.º 1 do art.º 377.º do CPP se prevê a condenação em indemnização civil sempre que o pedido respectivo se venha a revelar fundado, mesmo que a sentença quanto à responsabilidade criminal seja absolutória.

No foro laboral, e conforme o art.º 88.º do CPT, podem servir de base à execução todos os *títulos* a que o CPC ou lei especial atribuam força executiva (al. a), bem como os *autos de conciliação* (al. b). Estes, quando obtidos em audiência, não necessitam de *homogação judicial* para surtirem efeito de caso julgado e daí o poderem ser qualificados como «decisões judiciais» (art.ºs 51.º, 52.º, 53.º). Entre estas, são ainda de incluir as proferidas nos *acções de despedimento* (art.ºs 39.º, n.º 2 e 43.º, ainda do mesmo diploma)[2].

A execução de sentença contra a qual haja sido interposto *recurso com efeito meramente devolutivo* pode, contudo, ser suspensa a pedido do executado quando a execução da decisão lhe cause *prejuízo considerável* e se ofereça para prestar *caução* (art.º 692.º, n.º 4), incidente esse a ser processado *por apenso* e com carácter de *urgência* (art.ºs 693.º, 693.º-A, n.ºs 1 e 2 e 990.º, n.ºs 1 e 2)[3]. A atribuição desse efeito ficará então condicionada à efectiva *prestação de caução* no prazo fixado pelo tribunal, sendo que tal efeito se extinguirá se o recurso estiver parado por mais de 30 dias por negligência do apelante (art.º 692.º-A, n.º 1). A atribuição de *efeito suspensivo* obsta a que a sentença se execute enquanto não for julgado o recurso.

Por força do *princípio da equiparação à sentença* (art.º 156.º, n.º 1) são também títulos executivos os *despachos* que *arbitrem indemnizações*

---

[1] Cfr. o acórdão do STJ de 27-1-2005, Proc. 4461/04 – 2.ª Sec./ Cons.º FERREIRA DE ALMEIDA.

[2] Cfr. AMÂNCIO FERREIRA, Curso, cit., pp. 24-25.

[3] Nas situações previstas no n.º 4 do art.º 47.º, no n.º 4 do art.º 692.º e no n.º 1 do art.º 818.º, o incidente assume carácter urgente (cfr. o n.º 2 do art.º 990.º).

128   *Direito Processual Civil*

a testemunhas (art.º 644.º), que *imponham multas* às partes e às testemunhas (art.ºs 519.º, n.º 2 e 523.º, n.º 2) ou a terceiros que *não apresentem documentos* (art.º 532.º)[1] e os que *fixem honorários* a peritos, tradutores e intérpretes (art.º 17.º, n.ºs 2 e 5, do RCP). E, outrossim, «os despachos que conferem força executiva à petição não contestada nos procedimentos para cumprimento de obrigações pecuniárias emergentes de contratos de valor não superior a €15.000 (art.º 2.º do RPCOP, aprovado pelo Dec.--Lei n.º 269/98, de 1 de Setembro). *As decisões que decretem providências cautelares*, uma vez que os recursos contra as mesmas interpostos são recebidos com *efeito meramente devolutivo*, são também *imediatamente exequíveis* (art.º 692.º, n.º 1)[2].

Face ao *princípio da equiparação às decisões dos tribunais comuns* (n.º 2 do art.º 48.º), e perante o estatuído nos art.ºs 24.º e 26.º, os três preceitos da Lei n.º 31/86, de 29 de Agosto (Lei da Arbitragem Voluntária – LAV), a *decisão arbitral* (depois de notificada às partes e depositada na secretaria do tribunal judicial do lugar da arbitragem) considera-se transitada em julgado (se insusceptível de recurso ordinário), surtindo *força executiva idêntica à da sentença do tribunal judicial de 1.ª instância* (art.º 26.º, n.º 1). Execução que, todavia (e por força do art.º 30.º da mesma Lei), *corre nos tribunais judiciais,* o que se explica por o tribunal arbitral não gozar da *auctoritas* própria da justiça pública em matéria de coercibilidade.

Quanto às *custas, multas* e *outras quantias liquidadas* em processos judiciais, na impossibilidade de obter a sua cobrança voluntária ou forçada pelos meios constantes dos art.ºs 32.º a 34.º do RCP, «é entregue *certidão da liquidação da conta de custas* ao *Ministério Público* para efeitos executivos, quando se conclua pela existência de bens penhoráveis», *constituindo essa certidão, «juntamente com a sentença transitada em julgado, título executivo* quanto à totalidade das custas aí discriminadas» (art.º 35.º, n.ºs 1 e 2, do RCP). Já «quando se trate de *custas relativas a actos avulsos* que não se venham (previsivelmente) a integrar em qualquer processo, é emitida pela secretaria *certidão de liquidação autónoma*

---

[1] Sobre os montantes/limites destas multas, vide o art.º 27.º do Regulamento das Custas Processuais (RCP) aprovado pelo Dec.-Lei n.º 34/2008, de 26 de Fevereiro.

[2] Não assim os despachos de indeferimento liminar ou de não decretamento de providência cautelar, os quais terão efeito suspensivo ex-vi da al. d) do n.º 3 do mesmo art.º 692.º.

Capítulo III – Tipologia das acções e das formas de processo 129

com *força executiva própria*, a qual serve de suporte à execução a instaurar pelo *Ministério Público*» (n.º 3, do mesmo preceito). Isto sendo certo que «compete ao *Ministério Público* promover a execução por custas e multas judiciais impostas em qualquer processo» (art.º 59.º do CPC)[1].

§2.º – Decisões proferidas por tribunais ou por árbitros no estrangeiro. Decisões proferidas em proceso europeu para acções de pequeno montante.

Por razões de soberania, seja qual for a nacionalidade das partes, as decisões proferidas por *tribunais estrangeiros* ou por *árbitros* em *país estrangeiro* só se tornam exequíveis (só surtem eficácia em Portugal) depois de *revistas* e *confirmadas* pelo tribunal português competente (art.ºs 49.º, n.º 1 e 1094.º, n.º 1), salvo o estabelecido em lei especial, em tratados e convenções internacionais e em regulamentos comunitários. Trata-se, contudo, de uma revisão por via de regra puramente formal (ou de *delibação*)[2], que não de *fundo* ou de *mérito,* que compete, em exclusivo, aos Tribunais de Relação (art.ºs 710.º, al. d) e 1096.º do CPC e 66.º, al. e), da LOFTJ/2008)). Mesmo quando, excepcionalmente, a confirmação da sentença pressuponha uma revisão de mérito (caso da *sentença estrangeira proferida contra cidadão* português – art.º 1096.º, al. g)), *não há revisão da matéria de facto,* não procedendo o tribunal português a uma nova apreciação da prova já produzida perante a justiça estrangeira. A revisão cinge-se sempre a meras questões de direito[3].

De ter presente, neste conspectu, o Regulamento (CE) n.º 44/2001 do Conselho, de 22 de Dezembro de 2000, relativo à *competência*

---

[1] Na redacção que lhe foi dada pelo art.º 2.º do Dec.-Lei n.º 34/2008, de 26 de Fevereiro.

[2] Cfr. FERRER CORREIA, Direito Internacional Privado I, Coimbra, Almedina, 2000, pp. 464 e ss.

[3] A alínea e) do art.º 1096.º impõe a observância dos princípios do contraditório e da igualdade das partes, sendo que também a *ordem pública processual* – que não só a *material* – pode constituir obstáculo ao reconhecimento das sentenças estrangeiras – acórdão do STJ de 8-5-03, Proc. 1123/03 – 2.ª Sec./ Cons.º FERREIRA DE ALMEIDA. Sobre a distinção entre ordem pública internacional e ordem pública interna, cfr, o art.º 22.º do CC.

130   *Direito Processual Civil*

judiciária, ao *reconhecimento e à execução em matéria cível e comercial*[1]. E ainda, no que tange às decisões proferidas por tribunais estaduais estrangeiros, as Convenções Relativas à Competência Judiciária e à Execução de Decisões em Matéria Civil e Comercial, celebradas em *Bruxelas,* em 27 de Setembro de 1968, entre os Estados da Comunidade Europeia e, em *Lugano,* em 16 de Setembro de 1988, entre os Estados da Comunidade Europeia e da Associação Europeia de Comércio Livre e ratificadas pelos Decretos n.ºs 52/91 e 51/91, de 30 de Outubro, publicadas no DR, I Série, de 10 de Julho de 1992.

Para efeitos das Convenções (seu art.º 25.º) e do Regulamento (seu art.º 32.º), considera-se *decisão qualquer decisão proferida por um tribunal dum Estado contratante ou dum Estado-Membro independentemente da designação que lhe for dada* (acórdão, sentença, despacho judicial ou mandado de execução), bem como a fixação pelo secretário do tribunal do montante das *custas do processo. O reconhecimento dessas decisões* opera *ipso iure,* só havendo que obter um reconhecimento formal quando uma das partes questione a respectiva eficácia (art.ºs. 26.º das Convenções e 33.º do Regulamento)[2].

Já para a *exequibilidade da decisão* se torna sempre necessária a solicitação do *exequatur,* isto é, a aposição da chamada *formule exécutoire*[3]. Para efeitos do art.º 32.º das Convenções, em Portugal, o tribunal *competente para decidir do exequatur é o tribunal da comarca* (que o é também para o reconhecimento quando invocado a título principal), cabendo *recurso para o tribunal de Relação* (art.º 40.º) e, *do acórdão desta, para o STJ, restrito à matéria de direito* (art.º 41.º) – art.º 60.º, n.º 1, alínea a), do RLOFTJ aprovado pelo Dec.-Lei n.º 186-A/99, de 31 de Maio. Segundo os Anexos II, III e IV do Regulamento (CE) n.º 44/2001, é também o *tribunal de comarca,* com possibilidade de recurso para o tribunal de Relação e desta para o STJ, restrito à matéria de direito, *o*

---

[1] Publicado no Jornal Oficial das Comunidades Europeias L. 12 (44º Ano), de 16 de Janeiro de 2001, pp. 1-23 e cujas últimas alterações foram introduzidas pelo Regulamento (CE) n.º 1791/2006, do Conselho, de 20 de Novembro de 2006.

[2] O citado Regulamento assenta no *princípio da confiança mútua* entre as jurisdições dos Estados-Membros, a justificar a livre circulação das decisões judiciais (Cfr. NEVES RIBEIRO, "Processo Civil da União Europeia", 2002, p. 104).

[3] Cfr. AMÂNCIO FERREIRA, Curso, cit., pp. 35 a 39.

Capítulo III – Tipologia das acções e das formas de processo 131

competente para receber o requerimento em que se solicite o *exequatur* da decisão proferida num Estado-Membro[1].

No que concerne à competência, ao reconhecimento e à execução de *decisões em matéria matrimonial e em matéria de responsabilidade parental,* vigora, a partir de 1 de Agosto de 2004 (com aplicação efectiva a todos os Estados-Membros da União Europeia, com excepção da Dinamarca, a partir de 1 de Março de 2005, salvo quanto aos art.ºs 67.º a 70.º, desde logo aplicáveis), o Regulamento (CE) n.º 2201/2003, do Conselho, de 27 de Novembro de 2003. Conforme este Regulamento, as decisões proferidas num Estado-Membro são *reconhecidas* nos outros Estados *sem quaisquer formalidades*, sem prejuízo de qualquer parte interessada poder pedir o reconhecimento ou o não reconhecimento da decisão (art.º 21.º, n.ºs 1 e 3); também as decisões proferidas num Estado-Membro sobre o *exercício do poder paternal* (responsabilidade parental) relativamente a um filho comum e que nesse Estado tenham força executiva, e tenham sido notificadas, são executadas noutro Estado-Membro depois de nele terem sido declaradas executórias a pedido de qualquer parte interessada (art.º 28.º)[2].

Pelo Regulamento (CE) n.º 861/2007, do Parlamento Europeu e do Conselho, de 11 de Julho (directamente aplicável a todos os Estados--Membros com excepção da Dinamarca), foi criado o *«processo europeu para acções de pequeno montante»*, *em que o valor do pedido não exceda €2.000.* As decisões proferidas por um Estado-Membro em tal tipo de acções são reconhecidas e executadas nos restantes Estados-Membros, *sem necessidade de declaração de executoriedade e sem possibilidade de contestação do seu reconhecimento* (art.º 20.º, n.º 1, do Regulamento); de resto, não podem tais decisões ser reapreciadas quanto ao mérito no Estado-Membro da excução (art.º 22.º, n.º 2, do Regulamento) e, ainda que pendentes de recurso, são imediatamente exequíveis independentemente da prestação de caução (art.º 15.º, n.º 1, respectivo).

---

[1] Há, contudo, que observar que as Convenções e o Regulamento apenas regulam a concessão do *exequatur de decisões judiciais e doutros títulos executivos estrangeiros,* encontrando-se o processo executivo propriamente dito sujeito ao direito interno do *Estado do foro.*

[2] Com regime diverso para o Reino Unido, onde as decisões são executadas depois de registadas para execução a pedido de qualquer parte interessada.

132   *Direito Processual Civil*

Quanto às *decisões proferidas por árbitros em país estrangeiro*, Portugal é parte da Convenção sobre o Reconhecimento e Execução de Sentenças Arbitrais Estrangeiras celebrada em Nova Iorque em 10 de Junho de 1958. Nos termos do art.º III desta Convenção, cada um dos Estados Contratantes reconhecerá a autoridade de uma sentença arbitral e concederá execução à mesma, segundo as regras processuais vigentes no território em que a sentença for invocada. O tribunal competente para rever e confirmar as sentenças arbitrais estrangeiras é o *tribunal de 1.ª instância* (art.ºs 24.º, n.º 2 e 30.º da LAV). Mas, a autoridade competente do país em que o reconhecimento e a execução forem pedidos deve recusá-los quando estes sejam *contrários à ordem pública* do país ou quando o objecto do litígio, face à lei nacional, não possa ser resolvido por via arbitral (art.º V, II). Isto para além da possibilidade da recusa do reconhecimento e da execução da sentença arbitral em face da impugnação (da parte requerida) baseada nos fundamentos contidos no art.º V, I.

§3.º – Títulos exarados em país estrangeiro[1]. O Título executivo europeu.

No que respeita aos *títulos exarados em país estrangeiro*, não carecem os mesmos de *revisão* para serem exequíveis (cfr. o n.º 2 do art.º 49.º). Mas o reconhecimento da sua validade terá de revestir-se dos requisitos formais exigidos pela lei do lugar da respectiva emissão (art.ºs 365.º do CC e 540.º do CPC)[2], devendo essa exequibilidade ser aferida pela *lex fori*, ou seja, em conformidade com o estabelecido nos art.ºs 46.º e ss.

Portugal subscreveu também a *Convenção de Haia,* de 5 de Outubro de 1961, relativa à supressão da exigência da *legalização dos actos públicos estrangeiros* (aprovada para ratificação pelo Dec.-Lei n.º 48 450, de 24 de Junho de 1968, e com início de vigência em 4 de Fevereiro de 1969)[3]. Nos termos dessa Convenção, basta uma simples *apostilha*, a emitir pela autoridade competente do Estado donde o documento é originário, para o reconhecimento de documentos lavrados num dos Estados outorgantes e que devam ser apreciados em outro Estado outorgante, sendo

---

[1] Sobre esta matéria, vide Amâncio Ferreira, Curso cit., pp. 35 a 41 e 48-57.
[2] Cfr. J. Rodrigues Bastos, Notas, vol I cit., p. 106.
[3] Cfr. Aviso publicado no Diário do Governo, I Série, de 2-4-69.

Capítulo III – Tipologia das acções e das formas de processo   133

competentes (em Portugal) para emitir a apostilha a Procuradoria-Geral da República e as Procuradorias-Gerais Distritais.

Por mor do estatuído nos art.ºs 50.º das Convenções de Bruxelas e de Lugano e do n.º 1 do art.º 57.º do Regulamento (CE) n.º 44/2001 do Conselho, de 22 de Dezembro de 2000, os *actos autênticos* exarados num Estado contratante ou num Estado-Membro (não os documentos particulares), e que aí tenham força executiva, são declarados *executórios* noutro Estado contratante ou Estado-Membro (mesmo que aqui não sejam exequíveis), a requerimento do interessado, em situação paralela à que ocorre com a declaração de executoriedade das sentenças. Também aqui a recusa da declaração de executoriedade só poderá ocorrer *se a execução do acto autêntico documentado for contrária à ordem pública do Estado requerido.*

Idêntico regime vale (face ao disposto no art.º 51.º das referidas Convenções) para as *transacções celebradas perante o juiz* que surtam força executiva no Estado de origem independentemente de qualquer sentença homologatória[1]. Igualmente de considerar como *actos autênticos* são os *acordos em matéria de obrigações alimentares celebrados perante autoridades administrativas ou por elas autenticados* (cfr. o n.º 2 do citado art.º 57.º do Regulamento).

Pelo Regulamento (CE) n.º 805/2004, do Parlamento Europeu e do Conselho, de 21 de Abril de 2004, entrado em vigor em 21 de Janeiro de 2005, directamente aplicável em todos os Estados-Membros (com excepção da Dinamarca), em conformidade com o TCE, foi criado o *título executivo europeu* para *créditos não contestados.* Poderá, assim, um instrumento autêntico relativo a um *crédito pecuniário* expressamente reconhecido pelo devedor, depois de certificado como *título executivo europeu* no Estado-Membro de origem, ser executado nos outros Estados--Membros sem necessidade de *exequatur* e sem possibilidade de ser contestada a sua força executiva, apesar de se manter a possibilidade de requerimento do reconhecimento e da declaração de executoriedade de um instrumento autêntico, nos termos do Regulamento (CE) n.º 44/2001 (art.ºs 25.º, n.º 2 e 27.º do Regulamento). Nos termos do seu art.º 2.º, o Regulamento aplica-se independentemente da natureza da jurisdição (*créditos de natureza civil ou comercial); não* em matérias fiscais, aduaneiras e administrativas à segurança social e à arbitragem, *nem* em maté-

---

[1] Cfr. M. Teixeira de Sousa e Dário Moura Vicente, Comentário à Convenção de Bruxelas, Lisboa, 1994, pp. 53 e 175.

rias relativas a responsabilidade do Estado por actos e omissões no exercício do poder público, ao estado e à capacidade das pessoas singulares, aos direitos decorrentes de regimes matrimoniais, de testamentos e de sucessões e às falências e as concordatas em matéria de sociedades, aos acordos de credores ou outros procedimentos análogos[1].

Perante a definição de «*crédito*» plasmada no n.º 2 do seu art.º 4.º, e reportada a pagamentos «de um *montante específico de dinheiro*», é de considerar que o Regulamento se circunscreve ao âmbito das *prestações pecuniárias*, que não aos demais títulos que incorporem créditos. E o montante destas tem de ser *exigível*, ou por já o ser originariamente, ou por no título se indicar o *dies a quo* dessa exigibilidade; também esse montante tem de ser *líquido* ou *liquidável por simples cálculo aritmético*, na sequência da contagem de juros de mora.

E, face ao n.º 1 do art.º 3.º, poderão ser certificados como *títulos executivos europeus*, no que respeita a créditos não contestados, as *decisões*, as *transacções judiciais* e os *instrumentos autênticos*.

> **§4.º – *Documentos exarados ou autenticados por notário ou por outras entidades ou profissionais com competência para a prática de actos de registo[2], que importem o reconhecimento de qualquer obrigação (documentos extra-oficiais).***

Se um *documento exarado ou autenticado por notário* (ou outro funcionário ou entidade para tal legalmente habilitada) certificar uma dada declaração negocial, a certeza acerca da existência do direito que dessa certificação resulta, bem como das respectivas especificações, contornos e limites, torna esse «documento idóneo e suficiente para justificar de imediato uma execução».

---

[1] Da exclusão da arbitragem resulta, como salienta PAULA COSTA E SILVA, "O Título Executivo Europeu", 2005, p. 11, "que não possam ser certificadas como títulos executivos europeus decisões proferidas sobre créditos não contestados por tribunais arbitrais".

[2] Os serviços de registo, encontram-se hoje organicamente integrados no Instituto dos Registos e Notariado do Ministério da Justiça, compreendendo serviços desconcentrados como as conservatórias do registo civil, do registo predial, de registo comercial e do registo de veículos e serviços de gestão de arquivos e documentos e serviços centrais como a Conservatória dos Registos Centrais e o Registo Nacional das Pessoas Colectivas (art. 8.º, n.ºs 2, 3 e 4, do Dec.-Lei n.º 129/2007, de 27 de Abril).

Capítulo II – Interpretação, integração e aplicação das leis processuais 135

Os documentos escritos podem ser autênticos ou particulares (art.º 363.º, n.º 1, do CC). *Autênticos* são os documentos exarados, com as formalidades legais, pelas autoridades públicas, nos limites da sua competência ou, dentro do círculo de actividade que lhes é atribuído, pelo *notário ou outro oficial público dotado de fé pública*; todos os outros são *particulares* (n.º 2). Os *documentos particulares* são havidos por *autenticados* quando confirmados pelas partes perante o notário, nos termos prescritos nas leis notariais (n.º 3). Nessa esteira, e em consonância com o disposto no art.º 363.º do CC, também o art.º 35.º do Código de Notariado[1] reitera que os documentos lavrados por notário, ou em que ele intervenha, podem ser autênticos ou autenticados: *autênticos* quando exarados pelo notário nos respectivos livros, ou em instrumentos avulsos (v.g., as escrituras públicas e os testamentos públicos), bem como os certificados, certidões e outros documentos análogos por eles expendidos (n.º 2); *autenticados* os documentos particulares confirmados pelas partes perante notário, v.g., os testamentos cerrados[2] (n.º 3).

Exarados pelo *notário* (documento autêntico) ou lavrados pelos particulares e autenticados pelo notário, os *documentos* (*extrajudiciais*) podem servir de base à execução (títulos executivos) *seja qual for a natureza da prestação obrigacional deles constante*, desde que formalizem e corporizem um acto de constituição de uma obrigação ou o reconhecimento da sua existência – cfr. a alínea b) do n.º 1 do art.º 46.º (*documento recognitivo*)[3]. Assim, por ex., uma escritura pública simultaneamente de compra e venda e de mútuo com hipoteca será título executivo, não na parte relativa à transmissão do bem onerado com hipoteca, mas apenas no segmento em que o comprador confessa a dívida do preço e o empréstimo contraído para o respectivo pagamento.

Em princípio, para que os *documentos autênticos extra-oficiais* surtam eficácia executiva e possam, por isso, servir de base à execução, torna-se necessário que titulem a constituição de uma qualquer *obrigação certa* e *exigível* (art.º 802.º). Prevê, contudo, o art.º 50.º a exequibilidade dos *documentos exarados por notário ou por outras entidades ou profissionais com competência para tal, em que se convencionem prestações futuras* ou se preveja a *constituição de obrigações futuras*.

---

[1] Aprovado pelo Dec.-Lei n.º 207/95, de 14 de Agosto.

[2] Os requisitos formais dos instrumentos notariais vêm indicados no Código do Notariado (art.ºs 46.º a 69.º).

[3] Cfr. AMÂNCIO FERREIRA, Curso cit., p. 37.

136 *Direito Processual Civil*

No que respeita à *convenção de prestações futuras*, as que estão em causa são as que, segundo convenção das partes, *devam ser feitas pelo credor*, não *as que devam ser feitas pelo devedor*[1], não sendo, pois, aplicável a norma se no documento não for prevista a realização de qualquer prestação por banda do credor[2]. Mas para que o documento notarial titulador do contrato (por ex., de abertura de crédito bancário ou de fornecimento de bens ou serviços) possa constituir título executivo, torna-se necessário provar que alguma *prestação* (ou algum *pagamento*) haja sido efectuada em *conclusão do negócio*, ou seja, em execução do *programa do contrato*. Neste tipo de situações, as prestações pecuniárias (na abertura de crédito) ou os bens a fornecer (no contrato de fornecimento) só serão levantados ou recebidos posteriormente à celebração da escritura ou à subscrição do documento; o facto gerador da *obrigação* do devedor reside no acto (ou actos) de levantamento das prestações em dinheiro ou de recebimento (parcelar) dos bens a consumir, pelo que carecem tais actos de *prova adicional* ou *complementar*[3].

No caso da *constituição de obrigações futuras* (pagamento de quantia certa ou entrega de coisa certa), torna-se necessário demonstrar que a obrigação exequenda foi (veio a ser) gerada em resultado da previsão anterior *das partes* por mor de uma *relação jurídica entre si pré-constituída*. É, v.g, o caso da *obrigação futura* garantida por hipoteca nos termos do n.º 2 do art.º 686.º do CC, cujo cumprimento só pode ser exigido ao proprietário do bem hipotecado ou a qualquer outro terceiro, mediante a comprovação de que os mesmos assumiram contratualmente essa obrigação[4]. Constitui, deste modo, título dotado de força executiva, por ex., uma escritura de mútuo com hipoteca na qual os mutuários reconhecem que a hipoteca garante o pagamento de obrigações por eles contraídas ou a contrair[5].

Em qualquer destas situações (de *títulos executivos complexos, porque integrados por vários documentos*[6]), a prova da realização da

---

[1] Cfr. o acórdão do STJ de 31-5-2001– 7.ª Sec./ Cons.º OLIVEIRA BARROS.

[2] Constitui título executivo uma *escritura de cessão de quota* na qual se convencione o pagamento do preço em prestações, sendo este pagamento a obrigação exequenda – cfr. o acórdão do STJ de 11-2-99, 2.ª Sec, in CJSTJ, Ano VII, Tomo I, p. 105 / Cons.º FERREIRA DE ALMEIDA.

[3] Cfr. J. RODRIGUES BASTOS, Notas, vol I, cit., pp. 106-107.

[4] Cfr. AMÂNCIO FERREIRA, Curso cit., p. 42.

[5] Cfr. o acórdão do STJ de 7-10-2004, Proc. n.º 2664/04 – 2.ª Sec. / Cons.º FERREIRA DE ALMEIDA.

[6] Cfr. AMÂNCIO FERREIRA, citando ANDRÉS DE LA OLIVA SANTOS e OUTROS, Derecho Procesal Civil, Ejecución Forzosa, Procesos Especiales, 2.ª ed., pp. 36 e ss.

Capítulo III – Tipologia das acções e das formas de processo   137

prestação (futura) ou a prova da contracção da obrigação (futura) só pode fazer-se, ou através do documento para esse específico efeito previsto no próprio documento notarial ou por documento revestido de força executiva própria e autónoma dos previstos no art.º 46.º. Assim, para que uma *escritura pública* de *promessa de contrato* ou de *contrato definitivo* (v.g., de um contrato de mútuo) possa servir de base à execução, torna-se mister demonstrar a *realização* da prestação prevista, seja por *documento* com força executiva, seja por documento passado em conformidade com as respectivas *cláusulas*[1-2].

> **§5.º – *Documentos particulares assinados pelo devedor (ou a rogo deste), que importem constituição ou reconhecimento de obrigações pecuniárias cujo montante seja determinado ou determinável nos termos do art.º 805.º, ou de obrigação de entrega de coisa (móvel ou imóvel) ou de prestação de facto.***

Os requisitos de *exequibilidade* dos diversos títulos particulares discriminados na alínea c) do n.º 1 do art.º 46.º variam consoante a *espécie* do título e a *natureza* ou o *valor* da prestação devida. Como requisito comum, surge, desde logo, a indispensabilidade da *assinatura do devedor*. Para além de conterem a *assinatura do devedor*[3], devem ainda importar o *reconhecimento de obrigações*[4] e estas reportarem-se ao *pagamento de*

---

[1] Cfr. ANTUNES VARELA/J. M. BEZERRA/SAMPAIO E NORA, Nora, Manual cit., p. 85.

[2] Assim a escritura pública de constituição de um mútuo com hipoteca apenas pode constituir título executivo, nos termos do segundo segmento do art.º 50.º, desde que acompanhada dos documentos comprovativos das prestações que, em cumprimento do contrato, o mutuante entregou ao mutuário – cfr. o acórdão da RE de 3-11-2005, CJ, Tomo V/2005, p. 253 / Des. TORRES VOUGA.

[3] Depois da Reforma do Processo Civil de 95-96, a lei deixou de exigir o *reconhecimento notarial* em todos os escritos particulares como requisito de exequibilidade e não apenas, como até então, nos títulos de crédito (extractos de factura, letras, livranças e cheques).

[4] «Não se torna necessário indicar a *causa da obrigação*, por se presumir a existência da relação fundamental, face ao disposto no n.º 1 do art.º 458.º do CC, que contudo não consagra o princípio do negócio abstracto, mas apenas uma regra de inversão do ónus da prova» – conf. AMÂNCIO FERREIRA, Curso cit., p. 38, nota 56.

138   Direito Processual Civil

quantia determinada ou determinável por simples cálculo aritmético, à entrega de coisa ou à prestação de facto[1].

Poder-se-á distinguir, nesta sede, entre *documentos particulares nominados* e *inominados*[2]. Entre os *nominados,* há que incluir, desde logo e destacadamente, os chamados *títulos cambiários* (letras, livranças e cheques). Na categoria dos *inominados,* cabem todos os restantes *escritos particulares* dos quais conste a assunção de *uma obrigação,* dependendo, todavia, a sua exequibilidade da *assinatura* pelo devedor respectivo e de a obrigação neles contida ter por objecto o pagamento de *quantias determinadas* (obrigações *pecuniárias*) ou a entrega de *coisas fungíveis.*

Também os documentos particulares que incorporem obrigações respeitantes a *entrega de coisa* (*móvel ou imóvel*) ou de prestação de facto assumem a natureza de títulos executivos (cfr. a alínea c) do n.º 1 do art.º 46.º). São, v.g., os casos das obrigações de *restituição da coisa* por parte do comodatário e do depositário quando não voluntariamente cumpridas (art.ºs 1135.º, alínea h) e 1187.º, alínea c), respectivamente, do CC)[3]. Extensão esta que deve, contudo, confinar-se aos *casos em que as obrigações podem ser validamente constituídas por mero documento particular*[4].

As *letras, livranças* e *cheques* constituem títulos de crédito substancialmente caracterizados pela *autonomia* (relativamente à obrigação exequenda) e pela abstracção, sendo, em regra, transmissíveis *à ordem,* mediante *simples endosso*[5]. As *letras* são ordens dadas por uma pessoa

---

[1] «*Caso a obrigação seja ilíquida e a liquidação não dependa de simples cálculo aritmético*, a acção executiva não pode fundar-se em título particular» – cfr. AMÂNCIO FERREIRA, Curso cit., p. 43, nota 57.

[2] Cfr. ANTUNES VARELA/J. M. BEZERRA/SAMPAIO E NORA, Manual cit., pp. 86 a 90.

[3] Cfr. AMÂNCIO FERREIRA, Curso cit., p. 43, nota 58.

[4] Cfr. Lopes do Rego, Comentários ao Código de Processo Civil, vol I, 2.ª ed., p. 83.

[5] Transmissíveis por simples endosso são também os extractos de factura (*duplicata* no direito brasileiro) instituídos pelo Decreto n.º 19490, de 21 de Março de 1931, os quais, documentando contratos de compra e venda mercantil a prazo celebrados entre comerciantes (sempre que o preço não seja representado por letras), se mantêm como títulos executivos, por força da al. c) do n.º 1 do art.º 46.º. Consumada a venda, o comprador fica para si com o original da factura, ficando o vendedor com o extracto (duplicado), o qual, depois de conferido e aceite pelo devedor nos termos do art.º 1.º e seu §1.º, constituirá título executivo.

Capítulo III – Tipologia das acções e das formas de processo 139

(*sacador*) a uma outra (*sacado*) para que pague uma quantia determinada a certa pessoa ou à ordem dela, dentro de certo prazo. A *livrança* (*promissória* no direito brasileiro) é, por seu turno, a promessa, aposta no título, por uma pessoa (*subscritor*) de pagar quantia determinada a uma outra ou à ordem desta, dentro de certo prazo. Ambos esses títulos cambiários possuem o seu regime jurídico definido na chamada *Lei Uniforme Relativa às Letras e Livranças* (LULL)[1]. O *cheque* consiste, por seu turno, numa ordem dada por uma pessoa (*sacador*) a um banco (*sacado*) para que pague determinada quantia (à ordem ou a pessoa nele designada, o *tomador*) por conta da provisão bancária à disposição do sacador. O regime jurídico da emissão, circulação e pagamento do *cheque* consta da *Lei Uniforme Relativa ao Cheque* (LUCH)[2].

A *fotocópia autenticada de um título de crédito* não pode servir de base à execução, por só o próprio original implicar o reconhecimento da obrigação incorporada[3-4]. Assim, em caso de *extravio do original* da livrança oferecida como título executivo, não pode essa falta ser suprida pela junção aos autos da respectiva fotocópia, tornando-se necessário o recurso ao processo de reforma de títulos, previsto nos art.ºs 1069.º e ss[5].

O *cheque não apresentado a pagamento no prazo de 8 dias*, nos termos do primeiro parágrafo do art.º 29.º da LUCH, ou *não accionado dentro do prazo de 6 meses* previsto no art.º 52.º da mesma Lei Uniforme, pode fundamentar uma execução, não como título cambiário, mas *como documento particular respeitante à constituição ou reconhecimento do crédito que incorpora e causal da sua emissão*, a menos que provenha de um negócio formal, não obstando a tal

---

[1] Publicada em anexo à primeira das três Convenções assinadas em Genebra no dia 7 de Junho de 1930 e aprovadas, confirmadas e ratificadas pelo Estado Português no ano de 1934 (cfr. o Dec.-Lei n.º 26556, de 30 de Abril de 1936).

[2] Publicada em anexo a uma das Convenções assinadas em Genebra a 19 de Março de 1931 e aprovadas, confirmadas e ratificadas por Portugal no ano de 1934.

[3] Cfr. FERRER CORREIA, Lições de Direito Comercial, vol. III (Letra de Câmbio), 1975, pp. 150 e 152.

[4] É, todavia, de permitir que a fotocópia autenticada de uma letra ou livrança sirva de base à execução, por o original se encontrar junto a outro processo judicial, desde que se assegure, através de menção no próprio título, que o original não será desentranhado daquele processo a não ser para substituir a referida fotocópia, isto para prevenir o risco da sua entrada em circulação – cfr. o acórdão do STJ de 30-9-99 , BMJ, n.º 489, p. 288 / Cons.º SOUSA DINIS.

[5] Cfr. o acórdão da RL de 29-10-2002, CJ, ano XXVII, tomo IV, p. 104 / Des. VAZ DAS NEVES.

140   *Direito Processual Civil*

exequibilidade a ordem de revogação dada pelo sacador do cheque ao Banco sacado[1-2]. Assumirá então o cheque prescrito a natureza de *título executivo* nos termos e para os efeitos da al. c) do n.º 1 do art.º 46.º, o que se explica pela autonomia de que goza o título executivo relativamente à obrigação exequenda *ex-vi* do n.º 1 do art.º 458.º do CC, preceito este no qual se prevê o reconhecimento da dívida por simples declaração unilateral, sem necessidade de enunciação da respectiva causa, razão ou fonte. Mas, no requerimento com que dá o cheque à execução (*requerimento executivo*), o exequente apenas deve (tem) de, sob pena de indeferimento liminar (por ineptidão, que não por inexequibilidade do título), alegar a pertinente causa de pedir, quando basear a sua pretensão na (concreta) *relação jurídica material, subjacente ou fundamental*, mas já não quando invocar o abstracto *direito cartular,* por em tal caso bastar a subscrição do título pelo executado)[3-4-5-6].

De igual modo, ainda que *prescrito o direito de acção da letra ou da livrança*, nos termos dos art.ºs 70.º e 77.º da LULL[7], mantêm estes títulos de crédito a natureza de títulos executivos como *documentos particulares* (desde que o negócio subjacente não possua natureza formal), já que preenchem os requisitos de exequibilidade constantes da alínea c) do n.º 1 do art.º 46.º. A extinção da obrigação cambiária por prescrição não afecta, assim, a subsistência da obrigação causal ou fundamental, a qual poderá, todavia, ser controvertida em sede de oposição à execução (art.º 816.º). Ponto é que a letra mencione a

---

[1] Cfr. AMÂNCIO FERREIRA, Curso de Processo de Execução cit., p. 40.

[2] Cfr., entre muitos outros, o acórdão do STJ de 16-12-2004-7.ª Sec., CJSTJ, Ano XII, Tomo III, p. 153 / Cons.º NEVES RIBEIRO (e demais jurisprudência aí citada, largamente maioritária no Supremo).

[3] Cfr. o acórdão do STJ de 29-01-2002, CJSTJ, ano X, tomo I, p. 64 / Cons.º AZEVEDO RAMOS.

[4] Neste sentido, LEBRE DE FREITAS, A Acção Executiva cit., p. 59 e AMÂNCIO FERREIRA, Curso cit., pp. 44-45.

[5] Cfr. os acórdãos do STJ de 16-11-2001, CJSTJ, ano IX, tomo III, p. 89 / Cons.º RIBEIRO COELHO e da RC de 27-6-2000, CJ, ano XXV, Tomo III, p. 37 / Des. GOMES CALEJO.

[6] No sentido de que há que distinguir, quanto ao cheque prescrito (do qual não conste a causa da obrigação) entre obrigação emergente ou não de negócio formal, para só, em caso negativo, assumir a natureza de título executivo como documento particular (art.º 46.º, al. c)), desde que a casa de pedir seja enunciada no requerimento executivo, cfr. o acórdão do STJ de 29-1-2002, CJSTJ, Tomo I/2002, p. 64 / Cons.º AZEVEDO RAMOS.

[7] Contra o aceitante, o prazo de prescrição é o de três anos a contar do vencimento. Tratando-se do portador contra o sacador e os endossantes é de um ano a contar do protesto (ou do vencimento quando exista uma cláusula "sem protesto") e de seis meses dos endossantes contra os restantes endossantes e contra o sacador (cfr. o art.º 70.º, alíneas a), b) e c) da LULL).

Capítulo III – Tipologia das acções e das formas de processo 141

causa da relação jurídica subjacente ou que tal causa de pedir seja invocada no requerimento executivo[1].

Nos *escritos particulares com assinatura a rogo*, «o documento só goza de força executiva *se a assinatura estiver reconhecida por notário ou por outras entidades ou profissionais com competência para tal*» (art.º 51.º). Reconhecimento esse a ser feito com obediência aos requisitos indicados nos art.ºs 153.º, 154.º e 155.º do Código de Notariado (CNOT 95), pois só assim fica assegurada a veracidade do rogo. A assinatura *a rogo* é a assinatura efectuada por terceiro (*rogado*), a pedido da pessoa que assume a autoria do documento, ou seja, da declaração documentada – neste caso o devedor (*rogante*) – o qual, por não saber ou não poder assinar, solicita àquele para que, em seu nome, o subscreva.

A assinatura feita a rogo «só pode ser reconhecida como tal por via de *reconhecimento presencial* e desde que o rogante não saiba ou não possa assinar» (art.º 154.º do CNOT).

§6.º – Documentos a que seja legalmente atribuída força executiva.

Alude, a este propósito, LEBRE DE FREITAS[2] ao que qualifica como *títulos judiciais impróprios* e como *títulos administrativos ou de formação administrativa*: – os *primeiros*, porque formados *no decurso de um processo mas não resultantes de uma decisão judicial*, como a *fórmula executória* aposta no processo de injunção; – *os segundos*, porque emitidos por organismos, repartições do Estado e outras pessoas colectivas públicas, tendo por conteúdo créditos e receitas próprias (por. ex. as receitas tributárias, os créditos da segurança social e o certificado das contas de emolumentos registrais).

Exemplos de títulos abrangidos pela al. d) do n.º 1 do art.º 46.º[3]: –, o *saldo reconhecido* como favorável ao autor e não honrado pelo réu no processo para

---

[1] Cfr. o acórdão do STJ de 30-10-2003, Proc. 3056/03 – 2.ª Sec./ Consº FERREIRA DE ALMEIDA, no qual se versava o caso de uma letra que fazia menção literal expressa a «*transacção comercial/reforma de outras letras*».
[2] Cfr., A Acção Executiva cit., pp. 54 a 56.
[3] Cfr. AMÂNCIO FERREIRA, Curso cit., pp. 47-48.

prestação de contas (art.º 1016.º, n.º 4); – os *documentos que integrem decisões que constituam título executivo proferidas em virtude da aplicação dos tratados instituintes das Comunidades Europeias* depois da autoridade judicial competente do distrito judicial do domicílio ou sede do requerido ter neles aposto a fórmula executória (art.º 2.º da Lei n.º 104/88, de 31 de Agosto); – o contrato de arrendamento, isoladamente ou acompanhado dos *documentos emitidos ao abrigo do art.º 15.º do NRAU*[1-2], os quais podem servir de base à exe-cução para entrega de coisa certa (*títulos executivos extrajudiciais*), preceito esse que passou a prever, no n.º 5 do art.º 14.º, a hipótese de formação, *dentro da própria acção de despejo*, de um *título executivo especial* quando o arrendatário não efectue o pagamento das rendas vencidas na pendência da acção por tempo superior a três meses[3]; – a *acta de reunião da assembleia de condóminos* que tiver deliberado o montante das contribuições devidas ao condomínio ou quaisquer despesas necessárias à conservação e fruição das partes comuns e ao pagamento de serviços de interesse comum, contra o proprietário que deixou de pagar, no prazo estabelecido, a sua quota-parte (art.º 6.º, n.º 1, do Dec.-Lei n.º 268/94, de 25 de Outubro)[4]; – o *contrato de aquisição do direito real de habitação periódica* ou a certidão do registo predial que o comprove em conjunto com a acta da assembleia convocada para alteração da prestação periódica, quanto às prestações ou indemnizações devidas pelo titular daquele direito e respectivos juros moratórios (art.º 23.º, n.º 2, do Dec.-Lei n.º 275/93, de 5 de Agosto, na redacção do art.º 1.º do Dec.-Lei n.º 180/99, de 22 de Maio); – as *certidões extraídas dos títulos de cobrança* relativos a tributos e a outras receitas do Estado (art.ºs 88.º, n.º 4, e 162.º, alínea a), do CPPT)[5]; – as *decisões definitivas das autoridades administrativas que*

---

[1] Novo Regime do Arrendamento Urbano aprovado pela Lei n.º 6/2006, de 27 de Fevereiro.

[2] Cfr. quanto ao elenco dos títulos executivos extrajudiciais abrangidos pelo n.º 1 do art.º 15.º do NRAU, AMÂNCIO FERREIRA, Curso cit., pp. 433.

[3] Cfr. LAURINDA GEMAS/ALBERTINA/PEDROSO/JOÃO CALDEIRA JORGE, Arrendamento Urbano, 3.ª ed. cit., Quid Juris, 2009, pp. 66-74.

[4] As actas das assembleias de condóminos assumem força executiva se fixarem os montantes das contribuições e quota-parte devidas por cada condómino, bem como os respectivos prazos de pagamento. Será, assim, título executivo a acta em que se determina o montante anual a pagar por cada condómino (na medida em que se fixa a respectiva contribuição), não sendo, contudo, exigível que contenha (mas podendo resultar do documento com ou sem remissão para anexos) a dívida ou dívidas existentes, apuradas e conhecidas – cfr. o acórdão da RP de 24-5-2007, CJ, Tomo III/2007, p. 176 / Des. GONÇALO SILVANO.

[5] *As certidões de dívidas às instituições e serviços públicos integrados no Serviço Nacional de Saúde,* por serviços ou tratamentos prestados, preenchidos que se encontrassem determinados requisitos, deixaram de constituir títulos executivos, por ter sido revo-

Capítulo III – Tipologia das acções e das formas de processo　　143

apliquem coimas (art.ºs 88.º, n.º 1, e 89.º, n.º 1, do Dec.-Lei n.º 433/82, de 27 de Outubro); – as *certidões de dívida* emitidas, nos termos legais, pelas instituições de solidariedade e de segurança social (art.º 7.º, n.º 1, do Dec.-Lei n.º 42/2001, de 9 de Fevereiro); – os *certificados das contas de emolumentos e demais encargos* devidos por actos registrais ou notariais, uma vez confirmados pelo dirigente máximo do serviço (art.º 133.º do Regulamento dos Registos Notariado, aprovado pelo Dec.-Reg. n.º 55/80 de 8 de Outubro); – as *contas de custas ou as liquidações em processos judiciais* ou respectivas certidões (art.ºs 35.º do RCP e 92.º do CPC); – os *saldos a favor do autor* no processo de apresentação de contas pelo réu (art.º 1016.º, n.º 4); – o *requerimento em proces-so de injunção* no qual, na falta de oposição ao pedido, haja sido aposta a fórmula "este documento tem força executiva" (*fórmula executória*) por parte do secretário judicial do tribunal (art.º 14.º, n.ºs 1 e 5, do RPCOP).

De referir ainda as *certidões extraídas dos inventários* pela secretaria judi-cial (antigos *formais de partilhas*), as quais valerão como títulos executivos desde que contendo as especificações constantes do art.º 52.º, designadamente a declaração de que a partilha foi declarada, por *decisão do conservador ou notá-rio*, homologada judicialmente, ou por *sentença* transitada em julgado (al. c) do n.º 1).

---

gado o Dec.-Lei n.º 194/92, de 8 de Setembro. O regime de cobrança dessas dívidas consta agora do Dec.-Lei nº 218/99, de 15 de Junho, o qual veio institucionalizar o recurso à *arbitragem* para resolução dos conflitos surgidos com as entidades seguradoras e con-sagrar, como regra geral, a *acção declarativa*, com algumas especialidades.

CAPÍTULO IV
Procedimentos cautelares.

SUMÁRIO: 15. Razão, natureza e âmbito da tutela cautelar. Providências conservatórias e antecipatórias. **16.** Procedimento cautelar comum. Requisitos. Processamento. **17.** Meios de compulsão ao acatamento das providências cautelares. A execução cautelar. **18.** Procedimentos cautelares especificados previstos no CPC. Caracterização. Execução das respectivas providências. **18.1.** Restituição provisória de posse. **18.2.** Suspensão de deliberações sociais. **18.3.** Alimentos provisórios. **18.4.** Arbitramento de reparação provisória. **18.5.** Arresto. **18.6.** Embargo de obra nova. **18.7.** Arrolamento. **19.** Procedimentos cautelares especificados previstos em legislação avulsa. Caracterização. Execução das respectivas providências. **19.1.** Apreensão de veículo automóvel. **19.2.** Entrega de coisa objecto de locação financeira e cancelamento do registo. **19.3.** Nomeação de administrador judicial provisório e outras medidas cautelares em processo de insolvência. **20.** Procedimentos cautelares do foro laboral. Enunciação. Execução das respectivas providências. **21.** Procedimentos cautelares dos foros administrativo, tributário e penal. Breve referência.

15. Razão, natureza e âmbito da tutela cautelar. Providências conservatórias e antecipatórias.

A par das espécies de acções enunciadas no art.º 4.º, prevê a lei processual, no seu art.º 2.º, in fine, sob a epígrafe "garantia de acesso ao direito" os procedimentos – de que o titular do direito pode lançar mão – necessários a *acautelar o efeito útil da acção*. Procedimentos que encontram guarida constitucional no n.º 5 do art.º 20.º da CRP, depois da 4.ª revisão (1997), ao instituir os chamados «*processos céleres e prioritários*», para «protecção em tempo útil dos direitos, liberdades e garantias».

146   *Direito Processual Civil*

Através desses meios procedimentais, de carácter expedito, e na respectiva sequência, pretende-se que os tribunais possam decretar determinadas *providências judiciárias* (*cautelares*) destinadas à regulação provisória de uma determinada situação de facto até que conheça o seu desfecho uma dada *acção declarativa ou executiva* já instaurada ou a instaurar.

Isto em ordem a precaver o requerente contra a ocorrência dos *danos presumivelmente advenientes da natural demora do processo da acção principal* e, assim, evitar que a sentença a proferir, ainda que de sentido favorável (ao requerente), perca total ou parcialmente as suas eficácia e operância. Trata-se, pois, de prevenir a inutilidade da sentença, quer por *infrutuosidade* (perda definitiva da utilidade pretendida no processo principal), quer por *retardamento* da respectiva execução[1], tendo sempre presentes dois vectores em permanente tensão: o *interesse da ponderação* versus o *interesse da celeridade.* O demandado (ou o executado) poderiam, com efeito, alterar *medio tempore* a situação de facto e assim tornar já inócua, quiçá mesmo praticamente inútil, a decisão definitiva da causa, ainda que dando acolhimento aos interesses do titular do direito[2]. É nessa prevenção, ou seja, na verificação do *periculum in mora*, que reside o verdadeiro *interesse em agir* por banda do requerente.

O principal escopo da tutela cautelar, a sua *ratio essendi,* traduz-se, pois, na neutralização dos prejuízos previsivelmente a suportar pelo interessado (a quem aparentemente assiste razão). O processo cautelar visa assegura uma forma de *tutela aparente ou interina*, de caráter *supletivo*, como um de entre outros de uma série de mecanismos de ordem substantiva e/ou processual que visam prevenir a eclosão dos efeitos negativos dessas naturais dilações.

Desses *meios provisórios de tutela judiciária* regulados nos art.ºs 381.º e ss – por mor do seu nexo umbilical ao destino ou sorte dos meios processuais principais – se diz possuírem, relativamente a estes, um

---

[1] Cfr. ISABEL DA FONSECA, "Introdução ao Estudo Sistemático da Tutela Cautelar no Processo Administrativo", Coimbra, 2002, pp. 115-117.

[2] Na sugestiva síntese de MANUEL DE ANDRADE, «através do mecanismo próprio destes procedimentos, pretendeu a lei seguir uma linha média entre dois interesses conflituantes: o de uma justiça pronta mas com risco de ser precipitada e o de uma justiça cauta e ponderada, mas com risco de ser platónica, por chegar a destempo» – cfr. Noções Elementares cit., pp. 10 e 11.

Capítulo IV – Procedimentos cautelares   147

carácter de *instrumentalidade hipotética,* visto a providência ser decretada na pressuposição (ou previsão) de a decisão a proferir na acção principal vir a ser de sentido favorável ao autor. Dada essa sua *natureza instrumental* relativamente ao processo ou acção principal, não se propõem eles (os procedimentos cautelares) realizar directa e principalmente o direito material, mas apenas conseguir que o processo principal atinja plenamente o seu objectivo.

As providências a decretar, de natureza *conservatória* ou *antecipatória* conforme a própria nomenclatura legal (art.º 381.º, n.º 1), assumem natureza *provisória e urgente.* Com as *providências conservatórias,* o interessado (titular do direito) pretende manter ou conservar um direito em perigo ou em crise, visando, tão-somente, assegurar o efeito útil da acção principal; através das *providências antecipatórias,* pretende-se que o tribunal antecipe a própria realização do direito que presumivelmente virá a ser reconhecido nessa acção.

Nos casos em que, nos termos das convenções internacionais, seja parte o Estado Português e o *procedimento cautelar seja dependente de uma causa já intentada, ou em vias de o ser, num tribunal estrangeiro,* o requerente deverá fazer prova – nos autos do procedimento cautelar – da pendência da causa principal, através de certidão emitida pelo respectivo tribunal (art.º 383.º, n.º 5)[1]. Norma esta que foi instituída com o objectivo de efectivar um dos mecanismos constantes de convenções internacionais, com especial destaque para a Convenção de Bruxelas Sobre Competência Judiciária[2]. O mesmo se diga quanto às situações em que seja de aplicar a Convenção de Lugano, a que Portugal igualmente aderiu, e que contém uma disposição homóloga também com o n.º 24.

O CPC refere-se tanto aos *"procedimentos"* como às *"providências"* cautelares, ainda que da nova redacção dada ao art.º 2.º tivesse passado a constar a expressão *"procedimentos necessários para acautelar",* nela se

---

[1] Sobre as *medidas cautelares* a requerer em Espanha por quem seja parte em processos jurisdicionais ou arbitrais instauradas no estrangeiro, v.g. em Portugal, cfr. o art.º 722.º, 2.ª parte, da Ley de Enjuiciamiento Civil.

[2] O art.º 24.º desta Convenção permite o recurso a procedimentos cautelares previstos na lei portuguesa e decretados pelos tribunais nacionais ainda que, para conhecer da questão de fundo, seja competente um tribunal de outro Estado contratante (v. g. quando os bens do devedor se encontram num país e a acção deva ser instaurada noutro, pode naquele ser requerido o arresto de bens suficientes para garantir o cumprimento da obrigação).

Direito Processual Civil

englobando, embora em termos não exclusivos, os referidos mecanismos de tutela provisória[1]. No n.º 3 do art.º 313.º continua, porém, a manter-se (de modo terminologicamente impreciso) a expressão *"providências cautelares não especificadas"*, anteriormente vertida no art.º 399.º, em vez da expressão *"procedimento cautelar comum"*, que melhor se adequa aos interesses a regular. A expressão *"providência"* ou *"providência cautelar"* deve ser utilizada para significar o tipo de medidas concretamente solicitadas ou deferidas pelo tribunal, ou seja, para traduzir a pretensão de direito material que é solicitada ou decretada pelo tribunal, como por exemplo a *suspensão* imediata da obra (art.º 412.º, n.º 1), a *apreensão* de bens (arresto – art.º 406.º), a entrega a depositário (arrolamento – art.º 423.º, n.º 2), a *entrega* ao requerente (restituição provisória da posse – art.º 393.º) ou o *pagamento* de determinada quantia (alimentos provisórios – art.º 399.º). O que, em termos algo similares, corresponde ao pedido deduzido na acção declarativa (art.º 467.º, n.º 1, al. d)), a ser objecto de apreciação na respectiva decisão final (art.º 661.º, n.º 1). Já a designação *"procedimentos cautelares"* possui subjacente a vertente adjectiva ou procedimental das medidas cautelares, ligada à forma sequencial concreta de determinados actos-trâmite.

Para além de toda uma panóplia de providências que podem ser solicitadas no âmbito da *defesa dos direitos fundamentais de personalidade e dos direitos económico-sociais contra comportamentos lesivos da saúde, do sossego, do bem-estar ou qualidade de vida* – garantida pelos art.ºs 24.º a 26.º e 58.º a 72.º da CRP e pelo art.º 70.º do CC[2] –, abrange este domínio dos procedimentos cautelares toda a sorte de «intimações» (v.g. para comportamentos activos ou omissivos) que podem ser operadas no domínio dos direitos civil e comercial.

Não confundir, porém, direitos e deveres característicos do direito do ambiente, decorrentes da preocupção constitucional pela *conservação e defesa de um ambiente sadio e ecologicamente equilibrado*, aos quais subjaz o *interesse público* difuso da protecção ambiental (aferível pela Lei de Bases do Ambiente – Lei n.º 11/87, de 7 de Abril), com direitos e deveres de carácter real (e *privado*) decorrentes das *relações de vizinhança*.

---

[1] Cfr. ABRANTES GERALDES, Temas, III vol. cit., n.º 5 – Procedimento Cautelar Comum, p. 36.

[2] As quais, segundo ABRANTES GERALDES, Temas III cit., pp. 96-97 «constituem, por assim dizer, «o campo de eleição do procedimento cautelar comum inibitório».

Capítulo IV – Procedimentos cautelares

É no âmbito das relações inter-vicinais que deve inscrever-se a *emissão de fumos e ruídos*[1], porquanto não classificável como *dano ao ambiente*, mas como concreto *desvio às normais e exigíveis regras de boa vizinhança* por banda do proprietário do prédio emitente. Assiste, assim, ao proprietário do prédio receptor o direito a requerer procedimento cautelar comum para prevenir ou obstar à prossecução desses comportamentos danosos, ainda que há anos venham suportando tais emissões poluidoras (defesa contra o *periculum in mora*)[2].

Outros exemplos de utilização dos procedimentos cautelares (especificados e não especficados)[3]: – o arrendatário cujo prédio arrendado necessite de obras urgentes, requer a intimação do senhorio para que proceda à sua imediata realização[4]; – tendo tido conhecimento de que a entidade registral competente deferiu a inscrição de uma dada marca gráfica e foneticamente idêntica à por si anteriormente registada, a firma A vem solicitar ao tribunal que a sociedade registrante B se abstenha de a utilizar até que em acção própria se dirima a questão da alegada imitação[5]; – os vizinhos de um dado estabelecimento de diversão nocturna no centro de uma cidade vêm requerer a intimação dos proprietários da mesma para que abstenham de produzir ruído perturbador do seu direito ao sono e ao descanso a partir de determinada hora[6]; – a mulher

---

[1] O ruído ambiente possui enquadramento legal no Dec.-Lei n.º 146/2006, de 31 de Julho e no Dec.-Lei n.º 9/2007, de 17 de Janeiro, depois alterado pelo Dec.Lei n.º 278/ /2007, de 1 de Agosto (Regulamento Geral Relativo ao Ruído Ambiente).

[2] Cfr., neste sentido, o acórdão do STJ de 12-10-2000, CJSTJ, Tomo III/2000, p. 70, Cons.º QUIRINO SOARES.

[3] Cfr. ANTUNES VARELA/J. M. BEZERRA/SAMPAIO E NORA, Manual cit., p. 23.

[4] Neste caso, e para além da prova sumária da necessidade das obras, deverá o inquilino demonstrar, perfunctoriamente, que a sua não realização imediata ameaça causar-lhe prejuízos graves e dificilmente reparáveis, enunciando e provando indiciariamente a natureza e extensão desses danos e as suas consequências – cfr. o acórdão da RP de 20-10-2005, CJ, Tomo V/2005, p. 218 / Des. SALEIRO DE ABREU.

[5] Não assiste legitimidade ao sócio não gerente (ainda que a sociedade tenha apenas dois sócios) para requerer a suspensão imediata do uso de uma marca (pela requerida) com base na sua titularidade pela sociedade a que pertence, mesmo invocando o disposto no n.º 5 do art.º 257.º da CSC – cfr., neste sentido, o acórdão da RL de 1-3-2007, CJ Tomo II/2007, p. 63 / Des. FÁTIMA GALANTE.

[6] No Brasil seria, neste caso, de utilizar o *mandado de segurança*, ou seja, a acção ao dispor de quem esteja a ser ameaçado por acção ou omissão de autoridade quanto a direito líquido e certo (Constituição Federal, artigo 5.º, LXIXX e LXX). Isto é, a acção para protecção dos interessados contra actos abusivos ou omissão de autoridade visando preservar um direito inquestionável (por. ex. quem não quer ser incomodado pelo ruído

Direito Processual Civil

casada separada de facto (ou a mulher divorciada), economicamente necessitada, ou todos os que, tendo direito a receber alimentos de outrem, possam ver perigar gravemente a sua subsistência na pendência da demanda definitiva (cujo desfecho se anteveja presumivelmente longo), requerem em juízo, do marido (ou do ex-marido) ou do legalmente obrigado, a prestação de alimentos provisórios; – numa sociedade com dois sócios, um deles, como preliminar da acção de destituição do seu consócio, requer contra este procedimento cautelar comum para suspensão do exercício da respectiva gerência[1]; – o devedor relapso pratica actos de malbaratamento, dissipação ou ocultação de todo o seu património para se eximir à penhora em prejuízo da integridade do seu património, vindo o credor a juízo requerer a sua intimação para que se abstenha da prática desses actos; – alguém que se vê ilegítima e violentamente esbulhado de uma coisa de que era possuidor, pretende ser reintegrado na posse enquanto se mantiver pendente a acção definidora do respectivo conflito de interesses; – o promitente comprador de um imóvel solicita a proibição, por banda do promitente- -vendedor, da respectiva venda a terceiro (desde que proponha atempadamente a competente acção de execução específica)[2].

De excluir é a admissibilidade da utilização do procedimento cautelar comum em ordem a que o portador de um *título de crédito* (letra, livrança ou cheque) se abstenha de os preencher e transmitir por endosso. Isto face à natureza jurídica desses títulos, caracterizados pelo princípio da boa fé do portador e pela regra da sua livre transmissão (circulabilidade)[3]. Já se entendeu, contudo, ser admissível ao dador de uma ordem contida num *crédito documentário* socorrer-se do procedimento cautelar com vista a impedir (ou sustar) o pagamento respectivo quando haja prova líquida e inequívoca de solicitação fraudulenta ou de manifesto abuso da garantia[4]. É também de excluir a utilização do procedimento cautelar comum com vista a obter o impedimento do *exercício*

---

ambiental e pretenda que a autoridade policial da área cumpra as suas obrigações e impeça que um determinado baile ruidoso se prolongue para além das 22 horas). Chama- -se *mandado* porque alguém, dotado para tanto de poderes legais, pode ordenar à autoridade competente que adopte ou deixe de adoptar um dado comportamento.

[1] Cfr. o acórdão da RP de 7-11-96, BMJ, n.º 461º, p. 525 / Des. SALEIRO DE ABREU.

[2] Cfr. o acórdão do STJ de 11-11-97, CJSTJ, ano V, Tomo III, p. 130 / Cons.º SILVA PAIXÃO.

[3] Cfr., neste sentido, o acórdão da RP de 16-1-86, CJ, Tomo I, p. 166 / Des. COELHO VENTURA.

[4] Cfr., neste sentido, os acórdãos do STJ de 17-4-97, CJSTJ, Tomo II, p. 53 / Cons.º SOUSA INÊS e da RP de 12-2-2000, Proc. n.º 9920386 / Des. MARQUES CASTILHO, in www.dgsi.pt.

de direitos sociais e patrimoniais relativos às *acções escriturais*, designadamente o de participar em determinada assembleia geral e o de receber os dividendos que nela seriam votado; isto por tal exercitação não preencher o fundado receio de que outrem (o requerido) cause (ao requerente) lesão grave e dificilmente reparável do seu direito[1].

SECÇÃO I
Procedimento cautelar comum.

16. Procedimento cautelar comum. Requisitos. Processamento.

§1.º – Requisitos.

Vem o procedimento cautelar comum regulado no capítulo IV, Secção I, do título I, do livro III, do CPC.

Alguém que mostre fundado receio de que outrem cause lesão ao seu direito «pode requerer a providência, *conservatória* ou *antecipatória* concretamente adequada a assegurar a efectividade do direito ameaçado» (art.º 381.º, n.º 1); interesse que pode radicar num *direito pré-existente* ou em *direito «emergente* de decisão a proferir em acção constitutiva já proposta ou a propor» (n.º 2). São, assim, necessários para o requerimento do procedimento cautelar comum, bem como para o decretamento da providência judiciária no mesmo impetrada – os dois primeiros de qualificar como *positivos* e os últimos como *negativos* – os seguintes requisitos:

a) – a *probabilidade séria da existência de um direito do requerente* (que seja objecto da acção, proposta ou a propor) que tenha por fundamento o direito tutelado; o requerente deve alegar e provar que tem um direito ou interesse juridicamente relevante relativamente ao requerido, embora não seja necessário um juízo de certeza, mas apenas de simples verosimilhança ou aparência do direito – *fumus boni juris* ou, pelo menos, de *non malus juris*;

---

[1] Cfr., neste sentido, o acórdão da RL de 24-6-99, CJ, Tomo III, p. 129 / Des. SALVADOR DA COSTA.

152 Direito Processual Civil

b) – o *justo* (*fundado*) *receio* de que outrem, antes de proferida decisão de mérito em acção já intentada (ou a propor futuramente), cause lesão grave e dificilmente reparável a tal direito;

c) – que a *providência* requerida seja a *adequada* (por não existir na lei outra providência das especificadas nos art.ºs 393.º a 427.º) a remover o concreto *periculum in mora*, bem como a assegurar a efectividade do direito ameaçado;

d) – que o prejuízo para o requerido resultante do deferimento da providência não exceda *consideravelmente* o dano que através dela o requerente pretende evitar (*princípio da proporcionalidade*) – *ponderação relativa dos interesses em jogo*, a ser efectuada de modo casuístico (art.º 387.º n.º 2).

§2.º – Protótipo de requerimento.

Meritíssimo Juiz de Direito do Tribunal Judicial da Comarca de ...

Requerentes:
A, B, C e D, casados, empregados por conta de outrem, titulares dos BI n.ºs ... e dos NIF,s n.º s ..., respectivamente, residentes na Rua ... desta cidade e Comarca, vêm, pelo presente, requerer *procedimento cautelar comum* contra os

Requeridos:
F e mulher deste G, residentes no mesmo n.º e rua,

com os seguintes

– Fundamentos de facto –

1.º

Os requerentes são proprietários das fracções habitacionais R, S, T e U (respectivamente) do 2.º andar do sobredito prédio urbano em regime de propriedade horizontal, nas quais residem de forma exclusiva e permanente (doc. n.º 1);

2.º

Os requeridos são, por seu turno, donos da fracção X sita no 1.º andar do mesmo prédio (doc. n.º 2);

3.º

Na escritura pública de constituição de propriedade horizontal do prédio em apreço encontra-se expressamente exarado que todas as fracções se destinam a habitação dos respectivos titulares e seus agregados (doc. n.º 3); acontece que,

Capítulo IV – Procedimentos cautelares

153

4.º

Desde há cerca de um ano a esta parte, F e G vêm utilizando a fracção X, de sua pertença, exclusivamente para ensaios de música ligeira (guitarra eléctrica e saxofone) e passagem de discos fonográficos, em clara violação do disposto no art.º 1422.º, n.º 2, al. c), do CC;

5.º

Utilização que essa que vem tendo lugar a qualquer hora do dia ou da noite, ao livre alvedrio dos requeridos; com efeito,

6.º

Os requeridos integram um quarteto musical das redondezas com uma intensa actividade no ramo dos espectáculos;

7.º

Uma tal utilização da fracção X, por banda dos requeridos, para além de ostensivamente afrontadora da sua destinação pré-convencionada, vem perturbando gravemente o sossego e descanso e, quando nocturna, o sono e o repouso dos ora requerentes, assim afectando drasticamente o seu bem estar e qualidade de vida (art.º 66.º, n.º 1, da CRP);

8.º

Isto não só pelos estridentes ruídos provocados pelos instrumentos musicais como também pela vozearia dos músicos e seus acompanhantes e amigos;

9.º

Tal situação determinou já a submissão de C e D a tratamento psiquiátrico numa clínica da especialidade sita na cidade de ...., obrigando mesmo esses dois pacientes à correspondente ingestão regular de barbitúricos e ansiolíticos (cfr. docs. n.ºs 4 e 5);

10.º

Também A e B vêm apresentando graves distúrbios de sono provocados pela descrita actuação dos requeridos, apresentando já fortes sintomas pré--depressivos;

11.º

Os requerentes temem que a persistência de tal situação venha a afectar seriamente, e em termos irreversíveis, a sua saúde física e mental;

12.º

Baldadas vêm sendo as diligências feitas pessoalmente e por carta junto dos requeridos para que se abstenham de continuar a utilização da sua fracção nos termos sobreditos (docs. n.ºs 6 e 7);

13.º

O que vai obrigar os ora requerentes a intentar contra os requeridos a competente acção declarativa de condenação, não só para prestação de facto infungível, como para ressarcimento dos prejuízos materiais e não patrimoniais causados pela sua conduta e cujo desfecho final, em termos de previsibilidade normal, nunca será inferior a 2 anos;

14.º

Por tudo o que se deixa dito, urge pôr imediatamente cobro à situação lesiva e infringente desenvolvida pelos requerentes, através da sua intimação para esse efeito através da presente via judicial.

– Fundamentos de direito –

15.º

Verificam-se todos os requisitos exigidos pelo art.º 381.º do CPC para o deferimento do presente procedimento cautelar comum, ou seja:

a) – a *existência dos direitos juridicamente tutelados* (de que os requerentes são titulares) e supra-referenciados, os quais irão ser objecto de defesa definitiva através da acção (principal) a propor, sendo que, de qualquer modo, bastaria um juízo simples verosimilhança ou de mera aparência da existência desses direitos – *fumus boni juris* ou, pelo menos, de *non malus juris*. Isto sendo sabido que o direito ao sono e ao repouso se inserem no âmbito dos direitos de personalidade de protecção da saúde e a um ambiente de vida humano sadio e ecologicamente equilibrado – art.ºs 70.º do CC e 66.º, n.º 1, da CRP));

b) – o *justo (fundado) receio* de que os requeridos, antes de proferida decisão de mérito em acção a propor brevemente), causem e continuem a causar lesão grave e dificilmente reparável a tais direitos dos requerentes;

c) – a *adequação da providência* de intimação para um comportamento ora requerida (por não existir na lei outra providência das especificadas nos art.ºs 393.º a 427.º) para a remoção do concreto *periculum in mora*, bem como para assegurar a efectividade dos direitos ameaçados;

d) – a circunstância de o prejuízo para os requeridos adveniente do deferimento da providência ser consideravelmente inferior ao dano que através dela os requerentes pretendem evitar para a sua esfera jurídica (*princípio da proporcionalidade – ponderação relativa dos interesses em jogo –* art.º 387.º n.º 2, do CPC).

Termos em que deve o presente procedimento cautelar ser deferido, devendo, consequentemente, o tribunal *intimar os ora requeridos para pôrem imediatamente termo à utilização que vêm fazendo da sua fracção (nas condições supra-descritas)*, designadamente com *abstenção imediata da*

*produção nela de sons musicais e de ruídos de vozearia que perturbem o bem-
-estar e qualidade de vida dos ora requerentes*, designadamente o seu *direito ao
sono e ao repouso*.

Mais requerem, como *medida compulsória* do acatamento da providência a
decretar, a condenação dos requeridos no pagamento da quantia de €500 por
cada dia em que subsista o seu eventual incumprimento (art.ºs 829.º-A do CC e
384.º, n.º 2, do CPC).

Valor: €30.000,01 (art.º 312.º do CPC).

Junta: – procuração forense
– 7 documentos;
– duplicados dos documentos;
– documento comprovativo do pagamento da taxa de justiça;

Prova: – documental: a junta aos autos:
– testemunhal:
1.ª– K…, casado, profissão, residente em …;
2.ª– L…., casado, profissão, residente em ….;
3.ª– M…, casado, profissão, residente em ….;

O Advogado com domicílio profissional em e cédula profissional n.º

§3.º – Processamento. Tribunal competente. Exercício do contraditório. Decisão. Poderes do juiz. Caução condicional e substitutiva.

O procedimento correrá sempre num *tribunal de 1.ª instância*.

Face ao seu *carácter provisório, precário e acessório*, é sempre
dependência da causa que tenha por fundamento o direito acautelado e
pode ser instaurado ou *como preliminar* ou *como incidente* de uma *acção
declarativa* ou *executiva* já proposta ou requerida (art.º 383.º, n.º 1).
Na primeira hipótese, assumirá a natureza de *acto preparatório*, na segunda, a forma de *incidente*, a ser processado por *apenso*[1].

Chama-se-lhes *procedimentos,* e não *acções,* por *carecerem de autonomia* e dependerem de uma acção, já pendente ou que deve ser segui-

---

[1] Cfr. ALBERTO DOS REIS, RLJ, ano 81.º, pp. 301 e ss.

damente proposta pelo requerente. Se requeridos *antes da propositura da acção* (acto preparatório) serão *apensados aos autos logo que a acção seja instaurada*; mas, se a acção (principal) vier a correr noutro tribunal, para aí será remetido o apenso, ficando o *juiz da acção* (*principal*) com exclusiva competência para os termos subsequentes à remessa (art.º 383.º, n.º 2); e, se concluído o procedimento *encontrando-se a acção principal em recurso*, deve ser remetido ao tribunal superior para efeitos de apensação, podendo esta, contudo, ser efectuada aquando da baixa dos autos à 1.ª instância (art.º 383.º, n.º 3). Nessa eventualidade, o procedimento (cautelar) constitui mero *preliminar* da acção e caducará se esta não for proposta dentro dos 30 dias subsequentes à notificação da concessão da providência (art.º 389.º, n.º 1, al. a)).

Os procedimentos cautelares são juridicamente qualificáveis como "*meios processuais acessórios*", enquanto que as acções – de que instrumentalmente dependem – como "*meios processuais principais*". Face ao seu *carácter urgente*[1], possuem uma estrutura agilizada e simplificada, precedendo os respectivos actos qualquer outro serviço judicial não urgente e, se instaurados no tribunal competente, devem ser decididos, em 1.ª instância, no prazo máximo de 2 meses ou, se o requerido não tiver sido citado, de 15 dias (art.º 382.º, n.ºs 1 e 2). Meios de utilização exclusiva pela ordem jurisdicional comum, em correlação com as *acções declarativas* a instaurar ou já instauradas, quer nos tribunais *estaduais, quer nos não estaduais e também com as acções executivas a instaurar nos tribunais judiciais*[2-3]. E, de entre estes, nos *tribunais judiciais de competência genérica*, sempre que relativos a procedimentos não atribuídos por lei a outro tribunal (*princípio da delimitação negativa da competência* – art.ºs 18.º, n.º 1, do CPC, 77.º, n.º 1, al. a), da LOFTJ 99 e 72.º e 73.º da LOFTJ/2008).

---

[1] Os respectivos prazos correm mesmo durante as férias judiciais (art.º 144, n.º 1, in fine).

[2] Mesmo na dependência das acções populares reguladas pela Lei n.º 83/95, de 31 de Agosto, instauradas por infracção ao disposto no n.º 3 do art.º 52.º da CRP.

[3] Também para prevenir a prática de infracções criminal ou contra-ordenacional relevantes, desde que as subjacentes condutas comportem outro tipo de ilicitude que contenda com direitos subjectivos de raiz jurídico-privada – cfr., neste sentido, ABRANTES GERALDES, Temas, vol. III, 2.ª ed., pp. 103 e ss.

Capítulo IV – Procedimentos cautelares

De referir, neste conspecto, que sob a epígrafe *"Decisões provisórias e cautelares"*, o art.º 157.º da OTM atribui ao juiz (de família e menores) o poder de, «em qualquer estado da causa e sempre que o entenda necessário, decidir, *a título provisório*, relativamente a matérias que devam ser apreciadas a final, bem como ordenar as diligências necessárias que se tornem indispensáveis para assegurar a execução efectiva da decisão» (n.º 1). E ainda o poder de «provisoriamente alterar as decisões já tomadas a título definitivo» (n.º 2). Insere-se neste acervo de competências cautelares por ex. a adopção de *medidas (provisórias)* de fixação de uma prestação de alimentos a menor, de decisão sobre a guarda do menor, o exercício do poder paternal ou a simples definição do regime parental de visitas. Medidas essas a serem decretadas com precedência de uma *summaria cognitio* (n.º 3) e com a respectiva execução a ser assegurada mediante o recurso a medidas coercitivas adequadas em termos em tudo idênticos aos de uma execução cautelar comum.

Não correm nos *tribunais arbitrais*, por a estes apenas assistir competência declarativa (apesar da noção abrangente do conceito de «litígio» consagrado n.º 3 do art.º 1.º da LAV[1]) e por a lei não lhes conferir expressamente tal competência[2]. E não também nos *julgados de paz*, não só porque a competência destes é confinada ao processo declarativo e lhes falece, por isso, competência executiva, como ainda por os procedimentos cautelares assumirem *natureza incidental ou para-incidental*, sendo que, para os *incidentes* que se suscitem no âmbito dos processos nos julgados de paz são exclusivamente competentes os tribunais judiciais, para onde o juiz de paz, deve imediatamente remetê-los logo que suscitados (cfr. o art.º 41.º da Lei n.º 78/2001, de 13 de Julho). De resto, para a adopção de medidas de carácter autoritário em geral, v.g. apreensões de bens móveis ou imóveis (arresto ou apreensão de veículos) e de medidas

---

[1] Assim, a propositura da acção em tribunal arbitral não impede que se instaure procedimento cautelar no tribunal judicial, assim como, e mutatis mutandis, nada obsta a que o procedimento cautelar seja dependente de uma acção que venha a ser intentada no tribunal arbitral – cfr., neste sentido, o acórdão da RE de 16-12-2003, CJ, Tomo V, p. 263 e ss / Des. ANA GERALDES. Contudo, para M. TEIXEIRA DE SOUSA, Estudos cit. p. 245, torna-se «indiferente que a acção principal corra perante um tribunal estadual ou arbitral».

[2] Apesar de, no clausulado do respectivo contrato, qualquer eventual litígio entre a sociedade e os accionistas ficar sujeito a um tribunal arbitral, o procedimento cautelar de suspensão de deliberações sociais contra ela proposto por um seu accionista é da competência do tribunal comum – cfr., neste sentido, o acórdão da RP de 17-5-2005, CJ, Tomo III/2005, p. 164 / Des. EMÍDIO COSTA.

158   *Direito Processual Civil*

de compulsão ou de coerção executiva das providências decretadas, sempre seriam competentes os tribunais judiciais da respectiva área geográfica[1].

No seu *requerimento*, o requerente exporá as *razões de facto e de direito*, oferecerá *prova sumária* do direito ameaçado e justificará o receio de lesão, concluindo por solicitar a adopção da providência judiciária que concretamente considere adequada à tutela do direito que se arroga (art.º 384.º, n.º 1).

Sendo subsidiariamente aplicável aos procedimentos cautelares, "ex-vi" do n.º 3 do art.º 384.º, o disposto nos art.ºs 302.º a 304.º relativos aos *incidentes da instância*, temos que: – com o requerimento inicial, deve o requerente oferecer o rol de testemunhas e requerer os outros meios de prova não podendo, porém, arrolar mais de 8 testemunhas, nem produzir mais de 3 sobre cada facto (art.º 303.º, n.º 1 e 304.º, n.º 1), mas podendo o tribunal, *sponte sua*, ultrapassar esse limite e ouvir pessoas não arroladas, nos termos do disposto no art.º 645.º, não contando para tais limites as que, ouvidas sobre um determinado facto, hajam declarado nada saber acerca dele (art.º 633.º).

Segue-se o *despacho liminar* (a citação do requerido não é feita oficiosamente pela secretaria, já que depende de *prévio despacho judicial*, conforme impõe a al. b) do n.º 4 do art.º 234.º); despacho que pode ser de sentido *positivo* (caso em que será ordenada a citação) ou de sentido *negativo*, podendo/devendo o juiz indeferir liminarmente a petição «quando o pedido seja manifestamente improcedente ou ocorram, de forma evidente, excepções dilatórias insanáveis de que o juiz deva conhecer oficiosamente» (art.º 234.º-A, n.º 1). Pode também o juiz optar por proferir (antes) *despacho de aperfeiçoamento*, em caso de falta de requisitos (formais) externos do requerimento, de determinados documentos ou mesmo de pressupostos processuais susceptíveis de sanação, podendo ainda mandar suprir eventuais deficiências da matéria de facto (art.ºs 265.º, n.º 2 e 508.º, n.ºs 2 e 3)[2].

Precisamente porque visam prevenir a lesão irreparável (ou dificilmente reparável) do eventual direito cuja titularidade e necessidade de

---

[1] No sentido, porém, de que as partes (nos julgados de paz) poderão, em alternativa, dirigir-se, quer ao julgado de paz, quer ao tribunal de comarca que forem competentes para o decretamento de providências cautelares, cfr. J. P. REMÉDIO MARQUES, in A Acção Declarativa à Luz do Código Revisto, Coimbra Editora, 2007, pp. 67-68.

[2] Neste sentido, cfr. ABRANTES GERALDES, ob cit., pp. 155 a 158.

Capítulo IV – Procedimentos cautelares

tutela (urgente) o agente se arroga é que os procedimentos cautelares não têm, em princípio, cabimento contra *lesões já consumadas de direitos*, visto inocorrer nesse caso o *fundado receio* que a lei pressupõe[1]. E se já «ab initio» não existia qualquer perigo actual e urgente a remover, o pedido jamais poderá proceder por falta do requisito essencial do «*periculum in mora*» (impossibilidade originária, determinante do respectivo indeferimento)[2].

Destacado reflexo da *finalidade* particular destes procedimentos é a *possibilidade de postergação do princípio do contraditório.* Devendo embora, e por norma, o tribunal ouvir previamente o requerido, permite a lei que essa audiência não tenha lugar quando possa pôr em risco sério o fim ou a eficácia da providência (art.º 385.º, n.º 1). Ao decidir se deve ou não optar pela audiência prévia do requerido, terá o juiz de ter presente a *"ratio legis"*, só devendo optar pelo decretamento da providência à revelia do requerido quando o *efeito surpresa* for fundamental para assegurar a eficácia e a utilidade da mesma[3]. Nesta segunda hipótese, haverá, afinal, um único e último «articulado» – o requerimento inicial – sendo, ademais, sempre gravados os depoimentos prestados» (art.º 386.º, n.º 4).

Não há, por ex., (e por força da lei) audiência prévia nos procedimentos de *apreensão de veículos automóveis* (art.º 16.º do Dec.-Lei n.º 54/75 de 24 de Fevereiro, cuja vigência foi expressamente ressalvada pelo art.º 3.º do Dec.-Lei n.º 277/95, de 25 de Outubro), de *restituição provisória de posse* (art.º 394.º) e de *arresto* (art.º 408.º n.º 1). Não havendo lugar a *citação edital* (cfr. n.º 4 do art.º 385.º), deve o juiz, *caso a citação pessoal não seja possível,* dispensar também a audiência do requerido. A citação será, todavia, substituída por *notificação* quando o requerido já tenha sido citado para a causa principal (art.º 385.º, n.º 2, *in fine*).

Se ouvido antes de ser proferida a decisão, poderá o requerido *contestar* no prazo de 10 dias, oferecendo logo o rol de testemunhas e requerendo os outros meios de prova (art.º 303.º). Podem-devem ser *gravados os depoimentos se for admissível recurso ordinário e houver sido formulada tal pretensão no requerimento inicial ou na oposição* (art.º 304.º,

---

[1] Salvo na hipótese de receio de ocorrência de futuras lesões do mesmo direito pretendido proteger.

[2] Cfr. o acórdão do STJ de 17-1-02, Proc n.º 3881/02 – 2.ª Sec. / Cons.º FERREIRA DE ALMEIDA.

[3] Cfr. ABRANTES GERALDES, Temas, vol. III cit., pp. 160-161.

n.ºs 3 e 4)[1]. Serão igualmente gravados ou registados os depoimentos *prestados antecipadamente ou por carta* (art.º 304.º, n.º 2), para além da já citada hipótese de *inobservância prévia do princípio do contraditório* (art.º 386.º, n.º 4)[2].

Em vez da *prova* do direito, o juiz deverá bastar-se com uma *probabilidade séria* da sua existência (*aparência do direito*); e, em vez da demonstração do perigo de dano invocado, bastará que o requerente mostre ser *fundado* (*compreensível* ou *justificado*) o receio da sua lesão (art.º 387.º, n.º 1). Pode, com efeito, não haver o *periculum in mora* que justifique a concessão da providência cautelar e existir, todavia, o direito invocado pelo autor, bem como a violação contra a qual este pretende reagir.

À semelhança de qualquer processo declarativo, finda a produção da prova, o juiz declarará quais os *factos* que julga *provados* e quais os *não provados*, analisando criticamente as provas e especificando os fundamentos que hajam sido decisivos para a formação da sua convicção (art.ºs 304.º, n.º 5 e 653.º, n.º 2). Não se torna necessária uma prova cabal ou exaustiva, mas uma *prova* meramente *perfunctória* ou de *mera aparência*, ou seja, uma simples justificação ou juízo de probabilidade (*summaria cognitio*).

O tribunal não se encontra vinculado (*adstrito*) *a decretar a medida cautelar concretamente requerida*, podendo antes decretar a providência que julgue mais adequada à tutela do direito ameaçado – *excepção ao princípio do dispositivo* contemplado nos art.ºs 264.º, n.º 2 e 660.º, n.º 2 (art.º 392.º, n.º 3)[3-4] –, ponto sendo que a alegação fáctica do recorrente se encontre, para tal, devidamente substanciada, já que *o tribunal só pode servir-se dos factos articulados pelas partes*, sem prejuízo da consideração dos factos instrumentais que resultem da instrução e discussão da causa – art.º 664.º (*princípio jus novit curia*).

---

[1] Cfr., quanto ao valor dos procedimentos cautelares, as alíneas a) a f) do n.º 3 do art.º 313.º.

[2] A *gravação dos depoimentos* destina-se, não só a permitir uma mais eficaz oposição por banda do requerido, como ainda a possibilitar a sindicância da matéria de facto na eventualidade de recurso.

[3] Em sentido idêntico, cfr. o n.º 3 do art.º 120.º do CPTA.

[4] Em Espanha, o n.º 2 do art.º 721.º da LEC preceitua que «as *medidas cautelares* previstas neste título (título VI) não poderão, em caso algum, ser oficiosamente decretadas pelo tribunal, sem prejuízo do disposto para os processos especiais». E que «não poderá o tribunal decretar medidas mais gravosas que as solicitadas».

Capítulo IV – Procedimentos cautelares

De realçar, neste contexto, que nem o juízo emitido sobre a matéria de facto, nem a decisão final do procedimento surtem qualquer influência no julgamento da acção principal» (art.º 383.º, n.º 4).

Sempre que o julgue conveniente em face das circunstâncias, pode o juiz, mesmo sem audiência da parte contrária, tornar a *concessão da providência dependente da prestação de caução adequada* pelo requerente – *caução condicional* (art.º 390.º, n.º 2). Trata-se, esta de uma *faculdade discricionária do juiz*, a qual, todavia, e por força do n.º 2 do art.º 392.º, *só opera relativamente aos procedimentos nominados de arresto e de embargo de obra nova*[1-2]. Mutatis mutandis, pode também a *providência decretada ser substituída por caução adequada* (*a pedido do requerido*) sempre que a caução oferecida, ouvido o requerente, se mostre suficiente para prevenir a lesão ou repará-la inteiramente – *caução substitutiva* (art.º 387.º, n.º 3).

Por *razões de economia processual,* manda a lei aplicar à *cumulação de providências cautelares* a que caibam formas de processo diversas o preceituado nos n.ºs 2 e 3 do art.º 31.º, desde, pois, que a tais pedidos não correspondam tramitações processuais manifestamente incompatíveis.

§4.º – Ponderação relativa dos interesses em jogo.

Ainda que observados os requisitos contemplados no art.º 381.º, n.º 1 – de verificação cumulativa necessária –, permite o n.º 2 do art.º 387.º a recusa da providência se o prejuízo desse decretamento para o requerido suplantar manifestamente (*consideravelmente*) o dano que, através dela, o requerente pretenda evitar ou prevenir (princípio da *justa ponderação ou de ponderação relativa dos interesses em jogo*)[3]. Trata-se

---

[1] Cfr. J. RODRIGUES BASTOS, Notas, vol II cit., p. 177.

[2] No sentido de que nada obsta a que em procedimento cautelar comum, instaurado por condómino contra o administrador do condomínio, se ordene que o requerido proceda à execução de obras de reparação no interior da fracção do requerente necessárias a evitar o desabamento do tecto da sala principal e que o deferimento possa ser condicionado à prévia prestação (pelo requerente) de caução pelo valor estimado das obras a executar, cfr. o acórdão da RP de 3-2-2005, CJ Tomo I/2005, p. 183 / Des. JOSÉ FERRAZ.

[3] O advérbio *consideravelmente* foi omitido na disposição homóloga do n.º 2 do art.º 120.º do CPTA, assim tornando mais equilibrada a aplicação do critério da proporcionalidade numa ponderação mais igualitária dos interesses do requerente e do requerido.

de um poder/dever, pela lei conferido ao juiz, de indeferir a concessão da providência se se lhe deparar essa situação de *considerável* desiquilíbrio dos interesses em equação. Exemplos: a imediata execução da deliberação social impugnada causa, por hipótese, um prejuízo de € 10.000 ao requerente da respectiva suspensão, mas esta envolve para a sociedade um dano que se computa em € 40.000 (art.º 397.º, n.º 2); o dano que o embargante da obra nova pretende evitar é de 5, sendo de 25 o prejuízo provavelmente causado pelo embargo ao dono da obra.

De ter, porém, presente que nem sempre é fácil comparar o risco de produção de *prejuízos de natureza patrimonial* com o risco de produção de *danos de natureza não patrimonial* (*interesses imateriais*), pelo que, também nesta sede, há que fazer apelo ao *prudente arbítrio do julgador* na aplicação concreta do *princípio da proporcionalidade em sentido estrito* (*proibição do excesso*).

Critério que há que sopesar, de modo particular, no âmbito do *direito da acção popular*, a todos conferido pelo n.º 3 do art.º 52.º da CRP, pessoalmente ou através de associações, para prevenção ou cessação das infracções contra a saúde pública e contra a *preservação do ambiente e da qualidade de vida*. Tal acção, regulamentada pela Lei n.º 83/95, de 31 de Agosto, atribui, no seu art.º 2.º, titularidade procedimental a quaisquer cidadãos no gozo dos seus direitos, mas não contempla quaisquer procedimentos cautelares especiais, pelo que há que utilizar o *procedimento cautelar comum* regulado nos art.ºs 381.º a 392.º do CPC, ex vi do n.º 2 do art. 2.º do mesmo diploma – princípio da adequação entre o direito e a acção destinada a fazê-lo reconhecer em juízo. No domínio da preservação de direitos sociais deste tipo (*direitos transindividuais, de carácter difuso*), naturalmente credor da simpatia geral, o recurso a medidas cautelares e preventivas deve ser devidamente ponderado e sopesado, e não banalizado ao sabor de preocupações de natureza «fundamentalista», sob pena de o seu uso indiscriminado poder revelar-se estiolante da actividade económica e da gestão ambiental ou urbanística e até lesiva de outros «direitos e deveres económicos e sociais» constitucionalmente consagrados. Só em casos-limite de grave e intolerável degradação dos direitos invocados, devidamente evidenciados – sem prescindir do sentimento dominante na comunidade social –, será de admitir a exercitação de providências de carácter preventivo e repressivo com custos sociais de carácter exorbitante.

Caso paradigmático foi o julgado pelo Supremo Tribunal de Justiça, em 14 de Abril de 1999[1]. Tratava-se da transferência de um terminal rodoviário, cuja concretização havia aparentemente obedecido a uma necessidade de distribuição, minimização e repartição dos custos sociais emergentes do acesso rodoviário à grande urbe citadina, dando assim prevalência ao interesse geral ou colectivo em detrimento de interesses particulares (de ordem bairrista) de um grupo de moradores em área adjacente. Entendeu o Supremo que haveria que demonstrar, com a necessária consistência, que a implantação transitória desse terminal, ainda que em zona central da cidade de Lisboa, seria geradora de um «risco anormal de vizinhança» merecedor do decretamento de uma providência de encerramento, já que era, de resto, vaga e aleatória a fixação do perímetro a arvorar como «área atingida e/ou a proteger», por referência ao epicentro da presuntiva fonte poluidora. E que, por tal razão, haveriam que indiciar-se, com suficiência, não só os requisitos da gravidade da lesão e da dificuldade da respectiva reparação (art. 381.º, n.º 1, do CPC), como também que o prejuízo decorrente do decretamento da providência (custos económicos e sociais de exploração inerentes a 12 empresas de camionagem e à subsistência dos vínculos laborais dos seus servidores, sem olvidar os interesses dos inúmeros cidadãos em demanda diária da capital) não excedia consideravelmente o dano que com ela se pretendia evitar ou prevenir (art. 387.º, n.º 2, do CPC). Daí, por não haver considerado tal prova como feita, ter o Supremo concluído que o deferimento da providência de encerramento, em tais circunstâncias, importando a drástica decisão de abstenção de utilização dessa estação rodoviária, seria abertamente violador do princípio constitucional estruturante da proporcionalidade, nas suas vertentes *«princípio da adequação»* – salvaguarda de outros direitos ou bens constitucionalmente protegidos – e *«princípio da proporcionalidade* em sentido estrito» – consideração dos meios restritos na justa medida relativamente aos fins a obter.

§5.º – Caducidade, modificabilidade e revogação.

Da *natureza apendicular* ou *instrumental* do processo cautelar, decorre necessariamente que a subsistência e a eficácia da providência cautelar devem caducar ou inoperar se tal tutela provisória ou transitória *não se tornar já possível* ou se vier a revelar-se, em momento ulterior, *totalmente inócua*; caducidade que ocorrerá se a acção vier a ser definitivamente julgada improcedente ou extinta a execução por decisão transitada em julgado (art.º 389.º, n.º 1, al. c)). Podendo o procedimento ser

---

[1] Cfr. BMJ n.º 486, p. 252 / Cons.º FERREIRA DE ALMEIDA.

preliminar (acção principal ainda não instaurada), tal instauração pode vir também a revelar-se inútil, se por ex., através da decretada providência, o requerente obtiver, desde logo, plena satisfação do objectivo final pretendido. É, v.g., o caso das intimações para a não realização ou para a não prosseguimento de eventos culturais ou recreativos ofensivos do direito ao ambiente e à qualidade de vida nas datas para os mesmos pré-fixadas; isto sempre salva a eventual responsabilidade adveniente (para o requerente) do n.º 1 do art.º 390.º.

O procedimento cautelar *extingue-se* e, se decretada a providência, *caduca,* nos termos do art.º 389.º: a) – *se o requerente não propuser a acção da qual a providência depende dentro de 30 dias,* contados da data em que lhe tiver sido notificada a decisão que a tenha ordenado; mas, se o requerido *não tiver sido ouvido antes* do decretamento da providência, o *prazo para a propositura da acção* de que aquela depende já será o de 10 dias contados da notificação ao requerente de que foi efectuada ao requerido a notificação prevista no n.º 6 do artigo 385.º (n.º 2 do art.º 389.º)[1]; b) – *se, proposta a acção, o processo estiver parado mais de 30 dias* por negligência do requerente em promover o seu andamento[2]; c) – *se a acção vier a ser julgada improcedente* por decisão transitada em julgado; d) – *se o réu for absolvido* da instância e o requerente não propuser nova acção em tempo de aproveitar os efeitos da proposição da anterior; e) – *se o direito que o requerente pretende acautelar se tiver extinguido.*

A providência só *caduca* (no caso por ex. de na acção principal o réu vier a ser absolvido da instância) se o requerente não propuser nova acção em termos de aproveitar os efeitos da proposição da anterior (art.º 389.º, n.º 1 al. c)). Não é, contudo, admissível, na pendência da mesma causa, a *repetição* de providência que haja sido julgada injustificada ou

---

[1] Se decretada a providência (v.g. a de arresto) sem audiência prévia, o prazo de 10 dias para a propositura da acção conta-se a partir da data da *notificação expressa* desse decretamento ao requerido, de harmonia com as regras da citação, tornando-se, por isso, irrelevante, para efeitos de caducidade, esse conhecimento por qualquer outra via (de carácter meramente aleatório, presuntivo ou cicunstancial) – cfr. o acórdão do STJ de 3-6-2004 – 2.ª Sec., CJSTJ, Tomo II/2004, p. 83./ Cons.º FERREIRA DE ALMEIDA.

[2] Se a acção principal tiver ficado suspensa aguardando a habilitação de sucessores dos intervenientes falecidos (ónus não cumprido pelos autores) deve ser levantada a providência cautelar dependente na sequência de requerimento do réu, ainda que a este último fosse possível promover tal habilitação – cfr. o acórdão da RG de 26-1-2005, CJ, Tomo I/2005, p. 287 / Des. TERESA ALBUQUERQUE.

que tenha caducado (art.º 381.º, n.º 4). Quando a providência decretada tenha sido *substituída por caução*, fica esta sem efeito nos mesmos termos em que o ficaria a providência substituída, ordenando-se o levantamento daquela (n.º 3 do art.º 389.º). A *extinção do procedimento* e o *levantamento da providência* são determinados pelo juiz, com *prévia audiência do requerente*, logo que demonstrada nos autos a ocorrência do facto extintivo (art.º 393.º, n.º 4)[1].

Característica própria das medidas cautelares é a sua *variabilidade* ou *alterabilidade* ou mesmo a sua *cessação de eficácia* (levantamento ou revogação), a solicitação do requerente ou do requerido, por alteração ulterior das circunstâncias, de harmonia com o consabido princípio *rebus sic stantibus*[2].

Como medida tendente a combater *directamente* o requerimento *precipitado* ou *leviano* da providência, prevê a lei que o requerente seja obrigado a *indemnizar os danos causados ao requerido* se, uma vez decretada, vier a ser considerada *injustificada* ou *caducar por facto que lhe for imputável*, quer tenha agido *com dolo ou negligência grave* – *litigância de má-fé* (cfr. art.º 456.º, n.º 2) –, quer tenha agido com *mera negligência*, ou seja, *sem a prudência normal* (art.º 390.º, n.º 1).

§6.º – Impugnação da decisão cautelar.

Se a providência foi decretada – decisão favorável ao requerente –, distingue a lei os casos em que o requerido haja ou não sido ouvido antes desse decretamento. Assim, (cfr. o n.º 1 do art.º 388.º) quando o requerido *não houver sido previamente ouvido*, é-lhe lícito, em alternativa, na sequência da notificação prevista no n.º 6 do art.º 385.º: a) – *recorrer*, nos termos gerais, do despacho de deferimento quando entenda que, face aos elementos apurados, ela não devesse ter sido deferida; b) – *deduzir oposição*,

---

[1] Face ao n.º 4 do art.º 389.º, fica hoje claro que *a declaração de extinção/ levantamento da providência é operada oficiosamente*. A obrigação de ouvir previamente o requerente não se destina, neste caso, a assegurar o princípio do contraditório, mas a dar ao interessado a oportunidade de se pronunciar acerca da extinção e seus efeitos – cfr. J. Rodrigues Bastos, Notas, vol II cit., p. 176.

[2] Cfr., neste sentido, o n.º 1 do art.º 124.º do CPTA.

quando pretenda alegar factos ou produzir meios de prova não tidos em conta pelo tribunal e que possam afastar os fundamentos da providência ou determinar a sua redução, sendo nesta situação de aplicar, com as necessárias adaptações, o disposto nos art.ºs 386.º e 387.º.

Os despachos de concessão, indeferimento final, indeferimento liminar ou determinativo do levantamento de uma providência cautelar, poderão – pelo requerido (no 1.º caso) e pelo requerente (nos 2.º, 3.º e 4.º casos) – ser atacados (como decisões desfavoráveis que são) através de *recurso de apelação a interpor para o tribunal da Relação,* desde que o respectivo valor exceda o da alçada do tribunal de 1.ª instância, sendo reduzido a 15 dias o prazo para a interposição do recurso e a produção das respectivas alegações (art.º 691.º, n.ºs 2, al. l) e 5). Tratando-se de um despacho de *não decretamento ou de indeferimento liminar,* o recurso (do requerente) subirá *imediatamente, nos próprios autos e com efeito suspensivo* (cfr. os art.ºs 691.º-A, n.º 1, al. d) e 692.º, n.º 3, al d)). Já, porém, se se tratar de um despacho de *decretamento ou de deferimento,* o recurso (do requerido) subirá *em separado e com efeito meramente devolutivo,* idêntico regime de subida e efeitos cabendo ao recurso do (requerente) do despacho *determinativo do levantamento de providência* (art.ºs 691.º, n.º 2, al. l), 691.º-A, n.º 2 e 692.º, n.º 1 e al. d) – a contrario).

Independentemente do valor do procedimento ou da extensão da decisão de indeferimento, das *decisões sobre o valor da causa proferidas em sede de procedimentos cautelares* há *sempre recurso* com o fundamento de que aquele valor excede a alçada do tribunal de que se recorre (art.º 678.º, n.º 3, al. b)).

Das decisões proferidas nos procedimentos cautelares *não cabe recurso para o Supremo Tribunal de Justiça* (art.º 387.º-A). Delas só haverá, pois, e em princípio, um único grau de recurso – *recurso de apelação* a interpor para a Relação, quer a decisão haja sido de conteúdo meramente formal, quer tenha incidido sobre o mérito do procedimento. Isto – é claro – sem prejuízo dos casos em que o recurso é sempre admissível independentemente do valor da causa e da sucumbência (art.º 678.º, n.º 2, alíneas a) a c) e n.º 3, al. b)). Delas não haverá também, em princípio, *recurso para o Tribunal Constitucional,* já que, para além do carácter expedito e simplificado da tutela cautelar, a apreciação da constitucionalidade das normas em que simultaneamente se fundamentam, quer a

Capítulo IV – Procedimentos cautelares

providência requerida, quer a acção correspondente, sempre teria quer ser *meramente provisória*, face à natureza também provisória do julgamento efectuado, o que se torna incompatível com um julgamento definitivo de constitucionalidade[1].

17. Meios de compulsão ao acatamento das providências cautelares. A execução cautelar.

§1.º – Meios gerais de compulsão.

Como meio de reforço da eficácia das providências cautelares, é sempre admissível a aplicação, nos termos da lei civil, de uma *sanção pecuniária compulsória* que se mostre adequada a assegurar a efectividade da providência decretada (art.º 384.º, n.º 2). A possibilidade de fixação dessa sanção (algo semelhante à chamada *adstreinte* do direito francês) encontra-se prevista no art.º 829.º-A do CC, como «instrumento impulsionador do cumprimento de obrigações de *prestação de facto infungível positivo ou negativo* (para a qual se não exijam especiais qualidades científicas ou artísticas) ou como penalização para o cumprimento de obrigações pecuniárias fixadas em sentença transitada em julgado»[2]. E traduz-se na condenação do relapso no pagamento de uma quantia pecuniária por cada dia de atraso no cumprimento ou por cada infracção, conforme

---

[1] Cfr., neste sentido, v.g., os acórdãos do TC de 18-8-92 / Cons.º RIBEIRO MENDES e de 31-7-85 / Cons.º CARDOSO DA COSTA. Porém, em sentido contrário, cfr. o acórdão do TC (2.ª Sec.), de 2-12-2009, in DR, 2.ª Série n.º 11, de 18-1-2010, pp. 2373 e ss. / Cons.º BENJAMIM RODRIGUES.

[2] Sobre o regime jurídico da sanção pecuniária compulsória em termos de direito comparado, cfr. CALVÃO DA SILVA, in Cumprimento e Sanção Pecuniária Compulsória, 2.ª ed., Coimbra, 1997, pp. 353 e ss e M. J. ALMEIDA COSTA, Direito das Obrigações, 12.ª ed. cit., pp. 1063 e ss.

[3] No sentido da possibilidade de aplicação de uma sanção pecuniária compulsória em sede de acção executiva tendo por título executivo uma sentença homologatória de transacção proferida em procedimento cautelar comum, vide o acórdão do STJ de 19-4-01, Proc 745/2001 – 7.ª Sec./ Cons.º DIONÍSIO CORREIA e CALVÃO DA SILVA, in Estudos de Direito civil e Processo Civil – Pareceres, Coimbra, Almedina, 1999, pp. 253 a 276 e in RLJ, ano 134.º, n.º 3923, pp. 40 e ss. Contudo, com a nova redacção dada pelo Dec.-

168 — Direito Processual Civil

for mais conveniente às circunstâncias do caso (n.º 1)[3]. Visa tal *sanção* uma dupla finalidade de moralidade e eficácia: por um lado, *reforçar a soberania dos tribunais*, o respeito pelas suas decisões e o *prestígio da administração da justiça*; por outro, *favorecer o cumprimento das referidas obrigações*» (cfr. o preâmbulo do Dec.-Lei n.º 262/83, de 16 de Julho).

Prevê também a lei processual a chamada *tutela penal do procedimento cautelar* (*garantia penal da providência*), nos termos da qual incorre na pena do *crime de desobediência qualificada* todo aquele que infrinja a providência cautelar decretada, sem prejuízo das medidas adequadas à sua execução coerciva (art.º 391.º)[1]. Ao decretar uma providência concreta, o juiz emitiu legitimamente, no exercício do seu múnus soberano, uma estatuição autoritária (uma ordem ou determinação) tendo como destinatário o requerido, que contém ínsita a obrigação por parte do notificado de adoptar um determinado comportamento activo ou omissivo em acatamento desse acto imperativo (impositivo). Por tal razão, e com vista a assegurar a viabilidade prática da providência, deve a *notificação ser feita sob a cominação* correspondente àquele tipo legal do *crime*.

§2.º – A execução cautelar em geral.

Consagra o n.º 2 do art.º 205.º da CRP os princípios da *obrigatoriedade* (*vinculatividade*) das decisões dos tribunais como órgãos de soberania e da sua prevalência sobre as das demais autoridades públicas e privadas[2]. Devendo qualquer "dictat" jurisdicional ser integral e espontaneamente acatado, quer pelos respectivos destinatários, quer por todas as demais entidades jurídico-públicas e jurídico-privadas e, para a eventualidade de o não ser, ou na previsão do seu afrontamento activo, surge como legitimada (salvaguardados os princípios da proporcionalidade, da adequação e da proibição do excesso) a adopção das necessárias *medidas*

-Lei n.º 38/2003, de 8 de Março aos art.ºs 933.º, n.º 1, 939.º, n.º 1 e 941.º, n.º 1 (execução para prestação de facto), a sanção pecuniária compulsória passou também a poder ser fixada no processo executivo, a solicitação do credor (exequente). Daí que, por analogia, possa também ser fixada aquando da *execução* da medida cautelar.

[1] Ao crime de desobediência qualificada cabe a aplicação de uma pena de prisão até 2 anos ou multa até 240 dias (cfr.o n.º 2 do art.º 384.º do CP).

[2] Cfr. GOMES CANOTILHO e VITAL MOREIRA, Constituição Anotada, 3.ª ed. cit., p. 799.

Capítulo IV – Procedimentos cautelares   169

coercitivas, as quais podem mesmo incluir o *recurso à força pública*. Para a consecução do desideratum executivo, poderá o tribunal requisitar a *intervenção das autoridades policiais ou administrativas* (direito à coadjuvação das outras autoridades – art.º 202.º, n.º 3, da CRP), prevendo e regulando a lei, quer os termos da execução das decisões judiciais, quer as sanções a aplicar aos responsáveis pela sua inexecução" (art.º 205.º, n.º 4, da CRP).

Também em sede de procedimentos cautelares, prevê a lei que possa ter lugar a *"execução coerciva"* através de *"medidas adequadas"*, ainda que sem pré-concretizar qualquer dessas medidas (cfr. o n.º 2, 2.º segmento, do art.º 391.º)[1]. Na prossecução desse dever de fazer respeitar as decisões dos tribunais (neste caso as providências cautelares) – em cuja execução a recusa de colaboração só em casos-limite de absoluta impossibilidade pode ser tolerada –, pode mesmo o tribunal, *sponte sua* ou mediante solicitação do respectivos requerentes, estabelecer ou sugerir ao obrigado, ou àquelas entidades, um dado "programa", "itinerário" ou plano-guia, sem embargo de a sua concretização prática "no terreno" ser deixada às regras de técnica operacional próprias das entidades solicitadas ou requisitadas[2]. A actuação das medidas cautelares deve, assim, e em geral, pautar-se pelos *parâmetros pré-determinados pelo juiz emissor da medida*, que não pelas regras reguladoras da *execução comum*, as quais sempre deverão, todavia, operar *a título supletivo*. Isto tendo presente que às providências respeitantes a obrigações de *facere* ou *non facere* – as mais correntes entre providências cautelares não especificadas – corresponde quase sempre uma execução prática de natureza casuística[3].

---

[1] No acórdão do STJ de 12-10-2000, CJSTJ, Tomo III/2000, p. 70 / Cons.º Quirino Soares, considerou-se mesmo que «num procedimento cautelar não podem ser decretadas medidas cujo conteúdo material não seja juridicamente aferível nem coercível».

[2] As medidas cautelares decretadas pelos tribunais administrativos podem ser objecto de execução forçada pelas formas previstas nesse diploma para o processo executivo (cfr. o n.º 1 do art.º 127.º do CPTA). Os n.ºs 3 e 4 do respectivo art.º 167.º prevêem, para execução das respectivas sentenças, o recurso por esses tribunais à colaboração das autoridades e agentes da autoridade administrativa obrigada, bem como, se necessário, de entidades administrativas terceiras, cominando ainda a todas as entidades públicas a obrigação de prestar a colaboração que, para este efeito, lhes for requerida, sob pena de *crime de desobediência*.

[3] Sobre as medidas executivas específicas relativas à proibição de touradas com touros da morte, à suspensão de obras no metropolitano numa das ruas de Lisboa por

No âmbito das (decretadas) providências não especificadas, algumas há insusceptíveis de execução específica, pois que fora de causa se encontra o recurso a meios coactivos de ordem físico-corporal em caso de incumprimento (voluntário) total ou parcial das prestações por banda do requerido. É o caso das ordens ou injunções (intimações) para determinadas condutas individuais, relativamente às quais se encontra arredada a sua imposição pela força, porquanto susceptíveis de contender com direitos fundamentais de tutela da personalidade (física ou moral) dos respectivos destinatários (*nemo potest praecise cogi ad factum*). Trata-se das chamadas prestações de facto infungíveis, para cuja falta de acatamento deve o juiz, a pedido do requerente da providência, sujeitar o requerido (premonitoriamente para a hipótese de contumácia) a uma determinada sanção compulsória (art.ºs 384.º, n.º 2 e 829.º-A, este do CC)[1-2-3].

Em caso de incumprimento da providência cautelar, será o infractor notificado para pagar, em prazo a fixar, o montante sancionatório arbitrado, devendo, na hipótese de esse pagamento não ser efectuado, promover-se, a solicitação do próprio requerente e *nos próprios autos do procedimento*, execução para pagamento de quantia certa, com efectivação da *penhora sem citação prévia do requerido* (art.ºs 48.º, n.º 1, 812.º-A, n.º 1, alínea a), 812.º-B, n.º 1, 802.º-C, n.º 1 e 812.º-F, n.º 1); tal execução é, de resto, susceptível de renovação, a pedido do requerente, se subsistirem em dívida algumas das quantias (sancionatórias) liquidadas após a respectiva extinção (art.º 920.º, n.º 1).

---

violação de direitos fundamentais, à inauguração e início de exploração de estabelecimento comercial em desrespeito do prazo contratual de não abertura (na mesma cidade e dentro de certo prazo) de estabelecimento do mesmo ramo e, finalmente, à obrigação de retirada de cães de uma dada fracção autónoma – cfr. AMÂNCIO FERREIRA, Curso cit., pp. 490-492.

[1] Cfr. AMÂNCIO FERREIRA, Curso cit., p. 486.

[2] No acórdão da RC de 12-6-2001, CJ, ano XXVI, tomo III, p.25 / Des. SERRA BAPTISTA, entendeu-se que a sanção pecuniária compulsória tem que ser cominada na própria decisão que decrete a providência e nunca em momento posterior. Segundo LEBRE DE FREITAS e OUTROS (CPC Anotado, vol. 2.º cit., p. 22), é aplicável aos procedimentos cautelares a norma do n.º 4 do art.º 273.º, que permite a dedução superveniente do pedido de fixação de sanção pecuniária compulsória até ao encerramento da discussão.

[3] Também o contencioso administrativo, quando a medida cautelar decretada exija da Administração a adopção de providências infungíveis, de conteúdo positivo ou negativo, o tribunal pode condenar, de imediato, o titular do órgão ao pagamento da sanção pecuniária compulsória que se mostre adequada (cfr. o n.º 2 do art.º 127.º do CPTA).

Capítulo IV – Procedimentos cautelares 171

É, ademais, possível, em caso de não acatamento voluntário de certas providências cautelares não especificadas, utilizar, em simultâneo, a aplicação de uma *sanção pecuniária compulsória e o recurso à força* com vista à sua cabal satisfação. Será, por exemplo, a hipótese de, em defesa do direito à intimidade da vida privada e/ou familiar do requerente (art.º 26.º, n.º 1, da CRP), haver que assegurar a proibição de publicação de uma dada obra literária. Se ao arrepio dessa proibição, a publicação se consumar, poderá ser aplicada ao autor da obra uma *sanção pecuniária compulsória* e determinada a *apreensão coactiva imediata*, com retirada do mercado, dos exemplares da obra já editada, a ser levada a efeito mediante a colaboração das autoridades policiais[1-2].

Distingue AMÂNCIO FERREIRA[3], a este propósito, entre providências cautelares *perfeitas* e *imperfeitas*, sendo que as primeiras são de imediato executadas *pelo funcionário judicial* (com ou sem o auxílio da força pública) ou *pela autoridade policial competente*. O procedimento só se considera findo depois de a decisão judicial se mostrar cumprida; daí não poder o requerido obstar à sua actuação, o que significa não haver, nesta sede, lugar a quaisquer medidas de coerção. Acresce que nelas, o requerido, por, em princípio, só ser ouvido após a realização da providência, só é notificado da decisão após o respectivo decretamento (art.ºs 385.º, n.º 6 e 388.º, n.º 1): são os casos da restituição *provisória de posse*, do *arresto*, do *arrolamento*, da *entrega da coisa objecto da locação financeira* e do *cancelamento do respectivo registo*, da *apreensão de veículo automóvel* e de algumas outras modalidades de providências cautelares especificadas. No caso específico da *suspensão de deliberações sociais,* o procedimento cautelar só se considera findo depois de a decisão que lhe puser termo ter sido cumprida, já que, a partir da citação e enquanto não for julgado em

---

[1] Cfr. AMÂNCIO FERREIRA, Curso cit., p. 497.

[2] Poderá ser utilizado procedimento cautelar comum para proibir um jornal semanário de divulgar revelações susceptíveis de ofensa do bom nome e reputação das pessoas envolvidas em diálogos, feitas por gravação e só produzidas pelo requerente em face da confiança depositada na promessa de sigilo feita pelo jornalista entrevistador, se tais gravações houverem sido fraudulentamente subtraídas do local da respectiva guarda, podendo, para execução da decretada providência (apreensão da respectiva edição em ordem à sua destruição controlada), ser solicitada a colaboração da PSP, GNR, PJ e ASAE – cfr., neste sentido, o acórdão da RL de 20-1-2005, CJ, Tomo I/2005, p. 97 / Des. SOUSA GRANDÃO.

[3] Cfr. Curso cit., pp. 479 e ss.

172   *Direito Processual Civil*

1.ª instância o pedido de suspensão, não é lícito à associação ou sociedade executar a deliberação impugnada (art.° 397.°).

E também o caso da *entrega dos bens móveis ou imóveis* (que constituem objecto da acção) a um terceiro como depositário, medida essa que pode ser requerida na dependência de acções como a de *resolução do contrato de renda perpétua* (art.° 1235.° do CC) ou de *restituição de posse* (art.° 1278.° do CC), na sequência de esbulho não violento (art.° 395.°). Decretada a providência, e em seu cumprimento, será lavrado *termo de entrega* de bens a um *depositário*, o qual «os administrará com a diligência e zelo de um bom pai de família e com a obrigação de prestar contas» (art.° 843.°, n.° 1). Apreensão judicial essa algo similar à verificada nos casos de arresto, arrolamento e apreensão de veículo automóvel.

SECÇÃO II
Procedimentos cautelares especificados previstos no CPC.

18. Caracterização sumária dos procedimentos cautelares especificados previstos no CPC. Execução das respectivas providências.

Com ressalva da excepção do n.° 2 do art.° 387.° (ponderação dos interesses em jogo em termos de prejuízo/benefício), as regras gerais do *procedimento cautelar comum* (art.°s 381.° a 391.°) são de aplicação supletiva aos *procedimentos cautelares especificados*; não, porém, quando se pretenda acautelar o risco de lesão especialmente prevenido por algumas das providências subjacentes aos *procedimentos nominados* (cfr. o n.° 1 do art.° 392.°). A possibilidade de concessão da providência condicionada à prestação de caução pelo requerente é pela lei circunscrita ao arresto e ao embargo de obra nova (art.°s 390., n.° 2 e 392.°, n.° 2)

A maior parte dos procedimentos cautelares *especificados, tipificados ou nominados* encontra-se regulada na Secção II do capítulo IV, Título I do Livro III do CPC (art.°s 393.° a 427.°) e são eles os procedimentos para: – *restituição provisória de posse* (art.°s 393.° a 395.°); – *suspensão de deliberações sociais* (art.°s 396.° a 398.°); – *alimentos provisórios* (art.°s 399.° a 402.°); – *arbitramento de reparação provisória* (art.°s 403.° a 405.°); – *arresto* (art.°s 406.° a 411.°); – *embargo de obra nova* (art.°s 412.° a 414.° e 418.° a 420.°); – *arrolamento* (art.°s 421.° a 427.°).

Capítulo IV – Procedimentos cautelares   173

Previstos em legislação avulsa são também *nominados* os procedimentos cautelares para: – *apreensão de veículo automóvel* (Dec.-Lei n.º 54/75, de 24 de Fevereiro, alterado pelo Dec.-Lei n.º 178-A/2005, de 28 de Outubro); – *entrega judicial e cancelamento de registo* (Dec.-Lei n.º 149/95, de 24 de Junho, alterado pelos Decs.-Leis n.ºs 265/97, de 2 de Outubro, 285/2001, de 3 de Novembro e 30/2008, de 25 de Fevereiro); – *nomeação de administrador judicial provisório* e *adopção de outras medidas cautelares avulsas em processo de insolvência* (art.º 31.º do CIRE aprovado pelo Dec.-Lei n.º 53/2004, de 18 de Março, alterado pelo Dec.-Lei n.º 200/2004, de 18 de Agosto).

Face à classificação dual supra-aludida, assumem carácter *conservatório* – já que visam apenas acautelar o efeito útil da acção principal, assegurando a subsistência do *statu quo ante* – o *arresto*, o *arrolamento*, o *embargo de obra nova*, a *suspensão de deliberações sociais* e a *apreensão de veículo automóvel*. Revestem-se, por seu turno, de carácter *antecipatório* – por anteciparem a realização de um direito ou a adopção de uma outra providência judicial, um e outra com previsível ou presumível reconhecimento e adopção na acção principal – a *restituição provisória de posse*, os *alimentos provisórios*, o *arbitramento de reparação provisória* a *entrega judicial e cancelamento do registo* e a *nomeação de administrador judicial provisório e outros procedimentos avulsos previstos em processo de insolvência*.

18.1. Restituição provisória de posse.

A *restituição provisória de posse* constitui um meio de defesa posto à disposição do *possuidor* da coisa nos casos em que o mesmo dela haja sido privado de forma violenta (art.ºs 393.º, 395.º do CPC e 1279.º e 1282.º do CC)[1-2]; provada pelo esbulhado a existência de uma posse digna

---

[1] Para ALBERTO DOS REIS, CPC Anotado, vol I cit., p. 670, a restituição provisória de posse, ainda que uma providência preventiva e cautelar, não é rigorosamente uma providência cautelar, já que lhe não subjaz o requisito do «periculum in mora». O seu deferimento tem em atenção, não «um perigo de dano iminente», mas uma «compensação pela violência de que o possuidor foi vítima» (isto é em função de uma lesão já consumada).

[2] O possuidor perturbado ou esbulhado pode, porém optar entre o recurso ao tribunal ou o recurso à *acção directa* para manter ou obter a restituição da sua posse (art.º 1277.º do CC).

174   *Direito Processual Civil*

de tutela jurídica e a respectiva privação por *esbulho violento*[1], o tribunal ordenará a respectiva restituição, sem prévia audiência do esbulhador (art.ºs 394.º do CPC e 1279.º do CC).

De advertir que quando o esbulho *se não haja revestido de violência* e quando tiver ocorrido uma *mera turbação da posse* (lesão ou perigo de lesão) – fora, pois, dos requisitos do art.º 393.º – esta pode ser defendida através do *procedimento cautelar comum* (cfr. o art.º 395.º)

À *restituição provisória da posse* deverão aplicar-se, por analogia, os termos da *entrega judicial de coisa* (art.ºs. 838.º, 840.º, n.º 2, 848.º, 850.º e 930.º). Na sequência da prolação da decisão decretadora, será, a *pedido do requerente* ou por *iniciativa do funcionário judicial*, executada a providência (art.ºs 162.º, 176.º, n.º 2 e 189.º), sendo, para o efeito, emitido um *mandado para restituição provisória de posse*.

Mediante prévia comunicação/notificação do oficial de justiça, deverá o requerente *"colocar à disposição do tribunal todos os meios necessários à realização da diligência"*, dever de colaboração esse que poderá traduzir-se, consoante as especificidades da concreta situação, tanto na eventual recolha e transporte do próprio oficial de justiça (do tribunal para o local onde se efectuará a diligência e vice-versa), como na presença de perito no arrombamento de portas e afins, como ainda na facultação da mão-de-obra destinada a remoção de bens e dos meios de transporte para o local do respectivo depósito.

O despacho judicial de decretamento é cumprido, se necessário (em caso de oposição pela força à satisfação do determinado) com o *auxílio das autoridades policiais*, pois que a execução da ordem de restituição pode, em caso de resistência, legitimar uma imposição coerciva ao requerido (o *uso da força*), já que terá de consubstanciar-se numa entrega material e efectiva[2]. Auxílio esse que, não raras vezes, e tratando-se de imóveis urbanos ou rústicos, inclui a necessidade de, na presença e/ou

---

[1] A violência tanto pode ser exercida sobre pessoas como sobre coisas (sobre estas, mormente se constituindo elas próprias um obstáculo a remover para a consumação do esbulho) – cfr., neste sentido, AMÂNCIO FERREIRA, Curso, cit. p. 480, nota 972, citando ainda, a propósito, o acórdão do STJ de 7-7-99, BMJ n.º 489, p. 338 / Cons.º DIONÍSIO CORREIA e LEBRE DE FREITAS e OUTROS, CPC Anotado, vol. 2.º, pp. 72 e ss. Cfr. ainda, no mesmo sentido, os acórdãos do STJ de 30-5-2000, Proc. n.º 294/2000 – 1.ª Sec., de 11-1-2001, Proc. n.º 2675/2000 – 2.ª Sec. e de 22-3-2001, Proc. n.º 557/2001 – 2.ª Sec.

[2] Cfr., neste sentido, JOEL TIMÓTEO R. PEREIRA, Prontuário, vol. II, 2.ª ed., p. 565.

Capítulo IV – Procedimentos cautelares 175

com intervenção dessas autoridades, diligenciar pelo arrombamento de portas, pela substituição de fechaduras (com os meios fornecidos pelo requerente), bem como pela remoção de vedações e outras diligências congéneres, com entrega de novas chaves e dos documentos da coisa restituída.

Do respectivo *"auto de diligência de restituição provisória da posse"* devem ser feitas constar, não só a *execução do acto de restituição* provisória da posse do bem (devidamente identificado) ao requerente, como ainda a *investidura do requerente na posse* da coisa esbulhada (art.º 163.º, n.º 1). Para a eventualidade de o requerido (esbulhador) não haver sido ouvido antes do decretamento da providência, mas estar presente, far-se-á ainda menção no auto de que o mesmo foi notificado para, querendo e no prazo de 10 dias, deduzir oposição, podendo, para tanto, constituir advogado (ou eventualmente recorrer do respectivo despacho) – art.ºs 385.º, n.º 6 e 388.º, n.º 1. O auto será assinado, quer pelo funcionário executor, quer pelo requerente, quer pelo requerido (se estiver presente) e pelos respectivos mandatários.

A providência pode ser *substituída por caução,* caso o tribunal venha concluir que, face às especificidades do caso, a caução é idónea a prevenir, evitar e reparar o dano[3]. E *subsistirá* em *vigor* até à decisão que ponha termos aos autos principais, gozando, nesse interregno, de coercibilidade e executoriedade nos termos gerais, *ex-vi* do disposto nos art.ºs 46.º, n.º 1, al. a) e 48.º n.º 1.

Se no decurso da sua vigência vier a ocorrer *nova violação,* desta feita *por banda de terceiro,* deverá contra este ser requerida outra diferente providência. Caso essa nova violação seja perpetrada *pelo próprio requerido* inicial, poderá este ser criminalmente responsabilizado como autor material de um *crime de desobediência qualificada* previsto e punido nos termos dos n.ºs 1 e 2 do art.º 348.º do CP, aplicável por força do art.º 391.º do CPC. Poderá, também, instaurar-se *execução sumária, por apenso ao procedimento cautelar* ou vir a ser aplicada *sanção pecuniária compulsória,* nos termos do art.º 829.º do CC.

Nem o *procedimento,* nem a decretada *providência* de restituição provisória de posse se encontram sujeitos a *registo predial,* pois que não

---

[3] Cfr., nesse sentido, entre outros, o acórdão da RG, de 12-6-07, Proc. 1446/07–2.ª Sec., CJ, Tomo 111/2007, p. 287/ Des. Rosa Tching e Joel Timóteo R. Pereira, Prontuário, vol. II, cit., pp. 565 e 566.

176 *Direito Processual Civil*

são *a se* afectadores da livre disposição dos bens a que se reportam (cfr. os art.ºs 2.º e 3.º, n.º 1, alínea d), do CRPred.).

18.2. Suspensão de deliberações sociais.

A *suspensão de deliberações sociais* pode ter lugar sempre que, no âmbito do direito civil ou comercial, uma dada deliberação infrinja a lei, os estatutos ou o contrato social, assim lesando os direitos dos sócios.

Procedimento, pois, utilizável, não só no quadro dos diversos tipos de sociedades (deliberações ilegais, anti-estatutárias ou infractoras do pacto social – art.ºs 56.º e 58.º do CSC)[1], como também (a título subsidiário) no âmbito das *cooperativas* (art.ºs 9.º e 43.º, n.º 8, do Código Cooperativo aprovado pela Lei n.º 51/96, de 7 de Setembro). No que toca às *associações*[2], os fundamentos da declaração de nulidade ou de mera anulabilidade, constituindo outras tantas causas de suspensão da eficácia das respectivas deliberações, emergem dos art.ºs 174.º, n.º 2, 176.º e 177.º do CC[3].

Objecto de suspensão podem também ser as deliberações das *instituições privadas de solidariedade social*[4-5], as tomadas no seio das *Misericórdias*[6] (desde que actuando como entidades equiparadas a asso-

---

[1] No sentido de que as deliberações tomadas pelo conselho de administração e pelo conselho fiscal das sociedades anónimas são deliberações sociais, como tal podendo as respectivas nulidade ou anulabilidade ser directamente impugnadas nos tribunais – cfr. o acórdão da RL de 20-11-2003, CJ, Tomo V/2003, p. 198 / Des. Oliveira Vasconcelos.

[2] Cabe aos tribunais civis a competência para a apreciação e julgamento de um procedimento cautelar de suspensão de uma deliberação da Liga Profissional de Futebol – cfr. o acórdão do STJ de 7-11-2002, CJSTJ, Tomo III/2002, p. 125 / Cons.º Abílio Vasconcelos.

[3] Não assim quanto às deliberações de órgãos de partidos políticos (cuja competência cabe exclusivamente ao Tribunal Constitucional, nos termos dos art.ºs 31.º da Lei n.º 2/2003, de 22 de Agosto – Lei dos Partidos Políticos – e 9.º, al. e), da Lei n.º 28/82, de 15 de Novembro – Lei do Tribunal Constitucional). E também, quanto às das federações e associações desportivas, no âmbito estritamente desportivo, que não no sancionatório (poderes públicos delegados), pois que, neste específico âmbito, já serão os tribunais administrativos os competentes.

[4] Cfr. o acórdão da RP de 16-3-98, CJ, Tomo II, p. 203 / Des. Simões Freire.

[5] O acórdão da RP de 28-9-00, CJ, Tomo IV, p. 195 / Des. Viriato Bernardo, inclui mesmo, na previsão da providência, as Fundações de Solidariedade Social.

[6] Cfr. o acórdão da RG, de 4-2-2004, CJ, Tomo I, p. 284 / Des. António Ribeiro.

Capítulo IV – Procedimentos cautelares   177

ciações de assistência ou de beneficiência, mas já não quando incidentes sobre matérias abrangidas pela Concordata com a Santa Sé, como tais submetidas ao Código de Direito Canónico[1]) e ainda as deliberações das *associações de facto* (ex-vi do disposto nos art.ºs 195.º do CC e 6.º, al. b), do CPC) e das *sociedades comerciais irregulares* (art.ºs 36.º, n.º 2 e 37.º do CSC e 396.º, n.º 1, do CPC)).

No que particularmente respeita à suspensão de deliberações (nulas ou anuláveis)[2] das *assembleias de condóminos*, decorre o respectivo procedimento do direito potestativo da respectiva impugnação anulatória consagrado nos n.ºs 1 e 5 do art.º 1433.º do CC (prevenção de danos ao condómino ou ao condomínio urbano), apenas podendo, contudo, ser *requerida pelos condóminos que as não hajam aprovado expressa ou tacitamente*. E, no que tange à legitimidade passiva, deve o procedimento ser dirigido, não contra o condomínio como entidade dotada de personalidade judiciária (art.º 6.º, al. e)), mas *apenas contra os condóminos que hajam aprovado a deliberação suspendenda*[3]. Será, porém, citada para contestar a pessoa a quem compita a representação judiciária dos condóminos na acção de anulação (o administrador ou a pessoa que a assembleia para o efeito designar) – cfr. os art.ºs 1433.º, n.º 6, do CC e 398.º, n.º 2, do CPC)[4].

Do âmbito subjectivo apenas se excluem as deliberações das *pessoas colectivas de direito público* sujeitas a um regime específico de impug-

---

[1] Cfr. os acórdãos do STJ de 27-1-05/ Cons.º CUSTÓDIO MONTES e de 17-2-05/ Cons.º FERREIRA DE ALMEIDA, CJSTJ, Tomo I, pp. 49 e 77, respectivamente.

[2] O n.º 1 do art.º 398.º fala apenas em *deliberações anuláveis* mas também as *deliberações nulas* devem considerar-se abrangidas pela previsão do preceito – cfr., neste sentido, o acórdão da RL de 18-4-2002, CJ, Tomo II/2002, p. 109.

[3] Cfr. ABRANTES GERALDES, Temas, vol. IV, 3.ª ed. cit., pp. 104-105. Já quanto às chamadas "Áreas Urbanas de Génese Ilegal" (art.º 12.º, n.º 7, da Lei n.º 91/95, de 23 de Agosto, alterado pela Lei n.º 165/99, de 14 de Setembro e pela Lei n.º 64/2003, de 23 de Agosto), "as deliberações das assembleias podem ser judicialmente impugnadas por qualquer interessado que as não tenha aprovado", devendo, porém, "a acção ser dirigida contra a administração conjunta, representada pela comissão de administração". Nos termos do n.º 7 do art.º 8.º daquela Lei n.º 91/95, com as alterações introduzidas pela Lei n.º 10/2008, de 20 de Fevereiro, a administração conjunta goza de capacidade judiciária e de legitimidade para demandar e ser demandada para as acções emergentes das relações jurídicas de que seja parte.

[4] Quanto ao iter procedimental da impugnação das deliberações das assembleias de condóminos, vide os n.ºs 1 a 4 do art.º 1433.º do CC.

178   *Direito Processual Civil*

nação (art.º 4.º, n.º 1, al. b), do ETAF/2002), bem como as *deliberações tomadas em assembleias gerais ou órgãos equivalentes das instituições de previdência ou de associações sindicais,* cujo contencioso de anulação se encontra submetido à jurisdição laboral (art.ºs 164.º e 169.º do CPT) e cujo procedimento cautelar de suspensão o respectivo art.º 168.º regula.

São, assim, *três* os *requisitos* de que depende a suspensão: – *justificação da qualidade de sócio* por parte do requerente; – *deliberação contrária à lei, aos estatutos ou ao contrato social*; – poder resultar da execução imediata da deliberação *dano apreciável* (art.º 396.º, n.º 1)[1]. Se reunidos esses requisitos, qualquer dos sócios, associados ou cooperantes (alegadamente) lesados pode requerer, no prazo *de 10 dias,* que a execução da deliberação anulanda seja suspensa, justificando alguma dessas qualidades e substanciando facticamente o requerimento (art.ºs 177.º do CC, 387.º, 396.º e 397.º do CPC e 56.º a 60.º do CSC).

Esse prazo de 10 dias conta-se da data da assembleia ou da data em que o requerente teve conhecimento da deliberação, no caso de para ela não haver sido regularmente convocado (art.º 396.º, n.º 3). Requerimento esse que tem de ser instruído com *cópia da acta da reunião* em que a deliberação foi tomada (formalidade *ad probationem*), a qual lhe deve ser fornecida pelo órgão deliberativo *no prazo de 24 horas*, podendo, contudo, ser substituída por documento comprovativo quando a lei dispense a realização da assembleia (art.º 396.º, n.º 2).

Ainda que ilegal ou anti-estatutária, pode o juiz deixar de suspender a deliberação desde que considere que o prejuízo resultante da suspensão sobreleve o que pode derivar da respectiva execução (cfr. o n.º 2 do art.º 397.º).

Deferido, em 1.ª instância (pelo tribunal de comércio – cfr. a al. d) do n.º 1 do art.º 121.º da LOFTJ/2008) o pedido de suspensão – e uma vez que o recurso interposto (pelo requerido) do respectivo despacho tem *efeito meramente devolutivo* (art.º 692.º, n.ºs 1 e 3, al. d)) –, a menos que o tribunal de 2.ª instância acabe por indeferir o pedido, a associação ou sociedade não poderão executar a deliberação social reputada de ilegal enquanto não for julgada a acção de anulação de que o procedimento

---

[1] O requisito do *dano apreciável* a atender é o directa e imediatamente decorrente da demora na decisão judicial na acção de impugnação da deliberação social em causa, que não o que pode resultar da execução da deliberação suspendenda – cfr., neste sentido, o acórdão da RE de 9-2-2006, CJ, Tomo I/2006, p. 250/ Des. Fernando Bento.

Capítulo IV – Procedimentos cautelares 179

cautelar de suspensão depende. Essa impossibilidade de execução passa a derivar da decisão judicial, que não da providência da suspensão, já que esta caducará com o trânsito em julgado da sentença. A eventual execução da deliberação depois de decretada a sua suspensão (rectius, após a citação da requerida para o procedimento cautelar) – e enquanto essa suspensão se mantiver – gerará *nulidade dos actos executivos consequentes*, sendo, por is*so, igualmente inválidos as deliberações e/ou os negócios jurídicos subsequentes* celebrados com base na deliberação desrespeitadora da ordem de suspensão. Se assegurada a efectividade da providência decretada nestes termos, já será inidónea a fixação de *sanção pecuniária compulsória* para o efeito.

A propósito da invalidade dos actos subsequentes, dá Vasco Xavier o seguinte exemplo: se, por hipótese, em infracção ao disposto no n.º 2 do art.º 403.º do CSC, a assembleia geral de uma sociedade anónima destituir sem justa causa um administrador eleito ao abrigo das regras especiais estabelecidas no respectivo art.º 392.º e se, suspensa esta deliberação por decisão judicial, a sociedade não a acatar, procedendo à eleição de um novo administrador para a vaga do substituído, e este, em representação da sociedade, por delegação do conselho de administração (nos termos do pacto social), alienar um imóvel a ela pertencente, tal negócio (que em princípio seria vinculante para a sociedade (art.º 408.º, n.º 2, do CSC) enfermará de nulidade nos termos do art.º 286.º do CC, podendo o interessado, a todo o tempo, invocar, não só a nulidade da eleição do novo administrador, como a do contrato de compra e venda em que aquele delegado interveio, em representação da sociedade[1].

A utilização do procedimento suspensivo supõe, porém, que as *deliberações não hajam sido ainda executadas*[2]. Quanto às *já executadas antes da apresentação do procedimento*, a ortodoxia processual leva a indeferir o decretamento da providência por falta de interesse (actual) em agir (ausência de *periculum in mora*). Quanto às *executadas entre a data*

---

[1] Cfr. Vasco G. L. Xavier. "Anulação de Deliberação Social e Deliberações Conexas", 1976, pp. 106 e ss e 284 e ss, "O Conteúdo da Providência Cautelar da Suspensão de Deliberações Sociais", 1978, pp. 26 e ss e "Suspensão de Deliberações Sociais Ditas Já Executadas", RLJ, ano 123.º-375 e ano 124.º-10.

[2] No sentido de que uma deliberação pode ser cautelarmente suspensa enquanto se não esgotarem todos os seus potenciais efeitos danosos (directos ou laterais ou meramente reflexos) – cfr. o acórdão da RL de 27-3-2007 / CJ, Tomo II/2007, p. 96. Des. Maria José Mouro.

180   Direito Processual Civil

do requerimento e a da citação da requerida, haverá que *extinguir a instância por inutilidade superveniente* (art.º 287.º al. e)). E, relativamente às *executadas entre as datas da citação e da decisão*, vedando o n.º 3 do art.º 397.º «à associação ou sociedade executar a deliberação impugnada», a eventual execução desta no período suspensivo determina, ou a *ineficácia da providência* ou a responsabilidade civil dos agentes executores, com a consequente *inutilidade superveniente* da impetrada providência, consoante se considere que os *efeitos antecipatórios resultam da própria citação* ou *directamente do acto decretador*, respectivamente[1]. A doutrina e a jurisprudência vêm, todavia, maioritariamente privilegiando a *eficácia prospectiva* da medida, circunscrevendo a respectiva utilidade à prevenção de actuações dos órgãos sociais executores, através da paralisia dos efeitos jurídicos que a decisão suspendenda tenda a produzir no futuro[2].

Estão sujeitos a *registo obrigatório* os procedimentos e as decisões cautelares de suspensão de deliberações sociais (art.º 9.º, al. e), do CRCom.). Porém, o *registo do procedimento não se torna obrigatório* se já se encontrar solicitado o registo da providência cautelar requerida; assim como *não se tornará necessário* o *registo da providência* se já se encontrar requerido o registo da acção principal (cfr. o n.º 6 do art.º 15.º do CRCom, com a redacção do art.º 9.º do Dec.-Lei n.º 116/2008, de 4 de Julho). Tais registos devem ser solicitados no prazo de 2 meses a contar dos respectivos requerimento ou propositura (n.º 7 do mesmo art.º 15.º). Após o trânsito em julgado da decisão, a secretaria comunica a decisão proferida ao serviço de registo (art.º 107.º, n.º 1, do CRCom).

18.3. Alimentos provisórios.

Por *alimentos* deve entender-se tudo o que é indispensável ao *sustento, habitação* e *vestuário* do necessitado, compreendendo também a

---

[1] Cfr. ABRANTES GERALDES, Temas, vol. IV, 3.ª ed. cit. – 6. Procedimentos Cautelares Especificados, Coimbra, Almedina, 2006, pp.79-80

[2] Cfr., neste sentido, ABRANTES GERALDES, Temas, vol. IV, 3.ª ed. cit., p. 81 e demais doutrina e jurisprudência do STJ e das Relações aí citadas, v.g. acerca da destituição de gerentes ou administradores, proclamação de uma lista vencedora para os corpos sociais ou amortização de quota ainda não concretizada.

Capítulo IV – Procedimentos cautelares

instrução e *educação* do alimentando no caso de este ser menor (cfr. o art.º 2003.º, n.ºs 1 e 2, do CC). Nas diversas alíneas do n.º 1 do art.º 2009.º do mesmo diploma estabelece-se, pela respectiva ordem de precedência, o elenco das *pessoas vinculadas à prestação de alimentos.*

Através dos *alimentos provisórios,* pode o interessado requerer ao tribunal a fixação de uma *quantia pecuniária mensal,* a esse título, *enquanto não for paga* a *primeira prestação definitiva* (art.ºs 399.º, 400.º e 401.º do CPC e 2003.º, 2005.º, 2006.º e 2007.º do CC). Este último preceito prevê a possibilidade genérica de, a requerimento do alimentando ou *ex-officio* (caso se trate de um menor), vir a ser fixada *pensão alimentar provisória,* as mais das vezes tendo os *menores* por beneficiários, mas podendo também ser estipulada a favor de necessitados *maiores ou emancipados*[1].

A fixação da *pensão provisória de alimentos* a *favor de menores* pode ter lugar *em qualquer estado da causa,* mormente *na pendência dos processos tutelares cíveis* a que se reportam os art.ºs 146.º e 157.º da da OTM e os art.ºs 114.º a 116.º da LOFTJ/2008 (competência dos juízos de família e menores).

Pode o tribunal, não só *proceder à fixação* sempre que o entenda por conveniente[2], como também *adoptar as medidas cautelares* indispensáveis à viabilização do pagamento coercivo da decisão a decretar na decisão tutelar cível definitiva (n.º 1), bem como *alterar provisoriamente* as *decisões já tomadas a título definitivo* (n.º 2). A *pensão alimentícia provisória* fixada pode também vir a ser alterada ou extinta nos termos do art.º 401.º, n.º 2, do CPC. A *obrigação alimentar decorrente da responsabilidade parental,* a que aludem os art.ºs 1878.º a 1880.º do CC, subsistente até o alimentado completar a maioridade ou completar a sua formação, não se confunde, todavia, com a *obrigação alimentar genérica,* de carácter recíproco e vitalício, existente entre pais e filhos.

---

[1] Na acção de alimentos a que se reportam os art.ºs 7.º a 9.º do Dec.-Lei n.º 272/ /2001 (havendo oposição do requerido) o filho maior não tem que demandar ambos os progenitores, por não se estar perante uma hipótese de litisconsórcio necessário passivo – cfr., neste sentido, o acórdão da RE de 13-1-2005, CJ, Tomo I/2005, p. 241 / Des. Álvaro Rodrigues.

[2] Cfr. Tomé de Almeida Ramião, Organização Tutelar de Menores, Anotada e Comentada cit., p. 52.

182 Direito Processual Civil

A concessão da *medida de alimentos provisórios* depende de dois requisitos: assistir ao requerente *direito* a *alimentos* e *não se encontrar o mesmo* em *condições de aguardar pelos alimentos definitivos.* Constituindo uma antecipação dos alimentos definitivos, os alimentos provisórios serão fixados segundo um *critério de proporcionalidade (justa medida)*, em função dos meios daquele que houver de prestá-los[1] e da necessidade daquele que houver de recebê-los, sem olvidar a possibilidade de o alimentando prover à sua subsistência (art.º 2004.º, n.ºs 1 e 2). O seu quantitativo será fixado segundo o *prudente arbítrio do julgador*, tendo em atenção aquele binómio possibilidade/necessidade (cfr. o n.º 1 do art.º 2007.º) e em função do estritamente necessário para assegurar as finalidades da medida e também para as *despesas da acção* (caso o requerente não possa beneficiar do apoio judiciário). Nesta última eventualidade, «a parte relativa ao custeio da demanda deve ser destrinçada da que se destina aos alimentos» (art.º 399.º, n.º 2).

O *direito a alimentos* não pode ser *renunciado* ou *cedido* (ainda que possam deixar de ser pedidos e renunciar-se às prestações vencidas), sendo *impenhorável* o respectivo crédito (art.º 2008.º, n.ºs 1 e 2, do CC). A *obrigação de pagamento* das prestações alimentícias já vencidas, prescrevendo embora pelo decurso do prazo de 5 anos (al. f) do art.º 310.º do CC), não pode ser *compensada* com qualquer outro crédito (art.º 853.º, n.º 1, al. b) e 2008.º, n.º 2, do CC), podendo mesmo as prestações já em dívida aquando do falecimento do obrigado ser exigidas aos respectivos herdeiros (art.º 2013.º, n.º 1, al. a), do CC).

Se não voluntariamente cumpridas as decisões fixadoras de *pensões alimentares devidas a menores*, podem estes (através dos seus representantes) ou as entidades referidas no n.º 1 do art.º 186.º da OTM, instaurar contra o obrigado *execução especial por alimentos* (art.ºs 189.º da OTM e 1118.º a 1121.º-A do CPC) e apresentar contra ele *queixa-crime* (art.º 250.º do CP).

A efectivação do pagamento das prestações alimentícias já vencidas e vincendas, a que se reportam os n.ºs 1 e 2 do art.º 189.º da OTM – *a ser requerida no âmbito do processo onde foi proferida a decisão que as*

---

[1] Sendo várias as pessoas vinculadas à prestação de alimentos, respondem todos em proporção das suas quotas como herdeiros legítimos do alimentando (art.º 2010.º, n.º 1, do CC).

Capítulo IV – Procedimentos cautelares

fixou (art.ºs 147.º, al. f) e 153.º da OTM) e a ser assegurada através dos mecanismos de coerção referidos nas alíneas a), b) e c) daquele art.º 189.º[1] –, consubstancia um *procedimento pré-executivo*, distinto e autónomo do da *execução especial por alimentos*. Expedientes esses que asseguram uma maior celeridade e economia de meios (processuais e económicos), já que intentam atingir, de modo mais directo e eficaz, efeitos idênticos aos de uma acção executiva em sentido próprio. Alegado o incumprimento, ainda que o devedor venha a satisfazer as prestações alimentícias *já vencidas*, o procedimento prosseguirá com vista a conseguir o pagamento das prestações *vincendas*, salvo acordo (devidamente homologado) que salvaguarde os interesses do menor. Medidas cujo decretamento pressupõe sempre a *observância do contraditório* por parte do obrigado, relativamente à alegada falta de pagamento das prestações já vencidas. Não esquecendo, contudo, que se trata de um processo de *jurisdição voluntária* (art.º 150.º da OTM), em cujo desenvolvimento o tribunal goza de ampla margem de oficialidade[2], podendo dispensar as *prévias* notificação e audição do requerido, em termos algo semelhantes aos da execução especial por alimentos.

Na hipótese de não uso (opcional) ou de insucesso desse procedimento pré-executivo, poderá lançar-se mão da *execução especial por alimentos* prevista nos art.ºs 1118.º a 1121.º-A, sendo que as prestações exequendas (vencidas e vincendas) serão acrescidas de juros de mora, calculados à taxa legal, até integral pagamento. O executado é sempre

---

[1] Se *funcionário público*, dedução das respectivas quantias no vencimento mediante requisição do tribunal dirigida à entidade competente; se *empregado ou assalariado*, dedução no ordenado ou salário, mediante notificação da respectiva entidade patronal, que ficará na situação de fiel depositária; se *pessoa que receba rendas, pensões, subsídios, comissões, percentagens, emolumentos, gratificações, comparticipações ou rendimentos semelhantes*, a dedução será feita nessas prestações quando tiverem de ser pagas ou creditadas, fazendo-se para tal as requisições ou notificações necessárias e ficando os notificados na situação de fiéis depositários (art.º 189.º, n.º 1, alíneas a) a c), da OTM).

[2] A simples confidencialidade de dados que se encontrem na disponibilidade de serviços administrativos, em suporte manual ou informático e que se refiram à identificação, à residência, à profissão e entidade empregadora ou que se destinem ao apuramento da situação patrimonial de alguma das partes em causa pendente, não obsta a que o juiz da causa, oficiosamente ou a requerimento de parte, possa, em despacho fundamentado, determinar a prestação de informações ao tribunal, quando as considere essenciais ao regular andamento do processo ou à justa composição da situação – cfr. o acórdão da RP de 9-11-2006, in ww.dgsi.pt. / Des. Pinto de Abreu.

184   *Direito Processual Civil*

citado após a efectivação da penhora, não suspendendo a execução a sua eventual oposição à execução ou à penhora (n.º 5 do art.º 1118.º)[1]. Como preliminar desta execução, pode mesmo ser desencadeado procedimento cautelar de *arresto,* nos termos dos art.ºs 406.º a 420.º.

Saindo frustrados todos os meios supra-referidos, pode acorrer-se – tratando-se de alimentos devidos a menores – ao *Fundo de Garantia dos Alimentos Devidos* a *Menores* (o FGADM foi instituído pela Lei n.º 75/98, de 19 de Novembro, regulamentada pelo Dec. Lei n.º 164/99, de 13 de Maio, sendo gerido, em conta autónoma, pelo Instituto de Gestão Financeira da Segurança Social)[2-3], o qual se se substituirá ao obrigado às *prestações alimentícias vincendas* (que não às vencidas), desde que se verifiquem, cumulativamente, os requisitos do art.º 3.º desse segundo Dec.-Lei[4-5-6].

---

[1] A acção executiva (na qual o executado será citado apenas após a efectivação da penhora) deverá ser instaurada com utilização do *modelo oficial* pré-existente, aprovado pelo Dec.-Lei n.º 200/2003, de 10 de Setembro, disponível *online* para os mandatários registados no programa Habilus.NET (cfr. o n.º 3 do art.º 466.º).

[2] O pagamento dos alimentos a menores pelo FGDAM assume natureza garantística, sendo obrigados, em via principal, os familiares previstos no art.º 2009.º do CC; daí que assista ao Ministério Público interesse em agir contra os avós do menor para tal fim, não obstante o menor já estar a recebê-los do FGDAM – cfr., neste sentido, o acórdão da RC de 4-10-2005, CJ, Tomo IV/2005, p. 21 / Des. Rui Barreiros.

[3] Face à natureza garantística e ao carácter subsidiário da prestação do FGDAM, não pode a obrigação ser-lhe exigida se o progenitor não houver sido previamente condenado a pagar uma qualquer prestação; o que constitui corolário do direito de subrogação do Fundo nos direitos do menor com vista ao reembolso das prestações por si satisfeitas ou da manutenção da obrigação de prestar as previamente fixadas pelo tribunal competente (art.ºs 5.º e 7.º do Dec.-Lei n.º 164/99, de 13 de Maio) – cfr. o acórdão da RC de 17-10-2006, CJ, Tomo IV/2006, p. 23 / Des. Freitas Neto.

[4] Se a pessoa judicialmente obrigada a prestar alimentos não satisfizer as quantias em dívida pelas formas previstas no do Dec-Lei n.º 314/78, de 27 de Outubro e o menor não tiver rendimento líquido superior ao salário mínimo, nem beneficiar, nessa medida, de rendimentos de outrem a cuja guarda se encontre. A retribuição mínima garantida (RMMG) foi fixada para o ano de 2008 em €426 pelo Dec.-Lei n.º 397/2007, de 31 de Dezembro. Nova actualização terá lugar em 2010 em função do indexante dos apoios sociais (IAS) – cfr. o art.º 22.º do RCP, na redacção do Dec.-Lei n.º 181/2008, de 28 de Agosto.

[5] O Supremo Tribunal de Justiça, através do seu acórdão n.º 12/2009, de 7 de Julho de 2009 / Cons.º Azevedo Ramos, in DR, 1.ª série, n.º 150, de 5 de Agosto de 2009, pp. 5084 e ss, partindo do princípio de que «a obrigação do Fundo é uma obrigação criada ex-novo pela decisão que a determina, com pressupostos legais próprios e podendo ter um

Capítulo IV – Procedimentos cautelares

A sujeição do obrigado a *procedimento criminal* (sempre *dependente de queixa* por parte de quem tenha legitimidade para exigir o cumprimento da obrigação – o próprio alimentando necessitado sendo *maior*, ou as pessoas ou entidades referidas no art.º 186.º da OTM sendo *meno*r), ex-vi do n.º 5 do art.º 250.º do CP, torna-o passível de aplicação de uma pena de multa até 120 dias, desde que não satisfaça (*estando, condições de o fazer*) a obrigação de alimentos «no *prazo de dois meses seguintes ao vencimento*» (n.º 1 do mesmo art.º 250.º). Infracção essa que, sendo reiterada, faz aumentar a moldura penal para pena de prisão até um ano ou multa até 120 dias» (n.º 2), sendo que o n.º 4, ainda do citado preceito, torna incurso na pena de prisão até dois anos ou em pena de multa até 240 dias, aquele que «com intenção de não prestar alimentos, se *colocar na impossibilidade de o fazer* e violar a obrigação a que está sujeito, criando o perigo previsto» da insatisfação dessa sua obrigação». Tutela legal essa que não visa primacialmente privar da liberdade o obrigado à prestação (definitiva ou provisória), mas antes a compeli-lo a satisfazer pontualmente a obrigação alimentar, sendo que, se a obrigação vier a ser cumprida, pode o tribunal *dispensá-lo de pena ou declarar extinta*, no todo ou em parte, a pena ainda não cumprida (cfr. o n.º 6 do referida norma incriminatória). Daí que, não raramente, o arguido acabe por proceder ao pagamento voluntário da dívida alimentícia já vencida, assegurando ainda o pagamento das prestações vincendas.

A *maioridade* e a *emancipação* não determinam, por si só e de modo automático, a cessação da obrigação de alimentos[1], ponto sendo que se mostre preenchido o condicionalismo do art.ºs 1879.º e 1880.º do CC (período necessário à formação do filho maior ou emancipado)[2]. Se o

---

conteúdo diferente do da obrigação de alimentos do originário devedor», uniformizou jurisprudência sentido de que, «a obrigação de prestação de alimentos a menor, assegurada pelo FGADM, em substituição do devedor, nos termos previstos nos art.ºs 75/98, de 19 de Novembro e 2.º e 4.º, n.º 5, do Dec.-Lei n.º 164/99, de 13 de Maio, só nasce com a decisão que julgue o incidente de incumprimento do devedor originário e a respectiva exigibilidade só ocorre no mês seguinte ao da notificação da decisão do tribunal, não abrangendo quaisquer prestações anteriores».

[6] A prestação a pagar pelo FGDAM tem como limite máximo o de 4 UC,s (cfr. o n.º 3 do art.º 3.º da Lei n.º 75/98, de 19 de Novembro).

[1] A cessação da obrigação carece de ser judicialmente decretada a requerimento do obrigado ou mediante acordo entre as partes; a partir da maioridade, o procedimento adequado a actualizar o regime de alimentos fixado para a menoridade ou para prover a nova fixação é o contemplado no art.º 1.412.º do CPC, a requerimento do ex-menor – cfr., neste sentido, o acórdão dda RC de 5-4-2005, CJ, Tomo II/2005, p. 16 / Des. HELDER ROQUE.

[2] A circunstância de viver com um ascendente (vitima ou lesado) depois da maioridade e prosseguir os seus estudos de ensino superior, à data do acidente, não significa que

pagamento da pensão alimentar se revelar (a determinada altura ou relativamente a determinado período) desnecessário e, apesar disso, houver sido feito, pode o mesmo enquadrar-se no âmbito das chamadas *obrigações naturais,* com a consequente insusceptibilidade de repetição do indevido (cfr. os art.ºs 402.º a 404.º do CC)[1]. Assiste, de resto, ao *filho maior ou emancipado* carecido de alimentos a faculdade de instaurar a respectiva *acção junto da Conservatória do Registo Civil da área de residência do progenitor obrigado* (art.ºs 5.º a 7.º do Dec. Lei n.º 272/ /2001, de 13 de Outubro)[2]; acção essa que poderá ser precedida, ou ver no seu seio enxertado, *procedimento cautelar de alimentos provisórios.*

A pensão alimentícia provisória pode ser fixada *na pendência do casamento,* nos termos dos art.ºs 2015.º e 1675.º do CC (*obrigação alimentar recíproca*)[3]. No caso de *divórcio ou de separação sem o consentimento de um dos cônjuges* ou de *separação judicial de pessoas e bens* (cfr. o art.º 2016.º-A, n.ºs 1 a 4, do CC), o cônjuge nela interessado pode, também, na *pendência da respectiva acção constitutiva,* requerer a fixação de *pensão provisória de alimentos,* optando pelo procedimento especial a que alude o n.º 7, do art.º 1407.º, a ser processado como *incidente da instância* (art.ºs 302.º a 304.º) ou socorrendo-se (como preliminar ou na

---

o descendente possa exigir-lhe alimentos com base no disposto no art.º 1880.º – cfr., neste sentido, o acórdão do STJ de 16-3-99, BMJ, n.º 485, p. 386 / Consº Ferreira de Almeida.

[1] Não são de restituir as quantias pagas a título de alimentos, mesmo que indevidamente recebidas – cfr., neste sentido, o acórdão da RG de 25-1-2006, CJ, Tomo 1/2006, p. 278/ Des. António Gonçalves.

[2] Na falta de acordo, a apreciação dos pedidos de fixação dos alimentos definitivos a favor de filhos maiores ou emancipados é do tribunal comum, que não da conservatória do Registo Civil (ex-vi dos art.ºs 8.º e 9.º do Dec.-Lei n.º 272/2201, de 26 de Abril) – cfr. o acórdão da RG de 26-4-2007, CJ, tomo IV/2007, p. 279 / Des. António Gonçalves.

[3] No que tange aos *alimentos definitivos,* «qualquer dos cônjuges tem direito a alimentos, independentemente do tipo de divórcio» (cfr. o n.º 2 do art.º 2016.º do CC), sendo o respectivo montante fixado de harmonia com os critérios estabelecidos pelo n.º 1 do art.º 2016.º-A, não assistindo, todavia, ao cônjuge credor «o direito de exigir a manutenção do padrão de vida de que beneficiou na constância do matrimónio» (cfr. o art.º 2016.º-A, n.ºs 1 e 2 do CC), o primeiro desses preceitos alterado e o segundo introduzido pelo art.º 1.º da Lei n.º 61/2008, de 31 de Outubro. Direito a alimentos esse que pode ser negado «por razões manifestas de equidade» (art.º 2016.º, n.º 3, do CC). No caso de *separação de facto,* os deveres conjugais mantêm-se e, por isso, ao remeter para o art.º 1675.º, o art.º 2015.º do CC pretende significar que, nesse caso, a obrigação de alimentos possui um regime próprio, diferente do estabelecido nos art.ºs 2016.º e ss.

Capítulo IV – Procedimentos cautelares

pendência da acção) do procedimento cautelar de *alimentos provisórios* regulados nos art.ºs 399.º a 402.º[1]. Tudo sem prejuízo de o tribunal dever dar prevalência a uma qualquer eventual obrigação de alimentos devidos a um *filho do cônjuge devedor* em detrimento da obrigação emergente do divórcio em favor do ex-cônjuge (cfr. o n.º 2 do cit. art.º 2016.º-A)[2].

Constituindo como que uma *antecipação dos alimentos definitivos*, os alimentos provisórios podem ser requeridos, ou fixados pelo juiz, em qualquer altura do processo principal e por dependência deste (art.º 399.º, n.º 1), podendo também ser requeridos como procedimento cautelar especificado *depois da sentença de divórcio* se a sua necessidade se revelar posteriormente e o requerente vier a instaurar acção (principal) autónoma para a fixação de alimentos definitivos.

Também os membros das *uniões de facto* – cujo direito (definitivo) às prestações por morte depende sempre de *sentença judicial que lhes reconheça o direito a alimentos* ou, na falta ou insuficiência de bens da herança, a qualidade de titular do direito a alimentos – poderão requerer para si *alimentos provisórios* (art.ºs 2020.º do CC e 3.º do Dec.-Reg. n.º 1/94, de 18 de Janeiro, na redacção do art.º 2.º do Dec.-Lei n.º 153/ /2008, de 6 de Agosto).

Os alimentos provisórios são devidos *desde o primeiro dia subsequente à data da dedução do pedido* ou, estando já fixados pelo tribunal ou por acordo, *desde o momento em que o devedor se constituiu em mora* (art.º 2006.º)[3], ou ainda, no caso de divórcio, até ao trânsito em julgado da decisão final da respectiva acção, momento em que caducará a decretada providência cautelar.

Em caso algum haverá lugar à *restituição* dos alimentos provisórios recebidos (cfr. o n.º 2 do art.º 2007.º do CC).

---

[1] Vide, nesse sentido, entre outros, os acórdãos do STJ, de 5-11-97, BMJ, n.º 479, p.298 / Cons.º MIRANDA GUSMÃO e da RL, de 12-11-2000 / Des. PAIXÃO PIRES.

[2] Nos casos de divórcio, separação judicial de pessoas e bens, declaração de nulidade ou anulação do casamento, os alimentos devidos ao filho e a forma de os prestar serão regulados por *acordo dos pais*, sujeito a *homologação judicial*, a qual será recusada se o acordo não corresponder ao interesse do menor (cfr. o art.º 1905.º do CC). Quanto ao acordo sobre o exercício das responsabilidades parentais em caso de divórcio por mútuo consentimento e o papel do Ministério Público, cfr. o art.º 1776.º-A do CC, aditado pelo art.º 1.º da Lei n.º 61/2008, de 31 de Outubro.

[3] Sobre a aplicação da previsão do art.º 2006.º aos alimentos provisórios, cfr. ABEL PEREIRA DELGADO, O Divórcio, p. 217.

18.4. Arbitramento de reparação provisória.

O procedimento cautelar de *arbitramento de reparação provisória*, previsto no art.º 565.º do CC e regulado nos art.ºs 403.º a 405.º do CPC, evidencia clara similitude com o procedimento destinado à fixação de pensão provisória no âmbito dos processos emergentes de acidentes de trabalho ou doenças profissionais a que se reportam os art.ºs 121.º a 125.º do CPT. É-lhe, de resto, aplicável o disposto acerca do procedimento cautelar de alimentos provisórios com as necessárias adaptações (art.ºs 399.º a 402.º e 404.º do CPC).

Integra-se o procedimento no grupo das *procedimentos cautelares respeitantes a prestações pecuniárias* ou seja, dos que conduzem, se bem que a título provisório, ao pagamento periódico de uma determinada *importância em dinheiro* (à semelhança do de alimentos provisórios no processo civil comum e da suspensão de despedimento individual e a suspensão de despedimento colectivo no processo laboral)[1].

Traduz-se a medida na fixação de uma *quantia certa*, sob a forma de *renda mensal*, como reparação provisória do dano, *a requerimento dos lesados*, bem como dos titulares do direito a que se refere o n.º 3 do art.º 495.º do CC[2] (os que podiam exigir alimentos ao lesado ou aqueles a quem o lesado os prestava no cumprimento de uma obrigação natural)[3]. É também de aplicação «aos casos em que a pretensão indemnizatória se funde em *dano susceptível de pôr seriamente em causa o sustento ou habitação do lesado*» (art.º 403.º, n.º 4)[4].

---

[1] Não há lugar, no processo penal, ao decretamento deste tipo de providência – cfr., neste sentido, o acórdão da RP de 2-2-2005, CJ, Tomo I/2005, p. 210 / Des.ª ÉLIA SÃO PEDRO.

[2] No sentido de que a providência cautelar de arbitramento de reparação provisória não se aplica só aos casos de *morte ou lesão corporal*, mas abrange também as situações de *ilícito extracontratual* em que o lesado fique colocado em situação de dificuldade extrema de prover ao seu sustento ou habitação, vide o acórdão da RP, de 5-11-2007, Proc. 00040728, in JTRP, in www.dgsi.pt. / Des. PAULO BRANDÃO.

[3] O n.º 3 do art.º 495.º do CC, pelo seu carácter excepcional, deve ser interpretado no sentido de que os beneficiários do direito a alimentos apenas poderão, in abstracto, exigir indemnização pelos danos efectivos – que não meramente potenciais – da cessação da prestação de alimentos – cfr., neste sentido, o acórdão do STJ de 16-3-99, BMJ n.º 485, p. 386 / Cons.º FERREIRA DE ALMEIDA.

[4] Acerca da subsidiariedade da providência de arbitramento de reparação provisória relativamente à de alimentos provisórios e do seu objectivo de suprimento de neces-

A requerer como *dependência da acção de indemnização fundada em morte ou lesão corporal* (art.º 403.º, n.º 1), exige a lei, para o respectivo decretamento, a prova, pelo requerente, da existência de *probabilidade séria da existência de situação de necessidade* decorrente dos danos sofridos e da *verificação da obrigação de indemnizar* a cargo do requerido (n.º 2 do art.º 403.º)[1-2]. Prejuízos cuja factualidade indicie, com razoável dose de segurança, possam vir a ser imputados ao lesante, seja a título de culpa efectiva ou presumida, seja com base no risco[3].

A quantia mensal a arbitrar a favor do requerente, será função do estritamente necessário para os respectivos *sustento, habitação e vestuário*, devendo ainda incluir uma importância para as *despesas da acção* quando o requerente não possa beneficiar do apoio judiciário, destrinça essa a fazer na respectiva decisão (art.ºs 399.º, n.º 2, aplicável ex-vi do n.º 1 do art.º e 403.º).

A liquidação provisória, a ser imputada na liquidação definitiva do dano, será fixada pelo tribunal segundo *critérios de equidade* (art.º 403.º, n.º 3).

Se não efectuado o pagamento da reparação provisoriamente arbitrada, a *decisão é imediatamente exequível* (independentemente de interposição de recurso), observando-se, de seguida, os termos da *execução especial por alimentos* dos art.ºs 1118.º a 1121.º-A, à semelhança do que sucede com a falta (voluntária) de pagamento de alguma prestação mensal vencida nos alimentos provisórios (art.º 404.º n.º 2). Nesta eventualidade, a *nomeação de bens à penhora* pertence *exclusivamente ao exequente*, devendo ser feita no requerimento inicial. O *executado será citado apenas depois de efectuada a penhora* e a dedução de oposição não susta a execução. O exequente pode, também, requerer, desde logo, a *adjudicação das quantias, vencimentos ou pensões* que o executado esteja a receber ou a *consignação de rendimentos*, com dispensa da diligência de penhora e da convocação dos credores.

---

sidades básicas do requerente (tutela de certos direitos de personalidade), em ordem a atenuar as consequências danosas advindas de lesões já produzidas pelo facto ilícito, cfr. o acórdão da RP de 3-5-2007, in www.dgsi.pt./ Des. Telles de Menezes.

[1] Entendendo que a providência em causa "não se pode estender a pessoas colectivas", cfr. o acórdão da RP de 11-12-2003, JTRP 00036676, in www.dgsi.pt. / Des. Pinto de Almeida.

[2] Cfr. Lopes do Rego, Comentários ao Código de Processo Civil, vol I cit., p. 371.

[3] Cfr. Abrantes Geraldes, Temas, vol. IV cit., p. 162.

190   *Direito Processual Civil*

A prestação arbitrada é passível de *alteração ou cessação* no seio do mesmo processo com observância de idêntica tramitação se, após a sua fixação, deixar de subsistir a sua necessidade, mediante requerimento e produção de prova nesse sentido (art.ºs 401.º, n.º 2 e 292.º, n.º 2). Pode, por sua vez, a decretada providência ser *modificada*, ou mesmo *cessar*, quer por alteração superveniente dos pressupostos em que assentou, quer se, em sede da respectiva execução, se vier a esgotar o montante arbitrado a título de indemnização global que previsivelmente venha a ser fixada na acção principal.

A prolação de sentença final (no processo principal) que julgue improcedente a obrigação de pagamento de renda mensal (ou que, embora procedente, venha a arbitrar montante inferior à quantia entretanto antecipada) gera a *caducidade da providência*, com a inerente condenação (do lesado) na obrigação de restituição (do indevido) ao respectivo requerente, nos termos previstos para o *enriquecimento sem causa* (art.ºs 389.º, n.º 1, al. c) e 405.º, n.ºs 1 e 2).

Confrontando os regimes do art.º 402.º com o do art.º 405.º, detectam-se as seguintes dissemelhanças: – em caso de caducidade da providência, *nos alimentos provisórios* não há lugar, em caso algum, à sua *restituição* (art.º 2007.º, n.º 2, do CC), enquanto que, *no arbitramento de reparação provisória*, deve o requerente restituir todas as prestações recebidas em caso de caducidade da providência (art.º 405.º, n.º 1); – *nos alimentos provisórios*, o requerente só responde pelos danos advenientes da improcedência ou caducidade da providência se tiver actuado de *má fé* (art.º 402.º), enquanto que, *no arbitramento de reparação provisória*, a decisão final proferida na acção de indemnização, quando não arbitre qualquer reparação ou atribua reparação inferior à provisoriamente estabelecida, condenará *sempre* o requerido a restituir o que for devido (art.º 405.º, n.º 2)[1].

Não tem aplicação, nesta sede, o disposto no n.º 1 do art.º 390.º (responsabilidade civil do requerente no caso de a providência vir a ser considerada injustificada ou caducar por facto a si imputável). É antes de aplicar à obrigação de restituição (nas demais hipóteses de caducidade a que se reporta o art.º 389.º) o regime do *enriquecimento sem causa*

---

[1] Cfr. LOPES DO REGO, Comentários, vol I, cit., p. 371.

Capítulo IV – Procedimentos cautelares

previsto nos art.ºs 473.º e ss. do CC, devendo, por isso, ser restituído «tudo quanto se tenha obtido à custa do empobrecido» (art.º 479.º do CC)[1]. Direito de restituição esse a ser exercitado pelo requerido da providência (empobrecido) através da proposição de *acção específica*, já que não adregável na acção principal[2] (obrigação essa de restituição do tudo o que tiver recebido ou apenas do que houver sido recebido em excesso).

18.5. Arresto

O *arresto* traduz-se numa *apreensão judicial dos bens do devedor*, a decretar mediante solicitação do credor (provável ou aparente titular) que tenha *justo receio de perder a garantia patrimonial* desse seu crédito[3] (art.ºs 619.º e 622.º do CC e 383.º, n.º 3, 406.º, 407.º e 408.º, do CPC)[4].

São aplicáveis subsidiariamente ao procedimento do arresto as disposições relativas à penhora constantes dos art.ºs 821.º e ss (cfr. o n.º 2 do art.º 406.º).

Dado que só a título excepcional o devedor pode ser privado da liberdade com o objectivo de ser compelido a cumprir ou ser punido pelo

---

[1] Sustentando que o regime do enriquecimento sem causa apenas se aplica aos casos em que a caducidade não é imputável ao requerente, cfr. LEBRE DE FREITAS, CPC Anotado, vol II, p. 115, CURA MARIANO, A Providência Cautelar de Reparação Provisória, p. 116 e CÍRIA S. PEREIRA, Arbitramento de Reparação Provisória, p. 185.

[2] Cfr., neste sentido, ABRANTES GERALDES, ob. cit. p. 170.

[3] Entendem PIRES DE LIMA e ANTUNES VARELA, Código Civil Anotado, vol. I, 4.ª ed. p. 471, na esteira do § 917 do CPC alemão, que "para que haja justo receio de perda de garantia patrimonial basta que, com a expectativa da alienação de determinados bens ou a sua transferência para o estrangeiro, o devedor torne consideravelmente difícil a realização coactiva do crédito, ficando no seu património apenas com bens que, pela sua natureza, dificilmente encontrem comprador numa venda judicial. Louvam-se ainda os mesmos autores na doutrina do acórdão do STJ de 11-12-73, BMJ n.º 232, pp. 110 e ss, segundo a qual «basta igualmente que exista acentuada desproporção entre o montante do crédito e o valor do património do devedor, desde que este património seja facilmente ocultável».

[4] «Porque os tribunais arbitrais só possuem competência declarativa, o arresto – que visa obter uma decisão judicial imprescindível à apreensão preventiva dos bens necessários à satisfação do direito do credor – não pode neles ser instaurado, mas apenas nos tribunais judiciais» – cfr. o acórdão da RE, de 16-12-2003, CJ, Tomo V, p. 263 / Des. ANA GERALDES.

192 *Direito Processual Civil*

não cumprimento (caso de incumprimento de obrigações alimentícias – art.º 250.º do CP), o credor só através do património daquele, v.g. da instauração de uma acção executiva, pode ver tornado efectivo o seu direito, salvos os (não raros) casos de impraticabilidade das diligências tendentes à identificação de bens penhoráveis do executado/devedor.

Visa o arresto precisamente *garantir que os bens do devedor, uma vez apreendidos, permaneçam na sua esfera jurídica* até ao momento da realização da respectiva penhora, por cuja excussão o credor espera obter a satisfação do seu crédito (art.ºs 601.º e 619.º do CC). Pode também incidir *sobre o adquirente* desses bens se tiver sido judicialmente impugnada a sua transmissão através de impugnação pauliana (cfr. os art.ºs 610.º e 619.º, n.º 2, do CC).

Abrange, pois, tal garantia conservatória todos os bens ou direitos de conteúdo patrimonial susceptíveis de conversão em penhora (art.ºs 822.º, n.º 2, do CC e 821.º a 824.º-A do CPC)[1-2-3].

O procedimento pode ser instaurado como *preliminar ou incidente de acção declarativa ou executiva* (relativamente às quais é instrumental) e ser requerido junto do *tribunal onde deva ser proposta a acção*, no *tribunal do lugar onde os bens se encontrem* ou, havendo bens em *várias comarcas, no tribunal de qualquer uma delas*; mas, se a acção principal já tiver sido instaurada, o procedimento correrá *por apenso* à mesma (art.ºs 83.º, al. a) e 383.º), a menos que a acção esteja pendente de recurso, caso

---

[1] São assim susceptíveis de arresto, por ex., os direitos de autor (art.ºs 47.º e 50.º do Código de Direitos de Autor), as acções e quotas de sociedades (cfr. o acórdão da RP de 9-5-95, CJ, Tomo III, p. 213 / Des. GONÇALVES VILAR) e os passes dos jogadores de futebol (cfr. o acórdão da RC de 22-3-00, CJ, Tomo II, p. 16 / Des. COLEHO DE MATOS).

[2] Nos termos do art.º 824.º-A, são impenhoráveis as quantias em dinheiro ou os depósitos bancários resultantes da satisfação de créditos impenhoráveis nos termos em que o eram os créditos originários (v. g. o crédito de alimentos – art.º 2008.º, n.º 2, do CC ou os créditos provenientes do direito 'indemnização por acidente de trabalho e por doenças profissionais). Ressalva, porém, e bem, AMÂNCIO FERREIRA, Curso cit., pp. 213-214, que tal impenhorabilidade só opera quando se puder presumir que tais quantias e depósitos se destinam ao sustento do executado e/ou de sua família; não assim quando as economias depositadas o forem a prazo superior a seis meses ou em contas-poupança, apesar de originadas em rendimentos em si penhoráveis nos termos do n.º 1 do art.º 824.º

[3] Quanto ao arresto de bens comuns do casal, de depósitos bancários, de direito a bens indivisos e quotas de sociedades e de estabelecimento comercial, cfr. os art.ºs 825.º, 861.º-A, 862.º e 862.º-A, respectivamente.

Capítulo IV – Procedimentos cautelares

em que a apensação só ocorrerá quando o procedimento estiver findo ou quando os autos da acção principal baixarem à 1.ª instância.

O requerente deverá, desde logo, no requerimento inicial da providência[1], alegar os factos indiciadores da *existência do crédito*, bem como dos que justificam o *receio* invocado, relacionando, desde logo, os bens que pretende ver apreendidos e fornecendo ainda as indicações necessárias à realização da diligência, bem como *indicar depositário* (art.ºs 406.º, n.º 2 e 407.º, n.º 1)[2]. Se deduzido o arresto contra o adquirente dos bens, deve também o requerente (se tal aquisição não houver ainda sido objecto da acção pauliana – art.ºs 610.º a 618.º do CC), afirmar/deduzir os factos susceptíveis de conduzir à procedência dessa impugnação (cfr. o n.º 2 do art.º 407.º).

Após a produção de *prova perfunctória* (sumária) o arresto é decretado *sem audiência da parte contrária*, a fim de não sair gorado o êxito da providência (cfr. o n.º 1 do art.º 408.º). Se o valor dos bens indicados para arresto ultrapassar o exigível para garantir a «segurança normal do crédito», o juiz reduzirá a garantia aos seus «justos limites» (art.º 408.º, n.º 1). Ademais, não pode o arrestado ser privado dos rendimentos estritamente indispensáveis aos seus alimentos e de sua família, os quais «lhe serão fixados nos termos previstos para os alimentos provisórios» (art.º 408.º, n.º 2).

À semelhança do embargo de obra nova, poderá o tribunal, ex-vi do n.º 2 do art.º 390.º, aplicável, por força do n.º 2 do art.º 392.º, tomar o *arresto dependente da prestação de caução* destinada a garantir o ressarcimento de eventuais danos, nos termos do art.º 620.º do CC, decisão esta que pode ser proferida, oficiosamente ou a requerimento da parte interessada, aquando do decretamento da providência ou em momento ulterior. Também a providência, uma vez decretada, pode ser *substituída por caução*, desde que tal substituição se revele adequada e suficiente, em função das concretas circunstâncias do caso (art.ºs 392.º, n.º 2 e 387.º)[3].

---

[1] Sem prejuízo de, posteriormente, efectuar indicações complementares – cfr., neste sentido, v.g., o acórdão da RP, de 9-5-2005, CJ, TomoIII/2003, p. 162 / Des. CUNHA BARBOSA.

[2] O arresto de quotas de sociedade comercial não envolve, ex.vi do art.º 239.º do CSC, a possibilidade do arresto dos bens da própria sociedade – cfr. o acórdão da RL de 5-7-2007, CJ, Tomo III/2007, p. 108 / Des. CARLA MENDES.

[3] Cfr, a esse propósito, o acórdão da RG, de 12-7-2007, in www.dgsi.pt. / Des. ROSA TCHING.

Ademais, estando em causa *arresto de navio ou da sua carga*, a prestação de caução, com a anuência do credor ou julgada idónea pelo tribunal, obsta à realização da apreensão (art.º 409.º).

A decisão que decrete a providência deverá ser *notificada* ao arrestado (art.º 838.º). Tratando-se de *bens imóveis*, o despacho de decretação é notificado ao arrestante e ao arrestado (a este na qualidade de depositário). Se arrestados *outros bens*, o despacho só será notificado ao arrestado depois de efectuado o arresto, depois de concretizada a apreensão dos móveis ou depois de notificado o devedor (art.º 406.º, n.º 2, por reporte aos art.ºs 848.º e 856.º). Se arrestados *bens móveis*, o arrestante é (normalmente) notificado para colocar à disposição do tribunal todos os meios necessários à realização da diligência, nos termos do art.º 848.º-A. (cooperação para a realização da diligência)

Cumpre à *secretaria judicial* dar cumprimento à decisão cautelar determinativa do arresto, procedendo à *efectiva apreensão* dos bens mandados arrestar, com observância das *normas próprias da efectivação da penhora* (cfr. o cit. n.º 2 do art.º 406.º). A apreensão judicial dos bens móveis *formaliza-se através de auto de entrega a um depositário* nos termos dos art.ºs 838.º, n.º 3 e 849.º, n.º 1, aplicáveis ex-vi do n.º 2 do art.º 406.º, sendo a diligência *levada a efeito por funcionário judicial*, que não por agente de execução, já que não se trata ainda de processo executivo propriamente dito. É, assim, lavrado um *auto de arresto*, semelhante a um auto de penhora, com menção da hora da diligência e contendo a relação dos bens (arrestados) através de verbas numeradas e respectivos valores. Caso a diligência seja efectuada em dias sucessivos ou distintos, serão apostos, até ao respectivo terminus, *selos* nas portas e nos locais onde se encontram os bens não relacionados e diligenciando-se por assegurar a respectiva guarda (art.º 849.º, n.º 3).

Se os *bens a arrestar forem imóveis*, o arresto é concretizado mediante *comunicação electrónica* feita pela secretaria judicial à conservatória do registo predial competente, a qual vale como apresentação (pedido) para o efeito da *inscrição no registo* ou com apresentação naquele serviço de *declaração* por ela subscrita, nos termos do n.º 1 do art.º 838.º (cfr. os art.ºs 8.º-B, n.º 3, al. a) e 48.º, n.º 1, do CRPred.).

Quer o *procedimento*, quer a decretada *providência*, estão sujeitos a *registo*, sendo este, todavia, apenas *obrigatório para a decretada providência cautelar de arresto* (cfr. os art.ºs 2.º, al.) o)), 3.º, alíneas d) e e) e 8.º-A, n.º 1, al. b), ambos do CRPred.) Isto porque o arresto só produzirá

Capítulo IV – Procedimentos cautelares

efeitos depois de registado, nos termos do disposto nos art.ºs 622.º, n.º 2 e 819.º do CC e 5.º e 6.º do CRPred.. Também o *arresto* (tal como a penhora ou apreensão) de *veículos automóveis* está sujeito a registo (cfr. a al f) do n.º 1 do art.º 5.º do Dec.-Lei n.º 54/75 de, de 12 de Fevereiro).

Feita a inscrição, a conservatória do registo predial envia ao funcionário o certificado do registo e a certidão dos ónus que incidem sobre os bens arrestados, após o que o mesmo procede à afixação, na porta ou noutro local visível do imóvel arrestado, de um edital de modelo oficial (art.º 838.º, n.ºs 1, 2 e 3, aplicáveis ex-vi do n.º 2 do art.º 406.º).

Ulteriormente, poderá o arresto ser *convertido em penhora* com eficácia retroactiva à data do seu decretamento, ou no âmbito da acção executiva a instaurar ou daquela em que o procedimento cautelar correu por apenso, fazendo-se no registo predial o respectivo *averbamento* com aplicação do disposto no art.º 838.º (art.ºs 846.º do CPC e 822.º do CC). Isto com vista a que os bens oportunamente abrangidos pela providência possam ser coactivamente *vendidos,* a fim de que, com o produto dessa venda, seja satisfeito o crédito do arrestante e dos demais credores com créditos reconhecidos na execução.

Prevê a lei (art.º 854.º, n.º 2) o *arresto de bens do depositário* (de bens penhorados) que, notificado para os apresentar, não só o não faz, como não justifica a omissão; nessa eventualidade, deve o depositário (à semelhança do arrestado) ser notificado para recorrer ou deduzir oposição[1].

À semelhança do que sucede com os actos de disposição dos bens penhorados (art.º 819.º do CC), também os *actos de disposição dos bens arrestados* posteriores ao decretamento da providência de arresto são *inoponíveis* (*ineficazes*) relativamente ao requerente/credor (art.º 622.º, n.º 1, do CC)». No caso de *arresto de veículo*, se após o decretamento o arrestado com ele vier a circular, poderá o requerido incorrer em *crime de desobediência qualificada.* Caso o *bem arrestado seja imóvel*, a sua destruição, danificação, inutilização ou subtracção poderão subsumir-se no tipo legal de *crime de descaminho ou destruição de objectos colocados sob o poder público* previsto e punido nos termos do art.º 355.º do CP.

Se o arresto caducar, o arrestante responderá pelos danos que causar ao arrestado (art.º 390.º, n.º 1).

---

[1] Cfr., neste sentido, o acórdão da RG de 13-12-2007, in www.dgsi.pt / Des. HENRIQUE ANDRADE.

18.6. Embargo de obra nova.

O procedimento cautelar de *embargo de obra nova* encontra-se tregulado nos art.ºs 412.º a 414.º e 418.º a 420.º. Por via dele, pode o interessado (requerente) solicitar a suspensão de uma *obra, trabalho* ou *serviço novo* que seja ofensivo dos seus direitos de *proprietário* (singular) ou *comproprietário*, bem como de outro *direito real de gozo*[1] *ou de posse* ou ainda de qualquer outro *direito pessoal de gozo*[2] que lhe cause ou que ameaçe causar-lhe prejuízo (art.º 412.º). Subjaz, pois, à providência uma obrigação (proibição) de não fazer (ou de não erigir) uma qualquer *obra ou um qualquer trabalho ou serviço novos*, isto é que venham alterar o *statu quo ante*.

A *obra* (ou *serviço*) a embargar tem de ser *nova*, isto é possuir natureza inovatória, que não traduzir-se em mera retocagem ou modificação não estrutural ou em simples reconstrução de obra já existente; não preenchem o requisito as obras de carácter acessório ou secundário que não passem de acabamentos ou aproveitamento de obras anteriores. Apenas poderão, assim, ser embargadas *obras consistentes em alterações substanciais* (que não tão-somente superficiais) da coisa[3-4].

Não podem, contudo, ser embargadas, ex-vi do art.º 414.º, as obras do *Estado*, das demais *pessoas colectivas públicas* e das *entidades concessionárias* de *obras* ou *serviços públicos* se o litígio contiver subjacente uma *relação jurídico-administrativa*, cujos inerentes direitos ou interesses lesados deverão ser defendidos através dos meios cautelares próprios do contencioso administrativo, v.g. da *suspensão de eficácia* ou

---

[1] V.g. de usufruto, uso e habitação, servidão, etc..

[2] Acerca do conceito de direitos pessoais de gozo – os que, incidindo sobre uma coisa, conferem ao respectivo titular poderes de a usar, fruir ou transformar, sem necessidade de intermediação (colaboração) de outrem, o que estruturalmente os distingue, quer dos direitos reais, quer dos direitos de crédito –, cfr. J. ANDRADE MESQUITA, Direitos Pessoais de Gozo, Coimbra, Almedina, 1999, p. 25. Para este autor, são direitos pessoais de gozo (no sentido de direitos não reais) v.g., a locação, o comodato, o depósito ou o leasing.

[3] Cfr., neste sentido, ABRANTES GERALDES, Temas, vol. IV, 3.ª ed. cit., pp. 248-249.

[4] A novidade da obra é requisito indispensável, não podendo assim decretar-se o embargo de obra que se traduz na simples reconstrução de um edifício destruído por um incêndio – cfr., neste sentido, o acórdão da RP de 9-2-1993, CJ, Tomo I, p. 228 / Des. MATOS FERNANDES.

da *intimação para a adopção ou abstenção de uma conduta* (cfr., designadamente os art.°s 1.°, 2.° e 112.°, n.° 2, alíneas a) e f) a 128.° do CPTA)[1].

Há, assim, que excluir do âmbito do procedimento a violação de qualquer outro direito, de natureza obrigacional ou de personalidade, ou de quaisquer outros *direitos subjectivos públicos* como os inerentes à salubridade, estética ou segurança das edificações e construções[2]. Relativamente às normas dos planos urbanísticos, como as dos PDM,s, a regulamentação pública da construção não concede um direito subjectivo público aos terceiros prejudicados com as respectivas decisões administrativas. Na verdade, e não obstante o conceito doutrinário jurídico-urbanístico de *"relações de vizinhança"*[3] o certo é que, por ex., o PDM, concedendo embora ao terceiro vizinho ou munícipe diversas vantagens perante o poder público, não lhe concede qualquer direito pessoal de gozo, pelo que a sua eventual violação, podendo embora legitimar o recurso a diversos meios judiciais, não legitima o procedimento de embargo de obra nova[4].

---

[1] O art.° 153.° do CPA 91, arvorando o *processo cautelar de suspensão de eficácia* como o adequado a evitar a *execução coerciva de actos administrativos*, exclui expressamente do respectivo âmbito a admissibilidade de embargos administrativos ou judiciais. O *embargo de obra nova* só pode, pois, ser decretado «em situações que não encontrem fundamento em qualquer acto da autoridade pública ou seja, um acto administrativo». Para obviar, em sede cautelar, à execução de actos administrativos (v.g. de licenciamento de obras), o meio contencioso administrativo próprio é o da suspensão de eficácia do acto exequendo (o qual pode, de resto, ser cumulado, nos termos gerais, com outros procedimentos e providências cautelares), nos termos dos art.°s 112.°, n.° 1 e 120.°, n.° 3, do CPTA – cfr., neste sentido, Mário Aroso de Almeida/Carlos Alberto Fernandes Cadilha, Comentário ao Código de Processo nos Tribunais Administrativos, Coimbra, Almedina, 2005, pp. 562-563.

[2] A estes últimos se reporta genericamente o Regulamento Geral das Edificações Urbanas aprovado pelo Dec.-Lei n.° 38.382, de 7 de Agosto de 1951 (RGEU51).

[3] Acerca do conceito "relações de vizinhança", cfr. Gomes Canotilho, in RLJ, ano 124.°, n.° 361.

[4] Ainda que qualificável como *direito subjectivo público* (o que não é líquido) o direito pelo ordenamento urbanístico conferido aos particulares (administrados) de exigirem determinados comportamentos dos entes públicos para satisfação de interesses próprios seus (dos particulares) tutelados directamente por normas de direito público, como não incluído entre os *direitos pessoais de gozo*, não pode o mesmo legitimar o uso dos embargos – cfr., neste sentido, Freitas do Amaral, Direito Administrativo, vol. II, p. 89, Gomes Canotilho, Direito Constitucional, p. 532 e Jorge Miranda, Manual de

198 *Direito Processual Civil*

Exceptua-se *a defesa do direito ao ambiente contra* o *ruído,* nas situações previstas no Regulamento Geral do Ruído, aprovado pelo Dec.-Lei n.º 292/2000, de 14 de Novembro, onde expressamente se estatui a possibilidade do recurso ao procedimento cautelar de embargo de obra nova. O art.º 28.º desse último diploma confere, com efeito, aos interessados, "para tutela jurisdicional efectiva dos direitos e interesses" no mesmo previstos, *os meios processuais da competência dos tribunais administrativos e dos meios principais e cautelares da competência dos tribunais judiciais,* bem como do direito de promover *embargos judiciais* nos termos do art.º 42.º da Lei de Bases do Ambiente e do art.º 412.º e ss do CPC.

O embargo deve ser deduzido *junto do tribunal onde se situa a obra ou serviço a embargar* (art.º 83.º, n.º 1, al. b)), no prazo de 30 dias a contar do momento em que o requerente tome conhecimento da verificação do dano (que não apenas do conhecimento do início da obra pelo titular do direito)[1]. Pode também ser efectuado, directamente por *via extrajudicial,* através da *notificação verbal do dono da obra* (ou, na sua falta, do encarregado ou quem o substituir), perante duas testemunhas, para não a continuar, embargo esse que ficará, todavia, sem efeito se, dentro de 5 dias[2], não for requerida a respectiva *ratificação judicial* (art.º 412.º, n.ºs 2 e 3)[3].

O decretamento do embargo pressupõe que a ofensa ao concreto direito real ou pessoal de gozo seja *actual ou potencialmente causadora de prejuízo ao requerente* (art.º 412.º, n.º 1)[4]. Serão, por exemplo, os

---

Direito Constitucional, vol. IV, p. 54. E, isto, porque, conforme esclarece CARDOSO DA COSTA, A tutela de Direitos Fundamentais, p. 207, «a tutela dos direitos subjectivos públicos é efectuada mediante acções administrativas e não por meio das acções da jurisdição comum pois, naquelas, está em causa uma acção ou omissão efectuada por um ente público por causa e no exercício desse quadro de poderes» – cfr. citações de JOEL TIMÓTEO RAMOS PEREIRA, Prontuário, vol. II cit. p. 742 e nota 724.

[1] Cfr. o acórdão da RP, de 30-10-2007, in www.dgsi.pt. / Des. GUERRA BANHA.

[2] Prazo também aplicável à ratificação judicial do embargo de obra nova por banda de qualquer entidade pública que de tal meio se socorra.

[3] O tribunal comum é o competente para a ratificação de um embargo judicial numa situação em que as requerentes se arrogam comproprietárias da àgua represada numa poça, numa situação em que o município respectivo, com as obras em curso, interrompeu ou cortou as linhas de águas abastecedoras da nascente – cfr. o acórdão da RG, de 18-1-2006, CJ, Tomo I/2006, p. 274 / Des. M. ROSA TCHING.

[4] É aplicável – quanto ao embargo de obra nova e ao arresto – o disposto no n.º 2 do art.º 390.º, podendo assim o juiz, em face das circunstâncias, e mesmo sem

casos de erecção de edifício ou construção em contravenção ao disposto no n.º 1 do art.º 1360.º (janelas, portas, varandas ou obras semelhantes) ou da edificação pelo dono do prédio serviente de um muro ou vedação, em violação do disposto no art.º 1550.º, ambos do CC. Ou ainda os casos de construção de instalações ou depósitos de substâncias corrosivas ou perigosas (art.º 1347.º), de minas, poços ou escavações (art.º 1349.º) e de ruína de construção (art.º 1350.º), todos do mesmo CC, bem como as operações de cortes de árvores ou de extracção de areias efectiva ou potencialmente lesivas do direito do requerente[1].

Em tais situações, e enquanto as obras estiverem em curso de construção (ainda, pois, não concluídas), poderão *o dono do prédio vizinho ou o dono do prédio dominante* requerer a *suspensão imediata* dessas obras ou trabalhos, mas *não a destruição* dos que já tenham sido, entretanto, realizados[2].

Pode, outrossim, este meio cautelar ser utilizado pelo *Estado e demais pessoas colectivas públicas* relativamente a obras, construções ou edificações *iniciadas em contravenção da lei ou regulamentos*, sempre que tais entidades não disponham de competência para decretar directamente *embargo administrativo*[3-4] (art.º 413.º, n.º 1), utilização essa não

---

audiência do requerido, tornar a concessão dependente da prestação de caução adequada pelo requerente (cfr. o n.º 2 do art.º 392.º).

[1] Cfr. o acórdão do STJ de 30-5-90, BMJ n.º 397, p. 578.

[2] O n.º 1 do art.º 412.º pressupõe que a *obra* em curso seja *ilícita*, só podendo a providência ser decretada se estiver já começada, que não ainda concluída, «não carecendo o prejuízo (para o embargante) de valoração autónoma, por se encontrar ínsito na ofensa do direito, traduzindo-se, pois, num dano jurídico. Não se torna necessária a demonstração de lesão grave ou de difícil reparação que é exigível para o procedimento cautelar comum, face ao específico regime nele previsto. A obra deve considerar-se concluída quando, tendo-se verificado o prejuízo, este já não possa ser aumentado pela sua prossecução, nem eliminado pela sua suspensão – cfr. o acórdão da RC de 13-1-2004, Proc. 3200/2003, in www.dgsi.pt. / Des. JORGE ARCANJO.

[3] É diversa a legislação extravagante que confere ao Estado e outras pessoas colectivas de direito público (v. g. as autarquias) competência para decretarem *embargo administrativo de obras, construções ou edificações* iniciadas em *violação da leis ou regulamentos administrativos*. Assim, entre outros: os art.ºs 3.º e 165.º do Dec.-Lei n.º 38382, de 7 de Agosto de 1951 (RGEU) e 26.º do Dec.-Lei n.º 69/90, de 9 de Fevereiro, por *desconformidade como os planos de ordenamento do território*; os art.ºs 165.º do mesmo Dec.-Lei n.º 38382, 57.º do Dec.-Lei n.º 445/91, de 20 de Novembro, 5.º do Dec.--Lei n.º 19/90, de 11 de Janeiro e 61.º e 62.º do Dec.-Lei n.º 448/91, de 29 de Novembro, por *execução de obras sem licença*; os art.ºs 57.º da Lei n.º 13/85, de 6 de Julho e 1.º

200 Direito Processual Civil

sujeita, todavia, ao prazo de 30 dias cominado no n.º 1 do art.º 412.º (art.º 413.º, n.º 2)[1-2].

No procedimento, como que se verifica uma *cisão* entre a fase da decisão e a fase da eliminação da inovação abusiva da obra ou serviço. Uma vez decretado o *embargo judicial* ou, tratando-se de *embargo extra-judicial*, deferida a sua ratificação, o embargo é feito ou ratificado por meio de *auto*, no qual se descreverá, com o detalhe e a minúcia possíveis, o estado da obra e a sua medição (actuais). Se efectuado directamente por *via extrajudicial*, proceder-se-á à *notificação verbal do dono da obra* (ou do respectivo executor-director ou seu representante) perante duas teste-munhas, para a não continuar, caso em que eficácia do embargo ficará dependente da respectiva *ratificação judicial* (art.º 412.º, n.ºs 2 e 3). Em caso de *recusa do notificando*, intervirão duas testemunhas que, nessa qualidade, assinarão o auto (art.º 418.º, n.ºs 1 e 2). Aquando da realização da diligência, podem o embargante e o embargado juntar aos autos

---

do Dec.-Lei n.º 349/87, de 5 de Novembro, relativamente à *salvaguarda do património cultural.* Cfr. ainda os art.ºs 52.º do Dec.-Lei n.º 91/95, de 2 de Setembro, 114.º do Dec.--Lei n.º 380/99, de 22 de Setembro e 102.º e ss. do Dec.-Lei n.º 555/99, de 16 de Dezembro (medidas de *tutela de legalidade urbanística*).

[4] Acto este decretador do embargo administrativo, cuja legalidade é sindicável perante os tribunais administrativos (art.º 51.º e ss do CPTA).

[1] São materialmente competentes os *tribunais administrativos* para conhecer de um procedimento cautelar comum destinado a paralisar uma obra de construção de um aterro sanitário a ser executada por uma empresa concessionária desse serviço público, bem como para suspensão da deliberação administrativa da concessão – cfr. o acórdão do STJ de 24-1-2002, CJSTJ, Tomo I, p. 57 / Cons.º Reis Figueira; já são, todavia, competentes os *tribunais judiciais* para conhecer de um procedimento cautelar de ratificação judicial de obra nova requerida por um particular contra uma câmara municipal em alegada violação do seu direito de propriedade – cfr. o acórdão do STJ de 21-5-2002, Proc. 904/ /2002 – 1.ª Sec., in Sumários, 5/2002 – Ed. Anual / Cons.º Reis Figueira – ou ainda do procedimento cautelar requerido pela associação ambientalista Quercus relativo a um pedido de suspensão da construção de uma via municipal em área integrada num parque natural, que alegadamente poderia pôr em perigo a nidificação e reprodução de certas espécies (art.º 45.º da Lei de Bases do Ambiente) – cfr. o acódão do STJ de 13-5-2004, CJSTJ, Tomo II/2004, p. 56 / Cons.º Noronha Nascimento.

[2] Terão assim, aquelas entidades (v.g. o município) que lançar mão do *procedimento cautelar de embargo de obra nova* (que não do *embargo administrativo*) designadamente no caso de obras ilegais (não urbanas) e no caso de obras ofensivas do seu direito de propriedade singular ou comum ou de qualquer outro direito real ou pessoal de gozo ou de do âmbito do respectivo domínio privado.

Capítulo IV – Procedimentos cautelares

fotografias da obra, facto que deverá constar do auto, com a identificação do fotógrafo e da chapa fotográfica (art.º 418.º, n.º 3).

Lavrado e assinado o auto, deverá o embargado *suspender* a continuação da obra. Se após a notificação (e subsistindo o embargo) persistir indevidamente na sua prossecução, procederá então o tribunal a uma *averiguação sumária directa* (*inspecção ao local*) ou *indirecta* (diligência levada a cabo pela secretaria e reduzida a auto ou relatório facultado pela autoridade policial) sobre se a obra, trabalho ou serviço realmente continuaram. Na hipótese afirmativa (introdução de inovações pelo dono da obra ou do seu representado), será o embargado *condenado a proceder à respectiva demolição ou destruição em prazo para o efeito arbitrado* (art.º 420.º, n.º 2, 1.º segmento). E, caso o embargado não restitua voluntariamente as coisas ao estado anterior à inovação, poderá ser promovida pelo embargante – nos próprios autos do procedimento cautelar[1] – *execução para prestação do facto devido* à custa do executado/embargado, em ordem à eliminação das inovações entretanto introduzidas e à *indemnização do exequente/embargante*, fixando-se apenas o montante da indemnização quando não haja lugar à demolição (cfr. os art.ºs 420.º, n.º 2, 2.ª parte e 942.º, n.ºs 1 e 2). Se tal se revelar mais expedito e mais eficaz, pode o juiz encarregar o embargante de executar (ele próprio) a demolição, após avaliação/quantificação do seu custo, podendo seguir-se ulteriormente a *penhora dos bens* (do embargado) necessários à garantia desse custeio (cfr. os art.ºs 934.º a 938.º, aplicáveis ex-vi do n.º 2 do art.º 942.º).

Há, contudo, a possibilidade de a *continuação da obra ser autorizada* nos termos do art.º 419.º, se tal for requerido (pelo embargado), caso o tribunal venha a convencer-se de que a sua (futura) demolição restituirá o embargante ao estado anterior à continuação ou que o *prejuízo* decorrente da suspensão da execução da obra se perfila como *manifestamente superior* ao que possa vir a resultar da continuação (ponderação relativa dos interesses em jogo)[2], em ambas as situações se for previamente prestada

---

[1] O embargado de obra nova, notificado do embargo, fica absolutamente impedido de continuar a construção. Se o fizer, sujeita-se a que, por requerimento do embargante, a inovação venha a ser destruída, enquanto o embargo subsistir. Se a medida do embargo ficar dependente de decisão de uma futura acção de demarcação, não se pode determinar a destruição da parte inovada – cfr. o acórdão da RC, de 28-9-2004, in www.dgsi.pt. / Des. GARCIA CALEJO.

[2] A autorização da continuação da obra embargada, a requerimento do embargado, legitimada pelo 2.º fundamento do art.º 419.º, implica uma ponderação casuística do

202   *Direito Processual Civil*

caução às despesas de demolição total – *incidente de autorização ou continuação da obra* a processar por apenso ao processo cautelar (art.º 383.º, n.º 1).

O não acatamento do embargo pelo embargado (ou por quem o substitua), com prossecução não autorizada da construção, fará os mesmos incorrer no *crime de desobediência qualificada* previsto e punido nos termos dos art.ºs 391.º do CPC e 348.º do CP[1].

A providência cautelar de embargo de obra nova e a respectiva acção principal *não estão sujeitas a registo* (cfr. art.ºs 2.º e 3.º do CRPred.).

18.7. Arrolamento

De natureza tipicamente *conservatória*, o procedimento cautelar de *arrolamento* visa assegurar a subsistência de determinados bens (*móveis, imóveis* ou *documentos*) enquanto se discute a sua titularidade ou a *garantir a persistência de documentos necessários à prova da titularidade de um direito* (art.ºs 421.º a 427.º).

Emprega-se, pois, se houver *justo receio de extravio, ocultação ou disposição de bens móveis ou imóveis ou de documentos*, podendo ser requerido por qualquer pessoa que tenha interesse na sua conservação[2]. E corre *por dependência* da acção relativamente à qual interesse *especificar*

---

conflito de interesses entre o dono da obra (na continuação) e o do embargante (na sua suspensão), dando a lei prevalência ao interesse mais valioso – *princípio da proporcionalidade ou da ponderação relativa*. O prejuízo resultante da paralisação da obra abrange todo e qualquer prejuízo a que fica exposto o dono da obra pelo facto de ela não continuar, não só o prejuízo que se repercute na obra em si mesma (por ex., porque a demora inutiliza os materiais ou põe em perigo a construção), como os extrínsecos à mesma derivados da suspensão. O prejuízo adveniente da continuação para o embargante não se reduz apenas ao "dano jurídico pressuposto do decretamento do embargo, que, por isso mesmo, não carece de valoração autónoma, pois de alguma forma já está ínsito na ofensa do direito, mas é todo aquele que se repercute na esfera jurídica do embargante por causa dessa continuação" – cfr. o acórdão da RC, de 15-11-2005, in www.dgsi.pt. / Des. JORGE ARCANJO.

[1] Sobre a continuação da obra embargada (inovação abusiva e sua verficação), cfr., v.g., o acórdão da RC de 10-7-2007, in www.dgsi.pt / Des. TELES PEREIRA.

[2] Aos credores só é facultado o arrolamento nos casos em que haja lugar à arrecadação da herança (art.º 422.º, n.º 2).

os bens ou *provar a titularidade dos direitos* relativos às coisas arroladas (art.ºs 421.º, 422.º, 423.º, 424.º e 427.º)[1-2-3].

Destinando-se o arrolamento a manter *conservados* os bens, que não a garantir o pagamento das dívidas, tem o requerente que fazer *prova sumária* do (seu) direito relativo aos bens a arrolar, bem como dos factos em que radica o receio do seu extravio ou dissipação (art.º 423.º, n.º 1). No respectivo despacho decretador, fixará o juiz, desde logo, a nomeação de um *depositário* e de um *avaliador* (art.º 423.º, n.º 2, *in fine*).

Quanto ao contraditório, a *regra* é a de que o requerido deve ser citado para deduzir oposição antes do decretamento da providência. Fica, todavia, ao *prudente critério do juiz* a observância ou não do contraditório prévio, em função do juízo valorativo que faça das circunstâncias concretas que se lhe deparem, mormente quanto ao risco de ineficácia ou de inutilidade da medida no caso de essa audiência se realizar (art.º 385.º), sendo que a respectiva dispensa deve ser objecto de fundamentação expressa[4].

Decretada a providência (na convicção, pelo juiz, do risco sério para o interesse do requerente – art.º 423.º, n.º 2), segue-se a respectiva execução através de um *auto de arrolamento* lavrado por *funcionário judicial*. Nele se descrevem os bens existentes ou encontrados, por verbas numeradas, com a indicação do respectivo valor, fixado pelo próprio funcionário ou, não se tratando de documentos, por um louvado/perito-avaliador, caso a avaliação exija conhecimentos especiais, o qual será designado nos ter-

---

[1] Cfr., neste sentido, o acórdão da RE, de 11-06-1987, CJ, Tomo III, p. 249 / Des. CARDONA FERREIRA e de 12-02-2004, CJ, Tomo I, p. 252 / Des. JOSÉ FETEIRA. Vide também ALBERTO DOS REIS, CPC Anotado, vol. III, p. 135. Seja qual for o regime de bens, no caso de um dos cônjuges se vir impedido de aceder aos seus bens próprios ou aos bens de que é comproprietário com o outro cônjuge, é-lhe lícito recorrer à providência de arrolamento a que alude o art.º 427.º do CPC como preliminar ou incidente da acção de divórcio.

[2] Pode, por ex., requerer a providência de arrolamento aquele que se arroga proprietário de um imóvel adquirido por doação e que invoca o receio de que o requerido, titular de uma procuração com poderes para proceder à venda desse bem, utilize esses poderes em seu prejuízo – cfr. o acórdão da RL de 12-7-2007, Proc. 3659/2007-6.ª Sec., in www.dgsi.pt. / Des. FERREIRA LOPES.

[3] É o *arrolamento* do boletim premiado – que não o *arresto* – o procedimento adequado a acautelar o direito do requerente à parte do prémio do totoloto, em caso de recusa do co-titular depositário do respectivo boletim em com ele partilhar esse prémio – cfr. o acórdão da RL de 20-5-2000, in www.dgsi.pt./ Des. PALHA DA SILVEIRA.

[4] Cfr., neste sentido, ABRANTES GERALDES, Temas, Tomo IV cit., p. 275 e nota 525.

204   *Direito Processual Civil*

mos do n.º 2 do art.º 424.º (art.º 424.º, n.º 4). Do *auto* devem constar, não só a designação do depositário, como o local do depósito (cfr. n.º 1 do art.º 424.º). O depositário será, em princípio (e na ausência de acordo) o *possuidor ou detentor dos bens*, a menos que, havendo justo e fundado receio de dissipação dos bens, se mostre aconselhável a nomeação de outro depositário. Pode também ser depositário o *cabeça de casal* se o arrolamento estiver dependente de processo de inventário (art.ºs 2079.º e 2088.º do CC). A falta de nomeação do depositário integra *nulidade processual* (art.ºs 201.º, 202.º, 205.º e 207.º).

Deverá ainda o auto conter as *assinaturas do funcionário judicial que o lavrar, do depositário e do possuidor ou do detentor* (*e do respectivo mandatário judicial*) e, na falta ou recusa deste último, por *duas testemunhas*, assim servindo para certificar a entrega dos bens a um depositário ou o destino diverso que lhes houver sido dado. Como *documento autêntico*, o auto faz *prova plena* do seu teor.

Na impossibilidade de o arrolamento ficar concluído no mesmo dia em que se iniciou, serão apostos *selos nas portas ou nos móveis* onde os bens a arrolar se encontrem e serão adoptadas as medidas de segurança necessárias, continuando-se a diligência no dia que for designado (cfr. o n.º 2, do art.º 425.º). Se se tratar da *imposição de selos, arrolamentos e buscas em escritórios de advogados*, há que observar o disposto no art.º 70.º do EOA, a fim de conciliar o auto da autoridade judicial com o dever de sigilo profissional contemplado no art.º 87.º do mesmo Estatuto.

Se frustradas as diligências para *localização dos bens a arrolar*, procederá o tribunal à notificação do requerido para indicar essa localização, ao abrigo do *princípio da cooperação*, sob pena de condenação como *litigante de má-fé*[1].

Resulta do arrolamento a *indisponibilidade jurídica* dos bens, efeito este que subsistirá até que lhes seja dado o destino devido no processo de que seja dependência. O *descaminho ou destruição* dos bens arrolados constitui mesmo crime previsto e punido pelo art.º 355.º, enquanto que a *quebra de selos* é prevista e punida nos termos do art.º 356.º, ambos do CP.

Os *procedimentos* cautelares de arrolamento, bem como as *providências* decretadas no seu seguimento, estão sujeitos a *registo* (ainda que

---

[1] Cfr. o acórdão da RE, de 25-11-2004 / P. 1390/04-3.ª Sec., in www.dgsi.pt. / Des.ª MARIA ALEXANDRA.

Capítulo IV – Procedimentos cautelares

não obrigatório), ex-vi das alíneas o do n.º 1 do art.º 2.º e d) e e) do n.º 1 do art.º 3.º, por reporte à al. b), do n.º 1 do art.º 8.º-A, ambos do CRPred.. Registo esse que funciona como condição necessária da respectiva *oponibilidade* relativamente a terceiros (cfr. os art.º 5.º e 6.º do mesmo Código) e que pode ser efectuado provisoriamente logo após o respectivo decretamento e antes da sua efectivação (art.º 92.º, n.º 1, al. a), do ainda do mesmo diploma). O arrolamento de *quotas das sociedades comerciais* deve também ser *registado,* ex vi dos art.ºs 242.º-A do CSC e 3.º, al. f), 9.º, al. b) e 15.º, n.º 5, do CRCom.

Se estiverem em causa *objectos, papéis ou valores* de que não seja necessário fazer uso e que não sofram deterioração por estarem fechados, serão os mesmos encerrados em *caixas lacradas* (*com selos*), a serem depositadas na Caixa Geral de Depósitos (cfr. o n.º 2 do art.º 425.º). O *sigilo bancário* não obsta ao arrolamento de *contas bancárias*, nos termos do art.º 861.º-A.

Constituem *arrolamentos especiais* os inerentes às *acções de separação judicial de pessoas e bens,* de *divórcio*[1] e de *declaração de nulidade ou anulação do casamento* requeridos pelo cônjuge não administrador nem com acesso ao acervo de bens próprios ou comuns do casal (art.º 427.º, n.º 1). Visa o cônjuge requerente, não só *prevenir a dissipação ou extravio dos bens*, como garantir a sua preservação (até ao momento da realização da partilha) no estado de conservação em que se encontravam aquando da realização da diligência. Prevenindo a apropriação indevida, a ocultação ou os actos prejudiciais (ilícitos e danosos) sobre os mesmos em detrimento do cônjuge-requerente, a providência destina-se, no fundo, a *garantir uma justa e equitativa futura partilha dos bens* logo que consumados o divórcio ou a separação judicial entre ambos ou declarado nulo ou anulado ou casamento[2].

---

[1] A providência pode ser requerida antes da propositura da acção de divórcio e na pendência desta, mas já não após a prolação da respectiva sentença – cfr. o acórdão da RP de 2-5-2005, JTRP00038004, in www.dgsi.pt./ Des. Sousa Lameira.

[2] Cfr., neste sentido, bem como no de que também poderão «beneficiar do *arrolamento especial* as situações de *dissolução da união de facto* decorrente da vontade de um dos seus membros, atento o disposto no art.º 8.º da Lei n.º 7/2001, de 11 de Maio, segundo a qual pode ser requerida a declaração de dissolução da união de facto de modo autónomo ou em simultâneo como o pedido de reconhecimento de direitos sobre os bens», Abrantes Geraldes, Temas, vol. IV cit., pp. 289-290.

Não obstante o decretamento da providência, mantém-se a *facul-dade de uso, gozo, utilização e fruição dos bens por parte do requerido*, já que o arrolamento preliminar à acção de divórcio não visa impedir a normal utilização dos bens arrolados, não devendo, por isso, ficar retidos à ordem do tribunal[1-2-3].

Nestes arrolamentos especiais, a lei prescinde da alegação e prova (presumindo-o) do *justo receio de extravio, ocultação ou dissipação dos bens a arrolar*, presunção que se estende também ao (requerimento do)

---

[1] A providência visa apenas apurar a existência dos bens do casal e salvaguardar a respectiva conservação. O depositário dos bens continua a ser o cônjuge que os utiliza – cfr., neste sentido, o acórdão da RP, de 31-5-2004, in www.dgsi.pt / Des. SOUSA LAMEIRA. O arrolamento dos bens do casal desavindo, designadamente de contas bancárias, não inviabiliza a sua eventual movimentação pelo respectivo titular, já que o objectivo da providência é o de obviar ao extravio ou dissipação dos bens, desideratum esse que se atinge através da sua descrição e avaliação e do seu depósito – cfr. o acórdão da RP de 21-1-2008, in www.dgsi.pt / Des. SOUSA LAMEIRA.

[2] O *arrolamento, como preliminar da acção de divórcio*, pese embora visar prevenir o perigo de extravio ou dissipação dos bens pertencentes ao património do casal, considera-se consumado, atento o seu fim essencial, com o lavrar do auto de arrolamento donde conste a descrição dos bens existentes, se declare o seu valor e se proceda à sua entrega a um depositário. Os *depósitos bancários do casal não* necessitam de ser colocados à ordem do tribunal, pois que tal implicaria que os cônjuges ficassem impedidos de os utilizar, levantando ou movimentando as respectivas quantias. Ficarão, assim, responsáveis pelo depósito, os titulares das contas arroladas e o cônjuge ou cônjuges titulares, das mesmas constantes, prestando contas da sua função de depositário (s) – cfr. o acórdão da RP de 2-5-2005, JTRP000380006, in www.dgsi.pt. / Des. PINTO FERREIRA.

[3] No *arrolamento-incidente da acção de divórcio*, a requerente tem de alegar e provar que é casada com o requerido e que há a séria probabilidade de os bens a arrolar serem comuns, ou serem seus mas estarem sob a administração do outro cônjuge. Comprovado, porém, o regime de bens do casal (comunhão de adquiridos) e considerada a presunção de comunicabilidade dos bens móveis (art. 1725.º, do CC), bem como a dificuldade da requerente em ter acesso às contas bancárias que não estão em seu nome, em virtude do sigilo bancário, está justificado o *fumus boni juris* que legitima o decre-tamento do arrolamento. No caso de *arrolamento de depósitos bancários*, os mesmos não devem ficar à ordem do tribunal, nem ser nomeada depositária a instituição bancária, a fim de se assegurar que não possam ser movimentados; poderão ser, porém, nomeados depositários, quer o requerente, quer o requerido, quer ambos na proporção em que se fixar» – cfr. o acórdão da RE, de 12-10-2006, CJ, Tomo IV/2006, p. 242 / Des. MANUEL MARQUES. Sobre o interesse relevante na obtenção de quebra do sigilo bancário, face à penhora de depósitos bancários, cfr. ainda, v.g.o acórdão da RP, de 19-9-2006, CJ, Tomo IV/2006, p. 159 / Des. MÁRIO CRUZ.

divórcio por mútuo consentimento, tal como ressalta do n.º 3 do art.º 1776.º do CC (cfr. o n.º 3 do art.º 427.º reportado ao n.º 1 do art.º 421.º).

Decretado o divórcio, nem por isso, impende sobre o requerente do arrolamento o *ónus* (legal) de requerer processo de *inventário* em prazo determinado, sob pena de caducidade da providência, antes a *mera faculdade* de instaurar esse processo a fim de pôr termo a uma indesejada situação de comunhão (cfr. o n.º 1 do at.º 71.º da Lei n.º 29/2009, de 29 de Junho)[1].

SECÇÃO III
**Procedimentos cautelares especificados previstos
em legislação avulsa.**

19. Procedimentos cautelares especificados previstos em legislação avulsa. Caracterização. Execução das respectivas providências.

19.1. Apreensão de veículo automóvel.

Ao procedimento cautelar de *apreensão* (judicial) de *veículo automóvel* reportam-se os art.ºs 15.º a 22.º do Dec. Lei n.º 54/75, de 24 de Fevereiro, com as alterações introduzidas pelo Dec. Lei n.º 178-A/2005, de 28 de Outubro.

Para efeitos do diploma, são considerados *veículos automóveis* apenas os veículos como tais considerados pelo Código da Estrada que tenham matrícula atribuída pelas autoridades superintendentes na circulação viária, exceptuados os ciclomotores (art.º 2.º, n.º 1). Daí que à apreensão relativa a qualquer *outro veículo*, como por ex. máquinas agrícolas ou industriais, aeronaves ou aviões, seja de aplicar o *procedimento cautelar comum* (art.º 381.º).

Tendo por pressupostos (objectivos) a falta de pagamento do crédito hipotecário vencido ou o incumprimento das obrigações que originaram a

---

[1] Cfr., neste sentido, ABRANTES GERALDES, Temas, vol. IV cit., pp. 291-293.

208   *Direito Processual Civil*

reserva de propriedade (art.º 15.º, n.º 1), visa o decretamento da providência assegurar a *preservação do veículo, evitando* a *sua desvalorização ou inutilização,* ou seja, a *integridade do veículo e/ou do respectivo valor económico.* Isto em ordem a prevenir a infrutuosidade da eventual decisão final de sentido favorável ao *credor hipotecário* ou ao *credor com reserva de propriedade*[1-2], assim acautelando o *periculum in mora*[3].

Do n.º 1 do art.º 18.º do Dec-.Lei n.º 54/5 extrai-se que este específico procedimento só é admissível como *preliminar da acção da resolução do contrato de compra e venda com reserva de propriedade ou ainda do processo de execução hipotecária ou do processo especial para a venda de penhor* (sendo que a venda do veículo apreendido deve ser promovida pelo credor, no prazo de 15 dias a contar da aprensão, através de uma qualquer destas formas processuais executivas).

A *hipoteca*, incidindo geralmente sobre *bens imóveis*, pode também incidir sobre *coisas móveis* para o efeito equiparadas; é o caso dos veículos automóveis (cfr. os art.ºs 688.º do CC e 4.º, n.º 2, do Dec.-Lei n.º 54/5). Para a constituição da hipoteca basta um simples *documento particular* (cfr. o n.º 3 do art.º 4.º do mesmo diploma). Incidindo sobre veículo automóvel, exige a lei, para que surta eficácia, mesmo inter-partes, a sua sujeição ao registo (cfr. o n.º 2 do citado art.º 4.º). Trata-se de uma garantia real que confere ao credor o direito de ser pago pelo valor da coisa hipotecada (um imóvel ou um veículo ao mesmo equiparado), pertencente ao devedor ou a terceiro, com preferência sobre os demais credores que não gozem (sobre eses bens) de privilégio especial ou de

---

[1] Não como meio garantístico do mutuante (entidade financiadora da aquisição) não reservante nem credor hipotecário – cfr., neste sentido, o acórdão da RL de 22-5-2007, CJ, Tomo III/2007, p. 80 / Des. ABRANTES GERALDES. A menos que conste expressamente do documento titulador do contrato de compra e venda do veículo a sub-rogação do mutuante nos direitos do credor – cfr., neste sentido, o acórdão da RP de 4-5-2009, CJ, Tomo III/2009 / Des. MARIA JOSÉ SIMÕES.

[2] Cfr., acerca do contrato de aluguer de longa duração (vulgo ALD) em confronto com outras figuras congéneres e afins, PAULO DUARTE "Algumas questões Sobre a ALD", Estudos de Direito do Consumidor", Coimbra, Almedina, pp. 301 a 327.

[3] Ao contrário do que acontece com os restantes procedimentos cautelares não especificados, não tem o requerente que alegar ou provar a necessidade da medida para prevenir os riscos advenientes da demora no processamento da acção ou da execução principal – cfr. ABRANTES GERALDES, Temas vol. IV, 3.ª ed., Coimbra, Almedina, 2006, p. 302.

Capítulo IV – Procedimentos cautelares

prioridade do registo (art.º 686.º do CC). Para o accionamento executivo do crédito hipotecário parece bastar-se o n.º 1 do art.º 15.º com a verificação do simples incumprimento ou retardamento, não exigindo, pois, a conversão da simples mora em incumprimento definitivo.

Permite, por seu turno, o art.º 409.º do CC, que o alienante reserve para si a propriedade da coisa alienada até que a contraparte cumpra total ou parcialmente as obrigações assumidas ou até à ocorrência de qualquer outro evento (*contrato de alienação com reserva de propriedade*). Isto sendo certo que nos contratos de compra e venda pode ser estipulada uma *cláusula resolutiva*, em ordem a prevenir o credor contra um eventual incumprimento por banda do devedor (falta de pagamento de parte ou da totalidade do preço) – cfr. os art.ºs 432.º e 886.º do CC. Em ambas as situações, e afora a ressalva do art.º 934.º do CC, pode o alienante-vendedor exercitar o *direito potestativo de resolução do contrato*.

Foi para essas duas restritas hipóteses legais (accionamento da garantia hipotecária ou resolução do contrato de alienação por incumprimento das prestações em dívida) que a lei concebeu o procedimento especificado de apreensão de veículo. Afora as mesmas, é, pois, de aplicar o *procedimento cautelar comum*. Assim, por ex., para entrega de veículo cedido em *regime de aluguer de longa duração (ALD)*, o qual pressupõe uma *utilização prolongada ou continuada* (não uma mera *utilização ocasional ou esporádica*) de um veículo, ou para a entrega de veículo em regime de "*contrato de aluguer sem condutor*" a que se reporta o art.º 17.º do Dec.-Lei n.º 354/86, de 23 de Outubro[1].

A *legitimidade activa para o procedimento* assiste exclusivamente ao *titular do registo* (*credor hipotecário ou vendedor com reserva de propriedade*). No que respeita à *legitimidade passiva*, tratando-se de uma situação de *reserva de propriedade*, deve a apreensão ser requerida contra

---

[1] A incentivação do comércio automóvel gerou uma figura contratual *híbrida* ou *atípica* que, tendo na sua base um contrato de aluguer de longa duração (vulgo ALD), traz normalmente associado um outro contrato mediante o qual a locadora, findo o período de utilização do veículo, se compromete a vender ao locatário o veículo automóvel por um preço previamente acordado (*opção de compra*). O que permite aos contraentes aliarem vantagens similares às da locação financeira a eventuais benefícios fiscais correspondentes à dedução das prestações pagas no rendimento tributável – cfr. ABRANTES GERALDES, vol. IV cit. pp. 302-303. Acerca da figura dos contratos indirectos, cfr. PAIS DE VASCONCELOS, Contratos Atípicos, pp. 245 e 350 e, v.g., o acórdão da RL de 15-3-2000, CJ, Tomo II, p. 94 (este comentado na RLJ, 132.º /132 e ss) / Des. SALAZAR CASANOVA.

aquele que tenha celebrado o contrato (o adquirente), efectuando-se a mesma independentemente de quem seja o detentor do veículo; se tido em vista assegurar a eficácia da *execução hipotecária* e antecipar os efeitos da penhora, não têm necessariamente que coincidir as qualidades de sujeito passivo do procedimento e a de devedor na relação causal[1].

Diversamente do que acontece com os demais procedimentos cautelares, o de apreensão de veículo automóvel apenas pode ser instaurado como *preliminar da acção* e *não como incidente* dela (art.º 383.º, n.º 1, *vis a vis* o n.º 1 do art.º 18.º do Dec.-Lei n.º 54/75, de 12 de Fevereiro).

No caso de *crédito hipotecário*, a acção será a *executiva para pagamento de quantia certa* (a providência de apreensão surge como instrumental relativamente à penhora), logo que o onerado hipotecário incorra numa situação de incumprimento, enquanto que, no caso de não cumprimento das obrigações subjacentes à venda com *reserva de propriedade,* a acção já será a *declarativa para resolução do contrato de alienação* (cfr. citado art. 18.º, n.º 1). Do que se trata, nesta segunda situação, é de assegurar a eficácia antecipatória da invocação e o reconhecimento do direito (do credor) à resolução de um *contrato de compra e venda*, que não de qualquer outro contrato como o de mútuo ou de comodato – *instrumentalidade exclusivamente reportada ao contrato de alienação* (cfr. o art.º 18.º do Dec.-Lei cit.). Deste modo, o vendedor só pode exigir a restituição da coisa ao abrigo da reserva da propriedade se proceder à *resolução do contrato de compra e venda*[2].

A petição (requerimento) será instruído com certidões, fotocópias ou cópias, mecanograficamente reproduzidas, dos registos invocados e dos documentos que lhes serviram de base (art.º 15.º, n.º 3).

A apreensão (*imediata*) do veículo será ordenada pelo juiz se demonstrados (normalmente por via documental, mas podendo também sê-lo por via testemunhal) a efectivação dos registos e o vencimento do *crédito hipotecário* ou, se se tratar de *reserva de propriedade*, o não cumprimento do contrato por banda do adquirente (art.º 16.º, n.º 1, ainda do

---

[1] Cfr. ABRANTES GERALDES, Temas, vol. IV, 3.ª ed. cit., pp. 300 a 311.

[2] No caso de resolução de um contrato de aluguer sem condutor, a restituição imediata do veículo à empresa (a ser actuada através do procedimento cautelar comum) presume-se *juris et de juris* o *periculum in mora* – cfr., neste sentido, o acórdão da RL de 25-11-2003, CJ, Tomo V/2003, p. 189 / Des. PROENÇA FOUTO.

Capítulo IV – Procedimentos cautelares

mesmo Dec.-Lei)[1]. A expressão *"imediata apreensão"* significa que a mesma será decretada *sem audiência prévia do requerido,* sendo que o diferimento da apreensão poderia comprometer seriamente o êxito da diligência[2].

Não funciona, quanto à providência a decretar, o critério da ponderação de interesses, isto é a equação benefício/prejuízo, previsto no n.º 2 do art.º 387.º. E a medida de apreensão de veículo *não é substituível por caução,* já que é inaplicável, neste âmbito, o disposto no n.º 3 do mesmo preceito, sendo, porém, *substituída pela penhora* sobre o veículo apreendido se a acção que se lhe seguir for a executiva[3].

Uma vez ordenada a apreensão, será o requerido notificado para proceder à *entrega efectiva* do veículo, sob a cominação do art.º 391.º (incursão no tipo legal de *desobediência qualificada* previsto e punido nos termos do n.º 2 do art.º 348.º do CP)[4]. Devem ainda ser concomitantemente apreendidos *os documentos* do veículo, v.g, o respectivo *certificado de matrícula,* com vista, não só a possibilitar o *registo da apreensão*, como ainda a *prevenir a ulterior entrega do documento ao vendedor (em caso de resolução do contrato) ou ao adquirente,* se vier a ocorrer venda judicial do veículo em eventual processo de execução hipotecária; não sendo encontrados esses *documentos,* deve *intimar-se* o requerido para os apresentar em juízo no prazo que for fixado, sob idêntica *cominação penal* (art.º 16.º, n.º 2, do supra-citado diploma)[5].

Para a efectivação da apreensão do veículo, será lavrado um *auto de cocorrência,* do qual a secretaria judicial extrairá (oficiosamente) certidão,

---

[1] O Regime jurídico do procedimento cautelar de apreensão de veículos automóveis (art.ºs 15.º, 16.º e 18.º do Dec.-Lei n.º 54/75, de 12 de Fevereiro) impede que o financiador da respectiva aquisição dele beneficie sob a invocação de lhe ter sido cedida pelo alienante do veículo automóvel a cláusula de reserva de propriedade. Em caso de incumprimento do contrato de mútuo, não pode quem financiou a aquisição requerer aquele procedimento cautelar, nem prevalecer-se da cláusula de reserva de propriedade – art.º 409.º do CC – cfr. o acórdão do STJ de 2-10-2007, in www.dgsi.pt. / Cons.º FONSECA RAMOS.

[2] Cfr. ABRANTES GERALDES, Temas, vol. IV cit., pp. 314-315.

[3] Cfr. L. P. MOITINHO DE ALMEIDA "O Processo Cautelar de Apreensão de Veículos Automóveis", 5.ª ed., p. 14.

[4] Para a hipótese de não haver motivo para oposição ou recurso – cfr., neste sentido, o acórdão da RP de 27-1-2005, in www.dgsi.pt. / Des. MÁRIO FERNANDES.

[5] Cfr. ABRANTES GERALDES, Temas, vol. IV, 3.ª ed. cit., p. 318.

que entregará ao requerente, com base na qual este efectuará o pedido de *registo da apreensão* junto da conservatória do registo automóvel competente. A secretaria judicial deve providenciar pela instrução do pedido de registo com os elementos necessários (art.° 17.°, n.° 3, do cit. Dec.-Lei). A apreensão pode ser efectuada, ou *directamente por funcionário judicial* ou, *mediante requisição, por qualquer autoridade administrativa ou policial, quiçá mesmo alfandegária ou fronteiriça* (em caso de entrada ou saída do veículo do território nacional), devendo, acto seguido, ser o veículo *recolhido em garagem* ou aparcamento adequado ou então entregue pelo funcionário ou entidade apreensora a um *depositário* para o efeito nomeado pelo tribunal, o qual logo ficará advertido de que fica proibida a respectiva utilização ou circulação (art.° 17.°, n.°s 1 e 2, do mesmo diploma, por reporte ao n.° 2 do art.° 348.° do CP)[1].

A providência caduca, ficando a apreensão sem efeito, nos seguintes casos: a) – se a *acção (principal) de resolução do contrato não for proposta no prazo de 15 dias* a contar da data da apreensão ou ocorrendo eventual *inércia ou negligência do requerente* em promover o andamento dos autos da acção proposta *por período superior a 30 dias*; b) – a *improcedência da acção principal ou a absolvição da respectiva instância* (uma e outra com trânsito em julgado); c) – a prova, pelo requerido, da superveniente excepção peremptória (extintiva) de pagamento da dívida exequenda (no caso de obrigação hipotecária) ou o cumprimento das obrigações a que estava vinculado (no caso de contrato de alienação com reserva de propriedade) – cfr. o art.° 19.°, n.° 1, alíneas a), b) e c), do mesmo diploma.

Nas hipóteses de *caducidade*, com o consequente levantamento da apreensão, contempladas nas alíneas b) e c) do n.° 1 do art.° 19.°, a providência será levantada *sem audiência prévia do requerente* (cfr. o n.° 2 do art.° 19.° cit.). Na hipótese de *não instauração oportuna da acção* de resolução ou de paragem negligente da acção proposta por mais de 30 dias, a apreensão será levantada se, ouvido o requerente da providência, este não mostrar que é inexacta a afirmação do requerido (cfr. esse n.° 2, *in fine*). Em qualquer dessas três situações de caducidade/levantamento, este deve ser oficiosa e imediatamente comunicado pela secretaria judicial à conservatória do registo automóvel competente, a qual lavrará o *registo* correspondente (art.° 19.°, n.° 3).

---

[1] Cfr., neste sentido, Joel Timóteo R. Pereira, Prontuário, vol. II cit., p. 828.

Capítulo IV – Procedimentos cautelares   213

Ocorrendo o *levantamento*, o requerente poderá ser condenado no *pagamento de indemnização ao requerido* quando, atentas as circunstâncias específicas do caso concreto, se venha a demonstrar uma actuação sem a *diligência normal*, ou seja, com ponderação e diligência inferiores às exigíveis face às concretas circunstâncias (art.° 20.° do cit. dip.).

A faculdade que, em caso de caducidade, assiste ao requerido de requerer o levantamento da apreensão, não preclude o direito de proposição da acção principal.

A apreensão está sujeita a *registo* (art.° 5.°, n.° 1, al. f)), do Dec.-Lei n.° 54/75). O processo de execução instaurado e a acção (principal) de resolução proposta não poderão ter seguimento sem que seja requerida a *apensação do procedimento de apreensão*, devidamente instruído (*acompanhado*) *com certidão comprovativa do respectivo registo ou documento* equivalente. Registo esse que se destina, não só a *advertir qualquer futuro interessado* sobre a real situação do veículo, como ainda a permitir o *prosseguimento daqueles meios processuais principais*[1] (cfr. o n.° do art.° 18.°, do dip. cit.).

19.2. Entrega da coisa objecto de locação financeira e cancelamento do registo.

O procedimento para *entrega judicial* e *cancelamento de registo* encontra-se previsto no art.° 21.° do Dec. Lei n.° 149/95, de 24 de Julho, alterado pelos Decretos.-Leis n.°s 265/97, de 2 de Outubro, 285/2001, de 3 de Novembro, e 30/2008, de 25 de Fevereiro.

Utiliza-se este meio processual em situações de incumprimento dos *contratos de locação financeira*, quando o locatário, a quem foi facultada a fruição do bem locado (sem necessidade de pagar, de imediato, a totalidade do preço) deixe de pagar com regularidade as *prestações pecuniárias* a que se comprometeu[2]. Procedimento que abrange, pois, não só os

---

[1] No sentido de que o tribunal competente para o procedimento é o do domicílio do requerido (ainda que subsistente foro convencional de sentido diverso), cfr. o acórdão da RL de 24-1-2008, CJ, n.° 204, Tomo I/2008, p. 82 /Des.ª Fátima Galante.

[2] No sentido da aplicação do procedimento de entrega judicial do Dec.-Lei n.° 149/95 ao próprio contrato-promessa de locação financeira, cfr. o acórdão da RP de 18-10-2001, in www.dgsi.pt / Des. Mário Fernandes.

bens móveis, mas também os *bens imóveis* independentemente da sua destinação, ainda que de âmbito especialmente concebido e circunscrito ao incumprimento de obrigações (relações jurídicas) susceptíveis de qualificação como *contratos de locação financeira* e que pode ser instaurado, como *preliminar* ou como *incidente* da acção principal, no tribunal da área onde acção estiver pendente ou dever ser proposta (art.º 83.º, n.º 1, al. c), do CPC)[1].

A *locação financeira* (*"leasing"*) é um contrato pelo qual uma das partes (locador) se obriga, contra retribuição, a conceder a outra o gozo temporário de uma coisa (por si) adquirida ou construída por indicação desta (locatário) e que esta última pode comprar, total ou parcialmente, no final do prazo convencionado no próprio contrato (cfr. noção do art.º 1.º do Dec.-Lei n.º 171/96, de 6 de Junho)[2]. Contratos esses que podem ser celebrados por *documento particular* (art.º 3.º, n.º 1, do dip. cit., na redacção do art.º 1.º do Dec.-Lei n.º 30/2008, de 25 de Fevereiro). Se reportados a *bens imóveis*, as assinaturas das partes devem ser *presencialmente reconhecidas*, *salvo se efectuadas na presença de funcionário dos serviços do registo* aquando da apresentação do respectivo pedido (n.º 2), devendo ainda a existência de *licença de utilização* ou *de construção do imóvel* ser certificada pela entidade que efectua o reconhecimento ou verificada pelo funcionário dos serviços do registo (n.º 3). Os contratos relativos a bens *imóveis ou a móveis sujeitos a registo* ficam *sujeitos a inscrição* no serviço registral competente (n.º 5).

Arredados estão, pois, do âmbito de aplicação deste procedimento os contratos de *simples aluguer de veículos automóveis*, o *contrato de*

---

[1] Tal como para os procedimentos cautelares em geral (art.º 83.º, n.º 1, alínea c)), também para procedimento para entrega judicial e cancelamento do registo é territorialmente competente o tribunal em que deva ser proposta a acção respectiva e, porque a obrigação de restituição do bem locado resulta directamente do contrato, embora aplicável apenas aquando da sua resolução, esse tribunal é, nos termos dos art.ºs 74.º, n.º 1 e 83.º, n.º 1, o tribunal do domicílio do requerido – cfr. o acórdão da RL de 20-11-2007, in www.dgsi.pt. / Des. Fonseca Ramos.

[2] Cfr., quanto à natureza jurídica deste contrato e sua distinção com figuras afins ou similares, Orlando Gomes/Antunes Varela, Direito Económico, Edição Saraiva, 1977, p. 285 e ss., Antunes Varela, Das Obrigações em Geral, vol. I, 9.ª ed. p. 283, J. Andrade Mesquita, Direitos Pessoais de Gozo, Coimbra, Almedina, 1999, p. 38 e ss e A. Menezes Cordeiro, Manual de Direito Bancário, Coimbra, Almedina, 1998, p. 554 e ss.

aluguer de longa duração (vulgo *"ALD"*), o contrato de *compra e venda a prestações com reserva de propriedade* e, também, o chamado *sale and lease back*[1].

O *efeito antecipatório* subjacente à providência é, nesta sede, particularmente sublimado, em clara ultrapassagem dos princípios da instrumentalidade e da provisoriedade que informam os procedimentos cautelares em geral, já que (se deferida) se permite, através dela, obter antecipadamente o mesmo *efeito material* (entrega do bem) e o mesmo *efeito jurídico* (cancelamento do registo) que normalmente só seriam alcançados com a acção principal[2].

São, assim, dois os *pressupostos* – de verificação cumulativa – para que a providência possa ser decretada: a) – que o contrato de locação financeira se haja *extinguido por resolução ou o decurso do prazo* (de caducidade) sem que tenha sido exercido o direito de compra pelo locatário (art.º 10.º, n.º 1, al. j), do Dec.-Lei n.º 149/95); -b)– que *o locatário não tenha procedido à restituição do bem locado* ao locador. Trata-se, pois, o seu desencadeamento, de um *direito potestativo* que assiste ao locador de, após o *pedido de cancelamento do respectivo registo* (de locação financeira) – a *efectuar por via electrónica*, sempre que as condições técnicas o permitam –, requerer ao tribunal providência cautelar para que seja feita entrega imediata do bem locado (art.º 21.º, n.º 1, do

---

[1] O *ALD* não contém ínsito o direito potestativo de aquisição futura, típico no contrato de *leasing*, não acarretando *ab initio* uma verdadeira transferência de propriedade do bem locado para o obrigado (locatário), podendo contudo, e quando muito, conferir a este uma opção de compra futura. Já na *venda com reserva de propriedade* a transferência futura da propriedade fica, desde logo definitivamente assente (negociada) inter-partes – cfr., neste sentido, o acórdão da RC de 29-2-2000, CJ, Tomo I, p. 39. / Des. SOARES RAMOS. No *sale and lease back*, não existe qualquer terceiro fornecedor, já que quem vende o bem à sociedade de locação financeira é a mesma pessoa que, de imediato, com ela celebra, na qualidade de locatário, um *contrato de leasing* – cfr., quanto a este ponto, J. ANDRADE MESQUITA, Direitos Pessoais de Gozo, Coimbra, Almedina, 1999, p. 40.

[2] Deferida a providência cautelar de entrega de veículo e cancelamento do registo da locação financeira, cumpre ao tribunal proceder às diligências necessárias à concretização de tal medida. Sem prejuízo dos embargos de terceiro, caso se verifiquem os respectivos requisitos, a entrega far-se-à independentemente de quem estiver na detenção efectiva do veículo. A eventual existência de direito de retenção a favor da EMEL para garantia das despesas de parqueamento onde o veículo se encontra não impede que o tribunal diligencie pela efectivação da entrega – cfr. o acórdão da RL, de 2-12-2004, in www.dgsi.pt. / Des. FERNANDA ISABEL PEREIRA.

Dec.-Lei n.º 171/96, na redacção que lhe foi dada pelo art.º 1.º do Dec.--Lei n.º 30/2008, de 25 de Fevereiro).

Com o requerimento, o locador oferece *prova sumária* dos requisitos do n.º 1 do art.º 21.º, excepto da do pedido de cancelamento do registo, já que compete ao tribunal proceder *ex-officio* à *consulta do registo*, a efectuar, sempre que as condições técnicas o permitam, por via electrónica (n.º 2 do cit. art.º 21.º). Não tem o requerente que alegar e provar o *periculum in mora*, já que este é de presumir *juris et de jure*, ex-vi do n.º 4 do art.º 21.º do mesmo Dec.-Lei, uma vez demonstrados aqueles dois requisitos[1-2]. Preenchidos estes[3] – não havendo nesta sede lugar ao *princípio da ponderação relativa dos interesses em jogo*, face à *primazia* (*legal*) dos interesses do locador financeiro[4] –, e provada a extinção do contrato, o juiz decreta a providência, ordenando a restituição do bem locado ao locador, recuperando este a plenitude dos seus poderes sobre o mesmo.

Assim, sem prejuízo da interposição de recurso pelo locatário, *pode o locador*, desde logo, *dispor do bem*, nomeadamente vendendo-o ou dando-o (ou voltando a dá-lo) em locação ou locação financeira (n.º 6 do art.º 21.º do Dec.-Lei n.º 149/95, de 24 de Julho), o que pressupõe que o bem fique na sua *livre disponibilidade*. Daí que, na sequência desse decretamento, deva a secretaria lavrar *termo de entrega da coisa ao locador*, a quem deverá igualmente fazer *entrega de certidão da respectiva decisão*, para que possa requerer o cancelamento do registo na conserva-

---

[1] Cfr. neste sentido, ABRANTES GERALDES, Temas, vol. IV, 3.ª ed. cit., p. 333.

[2] Já assim não será se, em vez da providência de entrega judicial, o requerente (neste caso a locadora) impetrar a concessão de uma providência inominada de apreensão judicial de veículo; nesta hipótese, terá, não só que alegar a continuação do uso do veículo pelo locatário, com a sua crescente desvalorização, como ainda que a conduta do requerido (locatário) iria tornar impossível, ou muito difícil, o ressarcimento da requerente pelos prejuízos advenientes da demora na entrega do veículo – cfr., neste sentido, o acórdão da RP, de 27-11-2003 – Proc. 0335609, in www.dgsi.pt / Des. FERNANDO BAPTISTA.

[3] Para a providência cautelar de entrega judicial e cancelamento de registo, prevista no art.º 21.º do Dec.-Lei nº 149/95, de 24 de Junho, não é necessária a alegação e prova dos requisitos legalmente exigidos para as providências cautelares não especificadas reguladas no CPC. O locador que tenha resolvido o contrato de locação financeira por incumprimento do locatário tem a faculdade de requerer a providência cautelar a fim de obter decisão judicial restrita ao cancelamento do registo de locação financeira quando, apesar de ter havido entrega do bem, haja oposição do locatário ao reconhecimento da resolução do contrato e/ou ao cancelamento do registo da locação financeira".

[4] Cfr. ABRANTES GERALDES, Temos, vol. IV cit., pp. 335-336.

tória competente[1]. Para o cancelamento do registo com fundamento na resolução do contrato por incumprimento, é documento bastante a *prova da comunicação da resolução à outra parte – declaração unilateral receptícia* (art.º 17.º, n.º 2, do Dec.-Lei n.º 149/95, na redacção que lhe foi dada pelo art.º 1.º do Dec.-Lei n.º 30/2008, de 25 de Fevereiro).

Se se tratar de *bem móvel não sujeito a registo*, a providência concretiza-se com a simples entrega do bem ao locador. Já se tiver por objecto (aquisição e sucessivas transmissões) *bem imóvel ou móvel sujeitos a registo* obrigatório, para além da entrega do bem ao locador, será ainda necessário proceder ao cancelamento do registo de locação financeira, nos termos do art.º 2.º, n.º 1, al. l) do CRPred., no caso de *imóveis*, e no do art.º 5.º, n.ºs 1, al. d) e 2 do Dec. Lei n.º 54/75, de 24 de Fevereiro, com as alterações introduzidas pelo Dec. Lei n.º 461/82, de 26 de Novembro, relativamente a *veículos automóveis*. Nesses casos específicos, o extracto da inscrição registral deve mencionar o prazo e a data do seu início, bem como que o cancelamento do registo se faz por averbamento à respectiva inscrição (art.ºs 2.º, n.º 1, al. l), 95.º, n.º 1, al. o) e 101.º, n.º 1, al. m) e n.º 2, al. a), do CRPred.). Igual exigência é de formular se se tratar da locação financeira de *veículos automóveis* e da transmissão dos direitos dela emergentes, porque também elas sujeitas ao registo automóvel obrigatório[2].

Propicia a lei a *utilização preferencial das vias electrónicas*, quer para a *apresentação* dos pedidos de cancelamento, quer para a *verificação* do cancelamento (em caso de acção judicial) através de consultas por tais vias, assim se dispensando o envio de *documentos e certidões em papel* pelos requerentes ou autores, bem como o *suporte de papel* para a comunicação entre o tribunal e a conservatória competente.

Podendo o *cancelamento do registo* ser efectuado pelas vias administrativas normais, torna-se *desnecessária a propositura de qualquer acção judicial* (*declarativa*) para esse fim.

---

[1] A existência de um seguro-caução a favor do locador não constitui obstáculo à entrega do bem, não pondo assim em causa a eficácia da medida cautelar – cfr., nste sentido, o acórdão da RL de 28-1-99, CJ, Tomo I, p. 97 / Des. SANTOS BERNARDINO.

[2] Não é, contudo, admissível, no âmbito deste tipo de procedimentos, a aplicação por analogia do procedimento cautelar especificado de apreensão de veículo previsto no Dec.-Lei n.º 54/75, de 12 de Fevereiro – cfr., neste sentido, v.g. o acórdão da RL de 26-5-92, in www.dgsi.pt / Des. ZEFERINO FARIA.

A *audiência do locatário* só terá lugar, em princípio, após o decretamento da providência; só então o tribunal ouve as partes e *antecipa* (normalmente) *o juízo sobre a causa principal*. Redundará quase sempre em completa inocuidade a intentação de uma acção declarativa apenas para prevenir a caducidade de decretada providência cautelar. Isto porque, nos termos do n.º 2 do art.º 21.º, a *antecipação daquele juízo só não terá lugar quando não tenham sido trazidos* (aos autos do procedimento) *os elementos necessários à resolução definitiva do caso* (cfr. n.º 7 do art.º 21.º do Decreto -Lei n.º 149/95, na redacção do art.º 1.º do Dec.-Lei n.º 30/2008, de 25 de Fevereiro). Tudo em ordem a *evitar a duplicação de acções judiciais* que adviria de um procedimento cautelar e de uma acção principal com o mesmo objecto material: a entrega do bem locado ao locador.

Caso o locatário proceda *espontaneamente à entrega do bem*, basta a instauração de procedimento cautelar para o *cancelamento judicial do respectivo registo*[1], pois que a subsistência desse registo (de locação financeira) não torna possível ao locador a comercialização do bem no mercado.

O art.º 410.º, do CPC (caducidade do arresto) porque norma de natureza especial, não tem aplicabilidade no caso da providência de apreensão e entrega de coisa locada e cancelamento de registo, dado estarem em causa procedimentos de escopo substancialmente diverso: – *no arresto*, o arrestante visa a apreensão de bens do devedor, em ordem a garantir a realização efectiva (futura) do direito de crédito; – *na apreensão e entrega de coisa locada* fica (de pronto) satisfeito o direito do credor, o qual, uma vez na detenção da coisa, desta poderá, de imediato, dispor a favor de terceiro, podendo assim dar-lhe um diferente destino jurídico (art.º 21.º, n.º 6, do Dec.-Lei n.º 149/95)[2].

Nada obsta a que o tribunal proceda à *convolação* do pedido formulado, decretando a medida cautelar que julgue concretamente mais adequada à situação (cfr. o n.º 2 do art.º 392.º). Pode também o tribunal tornar a execução da providência *dependente da prévia prestação de caução* por parte do requerente, a fim de garantir a indemnização a que o

---

[1] Cfr. o acórdão da RL de 28-10-2003, CJ, Tomo IV, p. 121 / Des. AZADINHO LOUREIRO.

[2] Cfr. o acórdão da RL de 22-3-2007, in www.dgsi.pt. / Des. FRANCISCO MAGUEIJO.

Capítulo IV – Procedimentos cautelares

requerido tenha direito (art.º 387.º, n.º 3), caução essa que pode consistir no depósito de quantia pecuniária adequada ou numa das modalidades previstas no art.º 623.º do CC. Mas já não poderá a decretada providência ser *substituída por caução*[1].

A *extinção definitiva da acção principal* não implica a *extinção da decretada providência cautelar* ainda não executada, impondo-se, assim, que nos autos do procedimento se diligencie pela efectiva apreensão (por ex. do veículo) até que se demonstre a impossibilidade da sua efectivação, não se justificando, até por razões de economia processual, que o requerente seja onerado com a necessidade de instaurar acção executiva para entrega de coisa certa[2-3].

Também, neste âmbito, se a providência se revelar injustificada ou vier a caducar por facto imputável ao requerente, o requerido pode ser indemnizado nos termos gerais (390.º, n.º 1)[4].

19.3. Nomeação de administrador provisório e outras medidas cautelares em processo de insolvência

Por *iniciativa do juiz* ou a *solicitação do requerente* da insolvência, podem ser ordenadas as *medidas cautelares* adequadas a impedir «o agrava-

---

[1] Cfr. ABRANTES GERALDES, Temas, vol. IV cit., pp. 336-337.

[2] Cfr., neste sentido, o acórdão da RL de 13-11-2007, in www.dgsi.pt / Des. ANA RESENDE. Não ocorre, pois, inutilidade superveniente da lide no procedimento cautelar face ao trânsito em julgado da sentença, pois que tal procedimento, pela sua natureza e estrutura, dispensa a instauração de acção executiva para entrega de coisa certa, visto que a finalidade desta é assegurada pelo apreensão do bem no procedimento cautelar, ou seja, a providência cautelar esgota, na sua antecipação, a execução da decisão definitiva que se revelaria um acto inútil – cfr., neste sentido, também o acórdão da RL, de 18-9-2007, in www-dgsi.pt. / Des. ORLANDO DO NASCIMENTO.

[3] Num contrato de locação financeira, o bem locado é propriedade do locador até ao termo do prazo acordado. O locador não pode resolver o contrato de locação, após a declaração de insolvência, com base na falta de pagamento da rendas devidas – cfr. o acórdão da RE de 12-7-2007, in www.dgsi.pt. / Des. SILVA RATO. De resto, o bem locado (um veículo automóvel) não é susceptível de integrar a massa falida e a decretada providência não é uma acção executiva propriamente dita – cfr., neste sentido, o acórdão da RE de 3-5-2007, in www.dgsi.pt. / Des. MATA RIBEIRO.

[4] Porquanto a forma específica prevista no Dec.-Lei n.º 149/95, de 24 de Junho, foi revogada pelo Dec. Lei n.º 265/97, de 2 de Outubro.

220   *Direito Processual Civil*

mento da situação patrimonial do devedor» no período anterior à emissão da sentença de declaração de insolvência. Isto desde que haja «justificado receio da prática de *actos de má-gestão*» por banda do devedor-requerido – cfr. o n.º 1 do art.º 31.º do Código da Insolvência e da Recuperação de Empresas (CIRE) aprovado pelo Dec.Lei n.º 53/2004, de 18 de Março, depois alterado pelo Dec.-Lei n.º 200/2004, de 18 de Agosto.

Tais *medidas cautelares* podem traduzir-se «na nomeação de um *administrador judicial provisório* com poderes exclusivos para a administração do património do devedor ou para assistir o devedor nessa administração» – cfr. o n.º 2 do citado preceito. E ser adoptadas *previamente à citação do devedor*, se tal antecipação se afigurar indispensável para não pôr em risco o seu efeito útil», não podendo, contudo, o acto de citação ser dilatado por mais de 10 dias relativamente ao prazo legal e normal para a sua realização (n.º 3), podendo ainda essa adopção *preceder a própria distribuição* a pedido do requerente em caso justificado como tal reconhecido pelo juiz do processo.

A medida de nomeação do *administrador provisório* e os poderes a este conferidos assumem, pois, *carácter antecipatório*, pois que antecipa os efeitos da nomeação de um administrador da insolvência a decretar ulteriormente, ainda que destinada à salvaguarda do património do devedor e assim assumir contornos conservatórios. Providência que é decretada *sem audiência prévia* do devedor, em ordem a assegurar o respectivo *efeito útil* (*eficácia*).

A *escolha pertence ao juiz* do processo, devendo recair em «pessoa ou entidade inscrita em lista oficial de administradores da insolvência», eventualmente sob proposta do requerente na petição (art.º 32.º, n.º 1 do CIRE). As suas *funções* subsistirão até que seja proferida a sentença declaratória de insolvência (salvas as possibilidades de substituição ou remoção anteriormente a esse *dies ad quem* ou mesmo da respectiva recondução como *administrador da insolvência*) – cfr. o n.º 3 do art.º 32.º do dip. cit..

Se tais funções se traduzirem *na administração do património do devedor*, o administrador «deve providenciar pela manutenção e preservação desse património e pela continuidade da exploração da empresa, salvo se considerar que a suspensão de actividade é mais vantajosa para os interesses do credor e tal medida for autorizada pelo juiz» (cfr. o art.º 33.º, n.º 1, do CIRE). Se consistirem apenas na prestação de *assistência ao devedor na administração do seu património*, as respectivas compe-

Capítulo IV – Procedimentos cautelares 221

tências e deveres serão fixados pelo juiz, o qual deverá, ou especificar os actos que não podem ser praticados pelo devedor sem aprovação do administrador provisório ou estipular, de modo genérico, a proibição de todos os actos «que envolvam a alienação ou a oneração de quaisquer bens ou a assunção de novas responsabilidades que não sejam indispensáveis à gestão corrente da empresa» (cfr. o n.º 2 do mesmo art.º 33.º). Em ambas as modalidades funcionais, assiste ao administrador «o *direito de acesso à sede e às instalações* empresariais do devedor e de proceder a quaisquer inspecções e a exames, designadamente dos elementos da sua contabilidade», ficando o devedor «obrigado a fornecer-lhe todas as informações necessárias ao desempenho das suas funções» (cfr. o n.º 3 do citado art.º 33.º).

Encontra-se tal medida sujeita a *publicidade e registo* (art.º 38.º), ficando o exercício do cargo de administrador sujeito a *fiscalização pelo juiz* (art.º 58.º) e podendo ainda o administrador ser *responsabilizado «pelos danos causados* ao devedor e aos credores da insolvência e da massa insolvente pela inobservância culposa dos deveres que lhe incumbem» (art.º 59.º, n.º 1). A partir da nomeação, todos os actos praticados pelo devedor (sem a intervenção do administrador provisório quando exigível) «são *ineficazes*, respondendo a massa insolvente pela restituição do que lhe tiver sido prestado apenas segundo as regras do enriquecimento sem causa, salvo se «celebrados a título oneroso com terceiros de boa-fé anteriormente ao registo efectuado nos termos do n.º 2 do art.º 38.º» e não forem susceptíveis de resolução incondicional nos termos do art.º 121.º (cfr. o n.º 6, alíneas a) e b), do art.º 81.º), todos esses preceitos aplicáveis ex-vi do art.º 34.º do citado CIRE.

Secção IV
Procedimentos cautelares dos foros laboral, administrativo, fiscal e penal. Breve referência.

20. Procedimentos cautelares do foro laboral. Enunciação. Execução das respectivas providências.

§1.º – Enunciação.

Reafirma o CPT, nesta sede, o *princípio da subsidiariedade* consagrado no seu art.º 1.º, n.º 2, alíneas a) e b). Assim, aos procedimentos cautelares deste foro aplica-se o regime estabelecido no CPC para o *procedimento cautelar comum»*, «com as especialidades das alíneas a), b) e c) desse mesmo número e as demais previstas nos respectivos n.ºs 2 e 3» (cfr. o n.º 1 do respectivo art.º 32.º). E logo acrescenta, no seu art.º 33.º, que «o disposto no artigo anterior é aplicável aos procedimentos cautelares previstos» na Secção II do do capítulo IV do mesmo diploma. Para, finalmente, o art.º 47.º do mesmo corpo normativo esclarecer que os procedimentos cautelares especificados regulados no CPC, que forem aplicáveis ao foro laboral, seguem o regime estabelecido no CPC.

São, assim, admissíveis no *foro laboral*, a par dos procedimentos cautelares especificados previstos nos art.ºs 34.º e ss. do CPT, também o *procedimento cautelar comum* regulado nos art.ºs 381.º a 392.º do CPC[1].

No que tange aos *procedimentos cautelares especificados*: – por um lado, existem procedimentos regulados no CPC não aplicáveis no foro laboral; é manifestamente o caso da *restituição provisória de posse* (art.ºs 393.º a 395.º do CPC e 1279.º e 1282.º do CC), da *suspensão de deliberações sociais* (art.ºs 396.º a 398.º do CPC), do *embargo de obra nova* (art.ºs 412.º a 420.º do CPC) e dos *alimentos provisórios* (art.ºs 399.º a 402.º do CPC e 2003.º e 2005.º a 2007.º do CC); – por outro, nada obstará à dedução no foro laboral dos procedimentos cautelares de *arresto* (art.ºs 406.º a 411.º), *arrolamento* (art.ºs 421.º a 427.º) e *arbitramento de reparação provisória* (art.ºs 403.º a 405.º), todos esses preceitos do CPC,

---

[1] Cfr., neste sentido, Carlos Alegre, Código de Processo do Trabalho Anotado e Actualizado, Almedina, 2003, pp. 126 e ss.

Capítulo IV – Procedimentos cautelares 223

cujas decretadas providências serão executadas em termos em tudo idênticos aos das suas congéneres do foro comum.

Integrando o elenco dos direitos, liberdades e garantias dos trabalhadores – capítulo III –, o art.º 53.º da CRP garante aos trabalhadores a *segurança no emprego*, proibindo simultaneamente os despedimentos sem justa causa, enquanto que o n.º 1 do art.º 58.º, assegura a todos *o direito ao trabalho*. E daí a instituição pela lei de meios expeditos susceptíveis de prevenir ou atenuar os efeitos danosos de eventuais actuações ilícitas por banda das entidades empregadoras. Entre esses meios, encontram-se os seguintes: a) – *suspensão do despedimento individual* (art.ºs 34.º a 40.º-A do CPT e 351.º a 358.º e 386.º do CT) b) – *suspensão da cessação do contrato por extinção de posto de trabalho* (art.ºs 367.º a 372.º e 386.º do CT) ou por *inadaptação ao posto de trabalho* (art.ºs 34.º a 40.º do CPT e 373.º a 380.º e 386.º do CT); c) – *suspensão do despedimento colectivo* (art.ºs 41.º a 43.º do CPT e 359.º a 366.º do CT); d) – *suspensão de deliberações de assembleias gerais de instituições de previdência ou de organismos sindicais* (art.º 168.º do CPT); e) – *fixação de pensão ou de indemnização provisória* (art.ºs 121.º a 124.º e ss do CPT)[1-2]; f) – *protecção da segurança, higiene e saúde no trabalho* (art.ºs 284.º do CT e 44.º a 46.º, do CPT).

Conforme resulta do art.º 386.º do CT aprovado pela Lei n.º 7/2009, de 12 de Fevereiro (CT), o trabalhador, seja qual for o motivo que determinou o despedimento (despedimento por facto imputável ao trabalhador, despedimento colectivo, despedimento por extinção de posto de trabalho, despedimento por inadaptação), pode requerer a *suspensão preventiva do despedimento*, no prazo de 5 dias úteis, contados da recepção da comunicação do despedimento, mediante procedimento cautelar regulado no CPT. Mas, enquanto no domínio do Dec.-Lei n.º 64-A/89, de 27 de Fevereiro (LCCT), havia um preceito legal específico para cada um destes quatro tipos de despedimentos (o art.º 14.º, n.ºs 1 e 2 para o *despedimento por facto imputável ao trabalhador*), o art.º 25.º, n.ºs 1 e 3, para o despedimento por extinção de posto de trabalho, o art.º 33.º para o *despedimento colectivo* e o art. 9.º do Dec.-Lei n.º 400/91, de 16 de

---

[1] Meio algo similar ao do procedimento cautelar de *arbitramento de reparação provisória* previsto e regulado nos art.ºs 403.º e ss.

[2] No âmbito do *processo para efectivação de direitos decorrentes de acidente de trabalho* (art.º 124.º e ss do CPT).

224   *Direito Processual Civil*

Outubro para o *despedimento por inadaptação*), o CT veio unificar, naquele art.º 386.º, as diferentes previsões de procedimento cautelar de suspensão do despedimento, devendo atender-se, conforme os casos, aos regimes processuais constantes dos art.ºs 32.º e 33.º, 34.º a 40.º e 41.º a 43.º do CPT.

Na vigência dos Códigos do Trabalho de 2003 e de 2009, e antes da entrada em vigor das alterações ao CPT introduzidas pelo Dec.-Lei n.º 295/2009, de 13 de Outubro, a *suspensão de despedimento por extinção do posto de trabalho* não se encontrava contemplada em nenhum daqueles regimes. A jurisprudência dominante vinha, contudo, optando pela aplicação do regime previsto nos arts. 41.º a 43.º do CPT para a *suspensão do despedimento colectivo*[1], atenta a similitude destas duas formas de cessação do contrato de trabalho, quer no plano dos procedimentos impostos com vista à cessação da relação a que a entidade patronal deveria obedecer (cfr. os art.ºs 359.º a 366.º do CT), quer no plano dos fundamentos invocados para essa cessação, ambos baseados em razões e circunstâncias de carácter objectivo (mercantis, estruturais e tecnológicas).

Com as alterações introduzidas ao CPT, pelo citado Dec.-Lei n.º 295/2009, de 13 de Outubro, o capítulo IV, relativo aos procedimentos cautelares, foi objecto de significativas alterações de fundo e de forma, maxime na Secção II referente aos *procedimentos especificados*. Consagrou-se agora expressis verbis, nos respectivos arts. 34.º a 40.º-A, a fusão dos procedimentos especificados de suspensão de despedimento (*despedimento-sanção, despedimento por inadaptação, despedimento por extinção do posto de trabalho* e *despedimento colectivo*) num único procedimento nominado – a *suspensão de despedimento*. Procedimento este que comporta sempre oposição e no qual é admitido qualquer meio de prova, ao contrário do que sucedia anteriormente com a suspensão de despedimento-sanção precedido de processo disciplinar, o qual não admitia oposição nem qualquer meio de prova. A única prova que as partes podiam apresentar era a documental, ou seja o processo disciplinar. Simplificou-se agora a tramitação processual, sem prejuízo das garantias das partes.

§2.º – Execução das providências cautelares laborais comuns.

As providências cautelares (*não especificadas*) decretadas na sequência do procedimento cautelar laboral (comum) abrangem uma ampla

---

[1] Cfr. os acórdãos do Tribunal da Relação de Lisboa de 16 de Maio de 2007, Proc. 2.231/07 e de 10-10-2007, in www.dgsi.pt / Des. FERREIRA MARQUES.

Capítulo IV – Procedimentos cautelares

panóplia de situações que contendem com os direitos do prestador de trabalho[1], tais como: *direitos de personalidade*[2], *transferência ilegítima* do local de trabalho, com repercussão directa no estado de saúde do trabalhador ou na maior penosidade na prestação de assistência a familiares incapazes ou doentes; *alteração substancial* do âmbito e das condições da sua prestação; *aplicação da sanção disciplinar* de suspensão exorbitante do quadro sancionatório típico, acompanhada da suspensão do pagamento de salários; *incumprimento voluntário da obrigação de pagamento do salário ou de outras prestações remuneratórias* que coloque o prestador perante graves dificuldades de subsistência ou ponha em causa a função alimentar da retribuição; *grave violação das normas sobre os períodos de descanso diário ou semanal*; *grave violação das normas sobre protecção da maternidade ou da paternidade*; *desrespeito pelas regras sobre qualificação profissional do trabalhador,* com resultados vexatórios ou esvaziamento das tarefas adstritas ao trabalhador de permanência no local de trabalho.

No fundo, o receio de lesão grave e de difícil reparação dos direitos laborais, que pode manifestar-se, quer antes da propositura, quer na pendência de uma acção já proposta.

Apresentado o requerimento – e não havendo lugar a *rejeição liminar* ou a *despacho de aperfeiçoamento* –, é, desde logo, designado dia para a audiência final. Pode o juiz *dispensar a audiência prévia* e determinar a *imediata produção da prova* (se tal se revelar conveniente para o êxito da providência a decretar); caso contrário, deverá o requerido ser *citado* para deduzir oposição e comparecer pessoalmente na audiência. Também, nesta sede, será de observar o princípio da *ponderação relativa dos interesses em jogo*, devendo o juiz pautar-se, na análise dos pres-

---

[1] Não é hoje de colher o entendimento de que é possível no procedimento cautelar de suspensão de despedimento individual não precedido de processo disciplinar, ou no de despedimento colectivo, decidir, ainda que com carácter provisório, questões como a natureza da relação contratual ou a causa da sua cessação, quando os trabalhadores entendem não ser real a invocada pela entidade patronal – cfr. o AC UNIF JURISP do STJ, de 1-10-2003-4.ª Sec, DR, 1.ª Série, de 12-11-2003, – tendo este aresto entendido ainda que «o trabalhador despedido (individual ou colectivamente) "pode socorrer-se do procedimento cautelar de suspensão de despedimento desde que esta seja invocada pela entidade patronal para cessação da relação laboral ou, na sua não indicação, se configure a verosimilhança de um despedimento", in www.dgsi.pt. / Cons.º AZAMBUJA FONSECA.

[2] Cfr. R. CAPELO DE SOUSA, O Direito Geral de Personalidade, p. 100.

226 *Direito Processual Civil*

supostos de facto e de direito, por *critérios de mera verosimilhança* (art.º 387.º, n.ºs 1 e 2).

Pode a *execução da decretada medida cautelar ficar condicionada à prévia prestação de caução* por banda do requerente (cfr. o n.º 2 do art.º 390.º). Prevenindo a hipótese de não acatamento da providência por banda da entidade empregadora requerida, pode o trabalhador deduzir, logo no requerimento inicial, o pedido de condenação dessa entidade no pagamento de uma *sanção pecuniária compulsória* ao abrigo do disposto nos art.ºs 384.º, n.º 2, do CPC e 829.º-A do CC. Pode ainda o empregador vir a ser punido no âmbito de *processo contra-ordenacional* a instaurar mediante denúncia das infracções cometidas junto das autoridades competentes, tais como a ACT e a ASAE, sendo ainda passível de aplicação de uma pena de prisão por crime de *desobediência qualificada*, nos termos do art.º 391.º.

Tal como no processo civil comum, a providência *caducará*, com a consequente inexigibilidade do seu acatamento, caso a acção principal não seja tempestivamente instaurada, respondendo o trabalhador pelos *danos* que causar (art.ºs 389.º, n.º 1, al. a), 390.º, n.º 1, do CPC e 40.º-A do CPT). Se verificados os requisitos do n.º 3 do art.º 387.º, pode (*in abstractum*) ser requerida a *substituição da decretada providência por caução*[1].

No âmbito da *execução da decisão* que decrete providência cautelar comum, observar-se-á, consoante os casos, o disposto nos art.ºs 89.º (notificação oficiosa do credor para a nomeação de bens do devedor à penhora) ou 97.º (execução baseada em título diverso do da sentença), ambos do CPT.

§3.º – Execução das providências cautelares laborais especificadas.

a) – As suspensões de despedimento individual e de despedimento colectivo.

As *suspensões de despedimento individual* e *de despedimento colectivo* são decretadas a requerimento do trabalhador despedido no *prazo de*

---

[1] Solicitação, todavia, que só em contados casos merecerá acolhimento, face à natureza (normalmente) imaterial dos interesses em jogo.

Capítulo IV – Procedimentos cautelares

5 dias úteis a contar do recebimento da comunicação da cessação do contrato de trabalho por parte da entidade empregadora (art.º 386.º do CT).

O juiz decretará a suspensão quando – após ponderação de todas as circunstâncias relevantes – concluir pela possibilidade séria de ilicitude do despedimento, designadamente: a) – pela provável inexistência de processo disciplinar ou pela sua provável nulidade[1]; b) – pela provável inexistência de justa causa de despedimento (art.ºs 38.º, n.º 1 e 39.º, n.º 1, do CPT)[2-3].

Quanto à *segunda* (*despedimento colectivo*), o seu decretamento tem por fundamento, tão-somente, o desrespeito das regras do iter procedimental ao mesmo conducentes, isto é, das formalidades constantes do art.º 383.º do CT (cfr. a al. c) do n.º 1 do art.º 39.º do CPT).

O *requerimento*, contendo os fundamentos geradores da ilegalidade do acto de despedimento, culmina com a formulação do pedido da respectiva *suspensão da sua eficácia*, com as consequentes reintegração do trabalhador no posto de trabalho e subsistência do vínculo laboral interrompido. Nada impede, tendo em vista a efectiva coercibilidade da decisão favorável ao requerente, a formulação de um pedido acessório de aplicação de *sanção pecuniária compulsória*, nos termos do art.ºs 384.º, n.º 2, do CPC e 829.º-A do CC[4].

Se for invocado *despedimento precedido de processo disciplinar*, o juiz, no despacho em que ordene a citação do requerido para se opor e designar dia para a audiência final, ordena a sua notificação para, no prazo da oposição, *juntar o procedimento*, o qual será depois *apensado* aos autos (art.º 34.º, n.º 2, do CPT). Sendo invocado *despedimento não precedido de processo disciplinar*, o juiz ordena a citação do requerido

---

[1] «Estando em causa uma questão de vínculo laboral, é da competência dos tribunais de trabalho a apreciação/decisão de um procedimento cautelar deduzido pelo reitor de uma cooperativa de uma universidade contra uma decisão desta determinativa da suspensão do requerente desse cargo» – cfr. o acórdão da RP de 3-3-2005, CJ, Tomo II/ /2005, p. 163 / Des. GONÇALO SILVANO.

[2] Sobre este tipo de procedimento cautelar e respectivos requisitos, versus a garantia do princípio do contraditório em processo disciplinar, cfr. o acórdão da RP de 5-3-2007, CJ, Tomo II/2007, p. 223. / Des. FERNANDES ISIDORO.

[3] Sobre o requisito "probabilidade séria de inexistência de justa causa", cfr. o acórdão da RP de 21-2-2005, CJ, Tomo I/2005, p. 232 / Des. MACHADO DA SILVA.

[4] Cfr. ABRANTES GERALDES, Temas, vol. III, cit., pp. 172 e ss.

para deduzir, querendo, oposição, designando, no mesmo despacho, data para a audiência final, a qual deve realizar-se no prazo de 15 dias (art.º 34.º n.º 1, do CPT). Poderá, assim, a entidade patronal invocar, v.g., o abandono do local de trabalho por parte do requerente ou, quiçá mesmo, a inexistência de qualquer vínculo jurídico-laboral.

Tratando-se de *despedimento colectivo por extinção do posto de trabalho e por inadaptação*, o juiz notifica o requerido para, no prazo da oposição, juntar aos autos os *documentos comprovativos do cumprimento das formalidades legais* (art.º 34.º, n.º 3, do CPT). Tudo sob a *cominação* do decretamento da providência, a menos que o não cumprimento seja justificado até ao termo do prazo da oposição, hipótese em que o juiz decide com base nos elementos constantes dos autos e na prova que oficiosamente determinar (art.º 38.º, n.ºs 1 e 2, do CPT).

As partes podem *apresentar qualquer meio de prova*, sendo limitado a três o número de testemunhas por cada uma delas (art.º 35.º, n.º 1, do CPT). Pode contudo o tribunal, ex-officio ou a requerimento fundamentado das partes, determinar a produção de quaisquer meios de prova que considere indispensáveis à decisão (art.º 35.º, n.º 2, do CPT).

A *oposição*, acompanhada do processo disciplinar, será apresentada no *início da audiência final* (art.º 32.º, n.º 1, al. b), do CPT). Na audiência, realizar-se-á uma *tentativa de conciliação*. Nos casos de inadmissibilidade de oposição, as partes são advertidas para *comparecerem pes-soalmente* na audiência ou, no caso de justificada impossibilidade, se fazerem representar por mandatário com poderes especiais para confessar, desistir ou transigir[1] (art.º 33.º, n.º 2 e 36.º, n.ºs 1 e 2, do CPT).

A *falta de comparência injustificada do requerente*, ou de ambas as partes, determina o *indeferimento imediato* da providência (art.º 37.º, n.º 1, do CPT). Mas, se a *falta injustificada* (no próprio acto) *for do requerido ou se este se não fizer representar por mandatário com poderes especiais*, a providência é julgada *procedente*, salvo se tiver havido cumprimento do disposto nos n.ºs 2 e 3 do art.º 34.º, caso em que o juiz

---

[1] No acórdão da RL, de 24-3-93, CJ, tomo II, p. 159 / Des. DINIZ ROLDÃO, julgou--se insuficiente a representação de uma sociedade pelo seu advogado munido de documento. Já no acórdão da RE, de 3-4-2001, CJ, Tomo II, p. 275 / Des. BAPTISTA COELHO se admitiu a representação de uma pessoa colectiva por pessoa estranha à administração.

decide com base nos *elementos constantes dos autos* e na *prova que oficiosamente determinar* (art.º 37.º, n.º 2, do CPT).

Certificando-se o juiz da capacidade das partes e da legalidade do resultado da conciliação, *não se mostra necessária a homologação* para que o resultado seja vinculativo para ambas as partes (cfr. o n.º 2 do art.º 52.º do CPT).

A *decisão de direito, sucintamente fundamentada*, deve ser *imediatamente ditada para a acta* (al. c) do n.º 1, do art.º 32.º, do CPT), podendo, porém, a decisão ser proferida no prazo de 8 dias se a complexidade do processo tal justificar, desde que não hajam decorrido mais de 30 dias a contar da entrada do requerimento inicial (art.º 36.º, n.º 3).

O decretamento da suspensão do despedimento assentará – face à prova produzida – em critérios de *séria probabilidade* de que o fundamento invocado pela entidade patronal para o despedimento não reveste os requisitos impostos pela lei laboral[1]. Sendo *desfavorável* ao requerente, a decisão manterá o *statu quo*, sem embargo de, na acção principal, se poder vir a confirmar a inexistência de justa causa de despedimento ou a verificação de qualquer outro fundamento justificativo da impugnação. Já se a providência for *julgada procedente,* implicará a reconstituição provisória do vínculo jurídico-laboral, com as inerentes regalias, designadamente em termos remuneratórios.

Quer a *suspensão do despedimento individual*, quer a *suspensão do despedimento colectivo*, visam, primordialmente, a *manutenção do vínculo laboral* nas situações a que se reportam os art.ºs 351.º e 359.º do CT. Não obstante, a decisão que decrete a suspensão do despedimento (individual ou colectivo) surte força executiva no que concerne às retribuições *em dívida*. Assim, até ao último dia do mês subsequente, deve a entidade patronal comprovar nos autos o pagamento dos *salários em dívida* (*vencidos e vincendos*), sob pena de procedimento executivo nos

---

[1] Cfr., v.g., o acórdão da RE de 23-5-00, CJ, Tomo III, p. 288 / Des. Gonçalves da Rocha. Tratando-se de trabalhador que seja representante sindical, membro da comissão de trabalhadores ou representante dos trabalhadores para a segurança, higiene e saúde no trabalho, a suspensão apenas deixará de ser decretada "se o tribunal concluir pela existência de probabilidade séria de verificação da justa causa invocada nos lermos do art.º 456.º, n.º 3, do CT e do art.º 282.º da Lei n.º 35/04, de 29 de Julho. Já se se tratar de despedimento de trabalhadora grávida, puérpere ou lactante, a suspensão apenas não será decretada se, para além desse requisito, o despedimento obtiver parecer favorável da entidade referida no art.º 51.º, n.º 1, do CT (n.º 6).

230   *Direito Processual Civil*

termos dos art.ºs 39.º, n.º 2 e 89.º e ss. do CPT, em ordem a produzir eficácia até à prolação da decisão final na acção principal[1]; caso o não faça, procederá a secretaria, independentemente de despacho, à notificação do trabalhador para *nomear à penhora* bens dessa entidade necessários ao pagamento montante salarial em dívida, iniciando-se a execução precisamente com essa nomeação, sendo a execução (com trato sucessivo) renovada para pagamento dos salários entretanto vencidos e não satisfeitos (art.ºs 39.º, n.ºs 2 e 3, 43.º e 89.º do CPT).

O *prestador* fica, porém, *vinculado a retomar o trabalho no dia imediato* ao do trânsito em julgado da decisão, sob pena de, não o fazendo, incorrer em faltas injustificadas. Por seu turno, *sobre o empregador*, para além da obrigação de pagamento dos *salários vencidos e vincendos* ao trabalhador despedido[2], impende o dever de assegurar que o trabalhador exerça efectiva e normalmente a sua actividade laboral (art.ºs 389.º e ss do CT). Caso a entidade patronal não proceda a essa reintegração, e porque se trata de uma *obrigação de prestação de facto infungível positivo*, haverá lugar à sua condenação no pagamento de *sanção pecuniária compulsória*, se tal for requerido pelo trabalhador (art.º 384.º, n.º 2).

Poderá, contudo, a entidade empregadora – se se tratar de uma *micro-empresa ou de trabalhador que ocupe cargo de administração ou de direcção* – opor-se à reintegração, mediante justificação de que o regresso do trabalhador é gravemente prejudicial e perturbador para a prossecução da actividade empresarial (art.º 392.º, n.º 1, do CT).

Ao *recurso* pela entidade patronal eventualmente interposto da decisão cautelar pode vir a ser atribuído *efeito suspensivo*, mediante o *depósito* à ordem do tribunal, na Caixa Geral de Depósitos (no acto de interposição) da quantia correspondente a *seis meses de retribuição salários ou vencimentos*, acrescida das correspondentes *contribuições para a segurança social*, podendo *requerer ao tribunal, por força do depósito, o pagamento da retribuição a que normalmente teria direito*; mas, caso a providência de suspensão do despedimento venha a ser revogada, *o trabalhador não está obrigado a proceder à restituição das quantias entretanto recebidas* (art.ºs 40.º, n.ºs 2 e 3 e 43.º do CPT).

---

[1] Cfr. o acórdão do STJ de 22-6-2005, CJSTJ, Tomo II, p. 266 / Cons.º MÁRIO PEREIRA.

[2] Cfr. ABÍLIO NETO, Código de Processo de Trabalho Anotado, 2.ª ed., cit. p. 78.

O trabalhador pode *opor-se ao despedimento individual* no prazo de sessenta dias, contados da recepção da comunicação do despedimento ou da data da cessação do contrato (art.º 387.º do CT). A *acção de impugnação de despedimento colectivo* deve, por seu turno, ser intentada no prazo de seis meses contados da data da cessação do contrato (art.º 388.º, n.º 2, do CT). Prazos esses que se não se interrompem, nem com o requerimento, nem com o decretamento da providência de reintegração provisória. Mas, uma vez decretada alguma dessas providências cautelares, devem os trabalhadores (provisoriamente reintegrados) retomar a sua situação laboral e, sob pena de *caducidade* daquelas, propor, no prazo de 30 dias, a acção principal nos termos da al. a) do n.º 1 do art.º 389.º.

Sem prejuízo da *capacidade judiciária activa dos menores de 16 anos* e da sua *representação pelo Ministério Público quando de idade inferior* face à incúria do respectivo representante legal (art.º 2.º, n.ºs 1 e 2, do CPT), há a realçar que «as *estruturas de representação colectiva dos trabalhadores*, ainda que destituídas de personalidade jurídica, gozam de *capacidade judiciária activa e passiva*» (cfr. o art.º 2.º-A do CPT, introduzido pelo art.º 2.º do Dec.-Lei n.º 295/2009, de 13 de Outubro).

O procedimento cautelar *extingue-se* e, quando decretada a providência, *caduca* se o trabalhador não propuser a acção de impugnação do despedimento colectivo (da qual a providência depende) no prazo de 30 dias, contados da data em que lhe tenha sido notificada a decisão que a tenha ordenado (art.º 40.-A do CPT, introduzido pelo art.º 2.º do citado Dec.-Lei n.º 295/2009). *Extinção* e *caducidade* essas às quais são aplicáveis, nos demais casos, as regras do CPC não incompatíveis com a natureza do processo do trabalho (cfr. o n.º 2 do mesmo preceito).

b) – Protecção da segurança, higiene e saúde no trabalho.

Ao procedimento cautelar nominado para *"protecção da segurança, higiene e saúde no trabalho* (art.ºs 284.º do CT e 44.º a 46.º do CPT) subjaz o perigo sério e iminente de as instalações, locais e processos de trabalho afectarem a segurança, higiene ou a saúde dos trabalhadores garantidas pelos art.ºs 127.º, n.º 1, alíneas f) e g) e 281.º a 284.º do CT. Isto sendo certo que é a postergação das regras correspondentes a tais direitos que se encontra na génese da maioria dos acidentes de trabalho e das doenças profissionais. Daí que sobre as entidades empregadoras recaiam os *deveres específicos de informação, consulta e formação*

232   *Direito Processual Civil*

contemplados no art.º 282.º, do CT, tendo em conta a respectiva evolução técnica com vista a obviar a tais consequências danosas (cfr. o n.º 3, do mesmo preceito)[1].

Sempre que manifestado ou evidenciado tal perigo, poderão os trabalhadores (agindo a título individual ou colectivo) ou os seus representantes, solicitar ao tribunal a adopção da providência que, perante a gravidade da situação e as demais circunstâncias do caso, revele ser a adequada a prevenir ou a afastar o perigo em causa (art.º 44.º, n.º 1, do CPT)[2-3].

Antes de decretar a providência cautelar, deve o juiz solicitar à Autoridade para as Condições de Trabalho (ACT) a realização de *exame* (técnico) sumário às instalações, locais e processos de trabalho, com vista à detecção dos perigos alegados pelo requerente (art.º 45.º, n.º 1, do CPT)[4]. No respectivo relatório, a ACT deverá, por seu turno, sugerir as medidas adequadas e convenientes à prevenção ou afastamento dos perigos denunciados, o que, após produção da restante prova, será factor relevante para a decisão do procedimento (art.º 46.º, n.º 1, do CPT).

Não sendo a providência espontaneamente acatada, deverá o magistrado decisor solicitar a *colaboração das autoridades policiais e administrativas* com competência específica na matéria (ASAE, ACT e DGS)), a qual pode incluir o encerramento, parcial ou total, das instalações até à realização das obras julgadas necessárias, a retirada ou eliminação dos focos e agentes mecânicos ou industriais poluentes ou perigosos ou a aquisição ou substituição dos equipamentos inadequados à garantia de um ambiente de trabalho respeitador das normas aplicáveis.

---

[1] A Lei n.º 102/2009, de 10 de Setembro, estabelece o «regime jurídico da promoção da segurança e saúde no trabalho».

[2] Providência inspirada pela Directiva 89/391/CEE, do Conselho, de 12 de Junho, relativa à aplicação de medidas destinadas a promover a melhoria da segurança e da saúde dos trabalhadores no teatro da prestação laboral, depois alterada pela Directiva n.º 2007/30/CE, do Conselho, de 20 de Junho. Ulteriormente estabeleceu-se, no n.º 1 do art.º 31.º da Carta dos Direitos Fundamentais da União Europeia, que "todos os trabalhadores têm direito a condições de trabalho saudáveis, seguras e dignas".

[3] Cfr. AMÂNCIO FERREIRA, Curso, cit., pp. 492 a 494.

[4] Compete primacialmente à Autoridade para as Condições de Trabalho instituída pelo Dec.-Lei n.º 211/2006, de 21 de Outubro (ACT) «promover, controlar e fiscalizar o cumprimento das disposições legais, regulamentares e convencionais respeitantes às relações e condições de trabalho» – cfr. o art.º 3.º, n.º 2, do Dec.-Lei n.º 362-B/2007, de 28 de Setembro.

Capítulo IV – Procedimentos cautelares   233

O decretamento deste tipo de providências não prejudica a responsabilidade civil, criminal, contravencional ou contra-ordenacional que ao caso legalmente couber (art.º 46.º, n.º 2, do CPT).

21. Procedimentos e processos cautelares dos foros administrativo, tributário e penal. Breve referência.

§1.º – Foro administrativo.

No seu título V, capítulo I, prevê e regula o CPTA/2002, nos art.ºs 112.º e ss, os chamados *"processos cautelares"*. Estes, podem ser requeridos por "quem possua legitimidade para intentar um processo junto dos tribunais administrativos", podendo, através deles, solicitar-se «a adopção da providência ou das providências cautelares, *antecipatórias* ou *conservatórias*, que se mostrem adequadas a assegurar a utilidade da sentença a proferir nesse processo» (n.º 1).

E, acrescenta o respectivo n.º 2, que, "além das providências especificadas no CPC (com as adaptações que se justifiquem, nos casos em que se revelem adequadas), as providências cautelares a adoptar podem consistir designadamente na[1]: a) – *suspensão da eficácia de um acto administrativo ou de uma norma*[2]; b) – *admissão provisória em concursos e exames*; c) – *atribuição provisória da disponibilidade de um bem*; d) – *autorização provisória* ao interessado para iniciar ou prosseguir uma actividade ou adoptar uma conduta; e) – *regulação provisória de uma situação jurídica*, designadamente através da imposição à Administração do pagamento de uma quantia por conta de prestações alegadamente devidas ou a título de reparação provisória; f) – *intimação para a adopção ou abstenção de uma conduta* por parte da Administração ou de um particular, designadamente um concessionário, por alegada violação ou fundado receio de violação de normas de direito administrativo.

---

[1] Enumeração não taxativa, mas meramente exemplificativa, tal como desde logo sugere o advérbio *designadamente*.

[2] O trabalhador parte numa relação jurídica de emprego público (função pública) pode requerer a suspensa de eficácia do acto de despedimento perante os tribunais administrativos (cfr. o art.º 273.º RCTFP, aprovado pela Lei n.º 59/2008, de 11 de Setembro).

234   *Direito Processual Civil*

Quando, porém, no processo principal esteja apenas em causa o *pagamento de quantia certa*, sem natureza sancionatória, as providências cautelares são adoptadas independentemente da verificação dos requisitos do n.º 1 do art.º 120.º, se houver sido prestada *garantia* por uma qualquer das formas previstas na lei tributária (n.º 6 do mesma norma).

Tem ainda, neste domínio, plena aplicação a doutrina do n.º 2 do art.º 387.º do CPC, em tudo equivalente à estatuição do n.º 2 do art.º 120.º do CPTA: não obstante o preenchimento alternativo da previsão das alíneas b) ou c) do n.º 1 deste último preceito, as providências podem ser recusadas quando, numa *justa ponderação dos interesses públicos e privados* em presença, o prejuízo delas resultantes para a entidade requerida exceder consideravelmente o dano que com elas o requerente pretenda evitar. Pode, tovavia, o tribunal, atentos os pressupostos do art.º 121.º e depois de ouvidas as partes, *antecipar* (*no seio do próprio processo cautelar*) o juízo sobre a causa principal, decisão esta contudo impugnável nos termos gerais (cfr. os n.ºs 1 e 2 do art.º 121.º do CPTA).

Também, neste âmbito, as normas do CPC funcionam como *lei subsidiária* no preenchimento das lacunas do CPTA, por força da *dupla remissão* dos art.ºs 1.º e 112.º, n.º 2, do CPTA.

§2.º – Foro tributário.

São admitidos em processo judicial tributário procedimentos cautelares avulsos, uns *a favor da administração tributária* (na qualidade de sujeito activo ou credor), outros postos *à disposição dos contribuintes* ou demais obrigados tributários para defesa preventiva dos seus direitos.

Entre os primeiros – com enquadramento no art.º 51.º da Lei Geral Tributária aprovada pelo Dec.-Lei n.º 398/98, de 17 de Dezembro (LGT) –, prevê o art.º 135.º do Código de Procedimento e de Processo Tributário aprovado pelo Dec.-Lei n.º 433/99, de 26 de Outubro (CPPT), o *arresto* (al. a)) – art.ºs 136.º a 139.º – e o *arrolamento* (al. b)) – art.ºs 140.º a 142.º[1].

Entre os segundos, contém-se no art.º 147.º do mesmo diploma a chamada *"intimação para um comportamento"*, sendo que o disposto nesse artigo, por força do respectivo n.º 6, «se aplica, com as necessárias adaptações, às providências cautelares a favor do contribuinte ou demais

---

[1] Sobre o arresto na execução fiscal, veja-se o art.º 214.º do CPPT.

Capítulo IV – Procedimentos cautelares

obrigados tributários, devendo o requerente invocar e provar o *fundado receio de uma lesão irreparável* do seu direito por mor da actuação da administração tributária» (sic).

Ao contrário do que sucede no contencioso administrativo, não se prevê no processo judicial tributário, o incidente/procedimento cautelar de *suspensão de eficácia* dos actos.

E, também nesta sede, essa lei adjectiva remete expressamente para o CPC como lei supletiva (art.º 2.º, al. e)).

§3.º – Foro penal.

Prevê o CPP, nos seus art.ºs 227.º e 228.º, duas medidas cautelares de natureza patrimonial: a *caução económica* e o arr*esto preventivo*[1]. *O interesse em agir* subjacente a estas medidas reside no fundado receio de *perda da garantia do pagamento da pena pecuniária, das custas do processo ou de qualquer outra dívida* para com o Estado, bem como pelo *pagamento da indemnização ou de outras obrigações civis derivadas do crime.*

Providências que só podem ser decretadas pelo juiz, a requerimento do Ministério Público ou do lesado, a elas podendo ser sujeitos, tanto *o arguido*, como os *terceiros responsáveis* e que subsistem até à decisão final absolutória ou até à extinção das referidas obrigações.

A *caução económica*, prestada a requerimento do Ministério Público, aproveita também ao lesado. O *arresto preventivo* possui *natureza subsidiária* relativamente à caução económica, não podendo, por isso, ser decretado se a caução económica anteriormente imposta já houver sido prestada, e ficando sem efeito a partir do momento dessa prestação. O arresto preventivo penal é decretado nos termos da lei do processo civil, ex vi do n.º 1 do art.º 228.º do CPP, com observância, pois, do disposto nos art.ºs 406.º e ss. do CPC[2].

---

[1] Sobre estas medidas cautelares, cfr: GERMANO MARQUES DA SILVA, Curso de Processo Penal, II, 2.ª edição, pp. 307 e ss; SIMAS SANTOS e LEAL HENRIQUES, CPP Anotado, vol. I, 2.ª ed. pp 1095 e ss, Maia Gonçalves, CPP Anotado e Comentado, 11.ª ed., pp. 467 e ss, e RITA BARBOSA DA CRUZ, O Arresto, in o Direito, ano 132.º, vol. 1, pp. 171 e ss.

[2] Não pode ser arrestado – com o fim de garantir as penas pecuniárias impostas ao arguido em processo penal – um automóvel anteriormente vendido a terceiro pelo arguido

Se *fixada* previamente *caução económica* nos termos do art.º 227.º do mesmo CPP (que não chegou a ser *prestada*), o requerente (do arresto preventivo) fica dispensado de provar o *periculum in mora,* não tendo, pois, de alegar factos que justifiquem o fundado receio da perda patrimonial, mas apenas que o requerido não prestou a caução económica[1], ex vi do disposto no referido n.º 1, in fine, do art.º 228.º ainda do CPP[2-3].

Também pode ser decretado o *arresto,* na totalidade ou em parte, dos *bens do arguido,* caso se mostre necessário para desmotivar a situação de contumácia (art.º 337.º, do CPP).

---

e devidamente registado a favor do adquirente – cfr. o acórdão da RE de 7-3-2002, in www.dgsi.pt. /. Des. SILVEIRA VENTURA.

[1] Cfr., v.g. o acórdão da RL de 19-10-2000 / Des. FERREIRA MESQUITA, CJ, Tomo IV, p. 150, acerca de um arresto de um crédito resutante de um contrato-promessa.

[2] Cfr. neste sentido, os acórdãos da RC de 2-11-2005, in CJ, Tomo V, p. e da RP de 28-6-2006, CJ, Tomo III/2006, P. 237/ Des. JORGE JACOB.

[3] Sufragando a subsidiarieadade do arresto preventivo (art.º 228.º do CPP), relativamente à caução económica (art.º 227.º do CPP), cfr. os acórdãos da RP de 20-11-96, CJ, Romo V, p. 239 / Des. PEREIRA MADEIRA e da RL de 4-10-2006, Proc. 7317/2006 – 3.ª Sesc., in www.dgsi.pt. / Des. CONCEIÇÃO GOMES.

Capítulo V
Princípios fundamentais de processo civil[1].

SUMÁRIO: **22.** Princípios dispositivo e inquisitório. **22.1.** Princípio dispositivo. Princípio do pedido. **22.2.** Princípio do inquisitório ou da oficialidade. **22.3.** Limitações legais aos princípios dispositivo e inquisitório. **23.** Princípio da auto-responsabilidade das partes. **24.** Príncipio do contraditório. **25.** Princípio da igualdade das partes. **26.** Princípio da preclusão. **27.** Princípio da legalidade das formas processuais. **28.** Princípio da economia processual. **29.** Princípio da celeridade processual. **30.** Princípio da livre apreciação das provas. **31.** Princípio da aquisição processual. **32.** Princípio da imediação. **33.** Princípios da concentração, da oralidade, da identidade do juiz e da continuidade e da publicidade da audiência e do processo. **34.** Princípio da cooperação. Dever de boa-fé processual. Dever de recíproca correcção. **35.** Uso anormal do processo. **35.1.** Simulação do processo. Fraude processual. **35.2.** Litigância de má-fé.

Secção I
Princípios relativos ao impulsionamento e dinâmica da instância.

22. Princípios dispositivo e inquisitório.

22.1. Princípio dispositivo. Princípio do pedido.

O tribunal só pode resolver o conflito de interesses subjacente à acção se a respectiva resolução lhe for solicitada (pedida) por uma das

---

[1] Nomenclatura e catalogação aproximadas das de MANUEL DE ANDRADE, Noções Elementares cit., pp. 347 e ss.

238   *Direito Processual Civil*

partes e se a contraparte for devidamente chamada a deduzir oposição – *princípio da necessidade do pedido e da contradição* (cfr. o n.º 1 do art.º 3.º). O primeiro segmento desse preceito consagra o *princípio do pedido*. O processo só se inicia sob o impulso ou iniciativa da parte (autor, requerente, exequente), através do respectivo pedido (*disponibilidade do início do processo*) e não sob o impulso do juiz (*nemo judex sine actore*; *ne judex procedat ex-officio*)[1].

Esta íntima associação do *pedido* e da *oposição* ao *princípio dispositivo* encontra consagração no n.º 1 do art.º 264.º, que faz impender sobre as partes o ónus de «alegar os factos que integram a causa de pedir e aqueles em que se baseiam as excepções». Os *princípios dispositivo* e da *disponibilidade privada* (*objectiva*) exprimem a relevância da (autonomia da) vontade das partes no âmbito do processo civil, o primeiro, na definição dos *fins* a prosseguir pelo processo, o segundo, o domínio sobre os *meios* (processuais) para alcançar esses objectivos.

A antiga orientação (privatística ou dualística) concebia o processo como uma pura querela inter-subjectiva. Para além do *impulso processual inicial* e do *impulso processual subsequente*, as partes – através do pedido e da defesa – não só circunscreveriam o *thema decidendum*, como poderiam pôr termo ao processo (*desistência da instância*) e determinar até o conteúdo da sentença de mérito (*confissão, desistência do pedido e transacção*) – *disponibilidade do termo do processo*[2]. A dedução dos factos materiais da causa e o carreamento das provas (base factual da decisão) era atributo exclusivo das partes. A atitude do juiz era de pura inércia ou passividade, quer quanto à adequação da providência solicitada, quer quanto à indagação factual ou à actividade probatória: «*judex judicare debet secundum allegata et probata partium, non secundum conscientiam suam; quod non est in actis* (*partium*) *non est in mundo*» (*poder de disposição sobre a factualidade*). A sentença limitar-se-ia, assim, a procurar e a declarar uma verdade meramente *formal* (intra-processual), que não a *verdade material* (extra-processual)[3].

Essa antiga concepção de um processo na completa disponibilidade das partes, perante cuja actuação o tribunal se deveria limitar a aplicar o

---

[1] Cfr. CASTRO MENDES, DPC, vol I, ed. de 1969, p. 83.
[2] Cfr. CASTRO MENDES, DPC, vol I, ed. de 1969, pp. 86-87.
[3] Cfr. MANUEL DE ANDRADE, Noções Elementares cit., pp. 347-348.

direito, consubstanciada no brocardo *da mihi facta, dabo tibi ius* (dá-me os factos que eu dou-te o direito), encontra-se, porém, de há muito superada[1].

22.2. Princípio inquisitório ou da oficialidade.

O princípio contraposto ou o contra-polo do princípio dispositivo é o *princípio inquisitório ou da oficialidade*[2].

Uma vez iniciada a instância, cumpre ao juiz – *sem prejuízo do ónus do impulso especialmente imposto pela lei às partes* – providenciar pelo andamento regular e célere do processo, diligenciando *ex-officio* pelo normal prosseguimento da acção e recusando o que for impertinente ou meramente dilatório» (art.º 265.º, n.º 1). Poderá (deverá) então o juiz providenciar pelo *suprimento da falta de pressupostos processuais* (*susceptíveis de sanação*), ordenando a realização dos actos necessários à regularização da instância ou, quando estiver em causa alguma modificação subjectiva da mesma, convidando as partes a praticá-los (n.º 2); e, finalmente, diligenciar, também por sua iniciativa, pelo *apuramento da verdade* e pela *justa composição do litígio* «*quanto aos factos de que lhe é lícito conhecer*» (n.º 3).

Este último inciso consagra, pois, claramente, o *princípio da prevalência da verdade material sobre a verdade formal* (esta a que resultaria da maneira ou forma como se desenrolou o processo)[3]. A sentença de mérito tenderá, assim, a deixar definida a relação material, não com a configuração formal que as partes lhe hajam emprestado no decurso do pleito, mas tal como anteriormente (na realidade) existia, assim lhe conferindo força e autoridade de caso julgado[4].

22.3. Limitações legais aos princípios dispositivo e inquisitório.

Quanto à vertente (*disponibilidade do termo do processo*), em que se traduz o princípio dispositivo[5], se bem que ao autor assista, em prin-

---

[1] Cfr. M. Teixeira de Sousa, Estudos cit., p. 69.
[2] Cfr. Manuel de Andrade, Noções Elementares cit., p. 349.
[3] Cfr. Castro Mendes, DPC I, ed de 1969, cit., p. 88.
[4] Cfr. Manuel de Andrade, Noções Elementares cit., p. 350.
[5] Cfr. Lebre de Freitas, Introdução cit., pp. 137-142.

cípio, a liberdade de desistência (do pedido ou da instância) e de confissão e transacção sobre o objecto da causa (art.º 293.º, n.ºs 1 e 2), tal direito já não valerá inteiramente se estiverem em causa *direitos indisponíveis* (por. ex. nas chamadas *acções de estado*, com excepção das acções de divórcio ou de separação de pessoas e bens, em que a desistência é livre – art.º 299.º, n.ºs 1 e 2); mesmo a desistência da instância em geral dependerá de aceitação do réu, desde que requerida depois do oferecimento da contestação (art.º 296.º, n.º 1).

Aquando da exercitação do impulso processual inicial (através da petição ou requerimento inicial), deve o autor alegar *os factos integradores do direito* que pretende ver reconhecido em juízo – *ónus da alegação, afirmação ou dedução*. O art.º 264.º veda ao juiz, *como regra*, conhecer de factos que não hajam sido alegados pelas partes como integradores da causa de pedir ou das (eventualmente) alegadas excepções, numa manifesta concessão à *prevalência do princípio do dispositivo*, de resto reforçada na parte final do art.º 664.º: «o juiz só pode servir-se dos factos alegados pelas partes, sem prejuízo do disposto no art.º 264.º». Mas os n.ºs 2 e 3 desse art.º 264.º contemplam relevantes limitações a tal regra. Assim, poderá o juiz: a) – fundar a sua decisão em *factos notórios* (art.º 514.º) e *naqueles que sirvam para qualificar de anormal o uso do processo* (art.º 665.º), sem alegação de qualquer das partes; b) – tomar em consideração, mesmo oficiosamente, os *factos instrumentais* que resultem da instrução e discussão da causa; c) – considerar na decisão os *factos essenciais* à procedência dos pedidos formulados ou das excepções deduzidas que *complementem* ou *concretizem* outros já oportunamente alegados e resultantes da instrução e discussão da causa, desde que a parte interessada deles se queira aproveitar «e à parte contrária tenha sido facultado o exercício do contraditório»[1].

Daí a classificação dos factos atendíveis em *principais* e *instrumentais*. *Factos principais* são os que servem de base à individualização da

---

[1] O art.º 264.º, permite ao juiz, ao proferir a sentença, levar em atenção todos os factos que considere como provados, não estando limitado aos factos apurados nos termos do n.º 2 do art.º 653.º e aos que hajam de ser considerados como assentes na fase da condensação (art.ºs 508.º-A , n.º 1, al. e) e 508.º-B , n.º 2); e pode ainda indicar e basear-se noutros que devam ser tidos como assentes, quer por haver a seu respeito prova plena, quer por a tal conduzir o regime do art.º 490.º, podendo tal aditamento ser feito pela Relação em sede de recurso – cfr. o acórdão do STJ de 29-2-2000 – 1.ª Sec., Sumários, n.º 38, p. 29 / Cons.º RIBEIRO COELHO.

Capítulo V – Princípios fundamentais de processo civil 241

situação jurídica invocada na acção ou na excepção, desdobrando-se em *essenciais e complementares* (*ou concretizadores*): – *os primeiros* constituem os elementos típicos do direito material que se pretende fazer actuar em juízo; – *os segundos* destinam-se a conferir-lhe, de harmonia com a lei, a eficácia jurídica necessária para a eventual procedência da acção, ainda que não integrando «o núcleo essencial da situação jurídica alegada pela parte»[1]. Os *factos que resultem da instrução e discussão da causa* (*complementares*) são, pois, de atender se reunidas as duas condições da parte final do n.º 3 do art.º 264.º. Deste modo, a *disponibilidade objectiva* reporta-se aos *factos essenciais e aos factos complementares – monopólio da alegação dos factos principais da causa*.

São factos *instrumentais* aqueles que, sem fazerem *directamente* a prova dos factos principais, servem *indirectamente* a essa prova como *indícios* geradores da convicção sobre a sua realidade ou ocorrência[2]; pode o juiz considerar oficiosamente, não só *os que surgirem na instrução e discussão da causa* (ainda que nenhuma das partes tal requeira), como *os investigados e apurados nessa fase*, por sua própria iniciativa (art.º 264.º, n.º 2).

Quanto aos *poderes inquisitórios*, o n.º 3 do art.º 265.º, comete ao juiz realizar ou ordenar, mesmo *ex-officio*, todas as diligências necessárias ao apuramento da verdade material e à justa composição do litígio *quanto aos factos de que lhe é lícito conhecer*, isto é os *factos instrumentais*, porquanto sobre os *factos principais* não dispõe o tribunal de *poderes inquisitórios*.

Já os *poderes de instrução*, respeitam tanto aos *factos principais*, como aos *factos instrumentais*. Pode, pois, o juiz ordenar *ex-officio* as *diligências de instrução* legalmente permitidas, tais como: – utilizar dados confidenciais (art.º 519.º-A, n.º 1); – requisitar documentos (art.º 535.º, n.º 1); – determinar o depoimento de parte (art.º 552.º, n.º 1); – ordenar a realização de prova pericial (art.ºs 579.º e 589.º, n.º 2); – realizar a inspecção judicial (art.º 612.º, n.º 1); – inquirir testemunhas no local da questão (art.º 622.º); – ordenar a notificação e inquirir pessoa não oferecida como testemunha (art.º 645.º, n.º 1); – ouvir as pessoas que entender e ordenar as diligências para o seu esclarecimento, mesmo após

---

[1] Cfr. M. TEIXEIRA DE SOUSA, Estudos cit., p. 71 e J. RODRIGUES BASTOS, Notas, vol. II, 3.ª ed. cit., 2000, pp. 11 a 13.

[2] Cfr. M. TEIXEIRA DE SOUSA, Estudos cit., p. 77.

242 Direito Processual Civil

as alegações sobre a matéria de facto (art.º 653.º, n.º 1)[1]. Ademais, o art.º 650.º, na al. f) do seu n.º 1, atribui ao presidente do tribunal poderes para «providenciar, até ao encerramento da discussão, pela *ampliação da base instrutória da causa*, nos termos do disposto no art.º 264.º», ou seja, para a *formulação de quesitos novos*.

Os *factos principais* (art.º 264.º, n.º 1) devem ser (*normalmente*) *alegados nos articulados* (cfr. os art.ºs 467.º, n.º 1, al. c), 489.º, n.º 1, 502.º, n.º 1, 503.º, n.º 1, 785.º, 786.º, 793.º e 794.º, n.º 1). No n.º 4 do art.º 3.º admite-se, todavia (na falta de articulado previsto na lei), a possibilidade de os factos necessários ao exercício do contraditório serem *invocados na audiência preliminar ou final* (se deduzidas no último articulado admissível).

Quanto aos *factos instrumentais,* porque destinados (tão-somente) a realizar uma função probatória, a sua alegação, podendo embora ser concomitante com a dos factos principais, terá (em princípio), como seu momento próprio, o da *indicação* ou *requerimento* (*proposição*) dos *meios de prova*; mas se invocados nos articulados, podem sempre ser alterados enquanto for possível *requerer esses meios de prova* (cfr. art.ºs 508.º-A, n.º 2, al. a), 512.º, n.º 1 e 787.º) ou *alterar ou aditar o rol de testemunhas* (cfr. art.ºs 512.º-A, n.º 1 e 787.º). Certos *meios de prova* devem, contudo, (e excepcionalmente) ser oferecidos com os articulados/requerimentos respectivos, como sucede com os factos para os quais seja apresentada prova documental (art.º 523.º, n.º 1) e com a generalidade das provas *nos incidentes da instância* (art.º 303.º, n.º 1) e no *processo sumaríssimo* (art.º 793.º); hipóteses em que incumbirá à contraparte, no articulado de resposta, impugnar esses factos instrumentais e invocar as eventuais excepções probatórias contra as provas apresentadas pela outra parte (cfr., v.g., quanto à prova documental, os art.ºs 544.º, n.ºs 1 e 2 e 546.º, n.ºs 1 e 2, do CPC e 372.º, 374.º, 375.º, n.º 2, 378.º e 379.º do CC).

De referir, para melhor entendimento, alguns exemplos de escola[2].
Numa *acção de divórcio sem o consentimento do outro cônjuge fundada em alteração das faculdades mentais do outro cônjuge quando dure há mais de uma ano* (art.º 1781.º, al. d), do CC), o *facto principal* (essencial) a considerar

---

[1] Cfr. M. Teixeira de Sousa, Estudos cit., p. 75 e Lebre de Freitas, Introdução cit., pp. 153-156.

[2] Cfr. M. Teixeira de Sousa, Estudos cit., p. 71.

Capítulo V – Princípios fundamentais de processo civil 243

(e a demonstrar pelo cônjuge autor) é o daquela alteração e a da sua persistência por mais de um ano. Os factos *complementares* a alegar (e a provar) serão os integradores dos conceitos jurídicos da *gravidad*e dessa alteração e no *comprometimento* dela resultante para a possibilidade de continuação da vida em comum. Serão *factos instrumentais* aqueles factos indiciários («*factis vel actis*»), que possam levar o tribunal a concluir (com razoável dose de segurança) pelo preenchimento daqueles factos essenciais (principais e complementares)[1].

Numa *acção de responsabilidade civil emergente de um acidente de viação* provocado por um motorista (empregado) de uma empresa comercial (cfr. o art.º 503.º do CC), pode fazer-se a seguinte destrinça: *factos essenciais* são aqueles que integram os pressupostos dessa responsabilidade (a direcção efectiva do veículo, a sua utilização no próprio interesse e os danos advenientes dos riscos próprios do veículo), bem como da correlativa obrigação de indemnizar; *facto complementar* será a condução do veículo (pelo motorista) no exercício das suas funções de comissário; *factos instrumentais* serão os que *indiciam*, por exemplo, a qualidade de propriedade do veículo, a existência do vínculo funcional entre comitente e comissário e a condução do veículo no exercício das funções de comissário por banda do condutor.

Em *acção de despejo destinada a obter a denúncia do arrendamento por necessidade da casa para habitação própria* (cfr. art.ºs 1101.º e 1102.º do CC), são *factos essenciais* a qualidade de proprietário, comproprietário ou usufrutuário do prédio arrendado há mais de cinco anos (ou, independentemente desse prazo, se o prédio tiver adquirido por sucessão) e a necessidade do arrendado para habitação própria do autor (por ex. por haver mudado de local de trabalho); será um *facto complementar* a carência da habitação dentro da considerada área geográfica há, pelo menos, um ano, e são *factos instrumentais* os que permitam deduzir aquela necessidade e o decurso desse prazo.

Numa *acção de reivindicação baseada em usucapião* (cfr. art.ºs 1287.º e 1311.º do CC), o tempo necessário à geração do título aquisitivo constitui um *facto essencial*, a boa (ou a má-fé fé) do possuidor (cfr., v. g., o art.º 1294.º, alíneas a) e b) do CC) ou o registo (ou falta dele) do título de aquisição (art.ºs 1295.º e 1296.º do CC) constituirão *factos complementares*, sendo *factos instrumentais* aqueles através dos quais se possa concluir pela duração da posse e pela boa ou má-fé do alegado possuidor.

Sem embargo, pois, da *predominância do princípio dispositivo* no que toca à alegação e prova dos factos essenciais integradores do pedido e da causa de pedir, consagra a nossa lei processual civil um *sistema*

---

[1] Cfr. J. Rodrigues Bastos, Notas, vol. II, 3.ª ed. cit., pp. 12 e 13.

híbrido, misto ou mitigado, já que são *conferidos ao juiz amplos poderes de indagação oficiosa.*

Embora, em regra, coincidentes, não há que confundir *ónus da alegação, afirmação ou dedução* (art.ºs 264.º, n.º 1 e 467.º, n.º 1, al. d), do CPC) com *ónus da prova* (art.ºs 342.º a 348.º do CC).

Se, por exemplo, numa acção de dívida, na qual se pede a condenação do devedor a pagar ao autor, seu alegado credor, a importância X, o réu contesta alegando já ter pago essa importância, quid juris? Ao autor cumpre fazer a prova do *facto constitutivo* do seu crédito (compra e venda, mútuo etc.), enquanto que ao réu compete fazer a prova dos *factos impeditivos, modificativos ou extintivos* do direito invocado pelo autor (pagamento, dação em pagamento, não decurso do prazo de cumprimento da obrigação etc.) – art.º 342.º, n.ºs 1 e 2, do CC.

Ora, por força do n.º 3 do art.º 342.º do CC, *«em caso de dúvida, os factos devem ser considerados constitutivos do direito».* Reporta-se esta regra à *natureza dos factos* (constitutiva, impeditiva, modificativa ou extintiva), que não às regras distributivas do ónus da prova contempladas naqueles n.ºs 1 e 2. Assim, se o juiz ficar na *dúvida* sobre o facto *"pagamento* ", uma vez que recai sobre o devedor o *ónus da prova* deste facto (extintivo da dívida), dará o *pagamento* como *não efectuado* e *condenará* o réu no pedido. Já a decisão seria de *absolvição do réu do pedido* se, pelo contrário, sobre o credor recaísse o *ónus da prova* (do facto negativo) *do não-pagamento.* De resto, manda o art.º 516.º observar, em caso de dúvida (quer sobre a realidade de um facto, quer sobre a repartição do ónus da prova), que essa dúvida se resolva contra a parte a quem o facto aproveita.

A *iniciativa instrutória do juiz* vem sendo, contudo, pouco exercitada na *praxis forensis*, já que a generalidade das provas é requerida pelas partes no momento processual "normal", que é o da proposição da prova (n.º 1 do art.º 512.º). A inversão da situação reclamaria toda uma «cultura» processual pro-activa dos diversos interventores judiciários, aliada a uma razoável «contingentação» das tarefas a cargo do julgador, realidades ainda muito longe de ser conseguidas atenta, sobretudo, a massificação processual corrente[1].

O *ónus da iniciativa de prova* (*instrutória*) por banda das partes continua, por isso, a ser prevalecente. Ainda que nem sempre as regras distributivas do ónus da prova andem de braço dado com as do ónus da

---

[1] Cfr., quanto a este ponto, LEBRE DE FREITAS, Introdução cit., pp. 154 a 158 e nota 60.

Capítulo V – Princípios fundamentais de processo civil   245

alegação, o que sucede em certos casos especiais (art. 343.º) e nas hipóteses legais de inversão do ónus da prova (art.ºs 344.º e 345.º, n.º 1), todos esses preceitos do CC.

23. Princípio da auto-responsabilidade das partes.

A *disponibilidade subjectiva* (iniciativa do impulsionamento dos meios a accionar e definição dos fins a prosseguir), assim como a *disponibilidade objectiva* do processo (domínio das partes sobre os factos a alegar e sobre os meios de prova a produzir), ínsitas no princípio dispositivo, são em si geradoras de *uma responsabilidade* dos sujeitos processuais para consigo mesmos, que a doutrina apelida de «*auto-responsabilidade das partes*» ou *princípio da auto-responsabilidade das partes*; princípio este intimamente conexionado com o princípio dispositivo, de que constitui como que o seu «reverso»[1], como tal valendo para ambos os princípios as limitações já assinaladas a propósito deste último[2].

Competindo às partes o accionamento dos correspondentes meios de ataque e de defesa, serão também elas a *suportar as consequências negativas das suas eventuais omissão ou inércia*, ou seja, uma decisão de sentido desfavorável às suas pretensões ou posições. Por ex., num acção de reivindicação (art.º 1311.º do CC), cumpre ao *autor* alegar e demonstrar os factos integradores do seu direito de propriedade (que não da mera posse), enquanto que o *réu,* para obstar à procedência do pedido, terá de alegar e provar os factos legitimadores da detenção da coisa reivindicada (v.g. a existência de um arrendamento à mesma respeitante). A *eventual negligência ou inépcia* alegatória/probatória das partes redundará, assim, e inevitavelmente, em seu prejuízo, uma vez que não poderão as mesmas contar (sempre) com a exercitação, pelo juiz, dos seus poderes/deveres de

---

[1] No acórdão do STJ de 7-2-95, CJSTJ, ano III, 1991, Tomo I, p. 68 / Cons.º CARDONA FERREIRA, considerou-se «continuar prevalecente na processualística portuguesa o *princípio dispositivo*» (art.ºs 3.º e 664.º), o qual «se não limita a conferir poderes às partes, antes lhe fazendo corresponder, como "preço", deveres e ónus reflectidos no *princípio da auto-responsabilidade das partes*, imputando-lhes consequências negativas pela não prática oportuna de determinados actos. O que representa a «outra face do princípio dispositivo e constitui uma forma de disciplinar o processo civil».

[2] Cfr. MANUEL DE ANDRADE, Noções Elementares cit., p. 352.

suprimento e indagação oficiosa. Recai, pois, sobre elas a tarefa de contribuir, de modo diligente e eficiente, para a formação da convicção do julgador, esta naturalmente alicerçada na valoração final de todas as provas trazidas à instrução, discussão e julgamento do pleito.

O ónus de alegar (nos respectivos articulados) os factos que integram a causa de pedir e aqueles em que se baseiam as excepções (cfr, os art.ºs 467.º, n.º 1, al. c), 489.º, n.º 1, 502.º, n.º 1, 503.º, n.º 1, 785.º, 786.º, 793.º e 794.º, n.º 1), ex-vi do n.º 1 do art.º 264.º, não se confina à indicação da causa de pedir ou do fundamento da excepção, isto é, aos *factos essenciais*; recai sobre todos os factos necessários à procedência da acção ou da excepção, ou seja, sobre os *factos principais*. O inciso em apreço cinge-se, pois, a uma simples "fracção" desse ónus; há, que associar o *princípio dispositivo* – considerado o processo na sua vertente dialética e assente *no princípio da controvérsia* – à *responsabilidade* (ónus) das partes na *recolha do material fáctico relevante* e à *necessidade da sua correspondente prova*[1]. A *auto-responsabilidade* traduz-se, assim, praticamente, em a parte ter de arcar com as consequências adversas de uma sua conduta processual/probatória inconsiderada, omissiva ou inconclusiva, em suma ineficaz, para obter a formação de uma convicção judicial de sentido favorável. Tal como escreve LEBRE DE FREITAS, «*a auto-responsabilidade da parte exprime-se na consequência negativa (desvantagem ou perda de vantagem) decorrente da omissão do acto*»[2].

Por vezes, é a própria lei que deixa ao livre alvedrio do julgador a apreciação das condutas omissivas ou silentes das partes para efeitos probatórios; e, se uma tal apreciação for de sentido negativo, aí se manifestará uma deficiente compreensão e observância do *princípio da auto-responsabilidade das partes*. A título de exemplo: – se notificada uma das partes para depor ou prestar informações ou esclarecimentos, a mesma não comparece ou se recusar a depor, informar ou esclarecer sem que seja alegado e provado justo impedimento (art.ºs 357.º, n.º 2, do CC e 519.º, n.º 2); – se notificada a parte contrária para apresentar um documento em seu poder, não o faz, não invocando qualquer causa justificativa para a sua conduta omissiva (art.º 529.º, n.ºs 1 e 2)[3]. Por força do

---

[1] Cfr. LEBRE DE FREITAS, Introdução cit., p. 144 a 147.

[2] Cfr. Introdução cit., p. 161.

[3] Para CASTRO MENDES, Teoria Geral do Direito Civil, vol. II, ed. de 1979, p. 161, em casos deste tipo estamos perante um *ónus imperfeito*, na medida em que «o resultado

Capítulo V – Princípios fundamentais de processo civil 247

n.º 2 deste último inciso, os recusantes da colaboração devida serão condenados em multa, sem prejuízo de outros meios legais de coerção: *se for parte,* o tribunal *apreciará livremente o valor da recusa para efeitos probatórios,* sem prejuízo da *inversão do ónus da prova* prevista no n.º 2 do art.º 344.º do CC; inversão essa que significa passar a impender sobre o recusante o encargo de provar o contrário do que ao requerente da apresentação do documento incumbia, de harmonia com as regras distributivas do ónus da prova.

Diversas *outras vicissitudes imputáveis às partes* podem surgir no desenvolvimento da instância, para além das que resultam da *inobservância dos prazos peremptórios ou preclusivos.* Assim, a omissão continuada do ónus de impulsionamento da actividade processual subsequente, pode surtir efeitos cominatórios, tais como a *interrupção da instância* (art.º 285.º), a *deserção da instância ou do recurso* (art.ºs 291.º, n.ºs 1 e 2) ou o *levantamento da penhora* (art.º 847.º, n.º 1)[1].

24. Princípio do contraditório.

O «direito a ser ouvido» perante um qualquer órgão jurisdicional com competência decisória em matéria de existência ou subsistência de direitos é inerente (originário) à própria condição humana, sendo, como tal, informador de todos os ordenamentos processuais sujeitos às regras do *Estado de direito*[2].

O *princípio da contradição ou do contraditório* (ou da *audiência contraditória*), contraponto do princípio do pedido, encontra-se expressamente consagrado no n.º 1 do art.º 3.º, subordinado à epígrafe "*necessidade do pedido e da contradição*»: «o tribunal não pode resolver o conflito de interesses que a acção pressupõe sem que a sua resolução lhe seja pedida por uma das partes e *a outra seja devidamente chamada para*

---

probatório desfavorável depende de outros elementos (concorrência desse elemento probatório com outros como o da formação da convicção judicial por valoração final de todas as provas)».

[1] Casos estes em que, «não operando uma preclusão nem uma cominação automática, dificilmente se poderá continuar a falar de ónus em sentido próprio» – cfr. Lebre de Freitas, Introdução cit., p. 161.

[2] Cfr. Othmar Jauernig, Direito Processual Civil, Coimbra, Almedina, 2002, p. 167.

deduzir oposição. Princípio este que, tendo como reverso a «proibição da indefesa», se encontra estreitamente co-relacionado, decorrendo logicamente, do *princípio da igualdade das partes* plasmado no art.º 3.º-A.

Princípio geral estruturante do processo civil, reconhece-se-lhe também um matriz constitucional, enquanto integrador e enformador do princípio do Estado de direito democrático e do acesso à justiça e aos tribunais, como tal incluído no cerne da previsão dos art.ºs 2.º e 20.º da CRP: reconhecimento (àquele contra quem é dirigida uma pretensão) do direito de se defender antes de o tribunal a apreciar – *audiatur et altera pars*. A afirmação da *estrutura dialética e polémica do processo* resulta precisamente da ponderação pelo tribunal dos elementos trazidos ao debate por cada uma das partes, em tal se traduzindo «a matriz do princípio e a sua funcionalidade»[1-2]. O princípio só em casos excepcionais pode ser (legalmente) postergado (cfr. o n.º 2 do citado art.º 3.º)[3], devendo ser observado e feito cumprir, não só em cada *questão* concretamente suscitada, como também em qualquer das *diversas fases do processo*, não devendo (e não podendo), por isso, o juiz decidir qualquer questão (de direito ou de facto), ainda que de conhecimento oficioso, sem que as partes hajam tido ensejo de sobre elas se pronunciarem (conf. n.º 3 do art.º 3.º).

Traduzindo-se o princípio num verdadeiro «*direito de influenciar a decisão* através da *contradição dos factos principais da causa*, tal implica que haja *tantos articulados quantos os necessários para que o direito de resposta (de contradição) seja efectivamente assegurado*»[4].

Com efeito, *no processo ordinário,* há lugar a *réplica* quando na contestação seja deduzida alguma excepção ou formulado *pedido reconvencional* (a esta não pode o autor opor nova reconvenção) e, nas *acções de simples apreciação negativa*, em que os factos constitutivos do

---

[1] Cfr. MANUEL DE ANDRADE, Noções Elementares cit., pp. 352-353.

[2] Cfr. os acórdãos do TC n.ºs 303/2003, Proc 1124/98, DR, IIª Série, n.º 29, de 4-2-2004, pp. 2039 e ss e 538/2005 – Proc. 164/2004, de 14-10-2005, DR, IIª Série, n.º 3, de 4-1-2006, p. 93 / Cons.º PAMPLONA DE OLIVEIRA.

[3] É, por ex., o caso dos procedimentos cautelares de *restituição provisória de posse* (art.º 394.º) e de *arresto* (art.º 408.º, n.º 1), nas quais a audiência prévia do requerido poderia comprometer o êxito da diligência. Mas, mesmo nestes casos, faculta-se ao requerido a possibilidade de, "a posteriori", repor o *statu quo ante* através do recurso ou do incidente de oposição (art.º 388.º).

[4] Cfr. LEBRE DE FREITAS, Introdução cit., pp. 108-109.

Capítulo V – Princípios fundamentais de processo civil 249

direito do réu (ou integrantes do facto) negado pelo autor são alegados na contestação (art.º 502.º, n.ºs 1 e 2); a réplica é seguida de *tréplica* quando naquela for alterada ou ampliada a causa de pedir ou deduzida alguma excepção à matéria da reconvenção (art.º 503.º, n.º 1). N*o processo sumá-rio,* haverá *resposta à contestação* (*que não réplica*) quando nesse articu-lado o réu tenha excepcionado ou reconvindo ou quando a acção for de simples apreciação negativa (art.ºs 785.º e 786.º).

Na eventualidade de serem deduzidas *excepções no último articulado permitido* (em *processo ordinário ou sumário*) pode a parte contrária, sob pena de afronta ao princípio do contraditório, às mesmas responder *na audiência preliminar* (art.º 508.º-A) ou, não havendo lugar a ela, *no início da audiência final* (cfr. o n.º 4 do art.º 3.º)[1]; no *processo sumarís-simo,* porque só há dois articulados (petição e contestação – art.ºs 793.º e 794.º) e não há lugar a audiência preliminar, a resposta a uma eventual excepção só poderá ocorrer *antes da audiência final* (art.º 795.º).

Nos casos excepcionais em que o juiz pode socorrer-se (introduzindo) de factos principais (fundamentais ou essenciais) no processo (art.ºs 513.º, 514.º e 456.º), o princípio garante às partes a pronúncia acerca da real ocorrência desses factos e sobre os respectivos pressupostos (art.º 3.º, n.º 4). Assim, a alegação de *factos supervenientes* (art.º 506.º, n.º 2) pode, observado o condicionalismo legal, ser oralmente feita em audiência pre-liminar ou de discussão e julgamento (art.ºs 506.º, n.º 3, alíneas a) e c) e 507.º, n.º 2). Também, em resultado da instrução e discussão da causa, podem ser tomados em conta *novos factos,* assim como ser supridas insuficiências ou imprecisões na exposição da matéria de facto, tudo em *correcção, complemento* ou *concretização* da alegação feita nos articula-dos (art.ºs. 264.º, n.º 3 e 508.º-A, n.º 1, al. c)), casos em que à parte contrária assistirá o direito de resposta[2].

Também as *provas* não serão admitidas nem produzidas sem audiên-cia contraditória da parte à qual sejam opostas (art.º 517.º, n.º 1). Princípio

---

[1] Como exemplo de uma contra-excepção ou excepção a uma excepção, poder--se-á referir a hipótese de, numa acção de dívida, haver sido invocada pelo réu a res-pectiva prescrição e o autor contra-excepcionar a interrupção do prazo prescricional pelo reconhecimento (pelo réu) do direito prescribendo (art.º 325.º, n.º 1, do CC) e, numa acção de revindicação, o réu invocar a usucapião e o autor contra-excepcionar com a existência de uma mera tolerância na prática dos actos àquela conducentes (art.º 1253.º, al. b), do CC).

[2] Cfr. Lebre de Freitas, Introdução cit., p. 110.

250　　　*Direito Processual Civil*

que abrange, não só os actos de preparação e produção das *provas constituendas*, como ainda a impugnação, tanto da admissão como da força probatória, das provas *pré-constituídas* (n.º 2)[1].

Relativamente às *questões de direito*, o princípio conclama que, antes de ser proferida a *sentença ou qualquer outra decisão judicial interlocutória ou incidental*, seja facultada às partes a discussão efectiva de *todos os fundamentos de direito* em que a mesma se baseie. Gozando, embora, o tribunal da plena liberdade de dizer e aplicar o direito, o direito de audiência visa prevenir as chamadas *«decisões-surpresa»* (art.º 3.º, n.º 1), intrinsecamente atentatórias do *dever de lealdade* que deve presidir à actividade dos «operadores judiciários» (*princípio da cooperação e dever de boa-fé processual* plasmados nos art.ºs 266.º e 266.º-A, respectivamente)[2]. Assim, se invocados fundamentos de direito na exclusiva disponibilidade das partes ou qualquer excepção dilatória ou peremptória, a controvérsia resultará da sua invocação (necessária) pelo interessado e do correspondente direito de resposta por banda parte contrária (cfr., v.g., os art.ºs 287.º, 303.º, 333.º, n.º 2, 428.º, n.º 1, 436.º, n.º 1, 848.º, n.º 1 e 1292.º, todos do CC, e 109.º e 110.º, ambos do CPC)[3].

Direito esse de alegação (pronúncia) sobre a *questão de direito* – art.ºs 657.º, 790.º, n.º 1 e 796.º, n.º 6, respectivamente para o processo ordinário e sumário *em 1.ª instância* e 685.º, n.º 5 e 685.º-A, n.º 4, *em sede de recurso*.

A prevenção e proibição das sobreditas *decisões-supresa* em matéria de direito, incluem as chamadas *questões novas*, suscitadas depois do seu momento normal e próprio e ainda não objecto de apreciação expressa (cfr. os art.ºs 467.º, n.º 1, al. d) e 488.º), se bem que já objecto de despacho de aperfeiçoamento da iniciativa do juiz (art.º 508.º, n.º 2). Cumpre, com efeito, ao *juiz* (ou ao *relator* do tribunal de recurso), perante a perspectiva de nessas *questões novas* vir a ser baseada a decisão,

---

[1] Cfr. LEBRE DE FREITAS, Introdução cit., pp. 98 e 99.

[2] Não constitui *«decisão-surpresa»* a decisão desfavorável que resulta da aplicação do direito aos factos dados como provados, a partir das respostas do tribunal aos quesitos integradores da base instrutória, se as partes, relativamente a tais quesitos, puderam produzir prova e debater a prova produzida em julgamento – cfr. o acórdão do STJ de 7-4-2005, Proc. 4331/05 – 4.ª Sec., "Sumários de Acórdãos", n.º 90, p. 163 / Cons.º FERNANDES CADILHA.

[3] Cfr. LEBRE DE FREITAS, Introdução cit., p. 111, nota 9.

Capítulo V – Princípios fundamentais de processo civil   251

convidar as partes a sobre elas tomarem posição, *salvo em caso de manifesta desnecessidade* (art.º 3.º, n.º 3)[1]. Será este último, por exemplo, o caso da *qualificação jurídica* do contrato/causa de pedir (alegadamente uma *compra e venda*), se o autor, embora não lhe atribuindo esse *nomen juris* (mas, por hipótese, o de um *contrato de fornecimento*), o descreveu facticamente como tal, sem qualquer oposição por parte do réu. Não será, também necessária audiência prévia se o relator se propuser decidir liminarmente do objecto do recurso ao abrigo do art.º 705.º, pois que as partes já tiverem antes ensejo de se pronunciar sobre o "thema decidendum"; assiste, porém, à parte que se considere prejudicada o direito de *reclamar para a conferência*, ao abrigo do disposto no n.º 3 do art.º 700.º.

Mas já será *necessário* o convite se, por ex., o juiz entender que, não obstante o assentimento expresso ou implícito das partes na sua qualificação como de compra e venda (art.ºs 874º e ss), a sua (correcta) qualificação for a de empreitada (art.º 1207.º e ss) ou se se tratar de um contrato de "leasing" ou de "ADL", ao invés de uma contrato de simples venda com reserva de propriedade (anuído pelas partes), assim se propondo o tribunal aplicar normas de um regime jurídico substancialmente diverso[2].

O *direito à audiência prévia* (ou o *direito de resposta*) encontra-se, desde logo, presente nas formalidades legalmente prescritas para a *efectivação e regularidade formal da citação*, sendo que a sua falta ou nulidade podem constituir fundamento para recurso extraordinário de revisão (art.ºs 195.º, 198.º, n.º 1 e 771.º, al. e)), bem como de oposição e anulação da execução com base em tais vícios (art.ºs 813.º, al. d) e 921.º)[3].

---

[1] É manifestamente dispensável a audição das partes previamente à prolação de um acórdão do STJ que procedeu a um enquadramento jurídico dos factos idêntico àquele que foi efectuado logo na 1.ª instância e diverso do alcançado na 2.ª instância, já que a solução final do litígio podia e devia ter sido pensada pelo reclamante como possível de efectuar pelo STJ, que conhece oficiosamente do direito a partir dos factos provados (art.º 664.º) – cfr. o acórdão do STJ de 2-11-2004, Proc. 4466/04 – 1.ª Sec. "Sumários de Acórdãos", n.º 85, p. 11 / Cons.º FARIA ANTUNES.

[2] Cfr. LEBRE DE FREITAS, Introdução cit., p. 116, nota 24.

[3] Assim, «antes de, nos termos do art.º 871.º, ser sustada a execução quanto a um determinado bem já anteriormente penhorado em execução fiscal revelada por certidão remetida pelo Serviço de Finanças por onde penda a execução fiscal, deve, em obediência ao princípio do contraditório, o teor de tal certidão ser notificado ao exequente para que este sobre o mesmo se pronuncie – cfr. o acórdão do STJ de 17-10-2002, Proc. 2496/02 – 7.ª Sec., "Sumários de Acórdãos – Edição Anual ", p. 317 / Cons.º ARAÚJO DE BARROS.

252   *Direito Processual Civil*

E traduz-se na possibilidade/faculdade de qualquer das partes responder aos actos processuais praticados pela contraparte (articulados, requerimentos, alegações ou actos de produção de prova). Ademais, cumprirá à secretaria notificar oficiosamente as partes (isto é, independentemente de despacho do juiz) quando hajam de responder a tais actos ou de exercitar qualquer direito processual que não dependa de prazo a fixar pelo juiz ou de prévia citação (art.º 229.º, n.º 2), tais como os constantes dos art.ºs 146.º, n.º 5, 174.º, n.º 1, 234.º, n.º 1, 542.º e 670.º, n.º 1[1].

Entre outras erupções legais do princípio do contraditório podem citar-se mais os seguintes: art.º 264.º, n.º 3 (*factos complementares*); 266.º, n.º 2 e 508.º, n.º 4 (*esclarecimentos, aditamentos ou correcção solicitados à parte contrária*)[2]; 690.º, n.º 5 (*aditamento ou esclarecimento de conclusões da alegação de recurso*); 700.º, n.º 3 (*reclamação das partes antes da conferência*), 704.º, n.º 1 (*não conhecimento do objecto do recurso*)[3]; 725.º, n.º 2 (interposição de *recurso per saltum*)[4]. Também a *condenação como litigante de má-fé* (art.º 456.º) pressupõe a audiência prévia do visado como veremos adiante. Como *excepção*, todavia, pode referir-se ainda a prevista no n.º 5 do art.º 486.º (*prorrogação do prazo da contestação* até ao limite máximo de 30 dias por motivo ponderoso).

A *violação do princípio do contraditório integra nulidade* processual sujeita, como tal, ao regime geral das nulidades contemplado no n.º 1 do art.º 201.º; e isto porque a sua inobservância é susceptível de influir «no exame ou na decisão da causa»[5].

---

[1] Cfr. M. Teixeira de Sousa, Estudos, cit., p. 47.

[2] Entendeu já, porém, o STJ que o *convite ao aperfeiçoamento da petição de oposição à execução* (não correspondido) – art.ºs 812.º, 814.º, 816.º e 820.º – equivale ao cumprimento do disposto no art.º 3.º, não podendo o indeferimento preliminar subsequente ser entendido como uma «decisão-surpresa» – cfr. o acórdão de 17-2-2005, Proc. 4701/04 – 7.ª Sec., "Sumários de Acórdãos", n.º 88, p. 49 / Cons.º Ferreira de Sousa.

[3] Este exercício do contraditório é de aplicar, por identidade de razão, quando a questão da admissibilidade do recurso é apreciada pelo tribunal – cfr. o acórdão do STJ de 13-1-2005, Proc. 882/04 – 2.ª Sec., "Sumários de Acórdãos", n.º 87, p. 26 / Cons.º Moitinho de Almeida.

[4] Cfr. Teixeira de Sousa, Estudos, cit., p. 48.

[5] São, de resto, considerados *nulos*, por força do disposto no n.º 3 do art.º 277.º do CPC «os actos praticados no processo posteriormente à data em que ocorreu o falecimento ou extinção (da parte) que, nos termos do n.º 1 (desse preceito), devia determinar

Capítulo V – Princípios fundamentais de processo civil 253

25. Princípio da igualdade das partes.

O *princípio da igualdade e não discriminação* encontra-se consagrado, com carácter geral, no n.º 1 do art.º 13.º da CRP: «todos os cidadãos têm a mesma dignidade social e são iguais perante a lei». O preceito «vincula», desde logo, a jurisdição «em três dimensões fundamentais: – *igualdade no acesso dos cidadãos à jurisdição*, isto é ao direito a uma efectiva *igualdade de oportunidades de recurso aos* tribunais, não podendo a protecção ser denegada por insuficiência de meios económicos (art.º 20.º, n.º 1); – *igualdade dos cidadãos perante os tribunais*, isto é, *igualdade na aplicação do direito* através dos tribunais (vinculação jurídico-material do juiz ao princípio da igualdade), mediante a aplicação de igual direito a casos congéneres e a utilização de critérios idênticos na aplicação de sanções e na fixação dos montantes indemnizatórios[1-2]; – *igualdade na posição de sujeito processual* («*igualdade de armas no processo*»)[3], com proibição da discriminação das partes no processo.

O Tribunal Constitucional já se pronunciou, por diversas vezes, sobre as exigências do princípio do contraditório e do *direito a um processo equitativo*, expressamente afirmado no n.º 4 do art.º 20.º da CRP, após a revisão constitucional de 1997. No acórdão n.º 330/2001, por ex., (DR, II.ª Série, de 12-10-2001), por reporte à doutrina firmada no acórdão do mesmo Tribunal n.º 259/2000 (DR II.ª Série, de 7-11-2000), considerou-se mesmo assumirem «*os princípios da igualdade das partes e do contraditório dignidade constitucional*, por derivarem, em última instância, do princípio do Estado de direito».

---

a suspensão da instância, em relação aos quais fosse admissível o exercício do contraditório pela parte que faleceu ou se extinguiu».

[1] O que não existe é um *direito à unidade de jurisprudência ou à sua inalterabilidade*, sem embargo de uma certa autovinculação dos tribunais às suas próprias decisões para casos análogos, já que, «nas decisões que proferir, o julgador terá em atenção todos os casos que mereçam tratamento análogo, a fim de obter uma interpretação e aplicação uniformes do direito» (art.º 8.º, n.º 3, do CC) – cfr., neste conspectu, GOMES CANOTILHO e VITAL MOREIRA, Constituição da República Portuguesa Anotada, 4.ª ed. cit., p. 346.

[2] Cfr. GOMES CANOTILHO e VITAL MOREIRA, Constituição da República Portuguesa Anotada, 4.ª ed. cit., p. 346.

[3] O que implica, por ex., o *direito de assistência de defensor* em todos os actos do processo criminal – art.º 32.º, n.º 3, da CRP.

O processo, num Estado de direito (processo civil incluído) tem, assim, de ser equitativo e leal[1], devendo, não só a resolução judicial dos litígios ser sempre feita com observância de um *due process of law*, «como ainda que as partes sejam colocadas em *perfeita paridade de condições*, por forma a desfrutarem de *idênticas possibilidades de obterem justiça*, pois que, criando-se uma situação de indefesa, a sentença só por acaso pode ser justa»[2]. Uma igualdade não simplesmente *jurídica* mas também uma *igualdade real, substancial ou prática (de facto)*, desde logo «quanto ao princípio do contraditório e às normas relativas à distribuição do *ónus probandi*». Daí a consagração legal de medidas como as de uma *menor onerosidade das custas nos processos de menor valor económico*, da *instituição de órgãos jurisdicionais mais acessíveis para certas espécies* processuais, da *facultação ao juiz de amplos poderes* para corrigir ou suprir a actividade das partes e a concessão do chamado *apoio judiciário* gratuito aos litigantes economicamente mais débeis. Tudo em ordem a adregar o chamado «*nivelamento social do processo*»[3-4].

Exuberante manifestação do princípio é o «*princípio da igualdade de armas*», que se traduz na garantia do equilíbrio das posições dos sujeitos processuais perante o tribunal da causa, isto é no respeito, em todas as situaçõs, pela *igualdade formal*, quer quanto à identidade de faculdades e meios de defesa[5], quer quanto à sujeição a ónus e cominações[6-7]. Isto «sempre que a sua posição perante o processo é equipa-

---

[1] Cfr. o acórdão do TC n.º 358/98 (DR II.ª Série, de 17-7-98), reafirmando a doutrina o acórdão n.º 249/97 (DR, IIª Série, de 17-5-97).

[2] Cfr. o acórdão do TC n.º 538/2005 – Proc n.º 164/2005, de 14-10-2005, DR, II.ª Série, n.º 3, de 4-1-2006, p. 93 e ss.

[3] Cfr. o art.º 7.º , n.ºs 1 e 2 , da LOFTJ.

[4] Na expressão de MANUEL DE ANDRADE, Noções Elementares cit., pp. 353-354.

[5] Diga-se aqui – a talho de foice – que certos aspectos de desigualdade entre o Ministério Público e os restantes sujeitos processuais, designadamente quando aos poderes processuais e prazos para a respectiva exercitação, vieram a ser sanadas com a Reforma de 95/96. Assim, o benefício da prorrogação do prazo de contestação de que continua a gozar o Ministério Público (art.º 486.º, n.º 4) foi estendido a todas as partes processuais (art.º 486.º, n.º 5).

[6] O *princípio da igualdade de armas* vale igualmente para o caso de pluralidade de autores ou de réus entre os vários sujeitos litisconsorciados ou coligados.

[7] Sobre a diferença das posições das partes na acção executiva e as cominações da acção declarativa e em outras situações, cfr. LEBRE DE FREITAS, Introdução cit., pp. 118 e 119 e nota 29.

Capítulo V – Princípios fundamentais de processo civil 255

rável»[1-2-3]. A título de exemplo, a escolha do momento da propositura da acção cabe ao autor, que terá que atentar no respectivo prazo de caducidade, enquanto que o prazo do réu para contestar é legalmente balizado, salva a possibilidade de prorrogação (art.º 486.º); mas já incumbe ao autor fazer observar todos os pressupostos processuais, mesmo aqueles que respeitam ao réu.

O *destinatário legal* do art.º 3.º-A é o *tribunal da causa*, ao qual cumpre promover a igualdade, através do esclarecimento ou auxílio (*vertente positiva*), e obviar a situações de desigualdade, como, por hipótese, «fixar para cada uma das partes prazos diferentes para o exercício da mesma faculdade ou o cumprimento do mesmo ónus» (*vertente negativa*)[4]. O tribunal deve «assegurar, ao longo de todo o processo, um estatuto de *igualdade substancial às partes*, «*designadamente no exercício de faculdades, no uso de meios de defesa e na aplicação de cominações ou sanções processuais*» (art.º 3.º-A). Igualdade, pois, em direitos, deveres, poderes e ónus, com colocação das partes «em perfeita paridade de condições e gozando de idênticas possibilidades de obter a justiça que lhes seja devida»[5].

Considerações estas, válidas também para as decisões de mera forma, como por ex. a da previsão do n.º 8 do art.º 145.º do CPC (possibilidade de redução ou dispensa da multa pela prática de um acto fora do prazo nos casos de manifesta carência económica da parte ou quando o respectivo montante se revele manifestamente desproporcionado). Nada impede, ademais, que, na aplicação/graduação das sanções de carácter pecuniário ou processual/tributário (fixação dos encargos processuais), o juiz defina os respectivos montantes em função das capacidades económicas dos litigantes[6]. Não viola, assim, o princípio do art.º 3.º-A um despacho

---

[1] Sobre esta temática, vide LEBRE DE FREITAS, "A igualdade de Armas no Direito Processual Civil Português", O Direito, 1992, IV, p. 618.

[2] Cfr. LEBRE DE FREITAS, Introdução cit., p. 119.

[3] Cfr. M. TEIXEIRA DE SOUSA, Estudos cit., p. 42.

[4] Cfr. M. TEIXEIRA DE SOUSA, Estudos cit., p.. 43-45.

[5] Cfr. o acórdão do STJ de 18-5-2004 , Proc. 1417/04 – 6.ª Sec., in "Sumários de Acórdãos", n.º 81, p. 32 / Cons.º AZEVEDO RAMOS.

[6] O «significado das custas e demais encargos judiciais depende da *condição económica das pessoas*; na medida em que o acesso aos tribunais e aos actos judiciais não possa ser gratuito, terão os encargos de levar em conta a *incapacidade económica dos economicamente carenciados*» – cfr. GOMES CANOTILHO e VITAL MOREIRA, Constituição da República Portuguesa Anotada, 4.ª ed. cit., p. 411.

256   *Direito Processual Civil*

judicial que, atendendo à situação económica relativa das partes, arbitre quantitativos díspares de multa para um comportamento processual identicamente censurável (art.º 27.º, n.º 3, do RCP), sendo que também a taxa de justiça variável é fixada pelo juiz em função da complexidade do processo ou da natureza manifestamente dilatória da questão incidental (art.ºs 6.º, n.ºs 1 e 5 e art.º 7.º, n.º 5, do RCP)[1].

Não infringe, também, o princípio a circunstância de o juiz poder (não dever deixar de) ouvir oficiosamente uma dada testemunha não oferecida (art.º 645.º, n.º 1) independentemente de o resultado probatório poder vir a beneficiar a parte mais forte ou mais possidente[2]. Isto porque os poderes de natureza instrutória e inquisitória concedidos ao tribunal pelos art.ºs 264.º, n.º 2, 265.º, n.º 3, 535.º, n.º 1, 612.º, n.º 1, 622.º, 645.º, n.º 1 e 653.º, n.º 1 se destinam, não tanto à obtenção da igualdade entre as partes, como a conseguir uma decisão consentânea com a *verdade material*.

O princípio da *igualdade substancial* inter-partes não contende com o *dever de imparcialidade* do tribunal. Assim, quanto às decisões sobre o mérito da causa, deve (o juiz) obedecer aos critérios e juízos de valor expressa ou implicitamente contemplados na lei, tais como a *equidade* – art.ºs 4.º do CC e 4.º, n.º 2, do EMJ (v.g. nas hipóteses dos art.ºs 494.º e 566.º, n.º 3, do CC) –, bem como aos demais critérios formais de decisão, tal como a *discricionariedade* nos processos de jurisdição voluntária (art.º 1410.º).

26. Princípio da preclusão.

Estreitamente associado ao *princípio da auto-responsabilidade das partes*, contende o *princípio da preclusão* directamente com a *oportunidade* ou a *eventualidade* da exercitação de direitos ou a satisfação de ónus e deveres processuais, seja com o *modus* da propositura da acção, seja com os actos a praticar no desenvolvimento da lide.

---

[1] O Regulamento das Custas Processuais em vigor (RCP) foi aprovado pelo Dec.-Lei n.º 34/2008, de 26 de Fevereiro.

[2] «O dever de procurar a verdade sobrepõe-se ao dever assistencial do juiz perante qualquer das partes» – cfr. M. Teixeira de Sousa, Estudos cit., p. 44.

Capítulo V – Princípios fundamentais de processo civil   257

As diversas fases processuais, atentas as suas finalidades específicas, integram ciclos dotados de uma certa estanquicidade. Daí que fiquem *precludidos* certos actos (v.g. as afirmações de factos ou a adução dos meios de prova) se não forem produzidos dentro do prazo para o efeito cominado ou na sua fase ou ciclo próprios.

Assim, os fundamentos da acção ou da defesa devem ser enunciados todos de uma só vez e em certo momento (normalmente na petição inicial e na contestação – art.ºs 467.º, n.º 1, al. d) e 487.º, respectivamente). A parte terá de deduzir uns, «a título principal e outros, *in eventu*, isto é a título subsidiário» para a hipótese de não serem atendidos os formulados a título principal (daí que se rotule também este princípio de *princípio da eventualidade*). A isto se chama, na expressão de MANUEL DE ANDRADE, «*preclusão das deduções das partes,* em contraposição com o princípio da *liberdade das deduções*»[1]. O que não obsta às chamadas *deduções supervenientes*, desde que para elas não haja contribuído, de modo ardiloso, a parte que delas pretenda retirar benefício. Também, nestes casos, e na esteira desse ilustre mestre, «será talvez mais justo que a preclusão funcione só a *título cominatório* e não a *título peremptório*», incorrendo a parte negligente em multa, mas sem que fique impedida de fazer valer a dedução[2] (de que é exemplo a situação prevista no art.º 523.º, n.º 2 – apresentação tardia de documentos).

Subjaz ao princípio uma certa ideia de aceleração processual, a qual pode, porém, ser prejudicada por uma excessiva concentração alegatória, propiciadora, ela própria, de indesejável morosidade. Daí que, como observa OTHMAR JAUERNIG, «o puro princípio da preclusão só raramente é seguido nas leis processuais»[3].

Erupções do princípio são, por ex., as dos art.ºs 268.º (inalterabilidade da instância quanto aos sujeitos, ao pedido e à causa de pedir, com a citação do réu), 489.º, n.º 1 (toda a defesa deve ser deduzida na contestação, exceptuados os incidentes que a lei mande deduzir em separado) e 523.º, n.º 1, (junção dos documentos com o respectivo articulado). Com as ressalvas, por ex., dos art.ºs 273.º (possibilidade de alteração subsequente do pedido e da causa de pedir), 489.º, n.º 2 (possibilidade de dedução de excepções, incidentes e meios de defesa supervenientes) e 546.º,

---

[1] Cfr. Noções Elementares cit., pp. 354-356.
[2] Cfr. Noções Elementares cit., p. 356.
[3] Cfr. Direito Procesual Civil, Coimbra, Almedina, 2002, p. 161.

n.º 2 (dedução superveniente dos incidentes de impugnação de genuinidade de documentos – art.º 544.º) ou da ilisão da autenticidade ou da força probatória de documento – art.º 546.º)[1].

Hipótese paradigmática do funcionamento da preclusão é aquela da *oportunidade da dedução da defesa* por banda do réu, que o n.º 1 do art.º 489.º remete para a contestação (por impugnação e por excepção) – art.º 487.º, n.ºs 1 e 2. Impende, assim, sobre o réu o encargo de contestar, desdobrado este no *ónus de contradizer* os factos articulados na petição e no *ónus de deduzir todas as excepções peremptórias (e também as dilatórias que não sejam de conhecimento oficioso)* contra a pretensão do autor. Se não satisfeitos estes ónus, ficam *precludidos ou prejudicados* os direitos de contestar, de impugnar ou de excepcionar[2]. E mais: se o réu não apresentar articulado de resposta (art.º 505.º) ou não tomar posição definida perante os factos articulados na petição (art.º 490.º, n.º 1), os factos alegados (pelo autor) consideram-se *admitidos por acordo*, salvas as excepções do n.º 2 desse último preceito (*ónus da impugnação*). Funciona, assim, quanto à contestação, uma *regra de concentração/preclusão*, porquanto toda a defesa deve ser deduzida (concentrada) na contestação (art.º 489.º, n.º 1) e apresentada dentro de um prazo pré-fixado na lei (cfr. art.º 486.º, n.º 1): inobservado esse ónus, ficarão precludidas, quer a invocação dos factos que deveriam ter sido alegados nesse momento, quer a impugnação ulterior dos factos invocados pelo autor; se operadas em momento posterior (fora da sua fase e sede próprias), o tribunal não poderá tomá-las em consideração, sob pena de a decisão da causa incorrer em *excesso de pronúncia*, vício este gerador da respectiva nulidade (art.º 668.º, n.º 1, al. d) – 2.º segmento)[3].

---

[1] Cfr. MANUEL DE ANDRADE, Noções Elementares cit., p. 356.

[2] Cfr. OTHMAR JAUERNIG, in Direito Processual Civil, Coimbra, Almedina, 2002, p. 161, dá a este respeito o seguinte exemplo: o pretenso locatário, uma vez demandado para abrir mão do locado deve, na sua defesa, para evitar a preclusão, alegar que não chegou a entrar na posse do prédio ou que já o restituiu em certa data, que o mesmo lhe foi cedido gratuitamente pelo autor ou que o direito à entrega já prescreveu ou caducou.

[3] Constituindo a caducidade do direito de rescisão do contrato de trabalho uma excepção peremptória não de conhecimento oficioso, torna-se extemporânea a arguição da questão da caducidade do direito de rescisão apenas no requerimento de interposição de recurso da sentença de 1.ª instância e nas alegações da apelação; isto em homenagem ao princípio da concentração da defesa (art.º 489.º do CPC)» – cfr. o acórdão do STJ de 25-5-2005, Proc. 2929/03 – 4.ª Sec., in "Sumários de Acórdãos", n.º 91, p. 184 / Cons.º PAIVA GONÇALVES.

Há, nesta sede, que distinguir entre o *ónus de alegação* relativo aos factos que devem ser invocados pelo réu na contestação e o *ónus de impugnação* respeitante aos factos que por ele devem ser contraditados nesse articulado[1]. No que tange ao *ónus de alegação*, recai sobre o réu (demandado) o encargo de invocar os *factos principais* relativos à excepção deduzida, que não também (tal como sucederia com o autor em situação inversa ou simétrica) os respectivos *factos instrumentais* (cfr. art.º 264.º, n.ºs 1 e 2), excepto se estes forem provados por documento que deva ser junto à contestação (cfr. art.º 523.º, n.º 1). Quanto ao *ónus de impugnação*, o réu só tem de impugnar os *factos principais* invocados pelo autor, já que tal impugnação abrange igualmente os correspondentes *factos instrumentais*. A *regra da concentração* não vale, todavia, para os casos de defesa *separada* (art.º 489.º, n.º 1, *in fine*) e de defesa *diferida* (art.º 489.º, n.º 2).

Também manifestações deste princípio são as preclusões inerentes ao não cumprimento do *ónus da prática de certos actos processuais* dentro de determinado prazo cominado por lei, *prazos* esses por essa razão justamente rotulados de *peremptórios, preclusivos ou resolutivos*[2] (cfr. o n.º 3 do art.º 145.º), salvos os casos de justo impedimento (cfr. o n.º 4 do mesmo preceito com referência ao disposto no art.º 146.º, n.º 1, do mesmo diploma) e a possibilidade de, mediante pagamento de multa, a parte praticar o acto nos três dias subsequentes ao termo do prazo (art.º 145, n.ºs 5, 6 e 7 e art.º 147.º, n.ºs 1 e 2)[3].

Entre outros exemplos de consequências preclusivas por inobservância de ónus ou cominações processuais, podem apontar-se mais os seguintes[4]: – *ónus da substanciação*: absolvição da instância por *ineptidão da petição inicial* (art.ºs

---

[1] Cfr. M. TEIXEIRA DE SOUSA, Estudos cit., pp. 287-288.

[2] Não surtem eficácia preclusiva os *prazos administrativos*, ou seja os prazos meramente *ordenadores, disciplinadores ou* simplesmente *disciplinares*, os quais se destinam unicamente a regular a instância em harmonia com a lei – conf., v.g., os prazos contemplados nos art.ºs 160.º, n.º 1 (prazo geral de 10 dias para a prática de actos dos magistrados) e no art.º 166.º, n.º 1 (prazo geral de 5 dias para os actos de expediente da secretaria), ambos do CPC – cfr., infra, n.º 56.

[3] Com a revisão do CPC de 1995/1996, passou a admitir-se a *prorrogabilidade do prazo para contestar*, nos termos do art.º 486.º, n.ºs 4, 5 e 6, bem como o acordo das partes no sentido dessa prorrogação.

[4] Cfr. LEBRE DE FREITAS, Introdução cit., pp. 159-160 e nota 4.

193.º, n.º 2, al. a), 288.º, n.º 1, al. b) e 494.º, al. b)); – *ónus da alegação* de factos que integrem a causa de pedir, posteriormente não carreados para o processo: absolvição do pedido, por *inconcludência*; – *ónus de alegação de factos que fundamentem uma excepção:* omissão do dever de excepcionar; – *falta de requerimento de prova* (art.º 512.º, n.º 1), se as provas propostas pela contraparte ou ordenadas oficiosamente não a suprirem: *perda do direito de requerer/propor a produção de prova*: – *ónus de requerer a intervenção principal do litisconsorte necessário* ex-vi do n.º 1 do art.º 269.º, n.º 1: *absolvição do réu da instância por ilegitimidade* da parte (art.ºs 288.º, n.º 1, al. d) e 494.º, al. e); – *ónus de depor pessoalmente e de jurar a cargo do devedor que tenha invocado a prescrição presuntiva: confissão tácita* de dívida, deixando assim a prescrição de poder actuar (art.ºs 314.º do CC e 559.º n.º 3, do CPC); – *ónus de alegar em recurso: deserção do recurso*, o qual fica assim *sem efeito* (art.º 291.º, n.º 2 e 684.º-B, n.º 2); – *ónus de apresentar o rol de testemunhas* (n.º 1 do art.º 512.º): *impossibilidade de este meio de prova* poder ser utilizado na audiência de julgamento, ressalvando-se apenas a possibilidade de alteração ou aditamento ao rol inicial até 20 dias antes da data da respectiva realização (art.º 512.º-A); – *não apresentação de requerimento para gravação da audiência final ou para intervenção do colectivo no* prazo de 15 dias cominado no n.º 1, in fine, do art.º 512.º: *oralidade na produção da prova por confissão ou por testemunhas e a intervenção do juiz singular* na audiência de discussão e julgamento.

Da inobservância pelo réu na sua contestação do *ónus de especificar separadamente as excepções* (art.º 488.º) poderá resultar a violação do *princípio-dever de boa-fé processual* e, em consequência, levar à condenação do contestante/excipiente como *litigante de má-fé* se verificados os pressupostos do art.º 456.º[1].

No que se refere à *fase da audiência preliminar*, se o *despacho de aperfeiçoamento* dos articulados não for proferido, quer no despacho pré--saneador (art.º 508.º, n.º 1, al. b)), quer na audiência preliminar propriamente dita (art.º 508.º-A, n.º 1, al. c)), deixa de poder sê-lo posteriormente, sem prejuízo de às partes ser facultada a iniciativa de, até ao encerramento da discussão da matéria de facto em 1.ª instância (art.º 650.º, n.º 2, al. f)), se aproveitarem dos factos complementares de outros que hajam alegado que resultem da discussão e julgamento da causa (art.º 264.º, n.º 3).

---

[1] Cfr. o acórdão do STJ de 29-2-2000 – 1.ª Sec., in "Sumários de Acórdãos", n.º 38 / Cons.º RIBEIRO COELHO.

Só até à prolação do despacho saneador é possível o conhecimento oficioso da *incompetência relativa* por violação das regras de *competência territorial* ou, não havendo lugar a ele, até ser proferido o primeiro despacho subsequente ao termo da fase dos articulados (art.º 110.º, n.º 3). Nos processos que admitam saneador, só até à data deste é admissível o conhecimento oficioso da *ineptidão da petição inicial e do erro na forma de processo* (art.º 206.º, n.º 2), bem como a *fixação de valor à causa* divergente do acordado pelas partes ou do indicado pelo autor, sem impugnação do réu (art.º 315.º, n.º 2).

Assume ainda relevância preclusiva referencial o momento do «*encerramento da discussão da matéria de facto em 1ª instância*» (art.ºs 652.º e 653.º, n.º 1), já que a lei o alcandora a limite temporal do exercício de diversas faculdades processuais. Assim, por. ex., para: – a *alegação e prova dos factos essenciais da causa*, com ele precludindo a possibilidade de deduzir articulado superveniente (art.º 506.º, n.º 1), bem como de alegar factos que completem ou concretizem um facto principal alegado (art.ºs 264.º, n.º 3 e 650.º, n.º 1, al. f)); – a *ampliação oficiosa da base instrutória* com factos alegados (art.ºs 264.º e 650.º, n.º 2, al. f)); – a *junção de documentos* (art.º 523.º, n.º 2) e, de um modo geral, a produção de qualquer outro meio de prova[1], salvas a possibilidade de, em fase de recurso, serem juntos documentos supervenientes[2] (art.ºs 524.º, n.º 1, 712.º, n.º 1, al. c) e 727.º) e de, por acordo das parte, ser alterada ou ampliada a causa

---

[1] Se a parte houver requerido – em plena audiência de julgamento – a requisição de documentos em poder da parte contrária ou de alguma estação/entidade oficial, poderá o tribunal, ao abrigo dos seus poderes/deveres inquisitoriais ou de indagação oficiosa plasmados nos art.ºs 519.º, 528.º, 265.º e 266.º, e com vista ao apuramento da verdade material, admitir essa diligência probatória adicional; um tal requerimento não poderá, pois, ser indeferido com base na respectiva extemporaneidade – haver sido formulado apenas em sede de audiência de discussão e julgamento –, antes com fundamento na sua desnecessidade, impertinência ou no seu carácter espúrio ou meramente dilatório – cfr. o acórdão do STJ de 5-2-2004, Proc. 4068/2003 – 2.ª Sec., in "Sumários de Acórdãos", n.º 78, p. 13 / Cons.º FERREIRA DE ALMEIDA.

[2] Para a junção de documentos se tornar necessária em consequência do julgamento, nos termos do n.º 1 do art.º 706.º, não é exigível que o documento seja *tout court* superveniente ou se destine a provar factos supervenientes; haverá unicamente que determinar se a necessidade da junção resulta apenas do julgamento proferido em 1.ª instância. A junção de documentos *em fase de recurso* justifica-se quando a fundamentação da sentença ou o objecto da decisão de direito ou de facto fazem surgir a necessidade de provar ou infirmar factos com cuja relevância a parte não podia razoavelmente contar – cfr. o acórdão do STJ de 13-3-2003, Proc. 4568/02 – 7.ª Sec., in "Sumários de Acórdãos" / Cons.º ARAÚJO DE BARROS.

262   *Direito Processual Civil*

de pedir (art.º 272.º)[1]; – a possibilidade de o autor *ampliar o pedido* (se essa ampliação for o desenvolvimento ou a consequência do pedido primitivo) – art.º 273.º, n.º 2, in fine; – a dedução do *pedido de aplicação de sanção pecuniária compulsória* (art.ºs 829.º-A do CC e 273.º, n.ºs 2 e 4, do CPC); – a dedução do *incidente de liquidação* (art.º 378.º).

Também *no campo dos recursos* – para além da *formação de caso julgado* se não impugnada a decisão dentro do prazo do n.º 1 do art.º 685.º –, se podem detectar situações de preclusão como as do art.º 685.º-A, n.ºs 1 e 2 (falta de apresentação da alegação e não acatamento do despacho de aperfeiçoamento das conclusões) e 685.º-B, n.º 1, alíneas a) e b)) – não especificação dos pontos de facto considerados como incorrectamente julgados, bem como dos meios probatórios constantes do registo ou gravação que impunham decisão diversa. Omissões essas conducentes à *rejeição* (*indeferimento* do *re*curso nos termos do art.º 685.º). Também a situação do art.º 732.º-A, n.ºs 1 a 3 (determinação, requerimento ou proposta do julgamento ampliado de revista apresentado já depois da prolação do acórdão do Supremo) leva à *não admissão do recurso* para uniformização de jurisprudência.

27. Princípio da legalidade das formas processuais.

Respeita o princípio à *forma dos actos judiciais a praticar no processo* e nele materializados em *articulados, actas, autos* ou *termos*, sendo que a *forma* representa precisamente a *exteriorização do acto*. Segundo o mesmo, os termos do processo são fixados e regulados na lei, devendo os actos processuais revestir a «forma que, nos termos mais simples, melhor corresponda ao fim que visam atingir» (art.º 138.º, n.º 1). Trata-se, no fundo, de mais uma manifestação prática do *princípio da igualdade das partes*, na sua vertente da *igualdade de armas*, bem como de mais um corolário da *natureza pública do processo civil*: as partes dispõem de meios e formas processuais com estrita e taxativa regulação legal, que poderão exercitar em pleno pé de igualdade para fazerem vingar as respectivas teses e posições fáctico-jurídicas.

---

[1] Esta última faculdade não se confunde com o acordo sobre a prova dos factos que integram a causa de pedir.

Capítulo V – Princípios fundamentais de processo civil   263

O princípio comporta, todavia, algumas limitações relacionadas com a *economia formal* e com a *idoneidade técnica*. Assim, e por um lado, «não é lícito realizar no processo actos inúteis, incorrendo em responsabilidade disciplinar os funcionários[1] que os pratiquem» (*princípio da limitação dos actos* – art.º 137.º); por outro, deve o juiz, oficiosamente, quando a forma legal (indicada pelo autor na petição inicial) não se adeque às especificidades do caso concreto, adaptar a tramitação abstractamente prevista na lei, designadamente determinando a prática dos actos que melhor se ajustem ao fim do processo civil (art.º 265.º-A) – *princípio da adequação formal*[2-3]. A eventual infracção ao princípio só gerará, contudo, *nulidade processual*, ex-vi do n.º 1 do art.º 201.º, se a prática ou omissão do acto forem expressamente sancionadas por lei com tal cominação ou se a irregularidade cometida for susceptível de influir no exame ou na decisão da causa.

O escopo legal é o de evitar que a parte possa ver a causa perdida por mor de irregularidades de índole meramente processual, isto é, que a forma prevaleça sobre o fundo ou o mérito.

A Portaria do Ministro da Justiça n.º 114/2008, de 6 de Fevereiro, emitida, ao abrigo do disposto no art.º 138.º-A[4], veio regular a tramitação dos processos, a qual passará a ser efectuada essencialmente por via

---

[1] J. RODRIGUES BASTOS, in Notas, vol. I, cit. p. 207, insurge-se contra «a supressão dos termos relativos ao andamento do processo» que a *praxis forensis* consagrou e que no Brasil se denominam «*termos de continuação*», como são os «representados pelos termos de *conclusão, vista, recebimento, juntada* e *cota*», já que «servem de elos da cadeia de actos» que constitui o processo e vão certificando o respectivo progresso, de modo a «deixar fixado o sentido e o ritmo em que se faz essa progressão», bem como contra a «transformação do processo (materialmente considerado) em *dossier* administrativo».

[2] Cfr. MANUEL DE ANDRADE, Noções Elementares cit., pp. 358-359.

[3] Assim, o STJ já entendeu que se, por ex., a parte interpuser (erradamente) recurso do despacho do desembargador-relator que não admitiu a junção de um dado documento, sendo o meio processual "adequado" a atacar esse despacho o da "reclamação para a conferência" (art.º 700.º, n.º 3), deve ser aproveitado (convolado) o requerimento da parte para valer como "reclamação", em homenagem aos *princípios da adequação formal* e da economia processual – cfr., neste sentido, entre outros, o acórdão do STJ de 14-3-2000, Proc. 1024/99 – 6.ª Sec., "Sumários de Acórdãos" – Edição Anual, p. 105 / Cons.º SILVA GRAÇA.

[4] Entretanto já alterada pela Portaria n.º 457/2008, de 20 de Junho e republicada em anexo (com novas alterações) à Portaria n.º 1538/2008, de 30 de Dezembro, esta última, por seu turno, já alterada pela Portaria n.º 975/2009, de 1 de Setembro.

electrónica, representando uma verdadeira "revolução" no que concerne às formas tradicionais de tramitação e ao manuseamento dos processos.

Não confundir, todavia, a *legalidade das formas ou fórmulas processuais* com o chamado a *legalidade do conteúdo da decisão* – sujeição dos tribunais à lei (sem embargo do juízo de constitucionalidade da norma jurídica *aplicanda* que lhes compete fazer), com as excepções decorrentes da admissão dos julgamentos de equidade e da remissão para o direito estrangeiro (art.ºs 202.º, n.º 2, 203.º e 204.º da CRP e 4.º e 41.º do CC)[1-2].

28. Princípio da economia processual.

Conforme a própria designação logo sugere, o princípio baseia-se numa *equação actividade-resultado*, em termos de aplicação racional dos meios processuais (*economia de meios*). O que se exige é que cada processo, por um lado, resolva o maior número possível de lítígios (*economia de processos*) e, por outro, comporte apenas os actos e formalidades indispensáveis ou úteis (*economia de actos e formalidades*)[3].

Com vista a tal desideratum, o art.º 137.º consagra o *"princípio da limitação dos actos"*, com a correlativa ilicitude da prática de actos inúteis, enquanto no n.º 1 do art.º 138.º impõe a *"regra da simplicidade"* da forma dos actos processuais, com postergação das formalidades desnecessárias ou supérfluas[4]. A prática de actos inúteis, que apenas surtam efeito de complicação ou paralisia do processo, torna os *magistrados e funcionários* incursos em *censura disciplinar*, enquanto que as *partes* poderão ser responsabilizadas por *litigância de má-fé* (art.º 456.º, n.º 2, al. d)).

Economia que deve também repercutir-se no «*máximo aproveitamento dos actos já praticados*» com afloramentos nos seguintes exemplos: – limitação dos *efeitos do aumento de valor da acção em caso de reconvenção ou de intervenção principal* aos actos e termos posteriores à reconvenção ou intervenção (cfr. o n.º 2 do art.º 308.º); – poder-dever

---

[1] Cfr. LEBRE DE FREITAS, Introdução cit., pp. 129 a 130.

[2] Na sentença deve o juiz «indicar, interpretar e aplicar as normas jurídicas correspondentes» aos factos que considere provados (art.º 659.º, n.º 2).

[3] Cfr. MANUEL DE ANDRADE, Noções Elementares cit., pp. 359-360.

[4] Cfr. ALBERTO DOS REIS, Comentário, vol. II cit., n.º 9, pp. 32 a 36.

Capítulo V – Princípios fundamentais de processo civil 265

atribuído ao juiz da causa, pelo art.º 265.º-A, de adequar da tramitação processual prevista na lei às especificidades da causa e de determinar, ouvidas as partes, a prática dos actos que melhor se ajustem ao fim do processo, com as adaptações necessárias, de preferência ao decretamento da anulação do processado, quiçá por erro na forma de processo (*princípio da adequação formal*); – anulação circunscrita, em caso de *erro na forma de processo*, aos actos que não possam ser aproveitados, só não devendo ser aproveitados os actos já praticados, se do facto resultar uma diminuição de garantias do réu (art.º 199.º, n.ºs 1 e 2).

No que se refere à *economia de processos*, surgem, como suas exteriorizações mais evidentes, as disposições que permitem o *litisconsórcio inicial* (art.ºs 27.º e 28.º), a *coligação de autores e de réus* (art.º 30.º, a *ampliação do pedido e da causa de pedir* (art.ºs 272.º e 273.º) a *reconvenção* (art.º 274.º), os *incidentes de intervenção de terceiros* (art.º 320.º e ss)), a *cumulação de pedidos* (art.º 470.º), o *pedido subsidiário* (art.º 469.º) e o *pedido de prestações vincendas* (art.º 472.º). Trata-se de normas de carácter facultativo/permissivo, ficando ao critério *dos interessados* deduzir ou não (cumulativamente), no mesmo processo, todos os pedidos legalmente permitidos, bem como requerer a intervenção nele de outros titulares da relação jurídica material não obrigatoriamente partes na causa.

Também, se propostas separadamente, perante o mesmo juiz, acções que podiam ter sido reunidas no mesmo processo, *pode o juiz* (em caso de inércia das partes em tal sentido) determinar «*ex-officio*» a *apensação* de todas elas (art.º 275.º, n.º 4), mesmo que pendam em tribunais diferentes (art.º 275.º, n.º 1), *apensação* essa também aplicável aos processos em *fase de recurso* (cfr. art.º 275.º-A). Em alternativa à apensação, poderá também o juiz proceder à *agregação de acções* propostas separadamente no mesmo tribunal, a *requerimento* das partes (ou *ex-officio* se pendentes no mesmo tribunal), bem como determinar a *prática de actos em separado* ocorrendo coligação inicial ou sucessiva ou se o pedido reconvencional envolver pluralidade de partes (cfr. os art.ºs 6.º e 7.º do Regime Experimental introduzido pelo Dec.-Lei n.º 1108/2006, de 8 de Julho e n.º 4 do art.º 274.º do CPC).

Em ordem a prevenir a *duplicação* (ou multiplicação) de acções, contém o CPC normas tendentes, não só ao aproveitamento da acção já proposta para a solução (final) do litígio, como também a *economizar actos e formalidades*. Exemplos: – as que impõem ao juiz a *remoção de*

266   *Direito Processual Civil*

obstáculos processuais e formais e o suprimento (*da falta*) *de pressupostos processuais* (art.ºs 265.º n.ºs 1 e 2, 265.º-A, 266.º, n.º 2); – as que permitem a *alteração do pedido e da causa de pedir* (art.ºs. 272.º e 273.º) e a *integração do litisconsórcio necessário* (art.ºs 269.º e 274.º, n.º 4); – os poderes conferidos ao juiz pelos art.ºs 508.º (*despacho pré-saneador*), 508.º-B (*dispensa da audiência preliminar*) e 509.º (realização de *tentativa de conciliação*), etc.

29. Princípio da celeridade processual.

§1.º – *Causas da morosidade do processo.*

São quase legendárias as faladas *morosidade* e *lentidão* do processo civil português. Mas, como bem observa M. TEIXEIRA DE SOUSA[1], louvado em HENKE, o mal não é apenas português, porquanto o combate geral contra a morosidade processual é já *milenar*[2]. As delongas (excessivas) nos feitos submetidos a julgamento – para além da imagem de desprestígio e da sensação de ineficácia do sistema que proporcionam – representam sempre um factor de injustiça, mormente para a parte a quem assista razão. *Para a parte vencedora,* as próprias utilidade económica e consistência prático-jurídica da decisão final poderão resultar seriamente comprometidas pelo arrastamento indefinido do processo. Mas também *para a parte vencida*, uma dilatada pendência «pode importar um sacrifício acrescido pela prolongação do estado de incerteza consequente do litígio»[3].

Impõe-se que o processo seja organizado em ordem a chegar rapidamente ao seu natural desfecho ou conclusão, pois que «podendo uma *justiça tardia* ser melhor do que a denegação dela, nunca será, todavia, a *justiça devida*»[4]. E daí que os anseios colectivos a uma justiça mais

---

[1] Cfr. Estudos cit., 49.

[2] Já na fase *apud iudicem* das *leges actiones*, e segundo a *Lex Iulia Iudiciaria*, a *sententia* deveria ser dada de forma a que o processo não excedesse o prazo máximo de dezoito meses.

[3] Cfr. MANUEL DE ANDRADE, Noções Elementares cit., p. 360-361.

[4] Cfr. M. TEIXEIRA DE SOUSA, Estudos cit., p. 49.

Capítulo V – Princípios fundamentais de processo civil 267

rápida[1] e mais pronta e mais *célere*, e portanto mais justa, se encontrem na base do princípio estruturante da *celeridade processual*. Preocupações que terão de conciliar-se com a necesssidade de uma serena e ponderada reflexão (por banda das partes e seus mandatários e, sobretudo, do julgador), em ordem à obtenção de decisões acertadas e em harmonia com a lei e com os juízos de valor legais.

O diagnóstico – há muito feito – à chamada *lentidão processual* detectou, na base desta, *factores de carácter endógeno ou interno* e causas de índole *exógena* ou *externa*.

Entre os primeiros, apontavam-se, antes da reforma de 1995/1996, uma certa atitude de inércia ou passividade do juiz na «direcção» e «condução» do processo e da acção, bem como uma determinada «cultura» das partes e dos respectivos mandatários em orientar-se, não pelos fins de uma tutela processual efectiva, mas por não raras razões de tacticismo dilatório. Tudo sem menosprezar alguns escolhos de natureza técnica, como os proverbiais atrasos inerentes à citação do réu (amiudadas vezes por este deliberadamente provocados) e ao crónico «bloqueio» do despacho saneador relacionado com as dificuldades na elaboração da especificação e do questionário. E ainda – outro verdadeiro nó górdio do processo declaratório – os adiamentos sucessivos das audiências de discussão e julgamento, com as inerentes dificuldades de subsequente agendamento, sobretudo em tribunais cujos juízes tinham a seu cargo a movimentação simultânea de centenas ou mesmo milhares de processos.

Entre as *causas externas ou exógenas,* destacava-se a falta de «resposta» dos tribunais ao «crescimento exponencial da litigiosidade» (mormente das acções de dívida de carácter «formigueiro») proporcionada pela disseminação desenfreada dos "cartões de crédito" e de outras formas de crédito ao consumo, *vis a vis* a exiguidade dos meios disponíveis. Situação esta agravada pela incessante produção legislativa e pela crescente complexidade do direito material, maxime pelo apelo aos chamados *conceitos indeterminados* e *cláusulas gerais*, cuja interpretação e integração são amiúde tacitamente relegadas para a esfera contenciosa e,

---

[1] Segundo ALBERTO DOS REIS, «convém que a justiça seja pronta; mas, mais do que isso, convém que seja justa. O problema fundamental da política processual consiste exactamente em saber encontrar o equilíbrio razoável entre as duas exigências: a celeridade e a justiça» – cfr. CPC Anotado, vol. I, p. 624.

268 Direito Processual Civil

finalmente, a deficiente preparação técnica dos profissionais e operadores forenses[1].

§2.º – Normas acelaratórias e expedientes legais destinados a atenuar os efeitos da morosidade processual.

É de observar neste âmbito, o princípio segundo o qual a inevitável demora do processo, ou a necessidade de recorrer a ele, não deve ocasionar dano à parte que tem razão (não deve beneficiar o sucumbente)[2].

Como forma de abreviar a solução dos litígios, vem-se assistindo a um paralelo incremento das medidas cautelares de *carácter antecipatório* ou com dispensa de tutela definitiva, como, por ex., a restituição provisória da posse (art.º 393.º), os alimentos provisórios (art.º 399.º, n.º 1) o arbitramento de reparação provisória (art.º 403.º, n.º 1) e a entrega judicial e cancelamento do registo (Dec.-Lei n.º 149/95, de 24 de Junho, cuja última alteração foi introduzida pelo Dec.-Lei n.º 30/2008, de 25 de Fevereiro). E também à proliferação de *regras de preclusão* ou o estabelecimento de *consequências preclusivas* (obstativas da prática extemporânea do acto omitido), ao reforço dos poderes proactivos e de controlo do juiz sobre o processo e à «concentração do processo», se possível numa única audiência de discussão e julgamento. E ainda de expedientes processuais de outra estirpe, como o efeito devolutivo do recurso, com a consequente exequibilidade provisória da decisão recorrida (art.º 47.º, n.º 1) e a atribuição de força executiva a certos documentos particulares (art.º 46.º, alíneas b) a d))[3].

A reforma de 1995-1996, não reforçando embora as medidas de carácter preclusivo, veio «flexibilizar», por ex., o momento da alegação ou dedução dos factos relevantes, em ordem a adaptar o cumprimento desse ónus às vicissitudes e contingências do processo (cfr., nesta senda, o disposto no art.º 264.º, nos seus n.ºs 2 e 3, quanto à consideração pelo tribunal dos *factos instrumentais e complementares* surgidos no decurso da instrução e discussão da causa). E, ao fazer apelo ao *critério da*

---

[1] Cfr. M. TEIXEIRA DE SOUSA, Estudos cit., p. 49.
[2] Cfr. MANUEL DE ANDRADE, Noções Elementares cit., pp. 361 e ss.
[3] Cfr. M. TEIXEIRA DE SOUSA, Estudos cit., p. 50.

Capítulo V – Princípios fundamentais de processo civil 269

imputabilidade da parte ou dos seus representantes ou mandatários na nova definição do *justo impedimento* (art.º 146.º, n.º 1), veio arvorar a *diligência devida* como critério de aferição do efeito preclusivo. Reforçou também o legislador os *poderes* (oficiosos) *de condução do processo atribuídos ao juiz*, pré-ordenados a uma maior aceleração processual (art.º 265.º, n.ºs 1, 2 e 3)[1].

Com vista a agilizar e acelerar a tramitação da causa, há ainda que salientar, neste âmbito: – a concentração da *fase da condensação* numa *audiência preliminar* (art.º 508.º), com os objectivos previstos no art.º 508.º– A, n.ºs 1 e 2 e as normas relativas: – a renúncia do mandato judicial (art.º 39.º, n.º 3); – a utilização da via postal e electrónica na citação pessoal (art.º 233.º, n.º 2, alíneas a) e b); – a admissibilidade da citação por mandatário judicial (art.º 233.º, n.º 3); – a exclusão da citação edital no incidente de intervenção acessória (art.ºs 332.º, n.º 2); – o prosseguimento da acção passados três meses sobre a data da dedução desse incidente, mesmo que não realizadas todas as citações (art.º 333.º); – a não utilização da citação edital nos procedimentos cautelares (art.º 385.º, n.º 3); – a antecipação da audiência final (art.º 647.º, n.º 1)[2]. Na mesma linha, vai a consagração da solução dos conflitos de competência pelo *presidente do tribunal* de menor categoria que exerça jurisdição sobre as autoridades em conflito (art.º 116.º, n.º 2).

De referir, outrossim, para além da *regra da continuidade dos prazos processuais* (art.º 144.º, n.º 1), as disposições aceleratórias traduzidas na fixação de prazos curtos para o exercício de direitos e cumprimento de deveres processuais. Assim: – o art.º 153.º fixa em 10 dias para as partes requererem qualquer acto ou diligência, arguírem nulidades, deduzirem incidentes e exercerem qualquer outro direito processual, fixando também em 10 dias o prazo para a parte responder ao que for deduzido pela parte contrária; – o art.º 160.º fixa também em 10 dias, na falta de disposição especial, o prazo para os despachos judiciais e para as promoções do Ministério Público; – o art.º 166.º estabelece o prazo geral de 5 dias para os actos da secretaria, salvo os casos de urgência (n.º 1), obrigando ainda a submissão a despacho, no próprio dia, dos requerimentos avulsos e a juntada de documentos e peças processuais (n.º 2); – o art.º 169.º, no seu n.º 3, fixa em 5 dias o prazo para a confiança do processo, o qual pode mesmo ser reduzido se

---

[1] Não tem aplicação em processo civil o instituto da aceleração processual regulado nos art.ºs 108.º a 110.º do CPP.

[2] Cfr. M. TEIXEIRA DE SOUSA, Estudos cit., pp. 51-52.

causar embaraço ao andamento da causa; – o n.º 3 do art.º 502.º e o n.º 2 do art.º 503.º, respectivamente, fixam em 15 dias o prazo para apresentação da réplica e da tréplica; – o art.º 658.º fixa em 30 dias o prazo para a sentença em processo ordinário; – o n.º 1 do art.º 685.º estabelece em 30 dias o prazo geral para a interposição de recursos (salvo em processos urgentes e outros excepcionados por lei); – o art.º 707.º, no seu n.º 1, fixa em 5 dias o prazo dos vistos dos juízes-adjuntos e em 30 dias o prazo para o relator elaborar o projecto de acórdão em sede de apelação e revista (art.º 726.º).

De realçar ainda as novas formas de apresentação a juízo dos actos processuais, preferencialmente através de *transmissão electrónica de dados*, e ainda através do envio de *telecópia e correio electrónico* (art.º 150.º), bem como a notificação dos actos entre mandatários contemplada no art.º 260.º-A e a comprovação do pagamento da taxa de justiça ou a concessão do benefício do apoio judiciário por via electrónica (art.º 8.º da Portaria n.º 114/2008, de 6 de Fevereiro). Diploma que contempla igualmente a *distribuição* dos processos, a prática de *actos processuais de magistrados e funcionários judiciais* e a *consulta* dos processos *por meios electrónicos* (art.º 1.º e suas alíneas a) a g)).

Proferida a sentença, há que *reconstituir a situação actual hipotética da parte vencedora*. Deve, pois, restituir-se a parte vitoriosa à situação em que estaria (actualmente) caso lhe não tivesse sido necessário utilizar meios judiciais para obter o reconhecimento do seu direito[1]. Concorrem no princípio: por um lado, *o interesse do comércio jurídico* na subsistência da integridade dos direitos e dos patrimónios, porventura tornada mais aleatória pelos custos suportados pela sua eventual defesa; por outro, *o prestígio da administração da justiça e a força das decisões dos tribunais* poderiam sair seriamente comprometidos se não adoptados mecanismos destinados a penalizar os fautores das delongas. Através da colocação de travões dissuasórios às manobras de cariz dilatório tendentes ao diferimento da eficácia da decisão, isto é às condutas castradoras de uma tutela jurisdicional efectiva, encorajam-se a litigância de boa-fé e desincentivam-se práticas anómalas e censuráveis de conduta processual.

Também *no âmbito dos recursos*, e com vista a incrementar a celeridade processual, introduziu a Reforma de 2007: – a regra geral da impugnação das decisões interlocutórias apenas com o recurso que vier a

---

[1] Cfr. MANUEL DE ANDRADE, Noções Elementares cit., pp. 361-364.

Capítulo V – Princípios fundamentais de processo civil   271

ser interposto da decisão final (art.º 691.º, n.º 3); – a concentração em momentos processuais únicos dos actos de interposição do recurso e de apresentação de alegações e dos despachos de admissão e expedição do recurso (art.º 684.º-B, n.ºs 1 e 2); – a determinação de que a arguição dos vícios da sentença e os pedidos de rectificação, esclarecimento e reforma desta sejam feitos na respectiva alegação de recurso (se a decisão final o admitir) – art.ºs 667.º, n.º 2 e 668.º, n.º 4; – a possibilidade de *o recurso ser decidido liminarmente pelo relator* se a questão suscitada já tiver sido apreciada de modo uniforme e reiterado pela jurisprudência ou se for manifestamente infundada (art.º 705.º); – o processamento simultâneo dos vícios aos juízes-adjuntos por meios electrónicos ou, quando tal não seja possível, o início dos respectivos prazos apenas com a entrega da cópia do projecto de acórdão (art.º 707.º, n.º 2); – a possibilidade da *dispensa dos vistos* se a natureza das questões a decidir ou a necessidade de celeridade do julgamento o aconselharem (art.º 707.º, n.º 4); – *a possibilidade de a Relação* (em regra) *se substituir ao tribunal recorrido* na apreciação das questões de que este não conheceu (art.º 715.º, n.º 2); – a *admissibilidade do recurso per saltum para o* Supremo, preenchidas que sejam determinadas condições (art.º 725.º).

Entre os diversos instrumentos e mecanismos previstos no nosso ordenamento processual, e também no nosso direito substantivo, tendentes a *evitar ou amortecer as consequências danosas da duração do processo* – por reporte ao momento aferidor decisivo da *citação do réu*, que não ao da *propositura da acção* (art.º 267.º, n.º 2) – merecem, desde logo, destaque especial, para além da *tutela cautelar conservatória ou antecipatória*, cujos procedimentos se encontram regulados no capítulo IV do título I, do Livro III, do CPC e em outros diplomas avulsos, com o inerente e (poderoso) reforço da fixação, nos termos da lei civil, da *sanção pecuniária compulsória* que se mostre adequada a assegurar a efectividade da providência decretada (art.º 381.º e ss e 384.º, n.º 2), as seguintes medidas legais (vinculativas ou facultativas)[1]: – *as regras relativas à condenação em custas*, cujo princípio geral orientador se encontra contemplado no art.º 446.º, com o respectivo encargo a ser suportado pela parte que houver dada causa à acção ou incidente ou, não havendo vencimento, pela parte que do processo tirou proveito» (n.º 1), sendo que «devem considerar-se supérfluos os actos e incidentes desnecessários para a declaração ou defesa do direito», cujas

---

[1] Sobre o elenco deste tipo de medidas, cfr. ABRANTES GERALDES, Temas da Reforma do Processo Civil, III, 5-Procedimento Cautelar Comum, pp. 41-42.

272   *Direito Processual Civil*

custas serão suportadas por quem os requereu (art.º 448.º, n.º 2); – a *constituição do devedor em mora com a citação* ou com a interpelação extrajudicial, com os correlativos reflexos na contagem dos juros moratórios, sendo que, tratando-se de acções tendentes a efectivar a responsabilidade civil ou pelo risco, o devedor se constitui em *mora desde a citação* (a menos que já haja então mora), *ficando sujeito aos juros de mora à taxa legal desde esse acto judicial de citação* (art.ºs 805.º, n.º 2, al. b) e n.º 3 e 806.º do CC)[1]; – *a possibilidade de verificação do anatocismo* por capitalização de juros vencidos (juros de juros) a partir da notificação judicial do devedor para o efeito (art.º 560.º do CC); – o critério de fixação da indemnização derivada de responsabilidade civil com base na *teoria da diferença* em ordem a atenuar os efeitos dos fenómenos da inflação e da desvalorização da moeda (art.º 566.º, n.º 2, do CC); – a possibilidade de dedução do pedido acessório de pagamento de *sanção pecuniária compulsória* para situações de incumprimento de obrigação de prestação de facto infungível, positivo ou negativo, fixada em sentença transitada em julgado, ou o automatismo da sanção (juros compensatórios à taxa de 5% a contar do trânsito) quando se trate de sentença que condene em pagamento de quantia certa, em qualquer altura do processo e até ao encerramento da discussão em 1.ª instância (n.ºs 2 e 4 do art.º 273.º do CPC e art.º 829.º-A, n.ºs 1 a 4, do CC); – a *possibilidade de ampliação do pedido inicialmente* formulado, designadamente quando se trate de actualizar o respectivo *quantum* ou a faculdade de serem formulados *pedidos acessórios*, face ao decurso do tempo, tais como os juros, as rendas ou prejuízos (art.º 273.º); – a *cessação da boa fé do possuidor a partir da citação* (art.º 481.º, al. a)), com repercussão imediata em matéria de frutos (art.ºs 1270.º e 1271.º do CC), de benfeitorias (art.ºs 1273.º a 1275.º do CC), de perda ou deterioração da coisa (art.º 1269.º) e de contagem do prazo para efeitos de usucapião (art.ºs 1268.º a 1275.º, 1287.º, 1294.º e 1296.º do CC); – a *interrupção da prescrição extintiva ou da prescrição aquisitiva (usucapião) a partir da data da citação*, ou mesmo antes desta (art.º 323.º, n.º 2, do CC) e o regime de duração da respectiva interrupção emergente do art.º 327.º do CC ou do art.º 289.º, n.º 2 (art.ºs 481º, a)) – o *regime de oponibilidade a terceiros do caso julgado formado por sentença quando registada a acção*, nos termos do art.º 271.º do CPC ou dos art.ºs 291.º, n.º 1 e 243.º, n.º 3, do CC; – a *possibilidade de o credor, detentor de uma sentença condenatória, requerer o registo de hipoteca judicial* em bens do devedor, nos termos dos art.ºs 710.º e ss. do CC; – tratando-se de prestações periódicas, a *possibilidade de pedido de condenação*, para além das prestações já vencidas, *também em prestações vincendas*, enquanto subsistir a obrigação (art.º 472.º, n.º 1); – a possibilidade de *condenação em prestações futuras* quando se pretenda obter o *despejo de um prédio* no momento em que findar o arrenda-

---

[1] Actualização das obrigações pecuniárias indemnizatórias.

Capítulo V – Princípios fundamentais de processo civil   273

mento e nos casos semelhantes em que a falta de título executivo na data do vencimento da prestação possa causar grave prejuízo ao credor (art.º 472.º, n.º 2); – a permissão da *cumulação sucessiva de execuções* (art.º 54.º) ou a renovação da instância executiva extinta, nos termos do art.º 920.º, faculdades estas conectadas com a da prevenção do credor contra a demora no julgamento da causa mencionadas nos n.ºs 1 e 2 do art.º 472.º; – a *abrangência pelo título executivo dos juros de mora* à taxa legal da obrigação dele constante (art.º 46.º, n.º 2); – a faculdade de, nas acções de indemnização fundadas em responsabilidade civil, o autor requerer, até ao encerramento da discussão e julgamento em 1.ª instância, a condenação do réu nos termos previstos no art.º 567.º do CC (*condenação em renda vitalícia ou temporária*), mesmo que inicialmente tenha pedido a condenação daquele em quantia certa (art.º 273.º, n.º 5); – o *arbitramento de uma indemnização provisória* como dependência da acção de indemnização fundada em morte ou lesão corporal, a pedido dos lesados, bem como dos titulares do direito (*a alimentos*) a que se refere o número 3 do art.º 495.º do CC (art.º 403.º); – a amplitude da admissão de *títulos executivos extrajudiciais* com o objectivo de dispensar, no maior número possível de situações, a intentação de acções declarativas, com a consequente dilação na efectivação do direito reconhecido por sentença (art.º 46.º); – a possibilidade de *julgamento em casos de inexigibilidade da obrigação* (aquando da propositura), podendo o réu, se contestar a existência da obrigação, ser condenado a cumpri-la (art.º 662.º)[1]; – a *morte de uma das partes*, quando sobrevinda na pendência da lide, não extinguir as acções inerentes à pessoa do autor (art.º 371.º)[2], caso esta inerência resulte de uma particular disposição legal (conf. v.g., as *acções contra a sociedade extinta* que prosseguem com os liquidatários em representação dos sócios – art.º 162.º do CSC revisto pelo Dec.-Lei n.º 257/96, de 31 de Dezembro) e de *interdição*, prosseguindo esta com o representante do arguido falecido no decurso do processo (art.º 957.º); – a circunstância de *a transmissão da coisa litigiosa* concluída por alguma das partes não fazer cessar a legitimidade do alienante e a sentença que for proferida contra este valer também contra o adquirente, salva a necessidade do registo da acção se relativa a bens imóveis (art.º 271.º, n.º 3).

De referir, por último, a chamada *defesa contra demoras abusivas* e *pedidos de aclaração formulados com meros intuitos meramente dilatórios* (art.º 720.º); assim, se se lhe tornar evidente que, com um determinado requerimento, a parte nada mais pretende que obstar ao

---

[1] O art.º 662.º não é aplicável à acção para execução específica de contrato-promessa com prazo certo ainda não decorrido – cfr. o acórdão do STJ de 29-9-98, CJSTJ, Tomo III, p. 44 / Cons.º RIBEIRO COELHO.

[2] Ao contrário do que sucederia se tivesse ocorrido antes *do litis ingressus*.

cumprimento do julgado ou à baixa do processo ou à sua remessa para o tribunal competente, o Relator levará o requerimento à conferência, podendo esta ordenar, sem prejuízo do disposto no art.º 456.º (responsabilidade por litigância de má-fé), que o respectivo incidente se processe em separado (n.º 1); e, bem assim, se se lhe afigurar que a parte procura *obstar ao trânsito em julgado da decisão*, através da suscitação de incidentes a ela posteriores manifestamente infundados, caso este último em que os autos prosseguirão os seus termos normais no tribunal recorrido, anulando-se o processado, se a decisão vier a ser modificada (n.º 2).

Se não devidamente assegurada pelo Estado a sua função de administrar celeremente a justiça e, se postergado assim o direito conferido pelo art.º 2.º, n.º 1, de obter, num prazo razoável (a chamada *délai raisonnable*), a decisão da causa, poderá a parte prejudicada reclamar indemnização pelos prejuízos sofridos (cfr. o art.º 12.º da Lei n.º 67/2007, de 31 de Dezembro)[1]. Trata-se de uma *responsabilidade objectiva do Estado* (*no qual se integra a função jurisdicional*), independente, pois, de qualquer actuação dolosa ou simplesmente negligente do juiz da causa ou dos funcionários judiciais intervenientes. Com vista a esse objectivo ressarcitório, tem sido correntemente utilizada a via da petição dirigida à Comissão Europeia dos Direitos do Homem (art.º 25.º, n.º 1, da CEDH), para que esta (por seu turno) solicite a apreciação (da violação pelo Estado português desse garantia) ao Tribunal Europeu dos Direitos do Homem (art.ºs 44.º e 48.º, n.º 1, da CEDH) e, se for o caso, arbitre ao lesado a reparação que julgue adequada (art.º 50.º CEDH)[2].

Secção II
Princípios relativos à produção da prova.

30. Princípio da livre apreciação das provas.

Reporta-se este princípio ao *julgamento da matéria de facto* (art.º 653.º e ss). No sistema de *prova legal* o juiz encontra-se vinculado a

---

[1] Vide, infra, n.º 38.2.

[2] Só depois da exaustão dos meios internos, será lícito o recurso ao Tribunal Europeu dos Direitos do Homem (TEDH).

Capítulo V – Princípios fundamentais de processo civil

regras legais que estabelecem de modo estrito o valor probatório de cada um dos meios de prova; no sistema de *prova livre*, o tribunal goza de inteira liberdade na apreciação das provas.

Vigora, entre nós, um sistema *híbrido* ou *misto*. Consagra, com efeito, o n.º 1 do art.º 655.º o princípio da *«liberdade de julgamento»* («o tribunal colectivo aprecia livremente as provas, decidindo os juízes segundo a sua prudente convicção acerca de cada facto»). Apenas com a excepção de a lei exijir para a existência ou prova do facto qualquer formalidade especial, a qual não poderá ser dispensada» (n.º 2). Assiste, pois, ao julgador (tribunal colectivo ou juiz singular) o poder de livremente decidir – depois de ponderada apreciação e avaliação – os diversos pontos da matéria de facto (nas respostas aos quesitos formulados na base instrutória) segundo a sua prudente e íntima convicção. Convicção esta alicerçada em regras técnicas ou em máximas da experiência, bem como em conhecimentos pessoais de ordem lógico-dedutiva sobre as realidades da vida e da convivência social. Elementos esses conducentes à *prova directa* do facto controvertido ou à *ilação* (dedução lógica) da realidade ou verosimilhança desse facto, através da prova de um facto indiciário (instrumental), nesta segunda hipótese se fundando a prova numa *presunção natural ou judicial* (art.º 351.º do CC)[1].

Poder que se exerce, não apenas no que respeita à *admissibilidade* dos meios de prova propostos ou requeridos pelas partes, como também no que refere à *determinação do seu valor probatório*[2]. E tudo por reporte ao material probatório carreado pelas partes para o processo, quiçá mesmo face à conduta processual concretamente por elas adoptada, sendo que o juiz só poderá, em princípio, socorrer-se dos factos articulados pelas partes (sem prejuízo do disposto no art.º 264.º).

Está sujeita à livre apreciação do tribunal a generalidade das provas produzidas na audiência de discussão e julgamento (art.º 652.º, n.º 3, alíneas b) a d)), v.g. a força probatória das *respostas dos peritos*, do resultado da prova por *inspecção judicial* e dos *depoimentos das partes ou das testemunhas* (art.ºs 389.º, 391.º e 396.º, respectivamente, do CC)[3].

---

[1] Cfr. M. TEIXEIRA DE SOUSA, Estudos cit., p. 347.

[2] Cfr. VAZ SERRA, Provas – Direito Probatório Material, Lisboa, 1962, pp. 15 e 30.

[3] Do n.º 2 do art.º 712.º – que concede ao julgador o poder de oficiosamente recorrer a outros meios de prova – e do n.º 3 – que permite à Relação determinar a renovação dos meios de prova produzida em 1.ª instância – decorre que o princípio da

276 *Direito Processual Civil*

Outras situações de *prova livre* são, v.g., as dos art.ºs 358.º, n.ºs 3 e 4 (confissão judicial não escrita e extrajudicial não constante de documento), 361.º (reconhecimento dos factos desfavoráveis), 366.º (falta de requisitos legais de documento), 371.º, n.º 1 – 2.ª parte (juízos pessoais do oficial público documentador), n.º 2 (erros não ressalvados de documento autêntico) e 376.º, n.º 3 (erros não ressalvados de documento particular), todos do CC[1]. Não se trata, contudo, de um poder arbitrário ou puramente discricionário, porquanto a liberdade conferida ao juiz é, no fundo, uma *liberdade subordinada ou condicionada a um dever* – o dever de perseguir e prosseguir *a verdade material* que não uma *verdade meramente formal*[2]. E porque não puramente subjectivo, mas reconduzível a critérios objectivos, deve o juízo de apreciação externar a respectiva motivação ou fundamentação: não só por razões de *transparência, auto-controlo* e *serenidade reflexiva*, mas também para efeitos de eventual *impugnabilidade*, o juiz (ou o tribunal) tem que indicar as razões da sua convicção, ou seja, de proceder à *análise crítica da prova e à especificação dos fundamentos que foram decisivos para a formação da sua convicção* (art.º 653.º, n.º 2).

O *princípio cede*, porém, sempre perante situações de *prova legal* (ou *tarifada*), de que constituem exemplo os casos da prova por confissão, por documentos autênticos, por certos documentos particulares e por presunções legais (art.ºs 350.º, n.º 1, 385.º, 371.º e 376.º, todos do CC). É, por isso, de arredar a *prova livre* (n.º 2 do art.º 655.º) sempre que a lei atribua um específico valor legal a um certo e determinado meio de prova (cfr., v.g., os art.ºs 358.º, n.ºs 1 e 2, 371.º, n.º 1, 376.º e 377.º, todos do CC), assim como quando exigir, para a existência ou prova do facto jurídico, uma qualquer formalidade especial (art.º 655.º, n.º 2, cit.). Assim acontece com as formalidades *ad substantiam* ou *ad probationem* relativas a determinadas declarações negociais (cfr., v.g., os art.ºs 875.º e 947.º, n.º 1 – forma de escritura pública ou de documento particular autenticado para a compra e venda e doação de imóveis respectivamente – ambos do CC) e com a inadmissibilidade da prova testemunhal para substituir a exigência

---

livre apreciação, acolhido em 1.ª instância, pode ser substituído pela convicção formada em 2.ª instância – cfr. o acórdão do STJ de 31-1-2002, Proc. 4192/01 – 2.ª Sec., in "Sumários de Acórdãos", Edição Anual, p. 48 / Cons.º Simões Freire.

[1] Cfr. Lebre de Freitas, Introdução cit., pp. 171 a 175.

[2] Cfr. Manuel de Andrade, Noções Elementares cit., pp. 356-357.

Capítulo V – Princípios fundamentais de processo civil 277

de um documento (art.ºs 364.º, n.º 1 e 393.º, n.º 1, do CC) ou para prova de quaisquer convenções contrárias ou adicionais ao respectivo conteúdo (art.º 394.º, n.º 1)[1].

Não se torna, porém, exigível que a convicção do julgador sobre a validade dos factos alegados pela partes assente num *juízo de certeza absoluta*, bastando que se baseie num *juízo de razoável probabilidade ou verosimilhança*, v.g. legitimado com recurso às presunções judiciais (art.ºs 349.º e 351.º do CC)[2]. Tudo sendo sabido que, em caso de dúvida insanável, há que fazer funcionar as regras distributivas do ónus da prova e da respectiva satisfação/insatisfação pela parte sobre a qual esse encargo legalmente impendia (art.ºs 342.º a 348.º do CC e 516.º do CPC).

31. Princípio da aquisição processual.

Por força deste princípio, consagrado no art.º 515.º, o tribunal deve atender, na sua ponderação, a *todos os factos relevantes*, bem como a todo o material probatório (isto é, todas as provas), *tenham ou não resultado da iniciativa ou actividade da parte que deveria produzi-las em obediência às regras de distribuição do ónus da prova*. Assim, esses materiais (*afirmações* e *provas*), aduzidos embora por uma das partes no cumprimento de seu *ónus subjectivo*, ficam «*adquiridos para o processo*», sendo por isso atendíveis, mesmo quando (emanados ou trazidos por uma das partes) sejam favoráveis à parte contrária.

Para MANUEL DE ANDRADE, na esteira de ROSENBERG, o princípio «traduz-se na chamada *comunidade de provas*»[3]. Todo esse material carreado ou acolhido no processo como que «fica a pertencer à «*comunidade de sujeitos processuais*»[4]. Dentro do conceito de *ónus objectivo,* «a cada uma das partes aproveita (ou prejudica) todo o material de instrução recolhido no processo, independentemente da consideração de quem até ele o trouxe»[5]. *Todas as provas processualmente adquiridas*, ainda que

---

[1] Cfr. M. TEIXEIRA DE SOUSA, Estudos cit., pp. 347-348.
[2] Cfr. LEBRE DE FREITAS, Introdução cit., pp. 174-175.
[3] Cfr. Noções Elementares cit., p.357.
[4] Cfr. CASTRO MENDES, Conceito de Prova em Processo Civil, p. 167 e ANTUNES VARELA, RLJ, ano 116.º, pp. 317 e ss.
[625] Cfr. ANSELMO DE CASTRO, DPCD, vol. III cit., p. 174.

não apresentadas, requeridas ou produzidas pela parte onerada (sujeita ao respectivo ónus) devem ser levadas em conta pelo tribunal[1]. Assim, se arrolada uma testemunha por uma das partes, a mesma, no seu depoimento, tiver alegado um facto favorável à parte contrária àquela pela qual foi oferecida, facto esse que veio a ser dado como provado, o tribunal não pode deixar de atender a tal depoimento e de o dar como relevante para a decisão da matéria de facto[2].

Resulta deste princípio não poder a parte retirar do processo uma prova já apresentada ou renunciar às suas provas uma vez produzidas (porventura por temer a prova de um facto desfavorável) – embora delas possa desistir antes dessa produção[3-4]. A título de exemplo: – os *documentos* juntos só podem ser desentranhados (retirados) dos autos e restituídos à parte que os ofereceu, após o trânsito em julgado da decisão (art.º 542.º, n.ºs 3 e 4); – é inadmissível a *desistência da prova pericial* por banda da parte requerente sem a anuência contraparte (art.º 576.º); – não podem as partes *retirar as confissões* expressas de factos feitas nos articulados nem as declarações desfavoráveis ser retiradas após aceitação especificada da parte contrária (art.º 567.º, n.º 2)[5].

O princípio da aquisição processual não é, porém, um princípio absoluto. Ressalva a lei (art.º 515.º, 2.ª parte) as situações em que a lei declare ou considere irrelevantes a alegação e prova de um facto quando não sejam feitas por uma certa parte interessada. Por exemplo., a *confissão* só pode ser feita pela parte para a qual o facto (que venha a ser reconhecido) for desfavorável (art.º 352.º do CC) e a *prova da maternidade* na competente acção de investigação só pode ser efectuada pelo filho investigante (art.º 1816.º, n.º 1, do CC). Não é, também, de seguir o princípio se a respectiva observância for colidente, por ex., com o princí-

---

[1] Na sentença pode o juiz tomar em atenção factos exarados em documentos, mesmo que não tenham sido objecto de alegação, dedução ou afirmação pelas partes – *princípio da aquisição processual* plasmado no art.º 515.º do CPC –, até porque a fixação da especificação e do questionário não produzem caso julgado formal – cfr. o acórdão do STJ de 2-12-2004, Proc. 3822/04 – 2.ª Sec., in "Sumários de Acórdãos", n.º 86, p. 14 / Cons.º FERREIRA DE ALMEIDA.

[2] Cfr. M. TEIXEIRA DE SOUSA, Estudos cit., p. 346.

[3] Cfr. MANUEL DE ANDRADE, Noções Elementares cit., pp. 357-358.

[4] Cfr. ALBERTO DOS REIS, CPC, vol. III cit., pp. 272 e ss.

[5] Cfr. ANSELMO DE CASTRO, DPCD, vol. III cit., p. 174.

Capítulo V – Princípios fundamentais de processo civil   279

pio da eventualidade ou preclusão: se for trazido aos autos um facto que, a ser atendido, importe a alteração do pedido e/ou da causa de pedir, numa fase em que tal modificação já não seja legalmente admissível, aquele facto não poderá ser tomado em consideração.

32. Princípio da imediação.

O *princípio da imediação* decorre logicamente dos princípios da prossecução da verdade material e da livre apreciação das provas, uma vez que ambos reclamam um *contacto directo (imediação)* do tribunal com os diversos intervenientes no processo e com a respectiva actividade alegatória/probatória, com vista a proporcionar ao julgador uma melhor apreciação, ou seja, um juízo mais correcto acerca da veracidade ou falsidade de uma dada afirmação ou alegação fácticas[1]. Traduz-se essencialmente no *contacto pessoal entre o juiz e as pessoas ou coisas que servem de fontes de prova*, devendo os meios de prova, em princípio, *ser apresentados directamente perante o julgador* e devendo este, por sua vez, ter um *contacto presencial e directo com eles*[2-3].

Concretização prática do princípio é o n.º 3 (e suas alíneas a) a d)) do art.º 652.º), ao determinar que os diversos actos de prova devem ser realizados ou ser presentes perante o tribunal (singular ou colectivo) da audiência final de discussão e julgamento, ao qual compete apreciar a prova e pronunciar-se, na sequência da respectiva produção, sobre quais os factos provados e não provados (art.º 653.º, n.º 2). Desta regra apenas se exceptuam os seguintes casos[4]: – dever a *produção da prova ter lugar em tribunal diferente do da causa*, por via de expedição de carta precatória *(deprecada)* ou rogatória (art.º 176.º, n.º 1); – *produção de prova antecipada (por depoimento) perante juiz diverso do da causa ou perante este quando a audiência se deva fazer perante o tribunal colectivo* (art.ºs 520.º e 521.º); – *a natureza do meio probatório implicar que a produção tenha lugar antes ou fora da audiência* (é o caso da existência de prer-

---

[1] Cfr. ANSELMO DE CASTRO, DPCD, vol. II cit., p. 175.
[2] Cfr. MANUEL DE ANDRADE, Noções Elementares cit., p. 358.
[3] Cfr. M. TEIXEIRA DE SOUSA, Estudos cit., p. 334.
[4] Cfr. LEBRE DE FREITAS, Introdução cit., pp. 169-170.

280   *Direito Processual Civil*

rogativas de inquirição *ratione personnae* dos art.ºs 624.º 626.º); – a *prova pericial* (art.ºs 580.º a 586.º). Neste último caso, decorre do princípio da imediação a obrigatoriedade da presença dos peritos perante o tribunal do julgamento da matéria de facto para prestação de esclarecimentos das respostas aos quesitos por si já dadas, sempre que o juiz o ordene ou alguma das partes o requeira (art.º 588.º). As testemunhas a que se reporta o n.º 2 do art.º 624.º, podendo depor primeiro por escrito, podem também ser chamadas pela parte proponente à audiência, caso seja necessário algum esclarecimento adicional (art.º 626.º, n.º 4).

Postula ainda o princípio que se dê *prevalência à prova mais directa e mais recente*, por se encontrar mais disponível ou mais acessível, e ser, por isso, mais fidedigna, sobre a prova mais remota ou a fazer com recurso a ilações/deduções de carácter indiciário. Assim por ex., não é de excluir o chamado depoimento *de outiva* (*testemunha de ouvir dizer*), mas ao depoimento do próprio autor do relato é de conferir maior valor probatório que ao do respectivo interlocutor[1].

33. Princípios da concentração, da oralidade, da identidade do juiz e da continuidade e da publicidade da audiência e do processo.

Estes cinco princípios assumem *natureza instrumental* relativamente ao anterior *princípio da imediação*, tendendo a dar-lhe efectivação. ANSELMO DE CASTRO rotula mesmo os três primeiros de «corolários» desse último princípio[2].

§1.º – *Princípios da concentração e da continuidade da audiência.*

O *princípio da concentração* significa e inculca que os actos sequenciais de instrução, discussão e julgamento da matéria de facto se realizem (sempre que possível) *seguidamente e com o menor intervalo temporal possível entre eles*. O exame da causa deve concentrar-se «num *período único* (debate) a desenrolar-se *numa única audiência* ou em *audiências*

---

[1] Cfr. LEBRE DE FREITAS, Introdução cit., p.170.
[2] Cfr. DPCD, vol. III cit., p. 175.

próximas[1-2]. Isto porque, sem *concentração*, dificilmente se daria cumprimento aos princípios da *identidade do juiz* e da *imediação* (art.°s 652.° a 654.°), podendo até acontecer, face à natural demora do processo, arrastar-se o respectivo andamento por um longo período de tempo, com «sacrifício da identidade do juiz», devido a transferência, morte, doença, promoção, aposentação etc. e «ter de decidir-se (sobre os factos) sem ter já presentes as impressões colhidas na produção da prova e sua discussão»[3].

O *princípio da continuidade* da audiência significa que todos os actos de produção de prova deverão ter lugar (preferencialmente e de modo concentrado) *numa mesma audiência* (de discussão e julgamento) e que esta deve ser *contínua* (art.°s 656.° n.° 2). Nem que, para tanto, tenham que sacrificar-se as férias judiciais e as diligências de outras secções diferentes daquela por onde correr o processo, sendo que só em casos muito contados a audiência pode ser diferida ou adiada (art.° 656.°, n.° 3). Uma vez iniciada, a audiência deve prosseguir sem interrupção, salvos os casos de força maior, de absoluta necessidade (art.° 656.° n.° 2) ou de excepção prevista nos art.°s 650.°, n.° 4, 651.°, n.° 3 e 654.°, n.° 2. *Não sendo possível concluí-la num dia, deve prosseguir nos dias úteis imediatos sucessivos, ainda que com prejuízo de serviço já marcado* (art.° 656.°, n.°s 2 e 3); o presidente do tribunal marcará então a sua continuação para o dia útil imediato, ainda que compreendido em férias judiciais (art.° 656.°, n.° 2, 2.ª parte).

As irregulares interrupções da audiência e as marcações da sua continuação para além do dia imediato àquele em que não for possível a sua conclusão, são actos que integram *nulidade processual* por poderem influir no exame e decisão da causa, com a consequente anulação do processado posterior (art.° 201.°, n.° 1)[4].

Vigoram, nesta sede, as mesmas excepções já enunciadas a propósito do princípio da imediação (cfr. supra n.° 32).

---

[1] Cfr. ANSELMO DE CASTRO, DPCD, vol. III cit., p. 176, citando CHIOVENDA.

[2] Já segundo a Lei das XII Tábuas (I, 7 e I, 9) o processo devia começar antes do meio dia e decorrer numa *única sessão* que não podia ir além do pôr do sol.

[3] Cfr. ANSELMO DE CASTRO, DPCD, vol. III cit., pp. 176-177.

[4] Cfr., neste sentido, o acórdão do STJ de 23-11-2000, Proc. 3014/00 – 7.ª Sec., in "Sumários de Acórdãos", Edição Anual, p. 347 / Cons.° DIONÍSIO CORREIA.

§2.º – Princípio da oralidade.

O princípio *da oralidade* significa que *os actos de instrução, discussão e julgamento da matéria de facto se devem fazer seguida e oralmente (de viva voz).*

A produção dos *meios de prova pessoal* deve efectuar-se *oralmente* «perante os julgadores da matéria de facto, sem prejuízo da sua gravação em registo adequado (nos termos do Dec.-Lei n.º 39/95, de 15 de Fevereiro), mandado aplicar a todos os processos de natureza civil pelo art.º 24.º do Dec.-Lei n.º 329-A/95, de 12 de Dezembro, conforme o aditamento resultante do art.º 6.º do Dec.-Lei n.º 180/96 de 25 de Setembro; isto para efeitos de reprodução, sempre que necessário, em 1.ª instância (antes da decisão de facto) e no Tribunal da Relação (art.º 712.º, n.ºs 1, al. a) e 2)»[1]. Cfr. ainda os art.ºs 522.º-A, 522.º-B e 522.º-C (para o processo ordinário) e 791.º, n.º 2 (para o processo sumário).

Assim, se se tratar de prova a realizar através de audição ou inquirição de pessoas – ou seja, de prova por confissão (depoimento de parte), de prova testemunhal ou, eventualmente, de prova pericial (alíneas a), c) e d), respectivamente, do n.º 3 do art.º 652.º) –, será essa prova produzida e realizada *oralmente*, pelo que «a imediação implica a oralidade nessa realização»[2].

Segundo ANSELMO DE CASTRO, *«hoje em dia todos os processos são mistos*, sendo-lhes a tonalidade (predominantemente escrita ou oral) dada pela acentuação de um ou de outro tipo»[3].

A forma escrita impõe-se em relação a todos aqueles actos processuais cujo conteúdo tenha de permanecer inalterado ou apenas consinta as alterações permitidas por lei e sujeitos a estrito controlo posterior, v.g., a petição inicial (art.º 467.º), a contestação (art.º 486.º), a réplica (art.º 502.º), a tréplica (art.º 503.º) – articulados normais e subsequentes –, as respostas aos quesitos dadas pelo colectivo (art.ºs 653.º e 791.º, n.º 3), os depoimentos prestados em processo sumaríssimo, a produção antecipada de provas (art.º 521.º), a resposta aos quesitos na prova por arbitramento (art.º 595.º, n.º 2), a discussão do aspecto jurídico da causa na falta de

---

[1] Cfr. LEBRE DE FREITAS, Introdução cit., p. 171.
[2] Cfr. M. TEIXEIRA DE SOUSA, Estudos cit., p. 334.
[3] Cfr. DPCD, vol. III cit., p. 177.

Capítulo V – Princípios fundamentais de processo civil   283

acordo em discussão oral (art.º 657.º) e as alegações dos advogados em processo à revelia (art.º 484.º, n.º 2).

Já a *instrução e discussão da matéria de facto em audiência final* se encontra estruturada de harmonia com o princípio da oralidade. Assim, terão lugar nessa audiência os debates sobre a matéria de facto, nos quais cada advogado pode replicar uma vez (art.º 652.º, n.º 3, al. e)) e n.ºs 5 e 6); também os depoimentos de parte, quando devam ser prestados na audiência da discussão e julgamento perante o tribunal colectivo (art.º 652.º, n.º 3, al. a)) são orais, assim como os depoimentos das testemunhas (art.º 652.º, n.º 3, al. d)), salva a impossibilidade ou grave dificuldade de comparência (art.º 639.º), o mesmo sucedendo em processo sumário (art.º 791.º).

A favor da oralidade concorre o chamado *método directo* (do "contacto" ou "observação directa e imediata") do julgador com as provas, inerente e imanente à plena actuação prática do princípio da livre convicção do juiz, sobretudo na valoração das provas pessoais (depoimentos das partes e das testemunhas e declarações dos peritos), os quais devem ser prestados *directamente* (e portanto *oralmente*) perante o próprio juiz que julga a causa (decidindo a matéria de facto). Daí que também se designe, por vezes, o princípio ou sistema da oralidade, encarado *sob este ângulo, por princípio ou sistema da imediação (ou oralidade--imediação)*»[1].

Punha ANSELMO DE CASTRO em contraste o nosso sistema processual com outros sistemas, como o *alemão e austríaco*, por não valerem nestes últimos as afirmações escritas não confirmadas (oralmente) na audiência, neles se estendendo, por isso, a oralidade «à formação da própria matéria do litígio». Só a exposição oral, ou seja, só o material apresentado e produzido (oralmente) em juízo poderá servir aí de base à decisão final, perfilando-se a alegação escrita como meramente complementar, porquanto limitada «a facilitar a compreensão das alegações oralmente produzidas». O que demonstra que *oralidade* não significa necessariamente *a não redução da prova a escrito*, «*sendo possível coexistir imediação e sistema escrito*»[2].

Também aqui valem as mesmas excepções reportadas ao princípio da imediação (cfr. supra, n.º 32).

---

[1] Cfr. A. PESSOA VAZ, Direito Processual Civil, 2.ª ed., Coimbra, Almedina, 2002. p. 151.

[2] Cfr. DPCD, vol. III cit., p. 179.

284   *Direito Processual Civil*

§3.º – Princípio da publicidade da audiência e do processo.

«As *audiências* dos tribunais são *públicas*, salvo quando o próprio tribunal decidir o contrário, em despacho fundamentado, para salvaguarda da *dignidade das pessoas e da moral pública* ou para *garantir o seu normal funcionamento*» (art.º 206.º da CRP). Assim, a *audiência final* (*de discussão e julgamento*) deve – consideradas as supra-aludidas excepções – ser *pública* (que não também as reuniões deliberativas dos júris ou dos tribunais colectivos) – *princípio da publicidade da audiência*[1]. Princípio este a que subjaz a ideia de assegurar a transparência da administração da justiça em geral e do julgamento em particular, bem como o auto e o hetero-controlo dos julgadores (art.ºs 656.º, n.º 1, do CPC e 206.º da CRP)[2].

À míngua de critérios legais detalhadamente pré-definidos acerca da inclusão/exclusão da publicidade da audiência, deve o intérprete socorrer--se dos genericamente enunciados, quer no art.º 206.º da CRP, quer no citado n.º 1 do art.º 656.º, do CPC. Fundamentos no seu cerne correspondentes aos previstos no art.º 14.º, n.º 1, do PIDCP e no art.º 6.º, n.º 1, da CEDH: «interesse dos *bons costumes, da ordem pública ou da segurança nacional de uma sociedade democrática, seja quando a protecção da vida privada das partes o exija, seja ainda quando o tribunal o considerar absolutamente necessário para a boa administração da justiça*»

Será, todavia, sempre ao próprio tribunal (mormente ao seu presidente) que assistirá (no uso de prudente arbítrio) a última palavra, tendo a *decisão de excluir* a publicidade da audiência, por expressa determinação da lei, que ser sempre *devidamente fundamentada* (citados art.ºs 206.º da CRP e 656.º, n.º 1, do CPC). De assinalar, contudo, que as *acções*

---

[1] Sobre essa publicidade, cfr. também o art.º 10.º da DHDH, o art.º 14.º, n.º 1, do PIDCP e o art.º 6.º, n.º 1, da CEDH.

[2] Curiosamente, no direito processual romano, tanto as fases *in iure* e *apud judicem* da *ordo judiciorum privatorum*, como a *cognitio extra ordinem*, decorriam publicamente. Só a partir do século V d.C. a publicidade do processo começou a ser restringida, passando o mesmo a decorrer, de preferência, numa sala (*secretarium* ou *secretum*), na qual o povo estava separado do magistrado por grades (*cancelli*) e uma cortina (*velum*), que só excepcionalmente era levantada. Dentro do *secretarium* apenas poderiam encontrar-se o magistrado, as partes, os funcionários que integravam o gabinete (*officium*) do magistrado e, excepcionalmente, pessoas de relevo político e social a quem tal honra fosse concedida (*honorati*) – cfr. SANTOS JUSTO, Direito Privado Romano I cit., pp. 277-278.

sobre o estado das pessoas (casamento e filiação) ou em que estejam em causa *direitos fundamentais de personalidade* (direito ao bom nome, à imagem sócio-pública, à honorabilidade moral/pessoal e à intimidade da vida privada e familiar) aconselharão normalmente o julgamento *à porta fechada*. Já não, assim, se apenas em causa direitos de natureza patrimonial.

A publicidade reporta-se, quer à «*abertura ao público*» (com franqueamento de parte do espaço em que se realize), quer ao «*relato público*» («acesso dos meios de comunicação e difusão à sala do julgamento com possibilidade de colheita de elementos de reportagem»)[1]. Por ela se possibilita um "hetero-controlo" (popular) relativamente ao poder judicial, ao mesmo tempo que se reforça a confiança na administração da justiça, já que, através da *oralidade* e da transparência que esta proporciona, se institui um eficaz meio de prevenção do arbítrio e de defesa da verdade e da justiça das decisões judiciais[2].

Da regra da publicidade das audiências é de excluir a *audiência preliminar* (art.º 508.º-A), atentas as suas finalidades específicas: obter a conciliação das partes (n.º 1, al. a)); preparar o conhecimento imediato do mérito da causa (n.º 1, al. b)); concentrar e ordenar a matéria de facto (n.º 1, als. c) e e)); promover diversas diligências instrutórias (n.º 2). Nenhuma destas finalidades se coaduna com uma putativa exigência de publicidade, sendo que a mesma poderia mesmo revelar-se contraproducente em situações como, por ex., a da tentativa de conciliação das partes. Há sempre, em todo o caso, que pôr em equação os direitos (pessoais) à *imagem e à reserva da vida privada* dos intervenientes *na audiência* (art.º 26.º, n.º 1, da CRP), *por um lado, e o direito* à informação dos cidadãos (art.º 37.º, n.º 1, da CRP), por outro. A própria CEDH, no n.º 1 do seu art.º 6.º, prevê que o acesso à sala de audiências possa (em certas circunstâncias) ser vedado à imprensa ou ao público, o que legitima a sugestão de que a regra da publicidade da audiência não exige necessariamente a presença irrestrita dos meios de comunicação social de massa, podendo assim ser casuisticamente restringidas (por decisão fundamentada) a forma e a amplitude dessa divulgação.

---

[1] Cfr. GOMES CANOTILHO e VITAL MOREIRA, Constituição da República Portuguesa Anotada, 3.ª ed. cit., p. 801, autores para quem «a garantia da audiência é dos elementos do princípio da publicidade da justiça que está pressuposta no princípio da publicidade da audiência» – cfr. ob. e loc. cits.

[2] Cfr. M. TEIXEIRA DE SOUSA, Estudos cit., pp. 53-54.

Quanto à *publicidade do processo*[1], postula o n.º 1 do art.º 167.º que «*o processo civil é público*, salvas as restrições previstas na lei». O n.º 2 do mesmo preceito garante, por seu turno, o «*direito de exame e consulta dos autos* na secretaria e de *obtenção de cópias ou certidões de quaisquer peças* neles incorporadas, pelas partes ou por qualquer pessoa capaz de exercer o mandato judicial ou por quem nisso revele *interesse atendível*». Também este direito de acesso aos autos é limitado nos casos em que a divulgação do seu conteúdo possa ser lesiva da *dignidade das pessoas* e da intimidade da vida privada ou familiar ou à moral pública ou pôr em causa a eficácia da decisão a proferir (art.º 168.º, n.º 1). No n.º 2 desse mesmo preceito, enumeram-se – a título meramente exemplificativo (o que logo sugere o advérbio "designadamente") – como hipóteses integradas no primeiro segmento desse n.º 1, as dos "processos de anulação de casamento, divórcio, separação de pessoas e bens e os respeitantes ao estabelecimento ou impugnação da paternidade – (*al. a*)); e, como exemplos abrangidos pela sua segunda parte, os procedimentos cautelares em que o requerido não deve ser ouvido antes do decretamento da providência (cfr. os art.ºs 385.º, n.º 1, 394.º e 408.º, n.º 1) – (*al. b*)).

Poderão, também, os mandatários judiciais (constituídos pelas partes) obter «*informações sobre* o estado dos processos em que intervenham através de acesso aos ficheiros informáticos existentes nas secretarias, nos termos previstos no respectivo diploma regulamentar» (n.º 2 do art.º 167.º). Os mandatários, os magistrados do Ministério Público e os que exerçam o patrocínio por nomeação oficiosa podem solicitar, por escrito ou verbalmente, que os processos pendentes lhes sejam *confiados para exame* fora da secretaria do tribunal» – a chamada *confiança do processo* (art.º 169.º, n.º 1) – direito esse cujo exercício e respectivas condições e limitações os n.ºs 2 a 4 do mesmo preceito regulamentam.

Valem, para o dever de passar certidões dos termos e actos processuais pela secretaria (art.º 174.º), as mesmas limitações à publicidade do processo contempladas no art.º 168.º[2].

---

[1] Vide, quanto a esta matéria, M. TEIXEIRA DE SOUSA, Estudos cit., pp. 53 a 55.
[2] Cfr., infra, n.ºs 59.1 e 59.2.

Capítulo V – Princípios fundamentais de processo civil   287

§4.º – Princípio da identidade do juiz ou da plenitude da assistência dos juízes.

O princípio da identidade do juiz encontra-se intimamente associado ao princípio da livre apreciação da prova e é apelidado também de «*princípio da plena participação dos juízes*» ou da «*plenitude da assistência dos juízes*». *O juiz que preside à produção da prova e a aprecia* para depois fixar os factos materiais da causa *deve, em princípio, ser o mesmo que profere a decisão final* (o que nem sempre acontece – cfr. os art.ºs 646.º, n.º 5, do CPC, 96.º, n.º 1, al. a), 105.º, n.ºs 2 e 3 e 107.º, n.º 1, alíneas a e b) da LOFTJ/99 e 138.º, n.º 1, alíneas a) e b) e 139.º, n.º 1, alíneas c), d) e e) da LOFTJ/2008), pois que só ele esteve em contacto directo com as fontes geradoras dos *facta concludentia*. Por força deste princípio, a decisão de facto deverá ser proferida pelos juízes que hajam assistido a todos os actos de instrução e discussão realizados na audiência final (art.º 654.º, n.º 1).

O preceito contempla e regula as hipóteses de falecimento ou impossibilitação (física ou mental) de algum dos juízes durante a discussão e julgamento da causa (n.º 2), bem como os casos de eventual transferência, promoção ou aposentação de qualquer dos juízes que devam intervir no julgamento (n.º 3). Assim: – no caso de *falecimento ou incapacitação definitiva*, repetir-se-ão os actos já praticados perante um tribunal com uma nova composição (n.º 2, 2.ª parte); – no caso de *impossibilidade temporária*, interromper-se-á a audiência pelo tempo indispensável, a não ser que as circunstâncias aconselhem a repetição dos actos já praticados, o que será decidido *sem recurso*, mas em despacho fundamentado, pelo juiz que deva (nos termos da lei) presidir à continuação da audiência em curso ou à nova audiência; – nas hipóteses de *transferência, promoção ou aposentação* do juiz na pendência da discussão e decisão da matéria de facto, o juiz objecto dessas medidas funcionais deverá, mesmo assim, concluir o julgamento, excepto em caso de aposentação por incapacidade física, moral ou profissional para o exercício do cargo ou se também for julgada preferível a repetição dos actos já praticados (n.º 3).

A infracção a estas regras é também geradora de *nulidade processual* nos termos e para os efeitos do n.º 1 do art.º 201.º e dos art.ºs 205.º e 206.º, n.º 3.

Secção III
Princípios relativos à conduta processual das partes e dos demais intervenientes processuais.

34. Princípio da cooperação. Dever de boa-fé processual. Dever de recíproca correcção.

§1.º – Conteúdo e alcance do princípio.

O princípio da cooperação consubstancia-se, *per summa capita*, no dever que impende sobre os diversos intervenientes processuais (magistrados, mandatários, partes ou terceiros para tanto judicialmente instados) de prestarem a sua *cooperação activa* no sentido da obtenção, com celeridade e eficácia, da justa composição do litígio (art.º 266.º, n.º 1). Trata-se, no fundo, de uma *directriz* ou, se se quiser, de uma «*regra programática*»[1], orientadora da conduta processual, não apenas dos magistrados, como também dos mandatários judiciais e das próprias partes. A respeito deste princípio, e da cooperação intersubjectiva, fala a doutrina alemã de uma *comunidade de trabalho (Arbeitsgemeinschaft)* entre as partes e o tribunal para a realização da função processual[2].

Desdobra-se o princípio da cooperação numa *vertente material* (art.ºs 266.º, n.ºs 2 e 3) e numa *vertente formal* (art.ºs 155.º, 266.º, n.º 4 e 266.º-B, n.º 3).

Na *vertente material*, os n.ºs 2 e 3 do art.º 266.º (inseridos na parte geral, capítulo II – Da Instância) são, depois, completados pelo n.º 1 do art.º 519.º (integrado no capítulo III – Da Instrução do Processo), visando este último inciso primacialmente o *depoimento de parte* (art.º 522.º)[3]. Sobre as partes (e seus mandatários) impende particularmente o dever de *colaboração para a descoberta da verdade material*, respondendo ao que lhes for perguntado, submetendo-se às *inspecções necessárias (inspecção judicial – art.º 390.º do CC e 612.º, n.º 1, do CPC – e exame pericial –*

---

[1] Cfr. J. RODRIGUES BASTOS, Notas, vol. II cit., p. 17.

[2] Cfr.M. TEIXEIRA DE SOUSA, Estudos cit., pp. 62 e ss. e nota 20, citando, WASSERMANN, in Der soziale Zivilprozess, pp. 97 e ss.

[3] Cfr. LEBRE DE FREITAS, Introdução cit., p. 165.

Capítulo V – Princípios fundamentais de processo civil 289

art.ºs 388.º do CC e 568.º e 582.º do CPC), facultando o que for requisitado e praticando os actos que forem determinados, tais como a submissão a exames grafológicos (reconhecimento de letra e assinatura – art.º 584.º) e a exames físicos (directos, de sanidade ou serológicos) que forem solicitados. E, ainda, o dever de *facultação dos documentos e dos monumentos (objectos) que constituam meios de prova* (art.ºs. 518.º, 528.º e 530.º).

O n.º 2 do art.º 266.º confere, de resto, ao juiz, o poder de, em qualquer altura do processo, ouvir as partes (ou os seus representantes e mandatários) «convidando-os a *prestar esclarecimentos* sobre a matéria de facto e de direito que se afigurem pertinentes» (*dever de informação ou dever de prestação de esclarecimentos*). Dever essse aliás, de *carácter recíproco* entre o tribunal e as partes), ao qual o n.º 3 associa o *dever de comparência pessoal*, ambos esses deveres de *carácter obrigatório* para as partes e para as pessoas referidas no n.º 2. O dever de *esclarecimento*, reporta-se, tanto à *matéria de facto* (visando essencialmente a eliminação de dúvidas ou incertezas sobre o conteúdo dos factos alegados ou sobre alegações ambíguas, equívocas ou incompletas das partes), como à *matéria de direito*, ou seja, sobre as posições jurídico-substantivas e jurídico-processuais pelas mesmas assumidas quanto à fundamentação das pretensões ou à dedução das excepções[1]. Não olvidar que a *confissão judicial* provocada pode ser operada, não só em depoimento de parte, como também em sede de prestação de informações ou esclarecimentos ao tribunal, de cujos actos *verbais ou escritos* pode, pois, resultar *prova por confissão* (art.º 356.º, n.º 2). O momento asado para a solicitação e prestação de esclarecimentos às partes é o da *audiência preliminar* (art.º 508.º-A, n.º 1, al. c)); contudo, ao admiti-la mesmo na ausência da parte contrária (notificada a *posteriori* do resultado da diligência), aquele preceito logo inculca, com clareza, a possibilidade de a prestação de esclarecimentos ter lugar fora desse audiência.

Poderes do juiz e deveres das partes. Neste conspectu, observa LEBRE DE FREITAS[2], que é de conferir particular ênfase ao *dever de verdade*,

---

[1] Cfr. M. TEIXEIRA DE SOUSA, Estudos cit., p. 66.
[2] Cfr. Introdução cit., p. 166, na qual se obtempera que «o *Fragerecht* (*direito de perguntar*) do juiz corresponde precisamente a um *Frage und Aufklarungspflicht* (*dever de perguntar e de esclarecer*), sendo, por isso, admissível o recurso de revisão» quando não haja sido exercido, devendo sê-lo, sendo este o sentido dado pela doutrina e juris-

com relevância especial no âmbito probatório, como por ex. na verificação da falsidade de um documento. Em todo o caso, com a advertência de que, sendo embora controvertidos «os limites do dever judicial», não pode (não deve) o juiz assumir o papel de *consultor jurídico* duma das partes (não lhe é lícito, por exemplo, aconselhar a dedução da excepção de prescrição, a qual, ex-vi do art.º 303.º do CC, para ser eficaz, terá de ser invocada por via judicial ou extrajudicial por aquele a quem aproveita[1]), a qual não pode, ao invés da caducidade, ser suprida *ex-officio* pelo tribunal (art.º 333.º do CC).

O dever de coperação tem, porém, como limites fundamentadores de *recusa legítima*: *por um lado*, o *limite absoluto* do respeito pelos *direitos fundamentais*, tais como direito à integridade pessoal[2], o direito à reserva da vida privada e familiar e o direito à inviolabilidade do domicílio, da correspondência e das telecomunicações (art.ºs 25.º, n.º 1, 26.º, n.º 1 e 34.º, n.º 1, da CRP): *por outro*, o respeito pelo *direito ou dever de sigilo* (sigilo profissional e religioso, sigilo dos funcionários públicos e segredo de Estado), salva a possibilidade de escusa em caso de colisão de deveres. Esse dever de sigilo (profissional, dos funcionários públicos ou o segredo de Estado) está, todavia, sujeito, quanto às suas extensão e eventuais *dispensa* ou *quebra*, ao regime dos art.ºs 135.º, 136.º e 137.º do CPP, aplicáveis ex-vi do n.º 4 do art.º 519.º do CPC[3].

Fala-se também, a este propósito, dos *deveres de prevenção*, de *consulta*[4] do tribunal para com as partes (deveres de *carácter assistencial*),

---

prudência alemãs ao § 139-1 da *Zivilprozessordnung*, fonte inspiradora do legislador português de 1995-1996.

[1] Cfr. Introdução cit., p. 166, nota 5, na esteira de Rosenberg-Schwab-Gottwald, *Zivilprozessrecht*, pp. 428-430.

[2] No acórdão do STJ de 11-1-2001, Proc. 3385/00 – 7.ª Sec. / Cons.º Neves Ribeiro, considerando-se embora «ilegítima» a recusa do pretenso pai em apresentar-se a exame hematológico por violação do dever de cooperação (por alegados medo de agulhas, visão de sangue e fobia dos hospitais) – situação conducente à inversão do ónus da prova nos termos do n.º 2 do art.º 519.º – foi, todavia, entendido que a prática de acto médico para recolha (forçada) de sangue seria incompatível com a dignidade da pessoa humana e com os direitos de natureza pessoal que a Constituição acautela, designadamente com o art.º 26.º, n.ºs 1 e 2 (direito à integridade física e direito ao corpo), pelo que não seria admissível a ordem judicial de condução do pretenso pai sob custódia ao Instituto de Medicina Legal para a realização desse exame.

[3] Cfr. Lebre de Freitas, Introdução cit., p. 165.

[4] Cfr. M. Teixeira de Sousa, Estudos cit., pp. 66-67.

Capítulo V – Princípios fundamentais de processo civil   291

sem, pois, qualquer correspectividade em termos de deveres dos assistidos. O *dever de prevenção* prende-se com os poderes/deveres (do juiz) de instar as partes à clarificação dos respectivos articulados e ao suprimento do deficit de exposição fáctica relevante, bem como de as alertar para a necessidade de adequação do pedido formulado à concreta situação material controvertida. A título de exemplo: o convite às ao *aperfeiçoamento dos articulados*, em ordem a uma *melhor descrição de um facto essencial* (art.ºs 508.º, n.º 1, al. b) e n.ºs 2 e 3, e 508.º-A, n.º 1, al. c)): – a *delimitação conjunta dos termos do litígio*; – a sugestão de *especificação, quantificação ou concretização de um pedido* indeterminado; – o convite ao completamento, esclarecimento ou concretização *das conclusões da alegação de recurso* (art.º 685.º-A, n.º 3). O *dever de consulta* co-relaciona-se intimamente com o princípio do contraditório postulado no n.º 3 do art.º 3.º (cfr. supra n.º 24).

No que respeita à *vertente formal*, o n.º 4 do art.º 266.º formula implicitamente um *dever de auxílio*, ao impor ao juiz que providencie pelo *suprimento de obstáculos* surgidos às partes na obtenção de informações ou documentos necessários ao exercício de direitos ou deveres processuais, isto é, o encargo de colaborar com a parte na remoção desses eventuais escolhos junto das entidades públicas ou privadas (por ex., o dever de notificar o co-réu ou um terceiro familiar do falecido para que preste as informações necessárias à observância do ónus de requerer a *habilitação*, a fim de que a causa possa prosseguir – art.ºs 277.º e 371.º, n.º 1). Sobre um idêntico dever de auxílio relativo a dados confidenciais, cfr., ainda, o preceituado no art.º 519.º-A, n.º 1. Outros tantos afloramentos do princípio da cooperação, na sua vertente formal, são os da *marcação e adiamento das diligências* processuais por acordo (art.º 155.º, n.ºs 2, 3 e 5) e a comunicação pelo juiz de *atraso no início da diligência* (art. 266.º-B, n.º 3).

A *recusa da colaboração devida* torna *o recusante ilegítimo* incurso em condenação em *multa*, sem prejuízo dos meios de coerção legal. Se o recusante for *parte*, a inobservância do dever de cooperação poderá, quando *grave*, dar lugar a condenação em multa e à obrigação de indemnizar a parte contrária como *litigante de má-fé* (art.º 456.º, n.º 2, al. c))[1]. A *con-*

---

[1] O *princípio da cooperação* impõe por ex., ao credor-exequente-requerente de penhora de depósitos bancários (ao abrigo do disposto no n.ºs 1 e 2 do art.º 861.º-A) que

duta processual não colaborante é, de resto, apreciada «livremente pelo tribunal para efeitos probatórios, sem prejuízo da *inversão do ónus da prova*» cominado no n.º 2 do art.º 344.º do CC (cfr. o n.º 2 do art.º 519.º). Esta inversão (por preterição de ónus processuais relativos à prova) ocorrerá se a parte instada, por acto culposo seu, tornar impossível a prova à contraparte.

A sobrelevação de poderes-deveres (de regularização e de suprimento) de carácter estritamente *vinculado*, como por ex. o convite ao suprimento das irregularidades formais dos articulados (art.º 508.º, n.º 2), não deixa ao tribunal qualquer margem de livre exercitação, integrando, por isso, a respectiva omissão *nulidade processual*, caso a irregularidade cometida possa influir no exame ou decisão da causa (art.º 201.º, n.º 1). Se, pelo contrário, for deixada ao prudente arbítrio, ou seja, ao bom senso e critério *de ponderação do tribunal (ou do julgador) por cair no âmbito dos seus poderes discricionários*, há que proceder a uma análise casuística das situações, sendo que, em geral, a sua preterição não será geradora de qualquer nulidade processual[1]; é este o caso do convite ao aperfeiçoamento das insuficiências ou imprecisões na exposição da matéria de facto (art.º 508.º, n.º 3)[2].

§2.º – Os deveres da boa-fé processual e de recíproca correcção.

O princípio da cooperação implica para as partes e demais intervenientes um *dever de litigância de boa-fé*, ou seja um *honeste procedere*, traduzido numa actuação processual pautada pela lisura e lealdade.

---

justifique o seu requerimento, com discriminação e identificação, tanto quanto possível, dos saldos das contas bancárias do executado, não se limitando a referir genericamente «os saldos de eventuais contas bancárias», sob pena de *indeferimento do requerimento executivo* – cfr. o acórdão do STJ de 14-10-2004, Proc. 2677/04 – 7.ª Sec., "Sumários de Acórdãos", n.º 84, p. 31 / Cons.º OLIVEIRA BARROS e o acórdão do STJ de 3-6-2004, Proc.1569/04 – 2.ª Sec., in ibidem, n.º 82, p. 13 / Cons.º LOUREIRO DA FONSECA. Vide, actualmente, a al. i) do n.º 1 do art.º 810.º e os n.ºs 3, 4 e 5 do mesmo art.º 861.º-A.

[1] Cfr., quanto a este ponto, M. TEIXEIRA DE SOUSA, Estudos cit., p. 68.

[2] O princípio da cooperação não é um princípio absoluto. Assim, tendo os autores cumulado na petição inicial pedidos substancialmente incompatíveis, há ineptidão dessa peça, tornando de forma insuprível todo o processado nulo, o que impõe a absolvição do réu da instância (arts. 193.º, n.ºs 1 e 2, al. c) e 288.º, n.º 1, al. b), do CPC) – cfr. o acórdão do STJ de 21-11-2006, Proc. 3636 /6.ª Sec., in www.dgsi.pt. / Cons.º FARIA ANTUNES.

Capítulo V – Princípios fundamentais de processo civil | 293

As partes devem agir de boa-fé e observar os deveres de cooperação plasmados no art.º 266.º (art.º 266.º-A).

Manifestação evidente do princípio da cooperação é a imposição recíproca aos diversos sujeitos processuais e intervenientes principais ou acidentais no processo do dever de agirem entre si com *correcção e e urbanidade*, ou seja, com *respeito e cortesia*. Todos os intervenientes no processo devem agir em conformidade com um *dever de recíproca correcção*, pautando-se as relações entre advogados e magistrados por um *especial dever de urbanidade* (art.º 266.º-B, n.º 1).

Para prevenir os chamados «*abusos de litigância*», impõe-se o comedimento das partes nos termos a usar em peças escritas ou em alegações orais, designadamente não utilizando *expressões desnecessárias ou ofensivas da honra ou do bom nome da contraparte ou do respeito devido às instituições* (n.º 2). Também se ocorrerem situações impeditivas do início pontual de qualquer diligência, deve o juiz dá-las a conhecer aos advogados e a secretaria às partes e demais intervenientes dentro dos 30 minutos subsequentes à hora designada para o respectivo início. E, se faltar essa comunicação, tal implicará «a dispensa automática dos intervenientes processuais comprovadamente presentes, constando obrigatoriamente da acta tal ocorrência» (n.º 4).

J. Rodrigues Bastos questiona a consagração legal expressa de um princípio geral de direito processual civil desta natureza – sem paralelo em termos de direito comparado –, sugerindo constituir o mesmo um atestado de menoridade cívica e social aos diversos intervenientes e operadores judiciários, pois que sempre seria de supor a existência de um nível mediano de educação e de cultura, de raiz escolar ou familiar, que tal dispensasse. Comungamos com esse autor, não só tal reserva, como também a opinião de que a disciplina contida no citado n.º 2 para a litigância abusiva surge como de certo modo redundante relativamente à vertida por no n.º 3 do art.º 154.º («não é considerado ilícito o uso das expressões e imputações indispensáveis à defesa da causa»). De resto, era nesse art.º 154.º, precisamente subordinado à epígrafe *"manutenção da ordem nos actos processuais"* que melhor deveria ter assento a regulação da actividade dos mandatários das partes em juízo[1].

---

[1] Cfr. Notas, vol. II, cit., p. 20.

35. Uso anormal do processo.

35.1. Simulação do processo. Fraude processual.

O art.º 665.º proíbe o chamado *"uso anormal do processo"*, o qual ocorrerá quando a conduta das partes ou qualquer circunstância da causa produzam a *convicção segura* de que o autor e o réu se serviram do processo para praticar um *acto simulado* ou para a consecução de um *fim ilegal* (proibido por lei)[1], caso em que *"a decisão deve obstar ao objectivo anormal prosseguido pelas partes"*. Isto porque o que a lei pretende é que o processo seja «normalmente» aproveitado e conduza à solução dum litígio segundo o direito constituído.

Já a alegação de factos que se sabe não terem ocorrido e a omissão consciente de factos essenciais para a solução do litígio constituem *má fé processual* (art. 456.º, n.º 2), a qual, mesmo que bilateral e pré-acordada, não basta para caracterizar aquele uso anormal. A *má-fé processual*, se não contiver subjacente um *acordo para a realização dum fim anormal*, não constitui *simulação ou fraude processual*.

Exemplo típico do *uso anormal do processo* é o da *simulação processual*: – *absoluta* se destinada a criar uma simples aparência, por ex. para defraudar os credores de uma das partes[2]; – *relativa,* se empreendida para encobrir um negócio realmente querido pelas partes e cuja coonestação por sentença realmente desejam. Por ex.: uma doação para prejudicar os herdeiros legitimários do doador ou uma venda em detrimento dos credores, será quase sempre fraudulenta.

A *simulação processual* pressupõe um acordo (*pactum simulationis*), mediante o qual as partes criam a aparência dum litígio inexistente para obter *uma sentença cujos efeitos apenas querem relativamente a terceiros*, mas não entre si. Como esta cisão não é lícita, simulam o litígio para *engano de terceiros*, levando estes a pensar que o autor, ganhando a

---

[1] Cfr. ALBERTO DOS REIS, CPC Anotado, vol. V cit., p. 101.

[2] ANTUNES VARELA/J. M. BEZERRA/SAMPAIO E NORA, Manual cit., p. 696, citam, como exemplo, o de uma pessoa (A) que conluiada com outra (B), esta devedora de um terceiro (C), instaura contra ela (B) uma acção de reivindicação do único imóvel de valor existente no património do demandado, para que perdendo este a acção, se prejudique a garantia patrimonial do credor (C).

Capítulo V – Princípios fundamentais de processo civil

acção (ou o réu, quando o autor a perca) quis este resultado para si[1]. Haverá *fraude processual* quando as partes, de comum acordo, criam a aparência dum litígio para obter *uma sentença cujos efeitos pretendem para si*, mas que lesa um direito de terceiro ou viola uma lei imperativa predisposta ao interesse geral; é, assim, manifesto o paralelismo entre a *fraude à lei* (art.º 294.º do CC) e a *fraude processual*: em ambas as situações se procura contornar a aplicação duma norma imperativa por um meio (negocial ou judicial) que, em si mesmo considerado, não é ferido de ilicitude[2-3].

A *simulação do litígio*, comum a ambas as figuras, pressupõe um *prévio acordo* ou *conluio* para uma alegação não contraditada e assim: – ou o autor alega factos que não se verificaram e o réu não os impugna para, se se tratar de um direito disponível, tais factos serem dados assentes (art.ºs 484.º, n.º 1 e 490.º, n.º 2)[4]; – ou o autor alega factos que não se verificaram e o réu os contesta (impugnando-os), mas deixando-se depois propositadamente cair em sucumbência, permitindo que o autor faça a prova dos factos por si alegados. Em ambos os casos se depara um *uso anómalo* ou *patológico* do processo, impondo-se ao juiz que proferir a sentença, se se aperceber da anomalia, o dever de obstar a que as partes realizem o seu propósito doloso (art.º 665.º).

CARNELUTTI[5] distingue a figura do processo simulado da figura do processo fraudulento: – *no processo simulado*, a partes conluiam-se para obter determinado *resultado real diverso do resultado aparente* do processo; – no *processo fraudulento*, há *coincidência entre o objectivo real e o objectivo aparente*, mas as partes usam de fraude à lei para conseguirem esse objectivo.

E exemplifica com duas situações concretas citadas por ALBERTO DOS REIS[6]:
Exemplo típico de processo simulado:
– A deve a B certa soma; quer subtrair-se ao pagamento e para isso faz com C a seguinte concertação: C proporá contra ele acção de reivindicação do único

---

[1] Cfr. LEBRE DE FREITAS, Introdução cit., pp. 42-43, nota 61, que cita a propósito dois exemplos paradigmáticos de *simulação processual*.

[2] Cfr. MARCELLO DELLA VALLE, Frode (processo fraudolento), Enciclopedia dei diritto, XXII, p. 90), apud LEBRE DE FREITAS, Introdução cit. pp. 43-44, nota 64.

[3] Cfr. LEBRE DE FREITAS, Introdução cit., pp. 42-45.

[4] Cfr. LEBRE DE FREITAS, Introdução cit., p. 44, nota 65.

[5] Cfr. Sistema del diritto processuale civile, 2.ª ed., vol. 1.º, p. 404-409, apud ALBERTO DOS REAIS, Comentário, vol. 2.º cit., pp. 14-16.

[6] Cfr. CPC Anotado, vol. V cit., p. 101.

prédio que A possui; A não contestará ou apresentará uma contestação ilusória e fictícia; autor e réu conduzirão o processo em ordem a que o juiz tenha de julgar a acção procedente. *Objectivo aparente da acção*: reivindicar um prédio que pertence a C e que *A* detém indevidamente na sua de posse. *Objectivo real*: prejudicar o exercício do direito de crédito por parte de B. Com efeito, quando este promover a execução para obter o pagamento da dívida, não encontrará bens alguns no património do devedor porque o único prédio que possuía passou, em consequência da sentença proferida na acção de reivindicação, para o domínio de C. Neste caso, adverte CARNELUTTI, A e C não pretendem, de verdade, aproveitar os efeitos da sentença obtida no processo simulado: A continuará, de facto, a ser dono do prédio. A sentença serve unicamente para frustrar a acção executiva de B.

Exemplo típico de processo fraudulento:

– marido e mulher, querendo anular o seu casamento, combinam entre si um deles propor contra o outro acção de anulação com base em qualquer das causas invalidantes previstas no art.º 1631.º do CC; o réu não contesta ou apresenta contestação propositadamente inconsistente; o juiz julga a acção procedente. Aqui o *fim real coincide com o fim aparente*: ambos os cônjuges pretendem realmente a anulação, isto é converter em realidade o efeito declarado pela sentença; a fraude consistiu em o autor invocar como fundamento da acção um facto que *não existia* e em o réu não impugnar *seriamente* esse facto.

Outro exemplo de *uso anormal do processo* pode dar-se o seguinte: a mãe do menor, tendo fundadas razões (e provas) para fazer triunfar acção de investigação de paternidade (art.ºs 1869.º e 1870.º), conluia-se com o pretenso pai ou com os herdeiros deste a troco de determinada quantia e propõe acção de investigação de paternidade debil e fragilmente substanciada, em ordem a provocar sentença desfavorável; apesar da contestação do réu, o juiz formula a convicção segura de que o processo apenas foi desencadeado para a obtenção de uma sentença que, contra a realidade da situação, decrete a improcedência da acção, ou seja, declare não ser o investigante filho do investigado[1].

Essencial ao conceito de simulação ou fraude processual é o objectivo (acordado pelas partes) de alcançar, por uma via ínvia, uma finalidade divergente da função (normal) do processo civil. Se tal ocorrer, *o processo deve oficiosamente ser dado ou declarado sem efeito, isto é anulado, abstendo-se o juiz de conhecer do fundo da causa e declarando*

---

[1] Cfr. ALBERTO DOS REIS, CPC Anotado, vol. V, p. 102.

Capítulo V – Princípios fundamentais de processo civil   297

extinta a instância (art.º 665.º)[1-2]. *A inutilização da* acção é, com efeito, na generalidade dos casos o *meio mais eficaz de impedir* o seu uso anómalo[3]. E se, quando não detectado o desvio funcional, vier a ser proferida decisão de mérito prejudicial a interesses de terceiros, poderão estes impugná-la, sem que a isso obste o trânsito em julgado, mediante *recurso extraordinário de revisão* (art.º 771.º, al. g))[4-5].

Embora a decisão (repressiva ou saneadora) prevista no art.º 665.º seja a *sentença final* proferida pelo juiz de *1.ª instância*, nada obsta a que a providência seja decretada pelo tribunal superior que, em via de recurso, se venha a aperceber do fim reprovável prosseguido pelas partes. *Na Relação*, uma vez que o artigo 713.º, n.º 2, manda expressamente aplicar ao acórdão que julgue a apelação o disposto nos artigos 659.º a 665.º; *no Supremo*, porque, por um lado, ao recurso de revista é aplicável a previsão do art.º 713.º ("ex-vi" do art.º 726.º), por outro, porque a determinação das espécies abrangidas no art.º 665.º consubstancia uma verdadeira *questão de direito* e não uma simples questão de facto.

Para a *prova da simulação,* o juiz atenderá à conduta das partes – não só na audiência final, mas em todo o decorrer do processo (v.g. nos articulados) e a quaisquer outras circunstâncias da causa, que não somente às decisões do colectivo, «pelo menos até onde os elementos de convicção se possam evidenciar pelos próprios autos»[6]. Em qualquer instância ou no Supremo, a providência há-de, todavia, basear-se em *factos consis-*

---

[1] Para ANTUNES VARELA/J. M. BEZERRA/SAMPAIO E NORA, Manual cit., p. 697, na esteira de ALBERTO DOS REIS, in CPC Anotado, vol. V cit., p. 104 e ss, «a inutilização da acção é, com efeito, na generalidade dos casos, o meio mais eficaz de impedir o uso anómalo da acção».

[2] Cfr. no mesmo sentido, ALBERTO DOS REIS, CPC Anotado, vol. V cit., p. 103 e MANUEL DE ANDRADE, Noções Elementares cit., p. 280.

[3] Segundo ALBERTO DOS REIS, «a decisão que obstará ao triunfo da manobra será a que *anule todo o processo*, porque, se o juiz julga improcedente a acção, fará o jogo fraudulento das partes»

[4] Cfr., neste sentido, ALBERTO DOS REIS, CPC Anotado, vol. V cit., p. 103, MANUEL DE ANDRADE, Noções Elementares cit., p. 280, ANTUNES VARELA/J. M. BEZERRA/SAMPAIO E NORA, Manual cit., pp. 696-697, ANSELMO DE CASTRO, DPCD, vol. III cit., p. 37 e LEBRE DE FREITAS, Introdução cit., pp. 44-45.

[5] O recurso extraordinário de revisão poderá ter lugar (no caso de simulação processual) no prazo de 60 dias sobre a data em que o recorrente teve conhecimento da sentença, mas dentro do prazo de 5 anos subsequente ao trânsito em julgado da decisão (art.ºs 771.º, al. g) e 772.º, n.º 2, al. c)).

[6] Cfr. MANUEL DE ANDRADE, Noções Elementares cit., p. 280.

298   *Direito Processual Civil*

tentes ou concludentes, que não em *meras suspeitas* do julgador. Se estas se evidenciarem ou avolumarem de modo mais incisivo no decurso da audiência final, e a conduta anómala não vier já *ex-ante* suficientemente indiciada, deverá o presidente do colectivo formular os quesitos necessários ao uso do poder que lhe confere a al. f) do n.º 2 do art.º 650.º[1].

A simulação, para além de fundamento do *recurso de revisão* (art.º 771.º, al. g)), pode também constituir fundamento da *declaração de nulidade ou anulação da confissão, da desistência e da transacção*, sendo, todavia, aplicável à confissão o disposto no n.º 2 do art.º 359.º do CC[2] (art.º 301.º, n.º 1, do CPC). Por essa via, a simulação pode operar a *revisão da sentença homologatória* (art.º 771.º, al. d)). Mas não pode, fora da hipótese contemplada nessa alínea d), justificar a revisão da sentença transitada, por via das partes, já que a simulação processual está sujeita a um regime diferente do que vigora no domínio do direito civil, no âmbito do qual a simulação pode ser arguida pelos próprios simuladores (art.º 242.º, n.º 1)[3].

Revestindo-se a simulação processual prevista no art.º 665.º de um caso de *má-fé bilateral*, sempre que a mesma ocorrer, devem ambas as partes ser condenadas em multa nos termos do art.º 456.º (*litigância de má-fé*)[4].

35.2. Litigância de má-fé.

O processo civil é caracterizado, nas sociedades hodiernas, não só pela atribuição de direitos aos cidadãos, mas também pela observância de determinados deveres (*a duty-oriented procedure in a rights-oriented society*). Dentro deste espírito, o Supremo Tribunal de Justiça entendeu já, por diversas vezes, que a proibição do *abuso do direito*, cominada no art.º 334.º do CC, consubstancia um *princípio geral de direito*, aplicável por isso, e também, no domínio do processo civil[683] e cujas consequências

---

[1] Cfr. ANTUNES VARELA/J. M. BEZERRA/SAMPAIO E NORA, Manual cit., p. 698.

[2] «O erro, desde que essencial, não tem de satisfazer aos requisitos para a anulação dos negócios jurídicos».

[3] Cfr. ANSELMO DE CASTRO, DPCD, vol. III cit., p. 43.

[4] Cfr. J. RODRIGUES BASTOS, Notas, vol II cit., p. 223.

[5] Constitui *abuso de direitos processuais* o comportamento da parte que, sem qualquer interesse, e depois de ter confirmado a qualidade de sucessor de determinada pessoa, vem recorrer da decisão que a considerou habilitada para a causa – cfr. o acórdão

Capítulo V – Princípios fundamentais de processo civil

são determinadas caso a caso, em ordem a que, em obediência ao princípio da proporcionalidade, seja garantida a boa marcha do processo[684]. CASTRO MENDES[685], sob a epígrafe *"Abuso do direito de acção"*, depois de considerar que, por aquele preceito, o abuso do direito é mais que fonte de responsabilidade civil e que, a verificar-se, «obsta à ilicitude do acto abusivo e daí em princípio à sua validade», acaba, todavia, por concluir que «os reflexos no campo processual desta nova solução substantiva constituem um problema ainda não suficientemente esclarecido».

A violação drástica do princípio da cooperação e do dever de boa-fé processual diz-se *"litigância de má-fé"*, a qual pode desdobrar-se em *má-fé subjectiva* (conhecimento ou não ignorância da parte da conduta processual anómala) ou *má-fé objectiva* (se infractora dos padrões de comportamento normalmente exigíveis)[686]. Assim, nos termos do n.º 2 do art.º 456.º, diz-se *litigante de má-fé* quem, com *dolo ou negligência grave*: a) – tiver deduzido pretensão ou oposição cuja *falta de fundamento* não devia ignorar; b) – tiver *alterado a verdade dos factos ou omitido factos relevantes* para a decisão da causa; c) – tiver *praticado omissão grave do dever de cooperação*; d) – tiver feito do processo ou dos meios processuais um *uso manifestamente reprovável*, com o fim de conseguir um objectivo ilegal, impedir a descoberta da verdade, entorpecer a a acção da justiça ou protelar, sem fundamento sério, o trânsito em julgado da decisão. Qualquer das modalidades de má-fé processual pode ser *substancial* ou *instrumental*: – *substancial*, se a conduta das partes se subsumir na previsão da al. a) ou da al. b); – *instrumental,* se a sua actuação se reconduzir a uma qualquer das situações configuradas nas alíneas c) e d), todas essas alíneas do citado n.º 2 do art.º 456.º e ainda, nos termos do n.º 1 do art.º 720.º, se a parte «com determinado requerimento, obstar ao cumprimento do julgado ou à baixa do processo ou à sua remessa para o tribunal competente»[687].

---

do STJ de 13-1-205, Proc. 882/04 – 2.ª Sec., "Sumários de Acórdãos", n.º 87, p. 26 / Cons.º MOITINHO DE ALMEIDA.

[684] Cfr., entre vários outros, os acórdãos do STJ de 19-4-2001, Proc 846/01 – 2.ª Sec. / Cons.º MOITINHO DE ALMEIDA, de 18-4-02, Proc 827/2002 – 2ª Sec. / Cons.º FERREIRA DE ALMEIDA e de 3-6-2004, Proc. 882/2004 – 2.ª Sec. / Cons.º MOITINHO DE ALMEIDA.

[685] Cfr. Processo Civil, vol. II, ed. da AAFDL, 1987, p. 166.

[686] Cfr. M. TEIXEIRA DE SOUSA, Estudos cit., pp. 62-63.

[687] Cfr. M. TEIXEIRA DE SOUSA, Estudos cit., p. 63. Para este autor, ignorada do ordenamento processual continua a ser a *Verwirkung* ou *supressio* (na tradução de MENEZES

Para a litigância de má-fé *nos procedimentos cautelares* basta que o requerente não tenha agido com a *prudência normal*, pois se a providência for considerada injustificada, ele responderá pelos danos culposamente causados ao requerido (art.º 390.º, n.º 1)[1]. Em *processo penal*, não é admissível a condenação como litigante de ma-fé, porquanto legalmente previstos mecanismos procedimentais/sancionatórios específicos para condutas processuais anómalas que contemplem ou não actuações dolosas ou meramente negligentes[2].

Devem interpretar-se os comandos dos n.ºs 1 e 2 do art.º 456.º em termos de a parte só poder ser condenada como litigante de má-fé depois de *previamente ouvida sobre o projecto/motivação da decisão sancionatória a proferir*, a fim de se poder defender da imputação[3]; isto face aos princípios (e direitos) de acesso ao direito e a uma tutela jurisdicional efectiva (art.ºs 20.º) e do Estado de Direito Democrático (art.º 2.º), ambos

---

CORDEIRO, in "Da Boa-fé no Direito Civil", vol. II, Coimbra, 1985, p. 797), isto é «o comportamento da parte que induz a contraparte a confiar que aquela não recorrerá ao processo ou nele não fará uso de uma certa faculdade». O Supremo Tribunal de Justiça, no seu acórdão de 9-5-2002, Proc. 2414/01 – 2.ª Sec. / Cons.º MOITINHO DE ALMEIDA reconduziu a uma situação de abuso de direitos processuais, na modalidade de *venire contra factum proprium* (art.º 334.º do CC) e de violação do dever de cooperação (art.º 266.º, n.º 1), uma hipótese em que só mais de dois anos volvidos sobre a data da última diligência em que o patrono do requerente interveio é que a a parte se decidiu a arguir determinadas nulidades processuais.

[1] Cfr. o acórdão do STJ de 6-6-2000 – 1.ª Sec., CJSTJ, ano VIII, Tomo II, pp. 100 a 102/ Cons.º TOMÉ DE CARVALHO.

[2] Cfr., neste sentido, v.g., o acórdão do STJ de 26-6-2002, CJSTJ, Ano X, Tomo II, 2002, p. 227 / Cons.º BORGES DE PINHO. Isto porque, não sendo o processo penal um processo de partes, o seu uso indevido, mormente pelo queixoso, não é passível de determinar a sua condenação a título de litigância de má-fé, tanto mais que há normas no CPP que especificamente sancionam o mau uso dos respectivos meios – cfr. o acordão da RE de 7-2-2006, Tomo I/2006, p. 262 / Des. ALBERTO MIRA.

[3] A comunicação da intenção de sancionar a parte deve permitir-lhe uma completa defesa, o que só acontecerá se lhe forem dados a conhecer (previamente) factos concretos de comportamentos individualizados e integradores de uma ou mais das previsões legais fixadas nas alíneas a) a d) do n.º 2 do art.º 456.º – cfr. o acórdão do STJ de 17-12-2002, Proc. 3992/02 – 6.ª Sec. "Sumários de Acórdãos – Edição Anual", p. 378 / Cons.º SILVA PAIXÃO. Assim, a condenação oficiosa como litigante de má-fé está condicionada à prévia audição da respectiva parte (ou do seu representante), para assim ter oportunidade de se defender – cfr. o acórdão do STJ de 28-2-2002 – 1.ª Sec, CJSTJ, Ano X, Tomo I, pp. 111 a 114 / Cons.º GARCIA MARQUES.

Capítulo V – Princípios fundamentais de processo civil 301

da CRP[1]. E também, face à necessidade de observância do *princípio do contraditório* contemplado nos art.ºs 3.º e 3.º-A, a fim de evitar as chamadas *"decisões surpresa"*[2].

A decisão de condenação como litigante de má-fé é, *por sua natureza, um conceito essencialmente relativo e de integração casuística*, variando consoante o meio e objecto processuais e a conduta concreta das partes no desenrolar do processo[3-4].

A título exemplificativo, integrarão, normalmente, a figura da litigância de má-fé situações como as que seguem[5]: – a da negação intencional de factos pessoais que vieram a ser dados como provados; – a do autor de acção de reivindicação que alegou ocuparem os réus o seu prédio por mero favor quando bem sabia que o ocupavam ao abrigo de um contrato de arrendamento; – a do demandado em acção de indemnização, que fornece do acidente uma versão que, como bem sabia e se provou, era inteiramente falsa; – a do autor que conscientemente vem pedir a condenação do réu a pagar-lhe uma quantia superior à que lhe é devida; – a do embargante que falsamente afirma não ser sua a assinatura aposta na livrança dada à execução; – a do autor-trabalhador que, consciente ou assumidamente, omite factos demonstradamente praticados pelo próprio (num contexto espácio-temporal precisamente identificado) e relevantes para a decisão da causa ou articulando factos inverídicos, assim afrontando o dever de probidade legalmente imposto às partes pelo princípio da cooperação e pelo dever da boa-fé processuais[6]; – a da entidade patronal que se limita singelamente a infor-

---

[1] Cfr. o acórdão do TC n.º 263/02 – Proc. 542/01 de 3-7-02, in DR, II.ª série, n.º 262 de 13-11-02, p. 17790.

[2] A responsabilidade por litigância de má-fé só pode ser decretada mediante a observação prévia das regras do contraditório, de harmonia com o exarado no acórdão do TC n.º 103/93, in DR, II.ª série, de 17-6-95 – cfr. o acórdão do STJ de 4-6-2002, Proc. 1621/2002 – 6.ª Sec., in "Sumários de Acórdãos – Ed. Anual", p. 201 / Cons.º Azevedo Ramos.

[3] Por vezes o CPC estabelece, para certos casos, uma presunção de litigância de má fé. É o que sucede na situação prevista pelo art. 113.º (tentativa ilícita de desaforamento).

[4] De ter presente que, por vezes, «são muito ténues os limites entre a dialéctica jurídica e a pura chicana, esta tanto mais difícil de apreender quanto mais sofisticada e densa é a argumentação utilizada, pelo que, em caso de dúvida, se deve impor a tolerância, em ordem a não cercear as possibilidades de afirmação dos direitos» cfr. o acórdão do STJ de 28-6-2001 – 7.ª Sec., CJSTJ, ano IX, Tomo II, pp. 140 a 143/ Cons.º Quirino Soares.

[5] Cfr. J. Rodrigues Bastos, Notas, vol. II cit., p. 456 e notas 179 a 185.

[6] Cfr. o acórdão da RC de 17-9-98, CJ, Ano XXIII, Tomo IV, pp. 66 a 69 / Des. Fernandes da Silva.

mar que o credor do vencimento (o executado) "deixou de pertencer ao seu quadro de pessoal", omitindo o facto de, como seu trabalhador independente, continuar a ser por si remunerado[1]; – a do trabalhador que, mediante actuação dolosa, ao demandar a entidade patronal, alegou factos graves que imputou à mesma (integradores de despedimento ilícito) que não podia deixar de saber que não eram verdadeiros[2]; – a do exequente que, conhecedor da sentença de condenação em quantia certa, e nunca tendo levantado na acção de impugnação do despedimento a questão da dedução de rendimentos do trabalho, se serve dos embargos de executado para alegar iliquidez da obrigação exequenda[3]; – a do banco que instaura execução para pagamento de quantia certa, quando a dívida exequenda já havia sido satisfeita pelo executado[4]; – a da ré que «enxameando o processo com inúmeros incidentes, arguindo a despropósito nulidades e usando de grosseiros expedientes dilatórios, revela o evidente objectivo (concretizado) de retardar e atrapalhar o normal seguimento da lide, de modo a protelar a satisfação do direito do autor»[5]; – a do trabalhador que invoca em juízo um despedimento ilícito à luz de uma certa factualidade, sendo que cerca de dois meses antes de pedir a demissão iniciara relações profissionais com outra empresa e não mais trabalhara para a ré, vindo ainda a não responder a uma proposta de reintegração que a ré lhe fez já depois de aceitar a demissão do autor[6].

O reconhecimento ou o pré-juízo que o juiz faça em relação à conduta do advogado não vincula o órgão disciplinar competente da *Ordem dos Advogados*; será este que averigua, aprecia e decide da eventual aplicação de sanções. O tribunal deve, pois, limitar-se a participar ou denunciar os factos à Ordem dos Advogados, não podendo sobrepor-se a esta na condenação do advogado em multa e custas por litigância de má-fé[7].

---

[1] Cfr. o acórdão da RE de 12-2-1998, CJ, ano XXIII, Tomo I, pp. 273 a 275 / Des. FONSECA RAMOS.

[2] Cfr. o acórdão da RC de 5-3-1997, CJ, Ano XXII, Tomo II, pp. 160-161 / Des. DINIS ROLDÃO.

[3] Cfr. o acórdão da RC de 13-1-2000, CJ, Ano XXV, Tomo I, pp. 63 a 66 / Des. GONÇALVES AFONSO.

[4] Cfr. o acórdão RP de 13-10-2003, CJ, Ano XXVIII, Tomo IV, pp. 179 a 181 / Des. OLIVEIRA ABREU.

[5] Cfr. o acórdão do STJ de 25-3-2004, Proc. 4702/02 – 2.ª Sec., "Sumários de Acórdãos", n.º 79, pp. 53-54 / Cons.º SANTOS BERNARDINO.

[6] Cfr. o acórdão do STJ de 3-7-2005, Proc. 916/05 – 4.ª Sec., in "Sumários de Acórdãos", n.º 93, p. 149-150 / Cons.º SOUSA GRANDÃO.

[7] Cfr. o acórdão da RP de 31-3-2004, CJ, Ano XXIX, Tomo II, pp. 178 a 181 / Des. PINTO DE ALMEIDA.

Capítulo V – Princípios fundamentais de processo civil 303

Num evidente propósito de assegurar uma efectiva igualdade entre as partes processuais, tanto no que se refere ao exercício das faculdades e ao uso dos meios de defesa como no plano da aplicação de cominações ou de sanções processuais, o CPTA contempla *expressis verbis*, no seu art.º 6.º, a *possibilidade de o Estado e as demais entidades públicas serem condenados como litigantes de má-fé*[1].

Tendo litigado de má-fé, a parte será condenada em *multa* e numa *indemnização à parte contrária*[2]. Se não houver elementos suficientes para a fixação da indemnização logo aquando da prolação da sentença, será a mesma operada após a tramitação do *incidente post-decisório* previsto no n.º 2 do art.º 457.º, preceito este que define o conteúdo dessa indemnização[3]. Se a indemnização não houver sido solicitada nos autos em que ocorreru a conduta censurável, não o poderá ser em acção posteriormente intentada para esse fim[4].

O *montante da multa* a que se reporta o n.º 2 do art.º 456.º – o qual deve graduado em função das condições económicas do sancionado[5] e da gravidade subjectiva do facto entre 0,5 e 10 UC (art.º 27.º, n.ºs 1 e 2, do RCP)[6-7] – é fixado, *a título oficioso*, pelo juiz, mas a condenação em

---

[1] Cfr., neste sentido, o acórdão do STA de 31-1-2008, Proc. n.º 1442/1.ª Sec., in ADSTA n.º 558, p. 1194 / Cons.º PIMENTA DO VALE.

[2] Os limites máximo e mínimo dessa multa encontram-se fixados no art.º 27.º do RCP.

[3] Para além da *multa*, a parte que tenha litigado de má-fé será também condenada numa *indemnização à parte contrária* se esta a pedir (art.º 456.º, n.º 1). Esta indemnização pode consistir, segundo a opção do juiz, no reembolso das *despesas* a que a má-fé do litigante tenha obrigado a parte contrária, incluindo os *honorários dos mandatários ou técnicos* (art.º 457.º, n.º 1 al. a)) ou no reembolso dessas despesas e na *satisfação dos restantes prejuízos sofridos pela parte contrária* como consequência directa ou indirecta da má-fé (art.º 457.º, n.º 1, al. b) – 2.ª parte).

[4] Cfr. J. RODRIGUES BASTOS, Notas, vol. II cit., p. 223, nota 5.

[5] Cfr. o acórdão da RE de 16-1-97, CJ, Ano XXII, Tomo I, p. 287 a 291 / Des. MÁRIO PEREIRA.

[6] A partir de 1 de Janeiro de 2007, foi operada a actualização da UC, que passou a ser de €96,00 (1/4 do indexante dos apoios sociais) já que, em 2006, a remuneração mínima (salário mínimo nacional) foi de €385,90 (cfr. o Dec.-Lei n.º 238/2005, de 30 de Dezembro) – cfr. o n.º 1 do art.º 6.º do DL 212/89, de 30 de Junho, conjugado com o n.º 2 do art.º 5.º do Dec.-Lei n.º 212/89, de 30 de Junho, na redacção introduzida pelo Dec.-Lei n.º 323/2001, de 17 de Dezembro. Face, porém, ao n.º 2 do art.º 5.º do RCP «a UC é actualizada anual e automaticamente de acordo com o indexante dos apoios sociais (IAS), arrendondada à unidade Euro vigente em Dezembro do ano anterior, devendo

indemnização depende de *requerimento da parte*, que pode ser apresentado em qualquer estado da causa, em primeira instância ou na fase do recurso. Se o litigante de má-fé for uma *pessoa colectiva*, v.g. uma sociedade, a responsabilidade pelas custas e multa só poderá recair sobre o respectivo *representante* que eventualmente tenha agido de má-fé na causa (art.º 458.º)[1].

E, de qualquer modo, haverá sempre *recurso*, em *um grau*, da decisão que condene por litigância de má-fé (art.º 456.º, n.º 3), a menos que a condenação haja sido operada pela primeira vez pelo Supremo Tribunal de Justiça, de cujas decisões não há recurso[2], não tendo, contudo, o autor legitimidade para o recurso[3]. Isto porque o Supremo, se bem que funcionando, em regra, como tribunal de revista (art.º 33.º da LOFTJ/2008), não fica inibido do seu poder/dever de conhecer, em *primeira e única instância*, de todas as questões de conhecimento oficioso, tais como a da litigância de má-fé (restrita neste caso à fase de recurso para ele interposto) e a do abuso do direito[4].

---

atender-se, para o efeito, ao valor da UC respeitante ao ano anterior». A primeira actualização anual da UC, subsequente à entrada em vigor do novo RCP, será efectuada em Janeiro de 2010, de harmonia com o art.º 22.º do Dec.-Lei n.º 34/2008, de 26 de Fevereiro, na redacção do art.º 1.º do Dec.-Lei n.º 181/2008, de 28 de Agosto.

[7] «Da condenação em multa, penalidade ou taxa sancionatória excepcional fora dos casos legalmente admissíveis, cabe recurso, o qual, quando deduzido autonomamente, é apresentado nos cinco dias seguintes após a notificação do despacho que condenou a parte em multa ou penalidade» – cfr. o n.º 5 do art.º 27.º do RCP.

[1] Cfr. o acórdão do STJ de 16-5-2000, 1.ª Sec., CJSTJ, ano VIII, Tomo II, pp. 64 a 67 / Cons.º Silva Paixão.

[2] Independentemente do valor da causa e da sucumbência, só é admissível recurso em um grau da decisão que condene por litigância de má-fé. Assim, tendo já os recorrentes interposto recurso da sentença de 1.ª instância para a Relação quanto à sua condenação como litigantes de má-fé, não deverá tomar-se conhecimento do objecto do recurso de revista no tocante a tal condenação, por ser inadmissível (art.ºs 700.º, n.º 1, al. e), 704.º, n.º 1 e 726.º) – cfr. os acórdãos do STJ de 7-6-2005, Proc 805/05 – 6.ª Sec. , Sumários de Acórdãos, n.º 92, p. 7 / Cons.º Azevedo Ramos e de 29-6-2005, Proc. 2086/05 – 7.ª Sec., Sumários de Acórdãos n.º 92, p. 67-68 / Cons.º Salvador da Costa.

[3] Cfr. o acórdão da RC de 3-2-98, CJ, Ano XXIII, Tomo I, pp. 29 a 32 / Des. Helder Roque.

[4] Cfr. o acórdão do STJ de 3-10-2002, Proc. 674/02 – 2.ª Sec., in "Sumários – Ed. Anual", p. 307 / Cons.º Ferreira Girão.

Capítulo VI
Pressupostos processuais.

Sumário: 36. Pressupostos processuais. **36.1.** Pressupostos processuais e condições da acção. **36.2.** Classificação e espécies. **37.** A competência como pressuposto processual. Jurisdição e competência. Conflitos de jurisdição e de competência. **38.** Jurisdição comum e jurisdição administrativa. **38.1.** Critérios legais delimitativos. **38.2.** Competência em matéria de responsabilidade contratual e extracontratual. **38.3.** O contencioso das empresas públicas e das entidades reguladoras. **38.4.** Competência em matéria de concorrência. **39.** Competência internacional. **39.1.** Competência internacional e competência interna. **39.2.** Competência internacional dos tribunais portugueses. Critérios e factores de atribuição. **39.3.** Pactos de jurisdição. Princípio da consensualidade. **40.** Direito convencional e direito comunitário com incidência em matéria de competência internacional dos tribunais portugueses. **40.1.** Princípios de direito comunitário aplicáveis. Breve referência. **40.2.** As Convenções de Bruxelas e de Lugano e os Regulamentos CE, N.º 44/2001 e N.º 2201/2003, do Conselho. **40.3.** A regra geral do domicílio do réu ou demandado ou do «forum rei». **41.** Tribunais supra-nacionais. **41.1.** O Tribunal Internacional de Justiça e outras jurisdições internacionais de competência especializada. **41.2.** O Tribunal Europeu dos Direitos do Homem. **41.3.** Os tribunais comunitários: o Tribunal de Justiça das Comunidades Europeias e o Tribunal de 1.ª Instância das Comunidades Europeias. **42.** Competência interna. Modalidades. **42.1.** Competência em razão da matéria. **42.2.** Competência em razão da hierarquia. **42.3.** Competência em razão do valor e da forma de processo aplicável. Tribunal singular e tribunal colectivo. **42.4.** Competência em razão do território. Elementos e factores de conexão relevantes. **42.5.** Extensão da competência. **42.6.** Modificação da competência. Competência convencional. **43.** Incompetência. Modalidades. **43.1.** Enunciação. **43.2.** Incompetência absoluta. Regime de arguição e suscitação. **43.3.** Incompetência relativa. Regime de arguição e suscitação. **43.4.** Preterição de tribunal arbitral. Suscitação e conhecimento da excepção. **43.5.** Impugnação das

306   *Direito Processual Civil*

decisões sobre competência. **44.** Personalidade judiciária. As partes processuais. **44.1.** Noção. Princípio da equiparação à personalidade jurídica. **44.2.** Consequências da falta de personalidade judiciária. Sanação. **45.** Sujeição à jurisdição portuguesa. Imunidades de jurisdição. **45.1.** Imunidades dos sujeitos de direito internacional público. **45.2.** Imunidades diplomáticas. **46.** Capacidade judiciária. **46.1.** Noção. Princípio da equivalência. **46.2.** Suprimento. A assistência e a representação. **46.3.** Sanação oficiosa da incapacidade judiciária. **47.** Representação judiciária. **47.1.** Espécies. **47.2.** Sanação dos vícios de incapacidade, da irregularidade de representação e da falta de autorização ou deliberação. **48.** Legitimidade das partes. Critério aferidor. O interesse relevante. **48.1.** Legitimidade singular e legitimidade plural. **48.2.** Litisconsórcio voluntário. **48.3.** Litisconsórcio necessário: legal, convencional e natural. **48.4.** Litisconsórcio eventual ou subsidiário. **48.5.** Sanação da ilegitimidade. **49.** Legitimidade para a tutela de interesses difusos. A Acção popular. **50.** Coligação ou conjunção de partes. **51.** O interesse processual. **51.1.** Conceito e relevância. **51.2.** Consequências da falta do interesse processual. **52.** Patrocínio judiciário obrigatório. Noção e função. Os casos de obrigatoriedade. **53.** Mandato e procuração forenses. Exercício da advocacia. **53.1.** Poderes do mandatário. Responsabilidade civil e disciplinar. **53.2.** Revogação e renúncia do mandato. **53.3.** Patrocínio a título de gestão de negócios. **53.4.** Falta de patrocínio. Falta, insuficiência ou irregularidade do mandato ou da procuração. Consequências. Sanação. **54.** Direito à protecção jurídica. Apoio judiciário. Nomeação de patrono. Processamento do pedido.

36. Pressupostos processuais.

36.1. Pressupostos processuais e condições de acção.

No exercício da sua competência (própria e exclusiva) para, como órgãos de soberania, administrarem a justiça em nome do povo (n.º 1 do art.º 202.º da Lei Fundamental), incumbe aos tribunais proferirem despacho ou sentença sobre os pedidos e matérias pendentes (art.º 156.º, n.º 1, do CPC).

Para que o pedido possa surtir êxito, isto é para que o autor possa obter vencimento na sua pretensão (*procedência*), torna-se necessário o preenchimento de determinadas *condições*. E, desde logo, que a situação (de facto) controvertida, integradora da providência concretamente reque-

Capítulo VI – Pressupostos processuais

rida (pelo autor) em juízo, *caiba na estatuição-previsão abstracta de uma dada norma de direito substantivo* (a menos que se trate de uma acção de simples apreciação negativa, subjacente à qual se encontrará uma mera relação de não correspondência entre o direito que o réu se arrogue contra o autor e a situação contemplada na respectiva norma de direito material). Os requisitos indispensáveis para que possa ser *concedida* (*deferida* ou julgada *procedente*) uma qualquer providência judiciária solicitada em juízo constituem as chamadas *condições da acção*[1].

Mas, *para que o tribunal possa chegar a pronunciar-se sobre o mérito da causa*, concedendo ou denegando a providência requerida pelo autor ou demandante, exige-se a verificação de determinados *requisitos de ordem processual*, os denominados *pressupostos processuais*[2]. A exigência legal desses requisitos ou condições (v.g. da competência do tribunal, da legitimidade das partes, da personalidade e da capacidade judiciária etc.) destina-se a garantir a idoneidade e a utilidade da decisão da causa[4].

A propósito da dicotomia *condições da acção* e *pressupostos processuais*, distingue a doutrina francesa[3] entre os «requisitos necessários para que a demanda se possa considerar *fondée* e as condições indispensáveis para que ela seja *recevable*». O que vale por dizer, *condições de procedência* (requisitos substantivos), por um lado, e *requisitos de procedibilidade ou de admissibilidade do processo ou da instância* (requistos processuais), por outro[5].

Na falta de qualquer desses últimos *requisitos (processuais)*, terá o juiz que se abster de estatuir sobre o *mérito* (ou demérito) do pedido, ficando assim impedido, não apenas de proferir decisão final sobre o *fundo da acção*, mas também de apreciar e decidir sobre qualquer outra

---

[1] Cfr. MANUEL DE ANDRADE, Noções Elementares cit., pp. 73-74.

[2] «Na falta deles, o juiz só pode e deve declarar isso mesmo, abstendo-se de estatuir sobre o mérito» – cfr. MANUEL DE ANDRADE, Noções Elementares cit., p. 74.

[3] Cfr., acerca desta matéria, ANTUNES VARELA/J. M. BEZERRA/SAMPAIO E NORA, Manual cit., pp. 104 (e nota 2), 105 (e nota 1).

[4] Cfr. JEAN VINCENT e S. GUINCHARD, *Procédure Civile,* 24.ª ed., Paris, n.º 22.

[5] Não são de confundir com *pressupostos processuais* as chamadas *questões prejudiciais*, já que a verificação de algumas delas não é propriamente impeditiva da pronúncia sobre o mérito da causa, apenas levando o juiz a sobrestar nessa decisão até que o tribunal competente decida a questão prejudicial – cfr. ANTUNES VARELA/J. M. BEZERRA/ SAMPAIO E NORA, Manual cit., p. 106, nota 1.

308   *Direito Processual Civil*

matéria prodrómica ou instrumental da decisão final, como por ex. a produção de prova sobre os fundamentos da pretensão. Isto sem embargo de ter de considerar-se já como *processual* – qua tale compreendida no iter da acção – toda a actividade impulsionada pelas partes e operada pelo tribunal no sentido de indagar da existência e dos efeitos do pressuposto ou da sua falta. Assim, se ao proferir despacho saneador e ao conhecer nele das excepções dilatórias, em princípio pela ordem contemplada no n.º 1 do art.º 288.º (cfr. a al. a) do n.º 1 do art.º 510.º), concluir pela falta de algum pressuposto processual e tiver, por isso, que emitir uma decisão de *absolvição da instância*, esta constituirá já um verdadeiro acto da relação jurídica processual estabelecida entre as partes e o tribunal.

A este respeito, cumpre aludir aos casos especiais das *acções de preferência*, de *execução específica* e de *atribuição da pensão de sobrevivência* nas uniões de facto. Quanto às *acções de preferência*, a falta de depósito do preço devido a que se reporta o n.º 1 do art.º 1410.º (nos 15 dias seguintes à propositura da acção) representa uma verdadeira excepção peremptória inominada geradora da improcedência do pedido e, como tal, uma verdadeira *condição da acção*[1]. De igual sorte, e quanto às *acções intentadas contra o Centro Nacional de Pensões* (nos termos do Dec.-Lei n.º 322/90 de 18 de Outubro e do Dec.-Reg. n.º 1/94, de 18 de Janeiro)[2] para obtenção do reconhecimento (pelo companheiro de facto sobrevivo) da titularidade do direito ao benefício às pensões de sobrevivência, a respectiva procedência dependerá, além do mais, da prova da incapacidade alimentar das forças da herança (do companheiro de facto pré-defunto)[3].

Já no que se refere à *execução específica do contrato-promessa* se levantam legítimas dúvidas, pois que o n.º 5 do art.º 830.º do CC deixa ao

---

[1] A este respeito, o STJ entendeu já que o depósito prévio do preço devido imposto pelo n.º 1 do art.º 1410.º do CC (acção de preferência intentada por arrendatário comercial) «é uma *condição ou pressuposto do exercício da acção*, pelo que a sua não efectivação dentro do prazo legal determina a caducidade desse direito» – cfr. o acórdão de 17-6-99, CJSTJ, Ano VII, Tomo II, 1999, p. 150 / Cons.º Dionísio Correia.

[2] No sentido da não inconstitucionalidade destas normas assim interpretadas, cfr. o acórdão do TC n.º 233/2005, Proc. 1040/2004, de 3-5-2005, DR, II.ª Série, n.º 149, de 4-8-2005, pp. 11132 e ss.

[3] Cfr. os acórdãos do STJ de 29-3-2001, Proc. 545/01– 2.ª Sec. / Cons.º Ferreira de Almeida e de 23-5-2006, CJSTJ, Tomo II/2006, p. 100 / Cons.º Urbano Dias.

Capítulo VI – Pressupostos processuais

critério do tribunal a fixação do prazo para a consignação em depósito, ainda que comine a *improcedência da acção* para a respectiva falta, mas apenas para o caso de ao obrigado ser «lícito invocar a excepção de não cumprimento». Para o Prof. M. J. ALMEIDA COSTA, mesmo que o processo não passe da 1.ª instância, «não se afigura aceitável entender que o legislador tenha pretendido transformar a consignação em depósito num *pressuposto da apreciação do mérito do pedido de execução específica*». Isto porque, na eventualidade de recurso para a Relação ou para o Supremo, o prazo estabelecido pelo juiz em 1.ª instância se contará a partir do trânsito em julgado da decisão final que lhe dê ganho de causa, porquanto meramente acessório da pretensão de execução específica[1]. Com efeito, o pedido de fixação desse prazo pode ser espontaneamente deduzido por qualquer das partes ou operada essa fixação *ex-officio* pelo juiz do processo, neste último caso perante a possibilidade abstracta da invocação (pelo réu) da *exceptio non adimpleti contractus*[2-3]. Temos para nós que essa consignação em depósito (sem dúvida de exigir sempre que deduzida a *exceptio* do art.º 428.º do CC), não constitui nem pressuposto processual nem condição da acção, mas sim uma *mera condição de eficácia ou de exequibilidade da decisão final* que decrete a execução específica (e por esta auto-imposta), se julgada procedente a "exceptio" eventualmente deduzida[4].

---

[1] Cfr. Direito das Obrigações, 12.ª Ed., Rev. e Aum. cit., Coimbra, Almedina, 2009, pp. 416 e ss., RLJ, ano 133, n.º 3917, p. 254 e "Contrato-Promessa – Uma Síntese do Direito Vigente", 9.ª ed. Rev. e Act., Almedina, 2007, pp. 56 a 63.

[2] Cfr., neste sentido, e numa hipótese de não invocação dessa *exceptio*, o acórdão do STJ de 29-4-99, Proc. 77/99 – 2.ª Sec., in Sumários de Acórdãos, n.º 30, p. 49 / Cons.º FERREIRA DE ALMEIDA.

[3] No sentido de que, mesmo o tribunal de recurso pode tomar a iniciativa de mandar baixar os autos à 1.ª instância para efeitos dessa consignação em depósito pelo requerente – cfr. o acórdão do STJ de 16-2003, Proc. 4023/2002 – 2.ª Secção / Cons.º JOAQUIM DE MATOS e de 1-7-2004, Proc. 1777/04 – 2.ª Sec. / Cons.º FERREIRA DE ALMEIDA.

[4] Sem que se possa afirmar estar-se perante uma situação (inaceitável) de *sentença condicional*, pois que, por um lado, é a própria decisão judicial que se auto-impõe uma condição de exequibilidade e, por outro, a possibilidade de estabelecimento de uma condição, mesmo para o caso julgado, advém expressamente do disposto no art.º 673.º.

36.2. Classificação e espécies.

Tendo presente o critério da *correspondência* legal (quase plena) entre a falta de preenchimento de um qualquer *pressupostos processuais* e a ocorrência de uma *excepção dilatória*, costuma a doutrina distinguir entre pressupostos processuais relativos *às partes* (personalidade judiciária, sujeição à jurisdição portuguesa, capacidade judiciária, legitimidade, patrocínio judiciário obrigatório e interesse processual ou interesse em agir), *ao tribunal* (competências internacional e interna e inexistência de compromisso arbitral) e ao próprio *objecto da causa* (aptidão da petição inicial e verificação dos requisitos da coligação simples ou subsidiária e não verificação das excepções dilatórias de litispendência, do caso julgado)[1-2-3].

E também entre pressupostos processuais *positivos* e *negativos*: – *positivos* aqueles *cuja verificação é essencial para que o juiz conheça do mérito* da causa: a competência do tribunal, a personalidade judiciária, a sujeição (das partes) à jurisdição portuguesa, a capacidade judiciária, a legitimidade, a verificação dos requisitos do litisconsórcio subsidiário e da coligação simples ou subsidiária activa ou passiva, o interesse processual e o patrocínio judiciário obrigatório; – *negativos* aqueles cuja verificação obsta (isto é, não podem ocorrer) a que o juiz aprecie o mérito da causa, tais como a ineptidão da petição inicial, a litispendência, o caso julgado e a existência de compromisso arbitral.

Uma outra distinção pode fazer-se entre *pressupostos processuais gerais* (realtivos a todo e qualquer processo) e *pressupostos processuais específicos* de certas actuações processuais de carácter eventual. Entre estes útimos podem incluir-se, por ex., os pressupostos relativos à intervenção em litisconsórcio subsidiário (art.º 31.º-B), à coligação simples e subsidiária (art.ºs 31.º e 31.º-A), à dedução de pedidos reconvencionais (art.º 274.º), à formulação de pedidos cumulativos (art.º 470.º), de pedidos genéricos (art.º 471.º) ou de pedidos de prestações vincendas (art.º 472.º).

---

[1] Cfr. A. MONTALVÃO MACHADO/PAULO PIMENTA, O Novo Processo Civil, 8.ª ed., Coimbra, Almedina, 2006, pp. 63-64.

[2] Na nomenclatura de CASTRO MENDES, não integra o elenco dos pressupostos processuais relativos às partes o interesse processual ou interesse em agir (pois que relevante apenas quanto a custas) – cfr. Processo Civil, vol. II, ed. da AAFDL, 1987, p. 8.

[3] Sobre a existência de *pressupostos processuais inominados* (como por ex. os requisitos da formulação de um pedido genérico contemplados no art.º 471.º), cfr. ANSELMO DE CASTRO, DPCD, vol. II cit., p. 250.

Capítulo VI – Pressupostos processuais

Tudo sem olvidar que os pressupostos processuais gerais (respeitantes a todo o processo) se não confundem com os pressupostos processuais particulares (apenas respeitantes a actos específicos, quer das partes, quer do juiz), como sejam, por ex., os relativos à comunicação dos actos (citações e notificações) e às vicissitudes da instância (por. ex., a reconvenção ou a intervenção de terceiros), cuja falta ou irregularidade apenas atinge, em princípio, esses actos.

Catalogam-se ainda alguns pressupostos de *inominados* como por ex. os da sujeição à jurisdição portuguesa e do interesse processual ou interesse em agir, para os distinguir dos *nominados* ou *tipificados* nos art.ºs 288.º e 494.º.

A *grande maioria* dos pressupostos processuais, porque de interesse e ordem pública, é de *conhecimento oficioso* do tribunal (cfr. o art.º 494.º). Exceptua, porém, o preceito, quer a *incompetência relativa* nos casos não abrangidos pela estatuição do art.º 110.º, quer a *preterição do tribunal arbitral voluntário*, cuja ocorrência só poderá ser conhecida mediante suscitação das partes. Estes últimos apelidados de *impedimentos processuais* pela doutrina germânica (*Prozesshindernisse*)[1].

SECÇÃO I

Competência do tribunal.

37. A competência como pressuposto processual. Jurisdição e competência. Conflitos de jurisdição e de competência.

A *questão da competência põe-se logo aquando da decisão de instaurar ou propor uma acção*: cumpre ao autor, nesse momento e em primeira análise, indagar sobre qual o *local apropriado para propor a acção*, o mesmo que é dizer, *determinar o foro próprio*, isto é, *o tribunal competente* para proferir a decisão de mérito.

Sendo um *requisito de ordem pública*, o conhecimento da questão da competência é *prioritário* relativamente ao de qualquer outra questão. Ao enunciar as questões a resolver pela sentença, o n.º 1 do art.º 660.º

---

[1] Cfr. MANUEL DE ANDRADE, Noções Elementares cit., p. 74 e ANTUNES VARELA/J. M. BEZERRA/SAMPAIO E NORA, Manual cit., p. 107.

312   *Direito Processual Civil*

impõe ao juiz que conheça, «em primeiro lugar, das questões processuais que possam determinar a absolvição da instância, segundo a ordem imposta pela sua precedência lógica»; ordem essa (a, em princípio) estabelecida pela al. a) do n.º 1 do art.º 288.º, na qual figura, precipuamente, «a *excepção de incompetência absoluta do tribunal*». E cada tribunal como que detém uma *competência primária* (ou *originária*) para apreciar a sua própria competência, aceitando-a ou declinando-a, sendo, para tal, esse órgão sempre competente, segundo a consabida regra germânica da *Kompetenz-kompetenz.*

    Aos órgãos de soberania "tribunais" cabe, no seu conjunto, o exercício da *função jurisdicional ou jurisdição* em sentido abstracto (cit. art.º 202.º da CRP). Já a *competência* é a parcela ou fracção de jurisdição atribuída a cada um dos órgãos jurisdicionais (tribunais) que integram uma dada jurisdição. O *poder jurisdicional,* ou o *poder de julgar,* reparte--se e delimita-se entre os diversos tribunais de harmonia com certos critérios, cujas normas definidoras se denominam *regras de competência.*

    A distinção entre jurisdição e competência releva desde logo quando surgem *conflitos, os* quais podem ser de *jurisdição* ou de *competência* (art.º 115.º, n.ºs 1 e 2). O *conflito de jurisdição* (em sentido amplo) poderá surgir: – ou *entre duas autoridades pertencentes a diferentes actividades do Estado,* como entre a actividade judicial e a actividade administrativa (por ex., entre um juiz de direito e um presidente de uma câmara municipal); – ou *entre tribunais pertencentes a ordens jurisdicionais diferentes* (por ex., entre um tribunal judicial e um tribunal administrativo). Se ambas as autoridades se arrogarem o poder de conhecer de uma determinada questão, surgirá um *conflito positivo de jurisdição;* se ambas declinarem esse poder, gerar-se-á um *conflito negativo de jurisdição* (art.º 115.º, n.º 1). Ocorrerá um *conflito de competência* quando dois ou mais tribunais da *mesma ordem jurisdicional* se consideram competentes ou incompetentes para conhecer da mesma questão (n.º 2): – *conflito negativo de competência* quando, por exemplo, um tribunal cível e um tribunal de comércio (tribunais da mesma ordem jurisdicional) se atribuírem mutuamente a competência, negando a própria, para conhecer de determinada questão; – *conflito positivo de competência* se ambos os tribunais se considerarem competentes para conhecer da mesma questão (art.º 115.º, n.º 2)[1].

---

    [1] Não são considerados *conflitos de jurisdição,* mas antes *meras irregularidades de distribuição,* as divergências que se suscitem entre juízes da mesma comarca acerca da

Os *conflitos de jurisdição* são resolvidos *pelo Supremo Tribunal de Justiça ou pelo Tribunal dos Conflitos*, conforme os casos: – pelo *Tribunal de Conflitos*[1], se suscitados entre as autoridades e os tribunais administrativos ou entre os tribunais judiciais e qualquer deles (autoridades ou tribunais administrativos); – pelo *Supremo Tribunal de Justiça* todos os demais conflitos de jurisdição. Os *conflitos de competência* são solucionados pelo *presidente do tribunal de menor categoria que exerça jurisdição sobre as autoridades em conflito* (art.º 116.º, n.ºs 1 e 2); serão, assim, dirimidos: – pelo *presidente do Tribunal da Relação* do respectivo distrito judicial, o conflito suscitado entre tribunais de 1.ª instância pertencentes a essa mesma circunscrição; – pelo *presidente do Supremo Tribunal de Justiça,* se os tribunais em conflito pertencerem a diferentes distritos judiciais.

Pode, porém, acontecer que ainda antes de gerado o conflito de jurisdição, o Supremo Tribunal de Justiça ou o Tribunal de Conflitos (consoante as situações) hajam fixado definitivamente o tribunal competente. Assim, se pela própria "mecânica" dos recursos, e em sede destes, o tribunal da Relação decidir «que um determinado tribunal é incompetente, em razão da matéria ou da hierarquia, para conhecer de certa causa, o Supremo Tribunal de Justiça, no recurso (ordinário) que para ele vier a ser interposto, *decidirá qual o tribunal competente*». Em tal hipótese (e depois de ouvido o Ministério Público), «no tribunal que for declarado competente, não pode voltar a suscitar-se a questão da competência» (art.º 107.º, n.º 1). Assim se obviará a que, perante uma declaração negativa de competência absoluta de um determinado tribunal (emitida pela Relação), o autor tenha de propor a acção no tribunal de 1.ª instância designado no acórdão, o qual poderia também julgar-se incompetente em razão da matéria ou da hierarquia, uma vez que o caso julgado sobre a competência seria meramente *formal*, com eficácia circunscrita ao processo em apreço. Daí que, com vista a prevenir a "eternização" da querela sobre a competência, esse preceito imponha que o Supremo se não con-

---

designação do juízo em que o processo há-de correr. *Divergências estas a ser resolvidas pelo presidente do Tribunal da Relação* do respectivo distrito judicial, com observância do procedimento idêntico ao estabelecido nos art.ºs 117.º e ss – art.º 210.º, n.º 2.

[1] O *Tribunal de Conflitos* é composto por três juízes do Supremo Tribunal de Justiça e por três juízes do Supremo Tribunal Administrativo, sob a presidência do Presidente deste último tribunal – cfr. o art.º 17.º do Dec.-Lei n.º 23.185, de 30 de Outubro de 1933.

314 *Direito Processual Civil*

fine a conceder ou negar provimento ao recurso, mas que *decida ainda* (*em definitivo*) *e com força de caso julgado material, qual o tribunal competente* (ainda que tal lhe não haja sido solicitado), em ordem a que a questão da competência não possa voltar a ser suscitada.

Se, contudo, «*a Relação tiver julgado incompetente o tribunal judicial por a causa pertencer ao âmbito da jurisdição administrativa e fiscal*, o recurso destinado a fixar o tribunal competente é interposto *directamente* para o Tribunal de Conflitos» (art.º 107.º, n.º 2). Isto se a específica questão da competência em razão da matéria respeitar a dois *tribunais integrados em ordens jurisdicionais diferentes: tribunais judiciais* versus os *tribunais administrativos e fiscais.* Mas a resolução definitiva do conflito (bem como a prevenção de idênticos conflitos no futuro) já não pertence ao Supremo Tribunal de Justiça, por não estarem em causa apenas tribunais judiciais (assim lhe falecendo a hierarquia sobre *todos* eles), mas sim ao Tribunal de Conflitos. O recurso deve pois ser directamente dirigido ao Tribunal de Conflitos[1] e não ao Supremo Tribunal de Justiça, constituindo a decisão do Tribunal de Conflitos igualmente *caso julgado material* sobre a questão da competência. Nesta situação nem existe, em bom rigor, um verdadeiro conflito negativo de jurisdição, porquanto não emitida ainda qualquer pronúncia positiva ou negativa por parte dos tribunais administrativos e fiscais sobre a sua própria competência (art.º 115.º, n.º 1).

38. Jurisdição comum e jurisdição administrativa.

O problema da delimitação da competência entre jurisdições possui uma raiz super-estrutural, advinda da actual separação (constitucional)

---

[1] Se for indevidamente interposto para o Supremo Tribunal de Justiça e, se face a esse erro, a parte a quem a decisão foi inicialmente desfavorável, deixar exaurir, entretanto, o prazo para a sua interposição perante o Tribunal de Conflitos (30 dias – art.º 685.º, n.º 1), aquela decisão da Relação transitará em julgado, devendo, em consequência, a subsequente interposição para o Tribunal de Conflitos ser rejeitada por extemporaneidade. Ao abrigo, porém, do *princípio da economia processual*, e se considerado desculpável o erro, entendeu já o Supremo, embora não conhecendo do recurso, determinar a remessa dos autos para o Tribunal de Conflitos, ao abrigo do *princípio geral do aproveitamento do processado* ou do *máximo aproveitamento dos actos praticados* – cfr. o acórdão de 22-6-2005, Proc. 1293/05 – 4.ª Sec., Sumários de Acórdãos n.º 92, pp. 143-144 / Cons.ª Maria Laura Leonardo.

das ordens jurisdicionais comum e administrativa (art.ºs 211.º e 212.º da CRP). Para quem defenda um sistema de *administração judiciária de tipo britânico*, o mesmo que é dizer, apenas com intervenção exclusiva dos tribunais comuns de jurisdição ordinária (*courts of law* em Inglaterra)[1], em vez do actual sistema de *administração executiva de tipo continental* (francês e alemão), deveria existir uma única ordem jurisdicional encabeçada pelo Supremo Tribunal de Justiça, nela figurando os tribunais administrativos como tribunais de competência especializada, em plena paridade com os demais tribunais dessa espécie (v.g. os tribunais de comércio, do trabalho, de família e menores e os demais contemplados no art.º 74.º da LOFTJ/2008), ainda que aplicando princípios e normas de direito administrativo e com adopção dos meios processuais próprios do respectivo contencioso.

O certo é, porém, que a CRP instituiu duas ordens jurisdicionais distintas, hierarquicamente encimadas (e em plena paridade) pelo *Supremo Tribunal de Justiça* e pelo *Supremo Tribunal Administrativo*, respectivamente, sem prejuízo da competência própria do Tribunal Constitucional (cfr. os art.ºs 210.º, n.º 1 e 212.º, n.º 1).

38.1. Critérios legais delimitativos.

A matéria da *delimitação do âmbito da jurisdição administrativa* é regulada pelos critérios do. n.º 3 do art.º 212.º da CRP e dos art.ºs 1.º, n.º 1, e 4.º do ETAF/2002[2], salvas as excepções resultantes de legislação avulsa especial, atribuindo a apreciação de certos litígios, umas vezes, aos tribunais administrativos, outras, aos tribunais judiciais.

De um modo geral, pertence hoje ao *âmbito da jurisdição administrativa* a apreciação de todos os litígios que versem sobre *matéria jurídico-administrativa* e cuja apreciação não seja expressamente atribuída, por norma especial, à competência dos tribunais judiciais. O *critério aferidor decisivo* (constitucionalmente consagrado) da competência dos

---

[1] Sobre o sistema da administração judiciária, cfr. FREITAS DO AMARAL, Curso de Direito Administrativo, 3.ª ed. vol. I, Lisboa, 2006, pp. 103-104.

[2] Nas alíneas e) e f), a matéria da responsabilidade contratual e, nas alíneas g), h) e i), a matéria da responsabilidade extracontratual. Quanto à segunda, vide ainda a Lei n.º 67/2007, de 31 de Dezembro.

316   *Direito Processual Civil*

tribunais administrativos reside, pois, na existência (ou não) de um litígio sobre uma *relação jurídica administrativa* ou *fiscal* – entendida esta como uma relação regulada por *normas de direito público administrativo*, que atribuam *prerrogativas de autoridade* ou imponham deveres, sujeições ou limitações especiais a todos ou a alguns dos intervenientes, por razões de interesse público, o que não sucede no âmbito de relações de natureza jurídico-privadas[1-2]. Neste âmbito das *relações jurídico-administrativas*, a Administração intervém numa *posição de supremacia*, na exercitação do seu *jus imperii*, enquanto que *nas relações jurídico-privadas* (v.g no domínio dos contratos de direito privado) age em pleno *pé de igualdade* com os particulares[3-4-5].

---

[1] São, assim, e por ex., os *tribunais comuns* os competentes em razão da matéria para a demanda de um Município para reconhecimento de um direito de propriedade com pedido de indemnização por danos resultantes da respectiva violação por máquinas escavadoras e carregadoras ou de restituição especial de posse violada por decisão de carácter administrativo, que não os tribunais administrativos – cfr., v.g., os acórdãos do STJ de 17-2-94 e de 17-2-97, in CJSTJ, Ano II, Tomo I, p. 114 / Cons.º SOUSA MACEDO e Tomo I, p. 65 e Cons.º NASCIMENTO COSTA, respectivamente.

[2] Cfr. FREITAS DO AMARAL, Direito Administrativo, vol. I, 3.ª ed., Coimbra, Almedina, 2006, pp. 138-142.

[3] O *tribunal comum* é também competente para conhecer de uma acção na qual se peça a condenação de um município a "reconhecer e a restituir" a plena propriedade de um imóvel na parte em que dele se apossou ilegitimamente e a demolir tudo quanto nele edificou à revelia do respectivo proprietário, bem como a repor esse imóvel no estado em que se encontrava antes da intervenção abusiva por parte daquela entidade – cfr. o acórdão do STJ de 19-9-2002 – 2.ª Sec.

[4] A *relação jurídico administrativa* é aquela em que pelo menos um dos sujeitos é a Administração, estando em causa um litígio regulado por normas de direito administrativo. Os tribunais judiciais – jurisdição comum ou residual – são os competentes para conhecer uma acção de reivindicação de um terreno privado intentada contra um Município fundada em violação do direito de propriedade, já que não em causa a aplicação de qualquer norma ou principio de direito administrativo – cfr. o acórdão do STJ de 13-3--2008, Proc. 391/2008 – 1.º Sec. / Cons.º SEBASTIÃO PÓVOAS.

[5] São impugnáveis nos termos gerais de direito, as decisões e deliberações definitivas das entidades que integram o associativismo desportivo (art.º 46.º da Lei n.º 30/2004, de 21 de Julho – Lei de Bases do Desporto). As decisões e deliberações de âmbito *estritamente desportivo*, como as tomadas sobre a aplicação das *leis do jogo* apenas são impugnáveis nas competentes instâncias intra-desportivas (n.º 1 do art.º 47.º da mesma Lei). São *questões estritamente desportivas* aquelas que tenham por fundamento normas de natureza técnica ou de carácter disciplinar, emergentes da aplicação das leis do jogo, dos regulamentos e das regras de organização das respectivas provas (n.º 2 do art.º 47.º).

Capítulo VI – Pressupostos processuais 317

Mas nem sempre os litígios emergentes de relações jurídicas administrativas (e fiscais) são da competência exclusiva dos tribunais da jurisdição administrativa). De resto, e segundo o *princípio da delimitação negativa da jurisdição*, os tribunais judiciais – tribunais comuns em matéria cível e criminal – «exercem jurisdição em todas as áreas não atribuídas a outras ordens judiciais» (art.º 211.º, n.º 1, da CRP). O próprio ETAF/2002, nos n.ºs 2 e 3 do seu art.º 4.º, contém normas de *definição negativa* do âmbito dessa jurisdição, dela retirando certas questões. Assim, e desde logo: – a impugnação dos actos praticados no exercício da função política e legislativa[1] (n.º 2 al. a)); – a impugnação de *decisões* (*substancialmente*) *jurisdicionais* de tribunais de outras ordens judiciais (n.º 2, al. b)); – as acções de responsabilidade por *erro judiciário* desses outros tribunais, incluindo as dos tribunais judiciais (n.º 3, al. a))[2]. Na alínea c) do n.º 2 desse art.º 4.º subtrai-se também à jurisdição administrativa a competência para conhecer dos *litígios* que tenham por objecto a impugnação dos *actos de natureza administrativa* (do juiz, do MP e das autoridades policiais) relativos ao *inquérito* e à *instrução criminais* e ao *exercício da acção penal*[3]; e, nas alíneas b) e c) do n.º 3, para a fiscalização dos actos

---

Por *leis do jogo* deve entender-se o conjunto de regras reguladoras das condutas dos praticantes e demais intervenientes na exercitação das respectivas modalidades e, por isso, de aplicação imediata no desenrolar das provas e competições desportivas. Não constituem decisões sobre questões estritamente desportivas os actos de órgãos de uma federação desportiva, a que foi atribuído o estatuto de utilidade pública, pelos quais foi decidido o cancelamento de licença desportiva atribuída a determinado filiado por alegada falta de requisitos e determinada a respectiva suspensão preventiva, por incumprimento da ordem de entrega daquela licença e participação em competição sem autorização da autoridade desportiva nacional, situação esta a dirimir perante os *tribunais administrativos* – cfr. o acórdão do STA – 1.ª Sec. de 7-6-2006 / Proc. 046299 / Cons.º ADÉRITO SANTOS.

[1] A *responsabilidade civil por danos decorrentes do exercício da função político-legislativa do Estado e das Regiões Autónomas*, em desconformidade com a Constituição, o direito internacional, o direito comunitário ou acto legislativo de valor reforçado encontra-se prevista no n.º 1 do art.º 15.º da Lei n.º 67/2007, de 31 de Dezembro.

[2] Nas duas previstas situações legais, não se colocam questões de direito administrativo, tratando-se, assim, de garantir a autonomia e a independência entre as jurisdições, em contraposição com a regra da sujeição à jurisdição administrativa dos actos *materialmente administrativos dos* referidos tribunais, em matéria de responsabilidade constante da alínea g) do n.º 1. (v.g a responsabilidade civil extracontratual do Estado resultante do exercício da função jurisdicional e da função legislativa).

[3] Exclusão que se explica por se tratar de um domínio cujo julgamento é tradicionalmente apanágio exclusivo da jurisdição comum.

318   *Direito Processual Civil*

materialmente administrativos praticados pelo Presidente do Supremo Tribunal de Justiça, bem como pelo Conselho Superior da Magistratura e respectivo Presidente[1].

Para além do ETAF, outras leis especiais vieram atribuir expressamente a competência para o julgamento de direito administrativo a tribunais não administrativos. Assim, por ex., as leis que atribuem ao *Tribunal Constitucional* a competência para julgar as questões relativas à *disciplina dos seus juízes* (art.º 25.º da Lei n.º 28/82, de 15 de Novembro), para declarar a *perda de mandato* de membros do executivo municipal e a destituição dos titulares de cargos administrativos (por exemplo, governadores e vice-governadares civis) com fundamento na infracção das normas relativas a incompatibilidades ou impedimentos estabelecidos na Lei n.º 64/93, de 26 de Agosto (art.º 10.º, n.ºs 2 e 3) e para sindicar as *deliberações dos órgãos de partidos políticos* (Lei n.º 2/2003, de 22 de Agosto e 9.º, al. d) da citada Lei n.º 28/82, de 15 de Novembro). Também a impugnação de *actos de recrutamento de juízes do Tribunal de Contas* deve ser interposto para o Plenário daquele Tribunal[2].

Outras questões susceptíveis de qualificação como de *direito administrativo* por lei atribuídas por lei à "jurisdição comum", isto é, aos *tribunais judiciais,* são as do julgamento das *contra-ordenações (ilícitos de mera ordenação social ou sanções penais administrativas)*[3] e dos litígios relativos à *indemnização por expropriação* e requisição por utilidade pública (o Código das Expropriações, por força da Lei que aprovou o ETAF[4], passou, contudo, a atribuir à jurisdição administrativa a competência para conhecer dos litígios relativos à *reversão* e consequente *adjudicação de bens expropriados*)[5]. E também os

---

[1] O julgamento dos recursos dos actos do Conselho Superior da Magistratura é atribuído ao Supremo Tribunal de Justiça pelo art.º 168.º, n.º 1, da Lei n.º 21/85, de 30 de Julho. No sentido de que esta norma não viola a reserva constitucional de jurisdição, vide os acórdãos do STA de 10-10-96, P. 41003, e de 25-2-97, P. 41487; bem como os acórdãos do TC n.ºs 347/97, de 29-4-97, 687/98, de 15-12-98 e 40/99, de 22-99.

[2] Cfr. a Lei n.º 98/97, de 26 de Agosto (art.º 20.º, n.º 3) e a Lei n.º 21/85 (art.º 78.º), bem como os acórdãos do STA de 30-10-96 e de 18-2-98 (Pleno), ambos no P. 40247.

[3] A exclusão é confirmada expressamente, no que respeita a actuações públicas, pela actual redacção da alínea 1), introduzida pela Lei n.º 107-D/2003, relativa à reparação de violações a valores e bens constitucionalmente protegidos.

[4] A Lei n.º 13/2002, de 19 de Fevereiro, no seu art.º 15.º, altera os art.ºs 74.º a 77.º do CEXP 99 aprovado pela Lei n.º 168/99, de 18 de Setembro.

[5] Não enferma de inconstitucionalidade a norma do n.º 4 do art.º 13.º do Código das Expropriações aprovado pela Lei n.º 168/99, de 18 de Setembro (CEXP 99), interpretada no sentido de atribuir competência aos tribunais comuns para declararem a caducidade da

Capítulo VI – Pressupostos processuais

litígios relativos[1] – à impugnação das decisões dos órgãos competentes da segurança social sobre concessão, recusa, retirada ou declaração de caducidade do *apoio judiciário*[2]; – à impugnação de todas as decisões administrativas relativas a direitos de *propriedade industrial*[3], bem como o contencioso dos actos dos conservadores no domínio do *direito registral e do notariado* (da chamada "administração pública do direito privado"), na medida em que contenham decisões de autoridade, designadamente dos despachos de recusa da prática de actos. E, finalmente, os *recursos dos actos e decisões* do Fundo de Garantia Automóvel (art.º 61.º do Dec.-Lei n.º 291/2007, de 21 de Agosto)[4].

A subsistência destas *normas subtractivas* de competência aos tribunais administrativos não radica propriamente em razões substanciais, mas numa larvar (tradicional) desconfiança perante os tribunais administrativos, a par de uma certa ideia de impraticabilidade (escasso número e

---

declaração de utilidade pública – cfr. o acórdão do TC n.º 302/2008, de 29-5-2008, Proc. n.º 1181/2007, in DR n.º 125, Série II, de 1-7-2008 / Cons.º BENJAMIM RODRIGUES.

[1] Cfr. o art.º 16.º n.ºs 3 e 4 da Lei n.º 20/87, de 12 de Junho. Consideram-se medidas especiais de polícia: encerramento temporário de paióis, depósitos ou fábricas de armamento ou explosivos e respectivos componentes, bem como a revogação ou suspensão de autorizações aos titulares desses estabelecimentos; encerramento temporário de estabelecimentos destinados à venda de armas ou explosivos; cessação da actividade de empresas, grupos, organizações ou associações que se dediquem a acções de criminalidade altamente organizada, designadamente de sabotagem, espionagem ou terrorismo ou à preparação, treino ou recrutamento de pessoas para aqueles fins.

[2] V. o artigo 28.º da Lei n.º 34/2004, de 29 de Julho.

[3] Os tribunais competentes são agora os juízos de propriedade intelectual nos termos do art.º 114.º da LOFTJ/2008. De resto, o art.º 39.º do CPI inclui na competência dos *tribunais comuns* as declarações de caducidade e quaisquer outros actos que afectem, modifiquem ou extingam direitos de propriedade industrial.

[4] Cfr. ainda os art.ºs 175.º e ss. do Código do Notariado, 140.º e ss. do Código do Registo Predial, 356.º e ss. do Código do Registo Civil, 104.º e ss. do Código do Registo Comercial e 66.º e ss. do Regime do Registo Nacional de Pessoas Colectivas. No entanto, o acórdão do STA de 2-12-93 (P. 31831) entendeu que a intervenção registral não cria nenhuma relação jurídico-administrativa. Sobre a matéria, em especial sobre a distinção entre a relação registral (administrativa) e a relação subjacente (que pode ser privada), cfr. o acórdão do Tribunal de Conflitos de 17-6-2003 (Proc. 12/02), que, reafirmando a intervenção do notário como um acto de gestão pública, julga os tribunais administrativos competentes para conhecer da respectiva acção de indemnização contra o Estado e ainda o acórdão do Tribunal Constitucional n.º 284/2003 (DR, de 18-7-03), que não julgou inconstitucional a norma do n.º 1 do art.º 140.º do Código do Registo Predial, por se tratar de uma atribuição pontual e justificada a tribunais judiciais da competência para conhecimento de litígios administrativos.

320   *Direito Processual Civil*

deficiente implantação geográfica desses tribunais, com os inerentes custos de deslocação, em especial para as populações do interior)[1].

A parte final da al. m) do n.º 1 do art.º 4.º do ETAF, ao ressalvar a possibilidade de haver atribuição a outras jurisdições de *questões de contencioso eleitoral* relativo a *órgãos de pessoas colectivas de direito público*, limita-se a confirmar tal subtracção operada pela Constituição e por outras leis ordinárias. Assim, ficam excluídos da jurisdição administrativa os actos eleitorais relativos ao Presidente da República, Assembleia da República, Assembleias Legislativas Regionais dos Açores e da Madeira e autarquias locais, cuja impugnação é feita perante o Tribunal Constitucional (art.º 8.º, alíneas a) a c), da Lei do TC (Lei n.º 28/82 de 15 de Setembro)[2].

Questões há, porém, *de direito privado,* que são da competência da *jurisdição administrativa.* Assim, por ex., a *impugnação* dos actos administrativos de *qualificação dominial*[3], bem como as *acções* relativas a questões de *delimitação do domínio público*[4] (questões de direito administrativo)[5].

---

[1] Cfr. FREITAS DO AMARAL/AROSO DE ALMEIDA, Grandes Linhas da Reforma do Contencioso Administrativo, pp. 24 e s. No que respeita às indemnizações por expropriação, as razões substanciais apontariam para a competência dos tribunais administrativos na medida em que o valor dos terrenos é cada vez mais determinado pelos vínculos jurídico-públicos, decorrentes do regime administrativo de ordenamento do território.

[2] Estão, contudo, excluídas da *jurisdição constitucional,* sendo da *competência dos tribunais administrativos,* e seguindo o regime processual contemplado nos art.ºs 97.º e ss do CPTA, a impugnação da eleição para vogais das juntas de freguesia e para presidente e secretários da mesa das assembleias de freguesia, bem como para presidente e secretário da mesa da assembleia municipal, a realizar nas sessões de instalação dessa assembleia, ex-vi dos art.ºs 9.º, n.º 1, e 45.º, n.º 1, da Lei n.º 169/99, de 18 de Setembro. Pertence ainda ao *foro administrativo,* seguindo idêntico regime processual, o *contencioso eleitoral relativo à eleições para órgãos das universidades, escolas, hospitais e, em geral, de estabelecimentos e serviços públicos,* cujos estatutos orgânicos especificamente tal prevejam.

[3] Quer se trate de actos de classificação ou de afectação – cfr. MARCELLO CAETANO, Manual de Direito Administrativo, Tomo II, 9.ª ed., pp. 857 e ss.

[4] Delimitação geográfico-territorial entre autarquias.

[5] Na realidade, sempre se entendeu que um dos "privilégios" inerentes à propriedade pública, em comparação com a propriedade privada, é o do poder da Administração de delimitar unilateralmente o domínio público – cfr. , v.g. MARCELLO CAETANO, ob. cit., p. 856 e 870, e J. DUFAU, Le domaine public, Tomo I, 4.ª ed., 1993, p. 30 e ss. citado por J. CARLOS VIEIRA DE ANDRADE, in a Justiça Administrativa Lições, 9.ª ed., p. 122, nota 198.

Capítulo VI – Pressupostos processuais

38.2. Competência em matéria de responsabilidade contratual e extracontratual.

a) – Acções sobre responsabilidade contratual.

A alínea h) do art.º 37.º do CPTA/2002 (objecto da acção administrativa comum) reporta-se às típicas *acções sobre contratos*. Os litígios atinentes às relações contratuais poderão versar sobre questões relativas à validade, interpretação ou execução do contrato (modificação do contrato e ou extinção do contrato ou aplicação de sanções contratuais) e, bem assim, sobre a responsabilidade contratual (incumprimento ou deficiente cumprimento das prestações contratuais), podendo, deste modo, revestir a natureza de *acções constitutivas*, *declarativas* ou de *condenação*.

O âmbito das relações contratuais que podem ser submetidas à apreciação dos *tribunais administrativos* encontra-se delimitado pelas alíneas e) e f) do n.º 1 do artigo 4.º do ETAF/2002. Enquadra-se na al. e), o contencioso dos contratos a respeito dos quais exista lei específica que submeta a respectiva celebração por certas entidades (públicas ou equiparadas) ou admita que possa ser submetida a um *procedimento pré-contratual de direito público*, independentemente de se tratar ou não de contratos administrativos. Na alínea f), integram-se três grandes grupos: 1.º – *contratos de objecto passível de acto administrativo*, isto é cujos efeitos também poderiam ser produzidos através de acto administrativo unilateral; 2.º – contratos especificamente regulados por normas de direito público, sujeitos, pois, a um *regime substantivo típico de direito público*, isto é *contratos administrativos típicos* (critério estatutário); 3.º – *contratos que as partes hajam expressamente submetido a um regime substantivo de direito público*, aqui se incluindo os *contratos administrativos atípicos*, sem objecto passível de acto administrativo (por ex. contratos de empreitada que as partes hajam submetido ao regime jurídico da empreitada de obras públicas)[1-2]. A que acrescem as situações previstas na 2.ª parte da al. b), do n.º 1 do citado art.º 4.º, por força da qual se pode pedir a invalidação de qualquer quer contrato (administrativo ou de direito

---

[1] Cfr. M. AROSO DE ALMEIDA, O Novo Regime do Processo nos Tribunais Administrativos, 4.ª ed., 2005, pp. 101-107.

[2] Cfr. PEDRO GONÇALVES, O Contrato Administrativo, pp. 58-59.

privado) se decorrente da invalidade de um acto administrativo pré-contratual no qual a celebração do contrato se haja fundado[1].

Neste âmbito, o Dec.-Lei n.º 18/2008, de 29 de Janeiro (diploma instituidor do novo Código dos Contratos Públicos – CCP) veio, pelo seu art.º 14.º, revogar ex-professo, todo o capítulo III da parte IV do CPA 91 respeitante ao regime regime jurídico-substantivo para esses contratos de direito público (os contratos administrativos em geral) e adoptando, no seu título II, uma nova tipificação para os chamados *"contratos administrativos em especial"* (empreitada de obras públicas, concessão de obras públicas e de serviços públicos, aquisição de bens móveis e aquisição de serviços)[2]. *Todo o contencioso desses contratos se encontra constitucionalmente cometido aos tribunais administrativos.* Pretendeu o legislador estender a jurisdição administrativa apenas a certos tipos contratuais relativamente aos quais – quiçá «por impulso do direito comunitário» – haja leis específicas que submetam a respectiva celebração, *por certas entidades (públicas* ou *equiparadas),* à observância de determinados procedimentos pré-contratuais, v.g. os contratos abrangidos pelas Directivas n.ºs 2004/17/CE e 2004/18/CE, do Parlamento Europeu e do Conselho, de 31 de Março, 2005/51/CE, da Comissão, de 7 de Setembro e 2005//75/CE, do Parlamento Europeu e do Conselho, de 16 de Novembro, transpostas para a ordem interna portuguesa pelo n.º 2 do art.º 1.º do citado Dec.-Lei n.º 18/2008. Neste diploma se contém, também, a regulamentação dos contratos (administrativos) celebrados *por entidades privadas,* como os concessionários e as empresas públicas encarregadas da gestão de serviços de interesse económico geral que disponham de prerrogativas de autoridade, nos termos previstos no art.º 14.º do Dec.-Lei n.º 558/99, de 17 de Dezembro.

Neste quadro dos *procedimentos pré-contratauais de direito público,* o n.º 2 do art.º 7.º da Lei n.º 67/2007, de 31 de Dezembro, com a redacção que lhe foi dada pelo art.º 1.º da Lei n.º 31/2008, de 17 de Julho, veio reconhecer o *direito de indemnização* «às pessoas lesadas por violação de norma ocorrida no âmbito de procedimento de formação dos contratos referidos no art.º 100.º» do CPTA/2002, «de acordo com os

---

[1] Cfr. M. Aroso de Almeida/C. A. Fernandes Cadilha, Comentário cit., pp. 181-182.

[2] Veio ainda esse diploma revogar toda a legislação anterior (o Dec.-Lei n.º 59/99, de 2 de Março, com efeito imediato e a restante legislação com efeitos a partir de 29 de Julho de 2008) – cfr. o n.º 2 do art.º 14.º e o n.º 1, do art.º 18.º respectivos.

Capítulo VI – Pressupostos processuais

requisitos da responsabilidade civil extracontratual definidos pelo direito comunitário», direito esse a ser exercitado através dos *tribunais administrativos*.

Na alínea d) do n.º 3 do art.º 4.º do ETAF excluía-se do âmbito jurisdicional administrativo a apreciação dos litígios emergentes dos *contratos individuais de trabalho* (ainda que uma das partes fosse uma pessoa colectiva de direito público) que integrassem um *regime especial de emprego público* – contratos esses que, não conferindo embora, a qualidade de agente administrativo, instituíam uma *relação jurídica de direito administrativo*[1]. Passou, todavia, para a competência dos *tribunais administrativos* a apreciação dos *litígios emergentes de contratos de trabalho em funções públicas* (cfr. o aditamento a essa alínea d) introduzido pelo art.º 10.º da Lei n.º 59/2008, de 11 de Setembro, que aprovou o novo Regime Jurídico do Contrato de Trabalho em funções Públicas – RCTFP). Pode assim, e por ex., o trabalhador despedido *requerer a suspensão de eficácia e impugnar o próprio acto de despedimento* perante os *tribunais administrativos* nos termos do CPTA (art.ºs 273.º e 274.º da mesma Lei n.º 59/2008).

b) – Acções sobre responsabilidade extracontratual.

No que tange à *responsabilidade civil extracontratual do Estado e das demais entidades públicas* (pessoas colectivas públicas, órgãos ou agentes), o n.º 2 do art.º 1.º da Lei n.º 67/2007, de 31 de Dezembro, esclarece que, para efeitos de apuramento dessa responsabilidade por danos resultantes do *exercício da função legislativa, jurisdicional e administrativa*, correspondem ao exercício da *função administrativa* «as acções e omissões adoptadas no exercício de prerrogativas de poder público ou reguladas por disposições ou princípios de direito administrativo».

Responsabilidade civil essa decorrente do *exercício da função político-legislativa* do Estado e das Regiões Autónomas, que os n.ºs 1 e 3 do art.º 15.º dessa Lei estendem aos *danos anormais* causados aos direitos ou interesses legalmente protegidos dos cidadãos por *actos* «praticados em desconformidade com a Constituição, o direito internacional, o direito

---

[1] A alínea d) do n.º 3 também delimita a cláusula geral na parte em que exclui a apreciação de litígios emergentes de (verdadeiros) contratos individuais de trabalho, quando o empregador seja uma pessoa colectiva de direito público.

324 *Direito Processual Civil*

comunitário ou acto legislativo de valor reforçado» (n.º 1) ou resultantes da omissão de providências legislativas necessárias para tornar exequíveis normas constitucionais), *actos* esses cujos litígios conexos pertencem à esfera de competência dos *tribunais judiciais* (cfr. a al. a) do n.º 2 do art.º 4.º do ETAF 2002).

Há, nesta sede, que distinguir entre *questões* e *actos* ou *decisões*. As *questões*, incluindo as emergentes do *exercício da função jurisdicional*[1] ou *da função legislativa*[2], da responsabilidade dos titulares de órgãos, funcionários, agentes e servidores públicos ou da actuação de sujeitos de direito privado a que seja aplicável o regime específico da responsabilidade do Estado e demais pessoas colectivas de direito público, são da competência dos *tribunais administrativos* (art.º 4.º, n.º 1, alíneas g), h) e i) do ETAF 2002). Já a impugnação dos *actos* ou *decisões praticados no exercício da função política e legislativa, das decisões proferidas pelos tribunais judiciais* e dos *actos relativos ao inquérito e instrução criminais, ao exercício da acção penal e à execução das respectivas decisões*, a competência será exclusivamente dos *tribunais judiciais* (art.º 4.º, n.º 2, alíneas a), b) e c) do ETAF 2002)[3].

Quanto à *responsabilidade pelo risco*, o art.º 11.º da Lei n.º 67//2007, imputa ao Estado e as demais pessoas colectivas de direito público a responsabilidade pelos danos decorrentes de actividades, coisas ou serviços administrativos especialmente perigosos – caso em que a competência *ratione materiae* é manifestamente dos *tribunais administrativos*. No art.º 12.º da mesma Lei consagra-se um regime específico de respon-

---

[1] É, por exemplo, o caso da apreciação da responsabilidade do Estado pela violação do prazo razoável para a decisão de um dado processo judicial.

[2] «A constituição em responsabilidade fundada na omissão de providências legislativas necessárias para tornar exequíveis normas constitucionais depende da prévia verificação de inconstitucionalidade por omissão pelo Tribunal Constitucional» – cfr. o n.º 5 do art.º 15.º da Lei n.º 67/2007, de 31 de Dezembro.

[3] Nos casos de *dolo ou culpa grave* «os titulares de órgãos, funcionários e agentes são responsáveis pelos danos que resultem de acções ou omissões ilícitas» por eles cometidas com diligência e zelo manifestamente inferiores àqueles a que se encontravam obrigados em razão do cargo (art.º 8.º, n.º 1, da Lei n.º 67/2007). O Estado e as demais pessoas colectivas de direito público são *responsáveis de forma solidária* com os respectivos titulares de órgãos, funcionários e agentes, se as acções ou omissões referidas no número anterior tiverem sido cometidas por estes no exercício das suas funções e por causa desse exercício (n.º 2), sendo que, «quando haja pluralidade de responsáveis, é aplicável o disposto no art.º 497.º do CC» (art.º 10.º, n.º 4)

Capítulo VI – Pressupostos processuais

325

sabilidade civil por danos decorrentes do *exercício da função jurisdicional*, já que determina a aplicabilidade genérica «aos danos ilicitamente causados pela *administração da justiça*, designadamente por violação do direito a uma *decisão judicial em prazo razoável*, o regime da responsabilidade por factos ilícitos cometidos no exercício da função administrativa» – competência, pois, dos *tribunais administrativos*[1-2-3].

E, no que toca às acções sobre *responsabilidade civil extracontratual por erro judiciário*, o art.º 13.º da mesma Lei n.º 67/2007, estipula que, «sem prejuízo do regime especial aplicável aos casos de sentença penal condenatória injusta e de privação injustificada da liberdade, *o Estado é civilmente responsável pelos danos decorrentes de decisões jurisdicionais manifestamente inconstitucionais ou ilegais ou injustificadas por erro grosseiro na apreciação dos respectivos pressupostos de facto»* (n.º 1)[4], sendo que «o pedido de indemnização deve ser fundado na *prévia revogação da decisão danosa pela jurisdição competente»* (n.º 2).

---

[1] Acerca da responsabilidade extracontratual do Estado pelo atraso na administração da justiça (violação da *délai raisonnable*), com a consequente obrigação de indemnizar, e respectivos pressupostos – designadamente a prova do nexo causal entre o facto e o dano invocado pelo lesado – cfr. o acórdão do do STA de 17-1-2007, in ADSTA, n.º 547, pp. 1217 e ss / Cons.º JORGE DE SOUSA e demais jurisprudência nesse aresto mencionada.

[2] No plano interno, e a título de exemplo, o Estado Português sofreu, em 7-3-89, uma condenação em acção de indemnização movida nos tribunais administrativos a título de responsabilidade civil extracontratual por danos causados pelo facto ilícito e culposo traduzido na violação da *delai raisonnable* (sentença relativa a um julgamento de despedimento sem justa causa proferida mais de 5 anos depois desse julgamento, quando o art.º 84.º do CPT 63 cominava o prazo de 3 dias para que a sentença fosse lavrada ou ditada para a acta) – cfr. o acórdão do STA de 7-3-89, 1.ª Sec. – 2.ª Subsec./ Cons.º ANTÓNIO SAMAGAIO, in AP-DR de 14-11-94, pp. 1816 e ss, Sub-Judice, I, p. 43 e RLJ, 123, p. 293, com e anot. por GOMES CANOTILHO. Cfr. ainda o acórdão do STA 1.ª Sec. de 15-10-98 / Proc. 036811-1.ª Sec.-1.ª Subsec. / Cons.º CORREIA DE LIMA, in Cadernos de Justiça Administrativa, n.º 17, p. 17, com anot. de JOÃO CAUPERS.

[3] Contudo, o Tribunal de Conflitos, pelo seu acórdão de 29-6-2005 – Proc. 2/2005, in www.dgsi.pt / Cons.º ALBERTO OLIVEIRA, atribuiu aos tribunais judiciais a competência para o conhecimento de uma questão relativa à violação da *delai raisonnable* imputada aos tribunais judiciais.

[4] Nos termos do art.º 225.º do CPP «quem tiver sofrido detenção ou prisão preventiva manifestamente ilegal pode requerer, perante o tribunal competente, indemnização pelos danos sofridos com a privação da liberdade» (n.º 1); ou, não sendo a prisão preventiva ilegal, «venha a revelar-se injustificada *por erro grosseiro* na aplicação dos respectivos pressupostos de facto de que dependia». Ressalve-se o caso de o preso ter concorrido, por *dolo ou negligêncisa*, para aquele erro».

326 *Direito Processual Civil*

Responsabilidade esta cujo apuramento cabe aos *tribunais judiciais* (se o erro houver sido cometido por tribunal ou juiz da ordem jurisdicional comum) ou aos *tribunais administrativos* (se o erro houver sido cometido por tribunal ou juiz da ordem administrativa e fiscal) – cfr. a al. a) do n.º 3 do art.º 4.º do ETAF /2002.

No que particularmente se refere à *responsabilidade dos magistrados*, o art.º 14.º, ainda da mesma Lei, postula que, «sem prejuízo da responsabilidade criminal em que possam incorrer (por ex. por suborno – art.º 363.º, denegação de justiça e prevaricação – art.º 363, corrupção – art.ºs 372.º e 373.º e abuso do poder – art.º 382.º, todos do CP), os *magistrados judiciais e do Ministério Público* não podem ser *directamente* responsabilizados pelos danos decorrentes dos actos que pratiquem no exercício das respectivas funções, mas, quando tenham agido com *dolo ou culpa grave* (art.ºs 5.º do EMJ 85 e 77.º do EMP 86), o Estado goza de *direito de regresso* contra eles» (n.º 1)[1]. A exercitação deste direito cabe ao órgão competente para o exercício do poder disciplinar, a título oficioso ou por iniciativa do Ministro da Justiça (n.º 2), mediante a *acção de indemnização quanto a magistrados* prevista e regulada nos art.ºs 1083.º e ss do CPC (aplicável subsidiariamente às acções do mesmo tipo que sejam da competência de outros tribunais) e a ser proposta na circunscrição judicial em que o magistrado exercia as suas funções ao tempo em que ocorreu o facto que serve de fundamento ao pedido (art.º 1084.º). A competência para o julgamento pertencerá ao *Tribunal da Relação* ou

---

[1] «*Os juízes não podem ser responsabilizados pelas suas decisões*» (julgamentos de facto ou de direito) ou pelo seu eventual conteúdo erróneo, «salvas as excepções consignadas na lei» – art.ºs 216.º, n.º 2, da CRP e 5.º, n.º 2, do EMJ 85. Isto como garantia das suas *independência* e *imparcialidade*, afastando qualquer veleidade de cedência ao maior voluntarismo ou combatividade de uma qualquer das partes para se eximir a uma *révanche* de cariz indemnizatório dirigida «*ad hominem*»; por outro lado, para prevenir que as suas decisões fiquem à mercê da sindicância e controlo por banda de outros juízes seus pares fora das vias normais de recurso. O princípio é, pois, o de que ao juiz assiste o *direito ao erro* (*the right to be wrong* ou *le droit à l,erreur*), restando às partes lesadas com a decisão errada ou injusta, ainda que tenha havido *negligência grosseira* (*culpa lata*), contra as mesmas desencadear os meios de reacção legalmente previstos (reforma – art.º 669.º, n.º 2 – ou recurso – art.º 676.º, n.º 1) – cfr., quanto a este ponto, M. Henrique Mesquita, in Ab Uno Ad Omnes – 75 anos da Coimbra Editora, Coimbra, 1998, pp. 1389 e respectiva nota 1, para quem «existe *negligência grosseira* sempre que a decisão enferme de um erro tão grave que um juiz normalmente consciencioso não o teria cometido».

Capítulo VI – Pressupostos processuais

ao *Supremo Tribunal de Justiça* (ou equiparados da jurisdição administrativa) em função da categoria funcional do magistrado demandado (cfr. os art.ºs e 44.º, al. b) e 66.º, al. b), da LOFTJ /2008).

Também quanto às *acções de indemnização* (a cargo do Estado e das demais pessoas colectivas de direito público) dos particulares «a quem, por razões de interesse público, se imponham encargos ou causem danos especiais e anormais» – a chamada *indemnização pelo sacrifício* a que se reporta o art.º 16.º da Lei n.º 67/2007, serão elas – por emergirem da *função administrativa* – da competência dos *tribunais administrativos* (cfr. o art.º 37.º, n.º 2, al. g), do CPTA/2002 sobre o objecto da acção administrativa comum). O ETAF não se refere expressamente, no seu art.º 4.º, quanto a esta indemnização, à competência dos tribunais administrativos, sendo que a mesma se não confunde com as que se inserem no âmbito genérico da *responsabilidade civil extracontratual da Administração por facto lícito*, ainda que normalmente associadas no plano substantivo. Aquela, resulta de uma *intencional imposição de encargos* por parte do Estado e das demais pessoas colectivas públicas, por razões de interesse público, ao passo que a segunda dimana da ocorrência de *danos eventualmente resultantes da prática de actos administrativos legais ou actos materiais lícitos*. É, pois, a *jurisdição administrativa* a naturalmente competente, quer para atribuir as indemnizações *decorrentes da imposição de sacrifícios por razões de interesse público*, quer para a fixação das indemnizações *por danos resultantes da prática de actos lícitos*[1-2-3].

---

[1] Cfr., neste sentido, M. Aroso de Almeida/ C. A. Fernandes Cadilha, Comentário ao Código de Processo nos Tribunais Administrativos, Coimbra, Almedina, 2005, pp. 180-181.

[2] Regra que sofre derrogação quanto às expropriações por utilidade pública, cuja competência continua a pertencer aos tribunais judiciais – cfr., quanto a este ponto, M. Aroso de Almeida, O Novo Regime do Processo Nos Tribunais Administrativos, 2005, 4.ª ed., pp. 120-121.

[3] Cfr. sobre a competência para as acções sobre responsabilidade por danos causados pela extracção de areias na orla costeira, o Parecer da PGR de 11-2-93, in DR n.º 219, 2.ª Série, de 20-9-96, pp. 1325 e ss.

38.3. O contencioso das empresas públicas e das entidades reguladoras.

Se bem que *pessoas colectivas públicas*, as *empresas públicas* encontram-se predominantemente sujeitas ao *direito privado,* pois que desenvolvem uma *actividade de gestão privada* que não de gestão pública; e daí o *primado das regras próprias do direito civil em geral e do direito comercial em especial* (não por acaso, todas as empresas públicas estão sujeitas ao *registo comercial,* ou como sociedades ou porque a lei as submete expressamente a esse regime – cfr. o art.º 28.º do Dec.-Lei n.º 558/99)[1]. E *direito privado,* não por aplicação mecânica ou automática, mas «ex-vi» do próprio direito administrativo (cfr. n.º 1 do art.º 7.º do mesmo diploma). Mas também o *direito público* especificamente incidente sobre a actividade económica empresarial privada (direito fiscal, direito processual civil, direito processual económico e direito penal económico etc.) – cfr. o n.º 3 do mesmo art.º 7.º[2].

Outrossim, face à necessidade de assegurar o concurso de pessoal qualificado, os seus recrutamento e remuneração em função dos parâmetros emergentes do mercado de trabalho, esse pessoal está submetido ao *regime do contrato individual de trabalho (privado)* que não o regime da função pública[3].

No que respeita à vertente «*pública*» postula o n.º 1 do art.º 14.º desse Dec.-Lei 558/99 que «poderão as empresas públicas exercer poderes e *prerrogativas de autoridade* de que goza o Estado, designadamente quanto a: expropriação por utilidade pública; utilização, protecção e

---

[1] Em todo o caso, as empresas públicas estão sujeitas às regras da concorrência, nacionais e comunitárias – cfr. o art.º 8.º do Dec.-Lei n.º 558/99.

[2] As empresas públicas, porque dotadas de património próprio e receitas próprias, têm fim lucrativo (cfr. o art.º 3.º do Dec.-Lei n.º 75-A/77, de 28 de Fevereiro, sendo, por isso, passíveis de tributação em IRS (cfr. art.ºs 2.º, n.º 1, al. a) e 9.º, n.º 1, al. a), do Código do Imposto sobre o Rendimento das Pessoas Colectivas (CIRC).

[3] O novo regime do Regime do Contrato de Trabalho em Funções Públicas (RCTFP) – não aplicável às entidades públicas empresariais nem às ER,s – foi aprovado pela Lei n.º 59/2008, de 11 de Setembro, tendo entrado em vigor am 1 de Janeiro de 2009 (art.º 23.º). O contencioso relativo aos litígios surgidos no âmbito das relações jurídicas laborais relativos a essas entidades é, pois, da *competência dos tribunais de trabalho,* a dirimir, pois, segundo o regime do Código do Trabalho e do Código de Processo de Trabalho, e respectiva legislação especial e complementar, por força do disposto no art.º 85.º, designadamente nas suas alíneas b) e c)), d), e) e f), do art.º 110.º da LOFTJ/2008.

Capítulo VI – Pressupostos processuais   329

gestão das infra-estruturas afectas ao serviço público; licenciamento e concessão nos termos da legislação aplicável à utilização do domínio público. Sempre, porém, segundo a regra geral da gestão privada, face ao *carácter excepcional do regime da gestão pública*, a qual só pode ser estabelecida «na medida do estritamente necessário à prossecução do interesse público e *somente por intermédio da lei ou de um contrato de concessão* (n.º 2).

Quanto ao *contencioso das empresas públicas*, compete aos *tribunais judiciais* o controlo jurisdicional da generalidade dos litígios em que as mesmas sejam parte (cfr. o n.º 2 do art.º 18.º do Dec.-Lei cit.). Mas, nos casos em que – ainda que revestindo a forma de sociedade – puderem exercer *poderes de autoridade* (art.º 14.º), os litígios daí emergentes já serão da competência dos *tribunais administrativos*. Relativamente ao regime legal de execução por dívidas, porque pessoas colectivas públicas, não se lhes aplica o processo de insolvência (art.º 34.º, n.º 2, do Estatuto e art.º 2.º, n.º 2, al. a) do CIRE) – proibição de execução (patrimonial) universal –, o que, todavia, não impede a licitude da sua sujeição à execução singular por dívidas nos termos gerais do CPC, com a ressalva do disposto no n.º 1, alínea a) do art.º 823.º[1].

Há que considerar particularmente, neste domínio, algumas o chamado *contencioso das entidades reguladoras* (ER,s), tendo sempre em mira o *pressuposto processual da competência*. Referimo-nos à sindicância dos actos e das acções (designadamente de responsabilidade civil) respeitantes às seguintes entidades reguladoras (ER,s): Banco de Portugal (BP)[2]; Comissão de Mercado de Valores Mobiliários (CMVM)[3]; Instituto dos Seguros de Portugal (ISP)[4]; Instituto Nacional de Transporte Ferro-

---

[1] Este preceito declara isentos de penhora «os bens do Estado, assim como os das restantes pessoas colectivas, quando se encontrem afectados ou estejam aplicados a fins de utilidade pública, salvo se a execução for por coisa certa ou para pagamento de dívida com garantia real.

[2] A Lei Orgânica do Banco de Portugal (BP) foi aprovada pelo Dec.-Lei n.º 337/90 de 30 de Outubro, com as alterações introduzidas pelas Leis n.ºs 3/96, de 5 de Fevereiro, 5/98, de 31 de Janeiro e pelo Dec.-Lei n.º 118/2001, este dando nova redacção ao art.º 64.º.

[3] O Estatuto da Comissão de Mercado de Valores Mobiliários (CMVM) foi aprovado pelo Dec.-Lei n.º 473/99, de 8 de Novembro, depois alterado pelos Dec.s-Leis n.ºs 232/2000, de 25 de Setembro e 183/2003, de 19 de Agosto.

[4] O Estatuto do Instituto de Seguros de Portugal (ISP) foi aprovado pelo Dec.-Lei n.º 289/2001, de 13 de Novembro.

330   *Direito Processual Civil*

viário (INTF)[1]; Instituto Nacional de Aviação Civil (INAC)[2]; Entidade Reguladora dos Serviços Energéticos (ERSE)[3]; Instituto Regulador de Águas e Resíduos (IRAR)[4] Autoridade Nacional de Comunicações (ICP--ANACOM)[5]; Entidade Reguladora da Saúde (ERS)[6]; Autoridade da Concorrência (AC)[7]; Entidade Reguladora para a Comunicação Social (ERCS)[8].

Os Estatutos e Regulamentos orgânicos das ER,s remetem, na sua maioria, a título subsidiário, para o *regime jurídico das entidades públicas empresariais*. Assim acontece, designadamente, com o INTF (art.º 1.º, n.º 2, al., c)), a ERSE (art.º 2.º, al. c)), o IRAR (art.º 2.º), o ICP--ANACOM (art.º 3.º, al. c)), a CMVM (art.º 2.º, n.º 1), o ISP (art.º 2.º, n.º 1)) e o BP no domínio dos procedimentos de aquisição e alienação de bens e serviços do Banco (art.º 64.º, n.º 3, da LO). Alguns, como a ERS (cfr. o art.º 2.º, n.º 2) remetem subsidiariamente para o regime jurídico dos institutos públicos; outros conferem expressamente à *jurisdição administrativa* o *controlo judicial dos actos de natureza administrativa* (actos de eficácia externa, isto é, dos actos materialmente administrativos) – cfr., v.g., o n.º 1 do art.º 61.º dos Estatutos da ERSE, o art.º 40.º do Estatuto do ISP, o art.º 53.º do Estatuto do ICP-ANACOM, o art.º 1.º, n.º 2, do Estatuto do INTF e o art.º 39.º da LO do BP. Sindicabilidade contenciosa essa relativa aos chamados *actos jurídicos de autoridade*,

---

[1] O Estatuto do Instituto Nacional de Transporte Ferroviário (INTF) foi instituído pelo Dec.-Lei n.º 299-B/98, de 29 de Setembro

[2] O Estatuto do Nacional da Aviação Civil (INAC) foi instituído pelo Dec.-Lei n.º 133/98, de 15 de Maio.

[3] O Estatuto da Entidade Reguladora dos Serviços Energéticos (ERSE) foi aprovado pelo Dec.-Lei n.º 97/2002, de 12 de Abril.

[4] O Estatuto do Instituto Regulador das Águas e Resíduos (IRAR) foi aprovado pelo Dec.-Lei n.º 362/98, de 18 de Novembro, alterado pelo Dec.-Lei n.º 151/2002, de 23 de Maio

[5] A Autoridade Nacional de Comunicações (ANACOM), resultante da transformação do antigo Instituto das Comunicações de Portugal (ICP), teve o seu Estatuto aprovado pelo Dec.-Lei n.º 309/2001, de 7 de Dezembro, passando a designar-se por ICP--ANACOM.

[6] A Entidade Reguladora da Saúde (ERS) foi criada pelo Dec.-Lei n.º 309/2003, de 10 de Dezembro, o qual aprovou o respectivo Estatuto.

[7] A Autoridade da Concorrência (AC) foi instituída pelo Dec.-Lei n.º 10/2003, de 18 de Janeiro.

[8] Instituída pela Lei n.º 53/2005, de 8 de Novembro.

que integram verdadeiros actos administrativos afectadores da esfera jurídica dos «administrados» ou «regulados», e para cuja lesividade a CRP garante adequada tutela jurisdicional (art.º 268.º, n.º 4)[1]. Actos esses de carácter imperativo uns e permissivo outros. Entre os *imperativos*, situam-se as ordens (intimações ou injunções) as proibições (recusas), as punições e as ablações (expropriações); entre os *permissivos*, há que distinguir entre os actos de conteúdo positivo (autorizações, licenças, concessões, registos, admissões e aprovações) e os actos de conteúdo negativo como as dispensas (nas modalidades de isenção, escusa e renúncia) e mesmo as recusas de apreciação de pretensões[2]. A impugnação judicial destes actos é, assim, pertença exclusiva da *jurisdição administrativa* através da *acção administrativa especial* (antigo recurso contencioso de anulação) regulada nos art.ºs 46.º e ss do CPTA/2002.

Encontra-se, deste modo, consagrado para as ER,s um *regime misto de direito público e de direito privado*. Assim, por ex., para o *controlo judicial* dos actos da ERCS, o art.º 75.º da Lei n.º 53/2005 instituiu um (típico) regime híbrido; embora em princípio, a actividade dos órgãos e agentes da ERCS fique sujeita à *jurisdição administrativa* nos termos do ETAF (n.º 1), já as *sanções* por prática de ilícitos de mera ordenação social são impugnáveis junto dos *tribunais competentes*, que só podem ser os *tribunais judiciais de pequena instância criminal* (n.º 2), enquanto que das decisões emitidas por essa entidade no âmbito da *resolução* (*extra-judicial*) dos litígios, cabe recurso para os *tribunais judiciais* ou *arbitrais* nos termos da lei» (n.º 3). Idêntico regime foi adoptado pelo diploma instituidor da Entidade Reguladora da Saúde – ERS (o Dec.-Lei n.º 309/2003, de 10 de Dezembro); com efeito, o art.º 49.º desse diploma considera competentes os *tribunais judiciais* para julgar as impugnações das decisões sancionatórias dessa entidade que não revistam natureza contra-ordenacional, às quais, porém, manda aplicar o *regime de impugnação contenciosa dos actos administrativos estabelecido no CPTA* (art.º 51.º).

Variando, assim, em função da natureza da relação jurídica subjacente, a regra é a de a que a generalidade das decisões «*autoritárias*»

---

[1] O art.º 120.º CPA 91 considera «*actos administrativos* as decisões dos órgãos da Administração que ao abrigo de normas de direito público visem produzir efeitos jurídicos numa situação individual e concreta».

[2] Acerca das diversas espécies de actos permissivos e imperativos, cfr. MARCELLO CAETANO, Manual de Direito Administrativo, Tomo I, 10.ª ed., pp. 458-463.

332   *Direito Processual Civil*

(actos administrativos, contratos administrativos e regulamentos administrativos) das ER,s estejam submetidas ao *controlo contencioso dos tribunais administrativos*; já não as actuações de direito privado, submetidas, como tais, à *jurisdição comum*.

38.4. Competência em matéria de concorrência.

No que particularmente respeita à *Autoridade da Concorrência* (AC), a impugnação (recurso) das suas decisões em *matéria da concorrência*, tomadas em procedimentos administrativos, bem como da decisão ministerial extraordinária de autorização de *operações de concentração* (art.º 34.º do Dec.-Lei n.º 10/2003, de 18 de Janeiro) tem lugar perante o *juízo de comércio*, a ser tramitado como *acção administrativa especial* (cfr. o n.º 1 do art.º 54.º da Lei n.º 18/2003, de 11 de Junho – Lei da Concorrência, depois alterada Dec.-Lei n.º 219/2006, de 2 de Novembro e pelo art.º 168.º da LOFTJ/2008)[1]. Se não existir *juízo de comércio na comarca*, é competente o *juízo de comércio da comarca-sede de distrito* ou, não o havendo, *o que existir no distrito da respectiva comarca*; não havendo juízo de comércio no distrito, é subsidiariamente competente o *juízo de comércio do tribunal da comarca de Lisboa* (cfr. n.º 2 do mesmo preceito). Das decisões proferidas pelo juízo de comércio nessas acções cabe *recurso jurisdicional para o Tribunal da Relação* e deste, *limitado à matéria de direito*, para o *Supremo Tribunal de Justiça* (art.º 55.º da Lei n.º 18/2003, de 11 de Junho, na redacção do art.º 168.º da LOFTJ /2008).

Não confirmou assim a LOFTJ/2008 a tendência para atribuir a competência para o contencioso da concorrência aos tribunais de administrativos. Tendência de que pareciam constituir afloramentos, quer o Dec.-Lei n.º 270/2003, de 28 de Outubro, relativo à regulação do transporte ferroviário, ao vir determinar que das decisões do INTF sobre recursos e reclamações «cabe recurso para os tribunais, nos termos da lei", sem efeito suspensivo» (art.º 74.º, n.ºs 2 e 3), quer o instituído pelo n.º 1 do art.º 13.º da Lei das Comunicações Electrónicas (Lei n.º 5/2004,

---

[1] Vide os art.ºs 34.º e 38.º, n.º 2, dos Estatutos da Autoridade aprovados pelo Dec.--Lei (autorizado) n.º 10/2003, de 18 de Janeiro (cfr. o art.º 10.º deste diploma) e ainda os art.ºs 53.º e ss da Lei n.º 18/2003, de 11 de Junho (Lei da Concorrência) que manda aplicar a estas "acções administrativas" o regime processual estabelecido no CPTA, estes últimos preceitos com a redacção dada pelo art.º 158.º da LFTJ/2008.

Capítulo VI – Pressupostos processuais

de 10 de Fevereiro), este aplicável às decisões do ICP-ANACOM não respeitantes a processos de contra-ordenação, e que veio revogar o preceito correspondente dos Estatutos dessa autoridade, tudo a significar a aplicação da *regra geral da competência da jurisdição administrativa*[1]. Manteve, contudo, a LOFTJ/2008 (cujo art.º 168.º veio dar nova redacção ao n.º 1 do art.º 50.º da Lei da Concorrência) a competência do juízo de comércio da respectiva comarca, em sede de concorrência, em matéria de recurso das decisões da AC em processo de contra-ordenação.

Mesmo o *contencioso administrativo* (hoje teoricamente de *substituição* ou de *plena jurisdição*) continua a ser substancialmente de *legalidade* (controlo da conformidade ou compatibilidade dos actos sindicados com as normas e a ordem legal estabelecida). Os *tribunais administrativos* têm a sua acção balizada pela lei e pelo direito; não podem, em princípio, substituir-se às entidades públicas na emissão de juízos de *oportunidade ou de conveniência* da sua actuação, do puro âmbito da discricionaridade administrativa[2] (*controlo de legalidade que não de mérito*).

No que respeita à *concorrência* (entre as demais questões jurídico--económicas), reclamam amiúde as empresas um *contencioso económico público* que emita *decisões jurisprudenciais com directa repercussão na eficácia dos respectivos actos,* que não propriamente na esfera do Estado--Administração[3]. Lá fora, especificamente para o *controlo jurisdicional das decisões das autoridades nacionais em matéria de concorrência,* foram já instituídos, em Inglaterra e Espanha respectivamente, o *Competition Tribunal* e o *Tribunal de Defensa de la Competencia,* mas a reduzida dimensão do mercado nacional, a par da escassez de recursos orçamentais, não auguram para breve, a criação, entre nós, de instâncias especializadas em tais domínios.

Ademais, o âmbito de intervenção dos tribunais nacionais alargou-se com o *novo modelo europeu do controlo da concorrência* decorrente da

---

[1] Prevê, pois, agora a lei a disseminação geográfica (distrital) dos juízos especializados de comércio, bem como a subsidiariedade do juízo de comércio do tribunal da comarca de Lisboa (cfr. o art.º 50.º da Lei n.º 18/2003, na redacção que lhe foi dada pelo art.º 168.º da LOFTJ/2008).

[2] Cfr. M. Aroso de Almeida e C. A. Fernandes Cadilha, Comentário cit., p. 32.

[3] Cfr. Maria Fernanda Maçãs, L. Guilherme Catarino e J. Pedro Cardoso da Costa, O Contencioso das Decisões das Entidades Reguladoras do Sector Económico--Finaceiro, in Estudos de Regulação Pública, I, Coimbra Editora, 2004, p. 389.

entrada em vigor do Regulamento (CE) n.º 1/2003, do Conselho, de 16 de Dezembro de 2002[1], relativo à execução das regras estabelecidas nos art.ºs 81.º e 82.º do TUE (art.ºs 101.º e 102.º do TFUE) – as quatro disposições com a numeração dos actuais Tratados de Lisboa –, o qual veio substituir o sistema centralizado de notificação obrigatória à Comissão dos acordos abrangidos pelo artigo 81.º, n.º 1 (para efeitos de obtenção de uma isenção ao abrigo do n.º 3) pelo sistema denominado de *"excepção legal"*. Controlo esse, agora, de natureza aposteriorística que, assegurado embora – no plano administrativo – pela Comissão Europeia e pela intervenção das autoridades nacionais (a AC entre nós), ex-officio ou por denúncia dos particulares, é actualmente também operado, a título subsidiário[2], através de *acções propostas pelos particulares junto dos tribunais nacionais*[3]. Daí que, com vista a dar plena observância ao disposto naquele preceitos do Tratado da EU, seja de solicitar, se necessário mais amiudadas vezes, o recurso ao mecanismo do *reenvio prejudicial* para o TJCE[4] (com todas as delongas que a solução comporta).

No que se refere aos procedimentos relativos à contratação de *empreitadas*, de *prestação de serviços* e de *fornecimentos* nos sectores especiais da *água*, da *energia*, dos *transportes* e das *telecomunicações* (ora submetidos à concorrência comunitária) possuem, os mesmos a sua disciplina e regime substantivo regulados pelo referido *Código dos Contratos Públicos* aprovado pelo Dec.-Lei n.º 18/2008, de 29 de Janeiro.

39. Competência internacional.

39.1. Competência internacional e competência interna.

A *competência interna* consiste na repartição ou fraccionamento do poder de julgar entre os diversos tribunais portugueses e desdobra-se em

---

[1] Publicado no JOCE L 1, de 4-1-2003, p. 1.

[2] Nos Estados Unidos da América, a regra é a da intervenção judicial.

[3] Sobre esta matéria, cfr. J. L. DA CRUZ VILAÇA, *O Ordenamento Comunitário da Concorrência e o Novo Papel do Juiz Numa União Europeia Alargada*, in Revista do CEJ – 2.º semestre de 2004, n.º 1, pp. 37 a 51.

[4] Cfr. J. L. CRUZ VILAÇA, O Ordenamento cit., pp. 50-51.

competência em razão da *matéria*, competência em razão da *hierarquia*, competência em razão do *valor* e competência em razão do *território*. A *competência internacional* traduz-*se na fracção do poder jurisdicional atribuída aos tribunais portugueses no seu conjunto* em face dos tribunais estrangeiros, relativamente às causas que tiverem um qualquer elemento de conexão (substantiva ou adjectiva) com ordens jurídicas estrangeiras.

No âmbito da *competência interna*, todos os elementos de conexão do feito introduzido em juízo o são com a ordem jurídica portuguesa (em nada contendendo com outras ordens jurídicas). O problema de *competência internacional* só se coloca se os tribunais da ordem jurídica portuguesa tiverem que conhecer de situações ou questões litigiosas que, apesar de possuírem (na perspectiva do ordenamento português) uma certa relação com ordens jurídicas estrangeiras, apresentam igualmente uma conexão relevante com a ordem jurídica portuguesa. Isto tendo presente que cada país pode fixar os *elementos de conexão* que considera relevantes para se atribuir a competência para o julgamento de determinados litígios.

39.2. Competência internacional dos tribunais portugueses. Critérios e factores de atribuição.

A *competência internacional* é, em princípio, de aferir em função da relação material controvertida, tal como é configurada pelo autor[1]. Mas uma dada causa pode estar, por algum dos seus elementos, conexionada com diversos ordenamentos jurídicos. Dizem-se *conflitos* (*plurilocalizados*) aqueles cuja relação jurídica litigiosa se encontra em contacto com diversas ordens jurídicas nacionais, as quais como que disputam entre si a competência para a respectiva *regulação* material. Questão que interessa também à *indagação das normas processuais aplicáveis*, uma vez introduzido o feito em juízo, a fim de, para a relação material subjacente, se obter uma adequada providência judiciária.

As regras da competência internacional elegem determinados *elementos de conexão relevante* (também chamados *elementos de interna-*

---

[1] Cfr., neste sentido, e entre outros, v.g. o acórdão da RG de 18-12-2006, CJ, Tomo V/2006, p. 295 / Des. Proença e Costa.

cionalização) para efeitos de selecção da jurisdição nacional competente, tais como a *nacionalidade* dos sujeitos de direito, o *domicílio* das partes ou de alguma delas, o *lugar da ocorrência do facto ilícito*, o *lugar da celebração do acto ou negócio jurídico* ou o *lugar do cumprimento da obrigação*, o *lugar onde foi cometida violação dos deveres conjugais* que serve de fundamento à acção de divórcio ou até pelo requerimento de providência cautelar prévia ou contemporanea da acção principal. Mas, no fundo, a opção terá de ter sempre, como parâmetros referenciais, a *lei do país onde foi instaurado o pleito*, a *lei do país onde pretenda realizar-se qualquer acto processual isolado* ou as *leis dos diversos países com os quais a relação material esteja em contacto* através de algum ou de vários dos seus elementos de natureza substantiva.

A *conexão* da acção com a ordem jurídica internacional pode surgir ao nível das *partes*, do *pedido* ou da *causa de pedir*, assumindo os mesmos natureza *material ou substantiva* ou *natureza processual ou adjectiva*. É o chamado *conflito de leis* (*no espaço*), com sede sede própria no Direito Internacional Privado. Situações hoje de frequência acrescida, face ao incremento do comércio jurídico internacional e da livre circulação de pessoas, bens e capitais, quer no espaço europeu, quer no espaço internacional. Exemplos: um contrato foi celebrado entre um português e um inglês; um contrato foi firmado no Luxemburgo, sendo ambos os contraentes portugueses; o prédio sobre o qual incidiu o contrato de compra e venda foi concluído em Portugal, entre portugueses, mas está situado em França; um contrato de compra e venda (de um bem móvel ou imóvel) foi celebrado na Alemanha entre dois cidadãos alemães, sendo esse bens aí situados, todavia o credor-adquirente, tendo entretanto mudado de residência para Portugal, instaura aqui uma acção a solicitar o respectivo cumprimento.

No *âmbito do direito processual*, há sobretudo que decidir como proceder à qualificação desses elementos de conexão, sendo duas as orientações tradicionalmente prevalecentes: *para uma,* esses elementos deveriam ser qualificados pela *lex fori*, isto é pela lei do Estado onde a acção se encontra pendente; *para outra*, pela *lex causae*, ou seja pela lei determinada pelas normas de conflito do foro[1]. Problema que é objecto de estatuições legais adequadas, vulgarmente designadas por *normas de conflitos*.

---

[1] Cfr. M. Teixeira de Sousa, Estudos, cit., pp. 92 a 94.

Capítulo VI – Pressupostos processuais

O princípio da aplicação da *lex fori*, não obstante não se encontrar formulado no CPC em termos gerais, decorreria, com segurança – segundo os defensores desta orientação[1] –, de muitas das suas disposições: art.ºs 49.º, 65.º, 187.º, n.º 2, 1094.º e 1096.º[2]. Mas uma tal regra logo teria que comportar algumas excepções: a) – *a 1.ª excepção* respeitante ao *cumprimento das cartas rogatórias*, problema hoje resolvido pelo art.º 187.º, n.ºs 1 e 2, do actual Código: na verdade, por força desse n.º 1, «é ao tribunal deprecado ou rogado que compete regular, de harmonia com a lei, o cumprimento da carta» (aplicação da *lex fori*, no sentido de lei do tribunal do acto), só não se dando satisfação ao pedido se solicitada a observância de determinadas formalidades que repugnem à lei portuguesa; b) – *a 2.ª excepção* ocorreria no domínio do *direito probatório*: no que respeita ao formalismo da produção e aquisição das provas (*direito probatório formal*), uma vez que se trata de actos processuais a praticar segundo um determinado ritualismo legal, aplicar-se-lhes-iam, sem dúvida, os preceitos a que devesse obediência o tribunal em que fossem praticados, ou seja a «*lex fori*»; não já assim quanto às normas reguladoras da admissibilidade e do valor das provas (força probatória), bem como do ónus da prova e também da chamada prova por presunções (o chamado *direito probatório material*), porquanto com reflexo manifesto no acto ou relação material em litígio[3]; daí que a lei aplicável nesses casos devesse ser a do *lugar da celebração do acto – a lex loci actus –* ou, quiçá, a lei reguladora da relação jurídica controvertida; assim, a admissibilidade das provas de determinados factos especiais, v.g. dos negócios jurídicos, deveria ser disciplinada pela lei reguladora de cada um desses factos, ou seja, pela lei do lugar da ocorrência ou da prática dos factos (*locus regit actum*), em ordem a garantir a subsistência da situação material (existente) entre as partes.

---

[1] Cfr. ANSELMO DE CASTRO, DPCD, vol I, cit., pp. 74 a 77.

[2] Não assim a Ley de Enjuiciamiento Civil (LEC) espanhola, em cujo art.º 3.º se consagra, em termos genéricos, o *princípio da territorialidade*, ao dispor: «com as únicas excepções que possam prever os tratados e convenções internacionais, os processos cíveis que corram em território nacional reger-se-ão unicamente pelas normas processuais espanholas».

[3] Regras estas que «situadas na fronteira do direito substancial e do direito processual, fazem parte do direito processual-material» – cfr. VAZ SERRA, Provas – Direito Probatório Material, 1962, p. 8 e MANUEL DE ANDRADE, Noções Elementares cit., p. 180.

338   *Direito Processual Civil*

De realçar que os *tribunais portugueses são exclusivamente competentes* (*competência internacional*) nos casos previstos em regulamentos comunitários ou em outros instrumentos internacionais, bem como para as execuções sobre imóveis situados em território português (cfr. as alíneas a) e b) do art.º 65.º-A, com a redação que lhe foi dada pelo art.º 160.º da Lei n.º 52/2008, de 28 de Agosto).

Mas, uma vez excluída a competência dos tribunais portugueses para o conhecimento de determinada questão (e à míngua de qualquer *pacto de jurisdição* validamente celebrado), a competência internacional dos nossos tribunais depende da verificação (autónoma) de algum dos critérios constantes das alíneas b) e d) do n.º 1 do art.º 65.º, devidamente conjugados com o disposto nos art.ºs 61.º, 65.º-A e 99.º. Princípios e critérios, de resto, só de levar em conta quando nada resultar em contrário dos tratados, convenções, regulamentos comunitários e leis especiais, designadamente das Convenções de Bruxelas e Lugano e dos Regulamentos CE N.º 44/2001, de 22 de Dezembro de 2000 e N.º 2201/2003, de 27 de Novembro, do Conselho da União Europeia. Assim:

Princípio da coincidência:

Por este princípio, os tribunais portugueses serão competentes quando a acção possa ser proposta em Portugal segundo as regras de competência territorial estabelecidas na lei portuguesa constantes dos art.ºs 73.º e ss (art.º 65.º, n.º 1, al. b)). Situação, pois, de *coincidência* entre a competência internacional e competência interna territorial. Sempre que, face àquelas regras da a ordem interna, a acção deva ser instaurada em Portugal, os tribunais portugueses terão competência internacional para o respectivo julgamento, ainda que existam elementos de conexão com qualquer ordem jurídica estrangeira, como por ex., a nacionalidade das partes ou o lugar da ocorrência da causa de pedir. Assim, as acções relativas a direitos reais sobre imóveis devem ser propostas no tribunal da situação dos bens, por força do disposto no n.º 1 do art.º 73.º. Mas se os bens se situarem em Portugal, os tribunais portugueses sempre terão competência (interna e internacional) por aplicação deste princípio.

Princípio da necessidade:

Por força deste princípio, a competência é atribuída aos tribunais portugueses quando o direito invocado pelo autor só possa tornar-se efectivo por meio de acção proposta em Portugal ou quando a sua proposita

Capítulo VI – Pressupostos processuais 339

no estrangeiro represente *apreciável dificuldade* para o autor[1]. O critério da *necessidade* afere-se, assim, pela *exclusividade da via* para a efectivação do direito do autor. Ponto é que entre a acção a propor e o território português exista um qualquer elemento ponderoso de *conexão pessoal* (nacionalidade) ou *real* (situação dos bens) – art.º 65.º, n.º 1, alínea d).

Trata-se de um princípio de natureza residual que se destina a prevenir situações de denegação de justiça, a funcionar sempre que se torne impossível, por aplicação dos restantes princípios, encontrar um tribunal competente para o julgamento ou quando, sendo possível, tal propositura não seja exigível ao autor. Pode dar-se, a este respeito, o seguinte exemplo: um português quer propor contra outro português, domiciliado em Portugal, uma acção de reivindicação de um prédio situado na Venezuela. Seria possível conceber uma situação em que não existisse um tribunal competente para a acção se (por hipótese) a lei venezuelana estabelecesse que a acção devia ser proposta no tribunal do domicílio do réu, visto que, segundo o princípio da coincidência, a lei portuguesa não considera competente o tribunal português e, para a lei venezuelana, o tribunal competente não seria o tribunal nacional. Outro exemplo (teórico) será o de um português pretender exigir de um outro português o cumprimento de uma obrigação proveniente de um contrato celebrado na Argélia, cuja prestação devesse ser cumprida neste país africano. Se os tribunais argelinos se não considerarem competentes, mas se a competência dos tribunais portugueses se não enquadrar em nenhuma das precedentes alíneas do n.º 1 do art.º 65.º, a acção poderá ser proposta em Portugal ao abrigo da citada al. d).

Além destas situações de *impossibilidade jurídica*, faz a lei referência a situações de *impossibilidade prática ou de facto* pela utilização

---

[1] O conceito de *dificuldade apreciável* exigido pela al. d) do n.º 1 do art.º 65.º do CPC não se reconduz ao facto de a acção ser proposta no estrangeiro, «em país distante mas situado na Europa e de a língua desse país (a língua romena) ser pouco falada em Portugal». Assim os tribunais portugueses são internacionalmente incompetentes para conhecer de uma acção cuja causa de pedir se traduz num contrato de empreitada celebrado entre uma empresa portuguesa e outra romena, ao abrigo do qual esta última procedeu ao fabrico de uma dada partida de sapatos, acção essa tendente à obtenção da firma (com domicílio na Roménia) de uma indemnização por danos patrimoniais sofridos pelo demandante, em virtude de incumprimento do prazo contratual e da existência de defeitos da mercadoria, sendo esta a entregar na Suécia e na Dinamarca (lugar do cumprimento da obrigação) em camião fretado pela firma autora – cfr. o acórdão da RG de 18-12-2006, CJ, Tomo V/2006, p. 294 / Des. Proença e Costa.

340 Direito Processual Civil

da expressão «não ser exigível ao autor a sua propositura no estrangeiro» (art.° 65.°, n.° 1, alínea d)). Impossibilidade essa adveniente de factos excepcionais ou anómalos, impeditivos do normal funcionamento da jurisdição competente, como, por exemplo, o estado de guerra ou o corte de relações diplomáticas com o país cujos tribunais seriam competentes ou mesmo a recusa de concessão de vistos para deslocações ao país da competência[1-2].

39.3. Pactos de jurisdição. Princípio da consensualidade.

Na aferição da questão da competência internacional, há, antes de mais, que apurar se existe algum *pacto privativo ou atributivo de competência internacional aos tribunais portugueses*, negociado pelas partes, que atribua ou prive os tribunais portugueses da competência internacional para conhecer de certas questões ou matérias (*princípio da consensualidade ou da vontade das partes*)[3]. De resto, o n.° 1 do art.° 99.° permite uma tal convenção para a dirimência de litígios eventualmente decorrentes de certa relação jurídica, «contanto que a relação controvertida tenha conexão com mais de uma ordem jurídica». O pacto é *atributivo* quando *concede* competência a um tribunal ou a vários tribunais portugueses. É *privativo* quando *retira* a competência a um ou a vários tribunais portugueses e a atribui exclusivamente a um ou a vários tribunais estrangeiros.

Presume-se que a competência atribuída aos tribunais estrangeiros é *concorrente* com a que, por lei, caiba aos tribunais portugueses (n.° 2 do mesmo preceito). Por isso, *a atribuição de competência aos tribunais estrangeiros só tem valor como pacto privativo, quando exclua a competência dos tribunais portugueses*. Acordo (ou convenção) esse denominado de *pacto de jurisdição*, que não de *pacto de competência*, porquanto

---

[1] FERRER CORREIA e MOURA RAMOS exemplificam a *impossibilidade de facto da demanda* com a hipótese de um país viver em estado de guerra, sem o funcionamento adequado dos seus tribunais – cfr. "Um Caso de Competência Internacional dos Tribunais Portugueses", Lisboa, 1991, p. 46.

[2] Cfr., quanto a este ponto, M. TEIXEIRA DE SOUSA, Estudos cit., p. 121.

[3] Cfr., v.g., A. MONTAVÃO MACHADO/PAULO PIMENTA, O Novo Processo Civil, 8.ª ed. cit., pp. 85-88.

Capítulo VI – Pressupostos processuais

reportado à atribuição da competência aos tribunais de uma dada ordem jurídica nacional considerados no seu conjunto, que não à repartição da competência (interna) entre os tribunais portugueses. Contudo, se as partes identificarem como competente um tribunal português em concreto, v.g. o tribunal da comarca do Porto, estão a celebrar um *pacto de jurisdição* (atribuindo a competência ao tribunal português) e, simultaneamente, um *pacto de competência*, ao designarem o tribunal competente de entre os tribunais da ordem interna portuguesa.

Para que o *pacto de jurisdição* seja válido, torna-se necessária a verificação cumulativa dos requisitos das diversas alíneas do n.º 3 ainda do mesmo art.º 99.º. Assim: a) – só pode incidir sobre *direitos disponíveis*, isto é quando o titular deles possa livremente por simples acto da sua vontade, sendo *indisponíveis* aqueles de que o respectivo titular não possa privar-se[1], pois que subtraídos à sua livre disponibilidade, como, por exemplo, os relativos ao estado das pessoas (filiação e casamento); – b) – "a eleição" do foro pelo pacto de jurisdição só é válida *se for aceite pela lei do tribunal designado*, atribua ele a competência exclusivamente aos tribunais portugueses ou em concorrência com a de tribunais de outros países; c) – terá que ser justificado por um *interesse sério de ambas as partes ou de uma delas, desde que não envolva inconveniente grave para a outra*, assim se evitando a escolha de um tribunal com o qual a causa e/ou as partes não possuam qualquer conexão relevante, para tanto se exigindo, designadamente, um elemento de conexão de ordem pessoal (domicílio ou nacionalidade) ou real (situação dos bens) – cfr. os art.ºs 65.º, n.º 1, alínea d), do CPC e 41.º, n.º 2, do CC; d) – não pode recair sobre *matéria da exclusiva competência dos tribunais portugueses*, não podendo, pois, privar os tribunais portugueses da competência que a lei lhes atribua de modo exclusivo no art.º 65.º-A, «sem prejuízo do que se ache estabelecido em tratados, convenções, regulamentos comunitários e leis especiais» – cfr. o n.º 1 desse preceito; e) – há-de resultar de *acordo escrito* e com menção expressa da jurisdição competente, *designação* essa que pode ser feita *de forma directa* (por exemplo, o tribunal de Coimbra, o tribunal de Amesterdão etc.) ou *de forma indirecta*, com remissão para o tribunal que for competente segundo as regras da jurisdição eleita.

---

[1] Cfr. J. Rodrigues Bastos, Notas, vol. II cit., p. 99.

De realçar – para além de não ser válido qualquer pacto de jurisdição que ponha em causa a exclusividade da competência dos tribunais portugueses plasmada no art.º 65.º-A –, que dessa exclusividade resultará ainda que, *não aceitando a jurisdição portuguesa que a causa seja submetida à jurisdição de outro país, também não aceitará a revisão e confirmação de uma sentença estrangeira sobre a questão concretamente controvertida.* Com efeito, para que se torne viável a revisão e confirmação por um tribunal português (*requisito de eficácia*) exige a lei processual, entre outros requisitos, que a sentença *não verse sobre matéria da exclusiva competência dos tribunais portugueses* (art.º 1096.º, alínea c), *in fine*).

40. Direito convencional e direito comunitário com incidência em matéria de competência internacional dos tribunais portugueses.

40.1. Princípios de direito comunitário aplicáveis. Breve referência.

Como princípios fundamentais (estruturantes) subjacentes à aplicação do direito comunitário no espaço geo-político da União Europeia, reportam-se também ao direito processual o *princípio da primazia (ou do primado) daquele direito sobre o direito interno,* o *princípio do efeito directo* e os *princípios da interpretação conforme e uniforme do direito comunitário.*

Segundo o *princípio da primazia (do primado ou da primariedade),* a norma de direito comunitário (anterior ou posterior) reguladora da mesma matéria prevalece sobre a norma interna correspondente (cfr. o art.º 65.º, n.º 1 do CPC)[1]. Isto, é claro, tendo como limite o disposto no art.º 277.º da CRP. Solução que se funda na natureza específica deste direito e na «necessidade existencial» de «garantir a sua eficácia federadora no espaço comunitário, em ordem a assegurar a realização dos objectivos da União»[2].

---

[1] Acerca da tese da primazia do direito internacional e comunitário no direito interno português constitucional e infra-constitucional, cfr. GOMES CANOTILHO e VITAL MOREIRA, Constituição da República Portuguesa Anotada, 4.ª ed. cit., pp. 263 a 273.

[2] Cfr. NEVES RIBEIRO, Processo Civil da União Europeia – Principais Aspectos – Textos Em Vigor, Vol. I, Anotados, Coimbra Editora, 2002, p. 37.

Por força do *princípio do efeito directo* (cfr. art.º 8.º, n.º 3, da CRP), a norma de direito comunitário como que se subjectiva (sem qualquer outra intermediação do direito interno) na esfera jurídica do titular cujo direito (ou interesse) se destina a proteger. Os particulares – pessoas físicas ou jurídicas (ou administrados) – podem, assim, invocar, e fazer valer, os seus direitos perante os tribunais nacionais (isto é perante as suas administrações nacionais), os quais devem «reconhecê-los, se para tal verificados os respectivos pressupostos»[1]. Invocação essa a ser feita, valer tanto contra os particulares (*efeito directo horizontal*), como contra o próprio Estado (*efeito directo vertical*). O efeito directo opera relativamente a todas as normas de *direito primário ou constitutivo* (o dos Tratados) «que sejam claras, precisas e incondicionais, ao conferirem direitos aos particulares e imporem aos Estados os deveres correspondentes».

Já quanto ao *direito comunitário derivado,* o efeito directo é variável em função da natureza do instrumento normativo (*regulamentos, directivas* e *decisões*). Os *regulamentos* e as *decisões*, tendo por destinatários os particulares (e também aos Estados), possuem, por natureza, *efeito directo vertical e horizontal* (art.º 249.º do Tratado CE). As *directivas* (sempre dirigidas aos Estados) e as *decisões* (as que forem dirigidas aos Estados, pois que podem dirigir-se também a particulares) surtirão *eficácia vertical* se, subjectivando direitos e deveres correspondentes, «forem claras, precisas e incondicionais e estiver esgotado o prazo da sua transposição». Tem-se, todavia, recusado *eficácia directa e horizontal*, em especial às *directivas*, por representarem um modo indirecto de legislar, exigindo-se para a eficácia interna desse tipo normativo um acto de intermediação da soberania legislativa dos Estados, sendo que, em Portugal, só produzem efeito na ordem jurídica interna quando transpostas por lei ou decreto-Lei (cfr. o n.º 9 do art.º 112.º da CRP).

Traduz o *princípio da interpretação conforme* ao *direito comunitário* uma reafirmação do primado do direito comunitário sobre o direito nacional regulador da mesma *situação material* ou *processual*. Postula ele que os tribunais nacionais interpretem o seu direito interno em conformidade com a letra e com a finalidade (espírito) das normas do direito comunitário anteriores ou posteriores, com ou sem efeito directo. O que assume espe-

---

[1] Cfr. NEVES RIBEIRO, ob. cit., p. 37.

344   *Direito Processual Civil*

cial relevância relativamente ao problema da eficácia das directivas não transpostas ou cujo prazo de transposição já se encontre exaurido[1].

À *interpretação uniforme do direito comunitário* se reporta o artigo 68.º, n.º 1, do Tratado CE, norma que releva apenas do novo Título IV, uma vez que, para as outras áreas do mercado interno, se aplica o respectivo art.º 234.º. Segundo esse n.º 1, *em caso de dúvida sobre a interpretação de uma dada norma comunitária*, deve a jurisdição nacional solicitar a respectiva resolução, salvo se a sua decisão for susceptível de recurso judicial previsto no *direito interno*[2].

40.2. As Convenções de Bruxelas e de Lugano e os Regulamento CE N.º 44/2001 e 2201/2003, do Conselho.

As regras da competência internacional constam, para além da lei processual portuguesa, das Convenções de Bruxelas[3] e de Lugano[4], a que Portugal aderiu[5] e do Regulamento CE n.º 44/2001 do Conselho, de 22

---

[1] A incompatibilidade do direito interno com o direito comunitário não configura uma inconstitucionalidade que ao Tribunal Constitucional caiba apreciar – cfr. CARDOSO DA COSTA, «O Tribunal de Justiça das Comunidades e o Tribunal Constitucional – 75 Anos», Coimbra Editora, pp. 1363 a 1371 e o acórdão do TC, de 3-11-98, in Acórdãos Doutrinais do TC, Ano 41, 1998, p. 290. Sobre a eficácia horizontal das directivas não transpostas e a sua revelação através da interpretação do direito nacional jus-laboral conforme o direito comunitário, cfr. o acórdão do ST J de 27-5-2004, Proc. 2447/4.ª Sec. / Cons.º VITOR MESQUITA. Ainda sobre a necessidade de uma interpretação conforme ao direito comunitário, cfr., ainda, o acórdão do ST J de 14-3-2002 – 2.ª Sec. / Cons.º MOITINHO DE ALMEIDA.

[2] O que o preceito não esclarece é se este recurso interno é determinado em função do processo em concreto, ou se em função do nível de jurisdição, *em abstracto,* normalmente os Supremos Tribunais.

[3] A Convenção de Bruxelas relativa à competência judiciária, ao reconhecimento e à execução de decisões em matéria civil e comercial, foi celebrada em 1968 e ratificada pelo Decreto do Presidente da República n.º 52/91, de 30 de Outubro, a vigorar desde 1 de Julho de 1992, encontrando-se publicada a sua versão consolidada (resultado de quatro sucessivas adesões) na mesma J.O.C, n.º 27, de 26 de Janeiro de 1998.

[4] A *Convenção de Lugano,* paralela, pelo seu conteúdo, à Convenção de Bruxelas, foi celebrada em 16 de Setembro de 1988, havendo sido ratificada pelo Decreto do Presidente da República n.º 51/92, de 30 de Outubro, vigorando em Portugal também desde 1 de Julho de 1992.

[5] Sobre a recepção automática do direito internacional convencional, cfr. o acórdão do STJ de 9-12-2004, Proc. 3939/2004 – 7.ª Sec. / Cons.º CUSTÓDIO MONTES.

Capítulo VI – Pressupostos processuais

de Dezembro de 2000[1], relativo à *competência judiciária*, ao *reconhecimento* e à *execução de decisões em matéria cível e comercial*, que projecta para os países membros da União Europeia o resultado dos trabalhos de revisão de ambas as Convenções. A Convenção de Lugano[2] reproduz e reitera, quase integralmente, o regime da Convenção de Bruxelas, estendendo o seu regime aos Estados-membros da (antiga) EFTA[3-4].

O Regulamento CE N.º 44/2001 é de aplicação a todos os Estados--membros da União Europeia (com excepção da Dinamarca) desde 1 de Março de 2002 (tendo vindo a substituir, sem alterações de monta, a Convenção de Bruxelas), contendo, não apenas *normas regulamentadoras da competência internacional directa*, mas também *disposições relativas ao reconhecimento e à eficácia das decisões nos Estados-membros*.

No seu art.º 1.º, o Regulamento reproduz a norma homóloga da Convenção de Bruxelas (e de Lugano) quanto ao campo material de aplicação, passando, assim, a estar em vigor, *no espaço geográfico da União*, a Convenção e o Regulamento: – a *Convenção* como instrumento normativo de cooperação entre a Dinamarca e os demais Estados-Membros (cfr. art.º 1.º, n.º 3 e considerandos n.ºs 22 e 23); – o *Regulamento*, como instrumento de integração, por "comunitarização" da matéria, conforme aos art.ºs 61.º, alínea c) e 65.º, alíneas a) e b), que constituem a sua base jurídica (cfr. Preâmbulo e considerando n.º 3)[5]. No âmbito territorial dos Estados Partes na Convenção de Lugano, são abrangidos os Estados-

---

[1] O Regulamento CE n.º 44/2001 foi publicado no Jornal Oficial das Comunidades, L 12 (44º Ano), de 16 de Janeiro de 2001, pp. 1 a 23, tendo ulteriormente sido objecto de alterações através dos Regulamentos (CE) n.ºs 1496/2002, da Comissão, de 21de Agosto de 2002, 1937/2004, da Comissão, de 9 de Novembro de 2004 e 2245/2004, da Comissão, de 27 de Dezembro de 2004.

[2] A Convenção de Lugano foi publicada no DR, I.ª – Série-A, n.º 250, Suplemento de 30 de Outubro de 1991.

[3] Todavia, na Áustria, Finlândia e Suécia, entretanto aderentes à União Europeia, passou a vigorar o Regulamento CE, n.º 44/2001.

[4] A Convenção de Lugano vigora também, desde o dia 1 de Fevereiro de 2000, na Polónia (cfr. Aviso n.º 95/2000, in DR, I.ª Série-A, n.º 75, de 29 de Março).

[5] A *Dinamarca* não participou na aprovação do acto normativo comunitário, dele ficando afastada pelo Protocolo anexo aos Tratados da União Europeia e da Comunidade Europeia, como explicam os considerandos n.ºs 21 e 22. O *Reino Unido* e a *Irlanda* declararam aceitar a integração da matéria no âmbito das competências comunitárias, conforme o considerando n.º 20, ficando por isso, vinculados pelo Regulamento.

346 Direito Processual Civil

-Membros, mais os três "Estados/Lugano": a Suíça, a Noruega, a Islândia, a que se associou ainda o Lichenstein.

Por força do n.º 2 desse art.º 1.º, são excluídas do seu âmbito de aplicação as seguintes matérias: a) – *o estado e a capacidade das pessoas singulares, os regimes matrimoniais, os testamentos e as sucessões* – matérias profundamente ligadas às idiossincrasias nacionais, por isso ainda não facilmente *"comunitarizáveis"*. De resto: a) – a matéria da *competência, reconhecimento e execução de decisões em matéria matrimonial e em matéria de responsabilidade parental* encontra-se regulada pelo Regulamento (CE) N.º 2201/2003, do Conselho, de 27 de Novembro de 2003[1-2-3]; b) – a matéria das *insolvências, concordatas e processos análogos*, é hoje regulada pelo Regulamento (CE) N.º 1346/2000, do Conselho, de 29 de Maio de 2000[4]; c) – quanto à matéria da *segurança social*, sendo uma matéria demasiado específica, que envolve os diferentes sistemas de segurança dos Estados-Membros, não se tornava recomendável a sua abrangência pelo Regulamento; d) – a regulação da *arbitragem internacional* e o *reconhecimento de sentenças arbitrais estrangeiras* é operada pela Convenção de Nova York, de 10 de Junho de 1958, ratificada pelo Decreto n.º 52/94, de 8 de Julho, em vigor, pois, em Portugal»[5].

No que concerne à *matéria de processo civil*, face à *prevalência do direito comunitário, há que afastar* a aplicação das normas processuais internas respeitantes nomeadamente: à *competência judiciária internacional* dos tribunais portugueses; – à *competência judiciária para reconhecer e executar decisões estrangeiras comunitárias em matéria civil, comercial e de insolvência*; – à espécie, prazos e efeitos (em certos aspectos) *dos recursos* das decisões de reconhecimento, não reconhecimento, execução ou não execução dessas decisões; – à *transmissão de actos judiciais* e à *produção de prova*. Face a tal primazia, *há que afastar* também o direito internacional regulador das mesmas matérias[6].

---

[1] Também ficou de fora da vinculação deste Regulamento o Reino da Dinamarca (cfr. o considerando n.º 31).

[2] Este Regulamento não é aplicável, designadamente, ao estabelecimento ou impugnação da filiação, às decisões em matéria de adopção e aos alimentos – cfr. alíneas a), b) e e) do n.º 3 do art.º 1.º respectivo.

[3] Publicado no J.O.C. L 338 (46.º Ano), de 23 de Dezembro de 2003.

[4] Publicado no J.O.C., de 30 de Junho de 2000.

[5] Cfr. NEVES RIBEIRO, ob cit., p. 58.

[6] A saber: a Convenção de Haia, já mencionada, relativa ao *processo* e concluída em 15 de Novembro de 1965; a Convenção de Haia sobre a *obtenção de provas no*

Capítulo VI – Pressupostos processuais

O direito comunitário só não prevalece sobre o direito internacional que for mais favorável aos objectivos da integração, o que é o caso do Acordo Bilateral entre Portugal e Espanha aprovado pelo Decreto n.º 14/98, de 27 de Maio.

O *Regulamento* (N.º 44/2001), *obrigatório* em todos os seus Estados-Membros, é neles *imediata e directamente aplicável* (*cfr.* o art.º 249.º, ex-189.º, do Tratado CE). As matérias por ele abrangidas são-no independentemente da jurisdição estadual que delas conheça (regra esta que já emergia do art.º 1.º da Convenção de Bruxelas), v.g. a jurisdição cível, comercial, marítima e laboral, independentemente do grau e da natureza da jurisdição (julgados de paz, tribunais judiciais, tribunais de trabalho, tribunais marítimos, Relação ou Supremo). Critério relevante é, assim, o da *natureza civil ou comercial da matéria*, como conceito comunitário autónomo, independentemente do tribunal chamado a julgar a questão[1].

De realçar, todavia, quanto às *jurisdições administrativas*, que em sede de *acções de indemnização* tendo por objecto matérias abrangidas pelo art.º 4.º, n.º 1, alínea i), do ETAF/2002, o art.º 2.º do Protocolo Anexo à Convenção de Bruxelas confere ao *Supremo Tribunal Administrativo* o poder para solicitar ao Tribunal de Justiça das Comunidades Europeias a pronúncia, a *título prejudicial*, sobre questões de interpretação das normas da Convenção de Bruxelas.

40.3. A regra-geral do domicílio do réu ou demandado («forum rei»).

Nos art.ºs 14.º a 24.º, inclusive, estabelece o CC as normas de conflitos, qualificações e reenvios, assim resolvendo o conflito entre as *normas de conflitos dos diferentes Estados*, enquanto que, nos art.ºs 25.º a 65.º, fixa as normas de conflitos próprias da lei portuguesa[2].

---

estrangeiro, em matéria civil ou comercial, concluída em 18 de Março de 1970, aprovada para ratificação por Decreto n.º 764/74, de 30 de Dezembro, a vigorar em Portugal desde 11 de Maio de 1975; a Convencão de Haia sobre o *reconhecimento e execução de sentenças estrangeiras* concluída em 1 de Fevereiro de 1971 e ratificada pelo Decreto n.º 13/83, de 24 de Fevereiro, a vigorar em Portugal desde 20 de Agosto de 1983 – Cfr. Neves Ribeiro, ob. cit., p 39.

[1] Cfr. Neves Ribeiro, ob. cit., p. 57.

[2] Cfr. Pires de Lima e Antunes Varela, Código Civil Anotado, vol I, 4.ª ed. cit., pp. 63 a 101.

348   *Direito Processual Civil*

A primeira e mais importante regra de conexão do nosso actual sistema é a do *foro do domicílio do réu* ou, havendo vários, o de algum deles: *actor sequitur forum rei*. No sistema anterior ao Código Civil de 1966, o princípio do *forum rei* cedia o passo a uma qualquer das regras especiais de competência territorial estabelecidas tais *como o foro do contrato, o foro do delito, o foro convencional, o forum rei sitae, o domicílio do autor*, etc. O domicílio do réu em Portugal nem sempre bastava para fundamentar a competência internacional do juiz português: por ex., numa acção de divórcio, para a qual seria territorialmente competente o tribunal do domicílio ou da residência do autor (cfr. art.º 75.º do actual CPC)[1]. Era, assim, as mais das vezes decisiva a circunstância de o *autor*, e não *o réu*, possuir o domicílio ou residência em território português.

A regra *actor sequitur forum rei* (ou simplesmente do *forum rei*) é hoje considerada como a regra geral de *competência territorial e internacional* na maioria dos Estados. Isto porque a mais consentânea com a ideia de uma boa e eficaz administração da justiça e a que melhor defende os interesses do titular do direito a ser feito valer em juízo (o autor). Este, terá indubitavelmente interesse em propor a causa ou demanda no *país onde possa razoavelmente esperar que a execução da sentença* e, por conseguinte, a realização prático-jurídica e prático-económica do seu direito, sejam mais fáceis e mais prontas e eficazes. O que logo aponta – muito naturalmente – para o *país do domicílio ou da residência habitual do demandado (do réu)*, desde logo porque é aí que, normalmente, se encontrarão situados os principais elementos do seu património (exequível).

A *maior comodidade do autor*, em termos de *logística processual*, de poder propor a acção no tribunal do seu próprio domicílio, colidiria com idêntico interesse do réu. A concessão de prevalência ao interesse do demandado justifica-se pela razão de, na fase prodrómica do desencadeamento da acção, nada estar ainda definido acerca da consistência ou do bom fundamento da pretensão deduzida pelo autor. Daí que a *primazia ao critério do domicílio do réu* seja hoje de aplicação quase universal. Excepção a essa regra deve ser, por ex., a das acções relativas a direitos reais ou pessoais de gozo sobre imóveis sitos em país estrangeiro (cfr. o art.º 65.º, n.º 1, al. a) do CPC), para as quais deve ser exclusivamente

---

[1] Nos países da União Europeia vigora hoje, quanto à competência internacional em matéria de divórcio, separação de pessoas e bens e anulação de casamento, o art.º 3.º do Regulamento (CE) N.º 2201/2003, do Conselho, de 27 de Novembro.

Capítulo VI – Pressupostos processuais 349

competente o tribunal da situação dos imóveis (*forum rei sitae*); concorrem, neste sentido, quer o interesse da administração da justiça (o foro da situação do imóvel é também o da sede do litígio), quer o interesse do Estado.

Disposição fundamental do Regulamento N.º 44/2001, neste domínio, é a do respectivo art.º 2.º – à semelhança do que sucede com o preceito homólogo da Convenção de Bruxelas (e de Lugano) que, de resto, reproduz na íntegra. Nos termos do seu n.º 1, «sem prejuízo do disposto no presente Regulamento, as *pessoas domiciliadas no território de um Estado-Membro devem ser demandadas, independentemente da sua nacionalidade, perante* os *tribunais desse Estado*». E, acrescenta o n.º 2, que «as pessoas que não possuam a nacionalidade do Estado-Membro em que estão domiciliadas ficam sujeitas nesse Estado-Membro às regras de competência aplicáveis aos nacionais». A *regra geral do domicílio do requerido,* não depende, pois, da sua nacionalidade[1-2]. Norma *de direito uniforme* que afasta a aplicação das normas internas sobre a competência internacional dos tribunais dos Estados-Membros (cfr. v.g. os art.ºs 7.º, n.º 2, 65.º e 65.º-A do CPC e art.ºs 10.º e 11.º do CPT).

Regra essa também aplicável aos não nacionais do Estado-Membro em que estão domiciliados – critério da *residência habitual ou do domicílio* (coincidente com o do n.º 1 do art.º 82.º do nosso CC)[3]. Para efeitos da

---

[1] Regra que comporta algumas excepções como, por ex., a da al.a) do n.º 1 do seu art.º 5.º, nos termos da qual se torna possível a demanda de uma pessoa com domicílio noutro Estado-Membro; assim sucede em matéria contratual cuja demanda pode ser intentada perante o tribunal do lugar onde foi ou deva ser cumprida a obrigação (o qual na compra e venda é o lugar da entrega dos bens) – cfr., neste sentido, v.g., o acórdão da RC de 13-3-2007, CJ, Tomo II/2007, p. 9 / Des. SERRA BAPTISTA.

[2] Para conhecer de uma acção fundada em incumprimento de um contrato celebrado entre uma sociedade portuguesa/autora e uma sociedade espanhola/ré, através do qual a firma portuguesa forneceu mercadorias à firma espanhola e em que o lugar convencionado para a respectiva entrega se situava em Espanha, serão os tribunais espanhóis os internacionalmente competentes, ex-vi dos art.ºs 2.º, n.º 1 e 5.º, n.º 1, al. b) do Regulamento (CE) n.º 44/2001, de 22 de Dezembro; porém, se instaurada a acção em tribunal português, sem que a ré tenha desde logo (na respectiva contestação) arguido a excepção de incompetência absoluta, o tribunal português passará a ser o internacionalmente competente, por força da extensão (tácita) da competência prevista o art.º 24.º do mesmo Regulamento – cfr. o acórdão do STJ de10-5-2007, CJSTJ, Tomo II/2007, p. 62 / Cons.º GIL ROQUE.

[3] Já para os direitos do Reino Unido e da Irlanda se exige uma noção de domicílio que não coincide com a noção de residência habitual.

determinação do domicílio no território de um Estado-Membro a cujos tribunais é submetida a questão, o juiz aplicará a sua lei interna (art.º 59.º, n.º 1). De referir, contudo, nesta sede, que as regras gerais da *residência habitual dos cônjuges* ou da *residência habitual do requerido* fixadas pelo Regulamento (CE) N.º 2201/2003 (art.º 3.º, n.º 1, al. a)), consagram uma solução diversa da estabelecida pelo art.º 75.º do CPC (*forum actoris* – do domicílio ou da residência do autor) – para as relações de direito interno.

O *foro do domicílio do requerido* deve ser, porém, completado, face ao considerando n.º 12 desse Regulamento 44/2001, pelos *foros alternativos* permitidos, em razão do vínculo estreito entre a jurisdição e o litígio ou com vista a facilitar uma eficaz actuação judiciária. Daí que a regra geral seja excepcionada nos casos de *competências especiais* (art.ºs 5.º a 7.º)[1], como as competências em matéria de contratos de *seguro* (art.ºs 8.º a 14.º)[2], de *consumo* (art.ºs 15.º a 17.º)[3-4] e individuais de *trabalho* (art.ºs

---

[1] A título de exemplo, e por força do art.º 5.º, uma pessoa com domicílio no território de um Estado-Membro pode ser demandada noutro Estado-Membro: em *matéria contratual*, perante o tribunal do lugar onde foi ou deva ser cumprida a obrigação (n.º 1, al. a)); em *matéria de obrigação alimentar*, perante o tribunal do lugar em quer o credor de alimentos possui o seu domicílio ou a sua residência habitual.

[2] O *segurador* domiciliado no território de um Estado-Membro pode ser demandado: – perante os tribunais do Estado-Membro em que tiver domicílio ou noutro Estado-Membro, em caso de acções intentadas pelo tomador de seguro, o segurado ou um beneficiário, perante o tribunal do lugar em que o requerente tiver o seu domicílio; – ou, tratando-se de *co-segurador*, perante o tribunal de um Estado-Membro onde tiver sido instaurada a acção contra o segurador principal (art.º 9.º, n.º 1, alíneas a c)).

[3] O *consumidor* pode intentar uma acção contra a outra parte no contrato, quer perante os tribunais do Estado-Membro em cujo território estiver domiciliada essa parte, quer perante o tribunal do lugar onde o consumidor tiver domicílio (art.º 16.º, n.º 1); já «a outra parte no contrato só pode intentar uma acção contra o consumidor perante os tribunais do Estado-Membro em cujo território estiver domiciliado o consumidor» (n.º 2 do mesmo preceito).

[4] A regra geral do direito interno em matéria de competência para o *cumprimento de obrigação contratual* decorre do art.º 74.º, n.º 1, devendo ser proposta «no tribunal do domicílio do réu, podendo, porém, o *credor* optar pelo tribunal do lugar onde a obrigação devia ser cumprida, quando o réu seja pessoa colectiva ou quando, situando-se o domicílio do credor na área metropolitana de Lisboa ou do Porto, o réu tenha domicílio na mesma área metropolitana» – cfr. a redacção dada pela Lei n.º 14/20006, de 26 de Abril.

Capítulo VI – Pressupostos processuais

18.º a 21.º)[1] e ainda de *competências exclusivas* (art.º 22.º)[2] e de *competências atributivas* (art.º 23.º)[3].

Sem prejuízo da regra-geral do tribunal do domicílio do réu ou demandado, há que atentar sobretudo nas *competências especiais* estabelecidas pelo citado Regulamento (CE), n.º 44/2001, no seu art.º 5.º, de harmonia com as quais uma *pessoa com domicílio no território de um Estado-Membro* pode ser *demandada noutro Estado-Membro*. Assim, e designadamente:

– em *matéria contratual*, perante o *tribunal do lugar onde foi ou deva cumprida a obrigação*; sendo que, para este efeito e salvo convenção em contrário, o lugar de cumprimento da obrigação em questão será: – no caso da *venda de bens*, o lugar num Estado-Membro onde, nos temos do contrato, *os bens tenham sido ou devam ser entregues*; – no caso da *prestação de serviços*, o lugar num Estado-Membro onde, nos termos do contrato, os *serviços foram ou devam ser prestados* (n.º 1, alíneas a) e b);

– em *matéria extracontratual*, perante o *tribunal do lugar onde ocorreu ou poderá ocorrer o facto danoso* (n.º 3);

– se se tratar de *acção de indemnização* ou de *acção de restituição fundada fundadas numa infracção*, perante o *tribunal onde foi intentada a acção pública*, na medida em que, de acordo com a lei, esse tribunal possa conhecer da acção cível (n.º 4);

– tratando-se de um *litígio relativo à exploração de uma sucursal, de uma agência ou de qualquer outro estabelecimento*, perante o tribunal do lugar da sua situação (n.º 5).

Para as *sociedades,* o critério é o da *sede,* definido em conformidade com o considerando n.º 11 (pela forma autónoma estabelecida no art.º 60.º) como sendo, em alternativa, o lugar da *sede social,* da *admi-*

---

[1] «Se um trabalhador celebrar um *contrato individual de trabalho* com uma entidade patronal que não tenha domicílio no território de um Estado-Membro, mas tenha uma filial, agência ou outro estabelecimento num dos Estados-Membros, considera-se, para efeitos de litígios resultantes do funcionamento dessa filial, agência ou estabelecimento, que a entidade patronal tem o seu domicílio nesse Estado-Membro» (art.º 18.º, n.º 2).

[2] Exemplo de *competência exclusiva* é a que no n.º 1 do art.º 22.º se confere «em matéria de direitos reais sobre imóveis e de arrendamento de imóveis aos tribunais do Estado Membro onde o imóvel se encontre situado».

[3] Pacto atributivo de competência (extensão de competência).

nistração central ou do *estabelecimento principal*. Todavia, para as questões relativas à validade, nulidade ou dissolução das sociedades ou outras pessoas colectivas ou à anulação das decisões dos seus órgãos, a sede é determinada pelas regras do direito internacional privado do foro, conforme dispõe o n.º 2 do art.º 22.º[1].

Os requeridos domiciliados num Estado-Membro não vinculado pelo Regulamento continuam sujeitos à Convenção de Bruxelas, a qual, segundo salienta o considerando n.º 23, deverá também continuar a aplicar-se aos territórios dos Estados-Membros que são abrangidos pela aplicação territorial da Convenção e que ficam excluídos do Regulamento por força do art.º 299.º do Tratado (quanto ao espaço territorial de exclusão da sua aplicação, vide o n.º 1 do art.º 68.º do Regulamento).

Da atribuição de competência internacional aos tribunais do Estado do domicílio do requerido resulta logicamente o subsequente *reenvio*, para a ordem jurídica interna desse Estado, da *determinação territorial concreta* (cfr. quanto a Portugal os art.ºs 73.º, 74.º, 85.º, 86.º n.º 2, 89.º, etc., do CPC). Já, contudo, no art.º 16.º respectivo se concretiza (quanto aos *conflitos de consumo*) o próprio tribunal territorial competente, afastando a norma judiciária interna correspondente, o mesmo sucedendo com as hipóteses dos n.ºs 2, 3 e 5 do art.º 5.º[2].

As pessoas domiciliadas no território de um Estado-Membro, que forem demandadas perante os tribunais de um outro Estado-Membro, poderão, independentemente da sua nacionalidade e em paridade com os nacionais, invocar contra o autor as regras de competência que estejam em vigor nesse Estado-Membro, nomeadamente, as previstas no anexo I (n.º 2). Também o autor ou demandante, domiciliado num Estado-Membro, independentemente da sua nacionalidade, pode, tal como os nacionais, invocar contra o réu as regras relativas à competência judiciária exorbitante em vigor nesse Estado-membro[3].

---

[1] A propósito desta matéria e da aplicação do art.º 2.º da Convenção de Bruxelas, o Supremo Tribunal de Justiça considerou que essa Convenção «optou pelo princípio do *favor debitoris*, embora em matéria contratual tenha facultado ao credor accionar o réu em tribunal do Estado em que, segundo o contrato, a prestação deve ser cumprida» – cfr. o acórdão de 25-11-97, in BMJ n.º 471, p. 339 / Cons.º FERNANDES DE MAGALHÃES.

[2] Cfr. NEVES RIBEIRO, ob. cit., p. 61.

[3] «A *competência exorbitante* é aquela que não se funda nas regras de competência judiciária prevista no Regulamento e está indicada no Anexo I para cada Estado. Corresponde a critérios não comunitários e apenas está excluída em relação às pessoas

Capítulo VI – Pressupostos processuais   353

Se o requerido não tiver domicílio no território de um Estado-Membro, a competência será regulada em cada um dos Estados-Membros pela sua própria lei, sem prejuízo da aplicação do disposto nos art.ºs 22.º e 23.º (cfr. art.º 4.º, n.º 1). Assim, *se a pessoa não tiver domicílio na Comunidade* – e exceptuando os casos de competência exclusiva (art.º 22.º) e de competência atributiva (art.º 23.º) – a *competência judiciária é regulada pelo direito internacional privado do Estado do foro* (cfr., quanto a Portugal, os art.ºs 10.º e 11.º do CPT e 7.º, n.º 2, 65.º e 65.º-A do CPC)[1]. A este respeito, salienta-se, no considerando n.º 9, que «os requeridos não domiciliados num Estado-Membro estão, de uma forma geral, sujeitos às regras nacionais de jurisdição (e competência) aplicáveis no território do Estado do órgão jurisdicional que conhece do processo» (cfr. art.º 2.º, n.º 2).

41. Tribunais supra-nacionais.

Para além do problema da competência internacional dos tribunais portugueses, outras situações há que, ultrapassando a esfera geográfico-territorial interna, e por força dos tratados e convenções internacionais a que Portugal aderiu, são, pela sua especificidade, da *competência de instâncias judiciárias internacionais* ou *supra-nacionais*.

Assim, quer se trate de relações *jurídico-privadas*, quer de *relações jurídico-públicas* (designadamente jurídico-administrativas), a atribuição da sua apreciação ou dirimência à jurisdição dos tribunais internacionais, em particular ao Tribunal de Justiça da União Europeia (TJUE) ou ao Tribunal Geral da União Europeia (TGUE) no âmbito da alicação do direito comunitário, resulta, de forma indirecta, do n.º 3 do art.º 8.º da CRP. Nessa atribuição se incluindo questões submetidas a essas instâncias, *a título prejudicial* (relativas à interpretação das normas de direito comunitário pelos tribunais portugueses) como também questões *a título principal* (relações directas entre as instâncias comunitárias e e as entidades ou empresas nacionais).

De tais instâncias se fará seguidamente uma caracterização abreviada.

---

que tenham o seu domicílio num Estado-Membro, conservando o seu primado em relação às pessoas que não tenham o seu domicílio na comunidade» – cfr. NEVES RIBEIRO, ob. cit., p. 63.

[1] Cfr. NEVES RIBEIRO, ob. cit., p. 62.

354 · Direito Processual Civil

41.1. O Tribunal Internacional de Justiça e outras jurisdições internacionais de competência especializada.

O tribunal Internacional de Justiça (TIJ), com *sede em Haia,* é um dos *órgãos* principais (art.º 7.º, n.º 1, da Carta das Nações Unidas) e o *principal órgão judiciário* desta Organização, sendo constituído por quinze juízes eleitos pela Assembleia Geral e pelo Conselho de Segurança de entre pessoas que satisfaçam os requisitos enunciados no art.º 2.º do ETIJ. Composição que pode ainda integrar um ou dois juízes *ad hoc* que as partes estão autorizadas a designar sempre que o Tribunal não inclua juízes das respectivas nacionalidades (art.º 31.º, n.ºs 2 e 3, do respectivo Estatuto (ETIJ).

O TIJ exerce uma *competência contenciosa,* no âmbito da qual profere *sentenças* ou *acórdãos* e uma *competência consultiva* concretizada através da emissão de *pareceres consultivos* (cfr., respectivamente, os art.ºs 36.º e 65.º do ETIJ). No que respeita à *competência contenciosa,* o TIJ está apenas aberto aos *Estados que sejam partes do ETIJ* (o caso de todos os membros da ONU), embora, sob certas condições, se permita que Estados não partes tenham igualmente acesso a esta instância judicial (a delimitação *ratione personae* da competência do TIJ consta dos art.ºs 34.º e ss do seu Estatuto). Também os *particulares (pessoas físicas)* podem ver os seus direitos contendidos pelo TIJ, mormente em matéria de responsabilidade internacional resultante do exercício da *protecção diplomática* por parte de alguns Estados que, por essa via, buscam tutela jurisdicional para os interesses dos seus nacionais. Tal competência é, em regra, *facultativa,* só estando submetidos à jurisdição do Tribunal determinados litígios em que os Estados convierem (art.º 36.º, n.º 1 do ETIJ) – *princípio de consensualidade.* Isto sem prejuízo das situações de jurisdição *quase obrigatória ou compulsória,* aquelas em que a função contenciosa pode ser desencadeada independentemente de qualquer acordo *ad hoc ou ad litem,* consentimento esse, todavia, a ser dado *por antecipação,* antes da ocorrência de qualquer diferendo em concreto[1].

Quanto ao processo, e para além de uma *fase escrita* e de uma *fase oral,* há a salientar que, também nesta sede, vigoram as regras da *Kom-*

---

[1] Cfr., quanto a esta matéria, FRANCISCO FERREIRA DE ALMEIDA, Direito Internacional Público, 2.ª ed. Coimbra Editora, 1999, pp. 305 a 309 e 364 a 369.

petenz-Kompetenz (é o TIJ que dirime qualquer controvérsia sobre a sua própria *competência*) e da apreciação prioritária das *excepções preliminares* (dilatórias), bem como ainda o princípio da *publicidade das audiências* (art.º 46.º do ETIJ) e o dever de *fundamentação da sentença* (art.º 56.º, n.º 1). A *eficácia da decisão* encontra-se circunscrita às partes litigantes e ao caso concreto, não funcionando, pois, a regra do precedente obrigatório (art.º 59.º). Encontra-se também prevista a possibilidade de adopção de *medidas provisórias* ou *conservatórias* ou de *protecção interina* com vista a remover o *periculum in mora* da acção principal (art.º 41.º, n.º 1).

Não se confunda, porém o TIJ com o TPA (*Tribunal Permanente de Arbitragem*). Este último foi criado pela Convenção da Haia para a solução pacífica de conflitos internacionais, concluída em 1899 e revista em 1907. Não se trata de um verdadeiro tribunal dotado de um órgão de julgamento próprio, mas antes, de uma *lista internacional* (*permanente*) de *juízes-árbitros* integrada pelo somatório das várias listas nacionais (fornecidas pelos Estados signatários) e que fica ao dispor desses Estados, com a garantia de poderem recrutar personalidades altamente qualificadas para o julgamento de todo o tipo de litígios. Cada Estado designa, de entre os seus nacionais, por um período de seis anos, quatro membros do Tribunal. Os quatro árbitros assim designados nomeiam depois um *árbitro de desempate*.

São essencialmente três as formas de submeter os *litígios interestaduais* à apreciação de um tribunal arbitral[1]: – a *convenção geral de arbitragem,* com extensão convencionada da jurisdição de um tribunal arbitral (a constituir nos termos previstos por essa convenção) de todos ou apenas de uma certa gama de conflitos a surgir no futuro; – a *cláusula arbitral*, inserida num qualquer tratado, prevendo o recurso a um tribunal arbitral para apreciação dos litígios (apenas desses) emergentes da interpretação ou da aplicação desse tratado; – o *compromisso arbitral*, relativo a conflitos já surgidos, e que se traduz num *acordo* mediante o qual as partes interessadas aceitam submeter a controvérsia à arbitragem, do qual devem constar, além do mais, a indicação dos litigantes e a definição do objecto do litígio, a menção ao direito material e adjectivo aplicáveis, a forma de constituição do tribunal e os requisitos de nomeação dos juízes-árbitros, bem como a remuneração a atribuir-lhes.

---

[1] Cfr. FRANCISCO FERREIRA DE ALMEIDA, ob cit., pp. 371-372.

356   *Direito Processual Civil*

À margem do TIJ, existem outras *jurisdições internacionais mais especializadas*, umas vezes, ligadas a organizações de âmbito regional, outras vezes, actuando no quadro de organizações de alcance universal, mas incumbidas de responderem a uma finalidade específica. São seus traços característicos: – conhecerem apenas de *certo tipo de litígios*; – a eles não poder recorrer, em regra, senão um *número limitado de Estados*; – *admitirem a participação, directa ou indirecta, dos particulares no processo internacional*. Alguns deles, por apreciarem litígios atinentes à *função pública internacional*, assumem a natureza de verdadeiros *tribunais administrativos*; outros curam apenas do *contencioso interestadual*, do *contencioso entre os Estados e a Organização* a que pertencem ou do *contencioso que opõe os particulares, quer ao Estado, que à organização internacional em apreço*. Como exemplos destas jurisdições internacionais de *competência especializada*, podem, entre outros, apontar-se o *Tribunal do Direito do Mar*, o *Tribunal Europeu dos Direitos do Homem*, o Tribunal *Interamericano dos Direitos do Homem*, o *Tribunal de Justiça da União Europeia*, o *Tribunal Administrativo da Organização Internacional do Trabalho*, o *Tribunal Administrativo das Nações Unidas*.

41.2. O Tribunal Europeu dos Direitos do Homem.

Em 1948, foi adoptada a *Declaração Universal dos Direitos do Homem* (DUDH) e, em 1966, assinados *dois Pactos Internacionais, um sobre Direitos Económicos Sociais e Culturais e outro sobre Direitos Civis e Políticos*. No seu conjunto, estes três protocolos normativos, a que haverá que acrescentar o *Protocolo Facultativo* anexado àquele segundo Pacto, constituem a chamada *Carta Internacional dos Direitos do Homem* (CIDH). Dando, assim, continuidade à DUDH, aqueles dois Pactos, através de postulados de observância obrigatória, vieram enunciar, precisar e concretizar o conteúdo de um amplo leque de direitos do homem tornados indiscutíveis e, também, fazer referência expressa ao direito dos povos à autodeterminação.

Entretanto, no seio do *Conselho da Europa* passou a assumir especial relevo a *protecção dos direitos humanos*, considerada conatural ao património definidor da identidade europeia. Daí que o seu Estatuto estabeleça, nos art.ºs 3.º e 4.º, como requisito de aquisição da qualidade de Estado-membro, que o requerente se submeta ao império do direito e assegure a qualquer indivíduo sob a sua jurisdição o gozo dos direitos e liberdades fundamentais inerentes à dignidade da pessoa humana. A intensa actividade de produção normativa desenvolvida pelo Conselho da Europa veio a culminar na elaboração da *Convenção Europeia dos Direitos do Homem* (CEDH) assinada em 1950 (respeitante a direitos civis e políticos) e da Carta Social Europeia, de 1961 (concernente a direitos económicos, sociais e culturais). Na CEDH – de que Portugal é parte signatária –, bem como nos respectivos Protocolos Adicionais, são reconhecidos *directamente* ao indivíduo, e sem distinção alguma (v. g., de sexo, raça, língua, religião, convicções pessoais, etc.), os direitos e liberdades aí consagrados, os quais se podem agrupar em seis categorias: a) – protecção da *integridade física*; b) – protecção da *liberdade e tutela jurisdicional*; c) – protecção da *intimidade pessoal e familiar*; d) – protecção da *liberdade intelectual*; e) – protecção da *actividade política*; e f) – protecção do *direito de propriedade e da educação*[1].

Em ordem a assegurar a observância, pelos Estados-partes, dos direitos acima referidos, a CEDH previa três meios de *controlo internacional*: – o das *informações fornecidas pelos Estados* mediante solicitação do Secretário-Geral do Conselho da Europa; – o das queixas *interestaduais,* já que qualquer Estado parte pode denunciar um outro por presumíveis violações do clausulado da Convenção; – e a das *demandas individuais,* facultadas a qualquer pessoa física, organização não governamental ou grupo de particulares. Mas o gradual aumento do número de Estados membros do Conselho da Europa, associado a um cada vez maior volume de demandas privadas, conduziu a uma reforma de todo o sistema de controlo instituído na Convenção Europeia de 1950. Tal reforma, consubstanciada no *Protocolo número 11*, de 11 de Maio de 1994, gerou, do ponto de vista orgânico, o surgimento do novo *Tribunal Europeu dos Direitos do Homem* (TEDH) substitutivo do Tribunal e da Comissão anteriores, assim assumindo o sistema de controlo uma feição nitidamente judicializante.

O novo TEDH começou a funcionar em 1 de Novembro de 1998, data da entrada em vigor do Protocolo n.º 11, e com sede em Estrasburgo, permitindo-se um *acesso pessoal* e *directo* ao tribunal por banda dos

---

[1] Cfr. GONZALES CAMPOS, SÁNCHEZ RODRIGUES e SÁENZ DE SANTA MARIA, apud FRANCISCO FERREIRA DE ALMEIDA, in ob. cit., p. 342.

358   *Direito Processual Civil*

particulares lesados, em manifestação da *personalidade jurídica internacional do indivíduo*[1]. O Tribunal pode receber petições individuais de qualquer pessoa singular, organização não governamental ou grupo de particulares que se considere vítima de violação, por qualquer das Partes Contratantes, dos direitos reconhecidos na Convenção ou nos seus protocolos, sendo que as mesmas se comprometem a não criar qualquer entrave ao exercício efectivo desse direito (art.º 34.º da CEDH). O Tribunal só pode ser solicitado a conhecer de um determinado assunto ou questão depois de *esgotadas todas as vias de recurso internas*, em conformidade com os princípios de direito internacional geralmente reconhecidos e *num prazo de seis meses* a contar da data da decisão interna definitiva (art.º 35.º, n.º 1 da mesma CEDH)[2].

O TEDH é composto por um número de juízes igual ao de Estados contratantes (actualmente quarenta e um), eleitos por seis anos pela Assembleia Parlamentar do Conselho da Europa, não existindo nenhuma restrição quanto ao número de juízes com a mesma nacionalidade. Os *juízes exercem as suas funções a título individual,* que *não em representação dos Estados de origem.*

O processo no Tribunal é *contraditório e público*. As *audiências* são também *públicas*, salvo se a secção/tribunal pleno decidir de maneira diferente em virtude de circunstâncias excepcionais. É permitido o acesso do público às alegações e outros documentos depositados no secretariado do Tribunal. Os requerentes individuais podem apresentar as suas próprias queixas, mas a *representação por advogado* é aconselhada, sendo mesmo *obrigatória* para as *audiências* ou *depois de a queixa ser declarada admissível*. O Conselho da Europa criou um sistema de *assistência judiciária* para os queixosos sem recursos suficientes.

A primeira fase do processo é normalmente *escrita*. A Secção pode, contudo, decidir-se pela realização de uma audiência oral. Se for o caso, conhecer-se-à igualmente do mérito da causa. As *decisões da Secção* sobre a admissibilidade do processo são tomadas por maioria, fundamen-

---

[1] Cfr. Francisco Ferreira de Almeida, ob cit., pp. 342-343.

[2] O TEDH exige hoje o prévio esgotamento dos meios internos nos termos do art.º 35.º, n.º 1, da CEDH, por entender que Portugal assegura hoje à vítima do atraso a possibilidade de reparação junto dos seus próprios tribunais – cfr., v.g. a decisão de 22-5-2003 contra Portugal (Caso Silva Torrado), in Revista do Ministério Público, n.º 95, p. 116.

Capítulo VI – Pressupostos processuais 359

tadas e públicas. Quando a Secção decida admitir uma queixa, pode convidar as partes a apresentarem provas suplementares e observações por escrito, incluindo, no que diz respeito ao queixoso, um eventual pedido de *"reparação razoável"*, bem como a participarem numa audiência pública sobre o mérito do caso.

O *acórdão da secção torna-se definitivo no prazo de três meses* a contar da data da sua prolação, ou antes disso, se as partes declararem não ser sua intenção solicitar a devolução do caso ao tribunal pleno ou se o colectivo de cinco juízes rejeitar o pedido de devolução. Se o colectivo aceitar o pedido de devolução, incumbe ao tribunal pleno decidir o caso, por maioria, através de acórdão definitivo. Os acórdãos definitivos do Tribunal são *vinculativos* para os Estados requeridos.

41.3. Os tribunais da União Europeia: o Tribunal de Justiça, o Tribunal Geral e os Tribunais Especializados. O Tribunal da Função Pública.

§1.º – O Tribunal de Justiça da União Europeia (TJUE). O reenvio prejudicial.

Funcionando como *supremo tribunal da União Europeia* (e integrando o *Tribunal de Justiça* propriamente dito, o *Tribunal Geral* e *Tribunais Especializados*), o *Tribunal de Justiça da União Europeia*, com sede no Luxemburgo, destina-se a garantir o respeito do direito na *interpretação e aplicação dos tratados constitutivos* (art.º 19.º, n.º 1, do Título IIII, do *Tratado da União Europeia* – TEU – e *Tratado Sobre o Funcionamento da União Europeia* – TFUE – ambos integrantes do *Tratado de Lisboa*).

Com vista a tal desideratum, os Estados-membros comprometem-se a «estabelecer as vias de recurso necessárias para assegurar uma *tutela jurisdicional efectiva* nos domínios abrangidos pelo direito da União» (cfr. mesmo n.º 1, in fine).

É composto por um juiz por cada Estado-Membro (n.º 2 do art.º 19.º do TUE) contando, pois, actualmente *27 juízes*, com renovação a ser parcialmente realizada de três em três anos. O *Presidente* é designado pelos seus pares por um mandato de três anos, renovável (art.º 253.º do *Tratado Sobre o Funcionamento da União Europeia*). Os juízes gozam de *imunidade de jurisdição*, dela continuando a beneficiar relativamente aos actos por eles praticados na sua qualidade oficial (incluindo palavras e escritos), mesmo após a cessação das respectivas funções (cfr. o art.º 3.º do ETJUE).

Os juízes são assistidos por *oito advogados-gerais*, sendo uns e outros designados, de comum acordo, pelos governos dos Estados-Membros, por um período de seis anos (renovável), após consulta ao comité previsto no art.º 255.º do TFEU (cfr. o n.º 2, in fine, do art.º 19.º do TUE e o art.º 253.º do TFEU).

O TJUE decide, nos termos dos tratados (cfr. o n.º 3 do citado art.º 19.º): – a) – sobre os *recursos* interpostos por um Estado-membro, por uma instituição ou por pessoas singulares ou colectivas; – b) – *a título prejudicial*, a pedido dos órgãos jurisdicionais nacionais, sobre a interpretação do direito da União ou sobre a validade dos actos adoptados pelas instituições; – c) – *nos demais casos previstos pelos Tratados*. Em *caso de dúvida*, o Tribunal de Justiça decide; se contudo, a decisão disser respeito a um membro do Tribunal Geral ou de um tribunal especializado, o Tribunal de Justiça decide após *consulta* (prévia) *ao tribunal em causa* (cfr. art.º 4.º do *Estatuto do Tribunal de Justiça da União Europeia* – ETJUE).

Cumpre-lhe também: – *fiscalizar* «a *legalidade dos actos legislativos* e dos demais actos do Conselho, da Comissão e do Banco Central Europeu, que não sejam recomendações ou pareceres, bem como dos actos do Parlamento Europeu e do Conselho Europeu destinados a produzir efeitos jurídicos em relação a terceiros»; – *fiscalizar* «a *legalidade dos actos dos órgãos ou organismos da União* destinados a produzir efeitos jurídicos em relação a terceiros» (art.º 263.º do TFUE); – «*decidir sobre todo e qualquer litígio entre a União e os seus agentes,* dentro dos limites e condições estabelecidas pelo Estatuto dos Funcionários da União e no Regime aplicável aos Outros Agentes da União» (art.º 270.º do TFEU).

Nos termos do art.º 16.º do ETJUE, o TJUE pode reunir-se em *Secções* (de três e cinco juízes). Os *presidentes das secções de cinco juízes* são eleitos por três anos, podendo ser reeleitos uma vez (art-º 16.º do ETJUE).

Capítulo VI – Pressupostos processuais

A *Grande Secção* é composta por 13 juízes, sendo presidida pelo Presidente do Tribunal, dela fazendo igualmente parte os presidentes das *Secções* de cinco juízes e outros juízes designados nas condições estabelecidas no Regulamento do Processo. O Tribunal reúne como *Grande Secção* «sempre que um Estado-membro ou uma instituição da União que seja parte na instância o solicite»; e reúne em *Tribunal Pleno* sempre que lhe seja apresentado um requerimento em aplicação do n.º 2 do art.º 228.º (demissão do Provedor de Justiça Europeu), do n.º 2 do art.º 245.º do art.º 247.º (ambos relativos à demissão de membros da Comissão) ou do n.º 6 do art.º 286.º (afastamento de membros do Tribunal de Contas) do TFEU, podendo também o Tribunal, sponte sua, «quando considerar uma causa de excepcional importância, remetê-la ao Tribunal Pleno, depois de ouvido o advogado-geral».

As diversas situações em que o TJEU pode decidir *a título prejudicial* encontram-se contempladas no art.º 267.º do TFEU.

O reenvio pode ocorrer *em qualquer fase do processo*, mesmo que já em fase de recurso, cabendo, porém, sempre ao juiz nacional a escolha do momento asado para a submissão da questão prejudicial ao TJCE. Assim, o seu espoletamento pode ter lugar (no caso português) mesmo no seio de um recurso de revista já interposto perante o Supremo Tribunal de Justiça.

Por força do disposto no art.º 267.º do TFEU, o recurso ao expediente processual do reenvio prejudicial será *facultativo* (o que logo inculca o termo *pode*) se for suscitada perante um qualquer órgão jurisdicional nacional uma qualquer questão relativa à interpretação dos tratados ou sobre a validade ou interpretação dos actos adoptados pelas instituições os órgãos ou organismos da União[1]; já será, porém, *obrigatório* sempre que uma qualquer dessas questões «*seja suscitada em processo pendente perante um órgão jurisdicional nacional cujas decisões não sejam susceptíveis de recurso judicial previsto no direito interno*».

Pretende-se, com o expediente, obter, tanto quanto possível, uma *uniformização interpretativa das regras comunitárias* e a sua aplicação concordante pelos vários Estados-membros, já que a decisão do TJCE *quanto à questão prejudicial* surte *força de caso julgado*, assumindo, qua tale, *força vinculativa* perante o juiz nacional.

---

[1] O reenvio não se torna, pois, obrigatório e automático pelo seu simples requerimento, importando antes um juízo de necessidade a efectuar pelo juiz nacional – cfr. o acórdão da RC de 16-1-2008, CJ, n.º 204, Tomo I/2008, p. 45 / Des. INÁCIO MONTEIRO.

O *reenvio prejudicial* representa, no fundo, uma causa (legal) atípica de suspensão da instância por ordem do tribunal (por vontade do juiz ou *jussum judicis*). Com efeito, a necessidade do (*incidente*) do reenvio surge na pendência de uma causa em curso, cabendo a sua iniciativa, ou ao tribunal, ou às próprias partes, mas o seu desencadeamento terá de ocorrer sempre em momento cronologicamente anterior ao da prolação da decisão final, já que o sentido decisório pode vir a ser influenciado pela posição a assumir pelo TJCE quanto à interpretação jurídica a fazer da norma ou do acto comunitário de que se trate.

A obrigatoriedade do acto de reenvio faz com que a sua omissão integre uma *nulidade processual secundária*, porquanto tal preterição é manifestamente susceptível de influir no exame e discussão da causa (art.ºs 201.º, n.º 1 e 205.º do CPC)[1].

Compreendendo uma *fase escrita* e uma *fase oral* o processo perante o TJUE segue a tramitação regulada nos art.ºs 19.º a 46.º do ETJUE bem, como no Regulamento aprovado pelo próprio tribunal.

De ter presente que «sem prejuízo da competência atribuída ao TJUE pelos Tratados, os litígios em que a União seja parte não ficam, por esse motivo, subtraídos à competência dos órgãos jurisdicionais nacionais» (art.º 274.º do TFEU).

§2.º – O Tribunal Geral da União Europeia (TGUE).

O Tribunal Geral da União Europeia (TGUE) encontra-se associado ao Tribunal de Justiça da União Europeia (TJUE); é um *órgão jurisdicional independente*, ainda que *funcionando em apenso* ao TJUE).

O Tribunal Geral é constituído por 27 juízes, um por cada Estado--membro, os quais são nomeados por um período (renovável) de seis anos de comum acordo entre os governos dos Estados-membros.

O Tribunal Geral funciona *por Secções compostas por três ou cinco juízes*. O Regulamento do Processo pode também prever que o Tribunal

---

[1] Sobre a *obrigatoriedade* de submeter ao TJCE as questões relativas à interpretação da convenção de Bruxelas e sobre os casos de *dispensa do reenvio judicial obrigatório* em geral, cfr. AMÂNCIO FERREIRA, Manual dos Recursos em Processo Civil, 9.ª ed., Coimbra, Almedina, 2009, pp. 255 e ss.

Capítulo VI – Pressupostos processuais 363

Geral reúna em *Grande Secção*, nos casos e condições nele previstas (art.º 50.º do RTJUE).

Os membros do Tribunal elegem o seu *Presidente* e os presidentes das *Secções* de cinco juízes elegem como presidente um de entre os seus pares por um período de três anos renovável. Não existem advogados gerais adstritos em permanência ao Tribunal Geral; as respectivas tarefas podem ser realizadas (em um número limitado de casos) por um juiz para o efeito designado, o qual ficará, assim impedido de participar na elaboração do acórdão (art.ºs 48.º e 49.º do ETJUE).

É, no fundo, um sucessor do anterior Tribunal de 1.ª Instância das Comunidades Europeias (TJCE), que havia surgido em 1989 para combater o congestionamento e a morosidade crescente dos processos nesse último tribunal[1].

O Tribunal Geral assegura, na prática, um *duplo grau de jurisdição*, já que todos os casos por esse órgão julgados em 1.ª instância podem ser objecto de *recurso para o TJUE* ainda que circunscrito a *questões de direito*. É «competente para conhecer, em primeira instância, dos recursos referidos nos art.ºs 263.º, 265.º, 268.º, 270.º e 272.º do TFUE, com excepção dos atribuídos a um tribunal especializado criado nos termos do art.º 275.º e dos que o ETJUE reservar para o TJUE». O ETJUE pode, contudo, prever que o Tribunal Geral seja «competente para outras categorias de recursos» (cfr. o n.º 1 do art.º 256.º do TFUE).

É também «competente para conhecer dos *recursos interpostos contra as decisões dos tribunais especializados*» (art.º 256.º, n.º 2, do TFUE); e, outrossim, para «conhecer das *questões prejudiciais* submetidas, por força do art.º 267.º, em matérias específicas determinadas pelo Estatuto», podendo «remeter essa causa ao TJUE, para que este delibere sobre ela», quando «considerar que a causa exige uma decisão de princípio susceptível de afectar a unidade ou a coerência do direito da União» (art.º 256.º, n.º 3).

De resto, «as decisões proferidas pelo Tribunal Geral sobre *questões prejudiciais podem ser reapreciadas a título excepcional pelo TJUE*, nas condições e limites previstos no Estatuto, caso exista risco grave de lesão da unidade ou da coerência do direito da União».

---

[1] Cfr. a Decisão do Conselho n.º 88/591/CE/CECA/EURATON, de 24-10-88, depois alterada pela Decisão 93/350, de 8-6-93.

É, todavia, da exclusiva competência do TJUE o conhecimento dos recursos previstos nos art.ºs 263.º e 265.º do TFUE interpostos por um Estado-membro contra um acto ou abstenção de decidir do Parlamento Europeu, do Conselho ou da Comissão nos termos e com as excepções contempladas no art.º 51.º, e suas alíneas a) e b), do ETJUE.

Darão, pois, entrada no Tribunal Geral, entre outras, as *acções propostas por empresas ou associações* de empresas em matéria de imposições, de produção, de preços, de acordos, decisões e práticas concertadas e de concentrações e, também os *recursos directos* interpostos por pessoas singulares ou colectivas em *matéria de concorrência,* bem como pelos Estados-Membros (principalmente o *recurso de anulação* e *as acções por omissão* e de *indemnização*), com excepção dos reservados ao *Tribunal de Justiça.*

Qualquer pessoa cujo pedido de intervenção tenha sido indeferido pelo Tribunal Geral pode *recorrer para o Tribunal de Justiça*, devendo o recurso ser interposto no prazo de duas semanas a contar da notificação da decisão de indeferimento (art.º 57.º do ETJUE).

O processo no Tribunal Geral rege-se pelo título III do TFEU, bem como pelos art.ºs 53.º a 62.º-B do ETJUE.

§3.º – Tribunais Especializados da União Europeia.

Nos termos do art.º 257.º do TFUE, o «Parlamento Europeu e o Conselho, deliberando de acordo com o processo legislativo ordinário, podem criar *Tribunais Especializados*, adstritos ao Tribunal Geral, encarregados de *conhecer em primeira instância de certas categorias de recursos em matérias específicas.* O Parlamento Europeu e o Conselho adoptam regulamentos, quer sob proposta da Comissão e após consulta ao Tribunal de Justiça, quer a pedido do Tribunal de Justiça e após consulta à Comissão».

O *regulamento* que crie *um tribunal especializado* fixará as regras relativas à composição *desse tribunal* e especificará o âmbito das competências que lhe forem conferidas.

As decisões *dos tribunais especializados* podem ser objecto de recurso para o *Tribunal Geral* limitado às questões de direito ou, quando tal estiver previsto *no regulamento que cria o tribunal especializado,* que incida também sobre as questões de facto.

Capítulo VI – Pressupostos processuais   365

Os membros *dos tribunais especializados,* escolhidos de entre pessoas que ofereçam todas as garantias de independência e possuam a capacidade requerida para o exercício de funções jurisdicionais, são nomeados pelo Conselho, deliberando por unanimidade.

Os tribunais especializados estabelecem o respectivo *Regulamento* de processo, de comum acordo com o Tribunal de Justiça, o qual terá que ser submetido à aprovação do Conselho.

Salvo disposição em contrário do Regulamento instituidor do Tribunal Especializado, aplicam-se aos Tribunais Especializados as disposições dos Tratados relativas ao Tribunal de Justiça da União Europeia e as disposições do seu Estatuto. O título I e o art.º 64.º do ETJUE aplicam-se, em todas as circunstâncias, aos tribunais especializados.

As disposições relativas à competência, composição, organização e processo dos tribunais especializados instituídos ao abrigo do art.º 257.º do TFUE encontram-se incluídas no Anexo ao ETJUE (cfr. o art.º 62.º-C do mesmo Estatuto).

§4.º – Tribunal da Função Pública da União Europeia.

O *Tribunal da Função Pública da União Europeia* entrou em funcionamento no mês de Fevereiro de 2005.

A sua instituição encontra hoje respaldo legal no art.º 270.º do TFUE, nos termos do qual «o Tribunal de Justiça da União Europeia é competente para *decidir sobre todo e qualquer litígio entre a União e os seus agentes, dentro dos limites estabelecidos pelo Estatuto dos Funcionários da União e o Regime Aplicável aos Outros agentes da União.*

A sua estrutura orgânica encontra-se plasmada no Anexo I ao Tratado de Lisboa (TFEU), em cujo art.º 1.º se estabelece que o mesmo «exerce, em primeira instância, a competência para decidir dos litígios da União e os seus agentes», ex-vi do citado art.º 270.º, «incluindo os litígios entre qualquer órgão ou organismo e o seu pessoal, relativamente aos quais seja atribuída competência ao Tribunal de Justiça da União Europeia».

O Tribunal da Função Pública utiliza os serviços do Tribunal de Justiça e do Tribunal Geral, regendo-se o seu processo pelo título III do ETJUE, com excepção dos art.ºs 22.º e 23.º (cfr. o art.º 6.º do Anexo).

Das decisões de indeferimento proferidas pelo Tribunal da Função Pública cabe *recurso para o Tribunal Geral* (art.º 10.º do Anexo).

42. Competência interna. Modalidades.

Na ordem interna, a jurisdição reparte-se pelos diferentes tribunais segundo a *matéria*, o *valor da causa*, a *hierarquia* judiciária e o *território»* (cfr. os art.ºs 62.º, n.º 2, do CPC e 23.º, n.º 1, da LOFTJ/2008).

42.1. Competência em razão da matéria.

A competência (*ratione materiae*) respeita à distribuição do poder jurisdicional pelas diversas espécies e ordens de tribunais, consideradas no mesmo plano, isto é, *horizontalmente*, sem que entre elas exista uma qualquer relação de subordinação ou dependência hierárquica. A delimitação dessa competência é estabelecida por lei em *função da natureza substancial do pleito*, recte do seu objecto (matéria da causa), encarado este, pois, sob um ponto de vista qualitativo[1].

Face à vastidão, complexidade e especificidade normativas dos diversos ramos de direito material, seguiram o legislador constitucional e ordinário, na fixação e determinação da competência em razão da matéria, o *princípio da especialização*. São, assim, da *competência dos tribunais judiciais* as causas que não sejam atribuídas a outra ordem jurisdicional – art.ºs 66.º do CPC e 26.º, n.º 1, da LOFTJ/2008 (*princípio da delimitação negativa da competência ou princípio da residualidade*). Deste modo, se uma dada causa não for atribuída por lei a alguma jurisdição especial – como, por exemplo, à jurisdição administrativa e fiscal (ou ou mesmo eclesiástica)[2] – há que entender, por força daquele princípio, ser a mesma da competência dos tribunais Judiciais[3].

---

[1] Cfr. MANUEL DE ANDRADE, Noções Elementares cit., p. 92.

[2] «É da competência dos tribunais eclesiásticos a apreciação de um pedido de indemnização contra uma Ordem Religiosa por um seu ex-membro que dela foi expulso, sendo o fundamento da acção essa sua expulsão – cfr. o acórdão da RC de 4-10-2005, CJ, Ano XXX, Tomo IV/2005, p. 23 / Des. FERREIRA DE BARROS. «O acto da Mesa Administrativa de uma Misericórdia relativo à admissão, filiação ou adesão de novos irmãos como membros efectivos da Irmandade respeita exclusivamente à vida interna ou interorgânica da instituição em causa, cuja fiscalização e tutela competem, por isso, ao "Ordinário Diocesano". Não cabe, assim aos tribunais judiciais indagar da idoneidade ou inidoneidade dos candidatos à filiação nesse instituto eclesial, e muito menos sindicar a "legalidade", ou sequer a oportunidade ou a conveniência, do acto de apreciação (positiva

Capítulo VI – Pressupostos processuais

No seu art.º 72.º, a LOFTJ/2008 estabelece que «os tribunais de 1.ª instância são, em regra, os *tribunais de comarca*» (n.º 1), regra esta que reitera a estatuição do n.º 3 do seu art.º 17.º, no qual se esclarece ainda que os tribunais de comarca se designam «pelo nome da circunscrição em que se encontram instalados». No n.º 2 do mesmo art.º 72.º acrescenta-se que os tribunais de comarca «são *tribunais de competência genérica*, sem prejuízo do desdobramento em *juízos* em função da especialização». Os tribunais de comarca – um por cada uma das 39 circunscrições legalmente definidas (art.º 21.º da LOFTJ/2008) podem, por Dec.-Lei, desdobrar-se em *juízos de competência genérica* ou *juízos de competência especializada* (art.ºs 22.º e 73.º, n.º 2, da mesma Lei). São, assim, os tribunais de comarca os *competentes* para «preparar e julgar os processos relativos a causas não abrangidas pela competência de outros tribunais» (art.º 73.º, n.º 1, da mesma LOFTJ). Os *juízos de competência genérica* (em princípio competentes para toda e qualquer matéria) possuem ainda competência específica nas matérias contempladas no n.ºs 1 e 2 do art.º 110.º, ainda da LOFTJ/2008.

Os *juízos de competência especializada* – os quais conhecem de matérias determinadas, independentemente da forma de processo aplicável – podem (nos termos do n.º 2 do art.º 74.º da LOFTJ) ser das seguintes especialidades: a) – *instrução criminal*; b) – *família e menores*; c) – *trabalho*; d) – *comércio*; e) – *propriedade intelectual*; f) – *marítimos*; g) – *execução das penas*; h) – *execução*; i) – *instância cível*; j) – *instância criminal*.

Os *juízos de instância cível* (e os *juízos de instância criminal*) podem ainda desdobrar-se – se o volume ou a complexidade do serviço o justificarem – em três níveis de especialização, a saber: a) – *grande instância*; b) – *média instância*; – *pequena instância* (art.ºs 74.º, n.º 4 e 127.º a 130.º da LOFTJ/2008).

Aos *juízos de grande instância cível* cabe, designadamente: – a preparação e o julgamento das *acções declarativas cíveis de valor superior à alçada da Relação* em que a lei preveja a intervenção do tribunal

---

ou negativa) dessas candidaturas ou pedidos de filiação/admissão. E daí a incompetência dos tribunais comuns "ratione materiae" para a sindicância da questionada legalidade e, consequentemente, para a apreciação de providência cautelar de suspensão da decisão da mesa administrativa – órgão executivo da Misericórdia – sobre a admissão de novos irmãos» – cfr. o acórdão do STJ de 17-2-2005, Proc.116/2005 – 2.ª Sec / Cons.º FERREIRA DE ALMEIDA.

[3] Cfr. ALBERTO DOS REIS, Comentário, vol 1.º, p. 147.

368   *Direito Processual Civil*

colectivo; – exercer, nas *acções executivas fundadas em título executivo extrajudicial de valor superior à alçada dos tribunais da Relação,* as competências previstas no CPC em circunscrições não abrangidas pela competência de outro juízo; – a preparação e o julgamento dos *procedimentos cautelares a que correspondam acções da sua competência* (cfr. o art.º 128.º, n.º 1, alíneas a) a d)).

Aos *juízos de média instância cível* compete genericamente preparar e julgar os processos de natureza cível não atribuídos expressamente a outros tribunais ou juízos (art.º 129.º, n.º 1), bem como exercer as competências previstas nos n.ºs 2 e 3 do mesmo preceito.

Aos *juízos de pequena instância cível* compete, por seu turno, «preparar e julgar as causas cíveis a que corresponda a forma de processo sumaríssimo e as causas cíveis não previstas no CPC a que corresponda processo especial e cuja decisão não seja susceptível de recurso ordinário» (art.º 130.º da mesma LOFTJ/2008)[1].

A determinação das causas que, em razão da matéria (ou da forma de processo), são da competência dos tribunais de competência especializada é feita pelas leis de organização judiciária (art.º 67.º do CPC)[2-3-4].

Desapareceram com a nova LOTFJ/2008, os *círculos judiciais* e os tribunais de competência específica. Passa, todavia, o Conselho Superior da Magistratura a poder determinar, para efeitos meramente administrativos, a especialização dos juízos nos tribunais de comarca (art.º 80.º LOFTJ/2008).

---

[1] É o caso das acções declarativas especiais previstas no Dec.-Lei n.º 269/98, de 1 de Setembro.

[2] Face à LOFTJ/99, em matéria cível, eram *tribunais de competência especializada* os de instrução criminal, de família, de menores, do trabalho, de comércio, marítimos e de execução de penas (cfr. art.º 78.º) e *tribunais de competência específica* as varas cíveis, os juízos cíveis, os juízos de pequena instância cível e os juízos de execução (cfr. o art.º 96.º respectivo, aplicável *ex-vi* do art.º 69.º do CPC)

[3] Em matéria criminal, previa esse n.º 1 a existência de varas criminais, juízos criminais e juízos de pequena instância criminal, prevendo o n.º 2 que «em casos justificados, possam ser criadas varas com competência mista cível e criminal».

[4] A LOFTJ/99 cometia às *varas cíveis*, a preparação e julgamento das acções (declarativas) cíveis de valor superior à alçada do tribunal da Relação, relativamente às quais a lei previsse a intervenção do tribunal colectivo (art.º 97.º, n.º 1, alínea c)). O n.º 3 deste preceito previa mesmo a remessa *às varas cíveis* dos processos pendentes nos *juízos cíveis* em que se verificasse a alteração do valor susceptível de determinar a sua competência. O n.º 4 previa igualmente a *remessa às varas cíveis* de processos ou certidão de peças processuais, se a lei previsse, em determinada fase da sua tramitação, a intervenção do tribunal colectivo. Aos *juízos cíveis* competia (competência residual)

Capítulo VI – Pressupostos processuais 369

42.2. Competência em razão da hierarquia.

Os tribunais encontram-se hierarquizados, para efeito de recurso das suas decisões (art.º 17.º e 27.º da LOFTJ/2008). A *hierarquia judiciária* não significa, contudo, que os juízes dos tribunais inferiores dependam ou devam obediência a quaisquer instruções, ordens ou directivas dimanadas dos tribunais superiores, como sucederia se se tratasse de *hierarquia administrativa*. A hierarquia traduz-se, tão-simplesmente, no poder conferido aos tribunais superiores de, *por via de recurso,* revogarem ou alterarem as decisões dos tribunais inferiores. Nisto consiste o *princípio da independência dos juízes* e a sua sujeição exclusiva à lei, salvo o *dever de acatamento* das decisões proferidas em via de recurso pelos tribunais superiores – cfr. os art.ºs 203.º da CRP e 4.º e 5.º da LOFTJ/2008.

Porém, dentro de cada espécie, existem várias *ordens* de tribunais dispostas verticalmente, a que correspondem diversos níveis de exigência no recrutamento e selecção dos respectivos magistrados, com vista a rodear os tribunais das ordens superiores de maiores garantias de idoneidade e apetrechamento técnico para o julgamento das diversas causas, atento o seu grau de relevância social e económica, com atribuição aos respectivos juízes de poderes de apreciação, revogação e eventual reforma, em sede de recurso, das decisões dos tribunais de hierarquia inferior[1].

Os tribunais formam uma *pirâmide hierárquica*, cuja base é constituída pelos *tribunais de 1.ª instância*. No patamar imediatamente superior situam-se os *tribunais de 2.ª instância* (tribunais da Relação) e, no cume da pirâmide, o *Supremo Tribunal de Justiça* (cfr. os art.ºs 210.º da CRP e 27.º da LOFTJ/2008). Os *tribunais de 2.ª instância* denominam-se *tribunais da Relação* e são designadas pelo nome da sede do município em que se encontrem instaladas (art.º 17º, n.º 2), podendo, em cada distrito judicial existir um ou mais tribunais da Relação (art.º 20.º da LOFTJ/2008)[2].

---

preparar e julgar os processos de natureza cível que não fosse da competência das varas cíveis e dos juízos de pequena instância cível (art.º 99.º). Aos *juízos de pequena instância cível*, competia preparar e julgar as causas cíveis a que correspondesse forma de processo sumário, abreviado e sumaríssimo (art.º 102.º). Aos *juízos de execução*, competia exercer, no âmbito da acção executiva, as competências previstas no CPC (art.º 102.º-A).

[1] O recrutamento e selecção dos juízes das Relações e do Supremo encontra-se regulada pelos art.ºs 46.º, 47.º, 48.º, 52.º, 66.º, 67.º, 68.º e 69.º do EMJ, na redacção que lhes foi dada pela Lei n.º 26/2008, de 27 de Junho.

[2] Presentemente, há um tribunal de Relação nos distritos judiciais de Coimbra, Évora e Lisboa. No distrito judicial do Porto existem dois tribunais da Relação: o Tribunal

370   *Direito Processual Civil*

Os *tribunais judiciais de 1.ª instância* são, em regra, os *tribunais de comarca*, os quais, gozam, por isso, de competência genérica ou indiscriminada, sem prejuízo do desdobramento em juízos em função da especialização (art.º 17.º, n.º 3, da LOFTJ/2008). Os demais tribunais têm a sua competência confinada às matérias que lhes são especialmente atribuídas.

Para além das suas competências legais funcionado em *plenário* (art.º 65.º), compete designadamente às *Relações*, pelas suas secções, segundo um critério de especialização e nos termos do art.º 66.º, ambos da LOFTJ/2008: a) – julgar *recursos* b) – julgar as *acções propostas contra juízes de direito e juízes militares de 1.ª instância, procuradores da República e procuradores-adjuntos*, por causa das suas funções; c) – julgar os *processos de revisão e confirmação de sentenças estrangeiras* (art.ºs 1095.º e ss do CPC); d) – conceder o *exequatur* às decisões proferidas pelos tribunais eclesiásticos; e) – julgar, *por intermédio do relator, os recursos que lhe estejam cometidos pela lei do processo*. São *directamente instauradas no Tribunal da Relação* as acções em que é deduzida, pelo Ministério Público, *oposição à aquisição da nacionalidade portuguesa* (art.ºs 9.º e 10.º da Lei n.º 37/81, de 3 de Outubro – Lei da Nacionalidade), bem como as acções e processos referidos nas alíneas b) e c) do art.º 62.º: *acções contra juízes de direito e juízes militares de 1.ª instância, procuradores da República e procuradores-adjuntos*, por causa das suas funções[1]. E ainda, os processos judiciais de cooperação judiciária internacional em matéria penal (al. d)) e os processos de *revisão e confirmação de sentença estrangeira* (al. e)).

O *Supremo Tribunal de Justiça* – cuja sede é em Lisboa – é o órgão superior da hierarquia dos tribunais, sem prejuízo da competência própria do Tribunal constitucional (art.º 32.º, n.ºs 1 e 2, da LOFTJ/2008). Em regra, o *Supremo Tribunal de Justiça* conhece dos *recursos* e das *causas* que, por lei, sejam da sua competência (art.º 72.º, n.º 1, do CPC). Compete-lhe, designadamente, o conhecimento dos recuros interpostos das decisões das Relações e, nos casos especialmente previstos na lei, pelos tribunais de 1.ª instância (art.ºs 72.º, n.º 2, in fine, e 725.º do CPC).

---

da Relação do Porto e o Tribunal da Relação de Guimarães. Encontra-se ainda prevista a instalação do Tribunal da Relação de Faro no distrito Judicial de Évora.

[1] E, em matéria penal, julgar os *processos por crimes cometidos pelos mesmos magistrados e pelos juízes militares referidos*, bem como os *recursos em matéria contra--ordenacional a eles respeitantes*.

Capítulo VI – Pressupostos processuais

Em matéria de recursos, conhece das causas cujo valor exceda a alçada dos tribunais da Relação (e estes das causas cujo valor exceda a alçada dos tribunais de 1.ª instância) – art.º 31º, n.º 1, da LOFTJ/2008. Cabe também ao Supremo conhecer dos *conflitos de jurisdição* cuja apreciação não pertença ao Tribunal de Conflitos (cfr. o art.º 116.º, n.º 1). Cabe-lhe ainda, pelas suas *Secções*, o julgamento dos recursos que não sejam da competência do *Pleno* das *Secções* especializadas, das *acções propostas contra juízes do Supremo Tribunal de Justiça e dos tribunais da Relação e magistrados do M.º Público* que exerçam funções junto destes tribunais e equiparados, por causa das suas funções e, também julgar, *por intermédio do relator, os recursos a este cometidos pela lei do processo* (art.º 44.º, alínea c), da LOFTJ/2008).

Quanto aos seus poderes de cognição, o *Supremo Tribunal de Justiça só conhece, em princípio* (e fora os casos previstos na lei) *de matéria de direito*, funcionando, por isso, e essencialmente, como *tribunal de revista* (art.º 33.º da LOFTJ/2008)[1]; cabe-lhe essencialmente *rever a aplicação da lei substantiva* (*revista*) aos factos provados nas decisões proferidas pelas instâncias e a interpretação que estas fizeram das leis processuais. Quando se suscitarem apenas questões de direito, pode qualquer das partes requerer que o recurso da decisão de mérito proferida pelo tribunal de 1.ª instância suba directamente ao Supremo Tribunal de Justiça, nos termos do art.º 725.º – o *chamado recurso per saltum.*

Compete ao *Pleno das Secções Cíveis uniformizar a jurisprudência*, nos termos da lei de processo (art.º 43.º, alínea c), da LOFTJ/2008), uniformização essa prevista nos art.ºs 732.º-A e 732.º-B (*julgamento ampliado de revista*). E também o julgamento dos *recursos extraordinários para uniformização de jurisprudência* nos termos regulados pelos art.ºs 763.º a 770.º[2-3]. Para além do *julgamento ampliado para uniformização*

---

[1] Compete à Secção do Contencioso do Supremo Tribunal de Justiça o conhecimento dos recursos das *deliberações do Conselho Superior da Magistratura* – cfr. art.º 168.º do EMJ e 34.º, n.ºs 2 e 3, da LOFTJ/2008.

[2] Os *assentos* proferidos anteriormente à data da entrada em vigor da Reforma de 95/96 (1 de Janeiro de 1997) passaram a ter o valor de *acórdãos para uniformização de jurisprudência* (cfr. o n.º 2 do art.º 17.º das disposições transitórias contidas no Dec.-Lei n.º 329-A/95, de 12 de Setembro).

[3] *Uniformizar ou fixar jurisprudência* tem o mesmo significado na ordem judicial até revisão de cada Assento já proferido ou nova uniformização de jurisprudência pelo próprio STJ – cfr., v.g., o acórdão do STJ de 4-3-97, CJSTJ, ano V, Tomo I, p. 115 / Cons.º CARDONA FERREIRA.

372   *Direito Processual Civil*

de jurisprudência (art.ºs 732.º-A, n.º 1 e 732.º-B, n.º 4) ou do *recurso extraordinário para uniformização de jurisprudência*, cujo julgamento só se realiza com a presença de, pelo menos, três quartos dos juízes em exercício nas secções cíveis do Supremo Tribunal de Justiça (art.ºs 763.º e 770.º, n.º 1), no julgamento dos recursos para ele interpostos intervêm normalmente apenas três juízes, incluindo o Relator, quer na *apelação* (art.ºs 707.º, n.º 2, a 711.º), quer na *revista* (mesmos preceitos aplicáveis "ex-vi" do art.º 726.º do mesmo diploma). Assistem, porém, ao Relator os poderes contemplados nas diversas alíneas do n.º 1 do art.º 700.º, designadamente o poder de *uti singuli* (al. h)) decidir liminarmente do objecto do recurso se verificados os pressupostos do art.º 705.º, ficando, todavia, salva a possibilidade de a parte prejudicada com o despacho (desde que não seja de mero expediente) requerer que sobre a respectiva matéria recaia acórdão (art.º 700.º, n.º 3).

42.3. Competência em razão do valor e da forma de processo aplicável. Tribunal singular e tribunal colectivo.

Esta modalidade especial de competência vem prevista no art.º 68.º do CPC. Preceito que remete para as leis de organização judiciária a determinação das «causas que, *pelo valor ou pela forma de processo aplicável*, são da competência dos *tribunais singulares* e dos *tribunais colectivos*».

Na respectiva sequência, o n.º 1 do art.º 75.º da LOFTJ/2008 veio reiterar que «os tribunais de 1.ª instância funcionam, consoante os casos, como tribunal singular, como tribunal colectivo ou como tribunal do júri». O *tribunal singular* é composto por *um juiz* e o *tribunal colectivo* é composto por *três juízes* (art.ºs 135.º, n.º 1 e 136.º, n.º 1, respectivamente, da mesma LOFTJ).

Ao *tribunal singular* compete julgar os processos que não devam ser julgados pelo tribunal colectivo ou pelo júri (art.º 135.º, n.º 2), pelo que, *em regra, os processos serão da competência do tribunal singular*, a não ser que a lei os atribua expressamente ao tribunal colectivo. Nas comarcas em que o volume de serviço o aconselhar (cfr. o diploma regulamentar) o tribunal colectivo é constituído por *dois juízes de afectação exclusiva* ao julgamento em tribunal colectivo e pelo *juiz do processo* (art.º 136.º, n.º 3).

Ao *tribunal colectivo* compete julgar: – as *questões de facto* nas acções de valor superior à alçada dos tribunais da Relação e nos incidentes e execuções que sigam os termos do processo de declaração e excedam a referida alçada, sem prejuízo dos casos em que a lei de processo exclua a sua intervenção; – as *questões de direito* nas acções em que a lei de processo o determine (art.º 137.º, alíneas b) e c), da LOFTJ/2008). A discussão e julgamento da causa são feitos com intervenção do *tribunal colectivo se ambas as partes assim o tiverem requerido* (art.º 646.º, n.º 1, do CPC). Não é contudo admissível a intervenção do colectivo nas acções: – *não contestadas*, que tenham prosseguido em obediência ao disposto nas alíneas b), c) e d) do art.º 485.º; – *em que todas as provas, produzidas antes da audiência final, hajam sido registadas ou reduzidas a escrito*; – *em que alguma das partes haja* requerido (nos termos do art.º 522.º-B) *a gravação da audiência final*. O que tudo significa que o registo da prova é, em si, incompatível com a intervenção do tribunal colectivo[1].

42.4. Competência em razão do território. Elementos ou factores de conexão relevantes.

§1.º – Regras gerais.

Dentro da mesma espécie ou categoria de tribunais, e no mesmo grau de jurisdição, *o poder jurisdicional reparte-se também em razão do território*. A competência territorial é determinada pela lei (*forum legale*) ou pela vontade das partes (*forum conventionale*). Não vigora entre nós o sistema de competência territorial dispositiva, isto é determinada discricionariamente por uma qualquer entidade a quem se confira autoridade para tal[2].

Contra, porém, o que acontece com as regras de competência em razão da matéria, da hierarquia, do valor e da forma de processo – as quais não podem ser afastadas por vontade das partes –, é permitido

---

[1] Para LEBRE DE FREITAS, a intervenção do tribunal colectivo fora das hipóteses contempladas nas alíneas a) e b) do n.º 2 do art.º 646.º, bem como a intervenção indevida do tribunal singular, são em si geradoras do vício de «*incompetência intrajudicial*» – cfr. CPC Anotado, n.º 1 da anotação ao art.º 68.º.

[2] Cfr. MANUEL DE ANDRADE, Noções Elementares cit., p. 100.

374   *Direito Processual Civil*

afastar por convenção expressa, a aplicação das regras de competência em razão do território, salvo nos casos a que se reporta o art.º 110.º (*competência convencional*)[1-2].

Nos termos da LOFTJ/2008, o *Supremo Tribunal de Justiça* tem competência em todo o território nacional (art.º 28.º, n.º 1). Os *tribunais da Relação* têm, em regra, competência no respectivo distrito judicial; havendo no distrito judicial mais que uma Relação, o serviço é distribuído entre os vários tribunais segundo a área territorial atribuída a cada um, sem prejuízo da prática de actos e da realização de diligências em todo o distrito» (art.ºs 20.º, n.º 2 e 28.º, n.ºs 1 e 2).

Pode ser atribuída, por decreto-lei, aos tribunais da Relação e de comarca, mesmo quando desdobrados, competência territorial distinta da do distrito ou da comarca, sempre que tal se justifique em ordem a uma maior racionalização do serviço judicial (art.º 30.º, n.º 1, da LOFTJ/2008).

Os *tribunais de comarca* possuem, em regra, competência na área das respectivas comarcas nos termos do mapa II Anexo à mesma LOFTJ (cfr. art.º 29.º, n.º 1, respectivo). Os *juízos de competência genérica ou especializada*, resultantes do desdobramento de tribunais de comarca, possuem a área de competência territorial definida por decreto-lei dentro dos limites da comarca (art.º 29.º, n.º 2). Podem, contudo, ser criados, por decreto-lei, *juízos de competência especializada com competência sobre todo o território nacional*, em casos justificados, quer pela especialização, quer pelo volume e complexidade processuais (art.º 30.º, n.º 7 da LOFTJ/2008).

Se existir mais do que um juízo de competência genérica ou vários juízos de competência especializada sobre a mesma matéria no âmbito do tribunal de comarca[3], *podem as partes* (respeitados os critérios legais relativos à competência em razão da matéria e do valor), *escolher* um de entre os vários juízos existentes na comarca (n.º 2, do mesmo art.º 30.º).

---

[1] Por ex. nos procedimentos cautelares.

[2] Nos termos do AC UNIF do STJ n.º 12/2007, de 6-12-2007 «as normas dos artigos 74.º, n.º 1, e 110.º, n.º 1, alínea a), ambos do CPC, resultantes da alteração decorrente do artigo 1.º da Lei n.º 14/2006, de 26 de Abril, aplicam-se às acções instauradas após a sua entrada em vigor, ainda que reportadas a litígios derivados de contratos celebrados antes desse início de vigência com cláusula de convenção de foro de sentido diverso» – cfr. DR, Série I, n.º 235.

[3] Salvo em matéria criminal, contra-ordenacional e relativa aos processos educativos e tutelares de menores.

Capítulo VI – Pressupostos processuais 375

Este *afastamento das regras de competência territorial*, para além de exigir o *acordo das partes*, está sujeita aos requisitos da «*preferência pelo domicílio do réu*, em detrimento do critério legal de atribuição de competência», ou de «*preferência pela secção especializada de outro juízo na respectiva matéria,* quando não exista oferta especializada equivalente em juízo que for territorialmente competente de acordo com as regras gerais» (cfr. o n.º 2 e as alíneas a) e b) do n.º 3 do citado art.º 30.º), salvas, contudo, as excepções do n.º 4 do mesmo preceito. Para os efeitos do n.º 2, *presume-se* sempre *o acordo das partes* se o réu, na contestação ou no primeiro momento processual em que possa pronunciar-se sobre a matéria, não deduzir a excepção de incompetência territorial (cf. n.º 5, ainda do mesmo preceito).

§2.º – Elementos de conexão relevantes.

A *competência em razão do território* (ou competência territorial) resulta da atribuição a cada tribunal, sediado em certa área geográfica, da competência para o julgamento das diversas causas (*competentia rationae loci*), elegendo a lei, para tal, um *elemento de conexão* que reputa de decisivo. Afere-se, portanto, em função de dois parâmetros: a *circunscrição territorial* correspondente ao tribunal e *o elemento de conexão* de cada tipo de acções com a circunscrição. Trata-se, por isso, de «*uma competência subjectiva*, porque fixa o poder de julgar individualmente considerado». Na determinação do juízo do tribunal que, em cada caso, é territorialmente competente, há que aplicar, na ausência de lei expressa, e a título supletivo, os factores definidos na lei do processo. Na selecção e eleição desses elementos de conexão, pautou-se o legislador do CPC, ora por critérios de *justiça e razoabilidade* (art.ºs 75.º e 85.º), ora de *comodidade das partes* (art.ºs 73.º, 74.º, 77.º, 78.º, 79.º, 80.º, 82.º, 83.º, 84.º e 90.º), ora ainda por razões de interesse de uma *boa administração da justiça* (art.º 74.º, n.º 2)[1].

Entre esses elementos, há que referir o *foro do réu*, o *foro real* ou *da situação dos bens, o foro obrigacional, o foro do autor, o foro sucessório e o foro da execução*. Assim:

---

[1] Cfr. ANTUNES VARELA/J. M. BEZERRA/SAMPAIO E NORA, Manual cit., pp. 216 e 219.

376   *Direito Processual Civil*

a) – O foro do réu (*actor sequit forum rei*):

O *tribunal do domicílio do réu* constitui, a um tempo, a *regra geral* e um *critério supletivo*, já que aplicável sempre que não exista disposição especial para a atribuição da competência territorial. Procura a lei *facilitar a defesa do réu* (*favor rei*), assim se observando, no âmbito processual, o princípio dominante no campo do direito das obrigações (*favor debitoris*) – cfr. art.ºs 85.º e 86.º[1]. Se *existir mais do que um réu na mesma causa*, devem ser todos demandados no *tribunal do domicílio do maior número*; se for igual o número nos diferentes domicílios, pode o autor escolher o de *qualquer deles* (n.º 1 do art.º 87º).

Trata-se de uma *excepção às regras da competência determinada pela pluralidade de réus* com domicílios em diferentes comarcas; regra essa ditada por razões de *comodidade para o réu*. Se, pois, o réu for casado, deve o casal ser considerado como um só para efeitos de demanda (desde que não separado judicialmente de pessoas e bens). Se existirem *vários réus incapazes*, deverão, para o mesmo efeito, ser considerados como um só se tiverem o mesmo representante legal. Fica assim vedado ao réu (ou aos réus) que se encontrarem na posição minoritária (ou até de igualdade) invocarem a incompetência do tribunal por este não corresponder ao do lugar do seu domicílio.

No caso de *pedidos cumulativos* (art.º 470.º), para cuja apreciação sejam territorialmente competentes diversos tribunais, *pode o autor escolher qualquer deles para a propositura da acção*, salvo se a competência para apreciar algum desses pedidos depender de qualquer um dos elementos de conexão que permitem o conhecimento oficioso da incompetência relativa, pois, neste caso, a acção será proposta nesse tribunal (art.º 87.º, n.º 2).

Se o réu for o Estado, já será competente o tribunal do domicílio do autor (art.º 86.º, n.º 1).

Se o réu for outra pessoa colectiva (que não o Estado) ou uma *sociedade*, será demandado no tribunal da *sede* da administração principal ou no da *sede* das respectivas sucursal, agência, filial, delegação ou representação, conforme a acção seja dirigida contra a sede ou contra estas últimas. Mas se o autor pretender demandar uma *pessoa colectiva*

---

[1] A regra geral vigente para os tribunais administrativos é, porém, a de que «os processos em 1.ª instância são intentados no tribunal da residência habitual ou da sede do autor ou da maioria dos autores» – cfr. o art.º 16.º do CPTA/2002.

Capítulo VI – Pressupostos processuais 377

ou uma sociedade com sede no estrangeiro, que possua sucursal, agência filial, delegação ou representação em Portugal, a acção pode ser proposta no tribunal do lugar da situação da *sede das últimas*, ainda que seja solicitada a *citação da administração principal* (art.º 86.º, n.º 2).

b) – O foro real ou da situação dos bens (*forum rei sitae*):

Devem ser propostas no tribunal da situação dos bens as acções: – referentes a *direitos reais ou pessoais de gozo sobre imóveis*; – de *divisão de coisa comum* (art.ºs 1052.º e ss); – de *despejo* (resolução judicial do contrato de arrendamento) previstas nos art.ºs 1047.º e 1084.º, n.º 2, do CC e a seguirem a forma de processo comum declarativo "ex-vi" do art.º 14.º da Lei n.º 6/2006 de 27/2, – de *preferência* (art.ºs 1458.º e ss); – de *execução específica do contrato-promessa* sobre imóveis (art.º 830.º e ss); – de *reforço, substituição, redução e expurgação de hipotecas*, a que se reportam os art.ºs 991.º a 1007.º (cfr. o art.º 73.º, n.º 1). Regra que assume mesmo *natureza imperativa* no que concerne às acções relativas a *direitos reais sobre imóveis sitos em território português* (cfr. art.º 65.º-A, al. a)). Nesta epígrafe se integram, pois, as acções de propriedade ou posse, tipicamente as *acções de reivindicação* (art.º 1311.º), *de preferência* (art.º 1410.º), *fundadas em direito real como a compropriedade* (art.º 1403.º) e, bem assim, as provenientes de uma *relação obrigacional como o arrendamento* (art.º 1091.º), todos esses preceitos do CC[1].

Contemplam *casos especiais do foro da situação dos bens*: – o n.º 2, do art.º 73.º relativo às acções de *reforço, substituição, redução e expurgação de hipotecas relativas a navios e aeronaves* (a acção deve ser proposta no lugar da respectiva matrícula, ou se a hipoteca abranger móveis matriculados em circunscrições diversas, o autor pode optar por qualquer delas); – e o n.º 3 respeitante a *universalidades de facto ou bens móveis e imóveis ou imóveis sitos em circunscrições diferentes*, caso em que a acção será proposta no tribunal correspondente à situação dos imóveis de maior valor, podendo (se o prédio objecto da acção estiver situado em mais do que uma circunscrição) ser proposta em qualquer das circunscrições.

c) – Foro obrigacional (*forum obligationis*):

Trata-se do tribunal do lugar onde deve ser cumprida a obrigação (*forum destinate solutionis*), o mesmo que é dizer de acções destinadas a

---

[1] Cfr. Antunes Varela/J. M. Bezerra/Sampaio e Nora, Manual cit., p. 217.

378   *Direito Processual Civil*

exigir o cumprimento de uma dada obrigação (*ex-contractu*) ou a indemnização pelo não cumprimento.

Quanto ao *lugar do cumprimento da prestação*, estabelece o n.º 1 do art.º 772.º do CC, como *critério supletivo*, que, «na falta de estipulação ou disposição especial da lei, a prestação deve ser efectuada no *lugar do domicílio do devedor*». Para a determinação do *domicílio,* há que atender--se ao disposto nos art.ºs 82.º e ss do mesmo diploma[1]. Contudo, o n.º 1 do 74.º estabelece como competente para a propositura da acção «destinada a exigir o *cumprimento de obrigações, a indemnização pelo não cumprimento ou pelo cumprimento defeituoso e a resolução do contrato por falta de cumprimento*» o *tribunal do domicílio do réu*» (*favor rei ou favor debitoris*), podendo, porém, o credor *optar pelo tribunal do lugar em que a obrigação devia ser cumprida* quando o réu seja pessoa colectiva ou quando, situando-se o *domicílio do credor na área metropolitana* de Lisboa ou do Porto, *o réu tenha domicílio na mesma área metropolitana*»[2]. A possibilidade dessa opção visa proporcionar ao autor uma maior comodidade, funcionado aqui uma regra de (*favor auctoris ou favor creditoris*[3].

d) – Foro do *lugar da ocorrência do facto*:

Para as acções destinadas «*a efectivar a responsabilidade civil baseada em facto ilícito ou fundada no risco, o tribunal* competente é *o correspondente ao lugar onde o facto ocorreu*» (art.º 74.º, n.º 2). Razões de *comodidade e facilidade de acesso aos elementos probatórios* (sem pois necessitar de requisição ou solicitação a outro tribunal ou entidade) e de um consequente mais apto posicionamento para uma melhor administração da justiça, estão na base da estatuição legal. Assim, por ex., as acções

---

[1] «A pessoa tem *domicílio* no lugar da sua residência habitual; se residir alternadamente em diversos lugares, tem-se por domiciliada em qualquer deles». «Na falta de *residência habitual*, considera-se domiciliada no lugar da sua *residência ocasional* ou, se esta não puder ser determinada, no lugar onde se encontrar» (art.º 82.º, n.ºs 1 e 2, do CC).

[2] A acção deve, pois, ser proposta no tribunal cuja circunscrição territorial abranja o lugar onde, por força da lei (imperativa ou supletiva) ou convenção escrita, a obrigação devia ser cumprida.

[3] Segundo Antunes Varela/J. M. Bezerra/Sampaio e Nora, Manual cit., p. 218, esta regra assume assinalável «interesse prático, pela enorme frequência da sua aplicação, mesmo em obrigações cujos sujeitos são cidadãos estrangeiros», dando, a propósito, o exemplo de uma acção destinada a «exigir, em acumulação, o cumprimento específico da obrigação e a indemnização pela mora».

Capítulo VI – Pressupostos processuais   379

emergentes de acidente de viação devem ser propostas no *tribunal do lugar onde ocorreu o acidente* (*evento ilícito danoso*), assim como as acções destinadas a exigir indemnização por violação de deveres gerais de abstenção relativos a *direitos absolutos* como os direitos de personalidade.

e) – Foro do autor (*forum actoris*):

O foro do lugar do *domicílio ou residência do autor* é o critério especificamente estabelecido por lei para as *acções de divórcio e de separação de pessoas e bens*, sendo, para tal, competente o tribunal do domicílio ou residência do autor (art.º 75.º). Subjacente a este critério encontra-se uma ideia de benefício ou *protecção preferencial do autor* (cônjuge ofendido ou lesado), que será, normalmente, quem sofreu os efeitos da violação dos deveres conjugais que servem de fundamento essencial à acção[1].

f) – Foro sucessório ou hereditário (*forum successionis*):

A sucessão por morte abre-se no lugar do último domicílio do *de cujus* (art.º 2031.º do CC). O *tribunal da comarca do serviço de registo ou do cartório notarial onde o processo foi apresentado* é o competente, não só para os actos compreendidos no âmbito do controlo geral do *processo de inventário, sentença homologatória da partilha* e outros actos que, nos termos desse processo, sejam da competência do juiz, bem como para *a habilitação de uma pessoa como sucessora por morte de outra* (cfr. as alíneas a) e b) do n.º 1 do art.º 77.º, na redacção que lhe foi dada pelo art.º 78.º da Lei n.º 29/2009, de 29 de Junho).

Aberta a sucessão fora do país (*de cujus*[2] com o seu *último domicílio no estrangeiro*), mas *tendo o de cujus deixado bens em Portugal*, é *competente para a habilitação* o tribunal do lugar da situação dos imóveis ou da maior parte deles ou, na falta de imóveis, o lugar onde estiverem a maior parte dos móveis; – *não tendo o de cujus deixado bens em Portugal*, é *competente para a habilitação* o tribunal do domicílio do habilitando (alíneas a) e b) do n.º 2 do mesmo art.º 77.º

g) – Foro da execução (*forum executionis*):

Salvo disposição legal expressa em contrário, *o tribunal competente para a execução é o do domicílio do executado* (art.º 94.º, n.º 1).

---

[1] Os fundamentos do divórcio sem o consentimento do outro cônjuge (divórcio litigioso), ou seja os factos-índice da *ruptura do casamento* encontram-se plasmados no art.º 1871.º do CC.

[2] *De cujus* é o termo abreviado da expressão jurídica latina *de cujus sucessione agitur*, que significa aquele ou aquela de cuja herança se trata.

380   *Direito Processual Civil*

O foro competente para a execução fundada em decisão proferida por tribunais portugueses é o *tribunal de 1.ª instância onde a causa tiver sido julgada*, correndo a execução (nos tribunais em que não haja tribunal com competência executiva específica) *por apenso a esse processo* (art.º 90.º, n.ºs 1 e 3), excepto se se verificarem as excepções constantes desse n.º 3. *Se a decisão tiver sido proferida por árbitros* em território português, é competente para a execução o *tribunal da comarca do lugar da arbitragem*, a qual correrá, em princípio, no respectivo *translado*, salvo se o juiz tal considerar inconveniente.

A *execução corre por apenso* ao da decisão exequenda, podendo, todavia, correr *no translado* «quando, em comarca com competência executiva específica, a sentença haja sido proferida em juízo de competência especializada cível ou de competência genérica e quando o processo tenha entretanto subido em recurso», «sem prejuízo de o juiz da execução poder, se o entender conveniente, apensar a execução ao processo já findo» (art.º 90.º, n.º 3).

Se a acção tiver sido proposta (*directamente*) *na Relação ou no Supremo*, é competente para a execução o *tribunal do domicílio do executado*, salvo o caso especial do art.º 89.º[1]; em qualquer caso, baixa o *translado* ou o *processo declarativo* ao tribunal competente para a execução (art.º 91.º).

Para a *execução por custas*, por *multas* ou pelas *indemnizações* referidas no art.º 456.º e preceitos congéneres é competente o *tribunal em que haja corrido o processo* ou *em que tenha tido lugar a notificação da respectiva conta ou da liquidação*, observando-se o n.º 3 do art.º 90.º (art.º 92.º).

Para as execuções fundadas em outros títulos que não em sentença condenatória (*v.g. títulos de crédito*) – e tratando-se de *execuções para o pagamento de quantia certa* – é competente «*o tribunal do domicílio do executado*, podendo o exequente optar pelo o *tribunal do lugar onde a obrigação deva ser cumprida* quando o executado seja pessoa colectiva

---

[1] Nos termos do n.º 1 do art.º 89.º, «para as acções em que seja parte o juiz de direito, seu cônjuge, algum seu descendente ou ascendente ou quem com ele conviva em economia comum e que devessem ser propostas na circunscrição em que o juiz exerce jurisdição, é competente o tribunal da circunscrição judicial cuja sede esteja a menor distância da sede daquela».

Capítulo VI – Pressupostos processuais

ou quando, situando-se o domicílio do exequente na área metropolitana de Lisboa ou do Porto, o executado tenha domicílio na mesma área metropolitana» (cfr. o n.º 1 do art.º 94.º).

Se se tratar de obrigações para *entrega de quantia certa* ou por *dívida com garantia real*, serão (respectivamente) competentes o *tribunal do lugar onde a coisa se encontre ou o da situação dos bens onerados* (n.º 2 do art.º 94.º.) *O tribunal da situação dos bens* é ainda competente se, devendo a execução ser *instaurada no tribunal do domicílio do executado,* este não possua domicílio em Portugal, mas aqui possua bens e se a execução houver de ser *instaurada em tribunal português* por via da al. e) do art.º 65.º-A (cfr. os n.ºs 3 e 4, respectivamente, do art.º 94.º).

h) – Acção de *honorários:*

Para a *acção de honorários* de mandatários judiciais ou técnicos e para a cobrança das quantias adiantadas ao cliente é competente «o *tribunal da causa na qual foi prestado o serviço, devendo aquela correr por apenso a esta» (forum conexitatis)* – cfr. o n.º 1 do art.º 76º. Neste tipo de acção, o *autor* é o advogado ou o técnico (que assistiu o advogado nos termos do art.º 42.º)[1]. O *réu* é o cliente a quem o advogado ou o técnico prestaram o serviço ou adiantaram a quantia. A *causa de pedir* diz respeito ao pagamento do serviço prestado pelo mandatário ou pelo técnico num determinado processo[2]. A *regra especial do tribunal da causa* é ditada, não propriamente por razões de distribuição de competência territorial ou em razão da matéria, mas por *razões de uma maior eficácia e funcionalidade dos tribunais.* O que melhor se conseguirá confiando o julgamento ao juiz decisor da causa principal geradora da dívida de honorários, o qual, por tal motivo, se encontrará em melhor posição para avaliar a dimensão e a qualidade do esforço ou actividade dispendidos. Por isso, a *petição da acção de honorários* não será distribuída, mas sim *averbada, correndo por apenso ao processo* de donde constem todos os elementos para uma decisão justa e conscienciosa[3]. Todavia, se a causa

---

[1] Tratando-se de um mandato conferido a advogado enquanto sócio de uma sociedade de advogados, é esta que detém legitimidade para instaurar contra o réu acção de honorários e não o advogado que prestou tais serviços nessa qualidade – cfr. o acórdão da RL de 1-6-2005, CJ, Ano XXX, Tomo III/2005, p. 284 / Des.ª Maria Rosa Tching.

[2] Cfr. Alberto dos Reis, CPC Anotado, vol. I, cit., p. 216.

[3] Cfr., v.g., os acórdãos da RC de 27-6-2000, CJ, ano XXV, Tomo III, p. 33. / Des. Cardoso de Albuquerque e do STJ de 30-11-95, BMJ, n.º 451, p. 370. / Cons.º Pereira da Graça.

382   *Direito Processual Civil*

tiver sido instaurada na Relação ou no Supremo, a acção de honorários correrá no *tribunal da comarca do domicílio do devedor*», (art.º 76.º, n.º 2), sendo este n.º 2 que justifica a inclusão do art.º 76.º na secção respeitante à competência territorial. O elemento de conexão relevante para a determinação da competência territorial é, pois, o do *foro do réu*.

42.5. Extensão da competência.

Em contadas situações e mediante certos requisitos, a competência de um dado tribunal pode *estender-se* a outras questões nele ou à margem dele suscitadas e para cujo conhecimento não teria, em princípio, competência. São as hipóteses de *extensão e modificação da competência* contempladas nos art.ºs 96.º a 100.º. A *extensão da competência* pode ser relativa às *questões incidentais* (art.º 96.º), às *questões prejudiciais* (art.º 97.º) e às *questões reconvencionais* (art.º 98.º). A *modificação da competência* é regulada pelos art.ºs 99.º (pactos privativo e atributivo de jurisdição) e 100.º (competência convencional).

Questões incidentais (ou incidentes) são as que se perfilam como *acessórias e secundárias* relativamente ao objecto da acção ou do recurso e processualmente autónomas face ao processo principal[1]. Assim, a expressão legal de *"incidentes"* utilizada no n.º 1 do art.º 96.º deve ser tomada em *sentido amplo*, em ordem a englobar os pedidos acessórios, dependentes ou conexos com um pedido principal[2]. O princípio a ter em conta neste domínio é o de que «*o tribunal competente para a acção é também competente para conhecer dos incidentes que nela se levantem e das questões que o réu suscite como meio de defesa*» (art.º 96,º, n.º 1)[3].

---

[1] Cfr. SALVADOR DA COSTA, Os Incidentes da Instância, 5.ª ed., Coimbra, Almedina, 2008, pp. 9 a 12.

[2] Cfr., neste sentido amplo de englobamento de pedidos acessórios e dependentes deduzidos em acumulação real, o exemplo do pedido de indemnização conexo com um pedido de reivindicação, o acórdão do STJ de 13-3-2008, Proc. 391/2008 – 1.ª Sec. / Cons.º SEBASTIÃO PÓVOAS.

[3] A título de exemplo, tendo a embargante-executada seguradora alegado como meio de defesa que o montante alegadamente em dívida corresponde ao que foi retido na fonte nos termos do CIRS, pode o tribunal comum conhecer dessa matéria com base na

Capítulo VI – Pressupostos processuais

A título de exemplo, e reportando-nos especificamente aos incidentes típicos, directamente previstos na lei como *incidentes da instância* e mais frequentes, podem referir-se: – a *verificação do valor da causa* (art.ºs 305.º a 319.º); – a *intervenção de terceiros* (art.ºs 320.º a 359.º); – a *habilitação* (art.ºs 371.º a 377.º) e a *liquidação* (art.ºs 378.º a 380.º)[1]. Assim, por ex., se falecida uma das partes no decurso da acção, o tribunal competente para a acção sê-lo-á também para decidir o *incidente de habilitacão,* que não (como seria normal) o tribunal do lugar da abertura da sucessão (art.º 77.º); se a causa correr em qualquer outro tribunal, este passará a ter, *por extensão*, também competência para a habilitação. Também os *procedimentos cautelares* podem ser instaurados como incidentes da acção declarativa ou executiva (art.º 383.º, n.º 1, in fine).

O tribunal competente para uma acção com fundamento em *contrato celebrado pelas partes*, será também competente, *por extensão*, para conhecer da *nulidade* desse *contrato* invocada pelo réu, ainda que para o conhecimento desse vício fosse competente outro tribunal, se invocado em acção autónoma. Assim, se o autor A, residente em Coimbra, propuser na Comarca de Lisboa uma acção tendente à efectivação de responsabilidade contratual radicada em incumprimento (por parte de B nesta cidade residente) de uma obrigação constante de documento escrito, obrigação essa também a cumprir em Lisboa, e o réu B, na sua contestação, invocar a anulabilidade do negócio com base em dolo do autor A, requerendo por isso a sua anulação, o tribunal de Lisboa será, *por extensão*, o competente para conhecer desse alegado vício da vontade. O que já não sucederia se a acção de anulação fosse autonomamente instaurada por B, caso em que seria competente o tribunal da comarca de Coimbra, ou seja o tribunal do domicílio do (agora) réu A (art.º 85.º).

Extensão de competência que sofre, contudo, uma ressalva: as decisões proferidas nesses *incidentes*, bem como *nos meios de defesa que não envolvam directamente o objecto da acção* (questões incidentais em sentido próprio), mesmo que transitadas em julgado, surtem apenas eficácia de *caso julgado formal* (isto é não constituem caso julgado fora do processo respectivo), «excepto se alguma das partes requerer o julgamento com essa amplitude e o tribunal for competente do ponto de vista inter-

---

competência por extensão prevista no n.º 1 do art.º 96.º do CPC – cfr., entre vários outros, o acórdão do STJ de 15-1-2004, Proc. 4010/2003 – 2.ª Sec./ Cons.º MOITINHO DE ALMEIDA.

[1] Sobre esta matéria, cfr. infra n.º 71.

384   *Direito Processual Civil*

nacional e em razão da matéria e da hierarquia» (n.º 2 do art.º 96.º)[1]. Quer dizer: só produzem *caso julgado material* (para valer fora do processo) se alguma das partes requerer o processamento da questão incidental como se de uma acção autónoma se trate e o tribunal for absolutamente competente[2].

Se o conhecimento do objecto da acção depender da decisão de outra questão que seja da competência do *juízo criminal ou do tribunal administrativo*, pode o juiz *sobrestar* na decisão (abstendo-se provisoriamente de decidir) até que o tribunal competente se pronuncie (cfr. o n.º 1 do art.º 97.º). Trata-se de situações em que o conhecimento do objecto (fundo ou mérito da causa) se encontra dependente da resolução prévia de uma outra questão «que faz parte do encadeamento lógico da sentença a proferir»[3]. Não se trata aqui de *estender* a competência do tribunal da causa, mas sim de atribuir ao juiz a faculdade de *suspender* (diferir) a decisão ou de *sobrestar* na decisão (final) a proferir até que o juízo de competência especializada ou o tribunal especial se pronunciem sobre a questão prévia da sua própria competência. Sacrifica aqui a lei o interesse da celeridade processual em favor de uma maior garantia do acerto ou perfeição da decisão[4]. A suspensão ficará, todavia, «sem efeito se a *acção penal ou a acção administrativa* não for exercida dentro de *um mês* ou se o respectivo processo estiver parado, por negligência das partes, durante o mesmo prazo. Neste caso, o juiz da acção decidirá a questão prejudicial, mas a decisão não produz efeitos fora do processo em que for proferida» (art.º 97.º, n.º 2). Nesta eventualidade, a decisão a proferir pelo tribunal cível formará apenas *caso julgado formal* (força obrigatória dentro do processo), já que, ao contrário do que é permitido pelo n.º 2 do art.º 96.º, o art.º 97.º não confere às partes a possibilidade de requererem que a decisão que venha a ser proferida pelo tribunal judicial sobre a

---

[1] Se o réu requerer que a decisão de uma excepção peremptória por si invocada faça caso julgado ao abrigo do disposto no n.º 2 do art.º 96.º, como que converte essa defesa numa figura substancialmente reconvencional, que a doutrina rotula de «*reconvenção para apreciação incidental*» – cfr., neste sentido, v.g., o acórdão da RE de 18-4-91, CJ, Ano de 1991, Tomo II, p. 340 / Des. ABÍLIO PIRES.

[2] Cfr. ANTUNES VARELA/J. M. BEZERRA/SAMPAIO E NORA, Manual cit., p. 221.

[3] Cfr. J. RODRIGUES BASTOS, Notas, vol. I cit., p. 165.

[4] Cfr., neste sentido, ANTUNES VARELA/J. M. BEZERRA/SAMPAIO E NORA, Manual cit., p. 222.

Capítulo VI – Pressupostos processuais

questão prejudicial constitua caso julgado material. De salientar que o art.º 97.º tem aplicação apenas quando o tribunal criminal ou administrativo detêm competência para o conhecimento de questão (prejudicial), tornado (esse tribunal) necessário para a decisão de outra questão que constitui objecto da acção proposta em tribunais (*judiciais*) *cíveis*.

Importa, porém, distinguir entre *questão jurídica prejudicial* e *causa prejudicial*. *Questão jurídica prejudicial* será aquela cuja solução constituía pressuposto *necessário* da decisão de mérito, «quer esta necessidade resulte da configuração da causa de pedir, quer da arguição ou existência duma excepção (peremptória ou dilatória), quer ainda do objecto de incidentes em correlação lógica com o objecto do processo e seja mais ou menos directa a relação que corra entre essa questão e a pretensão ou o *thema decidendum*»[1]. *Causa prejudicial existirá* quando uma dada questão for (*a se*) objecto autónomo de outra acção, como tal podendo constituir fundamento de suspensão da instância por determinação do juiz, nos termos do art.º 279.º[2]; uma causa é prejudicial em relação a outra quando a decisão daquela pode prejudicar a decisão desta, isto é, quando a procedência da primeira tira a razão de ser à existência da segunda»[3]. Por exemplo, a acção de anulação de um contrato de compra e venda constitui causa prejudicial em relação a uma outra acção em que se pretende exercer o direito de preferência na respectiva aquisição.

O tribunal da *acção* é competente para as questões deduzidas por via de *reconvenção*, desde que tenha competência para elas em razão da nacionalidade, da matéria e da hierarquia (*competência absoluta*), sob pena de absolvição do autor (reconvindo) da instância» (art.º 98.º, n.º 1). A competência do tribunal da acção (principal) estende-se assim, por força desse n.º 1, às questões suscitadas na reconvenção de que não poderia conhecer segundo as regras da competência em razão do valor ou do território (*competência relativa*). Ponto é que o tribunal detenha, para tal, *competência absoluta*.

Quando, por virtude da reconvenção, o tribunal singular deixe de ser competente em razão do valor, deve o juiz oficiosamente remeter o processo para o tribunal competente para o tribunal ou juízo que for competente (art.º 98.º, n.º 2, do CPC). Serão, pois, remetidos *ex-officio*

---

[1] Cfr. LEBRE DE FREITAS, ob. cit., pp. 105-106.
[2] Cfr., infra n.º 69.3, §2.º.
[3] Cfr. ALBERTO DOS REIS, Comentário, vol. 3.º cit., p. 206.

386   *Direito Processual Civil*

aos juízos de grande instância cível os processos pendentes nos de média instância cível em que se verifique a alteração do valor susceptível de determinar a sua competência. Tudo tendo presente que, no caso de reconvenção, em que o pedido formulado pelo réu seja distinto do deduzido pelo autor, os respectivos valores se somam, com a correlativa alteração do valor inicial da causa, *se os pedidos forem distintos*, nos termos do art.º 447.º-A (cfr. o n.º 2 do art.º 308.º).

42.6. Modificação da competência: competência convencional.

A modificação da competência (por *convenção das partes*) é regulada pelos art.ºs 99.º e 100.º. Em qualquer dessas situações, a *competência* – que normalmente seria atribuída a um dado tribunal para dirimir um determinado litígio – pode ser *modificada por acordo* das partes.

A convenção pela qual as partes afastam as regras reguladoras da *competência internacional* dos tribunais portugueses (art.º 65.º) é designada por *pacto privativo* ou *atributivo de jurisdição* (art.º 99.º). A alteração, por convenção expressa, das regras da *competência interna* (*em razão do território*) a que se reporta o art.º 100.º, designa-se por *competência convencional* ou *pactícia* (*forum conventionale*).

Por *razões de ordem pública*, o n.º 1 do art.º 100.º subtrai à livre disponibilidade das partes o afastamento das *regras de competência em razão da matéria, da hierarquia, do valor e da forma de processo*. Permite, todavia, o mesmo preceito afastar, por convenção expressa, a aplicação das *regras de competência em razão do território*, salvo nos casos a que se refere o art.º 110.º (isto é, os casos em que a incompetência relativa é do conhecimento oficioso do tribunal). Esta possibilidade de as partes escolherem o tribunal territorialmente competente para conhecer de certos litígios traduz-se num verdadeiro *pacto de aforamento* ou *pacto de competência*. O tribunal convencionalmente estabelecido como competente passa a deter competência exclusiva (*forum prorogatum ou pactum de foro prorogando*), deixando, para tal, de ser competente o tribunal que, segundo a lei, deteria originariamente a competência[1].

---

[1] Para M. Teixeira de Sousa, Estudos cit., p. 123, também é «um pacto de competência a convenção pela qual as partes definem como competente qualquer outro tri-

Capítulo VI – Pressupostos processuais 387

Sem prejuízo do disposto na LOFTJ/2008 no que respeita aos juízos da mesma comarca, o *acordo* deve satisfazer os *requisitos de forma do contrato-fonte da obrigação*, conquanto seja *reduzido a escrito* nos termos do n.º 4 do art.º 99.º, «devendo ainda *designar as questões* a que se refere o critério de determinação do tribunal que fica sendo competente». Designação essa que pode ser feita «pela *especificação do facto jurídico* (acto ou contrato) susceptível de as originar», tais como a referência às questões gerais ou específicas que possam emergir da interpretação ou execução de determinado contrato (n.ºs 2 e 4 do art.º 100.º)[1].

O n.º 3 do art.º 100.º equipara a obrigatoriedade (e a força vinculativa) da estipulação de competência de certo foro à própria determinação da competência derivada da lei[2].

43. Incompetência. Modalidades.

43.1. Enunciação.

A incompetência pode ser *absoluta* (infracção das regras de competência em razão da matéria, da nacionalidade e da hierarquia) ou *relativa* (infracção às regras da divisão judicial do território, do valor da causa e da forma de processo aplicável). À *incompetência absoluta* subjaz a violação de *normas de interesse e ordem pública* traduzida na postergação do interesse público geral da boa administração da justiça, enquanto que à *incompetência relativa* subjaz uma violação de *normas de interesse e ordem particular* (tribunal da mesma espécie e situado no mesmo plano hierárquico), quiçá traduzidos num maior dispêndio pecuniário ou numa maior incomodidade para a parte.

Por isso, prevê a lei para a *incompetência absoluta* um tratamento mais severo quando confrontado com o da incompetência *relativa*[3].

---

bunal que não aquele que é determinado pelas regras de competência interna conjugáveis com os critérios aferidores da competência internacional».

[1] Cfr. ANTUNES VARELA/J. M. BEZERRA/SAMPAIO E NORA, Manual cit., p. 225.

[2] «A *estipulação do foro convencional* pode referir-se (à semelhança do que sucede com o compromisso arbitral e com a cláusula compromissória) tanto a um litígio já existente, como a acções puramente eventuais» – cfr. ANTUNES VARELA/J. M. BEZERRA/SAMPAIO E NORA, Manual cit., p. 225, nota 1.

[3] Cfr. ANTUNES VARELA/J. M. BEZERRA/SAMPAIO E NORA, Manual cit., pp. 225 e ss.

O *momento relevante* e decisivo a atender para efeitos da aferição de cada uma das violações às regras de competência do tribunal é o da *propositura da acção*. Uma vez fixada a competência por reporte a esse momento, serão *irrelevantes as modificações de facto ulteriormente corridas* (art.º 24.º, n.º 1, da LOFTJ/2008). Se, por exemplo, à data da propositura da acção, o réu residia na área da Comarca da Guarda e era no tribunal do domicílio do réu que, segundo a lei então em vigor, a acção deveria ser proposta por ser o tribunal territorialmente competente, aquele tribunal mantém a sua competência mesmo que, entretanto, o réu haja transferido o seu domicílio para Coimbra. E, ao arrepio do princípio geral da aplicação imediata das normas processuais, são igualmente *irrelevantes as modificações de direito* posteriores à data da propositura da acção, com as duas excepções constantes do n.º 2 do mesmo preceito: *supressão do órgão jurisdicional* a que a causa se encontrava afecta ou *atribuição a esse mesmo órgão da competência de que inicialmente carecesse* para o conhecimento da causa. É a consagração, neste domínio, do *princípio geral da perpetuatio iurisditionis ou perpetuatio fori*[1-2].

43.2. Incompetência absoluta. Regime de arguição e suscitação.

A violação das regras de competência em razão da matéria e da hierarquia e das regras de competência internacional (salvo quando haja mera violação dum pacto privativo de jurisdição) determina a *incompetência absoluta do tribunal ou juízo»* (art.º 101.º). A incompetência absoluta *pode ser arguida pelas partes*[3] e *deve ser conhecida oficiosamente pelo tribunal*[4], *em qualquer estado do processo, enquanto não houver sentença com trânsito em julgado sobre o fundo da causa»* (art.º 102.º, n.º 1). Tratando-se da *violação das regras da competência em razão da matéria* que *apenas respeitem aos tribunais judiciais*, só pode a mesma ser arguida, ou oficiosamente conhecida, *até ser proferido despacho saneador* ou, não havendo lugar a este, *até ao início da audiência de discussão e julgamento* (art.º 102.º, n.º 2). Exemplo frequente de incompetência

---

[1] Cfr. ANTUNES VARELA/J. M. BEZERRA/SAMPAIO E NORA, Manual cit., p. 227.

[2] Cfr. supra, n.º 21.2., §1º.

[3] Mesmo, pois, pela própria parte que lhe houver dado causa, isto é pelo autor.

[4] Não só *pode*, mas *deve* (poder-dever) ser suscitada ex-officio pelo tribunal (juiz singular, tribunal colectivo em 1.ª instância ou juízes dos tribunais de recurso).

absoluta por violação das regras de competência em razão da matéria é o de a acção ter sido proposta em tribunal ou juízo cível de competência genérica em vez de o ter sido num tribunal de família e menores (juízo de competência especializada). Como se trata de uma infracção de gravidade diminuta, compreende-se que o prazo de arguição e o conhecimento da incompetência não possam ir além do momento do início da audiência de discussão e julgamento (art.º 102.º, n.º 2).

Já se a incompetência resultar de a *acção ter sido proposta num tribunal judicial em vez de o ter sido num tribunal não judicial* (por ex. num tribunal administrativo ou fiscal) a incompetência surge como eivada de maior gravidade e, por isso, a lei dilata o prazo da sua arguição pelas partes ou do seu conhecimento oficioso pelo tribunal *até ao trânsito em julgado da decisão final* sobre o fundo da causa (art.º 103.º, n.º 1)[1].

Nos casos em que a citação depender de prévio despacho judicial (art.ºs 234.º, n.º 4 e 234.º-A, n.º 1), a incompetência absoluta deve ser oficiosamente apreciada no primeiro despacho judicial (*despacho liminar*), conduzindo ao *indeferimento liminar da petição inicial* (art.º 105.º, n.º 1). *Quando não houver lugar a despacho de citação*, o conhecimento oficioso da incompetência absoluta deve, por regra, ter lugar *no despacho saneador* (art.ºs 510.º, n.º 1, alínea a) e 494.º, alínea a)). *Se* a incompetência for *arguida antes de ser proferido despacho saneador* (nos articulados ou em requerimento avulso), pode conhecer-se dela imediatamente ou reservar-se a apreciação para esse despacho; *se arguida posteriormente ao despacho saneador*, deve conhecer-se logo da arguição (art.º 103.º).

A incompetência absoluta do juízo constitui *excepção dilatória* geradora da absolvição do réu da instância (cfr. art.ºs 288.º, n.º 1, 493.º, n.º 2 e 494.º, al. a)), obstando assim ao conhecimento do mérito do pedido e conduzindo, normalmente, à inutilização de todos os actos praticados em juízo. *Possibilita, porém, a lei – se a incompetência só for decretada depois de findos os articulados –* o aproveitamento desses actos, desde que haja *acordo* das partes nesse sentido e o *autor requeira a remessa* do processo ao tribunal (ou juízo) competente (em que a acção deveria ter sido proposta) – art.º 105.º, n.º 2.

---

[1] Com efeito, depois de transitada em julgado a decisão sobre o fundo da causa, cessa a eficácia da incompetência absoluta, uma vez que ela não constitui «a se» fundamento para recurso extraordinário de revisão (art.º 771.º) nem de oposição à execução fundada em sentença (art.º 814.º).

A *decisão declaratória da incompetência absoluta do tribunal* (ou juízo) tem apenas valor de *caso julgado formal*, só valendo no respectivo processo (art.º 106.º), não surtindo, pois, o alcance de caso julgado material (cfr. art.ºs 671.º e 672.º). Solução esta destinada a preservar a liberdade de julgamento de cada juiz sobre a sua própria competência. Como única excepção, o n.º 1 do art.º 107.º permite que o Supremo Tribunal de Justiça ou o Tribunal de Conflitos, conforme os casos, decidam (de modo impositivo e definitivo), através de recurso interposto do acórdão do Tribunal da Relação, qual o tribunal competente para julgar a acção.

43.3. Incompetência relativa. Regime de arguição e suscitação.

Gera *incompetência relativa* do tribunal a infracção das normas de competência fundadas no *valor da causa*, na *forma de processo* aplicável, na *divisão judicial do território* ou decorrentes do *estipulado nas convenções* previstas nos art.ºs 99.º e 100.º (art.º 108.º). O seu regime é menos drástico que o da incompetência absoluta, quer quanto à forma de processamento, quer quanto aos efeitos processuais.

A incompetência em razão do *valor da causa ou da forma de processo é sempre do conhecimento oficioso* do tribunal, seja qual for a acção em que se suscite (art.º 110.º, n.º 2). Quanto à oportunidade desse conhecimento ou da sua invocação pelas partes, *a incompetência do tribunal singular, por o julgamento da causa competir ao tribunal colectivo, pode ser suscitada pelas partes ou conhecida oficiosamente pelo tribunal até ao encerramento da audiência de discussão e julgamento* (cfr. os n.ºs 3 e 4 do mesmo art.º 110.º).

A incompetência relativa *pode ser arguida pelo réu, sendo o prazo de arguição o fixado para a contestação, oposição ou resposta ou, quando não haja lugar a estas, para outro meio de defesa que tenha a faculdade de deduzir* (art.º 109.º, n.º 1). O seu conhecimento está, em regra, dependente da sua arguição pelo réu, sendo *processada nos próprios autos*. À arguição pode o autor responder no articulado subsequente ou, não havendo lugar a este, em articulado próprio, dentro de 10 dias após a notificação da entrega do articulado do réu (art.º 109.º, n.º 2).

Prevê, contudo, a lei excepções a tal princípio, verificadas as quais a *incompetência relativa pode ser conhecida ex-officio* (cfr. o art.º 110.º, n.ºs 1, alíneas a) a c) e 2). Assim: – nas *causas* a que se referem os art.ºs

Capítulo VI – Pressupostos processuais 391

73.º, a 1.ª parte do n.º 1 e o n.º 2 do art.º 74.º, os art.ºs 83.º, 88.º e 89.º, o n.º 1 do art.º 90.º, a 1.ª parte do n.º 1 e o n.º 2 do art.º 94.º (al. a)); – *nos processos cuja decisão não seja precedida de citação do requerido* (al. b)), pois que, v.g. nos procedimentos cautelares, se ao juiz não fosse dada a possibilidade de conhecer oficiosamente da incompetência, esta nunca poderia ser conhecida antes de proferida a decisão final respectiva (cfr. o art.º 408.º); – *nas acções que, por lei, devam correr como dependência de outro processo*, por ex., o incidente de habilitação no caso de ter falecido uma das partes (art.º 372.º, n.º 2); – quando a incompetência resultar da infracção das regras de competência atinentes ao *valor da causa* ou à *forma de processo* aplicável (art.º 110.º, n.º 2).

Quanto à instrução e julgamento da excepção, «produzidas as provas indispensáveis à apreciação da excepção deduzida, o juiz decide qual é o juízo competente para a acção» (art.º 111.º, n.º 1). *Se a excepção for julgada procedente, o processo é remetido para o juízo competente*, salvo se a incompetência radicar na violação de pacto privativo de jurisdição. Neste caso, como o juiz não pode remeter oficiosamente o processo para o tribunal estrangeiro competente, só lhe resta, como alternativa, *absolver o réu da instância* (cfr. o n.º 3 do art.º 111.º). No caso de *remessa do processo* para outro tribunal (nacional) que seja competente, não há lugar a decisão de absolvição da instância, uma vez que vai prosseguir a sua tramitação normal no tribunal remetido, porquanto a instância não foi (ainda) julgada extinta (art.º 288.º, n.º 2).

Se a incompetência se fundar em demanda de indivíduo estranho à causa para se desviar o verdadeiro réu do juízo territorialmente competente – *tentativa ilícita de desaforamento* – «a decisão que julgue incompetente o juízo condenará o autor em multa e indemnização como litigante de má-fé» (art.º 113.º)

43.4. Preterição do tribunal arbitral. Suscitação e conhecimento da excepção.

A preterição do *tribunal arbitral necessário*, bem como a violação da *convenção de arbitragem*, constituem excepções dilatórias, mas *só a primeira é do conhecimento oficioso* (art.º 494.º, al. j) e 495.º,1.º segmento), *conduzindo a procedência de ambas à absolvição do réu da instância* (art.º 493.º, n.º 2). À semelhança da incompetência relativa, a preterição do tribunal arbitral voluntário é uma excepção (em sentido próprio) que *só o réu* pode, querendo, *invocar* (art.º 495.º).

Ocorrerá *preterição do tribunal arbitral* quando tiver sido proposta uma acção com *violação do compromisso arbitral* previamente estabelecido entre as partes. Preterição essa que tanto pode referir-se a um *tribunal arbitral necessário* como a um *tribunal arbitral voluntário*: *– a primeira*, quando proposta num tribunal comum uma acção que, *por imposição legal*, é da competência de um tribunal arbitral (art.º 1525.º); – a segunda, quando proposta num tribunal comum uma acção que devia ter sido proposta no tribunal *convencionado pelas partes*.

Não há que confundir essa excepção com a causa de extinção da instância (contemplada nos art.ºs 287.º, al. b) e 290.º) resultante de, após a propositura da acção, as partes acordarem (mediante compromisso arbitral) em atribuir, a um ou mais árbitros da sua escolha, a decisão dessa causa pendente ou de parte dela.

43.5. Impugnação das decisões proferidas sobre competência.

Independentemente do valor da causa e da sucumbência, é *sempre admissível recurso* com fundamento na violação das regras de competência *internacional, em razão da matéria* ou *da hierarquia* (art.º 678.º, n.º 2, al. a)). Cabe também *recurso de apelação* das decisões do tribunal de 1.ª instância que *apreciem a competência do juízo* (art.º 691.º, al. b)).

A decisão que vier a ser proferida sobre *incompetência absoluta*, embora transitada em julgado, *não produz valor algum fora do processo* em que for proferida (art.º 106.º). Porém, se o Tribunal da Relação decidir, em sede de recurso, que o tribunal *a quo é incompetente em razão da matéria e da hierarquia, para conhecer de certa caus*a, o Supremo Tribunal de Justiça, no recurso que para ele vier a ser interposto, decidirá em definitivo qual o o tribunal competente, caso em que, ouvido o Ministério Público, jamais poderá, no tribunal que for declarado competente, voltar a suscitar-se a questão da competência (art.º 107.º, n.º 1). Mas se a Relação tiver julgado incompetente o tribunal judicial *por a causa pertencer ao âmbito da jurisdição administrativa e fiscal,* o recurso destinado a fixar o tribunal competente é interposto (directamente) para o Tribunal de Conflitos (art.º 107.º, n.º 2).

Já a decisão transitada em julgado acerca da *competência relativa resolve definitivamente a questão da competência*, mesmo que esta haja sido oficiosamente suscitada (art.º 111.º, n.º 2). Deste modo, *se a excepção* (*de incompetência relativa*) *for julgada improcedente*, não mais poderá voltar a ser suscitada e discutida tal questão no seio do processo. Se *for julgada procedente*, o processo é remetido para o tribunal competente[1], o qual fica, deste modo, vinculado à decisão do juiz remetente, isto é, o juiz do tribunal *ad quem* não poderá declarar-se, por seu turno, incompetente com idêntico fundamento[2] (art.º 111.º, n.º 3). A decisão transitada em julgado sobre a competência (relativa) do tribunal em razão do território surte, assim, *força de caso julgado material*[3]. O que tudo significa que o julgamento proferido sobre a incompetência relativa vale, *quer no aspecto negativo, quer no aspecto positivo*.

Das decisões proferidas em apreciação da matéria da incompetência relativa só é admissível *recurso* (em *um grau*) até à Relação (art.º 111.º, n.º 4).

SECÇÃO II
Personalidade judiciária.

44. Personalidade judiciária. As partes processuais.

44.1. Noção. Princípio da equiparação à personalidade jurídica.

A personalidade judiciária consiste na *susceptibilidade de ser parte* (art.º 5.º, n.º 1)[4]. *Partes* são as pessoas que requerem ou contra as quais é

---

[1] «Salvo se a incompetência radicar na violação do pacto privativo de jurisdição, caso em que o réu será absolvido da instância» – cfr. n.º 3, in fine, do art.º 111.º.

[2] Cfr. ANSELMO DE CASTRO, DPCD, vol. II, cit., p. 517 e J. RODRIGUES BASTOS, Notas, vol. I cit., p. 174.

[3] Cfr. os acórdão do STJ de 2-2-2000, BMJ n.º 494, p. 251 / Cons.º JOSÉ MESQUITA e de 17-2-2005 – 2.ª Sec. / Cons.º FERREIRA DE ALMEIDA e demais jurisprudência neste último citada.

[4] Para CASTRO MENDES, Processo Civil, vol. II, ed. da AAFDL, 1987, p. 14: «A *personalidade judiciária* ocupa um lugar muito especial entre os pressupostos processuais»:

394 Direito Processual Civil

requerida – *agindo em nome próprio*, de per si ou através de representante – uma dada providência de tutela jurisdicional reconhecida por lei. Pelo *lado activo*, a parte chama-se *autor, requerente, demandante* ou *exequente*. Pelo *lado passivo*, a parte assume a designação de *réu, requerido, demandado ou executado*. Se bem que a regra seja a da *dualidade de partes* (um só demandante e um só demandado) – *bilateralidade do processo e reciprocidade das partes* –, permite ou exige, por vezes, a lei que, dado certo condicionalismo, exista uma pluralidade de pessoas de um ou de ambos os lados (activo ou passivo) da relação processual[1].

As partes devem, em princípio, ser apenas as identificadas na petição inicial (art.º 467º, n.º 1, alínea a)), mas outras pessoas há que podem vir a ter intervenção no processo, quer em substituição das partes primitivas, quer ao lado ou em associação com elas. É o que acontece quando, no decurso da causa, ocorra a *transmissão da coisa ou direito litigioso* (art.ºs 271.º e 371.º), nos casos de *intervenção de terceiros*, espontânea ou provocada (art.ºs 320.º e 325.º) e ainda no caso de *assistência* (art.º 335.º), desde que, em qualquer das situações, se mostrem reunidos os os pressupostos vertidos na lei.

A personalidade judiciária é definida na lei segundo o *princípio da equiparação* ou o *critério da coincidência ou da correspondência*. De harmonia com este critério, *quem tiver personalidade jurídica* (ou seja, capacidade de gozo de direitos) *tem igualmente personalidade judiciária* (art.º 5.º, n.º 2). Assim, e porque todo o sujeito de direitos é necessariamente *pessoa em sentido jurídico*, a personalidade jurídica corresponde exactamente à qualidade de *pessoa ou sujeito de direito*[2]. Conforme o art.º 67.º do CC, «as pessoas podem ser sujeitos de quaisquer relações jurídicas; nisto consiste a sua capacidade jurídica».

Deste modo, e por força desse *princípio da coincidência*, todos os indivíduos gozam de personalidade judiciária ainda que sejam menores[3],

---

«é o *pressuposto dos restantes pressupostos processuais subjectivos relativos às partes*». «Se falta a personalidade judiciária não há parte», «falta a instância, embora haja uma *aparência de instância* que chega para fundamentar os actos de processo que se pratiquem».

[1] *Litisconsórcio facultativo ou necessário* (activos ou passivos) ou *coligação de autores ou de réus* – art.ºs 27.º a 31.º-B.

[2] Cfr. MANUEL DE ANDRADE, Teoria Geral da Relação Jurídica, vol. I, Coimbra, Almedina, 1960, p. 30.

[3] O *Ministério Público* pode intervir como *parte acessória*, nas hipóteses previstas nos art.ºs 5.º, n.º 4 e no art.º 6.º da Lei n.º 39/86, de 5 de Julho (Estatuto do

Capítulo VI – Pressupostos processuais 395

interditos ou inabilitados, pois todos eles podem ser sujeitos (e titulares) de relações jurídicas. E não só as *pessoas singulares* (*pessoas físicas*); também as *pessoas jurídicas*, ou seja, as *pessoas colectivas* (associações ou fundações)[1] e as *sociedades* às quais seja reconhecida personalidade judiciária[2]. No que tange às *pessoas colectivas*, embora tenham de estar em juízo por meio dos respectivos representantes legais (face à impossibilidade decorrente de não serem pessoas físicas), as acções são instauradas em nome delas ou contra elas, pois que são elas as verdadeiras *partes*[3-4]. Também as *entidades reguladoras* (ER,s), se estatutariamente

---

Ministério Público), para defesa de interesses públicos ou de interesses privados dignos da tutela do Estado.

[1] As *"Fábricas" da Igreja Católica* são pessoas religiosas a quem é reconhecida personalidade jurídica pela Concordata entre Portugal e a Santa Sé, podendo, por isso, demandar e ser demandadas. Assim, uma vez participada a sua constituição ao Governo Civil, passam a ser representadas pelo Ordinário Diocesano (Bispo ou Vigário Geral) – cfr., v.g., o acórdão da RC de 10-5-83, CJ, Tomo III, p. 45 / Des. BAPTISTA LOPES.

[2] Os *«consórcios»* de empresas não gozam de personalidade judiciária – cfr. o acórdão da RP de 19-2-2002, Proc. 928/01, 2.ª Sec. / Des. SOARES DE ALMEIDA. Um *club desportivo*, como associação desportiva devidamente reconhecida, goza de personalidade jurídica e, como tal, de personalidade judiciária activa e passiva, mesmo que declarado em situação de falência – cfr. o acórdão da RP de 25-6-2002, Proc. 657/02 – 2.ª Sec./ Des.ª TERESA MONTENEGRO. *A personalidade jurídica e judiciária de uma sociedade comercial perdura durante a fase da liquidação*, mantendo-se até ao registo do encerramento desta – cfr. o acórdão do STJ de 1374/2003 – 2.ª Sec./ Cons.º SANTOS BERNARDINO. As *comissões de trabalhadores* gozam de personalidade e de capacidade judiciárias (art.º 17.º da Lei n.º 46/79 de 12/9) – cfr. o acórdão da RL de 27-4-82, CJ, Tomo II, p. 191 / Des. LEITE MARREIROS.

[3] Todas as pessoas colectivas públicas – Estado, Autarquias Locais (Freguesias e Municípios) e Regiões Autónomas – possuem personalidade judiciária, sendo, todavia, representadas em juízo por um dos seus órgãos. Assim, por ex., o Estado é representado em juízo pelo Ministério Público (art.º 20.º, n.º 1, do CPC), atribuindo a Lei Quadro das Competências dos Município e das Freguesias ao presidente da junta de freguesia e ao presidente da câmara municipal a competência para representarem em juízo e fora dele as respectivas entidades – cfr. art.ºs 38.º, n.º 1, al. a) e 68.º, n.º 1, al. a), da Lei n.º 169/99, de 18 de Setembro, republicada em anexo à Lei n.º 5-A/2002, de 11 de Janeiro. No sentido de que o município é uma pessoa jurídica de direito público, gozando, como tal, de personalidade judiciária, sendo representado judicialmente pelo presidente da câmara municipal, cfr. o acórdão do STJ de 2-5-2002, Proc. 1172/01 – 7.ª Sec./ Cons.º NEVES RIBEIRO. Como mero órgão executivo do município, a câmara municipal não tem personalidade judiciária; sendo embora formalmente incorrecta a propositura de uma acção (v.g. real ou de indemnização) contra a *câmara municipal*, mas porque na praxis processual a demanda da câmara equivale à demanda do próprio *município*, tal não conduzirá

396   *Direito Processual Civil*

pessoas colectivas públicas, são dotadas de *personalidade jurídica pública* que lhes advém directamente das respectivas leis instituintes[1]; daí, que segundo o *critério da coincidência*, gozem igualmente de *personalidade judiciária* (cfr. art.º 5.º, n.º 2, do CPC). E daí, também, que gozem de capacidade judiciária – *legitimatio ad processum* (art.º 9.º do CPC). Podem, pois, ser partes e estar, por si, em juízo. O art.º 5.º, n.º 2, dos Estatutos da Autoridade da Concorrência (AC) esclarece mesmo que «a Autoridade goza de capacidade judiciária activa e passiva».

O *princípio da coincidência ou da correspondência* plasmado no n.º 2 do do art.º 5.º sofre, contudo, as excepções previstas nas diversas alíneas do art.º 6.º, por elas *estendendo a lei a personalidade judiciária a determinadas entidades que a não tenham ou a quem não seja reconhecida personalidade jurídica*, assim as admitindo como *partes* na causa.

Exemplos da excepção contemplada na al. a) do art.º 6.º, são: – *a herança jacente* (art.ºs 2046.º a 2049.º do CC)[2], que, embora destituída de personalidade jurídica, pode instaurar acções (v.g. de reivindicação ou cobrança de dívidas), sendo a própria herança a verdadeira *parte*, que não qualquer sucessível a ela chamado[3-4]; – *os patrimónios autónomos semelhantes*, as massas patrimoniais

---

à absolvição da câmara municipal da instância – cfr., neste sentido, o acórdão do STJ de 12-12-96, BMJ, n.º 462, p. 384/ Cons.º Mário Cancela. É irrelevante que numa acção de condenação figure expressamente como ré a câmara municipal e não o respectivo município, se a petição inicial for de interpretar no sentido de que a referência àquele órgão constitui um mero *modus dicendi* que seguramente pretendia significar o ente municipal – cfr. o acórdão do STA de 3-11-2005, in ADSTA, ano XLV, n.º 53, p. 267/ Cons.º Madeira dos Santos.

[4] No que se refere aos processos jurisdicionais próprios do contencioso administrativo, e para além da posição especial do Ministério Público no âmbito da acção pública contemplada no n.º 2 do art.º 9.º, de ter presente a circunstância específica de nas acções que correm por esse foro especial ser atribuída personalidade judiciária aos próprios Ministérios (art.º 10.º, n.º 2) e mesmo excepcionalmente a órgãos administrativos (art.º 10.º, n.º 6), preceitos esses do CPTA/2002.

[1] Cfr. Freitas do Amaral, Curso de Direito Administrativo, vol. I cit., p. 310.

[2] «Diz-se *jacente* a herança aberta, mas ainda não aceita nem declarada vaga para o Estado» – art.º 2046.º do CC: «o *direito de aceitar a herança* caduca ao fim de dez anos, contados desde que o sucessível tem conhecimento de haver sido a ela chamado» – art.º 2059.º, n.º 1, do CC». Já a *acção de petição da herança* «pode ser intentada a todo o tempo, sem prejuízo da aplicação das regras da usucapião relativamente a cada uma das coisas possuídas e do disposto no art.º 2059.º» (art.º 2075.º, n.º 2, do CC).

[3] Antunes Varela/J. M. Bezerra/Sampaio e Nora, in Manual cit. p. 111, nota 1, entendem «por analogia (baseada no argumento *a majori ad minus*) que, estando o processo de *inventário* em curso, mas não estando ainda efectuada a *partilha,* é em nome

Capítulo VI – Pressupostos processuais

com titular ainda indefinido[1-2], para os quais a lei estabelece um regime jurídico de representação, a ser assegurada nos termos previstos no art.º 22.º, em ordem a possibilitar uma actuação válida e eficaz[3]; – *as doações e as deixas testamentárias* a nascituros já concebidos ou ainda não concebidos (art.ºs 952.º e 2033.º, n.º 2, alínea a), do CC)[4].

---

da herança (ou *contra a herança*), embora carecida de personalidade jurídica, que hão--de ser instauradas as acções destinadas a defender (ou a sacrificar) interesses do acervo hereditário, sendo a herança normalmente representada, nesse caso, pelo *cabeça-de-casal* (cfr. os art.ºs. 2088.º e 2089.º do CC), desde que a intervenção deste caiba nos seus poderes de administração (cfr., a propósito, o art.º 1462.º – exercício da preferência que caiba à herança) e o disposto no n.º 2 do art.º 957.º (prosseguimento da acção de interdição contra o representante do interdicendo, no caso de morte deste após o interrogatório e o exame nela compreendidos).

[4] Uma vez aceita a herança, cessa a personalidade judiciária inerente ao estado de jacência; assim, a *herança ilíquida e indivisa* decorrente da sua aceitação (ainda que tácita) pelos sucessores legítimos do de cujus não goza de personalidade judiciária – cfr., v.g., os acórdãos da RC de 5-7-2005, Proc. 1238/05 / Des. Cardoso de Albuquerque e do STJ de 15-1-04, Proc. 4310/03 – 7.ª Sec./ Cons.º Salvador da Costa e de 31-1-2006, Proc. 3992/05 – 6.ª Sec./ Cons.º Azevedo Ramos.

[1] «*Património autónomo*» é «o conjunto patrimonial a que a ordem jurídica dá um tratamento especial distinto do do restante património do titular sob o ponto de vista da responsabilidade por dívidas». «Para existir tal autonomia», deverá o respectivo património aparecer como totalmente separado, formando uma espécie de comportamento estanque adentro do património total da pessoa»; «para tanto, importará que o núcleo patrimonial em questão só responda e responda só por certas dívidas». «Dívidas que estejam relacionadas com a função específica desse património, com a finalidade ou *afectação especial* em vista da qual foi autonomizado (unificado, erigido em universalidade)» – cfr. Manuel de Andrade, Teoria Geral, vol. I cit., pp. 219-220.

[2] Nos *patrimónios autónomos* um conjunto de bens responde só por certas dívidas (aspecto positivo), não repondendo por elas quaisquer outros bens (aspecto negativo). Exemplos: a *massa insolvente*, a *herança indivisa* e o *estabelecimento individual de responsabilidade limitada* – cfr. o acórdão do STJ de 13-3-2002, Proc. 2397/01 – 4.ª Sec., Sumários, n.º 59. No sentido de que a enumeração constante do art.º 6.º não deve ser considerada taxativa nela se devendo incluir deve outros patrimónios autónomos como, por exemplo, o Estabelecimento Individual de Responsabilidade Limitada (Dec.-Lei n.º 248/86 de 25/8) – cfr. o acórdão da RL, de 13-2-92, CJ, Tomo I, p. 156/ Des. Martins Ramires.

[3] Prevê a lei que, em certas circunstâncias, para além do património autónomo, possam ser demandadas outras partes. Assim, pelas obrigações validamente assumidas em nome das *associações sem personalidade jurídica* responde o fundo comum e, na sua falta ou insuficiência, o património daquele ou daqueles que as tiverem contraído ou dos restantes associados (art.º 198.º, n.ºs 1 e 2) e, pelas obrigações contraídas em nome das *comissões especiais*, respondem pessoal e solidariamente os respectivos membros (art.º 200.º, n.º 2), ambos os preceitos do CC.

[4] Nesta categoria cabem não só os chamados «*patrimónios de destino*», uma vez que aguardam a definição da sua titularidade» – cfr. J. Rodrigues Bastos, Notas, vol. I

398   *Direito Processual Civil*

Nas alíneas b) a f) do mesmo art.º 6.º, confere-se também personalidade judiciária: – às *associações sem personalidade jurídica* e às *comissões especiais* (cfr. art.ºs 195.º e 199.º do CC) – alínea b)[1]; – às *sociedades civis* (cfr. art.ºs 980.º e 996.º, n.º 1, do CC) – alínea c); – às *sociedades comerciais* antes da data do registo definitivo, nos termos do art.º 5.º do Código das Sociedades Comerciais – alínea d)[2-3]; – ao *condomínio resultante da propriedade horizontal*, relativamente às acções que se inserem no âmbito dos poderes do administrador (cfr. art.º 1436.º do CC) – alínea e)); – aos *navios* (cfr. o art.º 28.º do Dec.-Lei n.º 352/86, de 21 de Outubro) – alínea f).

Seguindo *um critério de afectação de facto*, o art.º 7.º estende ainda a personalidade judiciária às *sucursais, agências, filiais, delegações ou representações de uma pessoa colectiva* (órgãos de administração local, subordinados à administração central *sem personalidade jurídica*, a qual pertence à sociedade), desde que *a acção proceda de factos por si praticados*[4]. Mas a atribuição de personalidade judiciária a tais entidades depende do facto de a administração ter ou não sede ou domicílio em Portugal. Assim: – *se a administração principal tiver sede ou o domicílio em país estrangeiro*, podem essas entidades (locais, subal-

---

cit., p. 56 – como ainda os *patrimónios autónomos pertencentes a entidades sem personalidade jurídica* – cfr. ANTUNES VARELA/J. M. BEZERRA/SAMPAIO E NORA, Manual cit., p. 112, nota 1.

[1] Uma fundação (de facto) ainda não reconhecida mas que disponha de património afectado aos seus fins próprios, representada em juízo por um administrador, goza de personalidade judiciária – cfr. o acórdão do STJ de 20-10-2005, Proc. 1890/05 – 7.ª Sec / Cons.º ARAÚJO DE BARROS.

[2] Cfr. ainda os art.ºs 36.º a 41.º do CSC acerca do regime da sociedade antes do registo.

[3] Se a sociedade ainda não estiver constituída, os sujeitos que criem a falsa aparência de que existe entre eles um contrato de sociedade respondem solidária e ilimitadamente pelas obrigações contraídas (art.º 36.º, n.º 1, do CSC). O mesmo acontece quando for acordada a constituição de uma sociedade comercial e os sócios iniciarem a sua actividade antes da celebração da escritura pública, pois que o n.º 2 desse preceito manda aplicar a essa situação as disposições sobre sociedades civis, nomeadamente o art.º 997.º, n.º 1, do CC, que estabelece a responsabilidade pessoal e solidária dos sócios. Idêntica responsabilidade dos sócios existe no caso de sociedades já constituídas, mas ainda não registadas (art.ºs 38.º, 39.º e 40.º do mesmo CSC).

[4] Segundo M. TEIXEIRA DE SOUSA, Estudos cit., p. 139 «a filial de uma cadeia de supermercados possui personalidade judiciária para instaurar uma acção de pagamento de bens fornecidos a um cliente ou para ser demandada pelos prejuízos causados pela sua não entrega».

Capítulo VI – Pressupostos processuais

ternas ou periféricas) «demandar e ser demandadas, ainda que a acção derive de facto praticado pela administração principal, quando a obrigação tenha sido contraída com um português ou com um estrangeiro domiciliado em Portugal», reconhecimento, pois, da personalidade judiciária, não só em relação aos factos por si praticados, mas também aos que forem praticados pela administração central (art.º 7.º, n.º 2); – *se a administração principal tiver sede ou domicílio em território nacional*, só terão personalidade judiciária tais entidades (locais, subalternas ou periféricas) quando o objecto da acção disser respeito a factos por elas praticados; esta atribuição da personalidade judiciária não contende com a personalidade «originária» da pessoa colectiva, já que é ela o verdadeiro sujeito da relação jurídica, assim conservando (através da administração principal) o poder de demandar e ser demandada[1]; a atribuição da personalidade judiciária aos órgãos da sua «administração local ou regional» apenas quer significar terem esses órgãos «periféricos» o poder de representar a sociedade ou pessoa colectiva em juízo (por força da lei) «enquanto a sociedade ou pessoa colectiva se lhes não substituir na acção»[2].

44.2. Consequências da falta de personalidade judiciária. Sanação.

Quando a *falta* de personalidade judiciária resultar de a acção ter sido proposta pelo representante de pessoa falecida ou contra pessoa falecida, pode pôr-se-lhe termo mediante a *habilitação dos sucessores* prevista no art.º 371.º ou pela *determinação dos titulares da herança jacente* (art.º 6.º, al. a)).

Se a *acção foi indevidamente intentada contra a sucursal, agência, filial, delegação ou representação*, a falta de personalidade judiciária pode ser sanada mediante a *intervenção no processo* da administração principal acompanhada de *ratificação* ou *repetição do processado* (actos

---

[1] Para CASTRO MENDES, o autor poderá, «no mesmo processo, accionar simultaneamente a sociedade e a agência como litisconsortes», podendo depois escolher «a entidade a executar» E mais: embora com dúvidas, acaba por responder afirmativamente à interrogação sobre se, obtida a condenação da agência, o autor-credor pode mover execução contra a sociedade-sede e vice-versa – cfr. Processo Civil, vol. II, cit., p. 14, nota 10.

[2] Cfr. ANTUNES VARELA/J. M. BEZERRA/SAMPAIO E NORA, Manual cit., p. 113, nota 1.

400   *Direito Processual Civil*

já praticados por aquelas entidades – art.º 8.º)[3]. Se for *sanável, o tribunal, antes de proferir despacho de absolvição da instância, deve providenciar para que a administração principal proceda a essa sanação* (art.º 265.º, n.º 2)[1].

Se a citação depender de prévio despacho judicial (art.º 234.º, n.º 4) e se a excepção não for sanável nos termos do disposto no art.º 8.º, a falta deste pressuposto processual justifica o *indeferimento liminar da petição inicial* (art.º 234.º-A, n.º 1). *Se for reconhecida no despacho saneador* (é este o momento normal nos termos da al. a) do n.º 1 do art.º 510.º), a falta de personalidade judiciária determina a *absolvição do réu da instância* (cfr. as supra-citadas disposições conjugadas dos art.ºs 288.º, n.º 1, al. c), 493.º, n.º 2 e 494.º, alínea c).

Se a falta de personalidade judiciária *não for sanada* (podendo sê-lo), ocorre uma *excepção dilatória* (art.º 494.º, alínea c)), *de conhecimento oficioso*, cuja consequência é a *absolvição do réu da instância* (art.º 493.º, n.º 2 e 495.º).

Secção III
Sujeição à jurisdição portuguesa.

45. Sujeição à jurisdição portuguesa. Imunidades de jurisdição.

45.1. Imunidades dos sujeitos de direito internacional público.

Todos os sujeitos de direito – pessoas singulares ou colectivas –, sejam nacionais ou estrangeiros, possuam ou não domicílio ou sede em Por-

---

[3] A este propósito, entende M. Teixeira de Sousa, Estudos cit., p. 139, que «por aplicação analógica do art.º 8.º, talvez se possa defender que, sendo demandado um organismo do Estado sem personalidade judiciária, esta falta pode ser sanada com a intervenção do Estado e a ratificação do processado». Entendimento este de estender, por analogia, e por razões de economia processual, à demanda de outros órgãos das pessoas colectivas públicas, desde que a ratificação seja operada através dos mecanismos legais de representação.

[1] Cfr. M. Teixeira de Sousa, Estudos cit., p. 140.

Capítulo VI – Pressupostos processuais 401

tugal, se consideram, em princípio, submetidos à jurisdição portuguesa. E isto porque em Portugal nunca vigorou um qualquer *regime de extraterritorialidade* – não sujeição de uma certa classe de estrangeiros às autoridades judiciárias (nacionais) normais. Deste modo, qualquer cidadão (português ou estrangeiro) pode demandar perante um tribunal português (internamente competente) um cidadão estrangeiro domiciliado no estrangeiro, o qual poderá assim ser condenado e, se possuir património em Portugal, ver aqui excutido o respectivo património.

Há, todavia, entidades que, por gozarem de *imunidade*, não podem, sem seu consentimento, ser sujeitas à jurisdição portuguesa. É o caso dos *sujeitos* de direito internacional público, "maxime" dos *Estados estrangeiros* e dos *órgãos* com estatuto de direito internacional público como as *organizações internacionais*[1] E também os chamados *agentes diplomáticos*, enquanto ao serviço (oficial) de um Estado estrangeiro. Sendo incontroversa a submissão do Estado português à jurisdição dos seus próprios tribunais, já é discutível se um Estado (soberano) estrangeiro não deverá ser tratado no mesmo em pé de igualdade. Ora, pode considerar-se *norma consuetudinária de direito internacional público* gozar um *Estado estrangeiro* de uma certa medida *de imunidade de jurisdição civil, pelo menos quanto aos seus actos de soberania*[2]. Imunidade que já não é de estender «às *pessoas colectivas estrangeiras de direito público*, como províncias, comunidades (incluindo as eclesiásticas), universidades e fundações de direito público», ainda que tais pessoas colectivas actuem no desempenho de atribuições de direito público. Contudo, se tais entidades *agirem em nome de um determinado Estado,* já lhes deve ser reconhecida imunidade de jurisdição, não como imunidades próprias dessas pessoas colectivas, mas como *imunidades próprias desse Estado*[3-4].

---

[1] O problema da *imunidade de jurisdição* põe-se também *quanto a coisas* com estatuto de direito internacional público, tais como navios e aeronaves de guerra e de Estado afectos ao serviço público – cfr. BARBOSA DE MAGALHÃES, "Estudos sobre o Novo Código de Processo Civil", II. – Da Competência Internacional", p. 30.

[2] Cfr., neste sentido, e com referência aos litígios laborais de trabalhadores com funções de direcção, autoridade ou representação, o acórdão do STJ de 28-1-2004, CJSTJ, Tomo I/2004, p. 261 / Cons.º SALRETA PEREIRA

[3] Cfr. RIEZLER, "Internationales Zivilprozessrecht", p. 404, apud Castro Mendes, in Processo Civil, vol. II cit., p. 28, nota 34.

[4] Funcionando, face à ordem jurídica portuguesa, como estabelecimento de ensino particular e reconhecendo-se-lhe a natureza de «pessoa colectiva regular» sob a forma de

402 Direito Processual Civil

Isto salva a estipulação de cláusulas de *renúncia à imunidade* – de resto prática usual no âmbito do direito contratual –, renúncia essa que pode, todavia, ser *tácita*, como por ex., a propositura por um Estado estrangeiro (como autor) de uma acção nos tribunais de outro Estado. Já quando o Estado estrangeiro for *réu*, haverá que distinguir entre *actos de soberania ou de império* (*jure imperii*) e *actos de mera gestão* (*jure gestionis*). Pelos primeiros, não se pode demandar um Estado estrangeiro (a não ser que este a tal se submeta). Já, pelos segundos (por ex. a aquisição de bens ou serviços no estrangeiro), será (mesmo sem renúncia à imunidade) sujeito à jurisdição (normal) como qualquer outra pessoa colectiva[1-2].

45.2. Imunidades diplomáticas.

Também certos *órgãos* e *representantes de Estados estrangeiros*, tais como os Chefes de Estado em visita, os agentes diplomáticos e consulares,

---

«fundação», o Instituto Espanhol adquiriu personalidade jurídica face ao art.º 158.º, n.º 2, do CC e personalidade e capacidade judiciárias face aos art.ºs. 5.º e 6.º do CPC. Tornou--se, assim, uma entidade distinta – e com autonomia – do Estado espanhol, podendo, como, tal ser demandado perante os tribunais portugueses – cfr. o acórdão do STJ, de 17-6-87, in BMJ, n.º 368, p. 513/ Cons.º Lima Cluny.

[1] Cfr. Barbosa de Magalhães, Da Competência Internacional" cit., p. 220.

[2] A imunidade jurisdicional dos Estados estrangeiros dimana do *princípio da igualdade soberana* que lhes é internacionalmente reconhecida. A doutrina e a jurisprudência (e certos diplomas específicos), distinguindo, a este respeito, entre actos de gestão pública (*jure imperii*) e actos de gestão privada (*jus gestionis*), e tendendo embora a circunscrever a imunidade apenas aos primeiros, têm vindo a adoptar como critério dominante o da *natureza* (*material*) *do acto*, ou seja, da *relação jurídica controvertida*. Assim, por ex., o acórdão do STJ de 13-11-2002, Proc. n.º 2172/01– 4.ª Sec./ Cons.º Mário Torres, in www.dgsi.pt., a propósito de um litígio atinente à cessação de uma relação jurídica de emprego, colocou o acento tónico nas funções exercidas pelo trabalhador, fazendo a distinção entre funções subalternas e funções de direcção, de autoridade ou de representação na organização do serviço público do Estado demandado. Daí que – exercendo a autora (demandante) as funções de simples secretariado numa delegação comercial de uma Embaixada estrangeira, sob as ordens do respectivo conselheiro comercial – aquela entidade, ao comunicar-lhe a cessação do respectivo contrato de trabalho, agiu na sua veste de *empregador privado*, praticando um acto de gestão e não um acto de soberania, pelo que não beneficia, quanto a esse acto, da imunidade judiciária. Cfr., neste sentido, o acórdão da RL de 22-6-2005, Proc. 2014/2005-4.ª Sec./ Des.ª Maria João Romba, in www.dgsi.pt.

etc., gozam de *imunidade de jurisdição* (*civil* e *criminal*), sendo que a *imunidade de jurisdição* (embora também renunciável) faz igualmente parte das chamadas *imunidades diplomáticas*. Por força do chamado *jus legationis*, «uma vez obtido o *agrément* para os agentes diplomáticos ou consulares e apresentados o passaporte diplomático e a credencial, soi dizer-se ficarem esses órgãos «*acreditados*» junto dos governos de acolhimento. A forma mais frequente de relações diplomáticas é a das «*missões permanentes*, vulgarmente designadas por *embaixadas* ou *legações*»[1]. Estabelecidas as relações, «*o chefe de missão e os membros do restante pessoal da legação* e, bem assim, sob determinadas condições, os respectivos familiares, gozam de uma certa gama de privilégios e imunidades, v. g., de inviolabilidade pessoal, liberdade de circulação no território do estado acreditado e *imunidade de jurisdição* – plena em matéria penal e circunscrita em matéria civil[2-3].

Já os *cônsules*, contra o que sucede com os agentes diplomáticos propriamente ditos, *não são representantes políticos do Estado estrangeiro*, antes desempenham uma função meramente administrativa, após *prévia obtenção de uma autorização formal* concedida ao chefe da repartição consular pelo Estado de residência (ou de recepção), que se denomina «*exequatur*». Beneficiando embora de *inviolabilidade pessoal*, podem (por ex.) ser presos pela prática de um crime grave, gozando, quanto ao mais e à semelhança dos agentes diplomáticos, de *imunidade de jurisdição* – «conquanto apenas no que toca a actos praticados no exercício de funções oficiais» – e de «isenções fiscais».

Por força do art.º 31.º da *Convenção de Viena*, de 18 de Abril de 1961 (aprovada internamente pelo Dec.-Lei n.º 48.295 de 27 de Março de 1968)[4], o agente diplomático, para além de gozar de imunidade de jurisdição penal no Estado acreditador, goza também de *imunidade de jurisdição civil e administrativa*, salvo se se tratar de: a) – uma *acção real sobre imóvel privado* situado no território do Estado acreditador, a menos que o possua por conta do Estado acreditante para os fins da missão; b) – uma

---

[1] Cfr., quanto ao *jus legationis*, Francisco Ferreira de Almeida, Direito Internacional Público, 2.ª ed., Coimbra Editora, 2003, pp. 224-225.

[2] Bem como a isenção do pagamento de certos tributos fiscais e aduaneiros sobre bens destinados ao uso ou consumo oficial da missão, etc.

[3] Sobre a citação ou notificação dos agentes diplomáticos, cfr. o art.º 230.º do CPC.

[4] Cfr. Francisco Ferreira de Almeida, ob. cit., pp. 224 e 225.

acção sucessória na qual o agente diplomático figura, a título privado e não em nome do Estado, como executor testamentário, administrador, herdeiro ou legatário; c) – uma *acção referente a qualquer actividade profissional ou comercial,* exercida pelo agente diplomático no Estado acreditador fora das suas funções oficiais (n.º 1). Para além disso, *não é obrigado a prestar depoimento como testemunha* (n.º 2) e não está sujeito a nenhuma medida de execução a não ser nos casos previstos nas alíneas a), b) e c) do §.º 1.º desse artigo e desde que a execução possa realizar-se sem afectar a inviolabilidade da sua pessoa (n.º 3) e a sua *imunidade de jurisdição no Estado acreditador o não isentar da jurisdição no Estado acreditante* (n.º 4).

O art.º 32.º da Convenção prevê que o Estado acreditante possa *renunciar à imunidade de jurisdição* dos seus agentes diplomáticos e das pessoas que gozem de imunidade nos termos do art.º 37.º, renúncia essa que terá sempre que ser *expressa* (n.º 2). Porém, tal renúncia, no tocante às *acções cíveis ou administrativas,* não implica renúncia à imunidade quanto às *medidas de execução da sentença,* para as quais nova renúncia é necessária (n.º 4)[1].

No que respeita à *reconvenção,* se o agente diplomático ou a pessoa que goze de imunidade de jurisdição iniciar (como autor) uma acção judicial, não lhe será permitido invocar a imunidade de jurisdição (como reconvindo) no tocante a uma reconvenção directamente ligada à acção principal» (art.º 32.º, n.º 3)[2-3].

A plena regularidade do processo ante os tribunais portugueses exige que *ambas as partes sejam sujeitas à jurisdição portuguesa.* Pressuposto este cuja falta gera uma *excepção dilatória (inominada)* conducente à *absolvição do réu da instância*[4-5].

---

[1] O art.º 37.º desta Convenção alarga a imunidade de jurisdição «aos membros da família de um agente diplomático que com ele vivam (desde que não sejam nacionais do Estado acreditador), membros do pessoal de missão, empregados ou serviçais, etc.

[2] O princípio segundo o qual contra o agente que acciona se pode deduzir *reconvenção* constava já das Ordenações Manuelinas e Filipinas (III.24.4 e III.33.5 respectivamente).

[3] Paralelamente, entende-se que o agente réu que queira reconvir, tem de aceitar a jurisdição para a demanda do autor.

[4] Cfr., quanto a este pressuposto autonomamente considerado, CASTRO MENDES, Processo Civil, vol. II, cit., pp. 27 a 33.

[5] São *dilatórias,* entre outras, as excepções tipificadas na *enumeração não taxativa* constante das alíneas a) a j) do art.º 494.º.

Secção IV
Capacidade judiciária.

46. Capacidade judiciária.

46.1. Noção. Princípio da equivalência.

Se a *personalidade judiciária* se traduz na *susceptibilidade de ser parte em juízo* (art.º 5.º), a *capacidade judiciária* consiste na *susceptibilidade de estar, por si, em juízo* (art.º 9.º, n.º 1). A *capacidade judiciária equivale e decorre da capacidade de exercício de direitos* definida pelo art.º 67.º do CC, estabelecendo o legislador, à semelhança do que fez para a personalidade judiciária/personalidade jurídica, um *princípio da coincidência, equivalência* ou *equiparação*. Capacidade judiciária é, assim, «a *susceptibilidade de a parte estar pessoal e livremente em juízo ou de* (nela) *se fazer representar por representante voluntário*»[1], tendo, pois, «por base e por medida a capacidade de exercício de direitos» (n.º 2 do art.º 9.º)[2].

Poder estar, por si só, em juízo, implica, assim e também, a *livre escolha dos seus representantes* na causa (aos *legal* e *judiciariamente incapazes* os representantes são-lhes *impostos* por lei). Se carecida de *capacidade processual*, a parte exercitará os seus direitos processuais através ou com a (inter)mediação de terceiros, os quais, uma vez legalmente investidos, passam a deter *legitimidade formal* para agir no processo em nome e no interesse da parte representada.

Na esteira de Anselmo de Castro[3], «trata-se de uma qualidade intrínseca, natural da pessoa, que se traduz, no plano jurídico-processual, na possibilidade de exercitar validamente, por si próprio, os direitos processuais respectivos». Tal capacidade, tradicionalmente apelidada pela doutrina de *legitimidade formal* (*legitimatio ad processum*), não deve confundir-se com a *legitimatio ad causam*, isto é com a legitimidade para agir (demandar ou ser demandado) do titular do interesse directamente

---

[1] Cfr. M. Teixeira de Sousa, Estudos cit., p. 140.

[2] Em princípio, a capacidade judiciária é de aferir pela lei pessoal dos respectivos sujeitos, ou seja a lei da respectiva nacionalidade, salvas as restrições contempladas na lei (cfr. os art.ºs 25.º a 39.º do CC).

[3] Cfr. DPCD, vol. II, cit. p. 111.

406   *Direito Processual Civil*

relevante em determinada causa (*legitimidade propriamente dita*), tal como o pressuposto é definido pelo art.º 26.º.

A incapacidade de exercício pode ser *total,* como no caso dos interditos, ou ser *limitada,* como no caso dos menores e dos inabilitados, gradação esta que a lei processual harmonizou com os preceitos da lei substantiva[1]. Assim, por ex., *quanto aos menores,* as excepções à sua incapacidade constantes do art.º 127.º do CC, *quanto aos inabilitados,* a limitação da sua incapacidade judiciária aos casos especificados na sentença (cfr art.º 954.º, n.º 2, do CPC) ou pela autorização do curador por quem são assistidos, nos termos do art.º 153.º do CC.

46.2. Suprimento. A assistência e a representação.

Em substituição do incapaz, agirá o seu representante legal – *instituto da representação* – ou agirá o próprio incapaz com o consentimento de certa pessoa ou entidade (curador) – *instituto da assistência* (art.º 10.º, n.º 1). Na eventualidade de o incapaz estar por si em juízo (só o podendo estar por intermédio do seu representante legal ou de curador) verifica-se uma *excepção dilatória* que, se não sanada, conduz à absolvição do réu da instância (art.ºs 288.º, n.º 1, al. c) e 494.º, n.º 1).

Quanto ao *regime de suprimento da capacidade judiciária,* há que encarar separadamente os casos dos menores, interditos e inabilitados. Assim:

a) – *incapacidade dos menores*:

Carecendo os *menores* de capacidade para o exercício de direitos (art.º 123.º do CC, com as excepções do art.º 127.º do mesmo diploma), a sua representação legal compete aos respectivos progenitores ou, subsidiariamente, ao tutor ou ao administrador de bens (art.ºs 124.º, 1877.º, 1921.º e 1922.º do CC)[2]. Como representantes dos filhos não podem,

---

[1] Exceptuam-se do âmbito da incapacidade judiciária os actos que o incapaz pode (excepcionalmente) praticar pessoal e livremente – cfr. art.º 10, n.º 1, in fine.

[2] Sobre a *competência exclusiva do Ministério Público* para a prolação das decisões relativas a pedidos de *autorização para a prática de actos pelo representante legal do incapaz* quando legalmente exigida e respectivo procedimento, cfr. os art.ºs 2.º a 4.º do Dec.-Lei n.º 272/2001, de 13 de Outubro, vide supra n.º 7.2.

Capítulo VI – Pressupostos processuais

porém, os pais praticar, sem autorização do tribunal, os actos contemplados nos art.ºs 1889.º e 1990.º do CC[1]. A incapacidade dos menores[2] é, pois, suprida pelo *poder paternal* e, subsidiariamente, *pela tutela* (art.º 124.º do CC). Na constância do matrimónio, as responsabilidades parentais são exercidas por ambos os progenitores, devendo ser exercidas *de comum acordo* (art.º 1901.º do CC). Se ambos os pais houverem sido excluídos, inibidos ou suspensos da administração dos bens do menor, será instituído ao menor um regime de *administração de bens* (art.º 1922.º do CC). A *tutela* dos menores é *obrigatória* se os pais forem incógnitos, tiverem falecido ou estiverem impossibilitados (de facto) de exercer o poder paternal (art.º 1921º do CC). O *tutor* tem os mesmos direitos e obrigações dos pais, com as modificações e restrições constantes da lei (art.º 1935.º, n.º 1, e ss do CC).

No âmbito da sua administração, o *administrador de bens* (instituído nas hipóteses previstas no art.º 1922.º) tem os direitos e deveres do tutor (art.º 1971.º do CC), pelo que carece de autorização judicial nas mesmas situações em que dela necessita o tutor (art.º 1938.º, n.º 1, alíneas a) e e), do CC).

A representação dos menores em juízo (assegurada pelos respectivos progenitores) exige, contudo, o *acordo de ambos para a propositura de acções* (art.º 10.º, n.º 2). Nas *acções propostas contra o menor*, ambos os progenitores devem ser citados (art.º 10.º, n.º 3). Em caso de *desacordo* dos pais sobre a conveniência de *intentar* uma acção, o conflito será judicialmente resolvido a requerimento de qualquer deles (art.º 12.º, n.º 1). Mas, se o desacordo surgir apenas na *pendência da causa*, acerca da orientação desta, pode qualquer dos progenitores, no prazo de realização do primeiro acto afectado pelo desacordo, requerer ao juiz da causa que providencie por essa representação, suspendendo-se a instância e nomeando-se, entretanto, um *curador provisório* (art.º 12.º, n.º 2). Ouvido o progenitor não requerente e o Ministério Público, o juiz decide de harmonia com os interesses do menor, atribuindo a *representação a um dos pais ou ao Ministério Público* ou designando *curador especial* (art.º 12.º, n.º 3).

---

[1] Cfr., acerca da competência do tribunal tutelar cível em matéria de autorização do representante legal dos menores a praticar certos actos, a confirmar os que tenham sido praticados e a providenciar acerca da aceitação de liberalidades, a al. g) do art.º 146.º da OTM aprovada pelo Dec.-Lei n.º 314/78, de 27 de Outubro.

[2] É menor quem não tiver ainda completado 18 anos idade (art.º 122.º do CC).

No que respeita à *representação dos incapazes e ausentes*, a sua representação é assegurada pelo Ministério Público em todas as acções que se mostrem necessárias à tutela dos seus direitos e interesses (art.ºs 17.º, n.º 1, do CPC e 5.º, n.º 1, al. c), do EMP). Representação essa que cessará logo que constituído mandatário judicial do incapaz ou ausente ou se – tendo o respectivo representante legal deduzido oposição a essa representação – o juiz, ponderado o interesse do representado, a considerar procedente (art.ºs 17.º, n.º 2, do CPC e 5.º, n.º 3, do EMP).

Nas *acções propostas contra incertos* (por o autor não ter a possibilidade de identificar os interessados directos em contradizer) serão os mesmos representados pelo Ministério Público (art.ºs 16.º, n.º 1, do CPC e 5.º, n.º 1, al. c), do EMP). Porém, se este representar o autor, será nomeado um *defensor oficioso* para servir como agente especial do Ministério Público em tal representação (art.º 16.º, n.º 2, do CPC), a qual cessará igualmente quando os citados como incertos se apresentarem a intervir como réus e a sua legitimidade se encontrar reconhecida (art.º 16.º, n.º 3, do CPC).

Se houver *necessidade de fazer intervir um menor em causa pendente*, não havendo acordo entre os pais para o efeito, pode qualquer deles requerer a *suspensão da instância* até resolução do desacordo pelo tribunal da causa, que decidirá no prazo de 30 dias (art.º 12.º, n.º 5).

b) – *incapacidade dos inabilitados*:

Podem ser inabilitados os indivíduos cujas *anomalia psíquica, surdez-mudez* ou *cegueira*, embora de carácter permanente, não sejam de tal modo graves que justifiquem a sua interdição, assim como aqueles que, pela sua *habitual prodigalidade* ou pelo *uso de bebidas alcoólicas ou de estupefacientes*, se mostrem incapazes de reger convenientemente o seu património (art.º 152.º do CC). A inabilitação contempla, assim, os casos em que, não sendo caso de interdição, a pessoa se encontra dotada de uma *capacidade reduzida* ou *limitada* que lhe não permite administrar, por si e de modo conveniente, o seu património.

A *incapacidade judiciária do inabilitado* é suprida através de *curador* que o *assiste* – quanto aos actos de disposição de bens entre vivos e todos os outros actos que forem especificados na sentença de inabilitação – ou o *representa* – nos actos que digam respeito à administração do seu património (cfr. respectivamente, o n.º 1 do art.º 153.º e o n.º 1 do art.º 154.º do CC). Ainda quando *representado pelo curador*, o inabilitado pode intervir em todas as acções em que seja parte, devendo ser *citado* quando tiver a posição de réu (art.º 13.º, n.º 1). *Se o inabilitado não for citado*, verifica-se fundamento para a anulação do processado, nos termos do disposto no art.º 194.º, al. a). Existindo divergência entre a orientação do curador e a posição do inabilitado prevalece a orientação daquele (art.º 13.º, n.º 2).

No que se refere à *assistência*, o n.º 1 do art.º 153.º do CC faz depender de *autorização do curador a prática de certos actos de disposição de bens* praticados pelo inabilitado. Este pode intervir em todas as acções em que seja parte, ficando, porém, essa intervenção subordinada à orientação do curador, a qual prevalece em caso de divergência (art.º 13.º, n.ºs 1 e 2). A *administração do património do inabilitado* pode ser entregue, no todo, ou em parte, ao *curador* (art.º 154.º do CC).

Se o incapaz não tiver ainda representante legal aquando da propositura de uma acção – por ele ou contra ele – e se a urgência da nomeação do representante se não compadecer com as delongas próprias do respectivo processo, deverá ser nomeado um curador provisório (*curador ad litem*) cujas funções cessarão logo que nomeado o representante legal (cfr. art.º 11.º). *Surgindo a questão da incapacidade judiciária no momento da citação*, por se ter verificado a impossibilidade de o citando a receber – incapacidade de facto –, o incapaz será representado na acção por um *curador especial* (*provisório*) (cfr. art.º 14.º)[1]. A necessidade de nomeação de *curador provisório* surgirá, não só nos casos em que o incapaz *não tem representante legal* (art.º 11.º, n.º 1), mas também naqueles casos em que, tendo-o, o mesmo esteja impossibilitado de exercer a representação (art.º 11.º, n.º 3).

É igualmente necessário nomear um *curador provisório* sempre que os interesses do incapaz estejam em oposição com os do representante legal. Assim, por ex.: no caso do *inventário,* quando o representante legal concorre com o incapaz à herança, nos procedimentos sujeitos a intervenção judicial (art.º 1329.º, n.º 1 e art.º 6.º da Lei n.º 29/2009, de 29 de Junho), nas acções de *impugnação de paternidade* (art.º 1846.º, n.º 3, do CC) e no caso de *conflito de interesses* aludido nos art.ºs 1881.º, n.º 2 e 1956.º, alínea c), do CC.

---

[1] Cfr. o poder/dever do funcionário judicial ou do agente de execução contemplado no art.º 242.º.

410   *Direito Processual Civil*

Se o incapaz ou o seu representante legal não deduzirem oposição, cabe ao *Ministério Público* a respectiva defesa, para o que será citado, correndo novamente o prazo para a contestação, ficando assim interrompido o primitivo prazo para a defesa (art.º 15.º, n.º 1). Mas se o Ministério Público representar o autor (ausente, incapaz ou incerto), será nomeado um *defensor oficioso*, ao qual caberá a defesa dos interesses do incapaz (art.º 15.º, n.º 2. A representação do Ministério Público ou do defensor oficioso cessarão logo que constituído mandatário (art.º 15.º, n.º 3), não havendo, porém, necessidade de tal representação se o incapaz já tiver *ex-ante* mandatário judicial constituído.

c) – *incapacidade dos interditos*:

Podem ser interditos do exercício dos seus direitos todos aqueles que por *anomalia psíquica, surdez-mudez ou cegueira* se mostrem *totalmente incapazes* de governar suas pessoas e bens (art.º 138.º do CC). É, portanto, a sua *incapacidade para governar a sua pessoa ou administrar os seus bens* que pode determinar a interdição. *Não é necessário que o interdito por surdez-mudez ou cegueira sofra de anomalia psíquica.*

A interdição é sempre *total*, isto é, o *interdito* é considerado de todo *inapto para governar a sua pessoa e bens*, cabendo ao *tutor* a respectiva representação legal (art.º 139.º do CC).

O interdito (sempre de maioridade) é, para este efeito, *equiparado a menor*, sendo aplicáveis, nesta sede, à interdição, com as necessárias adaptações, as disposições que regulam a incapacidade por menoridade e fixam os meios de suprir o poder paternal (art.º art.ºs 138.º, n.º 2 e 139.º do CC).

47. Representação judiciária.

47.1. Espécies.

Em íntima associação com o pressuposto da *capacidade judiciária*, fala-se de *representação judiciária* a propósito da representação em juízo de *certas entidades ou de entes públicos ou privados* submetidos a uma específica forma de *representação orgânico-estatutária* ou *através do Ministério Público*.

Capítulo VI – Pressupostos processuais

A *representação do Estado* é assegurada pelo *Ministério Público*, sem prejuízo dos casos de permissão legal de representação por mandatário judicial próprio ou em que as entidades autónomas possam constituir advogado que intervenha no processo conjuntamente com o Ministério Público (cfr. os art.ºs 6.º da LOFTJ e 20.º, n.ºs 1 e 2, do CPC)[1]. Os art.ºs 4.º e 58.º e ss do EMJ[2] regulam o *modus* dessa representação, a qual varia, do ponto de vista orgânico-institucional, em função do patamar hierárquico do órgão jurisdicional a que a causa se encontre afecta e dos interesses que lhe cumpra defender.

A representação pelo Ministério Público não abrange, todavia, a chamada *administração indirecta do Estado*, isto é, as pessoas colectivas que, embora realizando tarefas administrativas, agem com autonomia administrativa e financeira, tais como os *institutos públicos*, as *empresas públicas*, as *associações públicas* e as *entidades reguladoras*[3].

Quanto aos *tribunais administrativos*, e «sem prejuízo da representação do Estado pelo Ministério Público nos processos que tenham por objecto relações contratuais e de responsabilidade, *as pessoas colectivas de direito público ou os ministérios podem ser representados em juízo por licenciado em direito com funções de apoio jurídico, expressamente designado para o efeito*, cuja actuação no âmbito do processo fica vinculada à observância dos mesmos deveres deontológicos, designadamente de sigilo, que obrigam o mandatário da parte contrária» (cfr. o n.º 2 do art.º 11.º do CPTA). Nos tribunais tributários, a Fazenda Pública defende os seus interesses, não através do Ministério Público, mas através de representantes (seus) próprios (art.º s 53.º a 55.º do ETAF 2002).

---

[1] O Estado-Administração pode ser parte em acções propostas nos julgados de paz, quer na sua veste de titular de direito privado, quer como ente público, quer como demandante, quer como demandado. Todavia, o Ministério Público não representa o Estado nos julgados de paz, já que tal competência (para representar o Estado) se reporta, nos termos do art.º 219.º da CRP e dos art.ºs 1.º e 3.º, n.º 1, al. a), do EMP, aos tribunais, recte aos tribunais judiciais e aos tribunais administrativos e fiscais – cfr. Parecer da PGR, de 21-4-2005, DR, II.ª série, n.º 169, de 2-9-2005, p. 12840.

[2] Aprovado pela Lei n.º 47/86, de 15 de Outubro e cujas 6.ª e 7.ª alterações foram operadas pelas Leis n.ºs 67/2007, de 31 de Dezembro e pelo art.º 164.º da LOFTJ/2008, respectivamente.

[3] Sobre os organismos encarregados da administração indirecta do Estado, cfr. FREITAS DO AMARAL, Curso de Direito Administrativo, vol. I, Coimbra, Almedina, 3.ª ed., 2006, pp. 347 e ss.

412   *Direito Processual Civil*

Quanto à *representação das pessoas colectivas e sociedades*, há que distinguir entre as acções dessas entidades com terceiros e as causas entre elas e o seu representante:

– *nas acções com terceiros, essas entidades* são representadas por quem a lei, os estatutos ou o pacto social designarem (art.º 21.º, n.º 1), por ex., por uma comissão liquidatária ou, na falta de disposição estatutária, pela administração ou por quem por ela for designado (art.º 163.º, n.º 1, do CC); *as sociedades em nome colectivo e as sociedades por quotas* são representadas pelos gerentes (art.ºs 192.º, n.º 1, e 252.º, n.º 1); *as sociedades anónimas* pelo conselho de administração (art.º 405.º, n.º 1); e as *sociedades em comandita* pelos sócios comanditados gerentes (art.ºs 470.º, n.º 1 e 478.º), todos estes preceitos do CSC;

– *nas acções entre a pessoa colectiva ou sociedade* (que não tenham quem as represente) *e o seu representante* (isto é conflitos de interesses entre a ré e o seu representante ou conflitos *intra-sociais*), essas entidades serão representadas por um *representante especial designado pelo juiz da causa* (*curador ad litem*), cujas funções cessam logo que a representação seja assumida por quem de direito (art.º 21.º, n.º s 2 e 3).

Finalmente, e quanto às *pessoas judiciárias* (entidades que só possuem personalidade judiciária)[1], são elas representadas: – a *herança jacente*, por um curador (art.ºs 22.º do CPC e 2048.º, n.º 1, do CC); – as *associações sem personalidade jurídica*, pelo órgão da administração (art.ºs 22.º do CPC e 195.º n.º 1, do CC); – as *comissões especiais*, pelos administradores (art.ºs 22.º do CPC e 200.º do CC); – as *sociedades civis*, pelos administradores (art.º s 22.º do CPC e 996.º, n.º 1, do CC; – as *sociedades comerciais não registadas*, pelas pessoas a quem as cláusulas do contrato atribuam a representação (art.º 22.º do CPC); – o *condomínio*, pelo administrador (art.ºs 22.º do CPC e 1437.º n.º 2, do CC[2]; – as

---

[1] Cfr. M. Teixeira de Sousa, Estudos cit., p. 147.

[2] O administrador de um prédio em propriedade horizontal detém legitimidade para agir em juízo relativamente às acções que se inserem no seu âmbito funcional e, quanto àquelas para as quais foi especificamente autorizado e mandatado pela assembleia, enquanto órgão executivo da administração das partes comuns do edifício e das deliberações da assembleia de condóminos. Mas já não pode – por expressa determinação legal (art.º 1437.º , n.º 3, do CC) – representar os condóminos nas acções relativas a questões de propriedade ou posse de bens comuns, salvo se a assembleia expressamente lhe atribuir, para o efeito, poderes especiais ou se estes poderes constarem do título constitutivo da propriedade horizontal – conf., neste sentido, Aragão Seia, in "Propriedade Hori-

Capítulo VI – Pressupostos processuais 413

sucursais ou equivalentes, pelos directores, gerentes ou administradores (art.º 22.º do CPC).

47.2. Sanação dos vícios de incapacidade, da irregularidade de representação e da falta de autorização ou deliberação.

Agrupa a lei processual, no âmbito da *"incapacidade judiciária" lato sensu* (art.ºs 23.º a 25.º), três espécies de vícios: *incapacidade judiciária stricto sensu, irregularidade de representação* e *falta de autorização, deliberação ou consentimento exigido por lei*[21]. A incapacidade judiciária *stricto sensu* encontra-se, *qua tale,* contemplada nos art.ºs 23.º, n.º 1 e 494.º, al. c), a *irregularidade de representação* nos art.ºs 23.º, n.º 1, e 288.º, n.º 1, al. c) e a *falta de autorização ou deliberação* nos art.ºs 25.º, n.º 1, 288.º, n.º 1, al. c) e 494,º, al. d), todos do CPC

Equipara o art.º 23.º os *regimes de suprimento da incapacidade judiciária e da irregularidade de representação* (art.º 23.º). Ambas podem ser *sanadas* (a todo o tempo) *mediante a intervenção ou citação do representante legítimo ou do curador do incapaz* (art.º 23.º, n.º 1). «Se estes *ratificarem* os actos anteriormente praticados – *ratificação que pode ser feita por simples requerimento* –, o processo segue como se o vício não existisse; *no caso contrário,* fica *sem efeito todo o processado posterior ao momento em que a falta se deu ou a irregularidade foi cometida,* correndo novamente os prazos para a prática dos actos não ratificados, que podem ser renovados» (art.º 23.º, n.º 2).

Consistindo a *irregularidade na preterição de um dos pais, tem-se como ratificado o processado anterior* quando o preterido, devidamente notificado, nada disser dentro do prazo fixado; *havendo desacordo* dos pais acerca da repetição da acção ou da renovação dos actos, esse desacordo será decidido em conformidade com o disposto no art.º 12.º (art.º 23.º, n.º 3)[2].

---

zontal" – Condóminos e Condomínios, Almedina, 2001, p. 207, citado no acórdão do STJ de 18-10-01, Proc. n.º 2718 – 2.ª Sec./ Cons.º FERREIRA DE ALMEIDA. Pode, contudo, ser demandado nas acções respeitantes às partes comuns do edifício (n.º 2 da mesma disposição).

[1] Sobre este tema, vide CASTRO MENDES, Processo Civil, vol. II cit., pp. 89 e ss.

[2] Prevê o art.º 1889.º do CC uma série de actos que os pais, como representantes dos filhos, não podem praticar sem *autorização do tribunal sob pena de invalidade.*

414 *Direito Processual Civil*

Logo que o juiz se aperceba de qualquer um desses vícios, incumbe-lhe, *oficiosamente* e *a todo o tempo*, «providenciar pela regularização da instância (art.ºs 24.º, n.º 1 e 265.º, n.º 2)». Com vista à sanação, há que considerar duas situações (art.º 24.º, n.º 2): – *se o vício ocorrer pelo lado passivo*, o tribunal deve ordenar a citação do réu em quem o deva representar para que este *ratifique* ou *renove* o processado anteriormente; – *se o vício respeitar à parte activa*, o tribunal deve ordenar, para esse mesmo efeito, a notificação de quem a deva representar para, no prazo fixado, *ratificar*, querendo, no todo ou em parte, o processado anterior, *suspendendo-se entretanto (ope legis) a instância* (art.º 23.º, n.º 2).

Na *falta de ratificação* ou *de renovação* dos actos, as consequências são também distintas consoante o vício afecte a parte activa ou a parte passiva. Assim: – *se o representante do autor não sanar a incapacidade*, o processo não pode continuar quando o vício afectar a própria petição inicial, a qual fica sem efeito, caso em que relevará a falta de um *pressuposto processual* e o réu deve ser absolvido da instância (art.ºs 288.º, n.º 1, al. c)), 493.º, n.º 2 e 494.º, al. c)); – *se for o representante do réu a não sanar a incapacidade*, então falta apenas um *pressuposto de um acto processual* e a contestação e os demais actos praticados pelo incapaz ficam sem efeito, aplicando-se assim ao incapaz, se ele não tiver mandatário judicial constituído, o regime da sub-representação do n.º 1 do art.º 15.º[1].

Se, contudo a parte estiver devidamente representada, mas lhe faltar alguma autorização ou ou deliberação exigida por lei (por ex. uma deliberação social para que a sociedade possa instaurar acção de responsabilidade contra os sócios ou os gerentes – (art.ºs 75.º, n.º 1 e 246.º, n.º 1, al. g), do CSC), designar-se-à o prazo dentro do qual o representante deve obter a respectiva autorização ou deliberação, suspendendo-se, entretanto, os termos da causa, *ope legis* (art.º 25.º, n.º 1). O vício ocorrerá quando o representante legal ou o curador (devidos) do incapaz não as tiver obtido previamente à propositura da acção ou à prática do acto[2]. Uma vez detectado, o tribunal deve fixar oficiosamente o prazo dentro do qual o representante a deve obter, suspendendo-se entretanto a instância –

---

[1] Defesa pelo Ministério Público.

[2] M. TEIXEIRA DE SOUSA, in Estudos cit., p. 151, exemplifica com o caso do representante da sociedade requerer, sem a necessária deliberação social, uma determinada providência cautelar.

Capítulo VI – Pressupostos processuais · 415

art.ºs 25.º, n.º 1 e 265.º, n.º 2 (cfr., quanto às relações tutor/pupilo os art.ºs 1938.º, n.º 1, al. e), 1939.º e 1940.º, n.º 3, do CC). *Não sendo a falta sanada dentro do prazo*, o réu é absolvido da instância quando a autorização devesse ser obtida pelo representante do autor; se era ao representante do réu que incumbia prover, o processo segue como se o réu não deduzise oposição (art.º 25.º, n.º 2). Esta última situação equivale à incursão do réu em revelia, embora daí não resulte o efeito cominatório (confessório) dos factos articulados pelo autor, nem a condenação imedita no pedido – revelia inoperante (cfr. os art.ºs 484.º, n.º 1 e e 485.º, al. b)).

Na eventualidade do *falecimento ou impossibilitação do representante do incapaz* (do exercício da representação) a *instância suspende*-se até que a parte contrária tome conhecimento da designação de outro representante (art.ºs 276.º, n.º 1, al. b) – 2.ª parte e 284.º, n.º 1, al. b)). Se o incapaz for o autor e o processo houver sido totalmente anulado (ab initio) os prazos de prescrição ou de caducidade, quer os já exauridos, quer os que expirem nos dois meses subsequentes à anulação, não se consideram completados antes de findo esse prazo de dois meses (art.º 23.º, n.º 4) – cfr. os art.ºs 327.º, n.º 3, e 332.º, n.º 1, do CC).

Secção V

Legitimidade das partes.

48. Legitimidade das partes. Critério aferidor. O interesse relevante.

A lei processual qualifica a *legitimidade das partes* como *excepção dilatória de conhecimento oficioso* (art.ºs 493.º, n.º 2, 494.º, al. e) e 495.º). Quando considere ilegítima alguma das partes, o juiz abster-se-á de conhecer do mérito do pedido, absolvendo, em consequência, o réu da instância (art.º 288.º, n.º 1, al. d)). Daí a sua natureza de *pressuposto processual*.

Mas, se a *personalidade e a capacidade judiciárias* representam uma qualidade das partes relativamente à generalidade dos processos ou a uma certa gama deles, a *legitimidade* prende-se com *a posição da parte relativamente a uma determinada e concreta acção*. «Traduz-se (a *legi-*

timatio ad causam) em ser o demandante (*legitimação activa*) o titular do direito e o demandado (*legitimação passiva*) o sujeito da obrigação, suposto que o direito e a obrigação na realidade existam»[1]. Não constitui, assim, uma qualidade pessoal para ser parte em juízo (como a capacidade), mas antes *uma posição perante a matéria controvertida no litígio, ou seja, perante o objecto do processo.*

Elegendo como *critério aferidor do conceito da legitimidade* o do *interesse relevante*, o n.º 1 do art.º 26.º considera que «o autor é parte legítima quando tem *interesse directo em demandar*; o réu é parte legítima quando tem *interesse directo em contradizer*»[2]. Assim, por exemplo, numa acção de reivindicação, o interesse directo do autor reside no reconhecimento da sua propriedade sobre a coisa reivindicada, com a consequente condenação do réu em fazer-lhe entrega dessa coisa; a esse interesse corresponde o interesse directo do réu em opor-se a um tal reconhecimento e entrega, uma vez que uma sua eventual condenação se repercutirá negativamente na sua esfera jurídico-patrimonial.

Não basta, porém, um qualquer interesse, meramente indirecto ou reflexo, quiçá de natureza afectiva, parental ou moral na procedência ou improcedência da acção. *A lei exige um interesse, não apenas juridicamente protegido, mas pessoal e directo.* Por isso, o n.º 2 do mesmo preceito define como expressão do *interesse em demandar* a *utilidade derivada da procedência da acção* e, do *interesse em contradizer, o prejuízo que dessa procedência advenha.* E, como critério supletivo para casos de dúvida, o n.º 3 do mesmo art.º 26.º veio estatuir que «na falta de indicação da lei em contrário, são considerados titulares do interesse relevante para efeitos de legitimidade os sujeitos da relação controvertida, *tal como é configurada pelo autor*».

Pôs-se assim termo a uma antiga querela sobre se a relação jurídica controvertida a atender deveria ser *a realmente constituída ou estabelecida entre as partes* – tese de ALBERTO DOS REIS[3] – ou antes *a relação jurídica tal como o autor*

---

[1] Cfr. MANUEL DE ANDRADE, Noções Elementares cit., p. 83.

[2] A exigência legal do interesse directo não prejudica a chamada *legitimidade por substituição* que assiste às associações representativas dos senhorios ou dos inquilinos para assegurarem a defesa judicial dos interereses dos respectivos associados em questões relativas ao arrendamento, desde que para o efeito autorizadas por escrito pelas partes seus membros ou associados – cfr. o art.º 13.º do NRAU.

[3] Cfr. CPC Anotado, vol. I, 3.ª ed., pp. 73 a 85.

Capítulo VI – Pressupostos processuais   417

a apresenta ou configura na petição inicial – tese de BARBOSA DE MAGALHÃES –, tendo-se optado pela deste último ilustre processualista. A polémica foi desencadeada por um caso julgado pela Relação de Lisboa, em 1918. Tratava-se de um contrato de compra e venda de 60 toneladas de chumbo, que o vendedor não cumpriu integralmente. O autor demandou um comerciante português como sendo ele o vendedor, alegando o réu que se limitara a ser um mero intermediário de uma sociedade espanhola, sendo esta a verdadeira vendedora. Na tese defendida por BARBOSA DE MAGALHÃES, as partes eram *legítimas*, pelo que o tribunal devia conhecer do mérito da causa e *absolver o réu do pedido*. Para ALBERTO DOS REIS, o réu era parte *ilegítima*, devendo, por isso, o juiz abster-se de conhecer do mérito da causa e *absolver o réu da instância*, porquanto o réu não tinha sido o vendedor, sendo assim alheio à questão de fundo da causa[1].

Não relevando, como critério aferidor da legitimidade, a verdadeira relação jurídica substantiva tal como ela na realidade se constituiu ou formou, o tribunal já não terá *previamente* de indagar do real estabelecimento (inter-partes) dessa relação (de direito material) submetida à sua apreciação. *O réu será sempre parte legítima se for sujeito da relação controvertida tal como a configurou o autor*, o que restringe drasticamente as hipóteses de *ilegitimidade singular*. Estas apenas se levantarão naqueles restritos casos de divergência entre as pessoas identificadas pelo autor e as que realmente foram chamadas a juízo (erro de identificação), uma vez que só nessa eventualidade as pessoas citadas não coincidirão com os sujeitos da relação controvertida tal como delineada pelo autor. Bastará, assim, uma *legitimidade simplesmente aparente* para que se torne possível conhecer do mérito do pedido: uma nítida concretização da almejada prevalência das decisões de fundo sobre as decisões de mera forma.

O conceito prende-se hoje mais com a *legitimidade singular e directa*, que com a chamada *legitimação extraordinária*, consubstanciada esta na *exigência de litisconsórcio* ou na *atribuição da legitimidade indirecta* (representação ou substituição processual)[2].

---

[1] Em Espanha, segundo o art.º 10.º da LEC «seran considerados partes legítimas quienes comparezcan y actuem en juicio como titulares de la relación jurídica u objecto litigioso». Preceito que a doutrina vem interpretando no sentido de que a legitimidade não é propriamente um pressuposto processual, mas uma questão de fundo, já que a sua existência ou inexistência só pode conhecer-se com inteira certeza aquando do julgamento *de meritis*.

[2] No preâmbulo do Dec.-Lei n.º 180/96, de 25 de Setembro, reconhecendo-se embora «especificidades», no que «concerne à definição e ao enquadramento do conceito

418   *Direito Processual Civil*

Em termos de *contencioso administrativo*, «*o autor* é considerado parte legítima quando alegue ser parte na relação material controvertida» (legitimidade activa) – art.º 9.º, n.º 1, do CPTA. Já quanto à *legitimidade passiva*, a acção deve ser proposta contra a sua contraparte na mesma relação e, se for o caso, também contra as pessoas ou entidades detentoras de interesses contrapostos aos do autor, os chamados *contra-interessados* (n.º 1 do art.º 10.º do mesmo diploma). Deste modo, se «a acção tiver «por objecto a acção ou omissão de uma entidade pública, a parte demandada é a pessoa colectiva de direito público ou, no caso do Estado, o ministério a cujos órgãos seja imputável o acto jurídico impugnado ou sobre cujos órgãos recaia o dever de praticar actos jurídicos ou observar os comportamentos pretendidos» (n.º 2 do mesmo preceito).

Se a acção administrativa tiver por objecto os actos ou omissões de órgãos de *entidade administrativa independente*, destituída de personalidade jurídica, as acções serão intentadas contra o Estado ou outra pessoa colectiva a que a entidade considerada pertença (cfr. o art. 10.º, n.º 3, do CPTA). A *parte passiva* é, pois, em regra, a *pessoa colectiva pública*, que não o órgão administrativo a quem é imputável o acto impugnado ou o dever de emitir o acto (n.º 2) – consoante se trate de acção de impugnação de um acto administrativo ou de condenação à prática de acto devido. Assim, também em relação aos organismos autónomos (com poderes para proferirem actos administrativos), há que fazer reportar a legitimidade passiva à pessoa colectiva a que tais organismos se encontram afectos[1-2-3]. A *ratio essendi* do preceito radica em razões de *economia processual*, com a consequente preservação da *regularidade da instância*, já

---

de legitimidade plural decorrente da figura do litisconsórcio necessário», acentuou-se, todavia, que tais «particularidades» não seriam «de molde a subverter o próprio critério definidor da legitimidade das partes».

[1] Não era esse o regime decorrente da LPTA 85, que reconhecia personalidade e capacidade judiciárias, não só aos órgãos administrativos, como aos órgãos autónomos de decisão que não integrassem a Administração Pública.

[2] Cfr. M. Aroso de Almeida e C. A Fernandes Cadilha, Comentário cit., pp. 74-75.

[3] Se se tratar de um órgão desprovido de personalidade jurídica (por ex., o Instituto de Gestão Financeira e Patrimonial do Ministério da Justiça), integrado na estrutura orgânica hierarquizada do Ministério da Justiça) a legitimidade passiva assistirá ao próprio Ministério, nos termos do n.º 2 do art.º 10.º do CPTA – cfr. M. Aroso de Almeida e C. A Fernandes Cadilha, Comentário cit., p. 75.

Capítulo VI – Pressupostos processuais

419

que no regime da LPTA 85[1] os casos de erro na identificação do autor do acto impugnado davam, com frequência, lugar ou a um despacho de aperfeiçoamento ou à rejeição do recurso contencioso[2]. Por entidades administrativas independentes para este efeito, e tendo sempre em mira a sua intervenção em sede de relações jurídicas administrativas, devemos entender também as actuais ER,s; isto ainda que os actos subjacentes hajam sido praticados pelo respectivo presidente do conselho de administração (ou directivo) ou por este órgão agindo em colectivo[3].

De referir, nesta sede, o caso particular do *Instituto de Seguros de Portugal* (ISP), na sua veste de Autoridade de Supervisão da Actividade Seguradora, Resseguradora, Mediação de Seguros e de Fundos de Pensões. O ISP é, nos termos da alínea f), do n.º 1, do art.º 4.º, do Decreto--Lei n.º 289/2001, de 13 de Novembro, a entidade responsável pela gestão técnica e financeira do *Fundo de Garantia Automóvel* (FGA)[4], ao qual cumpre satisfazer as indemnizações decorrentes de acidentes ocorridos em Portugal, que se mostrem devidas por morte, lesão corporal ou lesão material (neste último caso, quando o responsável seja conhecido), em consequência de acidentes causados por veículos não identificados ou não objecto de seguro obrigatório de responsabilidade civil automóvel, bem como efectivar, junto dos condutores e proprietários responsáveis, a cobrança das quantias despendidas na regularização dos sinistros. Ao FGA cumpre ainda assegurar as indemnizações devidas ao abrigo do chamado "*Sistema da Carta Verde*"[5], assistindo, por isso, ao ISP a *legitimatio ad causam* (isolada ou conjunta) *passiva* para as acções contra si dirigidas.

---

[1] A Lei de Processo nos Tribunais Administrativos (LPTA) foi aprovada pelo Dec.--Lei n.º 267/85, de 16 de Julho.

[2] Cfr. M. Aroso de Almeida e C. A Fernandes Cadilha, Comentário cit., p. 75.

[3] Cfr. M. Aroso de Almeida e C. A Fernandes Cadilha, Comentário cit., p. 74, nota 42, remetendo, quanto à identificação/caracterização das entidades reguladoras, para Vital Moreira/Fernanda Maçãs, Autoridades Reguladoras Independentes, Ed. do Ministério da Reforma do Estado e da Administração Pública, Março de 2002, pp. 183 e ss.

[4] O Fundo de Garantia Automóvel (FGA) foi criado nos termos previstos no Decreto-Lei n.º 408/79, pelo Decreto Regulamentar n.º 58/79, ambos de 25 de Setembro. Actualmente, o âmbito de intervenção e as atribuições do FGA estão definidos pelo Decreto--Lei n.º 522/85, de 31 de Dezembro, cujas últimas alterações foram introduzidas pelo Dec.-Lei n.º 291/2007, de 21 de Agosto.

[5] O FGA exerce ainda as funções de "Organismo de Indemnização", no âmbito da Directiva 2000/26/CE, do Parlamento Europeu e do Conselho, de 16 de Maio de 2000, designada por Quarta Directiva Automóvel, transposta para o Ordenamento Jurídico

420   *Direito Processual Civil*

48.1. Legitimidade singular e legitimidade plural.

Na maioria das situações, a lide é esgrimida por dois sujeitos ou entidades *uti singuli*. É o caso das relações jurídicas *simétricas*, nas quais à posição activa do autor ou demandante corresponde uma posição passiva do réu ou demandado (o credor demanda o seu único devedor, o lesado acciona o respectivo lesante, o proprietário reivindica a coisa ilegitimamente possuída ou detida pelo proprietário vizinho, o portador da letra reclama o pagamento do respectivo obrigado cambiário, o proprietário-locador pretende fazer cessar o contrato de arrendamento com o seu inquilino)[1].

Não raro, porém, surgem a intentar a acção vários autores contra um ou vários réus (comproprietários, consócios, co-herdeiros, co-obrigados etc.), a qual, assim, se desenrola com *pluralidade de partes processuais* (*cumulação subjectiva*). Trata-se das chamadas *relações jurídicas polissimétricas ou poligonais*, as quais se estabelecem entre «mais de dois sujeitos em conjuntos interligados de posições activas e passivas»[2]. Pluralidade que será, pois, *activa*, *passiva* ou *mista* se verificada do lado dos autores, dos réus ou se proposta conjuntamente por vários autores contra vários réus, respectivamente; ocorre, assim, *ilegitimidade* quando não se associarem do lado activo ou do lado passivo todas as partes que a lei, a natureza da relação (ou uma eventual convenção) exijam. Quando uma *diversidade de partes principais, unidas por um determinado interesse juridicamente relevante*, se juntam ou associam para discutir no

---

Português pelo Decreto-Lei n.º 72-A/2003, de 14 de Abril. Sendo, pois, responsável pelas indemnizações que se mostrem devidas às pessoas residentes em Portugal, que tenham sido vítimas, noutro Estado-Membro ou num País aderente ao *"Sistema da Carta-Verde"*, de acidente rodoviário causado por veículo desconhecido, sem seguro ou habitualmente estacionado e segurado noutro Estado-Membro que não o da sua residência.

[1] O *arrendamento de um imóvel ou de uma sua fracção por prazo não superior a 6 anos* consubstancia um *acto de administração ordinária* (art.º 1024.º, n.º 1, do CC). Assim, tendo qualquer um dos comproprietários poderes para administrar o imóvel arrendado (art.º 1407.º, n.º 1, com referência ao art.º 985.º, ambos do CC), pode também, *uti singuli*, instaurar a competente acção de despejo para resolução do contrato – cfr. ARAGÃO SEIA, Arrendamento Urbano, 7.ª ed. Rev e Act., Coimbra, Almedina, 2003, p. 355 e jurisprudência aí citada.

[2] Cfr., quanto a esta noção, J. C. VIEIRA DE ANDRADE, A Justiça Administrativa (Lições), 8.ª ed. cit., p. 67.

Capítulo VI – Pressupostos processuais   421

seio de um mesmo processo uma mesma relação material controvertida, gera-se uma situação de *litisconsórcio*. *Pluralidade de partes* essa «coincidente, em princípio, com a *pluralidade de titulares do objecto do processo*»[1]. A *ilegitimidade plural* só pode, assim, ocorrer no caso de *litisconsórcio necessário ou obrigatório*, caso não figurem do lado activo ou do lado passivo todas as partes que a *lei*, a *convenção das partes* ou a *natureza da relação jurídica* reclamem.

Pluralidade que pode ser *inicial* ou *sucessiva*: *inicial*, se surgida logo, de modo espontâneo, aquando da instauração da acção; *sucessiva*, se sobrevier após essa propositura, através do incidente de intervenção de terceiros (art.ºs. 320.º e ss).

48.2. Litisconsórcio voluntário.

O termo *litisconsórcio* traduz a ideia de uma actuação conjunta, concertada ou comum, no seio de uma mesma acção civil, em ordem a adregar uma decisão favorável da lide às partes assim «consorciadas»[2]. Se tal actuação conjunta ou associada for *meramente facultativa* (por, em princípio, ser permitida a intervenção de apenas uma única parte no processo), tratar-se-á de um *litisconsórcio voluntário. Se imposta por lei ou exigida pela própria natureza da relação litigada ou por convenção das partes*, deparar-se-á uma situação de *litisconsórcio necessário*.

Figuras que, contudo, se não confundem, porquanto no *litisconsórcio necessário* há uma *única acção* com pluralidade de sujeitos, enquanto que ao *litisconsórcio voluntário* subjaz uma simples *acumulação de acções*, conservando cada litigante uma posição de independência em relação aos seus compartes (art.º 29.º).

A regra é a do *litisconsórcio voluntário ou facultativo* para a generalidade das relações jurídicas com titularidade pluri-subjectiva: a acção

---

[1] Cfr. M. TEIXEIRA DE SOUSA, Estudos cit., p. 151.

[2] *Litisconsórcio,* etimologicamente, significa, aliás, comparticipação na *lide* (*lis – litis*, ou seja, a lide+*consortium*, isto é, comunidade, participação). Esta figura processual era já admitida no direito romano desde o processo das *leges actiones*, ainda que com maior profusão no processo *agere per formulas* e, sobretudo, na *cognitio extraordinem*, com predomínio do litisconsórcio voluntário sobre o necessário – cfr., neste sentido, A. SANTOS JUSTO, Direito Privado Romano I cit., pp. 281-282.

pode ser intentada conjuntamente *por todos* os interessados ou contra todos eles e o autor *pode* propor a acção *contra vários réus*, assistindo, porém, quer ao autor, quer ao réu, a possibilidade de provocarem a intervenção de outras partes (terceiros). Diferentemente do que sucede *no litisconsórcio necessário*, em que a cumulação subjectiva é imposta por lei ou exigida por prévia determinação dos interessados ou ainda pela própria natureza da relação jurídica, *no litisconsórcio voluntário* essa cumulação *depende exclusivamente da vontade das partes.*

Assim, *em caso de litisconsórcio voluntário*, a falta de alguma das partes não surte qualquer influência sobre a legitimidade daquela ou daquelas que já estão no processo, *confinando-se o juiz, em tal eventualidade, a conhecer da quota-parte do interesse que aquela ou aquelas detenham na relação material.*

A título de exemplo, nas *obrigações solidárias*, o credor pode demandar apenas um dos condevedores solidários; só que a eventual decisão condenatória, assim obtida, *não é oponível aos demais condevedores solidários*, ainda que o pedido abranja a totalidade da dívida (cfr. o n.º 2 do at.º 27.º)[1]. Daí que, em vez de propor a acção apenas contra um, possa demandar conjuntamente os (restantes) devedores (art.º 517.º, n.º 1, do CC); se o fizer e obtiver êxito na acção, ficará desde logo habilitado com um título executivo (sentença condenatória) contra todos eles. Deste modo, nos casos de *solidariedade entre os devedores* e de *solidariedade entre os credores* (art.º 517.º do CC) o eventual litisconsórcio activo ou passivo (respectivamente) assume carácter *facultativo*, tendo por objectivo que o caso julgado formado a favor do devedor ou do credor solidário surta eficácia (isto é seja *oponível*) aos demais condevedores ou concredores (assim revertendo a inoponibilidade consagrada pelos art.ºs 522.º e 531.º do CC, respectivamente, quanto a uma demanda exclusivamente singular).

Também no campo das *obrigações acessórias* ou *subsidiárias*, como, por ex., a estabelecida entre o devedor principal e o respectivo fiador (art.º 627.º, n.ºs 1 e 2 do CC), o eventual litisconsórcio passivo é de *natu-*

---

[1] Na previsão do n.º 1 do art.º 27.º enquadram-se as situações emergentes das obrigações conjuntas, enquanto que ao n.º 2 se reconduz o campo das obrigações solidárias (art.º 512.º e ss do CC). Nos termos do art.º 518.º do CC, «ao devedor solidário não é lícito opor o benefício da divisão; e, ainda, que chame os outros devedores à demanda, nem por isso se libera da obrigação de efectuar a prestação por inteiro».

Capítulo VI – Pressupostos processuais 423

reza facultativa ou voluntária e terá em vista obter uma *conformidade* ou *coerência de julgados* entre a condenação do devedor e do fiador; isto porque, face ao n.º 2 do art.º 635.º do CC, o caso julgado favorável ao fiador aproveita ao devedor. Não tendo que estar em juízo conjuntamente o fiador e o devedor principal, é, todavia, desejável que tal aconteça, já que a decisão que vier a ser emitida terá de ser *uniforme* e *unitária* para ambos. Ponderação de relevância mais prático-jurídica ou prático--económica que meramente jurídico-processual, pois que, optando o credor (da obrigação solidária) por demandar apenas um dos condevedores pela totalidade do crédito, não poderá obter uma decisão válida relativamente a todos os demais condevedores (art.º 522.º, por reporte aos art.ºs 512.º, n.º 1 e 518.º, todos do CC), sendo que, mesmo que demandado apenas um dos co-devedores solidários, não deixa de estar assegurada a legitimidade passiva (art.º 27.º, n.º 2).

Incontroverso é que *no domínio das obrigações conjuntas*, se proposta a acção apenas contra um dos devedores, a decisão se circunscreverá à respectiva quota-parte na dívida (cfr. o art.º 27.º, n.º 1, 2.ª parte). Daí a conveniência da demanda conjunta dos demais co-obrigados, o que releva para efeitos executivos. É *o caso das dívidas comunicáveis aos cônjuges casados no regime da comunhão de bens,* já que, sem a demanda conjunta de ambos, o credor não poderá obter a satisfação da totalidade do seu crédito, nem poderá executar os bens próprios do cônjuge não demandado (art.ºs 1691.º, n.º 1, al. b) e 1695.º, n.º 2, ambos do CC)[1]. Por isso, se fala, neste conspectu, de um *litisconsórcio conveniente*, com vista a adregar uma determinada vantagem ou um certo resultado proveitoso.

Fala-se, também, a este propósito, em *litisconsórcio unitário*. Assim, na relação de *compropriedade*, assistindo a cada consorte o direito de reinvindicar de terceiro a coisa comum (art.º 1045.º, n.º 2, do CC), uma eventual associação dos restantes consortes pelo lado activo configura uma situação de *litisconsórcio facultativo*[2]. Mas trata-se simultaneamente

---

[1] Cfr. M. Teixeira de Sousa, Estudos cit., pp. 155-156.

[2] Têm, em princípio, legitimidade para a acção de despejo os sujeitos (titulares) da relação jurídica de arrendamento, ou seja, aqueles que segundo o respectivo contrato ocupam as posições de senhorio (proprietário ou mero usufrutuário) e de arrendatário (pessoa singular ou colectiva). Se, por convenção, a administração pertence a todos os consócios ou comproprietários ou apenas a alguns deles, qualquer dos administradores tem direito de se opor à acção de despejo que outro pretenda intentar, cabendo à maioria

424   *Direito Processual Civil*

de um *litisconsórcio unitário*, já que a decisão condenatória ou absolutória final tem de ser uniforme relativamente a todos os reivindicantes, não podendo proceder quanto a um dos co-autores e improceder contra os restantes. Também quanto às *acções de anulação de deliberação social*, passíveis de intentação autónoma por qualquer dos sócios de per si (art.º 59.º, n.º 1), podem todos eles litisconsorciar-se para a propositura dessa acção impugnatória em *litisconsórcio voluntário*, o qual será *unitário*, porque tendente a adregar uma decisão uniforme acerca da legalidade da deliberação anulanda[1-2].

A *falta de citação de um qualquer dos réus* (que devam intervir em litisconsócio voluntário) não gera anulação do processado ulterior a essa falta, tendo apenas a consequência contemplada na al. b) do art.º 197.º (ter o autor que requerer tal citação)[3]. Ademais, a confissão, desistência ou transacção individuais, limitar-seão ao interesse do respectivo autor ou agente (art.º 298.º, n.º 1) e o recurso interposto por uma das partes só aproveita aos seus compartes nas hipóteses previstas no n.º 2 do art.º 683.º.

48.3. Litisconsórcio necessário: legal, convencional e natural.

O litisconsórcio diz-se *necessário, obrigatório ou forçoso* quando a lei, a própria natureza da relação jurídica controvertida ou o negócio jurídico exigirem a *intervenção de todos os interessados* na relação jurídica controvertida (*litisconsórcio necessário legal, natural ou convencional*).Todos os interessados devem demandar ou ser demandados, em

---

decidir sobre o mérito da oposição; se o contrato conferir a administração a todos ou a vários sócios ou comproprietários em conjunto, entende-se, em caso de dúvida, que a deliberação para a propositura da acção de despejo pode ser tomada por maioria, o que significa que deve reunir o sufrágio de mais de metade dos administradores – n.ºs 1, 2, 3 e 4 do art. 985.º, ex vi do n.º 1 do art.º 1407.º, ambos do CC.

[1] Cfr., neste sentido, e a propósito da figura do *litisconsórcio unitário*, M. TEIXEIRA DE SOUSA, Estudos cit., p. 164-165, louvado, para tal, em BARBOSA MOREIRA.

[2] De resto, «havendo várias acções de invalidade da mesma deliberação, devem elas ser apensadas, observando-se a regra do n.º 2 do art.º 275.º do CPC» – cfr. o n.º 2 do art.º 60.º do CSC.

[3] Assim, não tendo ainda sido designado dia para a audiência de discussão e julgamento, pode o autor requerer a citação do réu; se o fizer, a discussão não pode ser iniciada sem que o citado seja admitido a exercer no processo a actividade de que foi privado por falta da sua (oportuna) citação.

Capítulo VI – Pressupostos processuais   425

termos de a falta de qualquer deles constituir fundamento de ilegitimidade dos efectivamente intervenientes na acção, enquanto desacompanhados dos restantes (art.º 28.º, n.º 1).

E daí que a *falta de citação de qualquer dos réus* (que devessem tê-lo sido) acarrete a anulação de de tudo o que se haja processsado depois das citações (art.º 197.º, al. a)), a confissão ou desistência ou transacção de algum dos litisconsortes só produza efeito quanto a *custas* nos termos do n.º 2 do art.º 446.º-A (art.º 298.º, n.º 2), a contestação de um os litisconsortes aproveite aos demais (art.º 485.º, al. a)) e o recurso interposto por uma das partes aproveite aos demais compartes (art.º 683.º, n.º 1).

a) – Litisconsórcio necessário legal.

A própria lei substantiva prevê situações de *litisconsórcio necessário passivo* – de que são exemplo os art.ºs 500.º, n.º 1 (responsabilidade do comitente e do comitido), 535.º (obrigações indivisíveis com pluralidade de devedores), 611.º (devedor e terceiro adquirente na impugnação pauliana), 1822.º, n.º 1 (acção de investigação de filho nascido ou concebido na constância do matrimónio), 1824.º, n.ºs 1 e 2 (estabelecimento da paternidade a pedido da mãe), 1846.º, n.º 1 (impugnação de paternidade) e 2091.º, n.º 1 (exercício de direitos da herança). Também a acção tendente a obter o reconhecimento judicial do direito a alimentos, como condição da atribuição de pensão por morte ao unido de facto sobrevivo, deve ser dirigida, não só contra a herança do falecido unido de facto pré-falecido, como também, contra a instituição de segurança social competente para a atribuição dessa pensão (cfr. o art.º 3.º do Dec.-Reg. n.º 1/94, de 18 de Janeiro, na redacção do art.º 2.º do Dec.-Lei n.º 153/2008, de 6 de Agosto, por reporte ao art.º 2020.º do CC).

E também de *litisconsórcio necessário activo*, de que são exemplos os art.ºs 419.º (direito de preferência com pluralidade de titulares), 1819.º e 1873.º (acções de investigação de maternidade e de paternidade), 1831.º, n.º 3 (renascimento da presunção de paternidade) e 2091.º, n.º 1 (exercício de direitos relativos à herança), todos esses preceitos do CC. Em todos estes casos, a instituição (legal) do litisconsórcio, funda-se no objectivo de assegurar uma *uniformidade decisória* relativamente a todos os interessados numa relação jurídica controvertida de carácter indivisível (e daí a sua qualificação como *litisconsórcio unitário*).

426 *Direito Processual Civil*

Caso de *litisconsórcio necessário legal passivo* é o das *acções destinadas à efectivação da responsabilidade civil decorrente de acidente de viação, quando o responsável seja conhecido e não beneficie de seguro válido e eficaz*», as quais deverão ser «propostas contra o *Fundo de Garantia Automóvel* (FGA) e o *responsável civil* (a empresa de seguros se o contrato for de qualificar como de seguro automóvel de danos próprios), sob pena de ilegitimidade» (cfr. os art.ºs 51.º, n.º 2, 62.º, n.º 1 e 63.º, n.ºs 1, 2 e 3 do Dec.-Lei n.º 291/2007, de 21 de Agosto)[1-2]. Nas acções referidas na alínea a) desse preceito, pode a empresa de seguros, se assim o entender, fazer intervir o *tomador do seguro* (art.º 64.º, n.ºs 1 e 2 do mesmo diploma)[3].

Quando o *responsável civil por acidente de viação for desconhecido*, o lesado demanda directamente o *Fundo de Garantia Automóvel* (n.º 2).

Outra hipótese de *litisconsórcio necessário legal passivo* é o das *acções (quer em processo civil, quer em processo penal) destinadas à efectivação da responsabilidade civil decorrente de acidente de viação* quando, em caso de *existência de seguro*, o pedido formulado *ultrapassar o capital mínimo* (obrigatório) do seguro obrigatório, as quais devem ser deduzidas contra a *empresa de seguros* e contra o *civilmente responsável* (art.º 64.º, n.º 1, al. b), do citado Dec.-Lei n.º 291/2007). A acção será, contudo, *apenas* dirigida (e *directamente*) contra a *empresa de seguros* (podendo esta, se assim o entender, fazer intervir o tomador do seguro), quando o pedido formulado *se contiver dentro do capital mínimo obrigatório do seguro obrigatório* (cfr. a al. b) do mesmo preceito).

---

[1] São protegidos, nos termos do respectivo título deste diploma, os *lesados residentes em Portugal* com direito a indemnização por dano sofrido em resultado de acidente causado pela circulação de veículo terrestre a motor *habitualmente estacionado e segurado num Estado-membro* e ocorrido, ou em Estado-membro que não Portugal ou, sem prejuízo do fixado no n.º 1 do art.º 74.º, em país terceiro aderente ao Sistema da Carta Verde (art.º 65.º, n.º 1, do Dec.-Lei n.º 291/2007, de 21 de Agosto).

[2] Nas acções referidas no n.º 1 do art.º 64.º do Dec.-Lei n.º 291/2007, de 21 de Agosto, que sejam exercidas em processo civil, é permitida a reconvenção contra o autor e a sua empresa de seguros.

[3] «O contrato de seguro pode prever o direito de o lesado demandar *directamente o segurador*, isoladamente ou em conjunto com o segurado» (art.º 140.º, n.º 2); mas, nos casos de *seguro obrigatório*, «o lesado tem o direito de exigir o pagamento da indemnização directamente ao segurador» (art.º 146.º, n.º 1), ambas as disposições do "Regime Jurídico do Contrato de Seguro" constante do anexo ao Dec.-Lei n.º 72/2008, de 16 de Abril.

Quando, por facto não imputável ao lesado, se tornar *impossível determinar qual a empresa seguradora do veículo do lesante*, assiste ao lesado a faculdade de demandar directamente esse civilmente responsável, o qual será oficiosamente notificado pelo tribunal para indicar ou *apresentar documento que identifique a empresa de seguros do veículo interveniente no acidente*. Se o demandado vier a provar ser outro o posuidor ou detentor do veículo e o identificar, ficará exonerado da obrigação de identificação da seguradora, sendo então notificado para os mesmos efeitos o indicado posuidor ou detentor e sendo o primitivo demandado absolvido da instância (cfr. os n.ºs 3 e 4 da mesma norma).

O *exercício dos direitos por e contra a herança* (com excepção do disposto no n.º 1 do art.º 2078.º – revindicação, por qualquer dos herdeiros de bens da herança em poder de terceiro), representa, por força do n.º 1 do art.º 2091.º, uma forma de *litisconsórcio necessário legal simultaneamente activo e passivo*, já que se reporta ao conjunto dos herdeiros «enquanto co-titulares de um património autónomo de afectação especial que é a herança»: a acção tem, pois, de ser proposta por todos eles, sob pena de *ilegitimidade activa* e contra todos eles sob pena de *ilegitimidade passiva*.

Exemplo típico de *litisconsórcio necessário legal* é o das acções que têm de ser propostas por ambos ou contra ambos os cônjuges (cfr. o art.º 28.º-A, que distingue, a este propósito, entre *legitimidade activa* e *legitimidade passiva* nos seus n.ºs 1 e 3 respectivamente).

Assim, «devem ser propostas *por ambos os cônjuges* (ou por um deles com o consentimento do outro) as acções de que possam resultar a perda ou oneração de bens que só por ambos possam se alienados ou a perda de direitos que só por ambos possam ser e*xercidos, incluindo as acções que tenham por objecto a casa de morada da família*[1], mesmo, pois, quanto a esta última, que vigore entre os cônjuges o regime da separação de bens (art.º 28.º-A, n.º 1)[2]. Na *ausência de acordo dos côn-*

---

[1] *Casa de morada de família* é sinónimo de *residência permanente*. Sobre esta noção e acerca da possibilidade da existência simultânea de mais que uma casa de morada de família, cfr. NUNO SALTER CID, "A Protecção da Casa de Morada de Família no Direito Português", p. 39.

[2] Nestas situações, intervindo em regra como autor o próprio cônjuge titular da coisa ou direito, nada obsta a que assuma a intervenção activa o cônjuge consorte (devidamente consentido), v.g, na reivindicação de um imóvel ou de um estabelecimento

juges quanto a tal propositura, *poderá o consentimento do cônjuge discordante ser suprido* pelo tribunal, tendo em consideração o interesse da família, aplicando-se, com as necessárias adaptações, o disposto no art.º 25.º e precedendo o processo especial de jurisdição voluntária regulado nos art.ºs 1425.º e ss (n.º 2).

Devem, por seu turno, ser propostas *contra marido e mulher* as mesmas citadas acções, bem como as «emergentes de facto praticado por ambos os cônjuges ou de facto praticado por um deles apenas mas em que pretenda obter-se decisão susceptível de ser executada sobre bens próprios do outro» (art.º 28.º-A, n.º 3). Verificar-se-à, portanto, a situação de *litisconsórcio necessário (legal) passivo* quando a acção disser respeito a um facto praticado por ambos os cônjuges, quando respeita a *dívidas comunicáveis* (cfr. os art.ºs 1691.º e 1695.º do CC), quando da acção puder resultar a *perda ou oneração de bens* que só por ambos possam ser alienados ou a *perda de direitos que só por ambos possam ser exercidos*, incluindo os relativos a acções que digam respeito à *casa de morada da família*[1].

A lei substantiva determina, em função do regime de bens do casamento, *quais os bens e direitos que só podem ser alienados ou exercidos por ambos os cônjuges* (cfr. os art.ºs 1717.º do CC), devendo, qualquer que seja o regime de bens, atentar-se no disposto nos art.ºs 1678.º a 1682.º-A do CC (quanto à *casa de morada da família*, cfr. ainda os art.ºs 1682.º-B e 1793.º do CC)[2]. *No que tange à responsabilidade obrigacional*, há sempre que atentar nos poderes de admi-

---

comercial ao outro pertencente, casos em que, agindo embora como representante do outro, actuará ele na veste de verdadeira parte processual, como portador do interesse próprio consubstanciado na sua qualidade de membro da sociedade conjugal – cfr., a este propósito, ANTUNES VARELA/ J. M. BEZERRA/SAMPAIO E NORA, Manual cit. p 174, nota 1.

[1] O litisconsórcio necessário passivo entre os cônjuges é, por conseguinte, aferido pela responsabilidade patrimonial por dívidas e pela disponibilidade substantiva sobre a natureza dos bens em causa – cfr., neste sentido, M. TEIXEIRA DE SOUSA, Estudos cit., p. 169.

[2] Relativamente à *casa de morada de família*, e face ao regime de comunicabilidade do direito ao arrendamento (habitacional ou não habitacional) ora consagrado no art.º 1068.º do CC (art.º 3.º da Lei n.º 6/2006 de 27 de Fevereiro), em caso de divórcio ou de separação judicial de pessoas e bens, o seu destino será decidido por acordo dos cônjuges, podendo estes optar pela transmissão ou pela concentração a favor de um deles. Na falta de acordo, compete ao tribunal decidir (com intervenção de ambos os cônjuges) tendo em conta as necessidades de cada um, os interesses dos filhos e outros factores relevantes (n.º 2 do art.º 1105.º do CC).

Capítulo VI – Pressupostos processuais

nistração e disposição conferidos aos cônjuges (art.ºs 1678.º e ss do CC)[1]. Ora, conforme dispõe o n.º 1 do art.º 1690.º do CC, «tanto o marido como a mulher têm legitimidade para contrair dívidas sem o consentimento do outro cônjuge». As dívidas contraídas apenas por um dos cônjuges são, em princípio, da sua exclusiva responsabilidade (art.º 1692.º do CC), respondendo por elas os bens próprios do cônjuge devedor e só subsidiariamente a sua meação nos bens comuns (art.º 1696.º do CC). Considera, contudo, a lei que, atentas as realidades sociais e os interesses normalmente subjacentes à sociedade familiar, certas dívidas, embora contraídas apenas por um só qualquer dos cônjuges, devem ser da *responsabilidade de ambos*: *designadamente as que forem contraídas para ocorrer aos normais encargos da vida familiar ou em proveito comum do casal* (art.º 1691.º, n.º 1, alíneas b) a e), do CC), entre estas «as dívidas contraídas por qualquer dos cônjuges no exercício do seu comércio[2], salvo se se provar que não foram contraídas em proveito comum do casal[3] ou se vigorar entre os cônjuges o regime de separação de bens». Assim, a *acção de despejo* tendo por objecto a *casa de morada de família*, terá sempre de ser dirigida contra ambos os cônjuges, ainda que entre eles vigore o regime de separação; mas, mesmo que casados segundo o regime da comunhão de bens ou de separação com comunhão de adquiridos, será também necessária a intervenção conjunta dos cônjuges pelo lado passivo, ainda que o arrendamento haja sido celebrado por um só dos cônjuges, face ao regime da comunicabilidade do direito do arrendatário ora instituído pelo art.º 1068.º do CC. Diz-se de tais dívidas que são *comunicáveis* e daí que se trate de um caso de *litisconsórcio necessário passivo*, ex-vi do n.º 3 do art.º 28.º-A, n.º 3. No caso das acções destinadas a obter o cumprimento de obrigações contraídas por ambos os cônjuges, a sentença obtida apenas contra um dos deles não seria exequível relativamente ao outro, não produzindo, por

---

[1] Já o proprietário de prédio arrendado tem legitimidade para propor acção de despejo, mesmo que desacompanhado do seu cônjuge – cfr. o acórdão da RP de 29-10--2002, CJ, Tomo IV, p. 190. Quanto à disposição do direito ao arrendamento da casa de morada de família e à necessidade do consentimento de ambos os cônjuges, vide o art.º 1682.º-B do CC.

[2] Há quem entenda que na alínea d) do art.º 1691.º do CC se contém uma *dupla presunção de comunicabilidade*: a de que as dívidas comerciais de qualquer dos cônjuges, desde que comerciantes, são contraídas no exercício do comércio do devedor (art.º 15.º do CCOM); e a de que essas dívidas comerciais (presuntivamente contraídas no exercício do comércio) foram contraídas em proveito comum do casal. Bastaria, assim, ao credor do comerciante, por dívidas comerciais, fazer a prova de que a dívida é comercial para a mesma ser da responsabilidade de ambos os cônjuges. Em sentido contrário, cfr. M. Teixeira de Sousa, Estudos cit., p. 159 e J. Rodrigues Bastos, Notas, Tomo I, cit., p. 80.

[3] O *proveito comum do casal* não se presume em geral, mas apenas nos casos em que a lei expressamente o declarar (n.º 3 do art.º 1691.º do CC).

430   *Direito Processual Civil*

isso, o seu *efeito útil normal*, porquanto, se ulteriormente demandado o outro cônjuge, correr-se-ia o risco de uma decisão contraditória relativamente à primitiva[1-2-3].

É, assim, de exigir o consentimento de ambos os cônjuges para a acção de reivindicação (art.º 1311.º do CC) de um imóvel pertencente a um deles apenas, desde que casados em regime de comunhão (de adquiridos ou de comunhão geral), visto a acção envolver o risco de perda duma coisa que só por ambos pode ser alienada (art.º 1682.º-A, n.º 1, al. a), do CC). Mas já *não será necessário o consentimento* do cônjuge não proprietário para as acções em que estejam em causa actos de mera administração ordinária, como por exemplo, o despejo ou a cobrança de frutos ou rendas, visto nenhuma delas envolver o risco da perda do imóvel ou de direitos que só por ambos possam ser exercidos.

Também *quanto à responsabilidade civil extracontratual* por facto ilícito e culposo (meramente civil), v.g. por acidente de viação, só se se provar que o evento danoso ocorreu numa *situação de proveito comum do casal* pode fazer-se responder o outro cônjuge (art.º 1692.º, al. b), do CC); já haverá, todavia, responsabilidade conjunta se uma *obra mandada fazer pelo cônjuge em prédio de ambos* causar danos indemnizáveis em prédio

---

[1] Sendo um imóvel tomado de arrendamento por um arrendatário casado segundo o regime de comunhão de bens ou de separação com comunhão de adquiridos, o direito ao arrendamento comunica-se ao respectivo cônjuge, pelo que o contrato passa automaticamente a possuir dois arrendatários – cfr. art.º 1068.º do CC repristinado com nova redacção pelo art.º 3.º da Lei n.º 6/2006, de 27 de Fevereiro, que aprovou o NRAU, regra que vale tanto para os arrendamentos habitacionais como para os não habitacionais. Daí que a acção de despejo tenha que ser intentada contra ambos os cônjuges (litisconsórcio necessário) para assegurar a legitimidade passiva.

[2] O comproprietário pode, contudo, intentar sozinho acção de despejo do contrato de arrendamento urbano, face ao que dispõem os art.ºs 1404.º e 1405.º do CC, situação, pois, de litisconsórcio voluntário – cfr., neste sentido, o acórdão do STJ de 3-4-2003, Proc. 811/2003 – 7.ª Sec.

[3] Se por determinada divida forem responsáveis os bens comuns ou bens próprios do cônjuge não contratante (art.º 1695.º do CC) devem ser demandados ambos os cônjuges, pois que, em caso de incumprimento do julgado condenatório, a execução pode ser dirigida também contra esses bens. Demanda conjunta essa também a ser operada quando um determinado bem ou direito integra o acervo patrimonial comum; assim, na *acção de preferência* intentada ao abrigo do disposto nos art.ºs 1380.º e 1410.º do CC, devem ser demandados, para além do adquirente, também o respectivo cônjuge, ainda que não outorgante da respectiva escritura, a menos, pois, que ambos sejam casados segundo o regime de separação de bens.

Capítulo VI – Pressupostos processuais 431

vizinho (cfr., v.g., ruína de edifício ou obra construída ou escavações para fundações de obra a construir – art.ºs 492.º e 1348.º, n.º 2, do CC).

b) – Litisconsórcio necessário convencional.

O litisconsórcio pode também ser necessário por *exigência do negócio jurídico*[1]. Podem, com efeito, as partes *convencionar* a intervenção dos vários interessados na relação controvertida, pelo que a ausência de qualquer deles é motivo de ilegitimidade (art.º 28.º, n.º 1). Hipótese que a doutrina apelida de *litisconsórcio necessário convencional,* que pode ser *activo* ou *passivo.*

Para a determinação do âmbito desta figura litisconsorcial, há, desde logo, que atentar no regime das obrigações *divisíveis*[2] e *indivisíveis*[3]. *Se a obrigação for divisível,* o *litisconsórcio é,* em princípio, *voluntário,* porquanto, se não estiverem presentes todos os interessados activos ou passivos, o tribunal conhece apenas da *quota-parte do interesse ou da responsabilidade* dos sujeitos presentes em juízo (art.º 27.º, n.º 1, 2.ª parte). O litisconsórcio só será *necessário* se as partes estipularam que o seu cumprimento apenas é exigível por todos os credores ou a todos os devedores.

Se a obrigação for indivisível (por natureza, estipulação legal ou convenção das partes), há que distinguir entre a pluralidade de devedores e a de credores.

Se forem vários os devedores, porque a indivisibilidade da prestação não conduz à solidariedade passiva (não podendo, pois, o credor exigir a cada um dos devedores a totalidade da prestação), mas também porque, face à indivisibilidade, não pode exigir de cada um apenas a sua parte, exige a lei a demanda simultânea de todos os devedores (art.º 535.º, n.º 1, do CC). Do mesmo modo, quando ao primitivo devedor da prestação indivisível sucedam vários herdeiros, também só de todos eles tem o credor a possibilidade de exigir a prestação (art.º 535.º, n.ºs 1 e 2 do CC).

---

[1] ANSELMO DE CASTRO designava esta modalidade como *litisconsórcio imposto por contrato* – cfr. DPCD, vol. II cit., p. 202.

[2] A obrigação diz-se *divisível* quando a prestação comporte fraccionamento sem prejuízo do seu valor económico; diz-se *indivisível* na hipótese inversa – cfr., quanto a esta distinção, ANTUNES VARELA, Das Obrigações em Geral, vol. I, 9.ª ed. p. 834 e ss e M. J. ALMEIDA COSTA, Direito das Obrigações, 9.ª ed., pp. 661 e ss.

[3] Cfr. M. TEIXEIRA DE SOUSA, Estudos cit., p. 160.

432   *Direito Processual Civil*

Já, porém, *se houver uma pluralidade de credores* (de uma prestação indivisível) qualquer deles pode exigir a prestação por inteiro (art.º 538.º, n.º 1, do CC), pelo que, à míngua de estipulação em contrário, o eventual litisconsórcio dos vários credores será *meramente voluntário*; *o litisconsórcio necessário convencional activo* só terá lugar se acordado que o cumprimento apenas pode ser exigido por todos os credores em conjunto. Exemplo desta última situação será a de dois ou mais depositantes de uma dada coisa convencionarem que a mesma só por todos os titulares em conjunto pode ser levantada; por mor dessa cláusula, deve ser proposta por todos os sujeitos titulares do depósito a acção de restituição da coisa depositada, sendo a falta de qualquer dos interessados geradora da ilegitimidade dos restantes; mas se a coisa depositada, inicialmente indivisível, perecer por culpa do depositário, já cada um dos depositantes-credores só poderá exigir a sua quota-parte no crédito indemnizatório sucedâneo.

c) – Litisconsórcio necessário natural.

Afora os casos de litisconsórcio necessário imposto por lei ou pré-convencionado pelas partes, «é igualmente necessária a intervenção de todos os interessados *quando, pela própria natureza da relação jurídica, ela seja necessária para que a decisão a obter produza o seu efeito útil normal*» (art.º 28.º, n.º 2). Em tais situações, a intervenção (*necessária*) de todos os interessados na lide é reclamada e exigida *pela própria natureza da relação jurídica arvorada em objecto do processo*, a fim de que a decisão de mérito a proferir surta uma eficácia dotada de utilidade e normalidade.

Daí a designação desta figura como *litisconsórcio necessário natural*. O que sucederá, «ex-vi» da 2.ª parte do mesmo preceito, quando a decisão a proferir, não sendo vinculativa para os restantes interessados, possa, contudo, regular definitivamente a situação concreta das partes relativamente à pretensão. O que, em derradeira análise, visa a obtenção de uma *solução unitária* ou uniforme do conflito de interesses, atenta a natureza da relação (plural) controvertida, ainda que sem a extensão da força e autoridade do caso julgado relativamente aos interessados não intervenientes.

Exemplo típico é o da a *acção de divisão da coisa comum* (art.ºs 1412.º a 1414.º do CC e 1052.º do CPC): pertencendo a coisa em compropriedade a A, B e C e D, é, por hipótese, instaurada por A apenas contra B e C. Se a lei não exigisse o chamamento obrigatório de D, «a decisão que viesse a ser proferida concretizando os quinhões dos litigantes (A, B e C) não surtiria nenhum efeito útil definitivo porquanto, na acção que D viesse posteriormente a propor contra A, B e C para demarcação das suas quotas individuais nenhum dever haveria de respeitar a concretização anteriormente feita entre A, B e C»[1-2].

Outro exemplo será o de A celebrar com B, C, D, e E um contrato e pretender anulá-lo com fundamento em erro, dolo ou coacção que imputa a B. Se propusesse a acção só contra B e tivesse êxito, o caso julgado que se formasse deixaria o negócio nulo face a B e válido perante os restantes contraentes. Daí que deva propor a acção contra todos eles em *litisconsórcio necessário natural* (passivo)[3].

Uma outra hipótese jurisprudencialmente consagrada de litisconsórcio necessário natural (passivo) é a de dever ser proposta também contra o progenitor que tenha a seu cargo a guarda do menor a *acção intentada pelo Ministério Público para nova regulação do exercício do poder paternal* (responsabilidade parental) para a alteração da pensão de alimentos devida ao menor pelo outro progenitor, sob pena de ilegitimidade[4].

Daí que reclamem *litisconsórcio necessário natural* as *relações jurídicas indivisíveis por natureza*, as quais têm de ser dirimidas de modo *unitário* para todos os interessados, a fim de que a decisão a proferir (com a presença de todos os interessados na lide) surta a sua *eficácia normal*. Pretende-se, no fundo, prevenir a prolação de decisões que venham a ser, na prática, inutilizadas por outras (de sentido contrário ou diverso)

---

[1] Cfr. ANTUNES VARELA, RLJ, ano 117.º, p. 381.

[2] M. TEIXEIRA DE SOUSA, in Estudos cit., p. 161, estende a figura do *litisconsórcio natural* (na esteira da jurisprudência qua cita) às situações em que «a repartição dos interessados por acções distintas possa obstar a uma solução uniforme entre todos os interessados», mencionado, a título de exemplo, a acção de anulação de um testamento, cujo efeito útil normal só poderá adregar-se com a intervenção de todos os interessados na partilha, pois que só essa participação assegurará uma decisão uniforme entre eles.

[3] Cfr. CATRO MENDES, DPC, vol. II, 1987 cit., pp. 194-195.

[4] Cfr. o Assento do STJ de 4-7-95, in BMJ n.º 449, p. 25 / Cons.º SÁ COUTO, hoje com o valor de acórdão para uniformização de jurisprudência proferido ao abrigo do disposto nos art.ºs 732.º-A e 732.º-B do CPC, ex-vi do preceituado no n.º 2 do art.º 17.º do Dec.-Lei n.º 329-A/95, de 12 de Dezembro.

proferidas em face dos restantes interessados[1]. O que sucederia se, tendo intervindo na acção apenas alguns interessados, os vencedores pudessem vir a ser chamados a uma segunda acção, arcando com o risco de verem alterada a decisão anterior de sentido favorável.

Outros casos de litisconsórcio necessário natural serão: – o previsto no art.º 525.º – *obrigações indivisíveis com pluralidade de devedores*[2]; – o *exercício do direito de preferência* (art.ºs 1380.º e 1410.º)[3]; – e o *exercício de direitos da e contra a herança* previstos no art.º 2091.º, n.º 1, todos do CC[4].

---

[1] A decisão proferida em acção instaurada por um (só) dos titulares do direito de preferência produz o seu efeito útil normal, na medida em que regula definitivamente a situação entre ele e o réu. De resto, do art.º 1465.º do CPC não resulta o dever (para o titular do direito de preferência) que pretenda exercitá-lo através de uma acção de preferência, de requerer a notificação dos outros preferentes, contrariamente ao que dispunha o art.º 2309.º do CC de 1866 – cfr., neste sentido, o acórdão do STJ de 1-7-2004, Proc. 2078/2004 – 2.ª Sec./ Cons.º MOITINHO DE ALMEIDA.

[2] A «obrigação é *naturalmente indivisível* quando a sua prestação não pode ser fraccionada ou repartida sem prejuízo da sua substância ou do seu valor (v. g. a obrigação de entregar um automóvel, um livro, uma jóia, um serviço de louça ou uma obra literária ou científica)» – cfr., ANTUNES VARELA, Das Obrigações em Geral, vol. I, 9.ª ed. cit., pp. 834 e ss.

[3] Assentando a acção de preferência num facto ilícito do alienante (falta de comunicação ao preferente), gerador da obrigação de indemnizar os prejuízos causados, deve o mesmo intervir na acção de preferência juntamente com o adquirente em *litisconsórcio necessário passivo*, sendo mesmo que as custas da acção devem ser pagas por ele por ter dado causa ao processo – cfr., neste sentido, ANTUNES VARELA, in RLJ, ano 126.º nºs 365 e 373, ARAGÃO SEIA, in "Arrendamento Urbano", 7.ª edição, Almedina, pp. 329/331 e ainda, entre vários outros, os acórdãos do STJ de 16-5-02, Proc.1129/02 – 7.ª Sec./ Cons.º OLIVEIRA BARROS e de 18-3-03, Proc. 4477/02 – 1.ª Sec./ Cons.º PINTO MONTEIRO. Já, porém, quanto *ao litisconsórcio necessário activo*, o mesmo apenas se impõe no caso de o direito de preferência pertencer a vários titulares – cfr., neste sentido, v.g. os acórdãos do STJ de 9-5-95, CJSTJ, Tomo III, p. 118/ Cons.º PEREIRA CARDIGOS, de 3-2-2004, Proc. 4351/2003 – 1.ª Sec./ Cons.º RIBEIRO DE ALMEIDA e de 19-2-2004, Proc. 4373/2003 – 6.ª Sec./ Cons.º AZEVEDO RAMOS.

[4] J. RODRIGUES BASTOS, in Notas, vol. I, cit., fornece os seguintes demais exemplos jurisprudenciais de *litisconsórcio necessário natural*: acções de anulação de testamento ou de cláusula testamentária, reivindicação de fracção autónoma de imóvel em propriedade horizontal apropriada por um dos condóminos, declaração de nulidade de uma compra e venda, existência de vários lesados em acidente de viação com limitação contratual da responsabilidade da seguradora e responsabilidade com base no risco.

48.4. Litisconsórcio eventual ou subsidiário.

É também actualmente admitida a chamada *pluralidade subjectiva subsidiária*, no caso de dúvida fundada sobre o sujeito da relação controvertida, como forma de prevenir a ilegitimidade singular (art.º 31.º-B). Na exposição de motivos constante do relatório preambular do Dec.-Lei n.º 329-A/95, de 12 de Dezembro invoca-se, para a inovação, a ideia de evitar que «regras de índole estritamente procedimental possam obstar ou criar dificuldades insuperáveis à plena realização dos fins do processo». A dúvida sobre a responsabilidade passiva pode resultar da *ignorância, incerteza ou dúvida* quanto à qualidade em que o sujeito a demandar interveio na relação material controvertida. Nessa eventualidade, o autor poderá deduzir um *pedido principal* contra quem considera ser o provável obrigado (ou devedor) e *um pedido subsidiário* contra o presuntivo ou hipotético sujeito passivo, pedido este último para apenas ser tomado em consideração em caso de insubsistência do primeiro[1]. E, com efeito, «diz--se *subsidiário* o pedido que é apresentado ao tribunal para ser tomado em consideração somente no caso de não proceder um pedido anterior» (art.º 469.º, n.º 1).

Como exemplo de um caso de *litisconsórcio subsidiário passivo* pode dar-se o de um acidente de viação provocado por colisão de veículos. Se o autor tiver dúvidas sobre qual dos diversos veículos intervenientes foi o responsável pelo evento danoso, pode propor a acção de indemnização contra a companhia seguradora de um dos veículos *a título principal* e contra a seguradora de outro condutor *a título eventual*. Nesta específica situação, as respectivas posições jurídico-substantivas serão naturalmente conflituantes, pelo que se poderá falar em *litisconsórcio recíproco*[2].

Admite também a lei o *litisconsórcio subsidiário relativamente à parte activa da relação processual*, permitindo que a acção possa ser proposta por dois autores, *um a título efectivo ou principal* e *outro a título eventual ou residual*, para o caso de soçobrar o pedido do primeiro[3]. Dá M. Teixeira de Sousa, como exemplo de um caso de *litisconsórcio subsidiário activo*, o de duas sociedades pertencentes ao mesmo

---

[1] Cfr. J. Rodrigues Bastos, Notas, vol. I cit., p. 86.
[2] Cfr. M. Teixeira de Sousa, Estudos cit., p. 167.
[3] Crítico da solução legal é J. Rodrigues Bastos, Notas, vol. I cit., p. 86.

436   *Direito Processual Civil*

grupo económico (*holding*) que tenham dúvidas sobre qual das duas é a verdadeira titular de um crédito, podendo ambas propor a correspondente acção de dívida, arrogando-se uma a posição de credora principal e outra a de credora subsidiária[1].

48.5. Sanação da ilegitimidade.

Ocorrerá *ilegitimidade* quando a parte – activa ou passiva – estiver em juízo *desacompanhada dos restantes interessados* na relação jurídica controvertida e cuja intervenção processual a lei, a natureza da relação litigada ou o negócio jurídico o exijam (art.º 28.º, n.º 1). *Situação que só poderá verificar-se nos casos de litisconsórcio necessário legal, natural ou convencional.* Não assim – reitera-se – nos casos de litisconsórcio voluntário pois que, com o recurso a essa intervenção plural, a parte apenas pretende beneficiar do alargamento dos efeitos do caso julgado a um mais amplo leque de sujeitos processuais.

Tratando-se de *litisconsórcio necessário*, a falta de alguma das partes – pelo lado activo ou pelo lado passivo – é sanável mediante a *intervenção, espontânea ou provocada* da parte cuja falta gera a ilegitimidade (cfr. o art.º 269.º) e cujos procedimentos incidentais se encontram regulados nos art.ºs 320.º e ss e 325.º e ss, respectivamente. A *modificação subjectiva da instância pela intervenção de novas partes* pode ter lugar, quer antes, quer depois do trânsito em julgado da decisão (*de absolvição da instância*) que julgue ilegítima alguma das partes por não estar em juízo determinada pessoa. Assim[2]: – *até ao trânsito em julgado dessa decisão*, pode o autor (ou o réu-reconvinte) chamar essa pessoa a intervir nos termos dos art.ºs 325.º e ss (cfr. art.º 269.º, n.º 2) e, se o chamamento for admitido, a instância não chega a extinguir-se, como que se reanimando; – se essa específica decisão houver posto termo ao processo, o chamamento ainda poderá ter lugar *nos 30 dias subsequentes ao respectivo trânsito em julgado* e, se admitido o chamamento, a instância (já extinta) renova-se e revive[3].

---

[1] Cfr. Estudos cit., pp. 166-167.

[2] Cfr. J. RODRIGUES BASTOS, Notas, vol. II cit., pp. 22-23.

[3] Porque a *instância renovada* não é de considerar como *uma nova instância* mas a *mesma instância*, mantêm-se os efeitos da propositura da acção a que se reporta o art.º 267.º.

Capítulo VI – Pressupostos processuais

No caso de *litisconsórcio necessário entre os cônj*uges: – a *sanação da ilegitimidade activa* é feita, seja pelo *consentimento espontâneo do outro cônjuge*, seja pelo respectivo *suprimento judicial* através do processo próprio regulado no art.º 1425.º (cfr. art.º 28.º-A. n.º 2); – a *ilegitimidade passiva* é sanável mediante a *intervenção principal provocada do outro cônjuge*, a operar no prazo e pela forma reguladas nos art.ºs 269.º, n.ºs 1 e 2 e 325.º, n.º 1, nos termos sobreditos.

Se *não sanada*, a ilegitimidade de qualquer das partes terá como consequência a *absolvição do réu da instância* (art.ºs 288.º, n.º 1, alínea d) e 494.º, al. e)).

49. Legitimidade para a tutela de interesses difusos. A Acção popular.

O art.º 26.º-A confere ao *Ministério Publico, às associações e fundaçõe e até ao próprio cidadão no gozo dos seus direitos civis e políticos*, «legitimidade para propor e intervir nas *acções* e *procedimentos cautelares* destinados, designadamente, à defesa da saúde pública, do ambiente, da qualidade de vida, do património cultural e do domínio público, bem como à protecção do consumo de bens e serviços». Também nestas específicas situações se surpreende a utilidade que sempre deverá subjazer à *legitimidade* necessária para o exercício do *direito de acção*.

O pressuposto dimana praticamente da previsão do exercício do *direito de petição e acção popular* (art.º 53.º, n.ºs 1 a 3, alíneas a) e b)), da Lei Fundamental). Preceito esse consagrador da chamada *tutela de interesses difusos*, entre estes alguns dos incluídos no elenco dos *direitos e deveres sociais*, como por exemplo o direito à saúde (art.º 64.º), o direito à habitação e ao controlo público do espaço imobiliário e dos solos (art.º 65.º), o direito ao ambiente e qualidade de vida (art.º 66.º) e à fruição e criação cultural (art.º 78.º), todos esses preceitos da CRP.

E *difusos* porque «refracção em cada indivíduo de interesses unitários da comunidade, global e complexivamente considerada», respeitando, assim, a *sujeitos de direito não individualmente determinados*. A legitimidade é detida, não só por *qualquer cidadão a título singular ou individual*, como por *qualquer das associações especialmente instituídas e vocacionadas para a defesa e preservação desses valores e interesse gerais* e comuns a toda a colectividade. Ponto é que – para que se possa

438   *Direito Processual Civil*

dar como adquirida a *legitimatio ad processum e ad causam* de tais entidades ou associações – as mesmas tenham por escopo e objecto (institucional ou estatutário) a defesa desses mencionados interesses, os quais são, assim, «*configurados como direitos fundamentais judicialmente accionáveis por todos individual ou colectivamente*»[1].

A *acção popular* regulada pela Lei n.º 83/95, de 31 de Agosto, representa a concretização e tradução práticas, no campo processual, do *direito de petição e do direito de acção popular*, neste incluído o de requerer para o lesado ou lesados as correspondentes indemnizações e ainda o de cessação ou a perseguição judicial das infracções contra os bens e interesses discriminados no citado preceito constitucional. Acção essa que pode ser *administrativa*[2] ou *civil*, sendo que esta última pode revestir qualquer das formas previstas no CPC (art.º 12.º, n.ºs 1 e 2).

Como especialidades, e para além da regulação do direito de participação procedimental (art.ºs 4.º a 11.º), da representação processual (art.ºs 13.º e 14.º) e dos poderes fiscalizadores e representativos do Ministério Público (art.º 16.º), contempla a Lei um regime especial de indeferimento da petição inicial (art.º 13.º), a atribuição ao juiz de poderes para, no âmbito das questões fundamentais definidas pelas partes e, por iniciativa própria, recolher provas sem vinculação à iniciativa das partes (art.º 17.º), bem como regimes especiais quanto aos efeitos do caso julgado e ao regime especial de preparos, custas e procuradoria (art.ºs 19.º e 21.º).

50. Coligação ou conjunção de partes.

§1.º – Caracterização. Modalidades.

Esta *forma de pluralidade subjectiva* encontra-se prevista nos art.ºs 30.º e 31.º, enquanto que o *litisconsórcio stricto sensu* é regulado pelos art.ºs 27.º a 29.º. Ao contrário do que acontece com o litisconsórcio, em que existe uma pluralidade de partes e unidade de pedidos, na *coligação ou conjunção* há uma *pluralidade de partes e uma pluralidade de pedidos*. À *unicidade da relação material controvertida* (do litisconsórcio)

---

[1] Cfr. GOMES CANOTILHO e VITAL MOREIRA, Constituição da República Portuguesa Anotada, 4.ª ed. cit., pp. 697-698.

[2] À *acção popular administrativa* se referem os art.ºs 9.º, n.º 2, 40.º, n.º 1, alínea b) e n.º 2, al. d), 55.º, n.º 1, al. f), 68º, n.º 1, al. d) e 73.º, n.º 3, do CPTA.

Capítulo VI – Pressupostos processuais

corresponde (na *coligação*) uma *pluralidade de relações materiais litigadas ou controvertidas*. A coligação é assim permitida «em virtude da *unicidade da fonte dessas relações*, da *dependência entre os pedidos* ou da *conexão substancial* entre os fundamentos destes»[1].

Sendo da sua essência a *formulação discriminada*, por ou contra várias partes, de *pedidos distintos ou diferentes*[2], a *coligação* – também apelidada pela doutrina (maxime quanto à parte passiva) de *conjunção* – traduz-se, em princípio, numa *mera faculdade*, que não numa obrigação ou imposição[3]. Situações há, com efeito, de *coligação necessária* de autores e de conjunção de réus, seja por determinação da lei ou pela natureza o negócio jurídico, seja pela conexão entre as diversas causas de pedir, dos pedidos deduzidos ou dos respectivos fundamentos[4].

Como exemplo típico de *coligação necessária legal*, referem ANTUNES VARELA/J. M. BEZERRA/SAMPAIO E NORA a convocação dos credores e do cônjuge do executado para efeitos de concurso (art.º 864.º, n.º 1). Como exemplo de *coligação necessária para conferir efeito útil à decisão*, citam os mesmos autores o da querela sobre se os diversos condóminos de fracções habitacionais em *propriedade horizontal* adquiriram, por força dos respectivos contratos (de modelo padronizado), direitos autónomos a lugares determinados ou apenas a contitularidade do direito de propriedade sobre toda a área comum de uma garagem colectiva, caso em que se impõe a coligação necessária (activa) desses adquirentes *contra o réu-vendedor comum*[5].

Também no caso da acção de despejo para denúncia do arrendamento pelo senhorio para *demolição ou realização de obras de remodelação ou restauro profundos no prédio arrendado* (art.ºs 1101.º, al. b) e 1103.º, n.º 3, do CC e Dec.-Lei n.º 157/2006, de 8 de Agosto) a plena utilidade prática da acção reclama uma *coligação passiva entre os diversos arrendatários* do prédio em causa[6].

---

[1] Cfr. ANTUNES VARELA/J. M. BEZERRA/SAMPAIO E NORA, Manual cit., p. 161.

[2] Segundo ALBERTO DOS REIS, Comentário, vol. 1.º cit., 2.ª ed., p. 45, «a *coligação* tem de comum, *com a cumulação* a circunstância de os pedidos serem múltiplos e, com *a pluralidade*, a circunstância de os autores e os réus serem mais do que um».

[3] *Coligar* (do latim colligare) significa «ligar através de associação», «unir para uma finalidade comum» – cfr Dic. Língua Portuguesa, Ed. da Academia das Ciências – Editorial Verbo, vol. I, p. 867.

[4] Cfr. ANTUNES VARELA/J. M. BEZERRA/SAMPAIO E NORA, Manual cit., p. 170.

[5] Cfr. Manual cit., p. 170.

[6] O autor pode, ao abrigo do n.º 2 do art.º 325.º, chamar a intervir como réu um terceiro contra quem, supervenientemente, pretenda dirigir um pedido, seja em termos de

440   *Direito Processual Civil*

Torna-se, contudo, necessária a verificação cumulativa de dois requisitos materiais (ou *condições*) para que seja admissível a coligação, seja a de diversos autores contra um ou vários réus, seja a da demanda conjunta de vários réus, por *pedidos diferentes*: ser a *causa de pedir a mesma e única* ou *estarem os pedidos entre si numa relação de prejudicialidade ou de dependência* (art.º 30.º, n.º 1)[1].

Não é suficiente tratar-se de uma causa de pedir *análoga*, tornando-se mister que ela seja a *mesma e única*[2].

Exemplo de *causa de pedir única* será de A e B donos de duas habitações geminadas, ambas construídas por C (causa de pedir única: contrato de empreitada por A, B, e C conjuntamente celebrado), se coligarem entre si (*coligação de autores*) demandando C para eliminação dos defeitos, construção de uma nova obra, redução dos respectivos preços ou obtenção de indemnização sucedânea por alegados defeitos de construção por ambas as obras apresentadas, defeitos esses por A e B oportunamente denunciados a C, mas por ele não eliminados (cfr. os art.ºs 1218.º a 1225.º do CC). Dois outros exemplos: alguns dos sócios para impugnar a validade de uma deliberação social de uma sociedade anónima (*coligação activa*); diversos empregados alvo de despedimento colectivo ilegal para demanda conjunta da entidade patronal e da seguradora desta em acção de anulação do despedimento/indemnização (*coligação activa e passiva*).

Mas, sendo *embora distintas as causas de pedir* é, todavia, permitida a coligação se entre os diferentes pedidos ocorrer uma *relação de prejudicialidade*. O que sucederá sempre que a decisão de um dos pedidos puder influenciar decisivamente a apreciação e a decisão de um outro pedido.

Por exemplo: o pedido de anulação de um contrato de compra e venda por vício da vontade (por erro, dolo ou coacção, etc.) é *prejudicial* relativamente ao

---

litisconsórcio (pedido idêntico ao já formulado contra o réu primitivo), seja em termos de coligação (pedido diverso do inicial). É, assim, possível, a formulação subsidiária do mesmo pedido por autor ou contra réu diverso do que demanda ou é demandado a título principal (*litisconsórcio subsidiário stricto sensu*), desde que exista dúvida fundada sobre o sujeito do processo, como também, embora (de ocorrência mais difícil), a dedução por ou contra uma parte de um pedido a título principal e, por outra ou contra outra, a título subsidiário, de um pedido diverso (*coligação subsidiária*) – cfr. o acórdão da RL de 13-5-2008 – P. 7651/2007-7.ª Sec. / Des. ARNALDO SILVA.

[1] Cfr. quanto à coligação em sede de processo executivo, o art.º 58.º, por reporte aos n.ºs 1, 2, 3 e 4 do art.º 53.º e ao n.º 4 do art.º 832.º.

[2] Cfr. J. RODRIGUES BASTOS, Notas, vol. I cit., p 81.

Capítulo VI – Pressupostos processuais

pedido do reconhecimento do direito de preferência nessa mesma compra[1]. Assim, se A, induzido por B a adquirir-lhe uma determinada quota de um prédio rústico fazendo-lhe crer que nesse prédio existia uma nascente de água (o que veio a revelar-se falso), pretendendo anular o contrato por dolo (art.ºs 253.º, n.º 1, do CC), pode coligar-se com C (*coligação de autores*) que, na sua qualidade comproprietário, pretende sobre a mesma venda exercitar contra o alienante B o seu direito de preferência ao abrigo do disposto no art.º 1410.º do CC); a eventual nulidade do negócio prejudica o conhecimento e a eventual procedência do pedido de reconhecimento do direito de preferência com base na sua validade pretendido exercitar.

Existe *relação de dependência* se o conhecimento de um dos pedidos só puder ter lugar em caso de procedência do outro.

Por exemplo, diversos credores do obrigado deduzem contra este e contra os adquirentes (iniciais e subsequentes) de má-fé impugnação pauliana, pedindo especificadamente contra um e outros (*coligação activa e passiva*) a declaração de ineficácia dos diversos actos que envolvam diminuição da garantia patrimonial do devedor (art.ºs 610.º e ss. do CC); pode também a locadora financeira de um bem, em caso de incumprimento de um contrato de *leasing,* demandar, em coligação passiva, uma das rés co-obrigadas para obter a resolução do contrato (pedido dominante) e outra para accionamento da seguradora pelo seguro-caução prestado à locadora (pedido dependente)[2]; também justificativo de coligação passiva será a demanda do devedor principal e do fiador, aquele para ver declarada a validade do contrato de mútuo e o respectivo incumprimento pelo réu-mutuário, o fiador para accionamento da garantia.

É igualmente lícita a coligação quando, sendo embora diferente a causa de pedir, a procedência dos pedidos principais dependa essencialmente: da *apreciação dos mesmos factos*; da *interpretação e aplicação das mesmas regras de direito*; da *interpretação ou aplicação de cláusulas de contratos perfeitamente análogas* (art.º 30.º, n.º 2)[3].

---

[1] ALBERTO DOS REIS, na esteira de MANUEL DE ANDRADE, cita ainda, como os exemplos de *prejudicialidade,* o pedido de anulação do casamento relativamente ao pedido de divórcio ou de separação e o pedido de anulação do testamento versus a petição da herança deduzida por herdeiro testamentário – cfr. Comentário, vol. 3.º cit., p. 269.

[2] Exemplo extraído do acórdão do STJ de 23-10-2001, Proc. n.º 2614/01 – 2.ª Sec.

[3] O Código Civil permite, ex-professo, a *coligação activa* nas acções de investigação de maternidade (art.º 1820.º) e de paternidade (art.º 1872.º).

442   *Direito Processual Civil*

Exemplo da primeira situação (*apreciação dos mesmos factos*): as circunstâncias em que decorreu a derrocada de um edifício erigido em terreno contíguo, que relevam, quer para o apuramento da responsabilidade extracontratual do proprietário ou possuidor do edifício pelos danos causados a terceiro (presunção de culpa do art.º 492.º do CC), quer para o apuramento da responsabilidade civil contratual do empreiteiro para com o dono da obra ou para com terceiro adquirente (art.º 1225.º, n.º 2, do CC); nesta hipótese, o lesado e o dono da obra podem coligar-se entre si contra o empreiteiro, sendo, contudo *diferentes as causas de pedir* (facto ilícito no primeiro caso, contrato de empreitada no segundo caso). Será também o caso se diversos lesados se coligarem entre si (a cada lesado corresponde uma relação material controvertida) contra diversos condutores (ou contra as respectivas seguradoras), em caso de colisão de veículos, para ressarcimento dos danos dessa colisão advenientes (*coligação activa e passiva*).

Exemplo da segunda situação (*interpretação e aplicação das mesmas regras de direito*): o dono de uma obra em contrato de empreitada de imóvel de longa duração e o adquirente ao (mesmo) empreiteiro-vendedor de uma dada fracção habitacional que, por vício de construção e de execução dos trabalhos apresentem defeitos relevantes, podem coligar-se entre si para exigirem do empreiteiro construtor-vendedor o pagamento do que tiverem gasto, através de terceiros, na reparação desses defeitos; isto porque, se se tratar de reparação urgente e o réu empreiteiro não tiver procedido à eliminação dos defeitos oportunamente denunciados, a eventual *procedência de ambos os pedidos autónomos indemnizatórios* dependerá da solução jurídica (interpretativa) que se vier a dar à questão de saber se, no caso concreto, os autores coligados podem ou não ultrapassar a sequência procedimental prevista nos art.ºs 1122.º e 1123.º ao abrigo do disposto no n.º 1 do art.º 1125.º, todos do CC[1].

Exemplo da última situação (*interpretação ou aplicação de cláusulas contratuais perfeitamente análogas*) será a de dois lesados, um por acidente de viação, outro por um incêndio provocados pelo mesmo segurado, demandarem coligados (*coligação activa*) a respectiva seguradora que se recusa a pagar as respectivas indemnizações com base numa interpretação sui generis de uma dada cláusula contratual geral em tudo idêntica constante das respectivas apólices.

É também admitida a coligação quando os pedidos deduzidos contra os vários réus se baseiam na invocação de uma *obrigação cartular*, quanto

---

[1] Cfr., no sentido de que, em tais casos, é de ultrapassar tal iter procedimental e exercitar um pedido autónomo de indemnização, v.g., os acórdãos do STJ de 8-3-2001, CJSTJ, Tomo I, p. 160 / Cons.º Noronha Nascimento e de 28-5-2004, Proc. n.º 1296/2004 – 2.ª Sec. / Cons.º Dias Girão.

Capítulo VI – Pressupostos processuais   443

a uns, e da respectiva *relação subjacente*, quanto a outros (art.º 30.º, n.º 3). É, assim, legal a coligação de réus (*coligação passiva*) quando uns são demandados como subscritores de um título de crédito (letra ou livrança) – obrigados cambiários – e outro ou outros como obrigados/ devedores na relação obrigacional subjacente àquele título.

§2.º – Requisitos processuais.

O art.º 31.º prevê os vários *obstáculos* (processuais) à admissibilidade da coligação: ofensa das regras de *competência internacional* (art.º 65.º), *em razão da matéria* (art.ºs 66.º a 69.º) ou *da hierarquia* (art.ºs 70.º a 72.º) e aos pedidos corresponderem formas de processo diferentes, a menos que essa diversidade não resulte unicamente do valor[1]. O primeiro desses dois obstáculos é insuperável ou irremovível face à incompetência absoluta do tribunal para tal remoção; já se aos pedidos corresponderem formas de processo entre si diversas (especiais ou comum e especiais), desde que não manifestamente incompatíveis, pode o juiz *autorizar* (*casuisticamente*) *a cumulação* quando «a apreciação conjunta das pretensões seja indispensável para a justa composição do litígio», adaptando «o processo à cumulação autorizada» (cfr. os n.ºs 2 e 3 do art.º 31.º).

De resto, se verificados os pressupostos da admissibilidade da coligação (acções que possam ser reunidas num só processo) será ordenada a *junção* (*apensação*) delas, a requerimento de parte com interesse atendível na junção, a não ser que o grau de adiantamento do processo o torne inconveniente (art.º 265.º).

Pode, por seu turno, o tribunal (oficiosamente ou a requerimento de algum dos réus), não obstante a verificação dos requisitos formais da coligação, se detectar *inconveniente grave na instrução, discussão e julgamento conjunto das diversas causas cumuladas*, determinar, em despacho fundamentado, a notificação do autor para indicar qual ou quais os pedidos que pretende continuem a ser apreciados no processo, *sob pena*

---

[1] A cumulação de pedidos, com o seu consequente reflexo no valor da acção, pode converter a forma sumária correspondente a um dos pedidos (inferior a €30.000,01) em forma ordinária correspondente à soma dos pedidos cumulados (art.ºs 306.º, n.º 2 e 462.º do CPC e 31.º, n.º 1, da LOFTJ/2008)).

de, nada fazendo no prazo para o efeito arbitrado, o réu ser absolvido da instância quanto a todos eles – cfr. o n.º 4 do mesmo art.º 31.º; se o autor (ou autores) fizerem essa escolha (princípio dispositivo) o processo prosseguirá para apreciação do pedido (ou pedidos) escolhidos, sendo as restantes acções *desapensadas* para tramitação independente. Idêntica notificação cominatória deverá o juiz fazer ao autor (ou autores) se ocorrer coligação activa sem que entre os pedidos exista a conexão exigida pelo art.º 30.º (cfr. os n.ºs 1, 2 e 3 do art.º 31.º-A).

A ilegal coligação de autores ou de réus, quando entre os pedidos não exista a *conexão* exigida pelo art.º 30.º (se não oportunamente sanada) integra *excepção dilatória*, de *conhecimento oficioso*, como tal geradora da *absolvição do réu da instância* (art.ºs 288.º, n.ºs 1, al. e) e 3, 493.º, n.º 2, 494.º, al. f), 495.º e 660.º, n.º 1).

§3.º – Coligação eventual ou subsidiária.

À semelhança do que acontece com a dedução de pedidos subsidiários em geral, é também admitida a *dedução de pedidos subsidiários*, quer entre as mesmas partes (art.º 469.º), quer entre partes distintas, actuando *em coligação* (art.º 31.º-B)

Este último preceito admite essa pluralidade subjectiva subsidiária, permitindo, não só a *dedução subsidiária do mesmo* pedido, como também a *dedução de pedido subsidiário* (por autor ou contra réu diverso do que demanda ou é demandado a título principal), ponto sendo que exista *dúvida fundada acerca do sujeito da relação jurídica material controvertida*.

Se o *mesmo pedido* é deduzido por ou contra parte diversa da que demanda ou é demandada a título principal, estamos perante um *litisconsórcio voluntário*; se é deduzido *pedido diverso* por ou contra parte diversa da que é demanda ou é demandada a título principal, estamos perante a figura da *coligação*.

Não tem que existir um *nexo de precedência ou prevalência lógico-substantiva* entre o pedido principal e o pedido subsidiário; a dedução subsidiária pode ter por base ou um estado de dúvida ou incerteza do demandante relativamente ao direito por si pretendido fazer valer em juízo ou a consideração de que o tribunal, ao decidir, possa vir a ter

Capítulo VI – Pressupostos processuais

dúvidas sobre esse direito, assistindo, pois, ao demandante inteira liberdade para hierarquizar os pedidos deduzidos[1].

Mas, para que a dedução cumulativa ou em subsidiariedade se torne admissível, postulam os art.ºs 31.º, n.º 1, 469.º, n.º 2 e 470.º, n.º 1, devidamente conjugados, que não se verifique qualquer dos seguintes *requisitos negativos*: incompetência absoluta do tribunal e correspondência aos pedidos de formas de processo especial diversas. Isto é (a contrario): *o tribunal tem de ser competente em razão da matéria, da nacionalidade e da hierarquia e aos pedidos terá de corresponder a mesma forma de processo especial.*

SECÇÃO VI
O interesse processual.

51. O Interesse processual.

§1.º – Conceito e relevância.

Adoptam a designação *"interesse processual"* MANUEL DE ANDRADE[2] e CALAMANDREI[3]. Em Itália, INVREA utiliza o termo *"causa legítima da acção"* (ou motivo justificado dela) sendo aí, todavia, mais corrente o de *"interesse em agir"*. Na Alemanha, utiliza-se geralmente a locução *"necessidade de tutela jurídica"* (Rechtsschutzbedurfniss)[4], a qual, entre nós, ANSELMO DE CASTRO[5] e ANTUNES VARELA/J. M. BEZERRA/SAMPAIO E

---

[1] LEBRE DE FREITAS, Introdução cit., p. 183, nota 11, dá, a este respeito, os seguintes exemplos: impugnação pauliana, a título principal/declaração de nulidade do negócio por simulação, a título subsidiário, ou vice-versa; declaração de nulidade do negócio e restituição da coisa prestada, a título principal/condenação do réu no cumprimento do mesmo contrato, ou vice versa, a título subsidiário.

[2] Cfr. Noções Elementares cit., p. 78 e ss.

[3] Cfr. Istituzioni di diritto processuale civile.

[4] Segundo SCHONKE, Lehrbuch, §1, VII, este requisito vale não só para a acção, mas para todos os actos processuais em geral.

[5] Cfr. DPCD, vol. II cit., p. 251, nota 1.

Nora[1] consideram a mais adequada e própria, ainda que perfilhando, o primeiro, a nomenclatura de *"interesse em agir"* e, os segundos, a de *"interesse processual"*.

Empregando também a expressão *"interesse em agir"*, A. Montalvão Machado/Paulo Pimenta[2] consideram consistir ele «na indispensabilidade de o autor recorrer a juízo para a satisfação da sua pretensão». O que só sucederá em caso de indisponibilidade de quaisquer outros expedientes (extrajudiciais) de realização da tutela judiciária pretendida, seja porque tais meios, na realidade, não existem, seja porque, existindo, se encontram já exauridos.

O conceito de *"interesse processual"* ou *"interesse em agir"* – expressões que reputamos de equivalentes ou sinónimas, quer no seu significado teórico, quer na respectiva utilização pela *praxis forensis* e que, por isso, usaremos indistintamente – não se confunde com o de *legitimidade*. O *interesse directo em demandar e em contradizer* subjacente à legitimidade das partes (art.º 26.º, n.ºs 1 e 2) reporta-se ao objecto da causa, ao conteúdo material da pretensão, representando uma qualidade "posicional" face ao objecto do litígio[3]. Já o *interesse processual* se prende com a necessidade de recurso à via judicial, isto é, com a «inevitabilidade» da solicitação de tutela, a fim de pôr termo a «uma situação objectiva de carência em que o litigante se encontra»[4].

Se, por exemplo, A for credor de B, e este, apesar de interpelado, não cumpre a sua prestação, é manifesto o interesse de A em recorrer ao tribunal e daí o seu interesse em agir. Mas se C, proprietário da coisa X, demanda sem base séria e justificada, uma pessoa (D) que jamais questionou esse seu direito real, movendo contra ele uma acção de simples apreciação, torna-se óbvio que o direito de C não está carecido de tutela judiciária, faltando, assim, a C interesse em agir ou interesse processual; uma tal acção revelar-se-á, assim, como totalmente inútil. Também se o inquilino I, vem pagando regular e pontualmente as rendas ao senhorio S, torna-se completamente descabido que S proponha uma acção pedindo a condenação de I no pagamento das rendas futuras, aquando dos respectivos vencimentos; se o fizer, e porque nada aponta para que o arrendatário

---

[1] Cfr. Manual cit., pp. 179-180 e ss.
[2] Cfr. O Novo Processo Civil, 8.ª ed. cit., pp. 80-81.
[3] Cfr. A. Montavão Machado/Paulo Pimenta, ob. cit., p. 81.
[4] Cfr. Antunes Varela/J. M. Bezerra/Sampaio e Nora, Manual cit., p. 181.

Capítulo VI – Pressupostos processuais

deixe futuramente de cumprir, o recurso a juízo perfilar-se-á, não só como prematuro, como também como injustificado, e daí a sua inutilidade.

Nas alíneas b), c), d) e e) do n.º 2 do art.º 449.º contemplam-se, «ex-professo», casos de acções que se revelam desnecessárias ou inúteis, a saber: – acção de condenação numa obrigação cujo vencimento ocorre apenas com a citação (é o caso das chamadas "obrigações puras" – cfr. o n.º 1 do art. 805.º do CC)[1]; – a acção declarativa instaurada pelo credor munido de um título com manifesta força executiva[2]; – opção do autor pelo processo de declaração quando possa propor acção declarativa especial para cumprimento de obrigações pecuniárias ou recorrer a processo de injunção ou a outros análogos previstos por lei; – a acção declarativa instaurada (desnecessariamente) pelo autor, estando reunidas as condições necessárias para a interposição imediata do recurso de revisão (art.ºs 676.º, n.º 2 e 771.º). Nessas situações, o réu (ou o executado) não deu causa à acção e daí a inutilidade da respectiva introdução em juízo, pelo que recairá sobre o autor o encargo de pagar as custas (art.º 449.º, n.ºs 1 e 2), salvo se o demandado contestar, impugnando as respectivas obrigações, hipótese em que se aplica a regra geral em matéria de custas prevista no art.º 446.º

É precisamente o intuito de *obviar* a *acções inúteis* que tem levado a doutrina a arvorar o *interesse em agir* em *pressuposto processual*, pois que se a lei proíbe expressamente a prática de *actos inúteis* (*princípio da limitação dos* actos constante do art.º 137.º), por maioria de razão terá que proibir *acções inúteis.*

MANUEL DE ANDRADE, definindo o interesse processual como «o interesse em utilizar a arma judiciária – em recorrer ao processo», reconhece que lhe falta referência expressa na lei como pressuposto processual. Por tal motivo, considera que, «em bom rigor, parece tratar-se não de um simples pressuposto processual,

---

[1] Estas obrigações só se vencem com a *interpelação do devedor.* A interpelação pode realizar-se judicial ou extrajudicialmente. A interpelação *extrajudicial* faz-se por qualquer meio. A *judicial*, através de notificação avulsa (cfr. os art.ºs 261.º e 262.º) ou de citação para contestar a acção respectiva. Se o credor propôs a acção sem previamente ter promovido a interpelação do devedor a obrigação vence-se apenas com a citação e só nesse momento o devedor fica constituído em mora.

[2] Por exemplo, a instauração de uma acção (declarativa) de despejo por falta de pagamento de rendas ou oposição do arrendatário à realização de obras encontrando-se o senhorio munido do comprovativo da comunicação a que se reporta o n.º 1 do art.º 1084.º do CC ou de documento comprovativo, emitido pela utoridade competente, da oposição à realização da obra – ambos esses documentos *títulos executivos* – cfr. o art.º 15.º, n.º 1 , al. e) das "Disposições Gerais" do NRAU.

448   *Direito Processual Civil*

mas de uma *condição da acção*, pois a falta do interesse processual significa não ter o demandante razão para solicitar e conseguir a tutela judicial pretendida»[1]. Por isso admitiu mesmo a hipótese de esse *"requisito"* ser incluído na previsão do art.º 26.º atinente ao pressuposto da "legitimidade". Mas não deixou de considerar as "necessidades" do mesmo por duas razões essenciais: – por um lado, a instauração de uma acção inútil sempre causa prejuízos e incómodos, desde logo pela imposição à contraparte (o réu) da «perturbação e do gravame inerente à posição de demandado», com o consequente ónus de dedução da respectiva defesa, sob pena de preclusão e admissão; – por outro, a justiça é um serviço estadual custeado pelo erário público, pelo que os particulares (administrados) só devem recorrer a ele, pondo a respectiva máquina em movimento, quando os seus direitos se encontrem «realmente carecidos de tutela judiciária».

ANSELMO DE CASTRO[2], tomando partido nesta querela, designou este pressuposto processual por *inominado* – incluindo-o mesmo na epígrafe *"interesse em agir e outros processuais inominados"* –, baseando-se, para tal qualificação, justamente na expressão "entre outras" (*excepções dilatórias*) constantes do elenco do n.º 1 do art.º 494.º. Tudo porque tal interesse surge «da necessidade em obter do processo a protecção do interesse substancial, o que supõe a lesão desse interesse e a idoneidade da providência requerida para a sua reintegração ou, tanto quanto possível, integral satisfação»[3] (sic). Com essa posição, critica ANSELMO DE CASTRO a perfilhada por CASTRO MENDES[4], para quem «a utilidade da acção e o interesse em agir não são pressupostos processuais (e muito menos condições da acção), restringindo-se a sua eficácia ao âmbito das custas processuais. Isto porque os art.ºs 449.º, n.º 2 e 662.º, n.ºs 2 e 3, fazem impender sobre o autor o encargo do pagamento das custas nos casos em que o réu não deu causa à acção e de julgamento em caso de inexegibilidade da obrigação, respectivamente.

Por nós entendemos que, traduzindo-se o *"interesse processual"* no desencadeamento inútil dos meios processuais, há que qualificar esse

---

[1] Cfr. Noções Elementares cit., pp. 79 e 82.

[2] Cfr. DPCD, vol. II cit., pp. 253-254, qualificação também adoptada no acórdão do STJ de 10-12-85, BMJ n.º 352, p. 235.

[3] Distingue este autor o *interesse substancial* do *interesse em agir*. Este último é um interesse processual, secundário e instrumental em relação ao interesse substancial primário, e tendo por objecto a providência solicitada ao tribunal, através da qual se procura ver satisfeito aquele interesse primário lesado pelo comportamento da contraparte ou, mais genericamente, pela situação de facto objectivamente existente» – ob. cit., p. 252.

[4] Cfr. Processo Civil, vol. II, ed. da AAFDL, 1987, pp. 160-161.

Capítulo VI – Pressupostos processuais

"interesse em agir" como *pressuposto processual*, ainda que não conste do respectivo elenco legal, portanto de *carácter inominado*[1].

O interesse processual varia, nos seus contornos, em função do meio processual de que se trate. Assim, nas *acções de condenação e nas executivas*, o interesse resulta da inadimplência ou relapsidão do demandado e do executado (não sendo obrigatório o recurso prévio à via extrajudicial).

Nas acções condenatórias, pode mesmo prescindir-se da actualidade da violação do direito – bastando-se a lei com a ameaça ou a simples previsão dessa violação –, uma vez que é possível formular um pedido de *prestações vincendas* (tratando-se de prestações periódicas) ou de *prestações futuras* nos termos dos n.ºs 1 e 2 do art.º 472.º e solicitar uma condenação (*in futurum*), mesmo em caso de não inexigibilidade da obrigação no momento em que a acção foi proposta, observado que seja o condicionalismo do art.º 662.º.

Nas *acções constitutivas* (v.g. as acções de divórcio ou de separação litigiosa, de alimentos ou de preferência) o interesse processual radica na circunstância de o direito potestativo correspondente não ser (na generalidade dos casos) exercitável por simples manifestação unilateral de vontade do respectivo titular, necessitando, por isso, do recurso às vias judiciais; pelo que, uma vez formulado o pedido, o interesse processual surge como incontroverso; ou, mesmo que não obrigatoriamente exercitável por via judicial (v.g. a constituição de uma servidão legal de passagem), o recurso directo à via litigiosa possa revelar-se justificável por razões relevantes e plausíveis de natureza casuística[2].

E quanto à acção de despejo, fundada na falta de pagamento de rendas por período superior a três meses ou na oposição do arrendatário à realização de obra ordenada pela autoridade pública (art.ºs 1083.º, n.º 3 e 1084.º, n.ºs 1, 3 e 4, do CC), terá o senhorio interesse em agir pela via judicial, na medida em que pode pôr termo ao arrendamento por simples declaração unilateral receptícia (a operar mediante notificação judicial avulsa) e obter título executivo pela via consignada no n.º 5 do art.º 14.º do NRAU? As mais recentes doutrina e jurisprudência – nas quais nos revemos – vêm entendendo que só a falta de pagamento, da renda em caso de mora (não purgada) superior a três meses pode justificar (legalmente) a

---

[1] O art.º 494.º considera como dilatórias, *entre outras*, as contempladas nas suas alíneas a) a j), o que logo sugere uma enumeração meramente exemplificativa.

[2] Cfr. Antunes Varela/J. M. Bezerra/Sampaio e Nora, Manual cit., p. 185.

450   *Direito Processual Civil*

resolução unicamente pela via unilateral (extrajudicial); já não assim se se tratar de mora inferior a três meses ou da mera falta de pagamento de encargos e despesas, as quais poderão constituir fundamento para uma acção declarativa (de despejo), devendo, mesmo assim, aferir-se da gravidade (montantes envolvidos e reiteração) da relapsidão do devedor, pois que só assim não será razoável exigir ao senhorio a subsistência do contrato[1].

Daí que, pelo menos em tais situações, assista ao senhorio *interesse em agir* pela via da *acção declarativa*, não só para assim obter o declaração resolutiva do contrato, como também a condenação do arrendatário (e eventualmente também do seu fiador) no pagamento das rendas em atraso e dos encargos e despesas em dívida[2]. De resto, o interesse em agir do senhorio pode ainda residir na redução dos fundamentos de uma eventual oposição (pelo inquilino) à execução para entrega de coisa certa (do prédio arrendado) porquanto, se a execução não fôr baseada em sentença, assistirão ao putativo oponente, para além dos fundamentos especificados no art.º 814.º, quaisquer outros que seria lícito deduzir como defesa no processo de declaração (cfr. o art.º 816.º do CPC)[3], assim prevenindo um novo e longo *contencioso declarativo*.

Nas *acções de simples apreciação*, o interesse processual do demandante surge quando ocorre um *estado de incerteza objectiva, séria e grave*

---

[1] Cfr., neste sentido, Laurinda Gemas/Albertina Pedroso/João Caldeira Jorge, Novo Regime Anotado e Legislação Complementar, Quid Juris, 3.ª Ed., pp. 46 a 74, Fernando Gravato de Morais, in "Novo Regime do Arrendamento Comercial, 2006, pp. 103 a 105, Laurinda Gemas, Revista do CEJ, n.º 5 (2.º semestre 2006), pp. 90 e ss e os acórdãos da RL de 24-5-2007, CJ, Tomo III/2007, pp 94 e ss / Des.ª Catarina Manso e da RP de 31-1-2008, CJ, Tomo I/2008, pp. 185-187 / Des. Madeira Pinto. Em sentido contrário, cfr. Pedro Romano Martinez, "Da Cessação do Contrato", 2.ª ed., Coimbra, Almedina, pp. 345, 346 e 355.

[2] No sentido de que, apesar de reunidos os pressupostos para a resolução do contrato de arrendamento por via extrajudicial, o senhorio poderá, em alternativa (mera facultatividade), recorrer à acção de despejo do art.º 14.º do NRAU, sem que tal acarrete "*falta de interesse processual*", cfr., v.g., entre vários outros, os acórdãos da RL de 25-2-2008 / Des. Graça Amaral, da RL de 11-3-2008 /Des. J. Gabriel Da Silva e de 13-3-2008 / Des. F. Isabel Pereira, da RP de 26-2-2008 /Des. Cândido Lemos e da RL de 31-3-2009, CJ, TII/2009, p. 105 /Des.ª Ana Resende.

[3] Se o senhorio resolver o contrato sob a invocação da falta de pagamento de renda (n.º 3 do art.º 1083.º, do CC), e o arrendatário se recusar a desocupar o locado terá de instaurar execução para entrega de coisa (certa) imóvel arrendada e, eventualmente, execução para pagamento de coisa certa (art.º 15.º, n.ºs 1, al. e) e n.º 2 das "Disposições Gerais" do NRAU). O arrendatário pode, porém, querer demonstrar que pagou a renda ou que tinha justificação para o não fazer (v. g. alegando *exceptio non adimpleti contractus*); nessa eventualidade, deduzirá oposição à execução, ficando esta suspensa (art.º 930.º-B, n.º 1, al. a), do CPC).

Capítulo VI – Pressupostos processuais

– resultante de um facto exterior (que não de uma mera dúvida subjectiva sua) – sobre a existência ou inexistência do seu direito, assim o desvalorizando ou diminuindo em termos de fruição ou de consistência prático-económica (v.g. prejuízo para o bom nome, honra ou dignidade pessoal ou para o crédito junto de instituições financeiras ou dificultação de actos de disposição de bens[1]. A gravidade da dúvida deve, pois, aferir-se pelo prejuízo ou desvantagem, de ordem material ou moral, que a situação de incerteza possa acarretar para o autor ou demandante[2].

Nos *procedimentos cautelares*, o interesse processual consubstanciar-se-á no chamado *periculum in mora*, cuja existência e demonstração em *summaria cognitio* constituirá, aqui sim, uma verdadeira *condição da acção*[3].

Embora normalmente associado o pressuposto à carência de tutela judicial por parte do demandante (*a parte auctoris*), também pode falar-se de interesse processual *por banda do demandado* (*a parte defensoris*). Este tem, sem dúvida, interesse processual, desde logo na obtenção de um dictat jurisdicional de sentido oposto ao impetrado pelo demandante (na generalidade dos casos uma declaração negatória do direito por este arrogado); como terá interesse processual na dedução de pedidos reconvencionais contra o autor se verificados os pressupostos do art.º 274.º. Ademais – e também dentro de uma ideia de protecção do interesse processual do réu, – o n.º 1 do art.º 296.º faz depender a eventual desistência da instância por parte do autor (se requerida depois da oferecimento da contestação) da aceitação do réu-contestante[4].

§2.º – Consequências da falta do interesse processual.

Se o juiz se aperceber da falta do interesse processual, deve abster-se de conhecer do mérito da causa, *absolvendo o réu da instância* (art.ºs

---

[1] Cfr. MANUEL DE ANDRADE, Noções Elementares cit., pp. 80-81.
[2] Cfr. ANTUNES VARELA/J. M. BEZERRA/SAMPAIO E NORA, Manual cit., p. 187.
[3] Cfr. ANTUNES VARELA/J. M. BEZERRA/SAMPAIO E NORA, Manual cit., p. 189.
[4] E mesmo a desistência do pedido – sendo livre – não prejudicará a apreciação do pedido reconvencional, a menos que seja dependente do formulado pelo autor (n.º 2 do mesmo preceito) – cfr. MANUEL DE ANDRADE, Noções Elementares cit., p. 79.

288.º, n.º 1, al. e) e 494.º). Essa apreciação terá normalmente lugar no *despacho saneador* (cfr. art.º 510.º, n.º 1, al. a)).

Nos casos, porém, em que a citação depende de prévio despacho judicial, v.g. nos *procedimentos cautelares* e nos casos de *citação urgente* que deva preceder a distribuição (art.º 234.º, n.º 4), se dos próprios termos em que a pretensão é deduzida, se evidenciar, de forma patente, a falta de interesse em agir, e que por isso a acção não conduziria a qualquer resultado útil, deverá o juiz *indeferir liminarmente a petição inicial* nos termos do n.º 1 do art.º 234.º-A (*despacho liminar negativo*). Decisão em que confluem, não só a *falta de interesse em agir*, como também o *princípio da economia processual* – ocorrência evidente de excepções dilatórias insupríveis e de conhecimento oficioso (art.ºs 494.º e 495.º).

Se só no momento da prolação da sentença (*depois da instrução e discussão da causa*) *o juiz se certificar de que afinal a obrigação não é exigível*[1], isso não o impedirá de proferir sentença condenatória, embora com eficácia diferida para o momento em que a obrigação se vença (se não se houver vencido no decurso da causa) – art.º 662.º, n.º 1. Neste caso, a única sanção para a falta de interesse processual "inicial" (desde que não haja contestação da existência da obrigação) traduzir-se-á na *condenação do vencedor nas custas*, por se entender que o réu não deu causa à acção (art.º 449.º, n. º 2, alínea b)). *Nos casos de inexigibilidade inicial da obrigação*, mas em que, mesmo não existindo litígio, haja lugar a julgamento (alíneas a) e b) do n.º 2 do art.º 662.º), «o autor será condenado nas custas e a satisfazer os honorários do advogado do réu» (cfr. n.º 3 da mesmo preceito).

Quando a *acção constitutiva* possuir subjacente um *direito potestativo susceptível de exercitação unilateral*, o tribunal deve abster-se de conhecer do pedido, por falta do interesse processual. Exs: revogação ou renúncia de procuração, resolução do contrato e compensação (cfr. art.ºs 1170.º, n.º 1, 1179.º, 436.º e 848.º, n.º 1, todos do CC). Nas restantes acções (constitutivas e de simples apreciação), a ausência (ab initio) do interesse processual, como falta de um pressuposto processual que é, surtirá a consequência normal da abstenção do conhecimento do mérito da causa, com a consequente absolvição do réu da instância, nos termos sobreditos.

---

[1] O facto de não ser exigível aquando da propositura não é impeditiva do conhecimento do mérito, desde que o réu conteste a acção – art.º 661.º, n.º 1.

Capítulo VI – Pressupostos processuais 453

Se a lide só se tornar inútil por causa superveniente (v. g. nulidade do casamento decretada na pendência da acção de divórcio ou perecimento ou destruição da coisa reivindicada), a instância será declarada extinta por força do disposto no art.º 287.º, al. e).

Secção VII
Patrocínio judiciário

52. Patrocínio judiciário. Noção e função. Os casos de obrigatoriedade.

O (direito de) *acesso ao direito e aos tribunais* para defesa dos direitos e interesses juridicamente protegidos, plasmado no art.º 20.º da CRP, compreende também os *direitos à informação e consulta jurídica e ao patrocínio judiciário*.

A prática dos actos processuais, mormente os de maior responsabilidade, pode exigir conhecimentos técnicos especializados que as partes normalmente não possuem, o que reclama a intervenção dos seus representantes profissionais, ou seja, dos seus *patronos*. A lei processual exige mesmo que, em determinados tipos de acções e procedimentos, e atenta a relevância dos interesses em jogo, o *patrocínio judiciário* seja *obrigatório*, assumindo o requisito, em tais situações, a dimensão de *pressuposto processual*. Só pode, pois, falar-se de pressuposto processual quando o mesmo seja *obrigatório*, isto é *imposto por lei*, sendo que esta prevê a existência de causas em que as partes podem litigar por si próprias[1].

O patrocínio judiciário (*jus postulandi*) significa, assim, *assistência técnica* prestada às partes *por profissionais do foro* e justifica-se por duas ordens de razões: por um lado, é do *interesse público* que a administração da justiça seja conduzida e protagonizada de modo competente e proficiente

---

[1] Nas causas e nos actos não incluídos na estatuição-previsão do art.º 32.º, podem as partes pleitear por si ou serem representadas por advogados ou por solicitadores. A única limitação imposta por lei à actividade processual das partes respeita às alegações orais em audiência de julgamento, as quais só por advogado podem ser produzidas (art.ºs 42.º, n.º 4, 652.º, al. e), 790.º, n.º 1 e 796.º, n.º 6). Excepção que não terá aplicação quando, por falta de advogado encartado na comarca, intervier como patrono um solicitador (art.º 32.º, n.º 4).

por profissionais dotados de adequadas formação deontológica e habilitação técnico-jurídica; por outro, é do *interesse dos próprios litigantes*, geralmente leigos em matéria jurídica, que a condução da lide seja assegurada por quem, para além do necessário apetrechamento técnico, possua a circunspecção e o desinteresse pessoal necessários e desapaixonados para uma correcta defesa dos seus interesses (particulares)[1].

Mas *mesmo nos casos em que é obrigatória a constituição de advogado*, podem as partes (tal como os advogados estagiários e os solicitadores) praticar validamente, por si sós, actos processuais que não envolvam *questões de direito* (art.º 32.º, n.º 2). Assim, por ex., a apresentação do rol de testemunhas ou a junção aos autos de documentos ou informações ou mesmo o pedido de prorrogação de um prazo dilatório[2]. Também nos *inventários*, seja qual for a sua natureza e valor (superior ou inferior à alçada), só é obrigatória a intervenção de advogado se forem suscitadas ou discutidas «*questões de direito*» ou em caso de recurso de decisões proferidas no seu seio (art.º 8.º, n.ºs 1, e 2, da Lei n.º 29/2009, de 29 de Junho)[3].

A LOFTJ, no n.º 1 do seu art.º 6.º, reconhece os *advogados* como partícipes na administração da justiça, com competência exclusiva (salvas as excepções previstas na lei) para o *patrocínio das partes*. Mas o próprio advogado poderá fazer-se assistir, durante a produção da prova e a discussão da causa, se no processo se suscitarem questões de natureza técnica para as quais não possua a adequada preparação (art.º 42.º)[4]. *Assistência* essa, que se não confunde, por isso, com o *patrocínio judiciário* da parte por ele representada[5].

---

[1] Cfr. MANUEL DE ANDRADE, Noções Elementares cit., p. 85.

[2] Para ANSELMO DE CASTRO, DPCD, vol. III cit., p. 138, a expressão *questões de direito* a que se reporta o n.º 2 do art.º 32.º tem de ser interpretado em termos hábeis, devendo entender-se que apenas pretende significar «aquelas que envolverem *indagação jurídica especializada*. De contrário, dado que qualquer actuação no processo envolve, mais ou menos remotamente, questões de direito, teríamos que aquele comando legal resultaria praticamente sem aplicação».

[3] Entre essas *questões de direito*, há que entender por incluídas aquelas que requerem *intervenção judicial* nos termos do art.º 6.º da Lei n.º 29/2009, de 29 de Junho.

[4] Também o tribunal pode fazer-se assistir de técnicos especialistas, quer na inspecção judicial (art.º 614.º), quer na audiência final (art.º 649.º).

[5] O *assistente técnico* não pode fazer alegações orais nem alegações escritas, já que a sua intervenção se circunscreve ao mero esclarecimento de questões de facto sujeitas ao veredicto do tribunal, desempenhando funções idênticas às dos peritos.

Capítulo VI – Pressupostos processuais   455

Tendo subjacentes uma ideia de importância relativa, face aos inte-resses materiais em jogo e à natureza das questões processuais a dirimir, impõe-se, no n.º 1 do art.º 32.º, a *obrigatoriedade da constituição de advogado*: a) – nas causas de competência de tribunais com alçada, em que seja admissível recurso ordinário[1]; b) – nas causas em que seja sempre admissível recurso, independentemente do valor c) – nos recur-sos[2]; d) – nas causas propostas nos tribunais superiores.

Há, a este respeito, e desde logo, que compaginar o disposto no n.º 1 do art.º 32.º com o preceituado no n.º 1 do art.º 678.º acerca da *admissibilidade do recurso*. Para se aquilatar da obrigatoriedade do patrocínio (al. a)) do art.º 32.º), há que conjugar o valor da causa, não só com o da *alçada do tribunal recorrido* (tem de ser superior a essa alçada), como ainda com a *medida da sucumbência* (a decisão impugnada tem de ser desfavorável ao recorrente em valor superior a metade dessa alçada, aten-dendo-se somente ao valor da causa em caso de fundada dúvida acerca do valor da sucumbência). Isto salvas as situações em que, nos termos do n.º 2 (alíneas a) a c)) e n.º 3 (alíneas a) e b)) desse art.º 678.º, o *recurso é sempre admissível* independentemente do valor da causa e da sucum-bência[3]; sendo, por isso, nelas igualmente obrigatória a constituição de advogado, por força da alínea b) do art.º 32.º.

---

[1] As alçadas em matéria cível encontram-se estabelecidas no art.º 30.º da LOFTJ/2008.

[2] Cabe *recurso para a Relação do despacho confirmatório do não recebimento* (pela secretaria) da petição inicial, ainda que o valor da causa não ultrapasse a alçada dos tribunais de 1.ª instância (art.º 475.º, n.º 2). É também admitido *recurso até à Relação do despacho que haja indeferido liminarmente a petição de acção ou de procedimento cautelar*, ainda que o respectivo valor se contenha na alçada dos tribunais de 1.ª instância (art.º 234.º-A, n.º 2). E ainda, independentemente do valor da causa e da sucumbência, é sempre admitido recurso em um grau da decisão que condene a parte como *litigante de má-fé* (art.º 456.º, n.º 3).

[3] Art.º 678.º, n.º 2: decisões que violem as regras da competência absoluta e do caso julgado (al. a); decisões respeitantes ao valor da causa e dos seus incidentes, com o fundamento de que o seu valor excede a alçada do tribunal de que se recorre (al. b); decisões proferidas no domínio da mesma legislação sobre a mesma questão fundamental de direito, contra jurisprudência uniformizada do Supremo Tribunal de Justiça (al. c)). Nos termos da alínea a) do n.º 3 dessa norma, haverá sempre a ainda recurso para a Relação, também independentemente do valor da causa e da sucumbência: a) – nas acções em que se aprecie a validade, a subsistência ou a cessação de contratos de arrendamento, com ex cepção dos arrendamentos para habitação não permanente ou para fins especiais transitórios; b) – das decisões respeitantes ao valor dos procedimentos cautelares com o fundamento de que o seu valor excede a alçada do tribunal de que se recorre.

456   *Direito Processual Civil*

Exemplos de *acções a propor directamente nos tribunais superiores*, para efeitos da al. c) do art.º 32.º são as de indemnização contra magistrados (art.ºs 1083.º e ss), de revisão de sentença estrangeira (art.ºs 1094.º e ss) e de oposição à aquisição da nacionalidade portuguesa (art.ºs 9.º e 10.º da Lei n.º 37/81, de 3 de Outubro – Lei da Nacionalidade), esta com a redacção que lhe foi dada pela Lei n.º 25/94, de 9 de Agosto e pela Lei Orgânica n.º 2/2006, de 17 de Abril.

Nas acções executivas só se torna obrigatória a constituição de advogado «nas execuções de valor superior à alçada da Relação (€30.000.00) e nas de valor inferior a esta quantia, mas excedente à alçada de 1.ª instância (€5.000), quando tenha lugar algum procedimento que siga os termos do processo declarativo» (art.º 60.º, n.º 1). Neste último segmento se incluem a dedução de *oposição à execução*, a qual corre por apenso ao processo executivo (art.º 817.º, n.ºs 1 e 2), o *processo preliminar de liquidação* (art.ºs 805.º, n.º 4 e 380.º, n.º 3) e a *oposição mediante embargos de terceiro* (art.º 357.º, n.º 1). No apenso de *verificação de créditos* o patrocínio por advogado só se torna necessário quando haja sido reclamado algum crédito «de valor superior à alçada do tribunal de comarca e apenas para a apreciação dele» (art.º 60º, n.º 2); nesta última hipótese, o patrocínio apenas se torna obrigatório para a *impugnação* (art.º 866.º), para a resposta à impugnação (art.º 867.º) e para os ulteriores termos, que não para a *reclamaç*o propriamente dita (art.º 865.º). Têm, todavia, as partes que se fazer representar por advogado, advogado estagiário ou solicitador «nas *execuções de valor superior à alçada do tribunal de 1.ª instância não abrangidas pelos números anteriores»*. É também de considerar como obrigatória a constituição de advogado para os *recursos* (art.º 32.º, n.º 1, al. c)).

Permite, entretanto, a lei, por razões de carácter económico-estatutário – certamente considerando, nas respectivas situações, como inexistentes os pressupostos da necessidade da hetero-representação técnico-profissional (assim presumindo a habilitação técnica e deontologia adequadas) –, que *certos profissionais forenses se auto-representem nas causas cíveis em que sejam partes ou representem familiares próximos*, assim os dispensando de constituir mandatário judicial, mesmo nos casos de patrocínio obrigatório. É o caso dos *magistrados judiciais e do Ministério Público*, os quais podem «advogar em causa própria, do seu cônjuge ou de descendente» (art.ºs 19.º do EMJ e 93.º do EMP, respectivamente).

Capítulo VI – Pressupostos processuais 457

Quando não haja advogado na comarca, o patrocínio pode ser exercido por solicitador (art.º 32.º, n.º 4).

Nos julgados de paz, as partes são obrigadas a comparecer pessoalmente, *podendo,* todavia, *fazer-se acompanhar por advogado*, advogado estagiário ou solicitador, assistência esta que «é, no entanto obrigatória quando a parte seja cega, surda, muda, analfabeta, desconhecedora da língua portuguesa ou se, por qualquer outro motivo, se encontrar numa posição de manifesta inferioridade» (n.ºs 1 e 2 do art.º 38.º da Lei n.º 78/2001, de 13 de Julho). É também *obrigatória* a constituição de advogado *na fase de recurso*, se a ela houver lugar (cfr. o n.º 3 do mesmo preceito)[1].

Finalmente, também nos *processos da competência dos tribunais administrativos* é obrigatória a constituição de advogado (cfr. o n.º 1 do art.º 11.º do CPTA).

53. Mandato e procuração forenses. Exercício da advocacia.

O patrocínio judiciário só pode ser exercido, a título pleno, por *advogados*[2] *inscritos na respectiva Ordem*[3], admitindo, contudo, a lei que o mesmo, em causas de menor relevo económico ou jurídico-substantivo, possa ser assegurado por advogados estagiários e por solicitadores (art.º 34.º).

O Estatuto da Ordem dos Advogados (EOA) contempla, porém, a possibilidade de inscrição e do consequente exercício da advocacia por *estrangeiros diplomados por universidades portuguesas* em *regime de reciprocidade* (art.º 194.º) e por *advogados brasileiros diplomados por*

---

[1] As *sentenças proferidas nos julgados de paz – nos processos cujo valor exceda metade do valor da alçada do tribunal de 1.ª instância* (€2 500) – podem ser impugnadas mediante *recurso* com efeito meramente devolutivo a interpor para o tribunal de comarca ou para o tribunal de competência específica que for competente, em cuja esfera de jurisdição esteja sediado o julgado de paz (art.º 62.º, n.ºs 1 e 2, da Lei n.º 78/2001, de 13 de Julho).

[2] O termo *advogado* provém do latim *advocatus,* que significa *chamado*, pois que os romanos costumavam chamar em seu auxílio, nos negócios que exigiam aprofundado conhecimento das leis, os estudiosos da ciência do direito. Eram também designados por *patronos, defensores* ou *oradores* – cfr. PEREIRA DE SOUSA, Primeiras Linhas, Tomo I, p. 36.

[3] O Estatuto da Ordem dos Advogados actualmente em vigor foi aprovado pela Lei n.º 15/2005, de 26 de Janeiro.

458   *Direito Processual Civil*

qualquer faculdade de direito do Brasil ou de Portugal, igualmente em *regime de reciprocidade*. São ainda reconhecidos em Portugal, na qualidade de advogados, e como tal autorizados a exercer em Portugal a respectiva profissão, *as pessoas que, nos respectivos países da União Europeia, estejam autorizadas a exercer as respectivas actividades profissionais*, quer a título permanente, quer a título ocasional, observados, quanto aos advogados da União Europeia, os demais requisitos dos art.ºs 196.º a 200.º.

53.1. Poderes do mandatário. Responsabilidade civil e disciplinar.

Os poderes de representação em juízo são conferidos ao advogado (*mandatário*)[1] pela parte por si representada (*constituinte ou mandante*) por meio de um *contrato de mandato judicial*[2], a ser formalizado através de instrumento público ou particular, nos termos do Código do Notariado e da legislação especial (art.º 35.º, alínea a)) ou ainda por *simples declaração verbal* da parte no auto de qualquer diligência que se pratique no processo (alínea b))[3].

Quanto ao *conteúdo e alcance do mandato,* incluem-se no seu âmbito os poderes de representação do mandante em todos os actos e termos do processo principal e respectivos incidentes, mesmo perante tribunais superiores, sem prejuízo das disposições que exijam a outorga de *poderes especiais* por parte do mandante (art.º 36.º, n.º 1). Este preceito deve ser

---

[1] Vem sendo geralmente entendido que a outorga de procuração a uma *sociedade de advogados* devidamente constituída e registada, permite que qualquer dos advogados, que dela seja sócio exerça, de per si, o mandato forense e assim represente o mandante em juízo – cfr., entre outros, os acórdãos da RP de 1-7-98, BMJ, n.º 479, p. 716/ Des. Costa Mortágua, da RL, de 9-7-98, CJ, Tomo IV, ano XXIII, p. 97/ Des. Gonçalves Rodrigues e de 12-1-2000, CJ, Tomo I, Ano 2000, p. 232 / Des. Clemente Lima.

[2] O mandato é conferido, ou por *contrato* entre a parte e o seu patrono (*negócio jurídico bilateral*) ou por *procuração* (*negócio jurídico unilateral*) realizado pela parte – cfr. Pires de Lima e Antunes Varela, Código Civil Anotado, vol. I, 4.ª ed. cit., p. 438.

[3] O art.º único do Decreto-Lei n.º 267/92, de 28 de Novembro, passou a dispensar a intervenção notarial nas procurações passadas a advogados, quer concedam simples poderes forenses gerais, quer poderes especiais para que o advogado possa desistir do pedido ou da instância, confessar o pedido ou transigir.

Capítulo VI – Pressupostos processuais   459

interpretado, quanto ao seu alcance, em função na noção de *mandato forense* constante do disposto no art.º 62.º do EOA[1].

Presume-se conferido ao mandatário – através de *procuração* – o de substabelecer o mandato (art.º 36.º, n.º 2), *substabelecimento* esse que consiste na transferência total ou parcial (pelo mandatário constituído), para outro advogado, dos poderes que lhe foram conferidos pelo seu constituinte, o qual deve obedecer à *mesma forma da procuração*. O substabelecimento pode ser feito com reserva ou sem reserva de poderes: – se *sem reserva,* implica a exclusão do anterior mandatário e a sua substituição por novo mandatário, o que pressupõe a prévia autorização do mandante; – se *com reserva,* a cada momento poderá o mandatário primitivamente constituído reassumir pessoalmente os seus poderes de representação e patrocínio (art.º 36.º, n.º 3)[2].

Face ao disposto no n.º 4 do art.º 36.º, «a *eficácia do mandato* depende de *aceitação,* que pode ser manifestada no próprio instrumento público ou em documento particular ou resultar de comportamento concludente do mandatário». A aceitação pode, pois, ser *expressa* ou *tácita,* à semelhança de qualquer outra declaração negocial (art.º 217.º, n.º 1, do CC).

Quanto à natureza dos poderes conferidos a mandatários, há que distinguir entre *poderes forenses gerais* e *poderes especiais,* sendo que os primeiros terão sempre carácter residual, porquanto extensíveis a todo e qualquer acto que não requeira poderes específicos para a respectiva prática. Assim acontece, «ex-vi» do n.º 1 do art.º 37.º, «quando a parte declarar na procuração que dá (confere ou concede) poderes forenses ou para ser representada em qualquer acção». Mas já, para que possam *confessar a acção, transigir sobre o seu objecto e desistir do pedido ou da instância,* os mandatários judiciais terão que estar munidos de *procuração com poderes especiais* que os autorize expressamente a praticar qualquer desses actos em nome do representado (art.º 37.º, n.º 2, por referência ao n.º 1, «in fine», do art.º 36.º). Trata-se de actos que, por se

---

[1] Nos termos do art.º 62.º, n.º 1, do EOA, considera-se, além do mais, *mandato forense,* e sem prejuízo do disposto na Lei n.º 49/2004, de 24 de Agosto, «o mandato judicial para ser exercido em qualquer tribunal, incluindo os tribunais ou comissões arbitrais e os julgados de paz».

[2] No caso de substabelecimento com reserva, as notificações podem ser feitas em qualquer dos advogados constituídos (substituinte e substabelecido) – interpretação esta que não enferma de incostitucionalidade (cfr. o acórdão do TC n.º 357/2008, in DR, n.º 154, II.ª Série).

460   *Direito Processual Civil*

traduzirem num poder de disposição sobre direitos alheios, devem, em princípio, ser praticados pela própria parte e só através de mandatário se munido este de procuração com individualização expressa dos poderes conferidos (art.º 301.º, n.º 3)[1].

O n.º 5 do art.º 681.º (introduzido pela Reforma de 95/96) veio permitir ao *recorrente desistir livremente do recurso interposto, por simples requerimento*. Degradou, assim, para mero requerimento as formas contempladas no n.º 1 do art.º 300.º para a desistência do pedido ou da instância – *documento autêntico ou particular* (sem prejuízo das exigências de forma da lei substantiva) ou *termo no processo*. Já, porém, *quanto ao mandatário,* o preceito é omisso, sendo, por isso, de recorrer à analogia com o que dispõe o n.º 2 do art.º 37.º, ao exigir ao mandatário procuração com *poderes especiais* para a desistência da instância (art.º 10.º, nºs 1 e 2 do CC). Com efeito, a desistência do recurso interposto pela parte sucumbente em 1.ª instância pode acarretar, de modo inelutável, a "disposição" do "direito material" controvertido, que não a mera renúncia a um meio impugnatório da decisão sobre tal direito já proferida. No aditamento daquele n.º 5 estiveram apenas razões de facilitação da desistência numa altura em que os autos pendem no tribunal superior. Daí que, para a desistência de um recurso já interposto, seja igualmente de exigir ao mandatário (desistente em representação da parte) procuração com *poderes especiais;* se munido de *procuração com meros poderes forenses gerais,* o *suprimento da nulidade* da desistência deverá fazer-se nos termos do n.º 3 do art.º 301.º[2].

O advogado tem o *dever* (*estatutário*) *genérico* «de não advogar contra lei expressa, não usar de meios ou expedientes ilegais, nem promover diligências reconhecidamente dilatórias, inúteis ou prejudiciais para a correcta apreciação da lei ou a descoberta da verdade» (art.º 85.º,

---

[1] Porém, quando a *nulidade da confissão, desistência ou transacção* provenha unicamente da falta de poderes do mandatário judicial ou da irregularidade do mandato, a sentença homologatória é notificada pessoalmente ao mandante com a cominação de, nada dizendo, o acto ser havido como ratificado e a nulidade suprida; se declarar que não ratifica o acto, este não produzirá quanto a si qualquer efeito – art.º 301.º, n.º 3 (cfr. art.º 1163.º do CC).

[2] Cfr., neste sentido, M. Teixeira de Sousa, Estudos cit., p. 384. Contra esta orientação, cfr. J. Rodrigues Bastos, Notas, vol. I cit., p. 91, Amâncio Ferreira, Manual dos Recursos cit., p. 128 e J. O. Cardona Ferreira, Guia dos Recurso em Processo Civil, 3.ª ed., p. 58.

Capítulo VI – Pressupostos processuais 461

n.º 1, al. a) do EOA). A violação dolosa ou culposa deste dever constitui infracção disciplinar (art.º 110.º do mesmo Estatuto). No exercício do seu múnus representativo, «os advogados gozam de *discricionaridade técnica*», com vinculação circunscrita «a *critérios de legalidade e às regras deontológicas da profissão*» (n.º 2, do art.º 7.º da LOFTJ).

No que tange à *litigância de má-fé*, não obstante a condenação ser pessoalmente dirigida à parte, «quando se reconheça que o mandatário da parte teve responsabilidade pessoal e directa nos actos pelos quais se revelou a má fé na causa, dar-se-á *conhecimento do facto à Ordem dos Advogados* (ou *à Câmara dos Solicitadores*) para que estas possam *aplica*r as sanções respectivas e *condenar* o mandatário na quota-parte das custas, multa e indemnização que lhes parecer justa», não sendo, pois, ao juiz ou ao tribunal que cabe censurar a conduta do advogado (art.º 459.º)[1].

Sempre que o mandatário exorbite dos poderes em que se encontra investido pelo mandatário através de procuração junta aos autos –, para além das consequências a que se reporta o n.º 2 do art.º 40.º (ficar sem efeito tudo o que tiver sido praticado pelo mandatário, devendo este ser condenado nas custas respectivas e, se tiver agido culposamente, na *indemnização dos prejuízos* a que tenha dado causa) –, incorre o mesmo em vício de «*excesso de mandato*», devendo o tribunal participar *ex-officio* a ocorrência ao conselho distrital da Ordem (n.º 3 do mesmo preceito).

53.2. Revogação e renúncia do mandato.

O mandato judicial relativo a *processos pendentes* pode ser *revogado* pela parte concedente dos poderes, mas pode também o advogado *renunciar* ao mandato recebido. A *revogação e a renúncia do mandato* têm lugar no próprio processo e são notificadas tanto ao mandatário ou ao mandante, como à parte contrária (art.º 39.º, n.º 1), sendo a partir da notificação que se produzem os respectivos efeitos (n.º 2)[2-3].

---

[1] Cfr., neste sentido, entre muitos outros, o acórdão do STJ de 12-10-99, CJSTJ, Tomo III, Ano de 1999, p. 52 / Cons.º SILVA PAIXÃO.

[2] A *revogação* e a *renúncia* respeitantes a qualquer outro mandado (não relativo a processos pendentes) serão operadas através da notificação (e correlativo formalismo) a que se reporta o art.º 263.º.

[3] Não é aplicável à revogação do mandato judicial em processo pendente o disposto no art.º 1171.º do CC (revogação por simples substituição do mandatário), tornando-se

462 *Direito Processual Civil*

Nos casos em que é obrigatória a constituição de advogado, se a parte, depois de notificada da renúncia, não constituir novo mandatário no prazo de 20 dias, *suspende-se a instância*, se a falta for do autor; se for do réu, *o processo segue os seus termos*, aproveitando-se os actos anteriormente praticados pelo advogado (art.º 39.º, n.º 3).

Se o réu ou reconvindo não puderem ser notificados, o juiz solicita ao conselho distrital da Ordem dos Advogados a *nomeação oficiosa de mandatário*, a realizar em 10 dias, findos os quais a instância prossegue, aplicando-se, com as necessárias adaptações, o disposto nos art.ºs 43.º e 44.º (cfr. o n.º 4 do art.º 39.º).

53.3. Patrocínio a título de gestão de negócios.

Em caso de *urgência* – que deve ser alegada pelo «*gestor*», a menos que evidenciada pelas próprias circunstâncias do respectivo exercício –, o patrocínio judiciário pode ser exercido a título de *gestão de negócios* (art.º 41.º, n.º 1). Esta ocorre sempre que «uma pessoa assume a direcção de negócio alheio no interesse e por conta do respectivo dono, sem para tal estar autorizada» (art.º 464.º do CC). Tal intervenção não autorizada pressupõe a falta de *procuração ou de mandato*, equiparando-se, por isso, à *nulidade da procuração ou mandato ou ao seu excesso*, sujeitando ainda o *gestor* a responsabilidade civil pelos danos culposamente causados ao «*gerido*» no exercício da gestão (art.º 466.º do CC).

Não há, todavia, que confundir *gestão de negócios* com *falta de procuração* (pode existir já um contrato de mandato sem procuração passada) possuindo já, pois, desde então, o mandatário autorização para intervir.

O juiz fixará, por despacho, um *prazo para ratificação da gestão*, o qual será *pessoalmente notificado à parte cujo patrocínio o gestor assumiu* (art.º 41.º, n.º 3), porquanto directamente interessada na ratificação. Se a parte (*gerida*) *ratificar* a gestão no prazo assinalado pelo juiz, a intervenção do *gestor* ficará devidamente convalidada. Se *não ratificar*,

---

sempre necessária, para a eficácia da revogação, a notificação expressa do mandatário primeiramente constituído e da parte contrária, já que não basta o simples conhecimento avulso do acto revogatório – cfr., neste sentido, J. RODRIGUES BASTOS, Notas, vol. I cit., p. 94.

Capítulo VI – Pressupostos processuais 463

será o *gestor* condenado nas custas que provocou e na indemnização do dano causado à parte contrária ou à parte cuja gestão assumiu, ficando ainda sem efeito os actos por si praticados, *idênticas consequências se produzindo se o gestor for advogado* (art.º 41.º, n.º 2).

53.4. Falta do patrocínio. Falta, insuficiência ou irregularidade do mandato ou da procuração. Consequências. Sanação.

A *falta de patrocínio judiciário*, quando obrigatório, surte as mesmas consequências que a falta de qualquer outro pressuposto processual: abstenção de conhecimento do mérito da causa com a consequente *absolvição do réu da instância* (art.ºs 33.º, 288.º, n.º 1 e sua al. e), 493.º, n.º 2 e 494.º al. h)).

Antes, porém, de proferir essa drástica decisão sancionatória, deve o juiz, oficiosamente ou a requerimento da parte contrária, fazer *notificar a parte respectiva para constituir advogado dentro de certo prazo*, sob a cominação de o réu ser absolvido da instância, de não ter seguimento o recurso ou de ficar sem efeito a defesa (art.º 33.º)[1]. E então uma de duas alternativas se perfilam, para a hipótese de o vício não ser sanado dentro do prazo fixado: – *se a falta for do autor*, o juiz proferirá despacho de absolvição do réu da instância (art.ºs 493.º, n.º 2 e 494.º, al. h)); – *se a falta for do réu*, será este considerado revel, ficando sem efeito a defesa que tiver apresentado (art.ºs 484.º, n.º 1 e 784.º); – se a falta de advogado constituído (por qualquer das partes) se verificar *na fase de recurso*, este não terá seguimento.

Já quanto à *falta de procuração*[2] *ou à sua insuficiência ou irregularidade* – a qual pode, *em qualquer altura*[3], ser arguida pela parte contrária ou suscitada oficiosamente pelo tribunal – *o juiz fixará prazo dentro do qual deve ser suprida a falta (ou corrigido o vício) e ratificado o*

---

[1] Se, o advogado constituído suspender entretanto a sua inscrição na Ordem dos Advogados ou for disciplinarmente suspenso da sua actividade, tudo se passa como se a parte não tenha mandatário, pelo que há que aplicar as regras plasmadas nos art.ºs 33.º e 34.º.

[2] O advogado intervém em juízo com mandato da parte mas sem exibir a respectiva procuração.

[3] Enquanto, pois, não houver decisão final com trânsito em julgado.

464   *Direito Processual Civil*

processado (art.º 40.º, n.ºs 1 e 2). Findo esse prazo sem que a situação haja sido regularizada, *ficará sem efeito tudo o que tiver sido praticado pelo mandatário*, devendo este ser condenado nas *custas* respectivas e, se tiver agido culposamente, na *indemnização* dos prejuízos a que tenha dado causa (n.º 2 citado).

54. Direito à protecção jurídica. Apoio judiciário. Nomeação de patrono. Processamento do pedido.

O art.º 20.º da CRP assegura universalmente o *direito de acesso ao direito* e *aos tribunais*. Esse direito, integrando também o *direito à informação e consulta jurídicas e ao patrocínio judiciário*, perfila-se frequentemente como condição lógica da exercitação do segundo. Na verdade, a obtenção, por via judicial, de uma decisão dirimente de uma qualquer querela juridicamente relevante (*direito de acesso aos tribunais ou direito à protecção jurídica através dos tribunais*) reclama uma correcta percepção dos direitos e deveres por parte dos respectivos titulares (*direito de acesso ao direito*).

Em concretização prática ao citado dispositivo constitucional, veio a ser publicada, encontrando-se actualmente em vigor, a Lei n.º 34/2004, de 29 de Julho (cfr. ainda o n.º 2 do art.º 8.º da LOFTJ/2008). O regime dessa Lei n.º 34/2004 (LADT) foi ulteriormente completado e desenvolvido pelo Dec.-Lei n.º 71/2005, de 17 de Março (acesso à justiça nos litígios transfronteiriços entre países da União Europeia), o qual – concluindo o processo de transposição da Directiva N.º 2003/8/CE do Conselho, de 27 de Janeiro –, passou a regular os aspectos dos regimes substantivo e procedimental específicos do acesso à justiça, aplicando-se, no mais, o disposto na referida lei[1]. A Lei n.º 47/2007, de 28 de Agosto veio,

---

[1] A Lei n.º 34/2004, de 29 de Julho, depois complementada pelo Dec.-Lei n.º 71/2005, de 17 de Março, veio alterar o regime de acesso ao direito e aos tribunais, transpondo para a ordem jurídica nacional a Directiva n.º 2003/8/CE, do Conselho, de 27 de Janeiro, relativa à melhoria do acesso à justiça nos litígios transfronteiriços, através do estabelecimento de regras mínimas comuns relativas ao *apoio judiciário* no âmbito dos litígios. A Portaria n.º 10/2008, DR, 1.ª Série, n.º 2, de 3 de Janeiro de 2008, veio proceder à regulamentação da Lei n.º 34/2004, de 29 de Julho, com a redacção dada pela Lei n.º 47/2007, de 28 de Agosto, nomeadamente quanto à fixação do valor da taxa de justiça devida pela prestação de consulta jurídica, à definição das estruturas de resolução

Capítulo VI – Pressupostos processuais

entretanto, dar nova redacção a diversos preceitos da Lei n.º 34/2004, republicando em anexo o texto modificado desta última Lei.

O *sistema de acesso ao direito e aos tribunais* destina-se a «assegurar que a ninguém seja dificultado ou impedido em razão da sua condição social ou cultural, ou por insuficiência de meios económicos, o conhecimento, o exercício ou a defesa dos seus direitos» (art.º 1. n.º 1 da LADT), objectivos de concretização a ser desenvolvida por «acções e mecanismos sistematizados de informação jurídica e de protecção».

No *acesso ao direito* compreendem-se a *informação jurídica* e a *protecção jurídica»* (n.º 2 do art.º 1.º)). No que se refere à *informação jurídica*, encontram-se cometidas ao Estado as tarefas e as acções de publicação e de divulgação do direito e do ordenamento legal (art.º 4.º), mormente através da criação de serviços de acolhimento nos tribunais e serviços judiciários, sendo a *prestação da informação jurídica*, no âmbito da *protecção jurídica*, cometida à Ordem dos Advogados em colaboração com o Ministério da Justiça (art.º 5.º, n.ºs 1 e 2).

A *protecção jurídica (consulta jurídica* e *patrocínio judiciário)* «é concedida para questões ou causas judiciais concretas ou susceptíveis de concretização em que o utente tenha um interesse próprio e que versem sobre direitos directamente lesados ou ameaçados de lesão» (cfr. o art.º 6.º, n.ºs 1 e 2). Em caso de *litígio transfronteiriço*, para cuja solução sejam competentes tribunais pertencentes a um outro Estado da União Europeia, a protecção jurídica abrange o *apoio pré-contencioso*, bem como os *encargos específicos decorrentes do carácter internacional* do mesmo, em termos a definir por lei (art.º 6, n.º 4). Quanto ao *âmbito pessoal*, o direito a protecção jurídica é conferido, não só aos «*cidadãos nacionais e da União Europeia*, como também aos *estrangeiros e aos apátridas com título de residência válido num Estado da União Europeia* que demonstrem estar em situação de insuficiência económica» (art.º 7.º, n.º 1). Já «as *pessoas colectivas* têm apenas direito à protecção jurídica na modalidade de apoio judiciário desde que provem a sua insuficiência económica» (art.º 7.º, n.º 3).

---

alternativa de litígios às quais se aplica o regime de apoio judiciário, à definição do valor dos encargos para efeitos do disposto no n.º 2 do art.º 36.º da lei referida, à regulamentação da admissão dos profissionais forenses no sistema de acesso ao direito, à nomeação de patrono e de defensor e ao pagamento da respectiva compensação.

466   *Direito Processual Civil*

O *direito à consulta jurídica* (modalidade do *direito à protecção jurídica*) contempla a apreciação preliminar da inexistência de fundamento legal da pretensão, para efeitos de *nomeação de patrono oficioso* (art.º 14.º, n.º 1)[1]. Nomeação esta que pressupõe um *fundamento sério* para a dedução da pretensão, um verdadeiro *fumus boni juris*, como reclamam os princípios da economia e da boa-fé processuais.

A decisão que conclua pela inexistência de fundamento legal da pretensão é passível de *reclamação* para o conselho distrital da Ordem dos Advogados (art.º 14.º, n.º 3).

O patrono nomeado pode pedir *escusa* precisamente com base na inexistência de fundamento legal (cfr. o n.º 5 do art.º 34.º).

Quanto ao *âmbito pessoal*, a Lei n.º 34/2004 veio, no n.º 1 do respectivo art.º 6.º, conferir o direito à protecção jurídica a todos «os cidadãos nacionais e da União Europeia, bem como aos estrangeiros e apátridas com título de residência válido num Estado-Membro da União Europeia, que demonstrem insuficiência económica». Fora dessa protecção deixou o n.º 3 da mesma norma «as *pessoas colectivas com fins lucrativos* e os *estabelecimentos individuais de responsabilidade limitada*» e também «as *pessoas colectivas sem fins lucrativos*», as quais gozam apenas direito à protecção jurídica, na modalidade de *apoio judiciário*» desde que feita a *prova da insuficiência económica,* a ser feita de harmonia com o disposto no art.º 8.º-B da mesma LAD (cfr. o n.º 4 do mesmo preceito).

§1.º – Critérios aferidores da insuficiência económica. Retirada e caducidade.

Relativamente à *protecção jurídica,* nas modalidades de *consulta jurídica* e *apoio judiciário (*art.º 6.º, n.º 1, da LADT), estabelece o n.º 1 do art.º 8.º dessa Lei – como *critério aferidor da situação de insuficiência económica* – que se encontra nessa situação «aquele (*cidadão individual*) que, em função de factores de natureza económica e da respectiva capacidade contributiva, não tem condições objectivas para suportar pontualmente os custos de um processo». Critério igualmente válido «para as *pessoas*

---

[1] Constitui acto próprio de advogado o exercício de consulta jurídica, nos termos definidos pela Lei n.º 49/2004, de 14 de Agosto – cfr. art.º 63.º do EOA.

colectivas sem fins lucrativos «com as necessárias adaptações» (n.º 2).

O *cáluculo do rendimento relevante para efeitos de protecção jurídica* é feito de harmonia com os *critérios e fórmulas* plasmados no Anexo à LADT.

Uma vez concedida, *a protecção jurídica pode ser retirada*, total ou parcialmente, nos casos previstos no art.º 10.º. O beneficiário deve, em caso de superveniência de meios suficientes, declarar desde logo essa nova situação determinativa da dispensa total ou parcial do benefício, sob pena de ficar sujeito às sanções previstas para a litigância de má fé (art.º 10.º, n.º 2). E *caducará* se ocorrida qualquer das circunstâncias previstas no art.º 11.º, v.g. se decorrido o prazo de *um ano* após a sua concessão sem a prestação de consulta ou sem instauração da acção em juízo por razões imputáveis ao requerente (n.º 1, al. b). Para prevenir esta situação, a decisão jurídica é notificada ao requerente (art.º 26.º) e, quando se tratar de nomeação de patrono, é o requerente notificado de que deve prestar a sua colaboração ao patrono nomeado, sob pena de o apoio judiciário lhe ser retirado (art.º 31.º, n.º 2).

As decisões (*desfavoráveis*) relativas ao *cancelamento* ou à *caducidade* da protecção jurídica são passíveis de impugnação nos termos dos art.ºs 27.º e 28.º (art.º 12.º)[1]. Verificando-se que o requerente possuía, à data do pedido, meios económicos suficientes ou que os adquiriu posteriormente, será contra ele instaurada acção para *cobrança* das respectivas importâncias pelo Ministério Público ou por qualquer outro interessado (art. 13.º).

O *apoio judiciário* – outra distinta vertente da protecção jurídica – compreende as seguintes modalidades: a) – *dispensa total ou parcial de taxas de justiça e demais encargos* com o processo; b) – *nomeação e pagamento de honorários de patrono*; c) – *pagamento da remuneração do agente de execução designado*; d) – *pagamento faseado de taxa de justiça e demais encargos* com o processo (cfr. o n.º 1 do art.º 16.º da LADT).

O *regime de apoio judiciário* aplica-se em todos os *tribunais* e nos

---

[1] A impugnação judicial pode ser intentada directamente pelo interessado, não carecendo de constiuição de advogado e deve ser entregue no *serviço de segurança social* que apreciou o pedido de protecção jurídica ou no Conselho Distrital da Ordem dos Advogados que negou a nomeação de patrono, no prazo de 15 dias após o conhecimento da decisão (art.º 27.º, n.º 1, da Lei n.º 24/2004, de 29 de Julho).

468   *Direito Processual Civil*

julgados de paz, qualquer que seja a forma de processo» (n.º 1) e ainda, «com as devidas adaptações, aos processos de *contra-ordenações* e aos processos de *divórcio por mútuo consentimento*, cujos termos corram nas conservatórias do registo civil» (n.º 2), ambos esses números do art.º 17.º da mesma Lei. E «é concedido independentemente da posição que o requerente ocupe na causa e do facto de ter sido já concedido à parte contrária» (art.º 18.º, n.º 1).

§2.º– *Processamento do pedido de apoio judiciário. Prazos para a decisão do procedimento*[1] *e para a propositura da acção. Impugnação judicial do indeferimento. Substituição e escusa. Substabelecimento.*

O apoio *deve ser requerido antes da primeira intervenção processual*, «salvo se a situação de insuficiência económica for superveniente ou se, em virtude do decurso do processo, ocorrer um encargo excepcional», casos, em «que se suspende o prazo para pagamento da taxa de justiça e demais encargos com o processo até à decisão do pedido de apoio judiciário» (art.º 18.º, n.º 2). O benefício *mantém-se, para efeitos de recurso*, «qualquer que seja a decisão sobre a causa e *é extensivo a todos os processos que sigam por apenso* àquele em que essa concessão se verificar, sendo-o também ao processo principal, quando concedido em qualquer apenso» (art.º 18.º, n.º 4)[2]. E *subsistirá igualmente na eventualidade da declaração da incompetência do tribunal e também no caso de o processo ter sido desapensado*, efectuando-se a prova da sua concessão através da junção de certidão da decisão (art.º 18.º, n.ºs 6 e 7).

A protecção pode ser requerida: a) – pelo *interessado* na sua concessão; b) – pelo *Ministério Público* em representação do interessado; c) – por *advogado, advogado estagiário* ou *solicitador* em representação

---

[1] Nos termos do art.º 37.º da Lei n.º 34/2004, de 29 de Julho, «são aplicáveis ao procedimento de concessão de protecção jurídica as disposições do Código do Procedimento Administrativo em tudo o que não esteja especialmente regulado» nessa Lei (O CPA 91 foi aprovado pelo Dec.Lei n.º 442/91, de 15 de Novembro).

[2] Deste modo, se concedido numa providência cautelar requerida como preliminar de uma dada acção, a sua concessão manter-se-á para essa acção de que é instrumental e dependente.

Capítulo VI – Pressupostos processuais

do interessado, bastando, para comprovar essa representação, as assinaturas conjuntas do interessado e do patrono (cfr. o art.º 19.º da LADT). Os *requerimentos*, certidões e quaisquer outros documentos pedidos para fim de protecção jurídica estão *isentos de impostos, emolumentos e taxas* (art.º 9.º).

O *requerimento* é apresentado em qualquer serviço de atendimento ao público dos *serviços de segurança social* (art.º 22.º, n.º 1), competindo a *decisão* «sobre a concessão da protecção jurídica ao *dirigente máximo dos serviços de segurança social da área residência ou sede do requerente*». Pode, porém, o pedido ser remetido para a comissão prevista no n.º 2 do art.º 20.º.

A *nomeação de patrono oficioso* (pela Ordem), destinada à propositura de uma acção, depende de juízo sobre a *existência de fundamento legal da pretensão*, feito em sede de consulta jurídica (cfr. o art.º 21.º e, também, o já citado n.º 1 do art.º 14.º). Decisão essa «susceptível de *impugnação para o conselho distrital da Ordem dos Advogados* territorialmente competente» (art.º 26.º, n.º 3). O *pedido, a formular em modelo a fornecer gratuitamente*, é apresentado por qualquer das vias previstas no art.º 22.º, devendo especificar a modalidade de protecção jurídica pretendida e, sendo caso disso, as modalidades a cumular. Se, porém, feito por uma *sociedade, estabelecimento individual responsabilidade limitada* ou *comerciante em nome individual* e a causa for o exercício do comércio, deve ser apresentado em *duplicado* para que um dos exemplares seja remetido ao Ministério Público, a fim de poder instaurar processo de insolvência ou de recuperação de empresa, se verificados os pressupostos legais. A *audiência prévia do requerente de protecção jurídica* tem obrigatoriamente lugar nos casos em que está proposta uma decisão de indeferimento do pedido formulado (art.º 23.º).

O *procedimento* (com a correspondente decisão) sobre o pedido de protecção jurídica deve estar concluído em 30 dias, *prazo este de carácter contínuo* e não se suspendendo durante as férias judiciais e, se terminar em dia em que os serviços da segurança social estejam encerrados, transfere-se o seu *terminus ad quem* para o 1.º dia útil seguinte» (art.º 25.º, n.º 1). Decorrido este prazo, «sem que tenha sido proferida uma decisão, considera-se o pedido como *tacitamente deferido*» (art.º 25.º, n.º 2); caso em que se torna suficiente a menção em tribunal da formação de *acto tácito* e, se estiver em causa um pedido de nomeação de patrono, a respectiva nomeação é requerida à Ordem dos Advogados *pelo tribunal*

470 Direito Processual Civil

(se o pedido houver sido apresentado na pendência de acção judicial) ou *pelo próprio interessado* mediante exibição de documento comprovativo de apresentação (há mais de 30 dias) do requerimento de protecção jurídica, nos casos em que o pedido não tiver apresentado na pendência de acção judicial (art.° 25.°, n.° 3).

Se concedido o apoio judiciário na modalidade de nomeação de patrono, *compete à Ordem dos Advogados a escolha e nomeação de advogado* «de harmonia com os respectivos estatutos, regras processuais e regulamentos internos». A nomeação pode também recair em *solicitador* nos moldes convencionados entre a respectiva Câmara e a Ordem dos Advogados (cfr. art.° 30.°, n.°s 1 a 3).

A *nomeação de patrono* – que deve, em regra, *recair em advogado com escritório na comarca por onde o processo corre termos* (art.° 30.°, n.° 2) – é notificada ao requerente e ao patrono nomeado. A notificação é feita com a menção expressa do nome e escritório do patrono nomeado, bem como do dever de lhe dar colaboração, sob pena de o apoio judiciário lhe ser retirado (art.° 31.°, n.°s 1 e 2).

O patrono nomeado para a propositura da acção deverá intentá-la nos 30 dias seguintes à notificação da nomeação, apresentando justificação à Ordem dos Advogados ou à Câmara dos Solicitadores caso o não faça ou não possa fazer dentro de tal prazo. É, contudo, admissível a *prorrogação do prazo* mediante apresentação de pedido justificativo fundamentado perante as mesmas entidades (art.° 33.°, n.°s 1 e 2). *A acção considera-se proposta na data em que for apresentado o pedido de nomeação de patrono* (art.° 33.°, n.° 4).

O patrono nomeado não pode auferir remuneração diversa daquela a que tiver direito nos termos do disposto no art.° 3.°.

A decisão de *indeferimento expresso* sobre o pedido de protecção jurídica é notificada ao requerente e, no caso de nomeação de patrono, também à Ordem dos Advogados (art.° 26.°, n.° 1). Tal decisão não admite reclamação nem recurso hierárquico ou tutelar, sendo porém susceptível de *impugnação judicial* nos termos dos art.°s 27.° e 28.°. A *impugnação judicial* pode ser intentada *directamente pelo interessado* (não é obrigatória para tal a constituição de advogado) e deve dar entrada no serviço de segurança social que apreciou o pedido de protecção jurídica ou no conselho distrital da Ordem dos Advogados que negou a nomeação de patrono, no prazo de 15 dias após o conhecimento da decisão (art.° 27.°, n.° 1). O *pedido de impugnação deve ser escrito,* não carecendo porém, de ser articulado, tendo como *única prova admissível* a *documental,* que poderá ser requerida através do tribunal (art.º 27.º, n.ºs 1 e 2). O serviço de segurança social ou o conselho distrital da Ordem dos Advogados, conforme o caso (art.ºs 14.º e 20.º), dispõem de 10 dias para *revogar* a decisão ou, mantendo-a, *enviar o recurso* para o tribunal competente (art.º 27.º, n.º 3), a ser decidido pelo *tribunal da comarca* em que se encontra sediado o serviço de segurança social que apreciou o pedido de protecção jurídica ou o tribunal em que esta se encontra pendente (art.º 28.º, n.º 1).

A *substituição* do patrono nomeado pode ser feita por motivo fundamentado nos termos do n.º 1 do art.º 32.º. O nomeado pode requerer *escusa* ao presidente do conselho distrital da Ordem dos Advogados ou ao presidente da secção da Câmara dos Solicitadores alegando os motivos da escusa (art..º 34.º, n.º 1). O *pedido de escusa* apresentado na pendência do processo *interrompe o prazo que estiver em curso* (art.º 34.º, n.º 2). Se *concedida* a escusa, a Ordem dos Advogados procede à nomeação e designação de novo patrono, salva a inexistência de fundamento legal da pretensão, caso em que pode ser recusada nova nomeação para o mesmo fim (art.º 34.º, n.º 5). O patrono nomeado pode *substabelecer, com reserva,* para diligência determinada, indicando logo o seu substituto ou pedindo à Ordem dos Advogados que proceda à nomeação de substituto (art.º 35.º, n.º 1).

Capítulo VII
Actos processuais: das partes, do tribunal e do juiz. Prazos processuais. Nulidades processuais.

Sumário: **55.** Actos processuais. Conceito e natureza. **55.1.** Forma dos actos. **55.2.** Tempo e lugar da prática dos actos. **55.3.** Rectificação de erros materiais. **56.** Prazos processuais. Noção, função e espécies. **56.1.** Regras da continuidade e do cômputo dos prazos. Prorrogabilidade. Dilação. **56.2.** Justo impedimento. **56.3.** Prática do acto fora do prazo. Excepções à regra da preclusão. Prazo de complacência: multa e respectiva liquidação. **56.4.** Prazos para a propositura de acções. **57.** Actos das partes. Apresentação a juízo. Suporte digital. Taxa de justiça. Prazo supletivo. **58.** Decisões judiciais: despachos, sentenças e acórdãos. Dever de acatamento. Prazos. **58.1.** Dever de fundamentação. **58.2.** Manutenção da ordem nos actos processuais. **58.3.** Marcação e adiamento de diligências. **58.4.** Documentação dos actos presididos pelo juiz. A acta. **59.** Actos da secretaria. Serviços de expediente e execução das decisões judiciais. Prazo. Reclamação para o juiz. **59.1.** Passagem de certidões. **59.2.** Confiança e exame do processo. **60.** Distribuição e autuação do processo. **61.** Citações e notificações. **61.1.** Modalidades de citação. Regra da oficiosidade e suas excepções. **61.2.** Notificações em processos pendentes e entre mandatários. **61.3.** Notificação das decisões judiciais. Legibilidade. Notificações feitas em acto judicial. **62.** Notificações judiciais avulsas. **62.1.** Procedimento e execução. **62.2.** Notificação para revogação de mandato ou procuração. **63.** Formas de requisição e comunicação dos actos por e entre tribunais. **64.** Nulidades processuais. Regime e efeitos das nulidades principais e das nulidades secundárias. **65.** Nulidades principais. **65.1.** lneptidão da petição inicial. **65.2.** Falta de citação. **65.2.1.** Nulidade da citação. **65.2.2.** Falsidade da citação. **65.3.** Erro na forma de processo. **65.4.** Falta de vista ou de exame ao Ministério Público como parte acessória.

Secção I

Actos processuais.

55. Actos processuais. Conceito e natureza.

São *actos processuais* todos os *actos jurídicos* praticados pelas *partes* – por si ou através dos respectivos mandatários –, bem como pela *secretaria* ou pelos *magistrados*, destinados a produzir efeitos no seio de um processo em curso (ainda que deles possam concomitantemente advir consequências reflexas de direito substantivo). Porque relativos a um processo (acção em sentido formal), constituem os elos de uma cadeia sequencial ordenada à iniciação, conservação e desenvolvimento da concreta relação jurídica em que se integram[1].

Os *actos processuais* constituem, pois, declarações ou manifestações do pensamento, produzidas, de modo voluntário, por um qualquer dos sujeitos do processo; a sua relevância e eficácia são predeterminadas pela lei, não dependendo a sua validade da coincidência dos seus efeitos com o objectivo querido pelos seus autores. Distinguem-se dos restantes actos jurídicos precisamente pelo seu nexo ou pertença a um dado *processo ou procedimento*[2]. Abstractamente enquadráveis nas diversas categorias previstas nas leis do processo, surtem «eficácia constitutiva, modificativa ou extintiva na correspondente relação processual[3].

Na classificação dos actos quanto à *origem* (*autoria*), a nomenclatura legal inclui apenas os actos *das partes* (art.ºs 150.º a 155.º), os actos *dos magistrados* (art.ºs 156.º a 160.º) e os actos *da secretaria* (art.ºs 161.º a 175.º), afora, pois, os actos de terceiros (como por ex. dos peritos, das testemunhas e dos intérpretes), de manifesta relevância na vida da relação processual. Incompletude esta de que se dava já conta, face ao Código de 39, o Prof. ALBERTO DOS REIS[4]. Este ilustre mestre sistematizava funcionalmente os actos processuais, quanto à lide ou aos momentos da lide (de

---

[1] Cfr. J. RODRIGUES BASTOS, Notas, vol. I cit., p. 205.
[2] Cfr. ENRICO TULLIO LIEBMAN, Manuale di Diritto Processuale Civile, Principi, 6.ª ed., Giuffrè, Milano, 2002, p. 201.
[3] Cfr. ENRICO TULLIO LIEBMAN, Manuale cit., p. 202.
[4] Cfr. Comentário, vol. 2.º cit., p. 7.

Capítulo VII – Actos processuais: das partes, do tribunal e do juiz...   475

introdução, de *instrução*, de *discussão* e de *decisão*) e quanto ao processo ou à disciplina do processo (de *impulso*, de *formação*, de *governo* e de *resolução*)[1].

55.1. Forma dos actos.

A *forma dos actos* processuais é regulada pela lei vigente ao tempo em que forem praticados segundo a consagrada fórmula *"tempus regit actum"*, à semelhança da lei aplicável à *forma do processo*, igualmente determinada pela lei vigente à data em que a acção for proposta (cfr. o art.º 142.º, n.º 1 e 2)[2].

A prática de *actos inúteis* torna os funcionários que os pratiquem incursos em responsabilidade disciplinar (art.º 137.º). A este postulado proibitivo – integrador ele próprio do mais lato *princípio da economia processual* – dá a lei a designação de *limitação dos actos*, princípio a observar, quer pelo juiz, quer pelas partes, visando obstar à perturbação da tramitação *normal* do processo e conseguir que, pela via mais simples e mais eficaz, chegue com celeridade ao seu termo. A prática de actos inúteis pode, de resto, tipificar a situação de *litigância de má-fé* abstractamente prevista na al. d) do n.º 2 do art.º 456.º – *uso manifestamente reprovável do processo ou dos meios processuais*[3]. Consagra a lei, nos art.ºs 137.º e 138.º, n.º 1, os *princípios da liberdade de forma e da economia formal*[4].

A obediência dos actos processuais a modelos padronizados aprovados pela entidade competente só é obrigatória, salvo disposição legal em contrário, para os *actos da secretaria* (art.º 138.º, n.º 2). Pode, contudo, o juiz adaptar a tramitação abstractamente prevista na lei às especificidades do caso concreto, sempre que a forma indicada pelo autor na petição inicial se não se mostrar a mais adequada para o escopo pretendido – art.º 265.º-A (*princípio da adequação formal*).

Nos actos judiciais utilizar-se-á a *língua portuguesa*, salva a possibilidade de nomeação de intérprete para a audição de cidadãos estrangeiros

---

[1] Cfr. Comentário, vol. 2.º cit., p. 8.
[2] Cfr. supra, n.º 21.2, §2º.
[3] Cfr. supra, n.º 35.2.
[4] Cfr. supra, n.º 27.

476   *Direito Processual Civil*

(art.º 139.º, n.º 1). Os estrangeiros que não conheçam a língua portuguesa poderão exprimir-se em língua diferente, devendo nomear-se um intérprete quando necessário (138.º, n.º 2). Se houverem de ser reduzidos a escrito, deve ser sempre assegurada a respectiva *autenticidade formal* e redigidos de maneira inteligível, «devendo as siglas ou abreviaturas utilizadas possuir um significado inequívoco» (art.º 138.º, n.º 3).

Com a permissão do uso de *meios informáticos,* a tramitação dos processos é hoje prioritariamente feita por *meios electrónicos*, ex-vi dos n.ºs 1 e 2 do art.º 138.º-A, nos termos definidos pela Portaria do Ministro da Justiça n.º 114/2008, de 6 de Fevereiro (n.º 1)[1], e republicada em 30 de Dezembro, com as alterações introduzidas pela Portaria n.º 1538/2008, esta última, entretanto alterada pela Portaria n.º 975/2009, de 1 de Setembro.

55.2. Tempo e lugar da prática dos actos.

Os *actos processuais* não se praticam nos dias em que os tribunais estiverem encerrados, nem durante as férias judiciais[2], com excepção das citações, notificações e dos actos que se destinem a evitar danos irreparáveis (art.º 143.º, n.ºs 1 e 2). Os actos que impliquem a recepção pelas secretarias judiciais de quaisquer articulados, requerimentos ou documentos devem ser praticados durante as *horas de expediente* (*normal*) dos serviços (n.º 3). Podem, contudo, as partes praticar os actos processuais por *transmissão electrónica de dados ou através de telecópia, em qualquer dia e independentemente da hora de abertura e do encerramento dos tribunais* (n.º 4).

A *regra geral* é a de que os actos judiciais se realizem no lugar que assegure a sua maior eficácia, isto é nas instalações do próprio tribunal por onde corre o processo, podendo, porém, praticar-se em lugar diferente

---

[1] Portaria aplicável, não só «às acções declarativas cíveis, procedimentos cautelares e notificações judiciais avulsas (com excepção dos pedidos de indemnização cível ou dos processos de execução de natureza cível deduzidos no âmbito de um processo penal), como também às acções executivas cíveis (incluindo a apresentação electrónica do requerimento executivo e a notificação electrónica do agente de execução) – cfr. os art.ºs 2.º e 14.º-A.

[2] As férias judiciais decorrem de 22 de Dezembro a 3 de Janeiro, do domingo de Ramos à segunda-feira de Páscoa e de 1 a 31 de Agosto – cfr. o art.º 11.º da LOFTJ/2008.

Capítulo VII – Actos processuais: das partes, do tribunal e do juiz...   477

por motivos de deferência, comodidade ou de justo impedimento (art.ºs 149.º, n.ºs 1 e 2). Contudo, razões de um melhor aproveitamento e a própria natureza do acto podem determinar que o mesmo se pratique em local diverso: por ex., a *inquirição das testemunhas no teatro da questão*, por iniciativa do tribunal ou a requerimento de alguma das partes (art.º 622.º), a realização de uma *vistoria* (art.ºs 388.º do CC e 568.º e ss do CPC) ou de uma *inspecção ao local* (art.ºs 390.º do CC e 612.º do CPC); a inquirição pode ainda ser feita por *teleconferência* na própria audiência, mas a partir do tribunal da comarca da área da residência da testemunha, se reunidos os pressupostos do art.º 623.º. Também, por razões estatutárias ou outras congéneres de deferência pessoal, em razão da relevância sócio-política dos cargos exercidos – como por ex. a inquirição de certas testemunhas (*prerrogativas de inquirição* de magistrados dos tribunais superiores ou de altas entidades públicas civis, militares e religiosas) –, o acto pode ser praticado, ou primeiro por escrito ou em residência particular, o mesmo sucedendo com situações de *justo impedimento* (conf. os art.ºs 624.º a 626.º e 557.º, n.º 2).

55.3. Rectificação de erros materiais.

Os actos processuais/judiciais podem eventualmente enfermar de *lapsos de escrita ou de cálculo*. Em tal circunstância, entende a jurisprudência ser de aplicar a estatuição do art.º 249.º do CC, concebida, em primeira linha, para o *erro de cálculo ou de escrita da declaração negocial*. Assim, esse erro, se «revelado no próprio texto da declaração ou através das circunstâncias em que a declaração é feita, apenas dá direito à rectificação desta». Trata-se, no fundo, de uma situação análoga à da possibilidade da rectificação do chamado *erro-obstáculo* (que não do erro-vício, gerador este da anulabilidade do acto, satisfeitos que sejam requisitos específicos), ou seja, uma modalidade especial de *erro na declaração* contemplada no art.º 247.º do CC. O art.º 249.º do CC consubstancia, assim, um *princípio geral*, aplicável, também por isso, aos actos judiciais e das partes[1].

---

[1] Cfr., neste sentido, entre outros, os acórdãos do STJ de 16-4-02, CJSTJ, Tomo II, p. 27 / Cons.º GARCIA MARQUES e de 10-10-02, Proc. 1950/02 – 2.ª Sec. – Sumários, n.º 10/2002 / Cons.º FERREIRA DE ALMEIDA.

No que tange especialmente aos *actos do juiz*, o art.º 667.º – relativo à possibilidade de *rectificação de erros materiais da sentença ou despacho* – constitui, quando se trate de um simples lapso de escrita (*lapsus calami*), uma particularização da norma do art.º 249.º do CC, ainda que permita uma mais lata correcção, abrangendo designadamente as omissões que refere e «quaisquer inexactidões devidas a outra omissão ou lapso manifesto», as quais podem ser *corrigidas por simples despacho* a requerimento de qualquer das partes ou até por iniciativa do próprio juiz ou relator[1].

Sempre que se proceda a qualquer rectificação, salvo se operada por despacho expresso do juiz, há que lançar nos autos a respectiva *cota* referencial.

Secção II
Prazos processuais.

56. Prazos processuais. Noção, função e espécies.

O termo *"prazo"*, em termos de processo civil, contém ínsita uma ideia de *dilação temporal*, um *balizamento no tempo* da possibilidade de exercitação de um qualquer direito potestativo de natureza processual.

Os *prazos processuais* são estabelecidos por lei (*prazos legais*) ou fixados pelo juiz (*prazos judiciais*). Quanto às suas modalidades, distingue a lei processual entre *prazo dilatório* e *prazo peremptório* (n.º 1 do art.º 145.º). «O *prazo dilatório* difere para certo momento a possibilidade de realização de um acto ou o início da contagem de um outro prazo» (n.º 2). «O decurso do *prazo peremptório* extingue o direito de praticar o acto» (n.º 3). De definir, pois e também, prazo como «o período de tempo a que a lei sujeita a prática válida de um determinado acto em juízo»[2].

Fixam os prazos os lapsos de tempo a partir dos quais ou sem antes dos quais – *terminus post quem* ou *ne ante quem* – o acto deve ser

---

[1] Cfr. o acórdão do STJ de 24-4-02, Proc. 685/02 – 7.ª Sec., Sumários, n.º 4/2002 / Cons.º Oliveira Barros.

[2] Cfr., Anselmo de Castro, DPCD, vol. III cit., pp. 48 e 49.

Capítulo VII – Actos processuais: das partes, do tribunal e do juiz... 479

praticado (*prazos iniciais, dilatórios ou suspensivos*) ou dentro dos quais – *terminus intra quem* – o acto pode ser realizado (*prazos peremptórios, conclusivos, resolutivos, preclusivos ou finais*)[1]. Na peugada de Anselmo de Castro, os prazos garantem o *interesse público* da celeridade da decisão dos litígios e o *interesse das partes* numa eficaz afirmação e defesa dos seus direitos[2], ao propiciarem uma «sucessão ordenada e sequencial do processo «como algo de dinâmico»[3]. A pré-fixação de prazos para a prática dos actos processuais assume especial relevância no que respeita aos actos das partes, face à *eficácia preclusiva* do respectivo decurso.

A fixação legal ou judicial dos *prazos peremptórios* serve, assim, de *factor de compulsão à prática do acto*, estimulando a diligência da parte onerada, em ordem a prevenir a sua eficácia extintiva. Já a fixação dos *prazos dilatórios* é ditada no *interesse da contraparte*, pelo que, se esta não excepcionar a respectiva intempestividade (determinada pela prática prematura do acto), a nulidade daí adveniente não possa ser objecto de conhecimento oficioso nem invocável pela parte que lhe deu causa[4]. A ultrapassagem de um prazo legal cominatório ou peremptório pode extinguir irremediavelmente o direito de praticar ou renovar o acto[5], pelo que se impõe às partes e/ou aos respectivos mandatários o maior zelo na respectiva observância. Exemplos típicos de *prazos peremptórios* são o do período de 30 dias (a contar da citação e da dilação subsequente à citação) que o n.º 1 do art.º 486.º concede ao réu para contestar em processo ordinário, os prazos para a réplica e tréplica contemplados nos art.ºs 502.º, n.º 3 e 503.º, n.º 2, respectivamente e, bem assim, o prazo geral de 30 dias para a interposição do recurso (art.º 658.º, n.º 1).

Casos paradigmáticos de *prazos dilatórios legais* são os estabeleci-dos pelo art.º 252.º-A, como interregno obrigatório antes de começar a contagem do prazo para a defesa do citando, ao qual acrescem a chamada

---

[1] Sobre os diversos tipos e categorias de prazos, cfr., também, Anselmo de Castro, DPCD, vol. III cit., pp. 48 e ss, Manuel de Andrade, Noções Elementares cit., pp. 49-50 e Antunes Varela/J. M. Bezerra/Sampaio e Nora, Manual cit., p. 63.

[2] Cfr., J. Rodrigues Bastos, Notas, vol I cit., pp. 211-212.

[3] Cfr. vol. III cit., p. 49.

[4] Cfr. Anselmo de Castro, vol. III cit., pp. 51-52.

[5] Salvos os casos de *justo impedimento*, da *prática do acto dentro dos três dias úteis subsequentes* e da respectiva prorrogabilidade nos termos previstos na lei – cfr. os art.ºs 145.º, n.ºs 4 e 5 e 147.º, respectivamente.

480   *Direito Processual Civil*

dilação (de 5 dias, 15 dias e 30 dias, conforme as situações contempladas nos n.ºs 1, alíneas a) e b), 2 e 3). A dilação de 5 dias prevista na alínea a) do n.º 1 (*citação realizada em pessoa diversa da do réu*) pode, porém, ser cumulada com as estabelecidas na alínea b) (*citação fora da área da comarca* por onde pende o processo) e nos n.ºs 2 e 3 do mesmo preceito (citação do réu *nas regiões autónomas* correndo a causa no território do continente ou vice-versa ou em outra ilha) ou no estrangeiro por via edital[1] (cfr. n.º 4 do mesmo preceito).

Algo semelhantes aos prazos peremptórios – ainda que entre si não confundíveis – são os por alguns autores apelidados de *prazos cominatórios*, por envolverem uma dada *cominação ou ameaça de sanção* para a sua eventual inobservância, a qual servirá de incentivo para a sua prática atempada; o seu decurso não preclude a sua válida prática, mas sujeita a parte infractora a uma *sanção pecuniária*[2]. Como exemplos podem referir-se: – o prazo para a *junção dos documentos* destinados à prova dos factos alegados, os quais têm o seu momento próprio de apresentação no acto de entrega do articulado em que o facto (respectivo) haja sido deduzido, sob pena de, podendo embora ser oferecidos *até ao encerramento da discussão em 1.ª instância*, a parte ser sujeita, em regra, ao pagamento de uma multa (art.ºs 523.º n.ºs 1 e 2)[3]; – os prazos para a *impugnação da genuinidade de documentos particulares e para a ilisão da autenticidade ou da força probatória de documento presumido por lei como autêntico* (art.ºs 544.º, 546.º e 548.º)[4]; – os prazos para a *entrega dos duplicados dos articulados ou das cópias dos requerimentos, alegações ou documentos* apresentados por qualquer das partes (art.º 152.º, n.º 3)[5]; – os prazos para a *comprovação do pagamento da taxa de justiça ou da concessão do*

---

[1] Para ANSELMO DE CASTRO, esse prazo suplementar, que acresce ao prazo concedido para a citação, não é propriamente um *prazo dilatório* mas sim uma *dilação* ou um termo suspensivo de um prazo extintivo, pois que mero alargamento deste último – cfr. DPCD, vol. III cit., p. 51.

[2] Cfr. MANUEL DE ANDRADE, Noções Elementares cit., p. 50 e ANTUNES VARELA/J. M BEZERRA/SAMPAIO E NORA, Manual cit., p. 63.

[3] Cfr. ANTUNES VARELA/J. M. BEZERRA/SAMPAIO E NORA, Manual cit., p. 63.

[4] «Se a parte contrária não responder ou declarar que não quer fazer uso do documento, não poderá este ser atendido na causa para efeito algum» – cfr. o n.º 2 do art.º 548.º.

[5] Cfr., quanto ao montante da multa os limites fixados pelo n.º 3 do art.º 152.º, por reporte ao disposto no n.º 5 do art.º 145.º, ambos do CPC.

Capítulo VII – Actos processuais: das partes, do tribunal e do juiz...   481

apoio judiciário (sem prejuízo das disposições relativas à petição inicial (art.º 474.º, al. f)).

A falta de junção do documento referido no n.º 1 do art.º 150.º-A (*comprovativo do pagamento da taxa de justiça inicial ou subsequente*) não implica a recusa da peça processual, mas deverá a parte proceder à sua junção nos 10 dias subsequentes à prática do acto processual, sob pena de aplicação das cominações previstas nos art.ºs 486.º-A, 512.º-B e 685.º-D (art.º 150.º-A, n.º 3)[1].

Na terminologia de Manuel de Andrade, «os prazos cominatórios podem agrupar-se com os peremptórios formando juntos a categoria dos *prazos aceleratórios*, funcionalmente contraposta à dos dilatórios (ou *retardatórios*)»[2].

Fixa a lei por vezes, prazos curtos, designados por meramente *ordenadores, reguladores, administrativos, disciplinadores ou simplesmente disciplinares,* destinados unicamente a regular e balizar cronologicamente a instância em harmonia com a lei. O seu incumprimento não surtirá, em princípio, qualquer eficácia preclusiva, apenas podendo acarretar consequências do *foro disciplinar-estatutário* para os magistrados ou funcionários infractores (cfr., v.g., os prazos contemplados nos art.ºs 160.º, n.º 1 (prazo geral de 10 dias para a prática de actos dos magistrados) e no art.º 166.º, n.º 1 (prazo geral de 5 dias para os actos de expediente da secretaria).

56.1. Regras da continuidade e do cômputo dos prazos. Prorrogabilidade. Dilação.

Os prazos processuais estabelecidos por lei ou fixados por despacho do juiz correm *continuamente*; a respectiva contagem *suspende-se*, contudo, durante as *férias judiciais*, salvo se a sua duração for igual ou superior a seis meses ou se se tratar de actos a praticar em processos que

---

[1] Sobre a (dupla) possibilidade de *pagamento prévio da taxa de justiça inicial,* quer por via electrónica, quer directamente aos balcões da CGD, cfr. a Portaria n.º 1433-A//2006, de 29 de Dezembro, o art.º 8.º da Portaria n.º 114/2008, de 6 de Fevereiro e o art.º 32.º do RCP.

[2] Cfr. Noções Elementares cit., pp. 49 e 50.

a lei considera *urgentes*[1] – *regra da continuidade dos prazos* (art.º 144.º, n.º 1). Se o prazo para a prática do acto processual expirar em dia em que os tribunais estejam encerrados, transfere-se o seu termo («*terminus ad quem*») para o primeiro dia útil seguinte (n.º 2). Para este efeito, considerar-se-ão encerrados os tribunais quando for concedida tolerância de ponto (v.g., a terça feira de Carnaval) (n.º 3). Este mesmo regime é aplicável, não só aos puros *prazos processuais* (legais ou judiciais), como também aos *prazos substantivos*, v.g. aos *prazos* (previstos no CPC) *para a propositura de acções* (cfr. o n.º 4 do art.º 144.º).

De ter ainda sempre presente, quanto à contagem dos prazos, o preceituado no art.º 279.º do CC, aplicável aos prazos judiciais "ex-vi" do art.º 296.º do mesmo diploma.

Os *prazos processuais legais* só admitem *prorrogação* quando a lei o preveja e pelo modo que ela disponha (art.º 147.º, n.º 1); os *prazos processuais judiciais* são, em princípio, prorrogáveis, salva proibição legal. As partes podem, *por acordo*, solicitar a prorrogação de qualquer prazo processual por período não superior ao dobro da respectiva duração (art.º 147.º, n.º 2), a qual deve de ser requerida antes da respectiva expiração e com fundamento em *razões de justiça*[2], não havendo, porém, lugar a uma segunda prorrogação. Isto sem prejuízo do regime especial para a apresentação da contestação e dos articulados a ela subsequentes (art.ºs 486.º, n.ºs 4 a 6 e 504.º)[3]. Embora o texto daquele n.º 1 tal não esclareça, há que entender – por razões de certeza e segurança – que o acordo/concertação deve ser prévia e expressamente manifestado em documento avulso (requerimento ou declaração conjunta assinada por ambas as partes ou pelos respectivos mandatários), não bastando a simples não oposição (póstuma) à prática do acto fora do prazo[4].

Quando *a um prazo peremptório se seguir um prazo dilatório,* os dois prazos contar-se-ão como se de um único prazo se trate (art.º 148.º); o que redunda num prazo equivalente à soma material de ambos esses prazos. Assim, se o réu for citado para contestar dentro do prazo de 30

---

[1] «Os procedimentos cautelares revestem sempre carácter de urgência, precedendo os respectivos actos qualquer outro serviço judicial não urgente» (art.º 382.º, n.º 1).

[2] Cfr. J. RODRIGUES BASTOS, Notas, vol. I cit., pp. 216-217.

[3] Cfr. o preâmbulo do Dec.-Lei n.º 329-A/95, de 12 de Desembro.

[4] Cfr., neste sentido, ABÍLIO NETO, CPC Anotado, 19.ª ed., p. 262.

Capítulo VII – Actos processuais: das partes, do tribunal e do juiz...   483

dias com a dilação de 5 dias (art.ºs 486.º n.º 1 e 252.º-A), o cômputo do prazo far-se-á como se o citado dispusesse do prazo único de 35 dias para esse efeito[1].

56.2. Justo impedimento.

O acto poderá ser praticado fora do prazo em caso de *justo impedimento* (cfr. o n.º 4 do art.º 145.º). Considera-se *justo impedimento* o evento, não imputável à parte nem aos seus representantes ou mandatários, que obste à prática atempada do acto (art.º 146.º, n.º 1). O requerente oferecerá logo a respectiva *prova* e o juiz, ouvida a parte contrária, admiti-lo-á a praticar o acto fora do prazo, «se julgar verificado o impedimento e reconhecer que a parte se apresentou a requerer logo que ele cessou» (n.º 2). É, todavia, do *conhecimento oficioso* a verificação do impedimento quando o evento constitua *facto notório*, nos termos do n.º 1 do art.º 514.º, e seja previsível a impossibilidade da prática do acto dentro do prazo (n.º 3).

Para que a invocação de justo impedimento possa obviar ao efeito extintivo do decurso do prazo (n.º 3 do art.º 145.º) terá de ser feita *logo que cesse a causa impeditiva*, pertencendo a respectiva apreciação ao tribunal perante o qual o acto deveria ter sido praticado e não foi[2]. Invocação que só será atendível *se ainda não decorrido o prazo normal para a prática do acto*, devendo a parte, *logo que cesse o impedimento*, praticar o acto alegando simultaneamente o justo impedimento, não o podendo fazer em data ulterior.

Compete ao juiz, perante cada situação concreta, apurar se o fundamento invocado reúne os requisitos legais, isto é: – se se tratou de um *evento normalmente imprevisível*, isto é não susceptível de previsão pela generalidade das pessoas; evento esse estranho à vontade das partes (do sujeito da relação processual ou do respectivo mandatário); – se ocorreu *impossibilidade absoluta* de praticar o acto, directamente ou por mandatário, mesmo usando a diligência devida. Assim, por hipótese, uma vez

---

[1] Torna-se, por isso, irrelevante que o terminus do prazo dilatório coincida com uma data de encerramento do tribunal – cfr. o acórdão da RP de 9-11-2004, JTRP37346, in www.dgsi.pt.. / Des. HENRIQUE ARAÚJO.

[2] Cfr. J. RODRIGUES BASTOS, Notas, vol I cit., p. 216.

que o mandatário se pode servir de auxiliares na execução do mandato (art.º 264.º n.º 4), uma eventual *doença do empregado de escritório*, desde que não seja súbita e grave que o impossibilite em absoluto de praticar o acto ou avisar o mandatário, não pode constituir justo impedimento[1]. A invocação de *doença por parte do mandatário* só constituirá, pois, justo impedimento se se provar a *total impossibilidade* da prática do acto por mandatário substituto, designadamente face à impossibilidade física ou mental de substabelecimento do mandato ou de comunicação da situação ao respectivo constituinte[2]; o que logo exclui a simples dificuldade de o levar cabo, por maior que ela seja (mera *difficultas agendi or operandi*); ademais, só possui essa qualidade o evento que não for imputável à parte ou seu representante[3].

Também por se tratar de eventos não absolutamente obstativos à prática tempestiva do acto judicial de que se trate, não integram, em princípio, o conceito de justo impedimento situações como: – o *esquecimento* de pessoa encarregada pelo advogado de apresentar determinada peça em juízo[4]; – o *atraso* na chegada do réu ou das testemunhas ao tribunal do julgamento de cerca de 1 hora depois da hora aprazada para o início da audiência; – o encontrar-se a parte *detida* em estabelecimento prisional[5]; – a simples exibição de *atestado médico* comprovativo da doença do advogado do réu; – a alegação de uma *avaria* do veículo de transporte como justificação para a entrada tardia em juízo de um documento que nele seguia; – a *doença do representante da ré* se não impossibilitante ou impeditiva de fornecer ao mandatário os elementos para a elaboração da contestação[6].

---

[1] Cfr. o acórdão do STJ de 7-3-95, BMJ, n.º 445, p. 390 / Cons.º FERNANDO FABIÃO.

[2] Sobre a doença de advogado e a alegação (procedente) de justo impedimento, cfr. o acórdão do STJ de 31-5-2005, Proc. 3937/2003 – 2.ª Sec. / Cons.º LUCAS COELHO.

[3] Cfr. J. RODRIGUES BASTOS, Notas, vol I cit., p. 215.

[4] Cfr. o acórdão do STJ de 5-4-01, Proc. 657/01 – 2.ª Sec. / Cons.º DUARTE SOARES.

[5] Cfr. o acórdão do STA de 24-3-87, BMJ, n.º 365, p. 478 / Cons.º MIRANDA DUARTE.

[6] Cfr. o acórdão do STJ de 9-12-99, Proc. 900/99 – 6.ª Sec. / Cons.º TOMÉ DE CARVALHO.

Capítulo VII – Actos processuais: das partes, do tribunal e do juiz... 485

56.3. Prática de acto fora do prazo. Excepções à regra da preclusão. Prazo de complacência: multa e respectiva liquidação.

Mesmo inocorrendo justo impedimento, pode o acto ser praticado dentro dos 3 *primeiros dias úteis subsequentes* ao termo do prazo, ficando, contudo, a sua validade dependente do pagamento: – até ao termo do 1.º dia útil posterior ao da prática do acto, de uma *multa* de montante igual a 10% da taxa de justiça correspondente ao processo ou acto, com o limite máximo de 1 UC; – até ao termo do 2.º dia, de uma multa fixada em 25% da taxa de justiça correspondente ao processo ou acto, com o limite máximo de 3 UC,s; – até ao termo do 3.º dia, de uma multa fixada em 40% da taxa de justiça correspondente ao processo ou acto, com o limite máximo de 7 UC,s (cfr. alíneas a), b) e c) do n.º 5 do art.º 145.º do CPC)[1].

Decorrido esse prazo sem ter sido paga multa devida, a secretaria, independentemente de despacho (isto é, *ex-officio*), notifica o interessado para pagar a multa, acrescida de uma penalização de 25% do respectivo valor, desde que se trate de *acto praticado por mandatário* (n.º 6 do art.º 145.º). Se se tratar de *acto praticado directamente pela parte*, em acção que não importe a constituição de mandatário, o pagamento da multa só é devido após a notificação pela secretaria para pagamento no prazo de 10 dias (n.º 7 do art.º 145.º).

A regra de que o decurso do prazo peremptório extingue o direito de praticar o acto admite, assim, três excepções: – *a primeira*, traduzida na possibilidade legal da prática do acto nos *três dias seguintes* ao decurso do prazo (*prazo de tolerância, condescendência ou de complacência*), desde que o faltoso pague imediatamente as multas previstas nos n.ºs 5 e 6 do mesmo art.º 145.º ou até sem pagar coisa alguma se economicamente carenciado (n.º 8 do mesmo preceito)[2]; – *a segunda*, na verificação do *justo impedimento* à prática tempestiva do acto, nos termos do disposto no art.º 146.º; – *a terceira*, consistente na possibilidade de *pror-*

---

[1] Na redacção do art.º 2.º do Dec.-Lei n.º 34/2008, de 26 de Fevereiro.

[2] Nos termos do n.º 8 do art.º 145.º, «o juiz pode determinar a redução ou dispensa da multa nos casos de manifesta carência económica ou quando o respectivo montante se revele manifestamente desproporcionado».

486   *Direito Processual Civil*

rogação do prazo nos casos expressamente previstos na lei (cfr. v.g. os n.ºs 4, 5 e 6 do art.º 486.º) ou mediante acordo das partes (art.ºs 147.º, n.ºs 1 e 2)[1].

Também o *Estado e as Câmaras Municipais* (*Municípios*) se encontram *obrigados ao pagamento* da referida multa, sendo que tais entidades não gozam hoje de isenção do pagamento de custas e multas (conf. art.º 4.º, n.º 1, do RCP). Apenas os *agentes do Ministério Público* quando intervenham a título principal ou como parte acessória em processos em que actuem em nome próprio, na defesa dos direitos e interesses que lhe são confiados por lei, bem como nas execuções por custas e e multas processuais, coimas ou multas criminais, gozam da isenção subjectiva contemplada na al. a) do n.º 1 desse art.º 4.º e se encontram, por isso, isentos do pagamento dessa multa[2].

De ter ainda presente que o disposto no n.º 5 do art.º 145.º (prática fora do prazo com multa) se não aplica aos prazos para a prática de actos tributários (*pagamento de custas*), já que ao respectivo pagamento se aplica a norma específica do art.º 28.º do RCP.

56.4. Prazos para a propositura de acções.

Quanto aos prazos para a propositura de acções, haverá que distinguir duas hipóteses: a) – ou esses *prazos* estão *previstos no CPC* e, nesse caso, ser-lhes-á aplicável o regime fixado no art.º 144.º, ex-vi do disposto no n.º 4; b) – ou ao invés, tais *prazos* estão *fixados em legislação exterior ao CPC* e então a sua contagem obedece, tão-somente, às regras fixadas no art.º 279.º do CC, não se suspendendo, consequentemente, durante as férias judiciais.

Exemplos de *prazos de propositura de acções previstas no CPC*: – o do art.º 389.º, n.º 1, al. a), no caso de precedência de procedimento

---

[1] Nestes incisos normativos consagra-se a possibilidade (legal) de prorrogação do prazo para contestar (a conceder ao Ministério Público ou ao réu nos casos previstos nos n.ºs 4 a 6 do art.º 486.º). Cfr., também, quanto à possibilidade de articulado superveniente, o n.º 2 do art.º 506.º.

[2] Segundo o acórdão do C TC n.º 355/01 de 11-7-01, Proc. 774/00, DR, II.ª série, n.º 238, de 13-10-01, p. 17090 / Cons.ª Fernanda Palma, o Ministério Público, embora isento do pagamento dessa multa, deverá emitir uma declaração no sentido de pretender praticar o acto nos três dias posteriores ao termo do prazo.

Capítulo VII – Actos processuais: das partes, do tribunal e do juiz... 487

cautelar não especificado para a propositura da acção (principal) subsequente: 30 dias a contar da notificação da decisão de deferimento; – o do art.º 1068.º para a acção de avarias grossas: 1 ano a contar da descarga ou, no caso de alijamento total da carga, da chegada do navio ao posto de destino; – o do art.º 865.º, n.º 2, para a acção de reclamação de créditos: 15 dias a contar da citação do reclamante; – o do art.º 813.º, n.º 1, para a oposição à execução e à penhora: 20 dias a contar da citação. São pois, de qualificar estes últimos prazos (para a propositura de *acções previstas no CPC*), não como prazos substantivos, mas como *prazos adjectivos;* daí que se lhes apliquem, não só as *regra das continuidade* da respectiva contagem dos art.ºs 144.º e 148.º (ex-vi do n.º 4 do art.º 144.º), como também as da *possibilidade da prática do acto de propositura até* ao *limite de 3 dias posteriores* ao seu *decurso com multa,* nos termos do n.ºs 5 a 8 do art.º 145.º e, ainda, os institutos do *justo impedimento* e da *prorrogabilidade* contemplados nos art.ºs 146.º e 147.º, respectivamente.

Quanto ao *contencioso administrativo,* a *acção administrativa comum* não está sujeita a qualquer prazo, podendo, pois, «sem prejuízo da lei substantiva», ser proposta a todo o tempo (art.º 41.º, n.º 1, do CPTA). E, no que tange às *acções administrativas especiais* para impugnação de actos administrativos, também não está sujeita a qualquer prazo a *impugnação dos actos nulos ou inexistentes* (art.º 58.º, n.º 1). Já quanto às acções de *impugnação de actos anuláveis,* salvo disposição da lei em contrário, tem lugar no prazo de: a) – 1 ano se propostas pelo Ministério Público; b) – 3 meses, nos restantes casos – cfr. o n.º 2 do mesmo preceito. No que respeita à contagem, o regime aplicável é o mesmo que para os prazos para a propositura das acções previstos no CPC (cfr. n.º 3 do mesmo art.º 58.º), regime equiparado ao dos *prazos adjectivos* em geral, com a consequente aplicação das regras do art.º 145.º e ss do CPC[1].

Já não assim no âmbito do *contencioso tributário:* nos termos do n.º 1 do art.º 20.º do CPPTRIB, «os prazos de *procedimento tributário* e de *impugnação judicial* contam-se nos termos do art.º 279.º do CC»; são, pois, prazos de *natureza substantiva* (prazos de caducidade) que apenas podem suspender-se ou interromper-se nos casos expressamente determinados na lei (art.º 328.º do CC), não se suspendendo, por isso, durante as

---

[1] Cfr. M. Aroso de Almeida/C. A. Fernandes Cadilha, Comentário ao Código de Processo nos Tribunais Administrativos, Coimbra, Almedina, 2005, p. 293.

488   *Direito Processual Civil*

férias judiciais. Não podem também – como é evidente – beneficiar da dilação até 3 dias com multa facultada pelo supra-citado art.º 145.º do CPC, nem dos regimes do justo impedimento e da prorrogabilidade supra-referidos.

Secção III
Actos das partes.

57. Actos das partes. Apresentação a juízo. Suporte digital. Taxa de justiça. Prazo supletivo.

Os actos processuais das partes têm como função e objectivo *impulsionar, conservar, desenvolver, modificar* ou *extingui*r a lide, revestindo-se de natureza algo paralela à das declarações negociais de direito privado. O que logo coloca um problema de aplicação da lei processual versus a lei substantiva a cada acto de per si considerado, como, por ex., a propósito da admissibilidade de institutos da invalidação dos actos por vícios da vontade (art.ºs 240.º a 257.º do CC) ou da admissibilidade ou inadmissibilidade da aposição de um *termo* ou *condição* (art.ºs 270.º a 279.º do CC). Assim, aos actos com um fim exclusiva ou predominantemente processual (praticados em função de um dado processo, mas antes e fora dele) dever-lhes-ão ser oponíveis os *vícios do consentimento* como garantia da respectiva conformidade com a vontade real dos respectivos autores[1].

São inquestionavelmente *actos processuais*, por ex., as declarações de *confissão* (confessória) de *desistência* do pedido ou de *transacção* judicial, porquanto apenas praticáveis no âmbito de um concreto processo judicial (art.ºs 293.º a 301.º)[2]. Já, porém, se praticados antes ou fora de um dado processo, só poderão ser qualificados como processuais os actos cujos efeitos principais se produzam na esfera intra-processual (por

---

[1] Cfr. Anselmo de Castro, DPCD, vol III cit., pp. 13 a 18.

[2] A confissão, desistência e transacção, bem como outros actos de natureza idêntica, podem, contudo, ser declaradas nulas ou anuladas, mesmo depois do trânsito em julgado da respectiva sentença homologatória, «ex-vi» dos n.ºs 1, 2 e 3 do art.º 301.º.

Capítulo VII – Actos processuais: das partes, do tribunal e do juiz... 489

ex. a outorga de uma procuração com poderes forenses ou a subscrição de um pacto de "*foro prorogando*")[1]. Já o acto de fixação negocial do lugar do cumprimento de uma obrigação produz essencialmente *efeitos substantivos* e só indirecta ou reflexamente efeitos processuais (na eventualidade de superveniência de um litígio), designadamente para efeitos de aferição do pressuposto processual da competência territorial.

Os *actos processuais* que devam ser praticados *por escrito* (v.g. articulados, as alegações e as contra-alegações de recurso) devem ser introduzidos em juízo preferencialmente por *transmissão electrónica de dados* nos termos definidos na Portaria n.º 114/2008, de 6 de Fevereiro (com as alterações introduzidas pelas Portarias n.ºs 457/2008, de 20 de Junho e 1538/2008, de 30 de Dezembro, esta última entretanto alterada pela Portaria n.º 975/2009, de 1 de Setembro), valendo como *data da prática do acto processual a da respectiva expedição* (art.º 150.º, n.º 1). Mas podem também ser apresentados por uma das formas do n.º 2 do art.º 150.º: a) – *entrega na secretaria judicial*, valendo como data da prática do acto a da respectiva *entrega*; b) – *remessa pelo correio sob registo*, valendo como data da prática do acto a da efectivação do respectivo *registo postal*; c) – envio através de *telecópia*, valendo como data da prática do acto o da sua *expedição*.

Praticado o acto processual por transmissão electrónica de dados, deve a parte apresentar, por idêntica via, a peça processual e os *documentos* que a devam acompanhar, ficando dispensada de remeter os respectivos originais (n.º 3 do art.º 150.º). Tal forma de apresentação documental não terá, porém, lugar (sendo pois, entregues em suporte físico) quando de formatos superiores a A4 ou a dimensão dos ficheiros ou a textura e peso do documento a enviar não o permitirem (cfr. o n.º 5 do art.º 5.º da citada Portaria n.º 114/2008). Tais documentos têm a *mesma força probatória dos originais*, nos termos definidos para as certidões (art.º 150.º, n.º 7). O que não prejudica, porém, o *dever de exibição* das peças processuais em suporte de papel e dos respectivos originais sempre que o juiz o determine (art.º 150.º, n.º 8, do CPC e n.º 2 do art.º 3.º da mesma Portaria n.º 114/2008).

---

[1] Sobre este ponto, cfr. ANSELMO DE CASTRO, DPCD, vol. III, cit., p. 15.

490   *Direito Processual Civil*

§1.º – Taxa de justiça.

Se a lei exigir, para a prática de um acto processual, o pagamento de *taxa de justiça* nos termos do RCP[1], deve ser junto o *documento comprovativo* do seu (*prévio*) *pagamento* ou da *concessão do benefício do apoio judiciário*, salvo se, neste último caso, aquele documento já se encontrar junto aos autos (art.º 150.º-A, n.º 1). Sem prejuízo do regime aplicável à *petição inicial* (art.º 474.º, al. f)) – recusa da petição pela secretaria –, a *falta de junção* desse documento não implica a recusa da peça processual, devendo a parte proceder à sua junção nos *10 dias subsequentes* à prática do acto, sob pena de aplicação das cominações previstas nos art.ºs 486.º-A, 512.º B e 685.º-D (art.º 150.º-A, n.º 3).

Sendo o acto processual praticado por *transmissão electrónica de dados*, o prévio pagamento da taxa de justiça, bem como o pedido ou a concessão do benefício do apoio judiciário são comprovados nos termos definidos pelo art.º 8.º da Portaria n.º 114/2008, de 6 de Fevereiro (cfr. n.º 1 do art.º 138.º-A e 150.º-A, n.º 4). Igual regime se aplica à apresentação da *petição inicial* por transmissão electrónica de dados (cfr. art.º 467.º, n.º 4). Se seguida esta via para a prática do acto, a *citação* só será efectuada após a *comprovação* do pagamento da taxa de justiça, nos termos definidos na mesma Portaria (art.º 150.º-A, n.º 6). O disposto nos n.º 3 e 4 do art.º 467.º (junção, pelo autor, do documento comprovativo desse pagamento) é também aplicável à *contestação* apresentada pelo réu, ex-vi do n.º 1 do art.º 486.º-A.

§2.º – Prazo supletivo.

O art.º 153.º contempla a *regra geral sobre o prazo*, como tal sempre aplicável na ausência de previsão legal de prazo diverso. Assim, «na falta de disposição especial, é de *10 dias*[2] o prazo para as partes requererem qualquer acto ou diligência, arguírem nulidades, deduzirem incidentes ou exercerem qualquer outro poder processual; é também de 10

---

[1] Acerca do pagamento das custas e multas processuais por via electrónica, cfr. a Portaria n.º 1433-A/2006 de 29 de Dezembro e o art.º 32.º do RCP.

[2] Na jurisdição administrativa, o prazo geral supletivo para os actos processuais das partes é igualmente de 10 dias (cfr. art.º 29.º, n.º 1, do CPTA).

dias o prazo para a parte responder ao que for deduzido pela parte contrária» (n.º 1), contando-se sempre o prazo para qualquer resposta da notificação do acto respondendo (n.º 2).

Trata-se de um *preceito integrador da lei* (por isso *de natureza supletiva ou subsidiária*): sempre que esta permita ou ordene a prática de um acto processual sem cominar o respectivo prazo, computar-se-á este em 10 dias. Norma que não é, contudo, aplicável aos prazos a arbitrar pelo juiz no uso dos seus poderes discricionários, os quais podem ser fixados aquém ou além de 10 dias.

SECÇÃO IV

**Actos dos magistrados.
Dever de administrar justiça. Tipos de decisão.**

58. Decisões judiciais: despachos, sentenças e acórdãos. Dever de acatamento. Prazos.

Cumpre ao juiz, no exercício do seu múnus funcional de administrador da justiça, proferir *despacho* ou *sentença* sobre as matérias pendentes, bem como acatar, nos termos da lei, as decisões dos tribunais superiores (art.º 156.º, n.º 1). O *dever de acatamento* (pelos juízes dos tribunais inferiores) das decisões proferidas, em via de recurso, pelos tribunais superiores encontra-se consagrado no n.º 2 do art.º 5.º da LOFTJ/ /2008. A infracção de tal dever por parte do tribunal recorrido constitui mesmo *nulidade insuprível*, a conhecer «*ex-officio*», independentemente, pois, de reclamação pelos interessados, podendo ainda fazer incorrer o magistrado incumpridor em *responsabilidade disciplinar*.

Diz-se *sentença* o acto pelo o qual o juiz decide a causa principal ou algum incidente que apresente a estrutura de uma causa (art.º 156.º, n.º 2). As decisões dos tribunais superiores, porque em princípio proferidas por tribunais colegiais ou colectivos, têm a denominação de *acórdãos* (art.º 156.º, n.º 3). Designa-se também por *acórdão* a decisão (colegial) do tribunal colectivo de 1.ª instância sobre a matéria de facto (art.º 653.º, n.º 2). Qualquer outra decisão assume a natureza e a designação de *despacho*.

Os *despachos* podem ser *finais* – se puserem termo ao processo por razões de fundo ou de mera forma – ou simplesmente *avulsos* ou *interlocutórios*, isto é se proferidos para decisão de alguma questão de ordem intermédia ou incidental, sem precludir o subsequente andamento do processo. Assim, por exemplo, e por força do n.º 3 do art.º 510.º, o despacho saneador que conheça de alguma excepção dilatória ou nulidade processual (art.º 510.º, n.º 1, al. a)) constitui, logo que transitado em julgado, *caso julgado formal*, mas *só quanto à questão ou questões concretamente apreciadas* (art.º 510.º, n.º 3) e, se conhecer imediatamente do pedido (art.º 510.º, n.º 1, al. b)), fica tendo, para todos os efeitos, o valor de sentença (se conhecer do mérito ou do fundo da causa assume a designação de *despacho saneador-sentença*)[1].

Os *despachos de mero expediente* destinam-se a prover ao andamento regular do processo, sem interferir no conflito de interesses entre as partes; consideram-se proferidos *no uso legal de um poder discricionário* os despachos que decidam matérias confiadas ao prudente arbítrio do julgador (n.º 4 do art.º 156.º)[2].

Como *requisitos externos* das sentenças e dos despachos, de referir que «as decisões judiciais serão *datadas* e *assinadas* (ainda que por simples abreviatura) pelo juiz ou relator; estes devem, ainda, *rubricar* as folhas não manuscritas e proceder às *ressalvas* necessárias; os *acórdãos* serão também assinados pelos restantes juízes que hajam intervindo, salvo se não estiverem presentes, do que se fará menção (art.º 157.º, n.ºs 1 e 2).

A *sentença* compõe-se estruturalmente de *relatório, fundamentação* (de facto e de direito) e *decisão* (art.º 659.º). Os *despachos* caracterizam-se pela suas maiores informalidade e abreviação, a menos que dirimam qualquer controvérsia ou alguma dúvida suscitada no seio do processo, casos em que devem compreender – tal como as sentenças – os *fundamentos da decisão* (art.º 158.º).

Na falta de disposição especial, os despachos judiciais e as promoções do Ministério Público são proferidos no prazo de *10 dias* (art.º 160.º, n.º 1)[3]. Os despachos ou promoções de mero expediente, bem como os

---

[1] A sentença e o despacho saneador que julguem da procedência ou improcedência de alguma excepção peremptória decidem do mérito da causa (art.º 691.º, n.º 2).

[2] «Não admitem recurso os despachos de mero expediente nem os proferidos no uso legal de um poder discricionário» – cfr. o art.º 679.º.

[3] Os prazos para os actos processuais a praticar pelos magistrados e pelos funcionários dos *tribunais administrativos*, não determinados por lei, são anualmente fixados

Capítulo VII – Actos processuais: das partes, do tribunal e do juiz...   493

considerados urgentes, devem ser proferidos no prazo máximo de *2 dias* (n.º 2). O prazo para a prolação das sentenças é de *30 dias* em processo ordinário e sumário (art.ºs 463.º, n.º 1 e 658.º). Em processo sumaríssimo, a sentença é *imediatamente* ditada para a acta (art.º 796.º, n.º 7). É também de *30 dias* o prazo para o relator elaborar o projecto de acórdão depois de corridos os vistos em recurso de apelação e de revista (art.ºs 707.º, n.º 1 e 726.º)[1].

Os despachos e sentenças proferidos *oralmente* no decurso de acto de que deva lavrar-se *auto* ou *acta* são aí reproduzidos (por ex., a sentença proferida em *processo sumaríssimo* – art.º 796.º, n.º 3 – e a sentença proferida em *processo comum laboral* – art.º 73.º, n.º 2, do CPT), funcionando a assinatura do auto ou da acta, por parte do juiz, como garante da fidelidade da reprodução (art.º 157.º, n.º 3).

Os *actos processuais dos magistrados judiciais* e *dos magistrados do M.º Público* (v.g. sentenças, despachos e promoções) são *sempre* praticados em *suporte informático* através do distema informático (CITIUS – Magistrados Judiciais e CITIUS – Ministério Público), com aposição de *assinatura electrónica qualificada ou avançada*, a qual substitui e dispensa, para todos os efeitos, a assinatura autógrafa em suporte de papel (cfr. o art.º 17.º, n.ºs 1, 2 e 3 da Portaria n.º 114/2008, com a redacção que lhe foi dada pelo art.º 1.º da Portaria n.º 457/2008, de 20 de Junho, com entrada em vigor em 5 de Janeiro de 2009, ex-vi do art.º 28.º desta última Portaria)[2-3].

---

pelo CSTAF, não sendo aplicáveis a qualquer processo desse foro especial, em primeira instância ou em via de recurso, os prazos estabelecidos pelo CPC para juízes e funcionários – cfr. n.ºs 2 e 3 do art.º 29.º do CPTA.

[1] Se não se verificar a situação do art.º 705.º (decisão liminar pelo relator).

[2] Os actos dos juízes e dos magistrados do Ministério Público deixaram, a partir de 5 de Janeiro de 2009, de ser feitos em papel (*versão física do processo*), passando os magistrados a despachar perante a informação (*electrónica*) visualizada no processo constante do distema CITIUS, bem como consultar/recolher informações e dados sobre o processo e reenviar o processo para a secretaria, tudo por *via electrónica*. E isto sem terem quer aguardar que a secretaria lhes envie o processo em papel, sendo que a circulação do processo entre a secretaria e os magistrados passa a ser totalmente *electrónica*, só havendo consulta do processo em papel em caso de necessidade.

[3] A Portaria n.º 975/2009, de 1 de Setembro, em alteração ao art.º 6.º da Portaria n.º 1538/2008, de 30 de Dezembro, veio determinar que passasse a experimental até 31 de Janeiro de 2010 a «entrega de peças processuais e documentos pelos magistrados do Ministério Público.

494 *Direito Processual Civil*

As *sentenças e os acórdãos finais* são *registados em livro especial* (art.º 157.º, n.º 4).

58.1. Dever de fundamentação.

As *decisões* proferidas sobre qualquer pedido controvertido ou sobre alguma dúvida suscitada no processo são sempre fundamentadas (art.º 158.º, n.º 1).

A *justificação* ou *fundamentação* (*motivação*) das decisões em geral tem, em princípio, que ser *expressa,* não podendo consistir na simples adesão aos fundamentos alegados no requerimento ou na oposição (n.º 2). A justificação (exposição ou exteriorização dos motivos, fundamentos ou razões) da decisão não pode limitar-se ao simples acolhimento ou absorção dos fundamentos invocados no requerimento ou na oposição (simples fundamentação *per relationem* ou per *remissionem*), salva disposição em contrário[1]. É a concretização na lei ordinária do ditame plasmado no n.º 1 do art.º 205.º da CRP, segundo o qual «as decisões dos tribunais que não sejam de mero expediente são fundamentadas na forma prevista na lei». Já os *despachos de mero expediente* se esgotam numa simples ordem (determinação) necessária ao prosseguimento do processo[2].

A necessidade de fundamentação e de externação dos motivos prende--se com razões endo e extra-processuais. *Endo ou intra-processuais*: assegurar o auto-controlo, a serenidade e a reflexão decisórias por parte do julgador e habilitar as partes destinatárias a exercitar tempestiva e cons-cientemente os competentes meios legais de reacção (reclamação ou recurso); *exa ou extra-processuais*: assegurar a transparência, o conhecimento pelos interessados e pelo público em geral (publicidade) e o escrutínio democrá-tico-popular das decisões dos tribunais como órgão de soberania.

A fundamentação é, todavia, um conceito eminentemente relativo, variável em função do tipo legal de decisão de que se trate. Daí o maior ou menor grau de densidade da retórica argumentativa exigível. No pro-cesso sumaríssimo, por ex., apenas se exige a *fundamentação sucinta* da sentença (art.º 796.º, n.º 7).

---

[1] Excepcionalmente, basta-se a lei com uma *fundamentação por mera adesão* (cfr. art.º 784.º) ou por *mera remissão* (cfr. o art.º 705.º).

[2] Cfr. J. RODRIGUES BASTOS, Notas, vol I cit., p. 227.

58.2. Manutenção da ordem nos actos processuais.

Cabe ao *magistrado presidente* manter e assegurar a ordem nos actos processuais, adoptando as providências necessárias contra quem perturbar a sua realização. Designadamente (e consoante a gravidade da infracção), *advertindo* com urbanidade o infractor, *retirando-lhe a palavra*, quando se afaste do respeito devido ao tribunal ou às instituições vigentes, *condenando-o em multa* ou *fazendo-o sair do local*, fazendo consignar em acta os actos determinativos da providência, sem prejuízo do procedimento criminal ou disciplinar que no caso couber (art.º 154.º, n.º s1 e 3). Das decisões que retirem a palavra, ordenem a expulsão do local ou condenem em multa cabe *recurso com efeito suspensivo* da decisão (art.º 154.º, n.º 5). O recurso da decisão que retire a palavra a mandatário judicial ou lhe ordene a saída do local em que o acto se realiza tem também *efeito suspensivo do processo* e deve ser processado como *urgente* (art.º 154.º, n.º 6).

Não é, porém, considerado ilícito o uso das *expressões e imputações indispensáveis à defesa* da causa (n.º 2).

Sempre que seja retirada a palavra a *advogado, advogado estagiário* ou ao *magistrado do Ministério Público* é, consoante os casos, dado *conhecimento circunstanciado* do facto à *Ordem dos Advogados* para *efeitos disciplinares*[1] ou ao respectivo *superior hierárquico* (art.º 154.º, n.º 4)[2]. Das condutas abstractamente censuráveis imputadas a *magistrados judiciais* dar-se-à conhecimento ao *Conselho Superior da Magistratura* para efeitos do disposto no art.º 149.º, al. a), do EMJ 85 (acção disciplinar).

Com vista a assegurar a manutenção da ordem nos actos processuais, pode o tribunal *requisitar,* sempre que necessário, o *auxílio da força pública*, a qual fica submetida, para o efeito, ao poder de direcção do juiz que presidir ao acto (art.º 154.º, n.º 7).

---

[1] Cfr. os art.ºs 109.º e 110.º do Estatuto da Ordem dos Advogados aprovado pela Lei n.º 15/2005, de 26 de Janeiro.

[2] Sobre a competência do Conselho Superior do Ministério Público em matéria disciplinar, cfr. o art.º 27.º, al. a), do Estatuto do Ministério Público.

496   *Direito Processual Civil*

58.3. Marcação e adiamento de diligências.

Em ordem a *obviar ao risco de sobreposição de datas de diligências* – a que devam comparecer os mandatários judiciais –, deve o juiz providenciar pela marcação do dia e hora da sua realização mediante *prévio acordo* com aqueles, podendo encarregar a secretaria de realizar, por forma expedita, os contactos prévios necessários (art.º 155.º, n.º 1). Se tal não for possível, devem os mandatários impedidos em consequência de outro serviço judicial já marcado *comunicar o facto ao tribunal no prazo de cinco dias*, propondo datas alternativas, após contacto com os restantes mandatários interessados (art.º 155.º, n.º 2). O juiz, ponderadas as razões aduzidas, poderá alterar a data inicialmente fixada, apenas se procedendo à notificação dos demais intervenientes no acto após o decurso do aludido prazo de 5 dias (n.º 3).

Se, por *motivo imprevisto*, se vier a revelar inviável a realização do acto no dia e hora designados, deve o tribunal dar imediato conhecimento do facto aos intervenientes processuais, providenciando por que as pessoas convocadas sejam prontamente *notificadas do adiamento* (n.º 4), assim se evitando deslocações inúteis ao tribunal. Também *os mandatários judiciais devem comunicar prontamente ao tribunal quaisquer circunstâncias impeditivas da sua presença* e que determinem o adiamento de diligência marcada (n.º 5).

58.4. Documentação dos actos presididos pelo juiz. A acta.

A realização e o conteúdo dos *actos processuais presididos pelo juiz* são documentados em *acta*, na qual são recolhidas as declarações, requerimentos, promoções e actos decisórios orais que tiverem ocorrido (art.º 159.º, n.º 1), *incumbindo a redacção da acta ao funcionário judicial sob a direcção do juiz* (n.º 2).

A acta é um *documento autêntico* cuja força probatória lhe advém directamente dos art.ºs 370.º e 371.º do CC. A sua eventual falsidade (tal como a de qualquer outro acto judicial) pode ser arguida no prazo e com observância do formalismo dos art.ºs 551.º-A e 546.º a 550.º.

Em caso de alegada desconformidade entre o teor do que foi ditado e ocorrido, são feitas consignar as declarações relativas à discrepância,

Capítulo VII – Actos processuais: das partes, do tribunal e do juiz...

com indicação das *rectificações* a efectuar[1], após o que o juiz profere, ouvidas as partes presentes, decisão definitiva, sustentando ou modificando a redacção inicial (art.º 150.º, n.º 3).

SECÇÃO V

Actos da secretaria.

59. Actos da secretaria. Serviços de expediente e execução das decisões judiciais. Prazo. Reclamação para o juiz.

As secretarias judiciais asseguram o *expediente*, *autuação* e regular *tramitação* dos processos pendentes, nos termos estabelecidos na respectiva Lei Orgânica, em conformidade com a lei de processo e na dependência funcional do magistrado competente (art.º 161.º, n.º 1)[2]. Incumbe especificamente à secretaria a *execução* (cumprimento) *dos despachos judiciais*, cumprindo-lhe realizar oficiosamente as diligências necessárias para que o fim daqueles possa ser prontamente alcançado (n.º 2).

Nas suas relações com os mandatários judiciais, devem os funcionários agir com especial *correcção* e *urbanidade* (n.º 3).

Os *actos* e *omissões* dos actos praticados pela secretaria judicial não podem, em qualquer caso, prejudicar as partes (art.º 161.º, n.º 5). De resto, dos actos dos funcionários da secretaria judicial é sempre admissível *reclamação para o juiz* de que aquela depende funcionalmente (n.º 4).

A *validade dos autos e termos* é assegurada pelas *assinaturas do juiz e do funcionário respectivo*. Se no acto não intervier o juiz, basta a assinatura do funcionário, salvo se o acto exprimir a manifestação de vontade de alguma das partes ou importar para ela qualquer responsabilidade, porque nestes casos é necessária também a assinatura da parte ou

---

[1] Por aplicação do disposto no art.º 249.º do CC.

[2] A composição e as competências das secretarias judiciais encontram-se estabelecidas no capítulo IX da LOFTJ 99 aprovada pela Lei n.º 3/99 de 13 de Janeiro (art.ºs 119.º a 128.º) e regulamentada pelo Dec.-Lei n.º 186-A/99 de 3 de Maio, cuja última alteração foi introduzida pelo Dec.-Lei n.º 148/2004, de 21 de Junho, tendo o Estatuto dos Funcionários da Justiça sido aprovado pelo Dec.-Lei n.º 343/99, de 26 de Agosto.

do seu representante (art.º 164.º, n.º 1). Isto a menos que os *actos sejam praticados por meios electrónicos* e os funcionários se limitem a proceder a uma comunicação interna ou a remeter o processo para o juiz, Ministério Público ou outra secretaria ou secção do mesmo tribunal, caso em que não carecem de qualquer tipo de assinatura para serem válidos, nem devem ser impressos, valendo apenas, para todos os efeitos legais, a sua *versão electrónica* (art.º 164.º, n.º 3, do CPC e 19.º, n.ºs 1 e 2, da Portaria n.º 114/2008, de 6 de Fevereiro)[1]. Quando seja *necessária a assinatura da parte* e esta não possa, não queira ou não saiba assinar, o auto ou termo será assinado por *duas testemunhas* que a reconheçam (art.º 164.º, n.º 2).

O *funcionário da secretaria* encarregado do processo é *obrigado* a *rubricar as folhas* que não contenham a sua assinatura; e os *juízes* rubricarão também as folhas relativas aos actos em que intervenham, exceptuadas aquelas em que assinarem (art.º 165.º, n.º 1), assistindo também às partes e seus mandatários ou às testemunhas o *direito* de rubricar quaisquer folhas do processo (art.º 165.º, n.º 2). Formalidades que serão dispensadas quanto aos *actos praticados por meios electrónicos*, nos termos definidos na Portaria n.º 114/2008 (art.º 165.º, n.º 3).

No prazo de *5 dias*, salvos os casos de urgência, deve a secretaria fazer os processos *conclusos*, continuá-los com *vista* ou facultá-los para *exame*, passar os mandados e praticar os outros actos de expediente (art.º 166.º, n.º 1). A *conclusão* é o termo de apresentação ou submissão dos autos a despacho do juiz do processo, enquanto que a *vista* é o termo de apresentação dos autos para a promoção ou requerimento do magistrado do Ministério Público[2]. No *próprio dia*, sendo possível, deve a secretaria submeter a despacho, de forma avulsa, os requerimentos não conexionados com o andamento de processos pendentes, *juntar* a estes os requerimentos, respostas, articulados e alegações aos mesmos respeitantes ou, se

---

[1] Se não for possível apor a *assinatura electrónica* nos autos e termos que, de harmonia com os n.ºs 1 e 2 do art.º 164.º, devam ser assinados pelas partes, seus representantes ou testemunhas, serão os mesmos *impressos*, sendo neles aposta *assinatura autógrafa* e devendo a secretaria arquivar e conservar os originais no processo correspondente – cfr. o art.º 21.º da Poprtaria n.º 114/2008.

[2] Os antigos *termos de continuidade* (juntadas, cotas, recebimentos, informações, remessas, vistas e conclusões) podem agora ser praticados em *suporte informático*, através do sistema para o efeito disponibilizado (cfr. o art.º 19.º da Portaria n.º 114/2008).

Capítulo VII – Actos processuais: das partes, do tribunal e do juiz... 499

forem apresentados fora do prazo ou houver dúvidas sobre a legalidade da junção, submetê-los a *despacho do juiz*, para este a ordenar ou recusar (n.º 2)[1].

O prazo para conclusão do processo a que se junte qualquer requerimento conta-se da *apresentação* deste ou da *ordem de junção* (n.º 3).

59.1. Passagem de certidões.

O processo civil é *público*, salvas as restrições previstas na lei, (art.º 167.º, n.º 1)[2]. A publicidade do processo implica o direito de exame e *consulta dos autos na secretaria e de obtenção de cópias ou certidões de quaisquer peças* nele incorporadas, pelas partes, por qualquer pessoa capaz de exercer o mandato judicial ou por quem nisso revele *interesse atendível* (n.º 2)[3].

O *exame* e a *consulta* (*electrónica*) dos processos têm também lugar por meio de *página informática de acesso público* do Ministério da Justiça, nos termos definidos no art.º 22.º da Portaria n.º 114/2008, de 6 de Fevereiro (art.º 165.º, n.º 3)[4]. Incumbe às secretarias judiciais *prestar informação* precisa às partes (seus representantes ou mandatários judiciais, ou aos funcionários destes, devidamente credenciados) acerca do estado dos processos pendentes em que sejam interessados (n.º 4). Porém, os mandatários poderão ainda obter informação sobre o estado dos processos em que intervenham através de *acesso aos ficheiros informáticos* existentes nas secretarias, nos termos previstos no respectivo diploma regulamentar (n.º 5). A consulta de processos por advogados

---

[1] O processo em papel deixa de ter informação e documentos repetidos ou irrelevantes para a decisão material da causa – cfr. os art.ºs 22.º e 23.º da Portaria n.º 114//2008.

[2] Sobre as limitações à publicidade do processo, cfr. supra n.º 33.

[3] Os agentes ou reprentantes dos mandatários judiciais devem ser *identificadas* por *cartão de modelo* emitido pela Ordem dos Advogados ou pela Câmara dos Solicitadores, com expressa identificação do advogado ou solicitador, número e cédula profissional, devendo a assinatura deste ser reconhecida pela Ordem dos Advogados ou pela Câmara dos Solicitadores (cfr. o n.º 3 do art.º 167.º).

[4] «À *consulta electrónica de processos* aplicam-se as restrições de acesso e consulta inerentes ao segredo de justiça» – cfr. o n.º 3 do art.º 22.º da Portaria n.º 114/2008, de 6 de Fevereiro.

500   *Direito Processual Civil*

e solicitadores é efectuada através do sistema informático CITIUS, com base no número identificador do processo ou junto da secretaria nos termos do art.º 22.º da Portaria n.º 114/2008, de 6 de Fevereiro.

A secretaria deve, *sem precedência de despacho*, passar as *certidões* de todos os termos e actos processuais que lhe sejam requeridas, oralmente ou por escrito, pelas partes no processo, por quem possa exercer o mandato judicial ou por quem revele *interesse atendível* (art.º 174.º, n.º 1). Mas, se existirem as *limitações à publicidade* do processo contempladas no art.º 168.º, nenhuma certidão pode ser passada sem *prévio despacho* (do juiz) sobre a justificação, em requerimento escrito, da sua necessidade, devendo o despacho fixar os limites da certidão (n.º 2).

As certidões são passadas dentro do prazo de *5 dias*, salvo nos casos de *urgência* ou de *manifesta impossibilidade*, em que se consignará o dia em que devem ser levantadas (art.º 175.º, n.º 1). Se a secretaria *recusar* a passagem da certidão, aplica-se o disposto no n.º 2 do artigo 172.º, sem prejuízo das providências disciplinares a que a falta dê lugar (n.º 2). Se a secretaria *retardar* a passagem de qualquer certidão, a parte pode requerer ao juiz que a mande passar ou fixe prazo para ser passada, sendo o requerimento submetido a despacho com *informação escrita* do funcionário (n.º 3).

A *passagem de certidões*, quando tenha por fim a sua junção a processo judicial pendente, é *efectuada electronicamente*, devendo a secretaria enviar *ex-officio* a certidão para o tribunal onde corre o referido processo, envio esse a ser efectuado, sempre que possível, através do *sistema informático* (cfr. os n.ºs 1 e 2 do art.º 24.º da Portaria n.º 114/2008).

59.2. Confiança e exame do processo.

Os *mandatários forenses* constituídos pelas partes, os *magistrados do Ministério Público* e os *mandatários oficiosamente nomeados* para exercício do patrocínio podem solicitar, por escrito ou verbalmente, a *confiança* dos processos pendentes para *exame fora da secretaria* do tribunal» (art.º 169.º, n.º 1). Se já findos os processos, a confiança pode ser requerida por qualquer pessoa capaz de exercer o mandato judicial a quem seja lícito examiná-los na secretaria (n.º 2).

Trata-se de mais uma concretização do direito de acesso aos tribunais (*direito ao processo*). Direito que se estende *ao conhecimento dos dados processuais*[1] (*direito à vista do processo*) «o que implica, sob o ponto de vista jurídico-constitucional a possibilidade de consulta domiciliária dos autos (pelas partes e respectivos mandatários), direito esse que só em casos muito contados pode ser restringido»[2].

Confiança a facultar pela secretaria, pelo prazo de *5 dias*, o qual pode ser reduzido se causar embaraço grave ao andamento da causa (n.º 3). A *recusa da confiança* deve ser fundamentada e comunicada por escrito, dela cabendo *reclamação para o juiz* (172.º, n.º·4). Em *caso de dúvida* sobre o direito de acesso ao processo, a secretaria submeterá, por escrito, a questão à apreciação do juiz (art.º 172.º, n.º 1). Se recusado o acesso ao processo ou se requerida a prorrogação do prazo de consulta, a secretaria faz o processo concluso imediatamente ao juiz juntamente com a sua informação (n.º 2).

Se o mandatário, sem justificação, não satisfizer o dever de entrega/ restituição oportuna do processo que lhe foi confiado, ficará sujeito ao pagamento de *multa* (de montante a fixar nos termos do art.º 27.º do RCP), quiçá mesmo a *procedimento disciplinar* ou *criminal* por desobediência, após observância do condicionalismo do art.º 170.º e seus n.ºs 1, 2, 3 e 4.

A entrega dos autos aos interessados é *registada em livro especial*, cuja nota será assinada pelo requerente ou por outra pessoa munida de autorização escrita e, quando restituído, dar-se-á a respectiva baixa ao lado da nota de entrega (art.º 173.º, n.ºs 1 e 2).

SECÇÃO VI

Actos especiais.

60. Distribuição e autuação do processo.

Estão sujeitos a *distribuição* na 1.ª instância *os actos processuais que importem começo da causa*, como por exemplo a petição inicial

---

[1] Cfr. GOMES CANOTILHO e VITAL MOREIRA, Constituição da República Portuguesa Anotada, 4.ª ed. Revista, vol. I, Coimbra Editora, 2007, p. 416.

[2] Cfr. GOMES CANOTILHO e VITAL MOREIRA, Constituição da República Portuguesa Anotada, 3.ª ed., p. 163.

502   *Direito Processual Civil*

(salvo se esta for dependência de outra já distribuída), bem como *os que venham de outro tribunal*, com excepção das cartas precatórias, mandados, ofícios ou telegramas, para simples citação, notificação ou afixação de editais (art.º 211.º, n.º 1, alíneas a) e b)).

Acto que tem em vista, conforme o art.º 209.º, a *repartição* dos actos pelas diversas secções, varas e juízos do tribunal (se no tribunal houver mais do que uma ou um), em ordem a, por um lado, *equiparar o serviço judicial*, igualando o número de processos entre cada um desses órgãos (assim repartindo o serviço entre juízes e funcionários) e, por outro, *evitar a intervenção de uma qualquer vontade pessoal na determinação do juiz a quem vai ficar afecto o processo*. Com vista a tais objectivos, estipula o n.º 1 do art.º 209.º-A que «as operações de *distribuição* são *integralmente realizadas por meios electrónicos*, os quais devem garantir *aleatoriedade* no resultado e *igualdade* na distribuição do serviço».

A distribuição em *1.ª instância* tem lugar *diariamente* e é realizada de *forma automática* através do sistema informático (art.ºs 214.º, n.º 1, do CPC e 15.º e 16.º da Portaria n.º 114/2008, de 6 de Fevereiro), tendo em conta as diversas espécies classificadas de harmonia com a discriminação constantes do art.º 222.º. Uma vez concluída, procede-se à *publicação* do resultado por meio de *pauta disponibilizada automaticamente e por meios electrónicos* em página informática de acesso público do Ministério da Justiça (art.º 219.º, n.º 2, do CPC e 16.º da citada Portaria). Nenhum acto processual é admitido à distribuição sem que contenha todos os *requisitos externos* exigidos por lei, *verificação* essa que é efectuada *através de meios electrónicos*, nos termos definidos na mesma Portaria (art.º 213.º, n.ºs 1 e 2).

Também *nas Relações* e *no Supremo*, a distribuição é efectuada *diariamente* e de *forma automática*, em função das espécies classificadas nos art.ºs 224.º e 225.º, respectivamente (cfr. o art.º 223.º, n.º 1) e integralmente operada por *meios electrónicos*, nos termos previstos no art.º 209.º-A. O respectivo presidente designa, porém, *em cada mês, o juiz que há-de intervir na distribuição* e resolver verbalmente as dúvidas acerca da classificação de algum acto processual, quando esta tenha de ser feita pelo funcionário, nos termos definidos pela citada Portaria (cfr. o n.º 3 do art.º 223.º).

Os *erros na distribuição* são *rectificados* nos termos dos art.ºs 20.º e 221.º para a 1.ª instância e 223.º, n.º 4, para os tribunais superiores.

Capítulo VII – Actos processuais: das partes, do tribunal e do juiz... 503

Feita a distribuição, procede-se à *autuação* do processo, nele se entranhando a petição inicial e os documentos que a acompanharam. Este acto é levado a cabo pela secção ou juízo aos quais tiver cabido *em sorteio.*

61. Citações e notificações.

A *citação* é o acto pelo qual se dá conhecimento ao réu de que foi proposta contra ele determinada acção e se chama ao processo para se defender. Utiliza-se ainda para chamar, pela *primeira vez,* ao processo alguma pessoa interessada (art.º 228.º, n.º 1). A *notificação* emprega-se para, em *quaisquer outros casos,* chamar alguém a juízo ou dar conhecimento de um facto (n.º 2).

Qualquer desses actos pode efectuar-se *onde quer que seja encontrado o respectivo destinatário* e, designadamente, quando se trate de pessoas singulares, na sua residência ou local de trabalho (art.º 232.º, n.º 1). E serão sempre acompanhados de todos os elementos e de cópias legíveis dos documentos e peças do processo necessários à plena compreensão do seu objecto (n.º 3).

Às *citações* reportam-se os art.ºs 233.º a 252.º-A, enquanto que às *notificações* se referem os art.ºs 253.º a 263.º.

61.1. Modalidades da citação. Regra da oficiosidade e suas excepções.

Rege, quanto a este ponto, o art.º 233.º: «A citação é *pessoal* ou *edital»* (n.º 1). «A citação pessoal é feita mediante (n.º 2): a) – *transmissão electrónica de dados,* nos termos definidos na Portaria prevista no n.º 1 do art.º 138.º-A (acualmente a Portaria n.º 114/2008); b) – entrega ao citando de *carta registada com aviso de recepção,* seu depósito nos termos do n.º 5 do art.º 237.º-A ou *certificação da recusa* de recebimento, nos termos do n.º 3 do mesmo artigo; c) – *contacto pessoal* do agente de execução ou do funcionário judicial com o citando.

Cumpre à secretaria promover oficiosamente, *sem necessidade de despacho prévio,* as diligências necessárias à efectivação da regular citação pessoal do réu, bem como a célere remoção das dificuldades inerentes (art.ºs 234.º, n.º 1 e 479.º) – *regra da oficiosidade das diligências destinadas à citação.*

504   *Direito Processual Civil*

No n.º 4 do art.º 234.º faz-se, porém, depender a citação de prévio despacho judicial[1]: a) – nos *casos especialmente previstos* na lei; b) – nos *procedimentos cautelares* e em todos os casos em que incumba ao juiz decidir da prévia audiência do requerido; c) – nos casos em que a *propositura da acção deva ser anunciada*, nos termos lei; d) – quando se trate de *citar terceiros* chamados a intervir em causa pendente; e) – *no processo executivo*, nos termos do n.º 1 do art.º 812.º e do n.º 2 do art.º 812.º-A[2]; f) – quando se trate de *citação urgente* que deva preceder a distribuição (art.º 478.º)[3].

Nos casos expressamente previstos na lei, é *equiparada à citação pessoal* a efectuada *em pessoa diversa do citando*, se essa pessoa houver sido encarregada de lhe transmitir o conteúdo do acto, presumindo-se, salvo prova em contrário, que o citando dela teve oportuno conhecimento» (art.º 233.º, n.º 4).

Admite-se, também, a *citação promovida por mandatário judicial*, nos termos dos art.ºs 245.º e 246.º (art.º 233.º, n.º 3).

A citação pode ainda efectuar-se *na pessoa do mandatário constituído* pelo citando, «com *poderes especiais* para a receber mediante procuração passada há menos de quatro anos» (art.º 233.º, n.º 5).

Pode, finalmente, ter lugar a *citação edital* «quando o citando se encontrar *ausente em parte incerta*, nos termos dos art.ºs 244.º e 248.º ou, quando *sejam incertas as pessoas a citar*, ao abrigo do art.º 251.º» (art.º 233.º, n.º 6).

61.2. Notificações em processos pendentes e entre mandatários.

As *notificações* em processos pendentes são feitas pela secretaria *na pessoa dos mandatários judiciais* das partes, seja a título oficioso, seja

---

[1] Não cabe recurso do despacho que mande citar os réus ou requeridos, não se considerando precludidas as questões que podiam ter sido motivo de indeferimento liminar (cfr. art.º 234.º, n.º 5).

[2] Não tendo o autor designado o agente de execução que efectuará citação nem feito a declaração prevista no n.º 8 do artigo 239.º, ou ficando a declaração sem efeito, aplica-se o disposto no artigo 811.º-A (cfr. o n.º 6 do art.º 234.º).

[3] Só nos casos em que não houver lugar a citação edital. As razões da "urgência" são, por ex. a conveniência de assegurar a citação pessoal do réu (ausência prolongada ou doença) e a produção de algum dos efeitos previstos no art.º 481.º. O despacho de admissão é de carácter discricionário, não sendo, como tal, passível de recurso – cfr., neste sentido, J. RODRIGUES BASTOS, Notas, vol. III cit., p. 28.

por determinação do juiz (art.º 253.º, n.º 1). Se a notificação se destinar a chamar a parte para a prática de *acto pessoal*, além de ser notificado o *mandatário*, será também expedido pelo correio um *aviso registado à própria parte*, indicando a data, o local e o fim da comparência (n.º 2).

Se parte estiver simultaneamente representada por advogado ou advogado estagiário e por solicitador, as notificações que devam ser feitas na pessoa do mandatário judicial sê-lo-ão sempre na do solicitador (n.º 3).

A *notificação dos mandatários* será feita por *carta registada* dirigida para o seu escritório ou para o domicílio escolhido, podendo, contudo, ser notificados *pessoalmente* pelo funcionário quando se encontrem no edifício do tribunal» (art.º 254.º, n.º 1). Porém, aqueles que pratiquem os actos processuais pelo meio previsto no n.º 1 do art.º 150.º (*transmissão electrónica de dados*) ou que se manifestem nesse sentido são notificados no termos definidos no art.º 21.º-A da supra-mencionada Portaria (n.º 2)[1].

A *notificação postal presume-se feita no terceiro dia posterior ao do registo ou no primeiro dia útil seguinte* a esse, quando o não seja (art.º 254.º, n.º 3). Igual presunção resultará da *devolução do expediente*, se a remessa houver sido feita para o escritório do mandatário ou para o domicílio por ele escolhido; nesse caso, ou no de a carta não ter sido entregue por ausência do destinatário, juntar-se-á ao processo o sobrescrito, funcionando então a mesma presunção (cfr. n.º 4 do mesmo preceito). Já a *notificação por transmissão electrónica de dados* se presume feita na *data da expedição* (n.º 5)[2]. A *ilisão* de tais presunções só pode ser feita pelo próprio destinatário, mediante a prova de que a notificação não foi efectuada ou que ocorreu em data posterior à presumida por razões a si não imputáveis (n.º 6).

Na *falta de mandatário constituído*, as partes serão notificadas no *local da sua residência* ou na *sede ou domicílio* escolhidos para o efeito, nos termos estabelecidos para as notificações aos mandatários (art.º 255.º, n.º 1).

O *réu incurso em revelia absoluta* apenas será notificado após haver praticado qualquer acto de intervenção no processo, sem prejuízo de

---

[1] Quando o acto processual a notificar por transmissão electrónica de dados contenha documentos que apenas existam em suporte físico no processo deve ser enviada cópia dos mesmos aos mandatários, nos termos do art.º 254.º-A – cfr. o n.º 7 do art.º 21.º-A da Portaria n.º 114/2008, de 6 de Fevereiro.

[2] Cfr., quanto à certificação da data da elaboração da notificação, o n.º 5 do art.º 21.º-A da citada Portaria n.º 114/2008.

506   *Direito Processual Civil*

poder ser notificado das decisões finais, desde que a sua residência ou sede sejam conhecidas no processo (art.º 255.º, n.ºs 2 e 4). Naquela primeira hipótese, «as decisões têm-se por notificadas no dia seguinte àquele em que os autos tiverem dado entrada na secretaria ou em que ocorrer o facto determinante da notificação oficiosa» (n.º 3).

Para além dos casos especialmente previstos, aplicam-se as disposições relativas à realização da citação pessoal às notificações a que aludem os art.ºs 12.º, n.º 4, 23.º, n.º 3 e 24.º, n.º 2 (art.º 256.º).

O chamamento ao tribunal de *intervenientes acidentais* na causa (v.g. testemunhas ou peritos) é feito por meio de *aviso expedido pelo correio, sob registo*, indicando-se a data, o local e o fim da comparência» (art.º 257.º, n.º 1). A secretaria entregará, todavia, à parte os *avisos* relativos às pessoas que ela se haja comprometido a apresentar, quando a entrega for solicitada, mesmo verbalmente (n.º 2). *Presume-se efectuada* a notificação mesmo que o destinatário *se recuse* a receber o expediente, devendo o distribuidor do serviço postal lavrar nota da ocorrência (n.º 3).

Não carecem de autorização hierárquica os *agentes administrativos ou funcionários públicos* notificados para comparecerem em juízo, devendo, porém, informar imediatamente da notificação o superior e apresentar-lhe documento comprovativo da comparência (n.º 4).

As *notificações entre os mandatários judiciais* das partes, a que se reporta o n.º 1 do art.º 229.º-A, são realizadas *por todos os meios legalmente admissíveis para a prática dos actos processuais*, com aplicação do disposto nos art.ºs 150.º e 152.º (art.º 260.º-A, n.º 1). Os respectivos termos, quando efectuadas pela via da transmissão electrónica de dados, são os definidos no art.º 21.º-B da Portaria n.º 114/2008 (n.º 2)[1]. O mandatário judicial notificante juntará aos autos *documento comprovativo* da data da notificação à contraparte, sendo essa junção dispensada quando a notificação seja realizada por transmissão electrónica (cfr. o n.º 1 da citada Portaria – art.º 260.º-A, n.º 3).

Ocorrendo a notificação em dia anterior a feriado, sábado, domingo ou férias judiciais, o prazo para a resposta (a essa notificação) inicia-se *no primeiro dia útil seguinte ou no primeiro dia posterior ao termo das férias judiciais*, respectivamente, salvo nos processos judiciais que correm termos durante as férias judiciais» (n.º 4 do art.º 260.º-A).

---

[1] Às notificações entre mandatários não realizadas por transmissão electrónica de dados, aplica-se o art.º 21.º-C da Portaria n.º 114/2008.

Capítulo VII – Actos processuais: das partes, do tribunal e do juiz... 507

Tendo as partes *mandatário judicial constituído*, os actos processuais que devam ser praticados por escrito (após a notificação ao autor da contestação do réu) serão notificados pelo mandatário judicial do apresentante ao mandatário judicial da contraparte, no respectivo domicílio profissional, nos termos do artigo 260.º-A (art.º 229.º-A, n.º 1). O mandatário judicial que só assuma o patrocínio na pendência do processo indicará o seu *domicílio profissional* e o respectivo *endereço de correio electrónico* ao mandatário judicial da contraparte (art.º 229.º-A, n.º 2).

61.3. Notificação das decisões judiciais. Legibilidade. Notificações feitas em acto judicial.

Serão sempre oficiosamente *notificadas ao Ministério Público*, «para além das *decisões finais* proferidas em quaisquer causas», as decisões, ainda que interlocutórias, *que possam suscitar a interposição de recursos obrigatórios por força da lei*» (art.º 258.º).

Quando se notifiquem despachos, sentenças ou acórdãos, deve entregar-se ou disponibilizar-se ao notificado «*cópia ou fotocópia legível* da decisão e dos fundamentos» (art.º 259.º).

A avaliação da "*legibilidade*" do documento deve ser feita na óptica e *na perspectiva da parte* (*ou do seu mandatário*) ou do respectivo destinatário. Com efeito, o TC[1], tendo-se já pronunciado sobre este tema, entendeu inconstitucional a norma do art.º 259.º, na interpretação segundo a qual competiria ao juiz avaliar e decidir sobre a legibilidade ou ilegibilidade das cópias ou fotocópias dos textos, despachos, sentenças ou acórdãos por si manuscritos, enviados ou entregues às partes juntamente com a notificação, por violação do art.º 20.º, n.º 1, da CRP (*direito de acesso aos tribunais*)[2]. Na mesma senda vêm seguindo os tribunais ordinários, ao deferirem aos destinatários daqueles documentos o critério da avaliação, alegada que seja a *impossibilidade* (ou a *simples dificuldade*) da

---

[1] Cfr. o acórdão n.º 444/91 do TC, de 20-11-1991, DR, n.º 78 – 2.ª Série, de 2-4-92 e BMJ n.º 411, p. 155/ Cons.º Mário de Brito.

[2] Se as cópias enviadas contiverem irregularidades que contendam com a inteligibilidade do documento copiado, não pode a notificação ter-se por operada – cfr. o acórdão do STJ de 9-3-2000, Proc. 40/2000 – 2.ª Sec., Sumários, n.º 39, p. 27 / Cons.º Roger Lopes.

508   *Direito Processual Civil*

sua leitura[1]. Indeferimento liminar da passagem de cópia legível, com a possível consequência da exaustão do prazo de reacção, só em casos de *manobra dilatória* ostensiva, o que acontecerá, por ex., se a peça notificada se apresentar elaborada por meios dactilográficos ou informáticos por norma dotados de total legibilidade. No mais, *em caso de dúvida*, deve deferir-se o pedido de expedição de cópia ou fotocópia legível.

Valem como notificações as *convocatórias* e *comunicações* feitas aos interessados presentes em acto processual por determinação da entidade que a ele preside, desde que documentadas no respectivo auto ou acta (art.º 260.º); o que não dispensa a entrega de cópia ou de fotocópia legível da decisão e seus fundamentos, se houver sido proferida[2].

62. Notificações judiciais avulsas.

Enquanto que nos art.ºs 253.º a 260.º é regulada a *notificação relativa a processos pendentes*, nos art.ºs 261.º a 263.º são reguladas as chamadas *notificações avulsas*, não respeitantes, pois, a qualquer processo em curso.

As *notificações avulsas* só podem ser efectuadas mediante *prévio despacho judicial* ordenador e são executadas, ou *pelo agente de execução* para o efeito designado pelo requerente ou *pela secretaria* ou *por funcionário de justiça*[3] (por este último nos termos do n.º 8 do art.º 239.º). E são feitas «*na própria pessoa do notificando*, à vista do requerimento, com entrega ao notificando do duplicado e cópia dos documentos que o acompanhem» (art.º 261.º, n.º 1).

---

[1] No acórdão da RP de 11-11-96, BMJ, n.º 461, p. 521 / Des. BRAZÃO DE CARVALHO, entendeu-se que mesmo no caso de se levantarem suspeitas acerca do carácter dilatório do expediente, se deve deferir o requerido, tanto mais que um hipotético indeferimento, com os meios de reacção disponíveis, poderia redundar ainda em maior dilação.

[2] Cfr., neste sentido, o acórdão da RP de 8-3-99, BMJ n.º 485, p. 487 / Des. AZEVEDO RAMOS.

[3] Se o requerente pretender que a notificação judicial avulsa seja efectuada por *funcionário judicial*, deve expressamente declará-lo no requerimento, sob pena de o acto ser praticado por *agente de execução* (art.ºs 261.º, n.º 1, e 239, n.º 8). O *agente de execução* ou o funcionário devem proceder à notificação *pessoal* do requerido (com deslocação e entrega directa do expediente), devendo ainda lavrar *certidão do acto* que é assinada pelo notificado (art.º 261.º, n.º 2).

Capítulo VII – Actos processuais: das partes, do tribunal e do juiz... 509

Na terminologia de ALBERTO DOS REIS[1], a notificação ou é um *acto-meio*, se relativa a um processo pendente de que é instrumental (notificação das partes, das testemunhas dos advogados) ou é um *acto-fim*, quando toda a actividade exercida for a conducente à notificação *a se*. Consistindo as notificações avulsas na comunicação que, por via oficial (solene), uma pessoa faz a outra, representam elas um *acto-fim* que se consome na sua realização, constituindo, pois, «o próprio objecto do processo que se esgota com elas»[2]. Através delas não advém ao requerente qualquer direito novo, nem emerge qualquer obrigação que não impenda já sobre o notificado; destinam-se, tão-somente, a *certificar* que a comunicação foi operada, sendo desta que poderão advir direitos e as correspondentes obrigações.

Tudo nos termos de um procedimento integrado por uma sucessão de actos jurídicos praticados em juízo, constituindo como que um *aviso* ou *interpelação* (que uma parte faz a outra por intermédio do tribunal). A intervenção/intermediação do tribunal, através do oficial público executor, assegura, através da *certidão de notificação*, a prova de que a comunicação foi feita, conferindo ao *auto* a necessária chancela de autoridade (com *força probatória de documento autêntico*) para a obtenção de efeitos jurídicos diversificados.

Entre os *fins mais típicos da notificação judicial avulsa* encontram-se os seguintes: – interrupção da prescrição ou do prazo para usucapião[3]; – denúncia do contrato de arrendamento de prédio urbano para o termo do prazo nos contratos com prazo certo ou com duração indeterminada (art.ºs 1097.º, 1098.º, 1101.º e 1103.º, n.º 1)[4]; – comunicação ao senhorio para cessação do contrato de arrendamento de prédio urbano por resolução, nos termos do n.º 1 do art.º 1084.º do CC (cfr. n.º 7 do art.º 9.º do

---

[1] Cfr. Comentário, vol. 1.º cit., p. 238.

[2] Cfr. Comentário, vol. 2.º cit., p. 587.

[3] Pretendendo-se a *notificação judicial avulsa de um ou vários herdeiros*, relativamente a bens pertencentes a uma herança indivisa, deve a mesma ser requerida contra o cabeça de casal. Cfr., porém, quanto à personalidade judiciária nos casos de herança jacente e de herança (já aceite) mas ainda ilíquida e indivisa, supra n.º 44.1. e respectivas notas.

[4] A lei não impõe qualquer formalidade especial para o locatário tomar conhecimento da oposição do locador à renovação do contrato, podendo sê-lo por meio de citação para acção judicial, por notificação judicial avulsa ou por qualquer outro meio extrajudicial – cfr. o acórdão da RE de 2-10-97, BMJ n.º 470, p. 706 / Des. FERNANDO BENTO.

NRAU); – denúncia de um contrato de arrendamento rural para o termo da renovação ou para exploração directa pelo senhorio (art.ºs 18.º e 20.º do Dec.-Lei n.º 385/88 de 25/10 (LAR)[1-2]; – fixação de um prazo[3]; – declaração de perda do interesse do credor na subsistência do contrato[4].

Relativamente à *interrupção da prescrição* pela citação ou notificação judicial de qualquer acto «que exprima, directa ou indirectamente, a intenção de exercer o direito, seja qual for o processo a que o acto pertence e ainda que o tribunal seja incompetente» (ex-vi o n.º 1 do art.º 323.º do CC), deve entender-se, no que particularmente se refere à prescrição promovida pelo titular do direito prescribendo, que a notificação judicial avulsa se encontra abrangida pela expressão «seja qual for o processo» utilizada nesse preceito legal. Nesta orientação seguiu o Ac UNIF JURISP do STJ, n.º 3/98, de 26 de Março de 1998[5]. Na esteira deste aresto, esta providência encontra respaldo legal no n.º 2 do art.º 2.º, sendo «integrada por uma sucessão de actos jurídicos praticados em juízo para realização desse negócio jurídico unilateral que é a interrupção da prescrição».

Atento o n.º 2 desse art.º 323.º, a notificação judicial avulsa que vise a *interrupção do prazo prescricional* deve ser apresentada em data anterior ao período de 5 dias em que tal prazo se consuma; assim, por ex., o prazo de 3 anos para a prescrição do direito à restituição por enriquecimento sem causa previsto no art.º 482.º ou do direito à indemnização

---

[1] Cfr. o acórdão da RE de 27-11-97, BMJ, n.º 471, p. 476 / Des. GOMES DA SILVA.

[2] «A notificação judicial avulsa promovida pelo senhorio de contrato de arrendamento rural visando a denúncia do contrato, não tendo sido objecto de oposição pelo arrendatário, constitui título executivo para poder ser requerido o despejo e a entrega do prédio» – cfr. o acórdão da RP de 5-2-2007, Proc. 02050657346 / Des. SOUSA LAMEIRA.

[3] Na falta de estipulação de prazo para a realização da escritura em contrato--promessa de compra e venda, é suficiente a interpelação por meio de *notificação judicial avulsa* para fixação do dia para cumprimento – cfr. o acórdão da RE de 15-5-97, BMJ, n.º 467, p. 649 / Des. FERNANDO BENTO. «A interpelação admonitória ou cominatória do promitente-vendedor em mora para cumprir dentro de certo prazo terá de ser feita em termos claros e peremptórios, v.g. por carta registada com aviso de recepção ou por *notificação judicial avulsa*, em ordem a que o interpelado fique bem ciente do sentido e alcance dessa declaração. Cfr. ainda o acórdão do STJ de 17-6-98, Proc. 501/98 – 7.ª Sec. / Cons.º NASCIMENTO COSTA.

[4] Cfr. o art.º 808.º, n.ºs 1 e 2.

[5] In DR-I.ª-A, Série de 12-5-98 e CJSTJ, Tomo I, p. 5 / Cons.º CARDONA FERREIRA.

Capítulo VII – Actos processuais: das partes, do tribunal e do juiz... 511

contemplado no n.º 1 do art.º 498.º, ambos do CC, não se interrompe com a notificação judicial avulsa (do obrigado ou do lesante respectivamente) se o prazo de 3 anos se consumar dentro dos 5 dias de que o tribunal dispõe para fazer a notificação após ter sido requerida e não a faz; ter--se-á, porém, por interrompida logo que decorrido esse prazo, se não operada a notificação (por causa não imputável ao requerente) dentro dos 5 dias subsequentes ao seu requerimento, mas a causa da não notificação só não será de imputar ao requerente se a notificação se fizer para além desse prazo por razões de índole estritamente processual ou judiciária[1].

Interrompida a prescrição por notificação judicial avulsa, começa logo a correr novo e igual prazo, *insusceptível de interrupção com nova e sucessiva notificação judicial avulsa* (art.º 326.º, n.º 1, do CC)[2-3]. Se, por hipótese, no momento em que expira o prazo da prescrição por responsabilidade extracontratual, ainda não for conhecida a pessoa do responsável sem culpa do lesado, a prescrição *suspende-se* (cfr. n.º 1 do art.º 321.º do mesmo diploma)[4].

No que tange à chamada *"notificação para preferência"*, é de entender (atento o processo especialmente previsto nos art.ºs 1458.º a 1466.º) como inadmissível a utilização do procedimento de notificação judicial avulsa para efeitos do *exercício do direito de preferência*, sob pena de incursão em erro na forma de processo[5-6].

---

[1] Cfr., neste sentido, v.g., o acórdão da RP de 23-3-2000, Proc 0030282 / Des. Leonel Serôdio.

[2] Cfr. o acórdão da RP de 7-11-2002, Proc. 0231393 / Des. Telles De Meneses.

[3] Há que distinguir ente *interrupção da prescrição* e *suspensão da prescrição*. «A *interrupção* inutiliza para a prescrição todo o tempo decorrido anteriormente, começando a correr novo prazo a partir do facto interruptivo», sem prejuízo do disposto nos n.ºs 1 e 3 do art.º 327.º – cfr. art.º 326.º, n.º 1, ambos do CC. A suspensão inutiliza apenas o tempo intermédio, não correndo o prazo prescricional enquanto subsistir a causa suspensiva de entre as elencadas nos art.ºs 318.º a 322.º do CC.

[4] Cfr. o acórdão da RP de 8-1-2002, Proc. 121824 / Des. Afonso Correia.

[5] Cfr., v.g., o acórdão do STJ de 2-10-97, Proc. 725/96 – 2.ª Sec. / Cons.º Lúcio Teixeira. No mesmo sentido, cfr. J. Rodrigues Bastos, Notas, vol. I cit., p. 312.

[6] Em sentido contrário, vide Alberto dos Reis, CPC Anotado, vol. I, p. 64 e Comentário, vol. 1.º cit., pp. 237 e ss.

62.1. Procedimento. Execução.

O procedimento inicia-se a *requerimento da parte* endereçado ao tribunal competente, ou seja, ao tribunal em cuja área resida a pessoa a notificar (art.º 84.º), sendo todos os requerimentos e documentos apresentados em *duplicado*, mas, se tiver de ser notificada mais de uma pessoa, apresentar-se-ão tantos duplicados quantas forem as que vivam em *economia separada»* (art.º 261.º, n.º 4).

Seguem-se o acto de apresentação (pela secretaria) do requerimento ao juiz e um despacho deste a deferir ou indeferir o requerido, devendo a decisão, maxime a de indeferimento, ser fundamentada (n.º 1 do art.º 261.º). Nesse *despacho prévio*, o juiz apenas examinará (liminarmente) da admissibilidade formal e material da notificação, aferindo, designadamente e para além da inteligibilidade do pedido, quer da verificação dos pressupostos processuais da *competência* (em qualquer das suas vertentes), quer da *legitimidade* do requerente e do requerido e do interesse em agir do recorrente (utilidade da diligência), sendo que o pedido não pode violar normas imperativas de conhecimento oficioso, nem os princípios da boa fé e dos bons costumes, tudo com vista a evitar o exercício de pretensões ilegais[1]. O juiz apenas cura de saber se o direito invocado existe *abstractamente* na lei. Não tem, por isso, que analisar o cerne substantivo da alegação do requerente, nem de saber se a este assiste (realmente e *in concretum*) o direito cuja titularidade concreta se arroga[2].

Não é legalmente admissível *oposição* às notificações avulsas. Os direitos respectivos só podem fazer-se valer nas acções competentes» (art.º 262.º, n.º 1), porquanto tal admissão equivaleria a transformá-la em meio de apreciação de direitos, numa verdadeira acção judicial[3]. Como acto judicial que é, pode, contudo, padecer dos vícios inerentes, eventualidade em que será legítimo arguí-los, sem que tal represente uma *oposição*, mas antes uma *reclamação* contra tais irregularidades ou invalidades. Assim, mesmo em caso de deferimento, o notificado pode arguir

---

[1] Cfr. o acórdão da RC, de 4-12-2002, Proc. 1130/2002– 2.ª Sec. / Des. Silva Rato.

[2] Cfr. o acórdão da RL, de 12-10-95, Proc. 7006 / Des. Almeida Valadas.

[3] Porque de um *acto-fim* se trata, toda a actividade que pelo seu desencadeamento se exerce «é conducente à notificação» – cfr. Alberto dos Reis, Comentário, vol. 1.º cit., 2.ª ed., p. 238.

Capítulo VII – Actos processuais: das partes, do tribunal e do juiz... 513

a nulidade da notificação, mormente por inobservância das formalidades legais na sua execução[1].

Não sendo atribuído qualquer *valor* ao procedimento, do despacho de indeferimento há sempre *recurso até à Relação*, não havendo, contudo, recurso se o despacho for de *deferimento* (art.º 262.º, n.º 2). Sempre salva, todavia, a possibilidade de o acórdão do tribunal *ad quem* poder ser objecto de pedido de *aclaração* ou de *arguição de nulidades* nos termos gerais (art.º 716.º).

Obtida decisão definitiva a ordenar a notificação requerida, encerra-se a *fase declarativa* do procedimento, seguindo-se a *fase executiva*, traduzida na notificação propriamente dita, submetida ao ritualismo legal. Será lavrada *certidão do acto de notificação* pelo agente ou funcionário de execução, a qual é assinada pelo notificado» (n.º 2), sendo, depois, o requerimento e a certidão «entregues a quem tiver requerido a diligência» (n.º 3). Se o notificando se *recusar* a assinar a certidão ou a receber o duplicado, dar-se-lhe-á conhecimento de que o mesmo fica à sua disposição na secretaria judicial, com menção de tais ocorrências na certidão do acto (art.º 239.º, n.º 4). Depois da notificação, segue-se prazo para o notificado arguir nulidades.

As custas devidas são da responsabilidade do requerente (art.º 453.º, n.º 3).

62.2. Notificação para revogação de mandato ou procuração.

Se a *notificação judicial avulsa* tiver por fim a revogação de mandato (em geral) ou procuração será *feita ao mandatário ou procurador* e *também à pessoa com quem ele devia contratar*, caso o mandato tenha sido conferido para tratar com certa pessoa» (art.º 263.º, n.º 1). Não sendo este o caso, a revogação deve ser *anunciada num jornal da localidade* onde resida o mandatário ou o procurador e, se aí não houver jornal, «o anúncio será publicado num dos jornais mais lidos nessa localidade» (n.º 2).

A *procuração* é *livremente revogável*, não obstante convenção em contrário ou renúncia ao direito de revogação. Mas se conferida também

---

[1] Cfr. ALBERTO DOS REIS, Comentário, vol. 2.º cit., p. 743.

514 *Direito Processual Civil*

no interesse do procurador ou de terceiro, não pode ser revogada sem acordo do interessado, salvo ocorrendo justa causa. A revogação deve ser levada ao *conhecimento de terceiros* por meios idóneos, sob pena de lhes não ser oponível, senão quando se mostre que dela tinham conhecimento no momento da conclusão do negócio (art.ºs 265.º, n.º s 2 e 3 e 266.º, n.º 1, do CC).

Se se tratar da *revogação do mandato judicial*, há que observar o disposto nos art.ºs 1170.º a 1173.º do CC[1].

63. Formas de requisição e comunicação dos actos por e entre tribunais.

Se a prática de um acto processual exigir intervenção dos serviços judiciários, pode ser solicitada a outros tribunais ou autoridades por *carta precatória ou rogatória*, empregando-se a *carta precatória* quando a realização do acto seja solicitada a um tribunal ou a um cônsul português e a *carta rogatória* quando o seja a autoridade estrangeira» (art.º 176.º, n.º 1).

Através do *mandado*, que deve ser assinado pelo juiz, o tribunal ordena a execução de acto processual a entidade que lhe está funcionalmente subordinada (n.º 2). As *citações ou notificações por via postal* são enviadas directamente para o interessado a que se destinam, seja qual for a circunscrição em que se encontre (n.º 3). A *solicitação de informações*, de envio de documentos ou da realização de actos que não exijam, pela sua natureza, intervenção dos serviços judiciários, é feita directamente às entidades públicas ou privadas, para tal instadas por ofício ou outro meio de comunicação (n.º 4).

Na *transmissão de quaisquer mensagens e na expedição ou devolução de cartas precatórias*, podem (devem) os serviços judiciais utilizar a *via postal* e a *telecópia*, para além da utilização preferencial dos *meios infomáticos*, nos termos previstos no art.º 25.º da Portaria n.º 114/2008. Tratando-se de *actos urgentes*, pode ainda ser utilizado o *telegrama*, a *comunicação telefónica* ou *outro meio análogo de telecomunicações* (n.º 5)[2]. A *comunicação telefónica* é sempre documentada nos autos e

---

[1] Cfr. J. RODRIGUES BASTOS, Notas, vol. I cit., pp. 313-314.

[2] O Dec.-Lei n.º 202/2003, de 10 de Setembro, publicado no *Diário da República*, I Série – A, n.º 209, de 10 de Setembro, veio regular o regime da comunicações por meios telemáticos entre as secretarias judiciais e os agentes de execução.

Capítulo VII – Actos processuais: das partes, do tribunal e do juiz... 515

seguida de confirmação por qualquer meio escrito; mas, relativamente às partes, apenas é lícita como forma de transmissão de uma convocação ou desconvocação para actos processuais (n.º 6).

As *cartas precatórias* (a serem expedidas pela secretaria) são dirigidas ao tribunal da comarca em cuja área jurisdicional o acto deve ser praticado, sem prejuízo dos casos em que, nos termos da lei, a carta deva ser enviada a outro tribunal ou juízo (art.º 177.º, n.º 1). Reconhecido, porém, que o acto deve ser praticado em lugar diverso do indicado na carta, deve esta ser cumprida pelo tribunal desse lugar, devendo, para tanto, o tribunal ao qual a carta for dirigida remetê-la ao que haja de a cumprir, comunicando o facto ao tribunal deprecante (n.º 4)[1]. Quanto ao *conteúdo* (art.º 178.º), as cartas são assinadas pelo juiz ou relator e apenas contêm o que seja estritamente necessário para a realização da diligência (n.º 1). As *cartas para afixação de editais* são acompanhadas destes e da respectiva cópia para nela ser lançada a certidão da afixação (n.º 2). O *tribunal deprecado só pode deixar de cumprir a carta* quando se verifique algum dos casos seguintes: a) – se não tiver *competência* para o acto requisitado, sem prejuízo do disposto no n.º 4 do art.º 177.º; b) – se a requisição for para *acto que a lei proíba* absolutamente (art.º 184.º, n.º 1). Quando tenha *dúvidas sobre a autenticidade da carta*, o tribunal pedirá ao juiz deprecante as informações de que careça, suspendendo o respectivo cumprimento até as obter (n.º 2).

As *cartas rogatórias*, seja qual for o acto a que se destinem, são expedidas pela secretaria e endereçadas directamente à autoridade ou tribunal estrangeiro, salvo tratado ou convenção em contrário. A sua expedição faz-se pela *via diplomática ou consular* quando dirigida a Estado que só por essa via receba cartas, devendo, na hipótese negativa, a rogatória ser entregue ao interessado. Quando deva ser expedida por via diplomática ou consular, a carta é entregue ao Ministério Público para que a remeta pelas vias competentes. O *cumprimento das cartas rogatórias* só pode ser recusado nas situações contempladas no n.º 1 do art.º 184.º e nas diversas alíneas do art.º 185.º, ditadas por razões de falta de legalização da carta, de revisão e confirmação judicial do acto exequendo ou por

---

[1] Na impossibilidade de exame do autógrafo, planta, desenho ou gráfico, em virtude da sua remessa ou reprodução por via digital, será o documento (original) remetido por carta registada – cfr. o n.º 2 do art.º 25.º da Portaria n.º 114/2008, por reporte ao art.º 179.º do CPC.

516   *Direito Processual Civil*

razões de ordem pública ou de soberania. O Ministério Público pode interpor *recurso de apelação* com efeito suspensivo do despacho de cumprimento, seja qual for o valor da causa (cfr. o n.º 3 do art.º 186.º).

Secção VII
Nulidades processuais.

64. Nulidades processuais. Regime e efeitos das nulidades principais e das nulidades secundárias.

Entre as matérias de que o juiz não só pode, mas deve[1], em princípio, conhecer no despacho saneador[2], ao lado das excepções dilatórias, situam-se as *nulidades do processo* ou *nulidades processuais*.

Importa distinguir entre as *nulidades substantivas* (dos negócios jurídicos) e as *nulidades judiciais* (dos actos processuais). As *nulidades judiciais* podem ainda ser *da sentença* (art.ºs 668.º e 716.º) e *do processo* (de outros actos processuais).

As *nulidades do processo* constituem, assim, uma figura dogmática essencialmente distinta da das invalidades (em geral) e *das nulidades do acto jurídico*. As *nulidades*, tal como as invalidades em geral (*do negócio jurídico*) radicam sempre num *vício de carácter intrínseco* de qualquer dos elementos essenciais do concreto negócio, que seja anterior ou contemporâneo da celebração deste. Já as *nulidades do processo* consistem sempre num *vício de carácter formal*, traduzido num dos três seguintes tipos: a) – prática de um *acto proibido por lei*; b) – *omissão* de um acto prescrito na lei; c) – realização de acto imposto ou permitido por lei, mas *sem as formalidades requeridas* (art.º 201.º, n.º 1). Na definição de Manuel de Andrade[3], as nulidades processuais traduzem-se sempre em *desvios* ao formalismo processual prescrito na lei «e a que esta faça

---

[1] Cfr. Manuel de Andrade, Noções Elementares, ed. de 1979, p. 184.
[2] Não havendo despacho saneador (casos de revelia do réu ou no processo sumaríssimo), o juiz pode conhecer delas até à sentença final (art.º 206.º, n.º 1, *in fine*).
[3] Cfr. Noções Elementares cit., p. 164.

Capítulo VII – Actos processuais: das partes, do tribunal e do juiz... 517

corresponder – embora não de modo expresso – uma invalidação mais ou menos extensa de actos processuais» já praticados[1].

Não há, também, que confundir *"nulidades da sentença"* (*errores in judicando*) com *"nulidades processuais"* (*errores in procedendo*). Aquelas só ocorrerão, como causa invalidante típica, nas diversas hipóteses taxativamente contempladas no n.º 1 do art.º 668.º, sendo que as mencionadas nas alíneas b) a e) desse inciso normativo só podem ser arguidas perante o tribunal que proferiu a sentença se esta não admitir recurso ordinário e, se o admitir, o recurso (de *apelação*) poderá ter como fundamento qualquer dessas nulidades (cfr. o n.º 3 desse art.º 668.º). No próprio recurso de *revista* pode ainda ter lugar a invocação acessória de alguma das nulidades previstas nos art.ºs 668.º e 716.º (cfr. o n.º 2 do art.º 721.º)[2].

Vale, nesta sede, o *princípio do aproveitamento do acto irregular* (art.º 201.º, n.º 2), só em casos muito particulares o efeito anulatório se devendo estender a todo o processo (cfr., v.g., o art.º 193.º). Só quando a substância do direito possa perigar pela inobservância da forma deve a nulidade relevar, o mesmo que é dizer que «a violação da forma só deve produzir nulidade quando haja prejuízo para a parte»[3-4].

Alberto dos Reis distinguia entre *nulidades de primeiro grau* e *nulidades de segundo grau*[5]. As *primeiras*, as de maior gravidade, de conhecimento oficioso pelo tribunal; as *segundas*, de menor gravidade, só cognoscíveis, em princípio, mediante arguição ou reclamação dos interessados, ainda que, em casos especiais, sendo admitido por lei o seu conhecimento *ex-officio*. Modalidades ou variantes ainda hoje subsistentes: *nulidades principais* (típicas ou nominadas), como tais especialmente previstas na lei, e *nulidades secundárias*, genericamente abrangidas pela fórmula geral vertida no n.º 1 do art.º 201.º.

As *nulidades processuais* propriamente ditas e respectivos regimes, efeitos e prazos de arguição, encontram-se regulados nos art.ºs 193.º e ss

---

[1] Cfr. Noções Elementares cit., p. 164, também citado por Antunes Varela/J. M. Bezerra/Sampaio e Nora, Manual cit., p. 387.

[2] Cfr. o acórdão do STJ de 26-9-02, Proc. 2281/02 – 2.ª Sec / Cons.º Ferreira de Almeida.

[3] Cfr. Mortara, Comentário, vol. II, p. 806, apud Alberto dos Reis, in Comentário, vol. 2.º cit., p. 347.

[4] Cfr. ainda Manuel de Andrade Noções Elementares cit., p. 359.

[5] Cfr. CPC Anotado, vol. I, 3.ª ed., pp. 318-319.

e 201.º e ss. A imposição legal do conhecimento no despacho saneador, quer das nulidades *principais*, quer das nulidades *secundárias,* radica na circunstância de o formalismo efectivamente seguido emergir normalmente dos próprios autos (cfr. art.º 204.º n.ºs 1 e 2). Já, porém, se o *iter* formal não constar dos autos ou houver sido falseado, a nulidade, ainda que cometida antes, pode vir a revelar-se em momento ulterior, eventualmente só depois do despacho saneador, a ser, em tal caso, objecto de *despacho avulso subsequente*[1].

As *nulidades principais* são as qua-tro a que expressamente se refere o art.º 202.º: – a *ineptidão da petição inicial*; – a *falta de citação*, seja do réu, seja do Ministério Público quando deva intervir como parte principal; – o *erro na forma de processo*; – e a *falta de vista ou de exame ao Ministério Público* quando deva intervir como parte acessória. Pode ainda integrar-se neste elenco a nulidade resultante do *uso anormal do processo* (art.º 665.º)[2]. Configuram, assim, estas (nulidades) irregularidades de que *o tribunal deve conhecer,* a não ser que hajam sido sanadas as susceptíveis de sanação.

As nulidades principais são de *apreciação oficiosa* (art.º 202.º), podendo, todavia, ser objecto de *reclamação pelos interessados* (art.º 204.º n.ºs 1 e 2). Já *as nulidades* secundárias – e estas serão todas as outras não qualificadas por lei como principais – só podem ser conhecidas mediante suscitação ou a requerimento dos interessados (art.º 202.º, 2.º segmento), salvo se a lei permitir o seu conhecimento oficioso. Isto afora a *nulidade da citação* no caso de não comparência do réu e de não constituição de mandatário (revelia absoluta – art.º 483.º) e as nulidades cometidas durante a prática de actos a que presida o juiz (art.º 205.º, n.º 2).

Não pode, porém, arguir/suscitar a nulidade a parte que lhe houver dado causa (proibição do *venire contra factum proprium*), tão pouco a parte que haja renunciado, mesmo só tacitamente, à respectiva arguição (art.º 203.º, n.ºs 1 e 2). As nulidades secundárias não podem, em princípio, ser conhecidas *ex officio*. Quanto ao *modus faciendi* dessa arguição, basta um *simples requerimento* a que se dá o nome de *reclamação* a deduzir no prazo geral de 10 dias (art.ºs 153.º e 202.º). A arguição pode ser desde logo *indeferida* pelo tribunal *sem audiência prévia da parte*

---

[1] Cfr. Antunes Varela/J. M. Bezerra/Sampaio e Nora, Manual cit., p. 388.
[2] Cfr. supra, n.º 35.1.

Capítulo VII – Actos processuais: das partes, do tribunal e do juiz...   519

contrária, uma vez que o art.º 207.º apenas impõe tal audiência em caso de *deferimento* e, mesmo assim, só em caso de manifesta necessidade.

Quanto ao *prazo ad quem* da arguição, algumas das nulidades processuais – as *principais, típicas ou nominadas*, especificamente reguladas nos art.ºs 193.º a 200.º e 202.º a 204.º e a que se reportam os art.ºs 193.º a 199.º – só podem ser arguidas *até à contestação* ou *na própria contestação*, enquanto que *as previstas nos art.ºs 194.º e 200.º podem ser suscitadas em qualquer estado do processo*, enquanto não devam considerar-se sanadas (art.º 204.º). As restantes – ou seja as *secundárias, atípicas ou inominadas* – genericamente contempladas no n.º 1 do art.º 201.º, possuem o respectivo regime de arguição regulado no art.º 205.º do mesmo diploma, a saber: – *se a parte estiver presente*, por si ou por mandatário, no momento em que forem cometidas, podem ser arguidas enquanto o acto não terminar, isto é até ao termo desse acto; *– se a parte não estiver presente ou representada*, o prazo (de 10 dias – art.º 153.º, n.º 1) para a arguição conta-se do dia em que, depois de cometida a nulidade, a parte intervier em algum acto praticado no processo ou for notificada para qualquer termo dele, mas, neste último caso, só quando deva presumir-se que então tomou conhecimento da nulidade ou quando dela pudesse ter conhecido se agindo com a devida diligência; esse prazo de 10 dias só se conta, pois, a partir do momento em que ela tomou, podia ou devia ter tomado conhecimento da falta, nos termos descritos no n.º 1 do art.º 205.º. Integram-se nesta rubrica *todas as irregularidades* ou *desvios ao formalismo processual* quando relevantes nos termos daquele art.º 201.º, n.º 1.

As nulidades – para cuja apreciação é competente o tribunal onde o processo se encontre ao tempo da reclamação[1] (cfr. art.ºs 205.º, n.º 3 e 204.º, n.º 2) – serão *julgadas logo que apresentada a reclamação* (art.º 206.º, n.º 2). Se, entretanto, o acto afectado de nulidade for coberto por qualquer decisão judicial, o meio próprio de o impugnar deixará de ser a

---

[1] As nulidades dos actos processuais (incluindo as derivadas de erros ou omissões dos funcionários da secretaria) *devem ser arguidas, no prazo respectivo, no tribunal onde foram cometidas* e não no âmbito do recurso da decisão proferida no pressuposto da sua não verificação. Não incumbe, assim, à Relação, na decisão do recurso cujo objecto é a ilegalidade do despacho que considerou a deserção da acção executiva, esclarecer directamente a dúvida sobre a aplicação, na espécie, de um ou outro dos regimes de nulidade nem determinar que o tribunal da 1.ª instância aplique um qualquer desses regimes – cfr. o acórdão do STJ de 12-10-2006, Proc. 3371/06 – 7.ª Sec. / Cons.º SALVADOR DA COSTA.

520 Direito Processual Civil

reclamação (para o próprio juiz) e passará a ser o *recurso da decisão* a interpor no prazo de 30 dias cominado no n.º 1 do art.º 685.º. É a doutrina tradicional condensada na velha máxima: «*dos despachos recorre-se; contra as nulidades reclama-se*»[1].

Fornece ALBERTO DOS REIS[2] os seguintes os *exemplos de nulidades secundárias*: – *prática* de um acto que a lei não admita, por ex. a audiência prévia do esbulhador na restituição provisória de posse; – *omissão* de um acto que a lei prescreva, por ex. a falta de notificação ao recorrido do despacho de admissão do recurso; – *preterição* de uma formalidade que a lei exija, por. ex. a inquirição de uma testemunha sem prévia prestação de juramento legal.

Além desses exemplos, podem mencionar-se mais os seguintes[3]: – julgamento da matéria de facto pelo juiz singular, devendo sê-lo pelo tribunal colectivo[4]; – falta de notificação da apresentação da contestação e da réplica; – falta da notificação da junção de documentos; – convocação das partes, pela segunda vez, para o fim exclusivo da tentativa da sua conciliação; – falta de gravação dos depoimentos prestados em audiência de julgamento devida a causas não imputáveis a qualquer das partes[5]; – a realização da audiência final tendo entrado na

---

[1] Cfr. ALBERTO DOS REIS, Comentário, vol. 2.º cit., p. 507.

[2] Cfr. Comentário, vol. 2.º cit., pp. 483-484. Para este autor «perante a prática de um acto não previsto na lei, a atitude da ordem jurídica pode ser de *indiferença* e portanto de tolerância ou de *hostilidade*». No 1.º caso, não pode dizer-se que a prática do acto importa violação da lei; no 2.º caso é que, praticando-se o acto, se comete uma infracção». «Se a lei proíbe a prática do acto, não há dúvida de que a atitude é de hostilidade. Se a lei não nem proíbe nem ordena o acto, há que atender ao art.º 137.º: a atitude pode ser de tolerância ou de reprovação conforme o acto for simplesmente dispensável ou inútil. Se o acto, posto que *dispensáve*l, pode ter alguma utilidade, deve entender-se que a lei não se opõe terminantemente a que seja praticado; se o acto for *inútil* o art.º 137.º condena à prática dele».

[3] Cfr., quanto a alguns destes exemplos extraídos da doutrina e da jurisprudência, ANTUNES VARELA/J. M. BEZERRA/SAMPAIO E NORA, Manual cit., p. 391, nota 3.

[4] LEBRE DE FREITAS, in A Acção Declarativa Comum cit., p. 274, entende que «tendo sido requerida a intervenção do tribunal colectivo fora dos casos das alíneas a) e b) do art.º 646.º, n.º 2 e não tendo sido requerida a gravação da audiência, a intervenção (indevida) do tribunal singular gera incompetência (*incompetência intrajudicial*) que pode ser arguida pelas partes ou oficiosamente conhecida até ao encerramento da audiência final, com as consequências da nulidade dos actos nela praticados e da sua renovação *ab initio* (art.ºs 110.º, n.º 4 e 646.º, n.º 3).

[5] Por exemplo, devida a deficiências ou inoperacionalidade do material de gravação – cfr. o acordão do STJ de 5-6-2003, Proc. 1242/2003 – 2.ª Sec. / Cons.º SANTOS BERNARDINO.

Capítulo VII – Actos processuais: das partes, do tribunal e do juiz... 521

véspera no tribunal um pedido de justificação (legal) da falta pelo mandatário ou um pedido de escusa regularmente apresentado; – não reapreciação da matéria de facto pela Relação se cumpridos os requisitos formais por banda do requerente[1]; – violação do princípio do contraditório ou dos princípios da identidade do juiz e da plenitude da assistência dos juízes (art.ºs 3.º e 3.º-A).

Quantos aos *efeitos*, há que seguir a doutrina geral vertida nos art.ºs 201.º, n.º 2 e 208.º: será *anulado o respectivo acto, bem como os termos ulteriores, mas só os que dependam absolutamente do acto ou omissão cometida.* De notar, entretanto, que a renovação do acto anulado ou a prática do acto omitido (bem como a renovação dos termos ulteriores) só podem ter lugar se ainda não estiver exaurido o prazo legal para a sua realização, salvo se a renovação ou o suprimento da omissão aproveitarem a quem não tenha responsabilidade na nulidade cometida (art.º 208.º)[2-3].

Como informadores das regras gerais estabelecidas no art.º 201.º, temos, quanto às nulidades secundárias, para além do princípio *utile per inutile non vitiatur*[4], também os princípios gerais da *economia processual*[5] (máximo aproveitamento dos actos e economia de actos e formalidades), da *limitação dos actos* (art.º 137.º) e da *adequação formal* (art.º 265.º-A). Assim, e servindo-nos de um exemplo doutrinal reportado ao

---

[1] Se devidamente observado o condicionalismo previsto nos art.ºs 522.º-C, n.º 2 e 690.º-A, n.ºs 2 e 5, do CPC, na redacção dada pelo DL 183/00, de 10 de Agosto, e se a Relação entendeu que não tinha (podia) que reapreciar a matéria de facto sobre determinados pontos da base instrutória por não haver sido efectuada a sobredita "transcrição", ao arrepio do n.º 5 do art.º 690.º-A do CPC e demais preceitos supra-citados, a postergação de tais normas legais representa "irregularidade" com manifesta influência "no exame e decisão da causa", o que consubstancia uma nulidade processual atípica, inominada ou secundária, preterição essa que inquina inexoravelmente o julgamento da matéria de facto e o subsequente processado (art.º 201.º, n.ºs 1 e 2 do CPC) – cfr. o acórdão do STJ de 26-6-2003, Proc. 1898/2003 – 2.ª Sec. / Cons.º FERREIRA DE ALMEIDA.

[2] Cfr. ALBERTO DOS REIS, Comentário, vol. 2.º cit., p. 483.

[3] Cfr. ALBERTO DOS REIS, Comentário, vol. 2.º cit., pp. 345 e ss.

[4] A fórmula *utile per inutile non vitiatur* significa que a preterição de uma dada formalidade prevista na lei não gerará nulidade se, apesar dela, se mostrar atingido o objectivo pela mesma visado. Princípio este subjacente à teoria da redução do negócio jurídico em casos de nulidade parcial do mesmo (art.º 292.º do CC).

[5] Se embora inidóneo para a produção de determinado efeito, tal não prejudicará os efeitos para cuja produção o acto se revele adequado.

522   *Direito Processual Civil*

princípio da economia processual, numa prova pericial, tendo havido irregularidade insanável na nomeação de um dos peritos, anular-se-ão, tão-somente, o acto de nomeação desse perito, a prestação do seu juramento e a elaboração e entrega da sua resposta, mas não a nomeação dos outros peritos nem as correspondentes respostas aos quesitos[1].

Se o acto for *nulo apenas num dos seus segmentos* e tenha, por essa razão, de ser anulado, anular-se-ão também os termos subsequentes que dele dependam absolutamente, não prejudicando assim os outros segmentos (não inquinados) que dele sejam independentes (art.º 201.º, n.º 2, 2.ª parte). De igual modo, se por hipótese, na réplica, o autor ultrapassar os limites do art.º 502.º, n.º 1, a nulidade que afecta a parte (excrescente) desse articulado não prejudica a parte relativa à resposta às excepções ou a defesa contra a reconvenção. Também se o vício do acto apenas impedir a produção de determinado efeito, não serão afectados os restantes efeitos para que o acto seja apto (art.º 201.º, n.º 3). Se, por exemplo, o tribunal colectivo responder, no seu acórdão sobre matéria de facto, a uma ou duas questões de direito, o vício do acórdão (*terem-se as respostas por não escritas*), quanto a esses concretos pontos, não obsta à sua validade quanto à matéria de facto subjacente às questões de direito, nesse sentido se devendo interpretar a 1.ª parte do n.º 4 do art.º 646.º[2]. Se, porventura, arguida ou notada qualquer irregularidade durante a prática de acto a que o juiz presida, a ele cumprirá adoptar as providências prescritas na na lei.

As *restantes infracções são irrelevantes*: – reconvenção não discriminadamente deduzida; – narração da petição inicial ou da contestação por forma não articulada (se de ambas as irregularidades não resultar prejudicada a clarividência da respectiva peça); – e também, de um modo geral, quando a formalidade preterida não tiver impedido a consecução da finalidade do acto (art.ºs 193.º, n.º 3 e 198.º, n.º 2).

Em conclusão: fora dos casos previstos nos art.ºs 193.º a 200.º, vale a regra geral do n.º 1 do art.º 201.º, ou seja: *quaisquer irregularidades ou desvios ao formalismo processual* (prática de um acto que a lei não admita ou a omissão de um acto ou de uma formalidade que a lei prescreva) *só integram nulidade quando a lei o declare ou quando a irregularidade cometida possa influir no exame (instrução e discussão) ou*

---

[1] Cfr. Antunes Varela/J. M. Bezerra/Sampaio e Nora, Manual cit., p. 391.

[2] Cfr. Antunes Varela/J. M. Bezerra/Sampaio e Nora, Manual cit., p. 392.

Capítulo VII – Actos processuais: das partes, do tribunal e do juiz...   523

na decisão da causa, isto é quando possam surtir reflexos de ordem substancial. Não assim quando a lei proveja diferentemente, como no caso do art.º 483.º[1].

65. Nulidades principais.

65.1. Ineptidão da petição inicial.

§1.º – Conceito. Causas de ineptidão.

O art.º 193.º fornece-nos, no seu n.º 1, o conceito[2-3] de *ineptidão da petição inicial*, indicando os casos em que ocorre tal vício e definindo simultaneamente o respectivo *efeito*. São quatro as causas de ineptidão:

a) – *quando falte ou seja ininteligível a indicação do pedido*:

Isto é: não poder saber-se, pela petição inicial, qual o pedido (pretensão) do autor, qual a providência jurisdicional que se propõe obter por meio da acção ou qual o efeito jurídico pretendido: ou porque nenhum pedido chegou a ser deduzido ou porque o pedido se acha formulado de forma *obscura e ininteligível*, v.g. em termos dúbios, ambíguos ou equívocos.

A falta de formulação do pedido (bem como da enunciação da causa de pedir) equivale a uma verdadeira falta do objecto do processo e daí o drástico regime de invalidade absoluta; regime extensível aos casos em que, embora aparentemente existente, o pedido é enunciado de modo tão obscuro que não possa descortinar-se qual seja ou «em que a causa de pedir é referida em termos de tal modo *vagos ou genéricos* que não consubstancia uma alegação minimamente densificada de factos concretos dela integradores (art.º 193.º, n.ºs 1 e 2 al. a))»[4].

---

[1] Nos termos do art.º 483.º (*revelia absoluta do réu*) o tribunal verificará se a citação foi feita com as formalidades legais e mandá-la-á repetir quando encontre irregularidades.

[2] Cfr. ALBERTO DOS REIS, CPC Anotado, vol. I, p. 309.

[3] Cfr. ALBERTO DOS REIS, Comentário, vol. 2.º cit., pp. 359 a 395.

[4] Cfr. LEBRE DE FREITAS, A Acção Declarativa Comum cit., p. 41.

524   *Direito Processual Civil*

O *pedido* traduz – é sabido – o meio de tutela jurisdicional pretendida pelo autor (por ex.: o reconhecimento judicial do seu direito de
propriedade sobre determinado bem, a entrega ou restituição de uma
coisa, a condenação do réu numa determinada prestação, a anulação de
um dado negócio jurídico, etc.); deve, por isso, ser claramente deduzido
na *conclusão* da petição, não bastando que apareça acidental ou avulsa-
mente referenciado na respectiva *narração*. O autor deve, no final do seu
arrazoado, esclarecer com precisão o que pretende do tribunal, que *concreto efeito jurídico* pretende obter com a acção[1].

A ininteligibilidade tanto pode residir na *formulação* (não se saber o
que o autor pretende) como na *fundamentação* do pedido (falta insuperável de nexo entre o pedido – em si mesmo inteligível – e a causa de pedir
ou a norma legal invocada)[2-3];

b) – *quando falte ou seja ininteligível a indicação da causa de
pedir*;

Ocorre este vício nos casos de *falta, omissão, ambiguidade* ou *obscuridade* (*ininteligibilidade*) na indicação da causa de pedir; quando não
possa saber-se qual a verdadeira causa de pedir, isto é, qual o acto ou
facto jurídico em que o autor se baseia para enunciar o seu pedido.

A causa de pedir (*causa petendi* ou *origo petitionis*) é, com efeito, o
facto concreto que serve de fundamento ao efeito jurídico pretendido, ou
seja, a origem ou a fonte da petição: «nas *acções reais* a causa de pedir é
o facto jurídico de que deriva o direito real; nas *acções constitutivas* e *de
anulação* é o facto concreto ou a nulidade específica que se invoca para
obter o efeito pretendido» (cfr. o n.º 4 do art.º 498.º). Deste modo, se o

---

[1] Não é, todavia, inepto, por falta de causa de pedir, o requerimento executivo que
se limite a remeter para o conteúdo do título exequendo (art.º 812.º do CPC) – cfr. o
acórdão do STJ de 18-11-2004, Proc. 3066/04 – 2.ª Sec. / Cons.º Ferreira Girão.

[2] Cfr. Castro Mendes, Processo Civil, vol. III cit., p. 4.

[3] Por. ex., na impugnação pauliana, a causa de pedir consubstancia-se nos factos
integradores dos requisitos contemplados nos art.ºs 610.º, alíneas a) e b), e 612.º do CC,
enquanto que o pedido é o da declaração (judicial) da ineficácia do acto (jurídico) dispositivo que se pretende impugnar e que permitirá ao autor-vencedor vir executar o bem
transmitido na exacta medida do necessário para a satisfação do seu interesse patrimonial
– cfr. o acórdão da RC de 14-3-2006, Proc. 307/06 / Des. Isaías Pádua.

Capítulo VII – Actos processuais: das partes, do tribunal e do juiz... 525

autor não mencionar o facto jurídico concreto (acto, facto ou contrato) em que radica a pretensão, a petição será *inepta*[1-2-3-4].

Importa não confundir «*falta de causa de pedir*» com «*insuficiência da causa de pedir*»: a verificação daquela gera *ineptidão*, enquanto que a da segunda apenas pode dar lugar ao convite ao respectivo *aperfeiçoamento* (art.º 508.º, n.º 3)[5-6]. Pode, por vezes, a causa de pedir ser *complexa* e o autor apenas referir, em concreto, algum ou alguns dos factos que a integram[7-8].

---

[1] Numa acção em que se pede a condenação no pagamento do saldo devedor contabilístico de uma conta corrente resultante de um relacionamento comercial entre a autora e a ré, não é ininteligível a causa de pedir baseada nos fornecimentos que a autora efectuou à ré, consubstanciados em sucessivos contratos de compra e venda que serviram de base à organização daquela conta por iniciativa da autora – cfr. o acórdão da RC de 5-11-2002, Proc. 3396/02 / Des. NUNO CAMEIRA.

[2] Não enferma de falta de causa de pedir a acção em que um particular demanda o Estado pelos prejuízos decorrentes da omissão indevida (facto ilícito) e culposa da transposição para a ordem interna, até à data-limite de 31-12-95, da Directiva Comunitária n.º 84/5/CEE de 30-12-83, relativa ao montante da indemnização por responsabilidade objectiva ou pelo risco em caso de acidente de viação – cfr. o acórdão da RP de 6-3-2006, Proc. 50624/06 / Des. FONSECA RAMOS.

[3] «Não é inepto o requerimento executivo por falta de indicação da causa de pedir se nele se expressar ser a exequente dona e portadora de uma livrança de determinado montante emitida a seu favor, subscrita pela executada em certa data, e vencida em determinado momento, documento esse junto e dado por inteiramente reproduzido, do qual conste a expressão "para regularização da n/conta", sendo a dívida exigível e constituir assim tal documento título executivo, com citação a propósito da al. c) do art.º 46.º» – cfr. acórdão do STJ de 15-5-2003, Proc. 3251/02 – 7.ª Sec. / Cons.º SALVADOR DA COSTA.

[4] Cfr. ANTUNES VARELA/J. M. BEZERRA/SAMPAIO E NORA, Manual cit., pp. 245-246.

[5] Cfr. o acórdão da RC, de 19-4-2005, Proc. n.º 811/05 / Des. VIRGÍLIO MATEUS.

[6] «Quando falta a causa de pedir não pode ser proferido o despacho de aperfeiçoamento previsto no n.º 3 do art.º 508.º, pois que nem a nulidade decorrente da ineptidão é suprível nem a petição inepta é susceptível de ser aperfeiçoada» – cfr. o acórdão da RP de 23-2-2006, Proc. 30377/06 / Rel.ª Des.ª DEOLINDA VARÃO.

[7] Por ex., «na acção para denúncia de arrendamento urbano para habitação do senhorio, a causa de pedir é complexa, sendo constituída pelos factos referentes à necessidade da casa arrendada para habitação do senhorio ou de seu descendente e ainda pelos factos integradores das restantes condições de procedência da acção» – cfr. o acórdão da RP de 5-2-2001, Proc. 1718/ 5.ª Sec. /Des. NARCISO MACHADO.

[8] Assim, por ex., numa acção de condenação no pagamento de quantia resultante da utilização de um cartão de crédito, impende sobre o autor-credor o ónus de explicitar/discriminar os bens e serviços adquiridos mediante a utilização desse cartão, em ordem a que o réu fique em condições de tomar posição individualizada sobre os factos, tanto

Sobre o demandante impende o ónus de alegar factos, devidamente discriminados e quantificados, susceptíveis de permitir ao tribunal um correcto juízo de subsunção ou qualificação – *ónus* da alegação, afirmação ou dedução (*substanciação da causa de pedir*)[1]; mas «não supre a falta de observância desse ónus a simples "remissão" para o conteúdo de documentos avulsos juntos aos autos, já que não cabe ao tribunal (em substituição da parte) a tarefa de pesquisa e indagação oficiosa dos factos constitutivos do direito do autor[2]. Nas próprias *acções de mera declaração negativa*, o autor deve/tem de mencionar a causa de pedir, ou seja, o facto concreto que serve de base à sua pretensão[3-4];

c) – *quando o pedido esteja em contradição com a causa de pedir*. Tal como num verdadeiro silogismo, o pedido deduzido pelo autor como *"conclusão"* deve ser emanação ou a consequência lógica (resultado) das respectivas *premissas* (fundamentos da sua pretensão), o mesmo que é dizer, da causa de pedir. Pode, com efeito, o pedido ter sido claramente deduzido e a causa de pedir claramente enunciada, mas entre esses elementos individualizadores da lide existir manifesta contradição ou oposição; a nulidade principal decorrerá da subjacência dessa *relação contraditória recíproca* (não de ordem jurídica, mas de ordem lógica); quando, pois, sendo inteligível a indicação do pedido e da causa de pedir, haja «*contradição intrínseca ou substancial e insanável*» entre um e

---

na vertente da efectiva realização das aquisições, como na da eventual extinção da dívida mediante pagamento anterior. A omissão da concretização/discriminação dessa *causa de pedir complexa* gera a ineptidão da petição inicial por falta de causa de pedir – cfr. o acórdão da RL de 8-6-2004, Proc. 2614/03 – 7.ª Sec. / Des.ª ROSA RIBEIRO COELHO.

[1] Da al. a) do n.º 2 do art.º 193.º (bem como da al. d) do n.º 1 do art.º 467.º e do n.º 4 do art.º 498.º) decorre que o nosso ordenamento jurídico-processual optou pelo *princípio da substanciação da causa de pedir* – cfr. o acórdão da RC de 14-3-2006, Proc. 307/06 / Relator: Des. ISAÍAS PÁDUA.

[2] Cfr. o acórdão do STJ de 18-3-2004, Proc. 572/04 – 2.ª Sec. / Relator: Cons.º FERREIRA DE ALMEIDA.

[3] Sobre a real composição da causa de pedir nestas acções, que pressupõem um estado, criado *ab externo*, de incerteza objectiva, cfr. A. VARELA/J. M. BEZERRA/SAMPAIO E NORA, Manual cit., p. 245, nota 3.

[4] Em sentido diferente, cfr. ANSELMO DE CASTRO, DPCD, vol. III cit., p. 186, nota 2, quando escreve, a propósito destas acções, que «a causa de pedir caberá ao réu deduzí--la na contestação».

outra»[1]. A petição será *inepta* se a pretensão for colidente com esses fundamentos juridicamente relevantes.

Não confundir *ineptidão* com *inconcludência jurídica*[2], situação em que é invocada uma causa de pedir insusceptível de subsunção abstracta numa qualquer previsão normativa produtora do efeito jurídico pretendido, o que inexoravelmente conduzirá à *improcedência da acção*, com a consequente absolvição do réu do pedido.

Como exemplos ilustrativos do vício de ineptidão por contradição entre o pedido e a causa de pedir, podem enunciar-se os seguintes: – o autor afirma estar na plena posse dum prédio, mas vem pedir a sua restituição; – o autor argui a nulidade do contrato, mas conclui pedindo a condenação do réu numa das prestações emergentes do negócio anulando; – o autor/lesado invoca factos caracterizadores do enriquecimento sem causa, mas conclui pedindo o reconhecimento do direito de propriedade sobre determinados bens do devedor da indemnização[3];

d) – *quando se cumulem causas de pedir ou pedidos entre si substancialmente incompatíveis*:

A ineptidão resulta, neste caso, não da contradição (lógica) entre o pedido e a causa de pedir, mas da *oposição entre as causas de pedir invocadas ou entre os próprios pedidos* concretamente deduzidos. O que se não confunde com as hipóteses de dedução de diversos pedidos alternativos e complexos ou da concorrência de um pedido principal com pedidos subsidiários.

A cumulação simultânea de pedidos contra o mesmo réu só é permitida se: a) – os pedidos forem, entre si, substancialmente compatíveis; b) – não se verificarem as circunstâncias que, nos termos do art.º 31.º, obstam à coligação (art.º 470.º, n.º 1). O preceito da alínea c) do art.º 193.º deve, pois, relacionar-se com o disposto no art.º 470.º. Se os pedidos, em vez de se cumularem, estiverem deduzidos sob a *forma alternativa* (art.º 468.º) ou sob a *forma subsidiária* (art.º 469.º), o facto de serem incompatíveis não conduz à ineptidão da petição.

---

[1] Cfr. J. RODRIGUES BASTOS, Notas, vol. I cit., p. 255.
[2] Cfr. LEBRE DE FREITAS, A Acção Declarativa Comum cit., p. 41.
[3] Cfr. J. RODRIGUES BASTOS, Notas, vol. I cit., pp. 254-255.

528   *Direito Processual Civil*

Pode também o autor fundar o mesmo pedido, também cumulativa-mente[1-2], em *causas de pedir entre si diversas e inconciliáveis*. Se as causas de pedir (concretamente invocadas) se contradisserem ou anula-rem entre si, encontra-se insanavelmente inquinado o raciocínio lógico em que assenta a demanda; a petição inicial deixa de ser apta ou hábil para que o procedimento possa conduzir ao seu fim último normal[3]. A incompatibilidade material ou substantiva entre esses pedidos ou entre essas causas de pedir impedirá a identificação do objecto do processo (art.º 193.º, n.ºs 1 e 2 al. c))[4].

No caso de formulação cumulativa de dois pedidos substancial-mente incompatíveis (art.º 193.º, n.º 2, al. c)), se só para conhecer de um deles o tribunal carecer de competência em razão da matéria, nem por isso desaparecerá a causa invalidante em termos de o tribunal conhecer do pedido "restante" para que fosse competente (cfr. art.º 193.º, n.º 4); é que, face à impossibilidade de determinação da efectiva pretensão do autor, se torna indiferente que ambos subsistam ou que o conhecimento de um deles fique arredado pela existência de obstáculo legal[5].

Exemplos de *ineptidão por incompatibilidade de pedidos*: – o autor pede, ao mesmo tempo, a condenação do réu na realização da prestação e na omissão de a realizar; – o credor pede, simultaneamente, a confirmação da resolução de um contrato e a condenação do réu devedor no seu integral cumprimento[6]; – o

---

[1] Diversamente, se as várias causas de pedir forem invocadas em relação de subsi-diariedade (art.ºs 469.º e 31.º-B) para serem, cada uma de per si, apreciadas apenas no caso de as anteriores não virem a ser julgadas verificadas pelo tribunal – cfr. o acórdão da RP de 23-5-2002, Proc.132040 / 01 / Des. Mário Fernandes.

[2] Tendo o autor deduzido vários pedidos em regime de subsidiariedade com base em causas de pedir individualizadas, também elas deduzidas a título subsidiário relativa-mente a cada um desses pedidos (usucapião, mandato sem representação, gestão de negó-cio alheio, nulidade de mútuos por vício de forma), improcede a arguição de ineptidão – cfr. o acórdão do STJ de 20-3-2003, Proc. 4563/02 – 2.ª Sec. / Cons.º Ferreira Girão.

[3] «A contradição entre as causas de pedir, como fundamento da ineptidão da petição inicial, pressupõe que as duas causas de pedir sejam formuladas a título principal, nada impedindo a formulação de causas de pedir contraditórias, mas a título subsidiário» – cfr. o acórdão da RP de 5-2-2001, Proc. 1718/5.ª Sec. / Des. Narciso Machado.

[4] Cfr. Lebre de Freitas, A Acção Declarativa Comum cit., p. 42.

[5] Cfr. J. Rodrigues Bastos, Notas, vol. I cit., p. 256.

[6] «Embora face à lei substantiva, seja inconciliável o pedido de juros da quantia mutuada com o da resolução do mútuo por falta do seu pagamento, a petição não é inepta se dela resultar que o autor quis fundamentalmente a resolução, entendendo-se, porém,

Capítulo VII – Actos processuais: das partes, do tribunal e do juiz... 529

preferente pede, a um tempo, que o contrato de compra e venda seja declarado de nenhum efeito e que lhe seja reconhecido o direito de preferir na compra da coisa transmitida por esse contrato[1]; – o autor argui a nulidade ou a anulabilidade do contrato por vício da vontade e solicita concomitantemente a condenação do réu na principal prestação nascida do contrato (como se este permanecesse válido); – o autor pede cumulativamente a confirmação da declaração de resolução de um contrato-promessa de cessão de exploração de estabelecimento comercial e a condenação do réu no pagamento da quantia correspondente ao preço convencionado[2]; – o autor solicita, a título simultâneo, a confirmação da declaração de resolução de um contrato de empreitada e a indemnização por todos os prejuízos sofridos como se tivesse optado pelo cumprimento do contrato»[3]; – numa acção real de preferência, o autor pede o reconhecimento do direito de opção e, concomitantemente, a anulação ou declaração de nulidade da venda[4].

Exemplo de ineptidão por *incompatibilidade de causas de pedir*: – o autor pede a condenação do réu a reconhecer o seu direito de propriedade sobre a coisa que cumulativamente alega ter adquirido por compra e venda, por transmissão sucessória e por usucapião[5]. Mas já não haverá ineptidão (pois que não há inconciliabilidade estes dois pedidos) se, por exemplo, o autor requerer a declaração de nulidade da cláusula relativa ao preço de determinada venda, por simulação (relativa) e o reconhecimento do seu direito de preferência em relação ao preço real[6].

§2.º – Controlo, oportunidade de conhecimento e efeitos da ineptidão.

O vício de ineptidão é *próprio e específico da petição inicial*, não podendo, pois, dele enfermar qualquer outro articulado. Nos casos em

---

que tal não o impossibilita de pedir também os juros convencionados» – cfr. ANSELMO DE CASTRO, DPCD, vol. II cit., pp. 226-228, citado por LEBRE DE FREITAS, in A Acção Declarativa Comum cit., p. 43, nota 31.

[1] Cfr. J. RODRIGUES BASTOS, Notas, vol. I cit., p. 255.

[2] Cfr. o acórdão da RL de 30-11-2004, Proc. 8382/2004– 7.ª Sec. / Des. ABRANTES GERALDES.

[3] Cfr. o acórdão do STJ de 30-9-2004, Proc. 2461/2004– 2.ª Sec. / Cons.º LUÍS FONSECA.

[4] Cfr. o acórdão da RC de 19-11-2002, Proc. 3191/2002 / Des. FERREIRA RAMOS.

[5] Sem prejuízo de outro dever ser o tratamento dos casos em que o autor, querendo fundamentalmente um dos pedidos ou uma das causas de pedir que explicita, erradamente fundamente a possibilidade da cumulação» – cfr. LEBRE DE FREITAS, A Acção Declarativa Comum cit., pp. 42 e 43.

[6] Cfr. J. RODRIGUES BASTOS, Notas, vol. I, cit., pp. 255-256.

530   *Direito Processual Civil*

que a citação depende de despacho inicial (art.º 234.º, n.º 4, alíneas a) a e)), o juiz, em vez de ordenar a citação, pode nele *indeferir liminarmente a petição* com esse fundamento (art.º 234.º-A, n.º 1)[1]; se vier a conhecer do vício em fase posterior *declarará nulo todo o processo*.

A nulidade por ineptidão da petição inicial só pode ser arguida *até à contestação ou neste articulado* (art.ºs 204.º, n.º 1, 487.º, n.º 2 e 494.º, al. b)). O *controlo da ineptidão*, como vício de substância ou de conteúdo que é, *cabe sempre*, e de modo exclusivo, *ao juiz*[2].

Essa nulidade, é contudo, *sanável* se verificada a (única) hipótese prevista no n.º 3 do art.º 193.º, ou seja se – apesar de arguir a ineptidão com fundamento na falta ou na ininteligibilidade da indicação do pedido ou da causa de pedir (al. a) do n.º 2 do art.º 193.º) – o réu contestar a acção e se se verificar, após a audição do autor, que (ele réu) interpretou convenientemente a petição inicial[3-4]. Assim o reclamam os princípios da *cooperação*, da *boa-fé* e da *economia processuais*, tendo sempre presente a necessidade de assegurar a exercitação eficaz do *princípio do contra-ditório*.

Fora destes casos, a ineptidão da petição inicial constitui *nulidade insanável*, cuja ocorrência cabe ao juiz verificar *oficiosamente no despa-cho saneador*, absolvendo o réu da instância (art.ºs. 202.º, 206.º, n.º 2,

---

[1] É sempre admitido recurso até à Relação, com subida nos próprios autos, do despacho que haja indeferido liminarmente a petição da acção ou o requerimento de providência cautelar (art.º 234.º-A, n.º 2).

[2] Não assim também o controlo formal externo da petição, o qual compete *prima facie* à secretaria e, em caso de inércia desta, ao juiz que preside à distribuição (art.ºs 474.º e 213.º, n.º 2).

[3] No domínio do direito anterior à revisão de 1995/1996, o Assento n.º 12/94, de 26-5-94, in DR de 21-7-94, admitiu a possibilidade de, havendo réplica, poder o autor nela sanar o vício da ininteligibilidade, mediante nova alegação. Para LEBRE DE FREITAS, in A Acção Declarativa Comum cit., p. 43, tal entendimento é de «perfilhar desde que se assegure, na tréplica ou, se necessário, mediante uma decisão discricionária de adequação formal (art.º 265.º-A), o pleno respeito pelo princípio do contraditório».

[4] Escrevia, a este respeito, ALBERTO DOS REIS, in Comentário, vol. 2.º cit., pp. 364-365: «*Petição inepta* é uma coisa, *petição incorrecta* é outra. Ou melhor, nem toda a incor-recção, nem toda a imperfeição do requerimento inicial conduz à ineptidão. O autor exprimiu o seu pensamento em termos adequados, serviu-se de linguagem tecnicamente defeituosa, mas deu a conhecer suficientemente qual o efeito jurídico que pretendia obter? A petição será uma peça desajeitada e infeliz, mas não pode qualificar-se de inepta».

Capítulo VII – Actos processuais: das partes, do tribunal e do juiz...   531

288.º, n.º 1, al. b) e 510.º, n.º 1, al. a))[1]. Isto porque qualquer dos defeitos essenciais enunciados nas alíneas a), b) e c) do n.º 2 do artigo 193.º acarreta a falta de aptidão, com a consequente inutilização dessa peça básica da acção, provocando naturalmente a *invalidação de todo o processo* (art.º 193.º, n.º 1)), sendo, por isso, considerada como uma *excepção dilatória* (art.ºs, 494.º, n.º 1, al. a) e 288.º, n.º 1, al. b)).

Algo idêntico é o efeito da *não adesão do autor ao convite ao completamento ou correcção da petição* carecida dos requisitos legais ou desacompanhada dos documentos necessários (despacho de aperfeiçoamento – art.º 508.º) até ao termo do prazo estabelecido (nulidade total ou parcial do articulado irregular a decretar no despacho saneador)[2-3].

65.2. Falta de citação.

A segunda das nulidades principais ocorre quando não hajam sido citados, logo no início do processo, quer o *réu*, quer o *Ministério Público*, nos casos em que este deva intervir como *parte principal* (art.ºs 194.º, alíneas a) e b) do CPC e 5.º, n.º 1, da Lei n.º 47/86, de 5 de Julho)[4].

Sendo a citação o acto pelo qual se dá conhecimento ao réu de que contra si foi proposta uma determinada acção e se insta o mesmo a vir ao processo assumir a sua defesa, a omissão total desse acto de chamamento acarreta naturalmente a *anulação de tudo o que for processado posteriormente à petição.*

---

[1] O *despacho liminar*, nos casos em que a lei o prevê (art.ºs 234.º e 234.º-A) tem lugar antes de ordenada a citação do réu, ou seja, antes da contestação, pelo que a ineptidão da petição inicial tem, nesse momento, também no caso de ininteligibilidade, o tratamento de nulidade insanável» – cfr. LEBRE DE FREITAS, A Acção Declarativa Comum cit., p. 43, nota 33.

[2] Cfr., quanto às consequências do não acatamento do despacho de aperfeiçoamento em geral, LEBRE DE FREITAS, A Acção Declarativa Comum cit., pp. 142-143.

[3] Sobre a impropriedade da utilização do despacho de aperfeiçoamento nas acções com processo sumaríssimo, mas sobre a necessidade de exercício do contraditório findos os articulados se a petição se perfilar como inepta por falta de causa de pedir, cfr. o acórdão da RL de 22-1-2004, Proc.10485/2003 – 8.ª Sec. / Des. SALAZAR CASANOVA.

[4] A Lei Orgânica do Ministério Público foi aprovada pela Lei n.º 47/86, de 15 de Outubro (LOMP 86), tendo passado a adoptar a designação de Estatuto do Ministério Público (EMP) pela Lei n.º 60/98, de 27 de Agosto.

532   *Direito Processual Civil*

O *Ministério Público* pode intervir nos processos cíveis, quer como *parte principal*, quer como *parte acessória*. Intervém *como parte principal* nas situações contempladas nas alíneas a) a g) do n.º 1 do art.º 5.º do EMP: – quando representa o Estado, as regiões autónomas e as autarquias locais; – quando representa os incapazes, incertos ou ausentes em parte incerta; – quando exerce o patrocínio oficioso dos trabalhadores e suas famílias na defesa dos seus direitos de carácter social; – quando representa interesses colectivos ou difusos; – nos demais casos em que a lei lhe atribua competência nessa qualidade[1].

A *nulidade principal* traduzida na não citação "ab initio", quer do *réu,* quer do *Ministério Público,* nos casos em que deva intervir como parte principal, determinando embora a anulação de todo o processado, com aproveitamento apenas da petição inicial, considera-se, todavia, *sanada* se se verificar a hipótese do art.º 196.º: intervirem o réu ou o Ministério Público no processo sem terem arguido imediatamente a sua falta da sua citação.

Há *falta de citação* nas diversas hipóteses contempladas nas alíneas a) a e) do n.º 1 do art.º 195.º. Assim: – quando não exista qualquer aparência de citação, por *omissão completa do acto* ou o acto se tenha realizado em pessoa diferente do réu por *erro de identidade do citado* (alíneas a) e b)); –, quando se haja *utilizado indevidamente a citação edital,* por ex. dando o réu como ausente em parte incerta quando era certa e conhecida a sua morada (al. c)); – quando a *citação houver sido efectuada depois da morte do citando ou da extinção deste* tratando-se de pessoa colectiva ou sociedade (al. d)) ou quando se demonstre que *o destinatário da citação pessoal não chegou a ter conhecimento do acto* por facto que não lhe seja imputável (al. e))[2]. A situação da alínea b) reporta-se não a um caso de *errada ou incorrecta identificação do réu* na

---

[1] Intervém como *parte acessória* quando, não se verificando nenhum destes casos, sejam interessados na causa as regiões autónomas, as autarquias locais, outras pessoas colectivas públicas, pessoas colectivas de utilidade pública, incapazes ou ausentes ou a acção vise a realização de interesses colectivos ou difusos (art.º 6.º do EMP).

[2] Nos termos do n.º 2 do art.º 195.º «quando a carta para citação haja sido enviada para o domicílio convencionado, a prova da *falta de conhecimento do acto* deve ser acompanhada da *prova da mudança de domicílio* em data posterior àquela em que o destinatário alegue terem-se extinto as relações emergentes do contrato; a nulidade da citação decretada ficará sem efeito se, a final, não se provar o facto extintivo invocado.

Capítulo VII – Actos processuais: das partes, do tribunal e do juiz... 533

petição inicial, mas da citação de pessoa diferente da que o autor identificou como tal na petição inicial (*erro de identidade*), o que pode redundar, caso a pessoa efectivamente citada intervenha no processo, numa situação algo similar à da ilegitimidade (singular) do réu.

Na hipótese da alínea d), sendo a citação um *acto receptício*, que pressupõe a personalidade daquele a quem é dirigida, a falta de citação é *absoluta*. De resto, o falecimento do réu ou a extinção da pessoa colectiva demandada são causas de suspensão imediata da instância (art.º 277.º).

As causas invalidantes das alíneas c) e e) – justificam-se: – *no primeiro caso*, pela *elevada probabilidade de o réu desconhecer a propositura da acção*; associando-se à citação edital uma *presunção juris et de jure* do conhecimento da acção por banda da parte demandada, com o inerente risco da preclusão do direito de defesa (v.g. a citação do réu como ausente em parte incerta não obstante existir no processo indicação do seu paradeiro, sem se haver procedido à indagação que o n.º 1 do art.º 244.º impõe), torna-se compreensível que o *emprego indevido ou prematuro da citação edital* assuma carácter de nulidade principal do processo; – *no segundo caso*, pela certeza de que, sem culpa sua, o réu não chegou a ter conhecimento da citação por esta não lhe ter sido transmitida pelo receptor ou por não ter podido ter acesso à "nota de citação" afixada nem dela se ter apercebido (cfr. os art.ºs 240.º e 241.º)[1].

Em conformidade com a regra geral do art.º 201.º, a anulação dum acto processual implica a *anulação dos actos subsequentes* que dele dependam absolutamente (*actos consequentes*). Porém, para a eventualidade da ocorrência de uma qualquer das situações contempladas nas suas alíneas a) e b), dispõe o art.º 194.º que "*é nulo tudo o que se processe depois da petição inicial, salvando-se apenas esta*". À falta de citação corresponde, assim, a sanção da *nulidade*, não só do *próprio acto de citação*, mas também de *tudo o que ulteriormente houver sido processado* (com ressalva, pois, dos actos anteriores à citação, designadamente a distribuição e o pagamento da taxa de justiça).

Envolvendo o vício da falta de citação uma violação drástica do principio do contraditório, não surpreende que a lei o haja incluído entre os fundamentos do *recurso extraordinário de revisão* (art.º 771.º, al. e)), bem como entre as causas legítimas de *oposição à execução* baseada em

---

[1] Cfr. LEBRE DE FREITAS, A Acção Declarativa Comum cit., p. 67 e notas 37 e 38.

534 Direito Processual Civil

sentença (art.º 814.º, al. d)). Representa, assim, a falta de citação uma irregularidade particularmente qualificada do acto de citação, afora a total inexistência material da mesma contemplada na al. a) do art.º 195.º.

O efeito anulatório da falta de citação pode resultar ou de *arguição expressa pelo réu* ou do *conhecimento oficioso* pelo juiz (art.º 202.º). O vício considerar-se-á, porém, sanado se o réu intervier no processo sem logo proceder à sua arguição (art.º 196.º). *Se tal acontecer*, a partir desse momento ficarão definitivamente vedados o seu conhecimento pelo juiz (art.º 202.º) e a sua arguição pelo réu (art.º 204.º, n.º 2); *se tal sanação não houver entretanto ocorrido*, quer o seu conhecimento oficioso pelo juiz (logo que dela se aperceba), quer a sua arguição pela parte, podem ter lugar a todo o tempo (art.ºs. 206.º, n.º 1 e 204.º, n.º 2).

Quanto aos efeitos da *falta de citação do réu no caso de pluralidade demandados*, há que atender ao disposto no art.º 197.º, preceito este que abrangerá os casos de falta de citação de executado na acção executiva. Mas para o caso de falta das citações prescritas no n.º 1 do art.º 864.º (citações do executado, do cônjuge e dos credores) é aplicável o n.º 11 do mesmo preceito.

65.2.1. Nulidade da citação.

A citação é nula (não confundir com os casos da *falta de citação* previstos no art.º 195.º) quando não hajam sido observadas, na sua realização, «as *formalidades prescritas na lei*» (art.º 198.º, n.º 1). Isto é, quando nela houver sido postergado um qualquer elemento substancial ou formal dos requeridos pelo art.º 235.º ou próprios da modalidade que houver sido utilizada.

Prevê o art.º 198.º as seguintes três ordens de situações de *nulidade da citação*: – a de haver sido indicado *prazo para a defesa superior ao que a lei concede* (n.º 3); – a de ser a *citação edital* ou tiver sido *omitida a indicação do prazo* para a defesa (n.º 2); – *todas as restantes* em geral (n.º 1). Distingue, pois, a lei entre *nulidade* da citação (operada com preterição de qualquer formalidade não reputada de *essencial,* mas cuja falta possa prejudicar a defesa do citado (n.º 3) e *irregularidade* da citação, se efectuada com preterição de formalidade *não essencial* em termos de não prejudicar a defesa do citado (n.º 4).

Integra, deste jeito, o conceito de *nulidade da citação* a preterição das seguintes formalidades: – a falta de entrega, no respectivo acto, do

Capítulo VII – Actos processuais: das partes, do tribunal e do juiz... 535

duplicado da petição inicial ou dos documentos que a hajam acompanhado (fora os casos de recusa dos n.ºs 4 e 5 do art.º 239.º, de afixação da nota do art.º 240.º, n.º 3 e de citação edital, hipóteses em que esses elementos ficam à disposição do réu na secretaria do tribunal); – a falta de indicação do juízo em que corre o processo ou da cominação decorrente da revelia; – a falta de assinatura do aviso de recepção imposta pelo art.º 236.º, n.º 2; – a falta da nota (certidão) exigida pelo art.º 239.º, n.ºs 1 e 2 ou de envio da carta registada imposta pelos art.ºs 239.º, n.º 5 ou 241.º; – ou ainda a falta de indicação, nos editais e anúncios, do pedido do autor, conforme exige n.º 1 do art.º 249.º[1].

Pode o réu arguir a nulidade: ou *dentro do prazo que lhe houver sido assinalado para a contestação* (art.º 198.º, n.º 2, 1.ª parte); ou, sendo a citação edital ou não tendo sido indicado qualquer prazo para a defesa, *aquando da sua primeira intervenção no processo* (n.º 2, 2.ª parte do mesmo art.º). Em qualquer destas duas situações, pode o juiz *conhecer oficiosamente da nulidade* logo que da mesma se aperceba, podendo mesmo suscitá-la em qualquer estado do processo enquanto não dever considerar--se sanada (art.ºs 202.º e 206.º, n.º 1). Se a irregularidade se houver traduzido em o oficial de justiça tiver indicado ao réu, para a sua defesa, um prazo superior ao que a lei concede, deve ser facultado ao réu apresentar a sua defesa até ao *terminus ad quem* do prazo indicado, a não ser que o autor, uma vez conhecedor do facto, tenha promovido a sua citação em termos correctos ou regulares (art.º 198.º, n.º 3); mas, se houver sido indicado prazo inferior ao legal, é a este último que deve atender-se.

Os *restantes vícios (irregularidades)* não são oficiosamente cognoscíveis (art.º 202.º, *in fine* e 206.º, n.º 3), devendo ser apreciados logo que reclamados pelos interessados. De qualquer modo, a arguição só será atendida se a falta cometida puder prejudicar a defesa do citado (art.º 198.º, n.º 4), norma esta última em sintonia com o preceito geral vertido no n.º 1 do art.º 201.º. *Se atendida a arguição*, há que renovar ou repetir o acto, com observância das formalidades prescritas na lei, a menos que tal repetição se revele inútil (art.º 137.º); será este o caso se o réu houver, entretanto, ficado, por si e/ou através de mandatário, perfeitamente ciente da acção contra ele proposta, bem como do prazo para a contestação e respectiva cominação.

---

[1] Cfr. LEBRE DE FREITAS, A Acção Declarativa Comum cit., p. 257.

536   *Direito Processual Civil*

Em caso de dúvida, e no silêncio da lei, «deve entender-se que *a efectivação duma citação regular não é dispensável*»[1].

Podem detectar-se pontos comuns nos regimes legais da falta e da nulidade da citação. Assim, se o réu não contestar nem de outro modo intervier no processo no prazo da contestação, pode o juiz, acto contínuo, e *sponte sua*, verificar a ocorrência de qualquer irregularidade geradora de falta ou nulidade da citação, mandando repeti-la (art.º 483.º); é admitido o *recurso de revisão* (da sentença que venha a ser proferida) por parte do réu que no processo não haja intervindo com fundamento, quer na *falta,* quer na *nulidade* da citação (art.º 771.º, al. e)); é admissível *oposição à execução* com fundamento, quer na falta, quer na nulidade da citação (art.º 814.º, al. d)).

Também na *acção executiva* o regime da falta e da nulidade da citação se assemelham, porquanto, se a execução correr à revelia do executado e este não tiver sido citado quando o deva ser ou houver fundamento para declarar nula a citação, pode o executado requerer a todo o tempo (no próprio processo de execução) que o acto seja anulado (art.º 921.º, n.º 1).

Dada a similitude de regimes entre a falta e a nulidade da citação, há quem sustente – e com inteiro a propósito – que seria preferível suprimir a respectiva diferenciação legal, com a ressalva apenas de a omissão cometida só dever ser atendida quando prejudicasse ou fosse susceptível de prejudicar a defesa do réu[2].

65.2.2. Falsidade da citação.

A citação por *via postal* comprova-se, por um lado, pelo *aviso de recepção* assinado por quem a recebe, completado pela nota elaborada pelo distribuidor do serviço postal em conformidade com o n.º 3 do art.º 236.º e, por outro, pelo lançamento de uma *cota do processo* em que o funcionário de justiça faz referência aos elementos por ele remetidos ao réu[3].

---

[1] Cfr. LEBRE DE FREITAS, A Acção Declarativa Comum cit., p. 69 e nota 44.

[2] Cfr. LEBRE DE FREITAS, Introdução cit., pp. 18-19.

[3] «As *cotas,* como simples registos no processo, representam *notas,* dando conta da execução de actos de expediente da secretaria, pelo que o seu valor probatório corresponderá ao de um *documento particular* sujeito à livre apreciação do tribunal. É à parte que afirme a não correspondência da cota com a realidade dos factos cotados que cabe

Capítulo VII – Actos processuais: das partes, do tribunal e do juiz... 537

A citação *por contacto pessoal* do agente de execução ou por funcionário de justiça prova-se através da *certidão do acto* por ele elaborada (art.º 239.º, n.º 3), bem como, sendo caso disso, pela *cota* no processo em que se dá conta do envio da carta registada imposta pelo art.º 241.º. A citação promovida *pelo mandatário judicial* prova-se por documento elaborado pelo mandatário e assinado pelo réu, com observância do estatuído no n.º 1 do art.º 246.º, por reporte aos n.ºs 1 e 2 do art.º 235.º. A *citação edital* prova-se pela cópia do edital, aliada à declaração do funcionário relativa à data e aos locais da respectiva afixação, bem como pelos recortes dos jornais anunciantes (art.º 252.º).

Os documentos elaborados e certificados pelo oficial de justiça competente surtem a *eficácia probatória de documento autêntico*, sendo os demais considerados *documentos particulares* (art.ºs. 363.º, n.º 2, e 369.º, n.º 1, ambos do CC). Se atestado em algum desses documentos autênticos facto na realidade não verificado, a citação diz-se *falsa* (art.º 551.º-A, n.º 1), se bem que, em sentido técnico, falso seja só o respectivo documento comprovativo (cfr. art.º 372.º, n.º 2, do CC)[1].

O *prazo* para a arguição da falsidade da citação é o de *10 dias* a contar da intervenção do réu no processo» – art.º 551.º-A, n.º 1[2]. «Ao incidente de falsidade de acto judicial é aplicável, com as necessárias adaptações, o disposto nos art.ºs 546.º a 550.º» relativos à ilisão da autenticidade ou da força probatória de documento (art.º 551.º-A, n.º 3). Se o vício do acto de citação for susceptível de prejudicar a defesa do réu, *a causa suspende-se* logo que o juiz admita a arguição, depois de ouvido o autor e até que essa arguição seja definitivamente julgada. Mas se o autor

---

o ónus da prova» – cfr. o acórdão do STJ de 10-2-94, CJSTJ, Tomo I, p. 98 e BMJ n.º 434, p. 574 / Cons.º Sousa Macedo.

[1] Cfr. Lebre de Freitas, A Acção Declarativa Comum cit., pp. 70-71, que cita como exemplos dessa desconformidade os seguintes: «a carta registada com aviso de recepção não continha o duplicado da petição inicial ou os documentos que a acompanharam ou as demais indicações de que o funcionário dá conta; o funcionário de justiça não fez todas as entregas e declarações constantes da nota de citação ou não enviou ao réu a carta registada complementar da citação em pessoa diversa ou por afixação da nota de citação; o réu não recusou assinar a certidão de citação; a cópia do edital não é fiel ou não foi afixada nas datas e locais que o funcionário refere».

[2] «A falsidade de qualquer outro acto judicial deve ser arguida no prazo de dez dias a contar daquele em que deva entender-se que a parte teve conhecimento do acto» – art.º 551.º-A, n.º 2.

538 *Direito Processual Civil*

requerer a repetição da citação, ficará logo sem efeito a primitivamente efectuada (art.ºs. 548.º, n.º 3 e 551.º-A, n.º 4).

No caso de *documento elaborado pelo mandatário judicial* no qual se refere ter sido assinado pelo réu, sem que este, na realidade, o haja assinado, o regime a observar é o dos art.ºs 374.º a 376.º do CC para os documentos particulares: se impugnada pelo réu a sua assinatura (assim pondo em causa a sua genuinidade)[1], passa a recair sobre o autor o ónus de provar que a assinatura é do réu (art.º 374.º, n.º 2, do CC)[2-3]. Sendo também documento particular, a *nota elaborada pelo distribuidor do serviço postal* provará apenas, de modo pleno, a declaração de quem a fez e assinou (art.º 376.º, n.º 1, do CC); não serão, todavia, abrangidos pela respectiva força probatória os factos objecto da declaração, pelo que a sua valoração é livremente feita pelo juiz, podendo ser-lhes oposta qualquer contraprova (art.º 346.º do CC)[4].

Se decorrido o prazo do art.º 551.º-A sem que a falsidade da citação seja arguida, funciona a cominação ínsita nesse preceito, ou seja, ficará reconhecida a genuinidade e a veracidade do acto, bem como a inerente força probatória.

65.3. Erro na forma de processo.

A terceira nulidade (principal) prevista no art.º 199.º é a de *erro na forma de processo,* a qual ocorrerá quando o autor indique para a acção uma *forma processual inadequada* ou desconforme aos critérios da lei, lançando mão: – de uma forma de processo comum em vez da forma especial: – de uma forma de processo especial em vez da forma comum;

---

[1] A impugnação da genuinidade de documento particular junto com articulado que não seja o último ou com a alegação do recorrente nos termos do art.º 544.º, n.º 2, não deve ser processada como incidente autónomo mas deduzida no articulado subsequente ou dentro do prazo facultado para a alegação do recorrido, extinguindo-se o direito de praticar o acto se exaurida essa oportunidade – cfr. o acórdão do STJ de 24-2-2000, Proc. 886/99 – 2.ª Sec. / Cons.º Abílio Vasconcelos.

[2] Cfr. Lebre de Freitas, A Acção Declarativa Comum cit., pp. 70-71.

[3] Subjacente à arguição de falsidade de um documento particular está a não impugnação pela parte contrária das suas letra e assinatura, assim ficando reconhecido o seu valor probatório – cfr. supra-citado acórdão do STJ de 24-2-2000.

[4] Cfr. Lebre de Freitas, A Acção Declarativa Comum cit., p. 71 e nota 48.

Capítulo VII – Actos processuais: das partes, do tribunal e do juiz... 539

– de uma forma de processo especial em vez de outra forma de processo especial; – ou mesmo de uma forma de processo comum menos solene em vez de outra mais solene.

São exemplos os casos seguintes: – o autor pretende consignar em depósito uma coisa para cumprimento de uma dada obrigação, mas, em vez de usar o processo especial dos art.ºs 1024.º e ss, utiliza o processo comum de declaração[1]; – o arrendatário pretende proceder ao depósito da renda, mas, em vez do processo especial de consignação em depósito regulado nos art.ºs 17.º a 23.º da Lei n.º 6/2006 de 27 de Fevereiro (NRAU), utiliza o processo especial de consignação em depósito regulado nos art.ºs 1024.º a 1032.º do CPC; – o autor, em vez de utilizar a forma de processo ordinário em razão do valor do pedido, rotula, na petição inicial, o processo a ser seguido como de «acção com processo sumário»; – o executado, para se opor à penhora de determinados bens, emprega, em vez do incidente da oposição à penhora regulado nos art.ºs 863.º-A e 863.º-B, o processo de oposição à execução regulado nos art.ºs 813.º a 820.º; – pretendendo notificar o titular de um direito de preferência, o requerente utiliza a forma de notificação judicial avulsa contemplada nos art.ºs 261.º e 262.º e não a forma de notificação especial prevista no art.º 1458.º e ss.

É em *função da providência jurisdicional concretamente solicitada pelo autor* em juízo que o juiz deve aferir da propriedade e da adequação do meio processual por aquele eleito[2], ou seja, «da correspondência ou conformidade da forma de processo a que recorreu com os critérios abstractos da lei»[3], o que nada tem a ver com razões de procedência ou improcedência da acção.

Apesar da infracção cometida, não se anula todo o processo. Uma vez detectado, o erro na forma de processo importa *unicamente a anulação dos actos que não possam ser aproveitados*. O juiz deve adaptar o processo à tramitação que directamente lhe competia, praticando ou ordenando a prática dos actos de ajustamento necessários, mas *sem diminuição de garantias* para o réu (art.º 199.º, n.ºs 1 e 2)[4-5]. Se dessa actuação

---

[1] Cfr. J. RODRIGUES BASTOS, Notas, vol. I cit., p. 261.

[2] Cfr., neste sentido, v.g. o acórdão da RE de 17-6-97, CJ, 1997, Tomo III, p. 220 / Des. AFONSO CORREIA.

[3] Cfr. o acórdão da RE de 12-11-98, CJ, 1998, Tomo V, p. 256 / Des. FERNANDO BENTO.

[4] Cfr. ANTUNES VARELA/J. M. BEZERRA/SAMPAIO E NORA, Manual cit., p. 390.

[5] Por exemplo: o prazo para contestar na acção ordinária é de 30 dias (art.º 486.º) enquanto que para contestar uma acção sumária é de 20 dias (art.º 783.º). Se em acção

540   *Direito Processual Civil*

puder resultar uma diminuição de garantias, deve o juiz proceder à anulação de todo o processo, com a consequente absolvição do réu da instância, assim assumindo o vício a plena natureza de *excepção dilatória* (cfr. art.ºs 288.º, n.º 1, al. b) e 494.º, al. b)).

Devem, pois, apenas praticar-se os actos que forem estritamente necessários para que o processo se aproxime, quanto possível, da forma estabelecida pela lei» (art.º 199.º, n.º 1), «sem prejuízo de poder (o juiz) mandar adequar também a tramitação futura, se tal for o caso» (cfr. o art.º 265.º-A)[1]. Deste modo, se o autor propôs acção com processo sumário quando deveria ter proposto acção com processo ordinário, «deve ser anulado todo o processado posterior à petição, salvando-se apenas esta», ordenando o juiz que se siga doravante a forma adequada[2]. Tudo em homenagem aos já enunciados princípios do máximo aproveitamento dos actos, inserido no princípio geral da *economia processual* em geral *e da limitação dos actos* em particular (art.º 137.º), bem como ao *princípio da adequação formal* consagrado no citado art.º 265.º-A.

O vício traduzido no erro na forma de processo só pode ser *arguido até à contestação ou neste articulado* (art.º 204.º, n.º 1), mas pode e deve ser *oficiosamente conhecido*, enquanto não dever considerar-se sanado, *no despacho saneador* ou, não havendo lugar a este despacho[3], *até à sentença final* (cfr. os art.ºs 202.º e 206.º, n.º 2).

65.4. Falta de vista ou de exame ao Ministério Público como parte acessória.

A quarta nulidade principal consiste na falta de vista ou de exame ao *Ministério Público* quando ele deva intervir, não como parte principal, mas *como parte acessória* (art.sº 200.º, n.ºs 1 e 2, do CPC e 5.º, n.ºs 2 a 4 e 6.º do EMP).

(que deveria seguir a forma ordinária) foi concedido ao réu o prazo de 20 dias, houve manifesta diminuição de garantias de defesa para o contestante, pelo que deve ser repetida a citação ou conceder-se ao réu o prazo adicional em falta.

[1] Cfr. Lebre de Freitas, A Acção Declarativa Comum cit., p. 158 e nota 11.

[2] Cfr. o acórdão do STJ de 25-11-93, CJSTJ, 1993, Tomo III, p. 149 / Cons.º Santos Monteiro.

[3] Por ex., nos casos do processo sumaríssimo (cfr. art.º 795.º) e no de revelia do réu (art.º 484.º, n.º 2).

Se a parte que devia ser assistida pelo Ministério Público *tiver constituído mandatário*, a falta de vista ou de exame ao representante daquela magistratura é considerada irrelevante (art.º 200.º n.º 1). Se *não houver constituído mandatário*, o processo é anulado (*ex-officio*) a partir do momento em que deveria ter sido dada vista ou facultado o exame ao Ministério Público (art.º 200.º, n.º 2)[1].

---

[1] Cfr. ALBERTO DOS REIS, Comentário, vol. 2.º cit., p. 483.

Capítulo VIII

A instância e suas vicissitudes.

Sumário: **66.** O objecto do processo. A relação jurídica processual ou instância. Facto gerador: a propositura da acção. **66.1.** Princípio da estabilidade da instância. Causas modificativas. **66.2.** Modificações subjectivas. **66.3.** Modificações objectivas. **67.** A reconvenção. **67.1.** Noção. Autonomia do pedido reconvencional. **67.2.** Reconvenção e mera defesa. **67.3.** Dedução e admissibilidade. Requisitos formais e substanciais. **67.4.** A reconvenção nas acções de simples apreciação negativa, nos processos executivo e sumaríssimo e em outros processos e procedimentos especiais e alternativos e abreviados. Pedido reconvencional e tréplica. **68.** Apensação de acções. Admissibilidade e requisitos. **69.** Suspensão da instância. Causas. **69.1.** Suspensão por falecimento de alguma das partes ou por extinção de pessoa colectiva. **69.2.** Suspensão por falecimento ou impossibilitação absoluta do mandatário ou representante. **69.3.** Suspensão por ordem do tribunal (vontade do juiz). **69.4.** Suspensão por determinação especial da lei. **69.5.** Suspensão por acordo das partes. **69.6.** Regime e efeitos da suspensão. **70.** Interrupção da instância. **71.** Incidentes da instância. Noção. Caracterização. Natureza jurídica. **71.2.** Incidentes típicos ou nominados e atípicos ou inominados. Enunciação e inserção sistemática. **71.2.** Processamento. Regras gerais e especiais. **72.** Verificação do valor da causa. **73.** Intervenção de terceiros. **73.1.** Intervenção principal: espontânea e provocada. **73.2.** Intervenção acessória: provocada, do Ministério Público e assistência. **73.3.** Oposição: espontânea, provocada e mediante embargos de terceiro. **74.** Habilitação. **75.** Liquidação. **76.** Absolvição da instância. Noção. Decisão versus a decisão de mérito. **76.1.** Causas. Ordem de conhecimento das excepções dilatórias. **76.2.** Alcance e efeitos. **77.** Extinção da instância. Causas e efeitos. **77.1.** Julgamento. **77.2.** Compromisso arbitral. **77.3.** Deserção da instância e dos recursos. **77.4.** Desistência, confissão e transacção. **77.5.** Impossibilidade e a inutilidade superveniente da lide.

Secção I

Início e desenvolvimento da instância.

66. O objecto do processo. A relação jurídica processual ou instância. Facto gerador: a propositura da acção.

O *objecto do processo* é a matéria sobre que o mesmo versa[1], traduzindo-se essencialmente num *litígio ou controvérsia*, isto é, num *conflito de interesses* que a acção pressupõe e por via da qual se solicita que ele seja composto ou dirimido com justiça e de harmonia com os cânones legais. Assim, e *sob um prisma objectivo*, objecto do processo será a pretensão de que seja solucionado em certo sentido, ou de certa forma, um dado litígio e, d*e um ponto de vista subjectivo*, será um *litígio entre duas partes em confronto* ou entre si conflituantes, face a um determinado direito ou situação juridicamente protegidos.

Objecto remoto do processo será o litígio surgido a montante, e em certo momento, entre diferentes sujeitos de direito. *Objecto próximo* a pretensão concreta deduzida pelo autor em juízo e que o tribunal terá que dirimir em determinado sentido. Já o *objecto da relação jurídica processual*, possuindo subjacente um *jus exigendi*, se consubstancia, afinal, no *pedido*, este, por seu turno, desdobrado em *pretensão material* por um lado e em *pretensão processual* por outro. O direito de agir (*jus agendi*) precede o *jus exigendi*, devendo a providência judicial solicitada adequar-se ao pedido concretamente formulado.

Com a *pretensão material*, o autor ou demandante solicita ao tribunal que certo conflito de interesses seja decidido com prevalência (relevância jurídica) do direito cuja titularidade se arroga (portanto a seu favor), sendo que a questão da procedência ou improcedência (êxito ou inêxito) do pedido deduzido consubstancia o chamado *fundo ou mérito da causa*. Através da *pretensão processual ou formal*, o autor ou demandante – para além do simples reconhecimento genérico da relevância jurídica do interesse invocado – solicita complementarmente ao tribunal a emissão de um dictat (*pronúncia*) que decrete uma providência específica

---

[1] Sobre este tema, vide Castro Mendes, DPC, ed. de 1969, vol. I cit., pp. 201 a 207.

Capítulo VIII – A instância e suas vicissitudes

e concreta de tutela judicial (v.g de condenação, de absolvição, de execução, de injunção ou de imposição cautelar), isto é, que emita uma decisão final favorável à sua esfera jurídica, reportada e confinada aos limites do pedido.

Na terminologia de CASTRO MENDES[1] O *objecto remoto* do processo (litígio) e o *objecto próximo* do processo (o pedido ou pretensão deduzida em juízo) integram o chamado *objecto imediato material do processo*. Já por *objecto mediato* do processo se entende «o bem ou bens sobre que incidem os interesses em litígio»[2], podendo descortinar-se duas erupções deste segundo conceito nos art.ºs 471.º, n.º 1, al. a) – possibilidade de dedução de *pedidos genéricos* quando o objecto mediato da acção seja uma universalidade de facto ou de direito – e 821.º – *sujeição à execução de todos os bens do devedor susceptíveis de penhora* e relativamente aos quais o exequente (credor) possui garantia substantiva.

Já a *controvérsia* é o prisma sob que se apresentam em juízo o litígio e a respectiva pretensão, assim constituindo o *objecto formal do processo*. Por vezes, o termo "objecto" é utilizado (pela lei) a propósito de fases processuais específicas que autonomamente regula, como por ex. o "objecto do recurso" (art.ºs 684.º, 704.º e 922.º) – *objecto particular* do processo.

A entrada da petição inicial em juízo (entrega material ou entrada virtual na secretaria do tribunal) marca o momento exacto da *propositura da acção* (art.º 267.º, n.º 1), o mesmo que é dizer o começo ou início, o *facto gerador da instância*. A instância inicia-se pela *proposição da acção* e esta considera-se proposta, intentada, instaurada ou pendente logo que enviada ou recebida na secretaria a respectiva petição inicial (art.º 267.º, n.º 1). Momento aquele que releva, desde logo, para o impedimento do prazo de caducidade, bem como para a chamada *pendência da causa*[3-4].

---

[1] Cfr. DPC, ed. da AAFDL, 1969, Vol. I, pp. 201 a 207.

[2] É o caso das universalidades de facto e de direito – DPC, ed. de 1969, vol. I, cit., p. 206.

[3] A instância considerar-se-á, porém, iniciada em relação o réu, mesmo antes da citação deste, no caso de a acção ter sido precedida de procedimento cautelar no qual se haja procedido à citação do requerido (art.º 385.º, n.º 2).

[4] Em relação ao réu, os efeitos decorrentes da pendência da causa só se produzem, em regra, após a sua citação (art.º 267.º, n.º 2). Excepção a esta regra é a do n.º 6 do art.º 385.º (decretamento da providência sem audiência prévia do requerido).

546   *Direito Processual Civil*

A propositura e o desenvolvimento subsequente da acção, com todos os actos inerentes, configuram uma relação jurídica (*relação processual*) entre as partes e o Estado (por intermédio do tribunal) – na qual este intervém com a sua autoridade soberana –, cuja natureza se não confunde, pois, com as meras relações de direito privado (inter-subjectivas)[1]. A resolução do conflito de interesses pressupõe uma solicitação expressa de uma das partes em tal sentido[2] – *princípio do pedido* (n.º 1 do art.º 3.º). Qualquer processo ou procedimento só se desencadeia ou inicia sob *impulso da parte interessada* (autor, requerente, exequente) mediante o respectivo pedido, que não sob a iniciativa do próprio juiz (*nemo judex sine actore*; *ne judex procedat ex-officio*). A dedução do *pedido* e a apresentação da correspondente *oposição* encontram-se pois umbilicalmente associadas ao *princípio dispositivo* consagrado no n.º 1 do art.º 264.º.

Mas a liberdade de iniciativa (das partes), ínsita no princípio dispositivo, não se confina à instauração do processo (*disponibilidade do início do processo*)[3], estendendo-se também ao seu poder de conformação do objecto e das partes na causa (*disponibilidade do objecto do processo*) e sobre o termo do processo (*disponibilidade do termo do processo*)[4]; tudo salvas as restrições consagradas na lei. Por isso, aquando da exercitação do *impulso processual inicial* (através da petição ou requerimento inicial) deve o autor alegar os factos integradores do direito que pretende ver reconhecido em juízo (*ónus da alegação, afirmação ou dedução*)[5].

A *relação processual* estabelece-se entre as partes e o Estado – nela intervindo este na sua veste soberana (*auctoritas* ou *jus imperii*) – inconfundível com qualquer outro tipo de relação inter-subjectiva[6]. Sob um outro prisma, pode encarar-se a relação processual – gerada embora no momento da proposição da causa – como essencialmente complexa, que se desdobra em duas sub-relações distintas e autónomas: a *relação jurídica da acção*, estabelecida, através da petição, entre o autor e o juiz; e a *relação jurídica da contradição*, estabelecida, mediante a contestação,

---

[1] Cfr. Manuel de Andrade, Noções Elementares cit., pp. 13-14.
[2] Ao que se seguirá a notificação da contraparte para deduzir oposição.
[3] Cfr. Castro Mendes, DPC, vol. I, ed. de 1969, p. 83.
[4] Cfr. Lebre de Freitas, Introdução cit., pp. 137-144.
[5] Cfr. supra n.º 22.
[6] Cfr. Manuel de Andrade, Noções Elementares cit., pp. 13-14.

Capítulo VIII – A instância e suas vicissitudes   547

entre o réu e o juiz[1]. A *instância* é precisamente a relação processual em movimento, isto é, *in itinere*[2].

O termo *instância* é utilizado para significar não só os *graus de jurisdição* previstos na hierarquia judiciária (tribunais de 1.ª instância ou de 2.ª instância), como também a própria *relação jurídica processual*, o mesmo que é dizer, a *acção* em desenvolvimento, «assim se confundindo, por vezes, com o *processo*, que é a sua exteriorização material». Este último o sentido com que é utilizado v.g., nos art.°s 265.°, 268.°, 269.°, 270.°, 276.°, 285.°, 287.° e 288.° a 301.°[3].

66.1. Princípio da estabilidade da instância. Causas modificativas.

Os elementos essenciais da causa são os *sujeitos* (partes) e o *objecto* (pedido e causa de pedir). É com a *citação* que os três elementos individualizadores da acção (sujeitos, pedido e causa de pedir) se consolidam e se tornam estáveis, assim devendo doravante manter-se, tal como postula o art.° 268.° – *princípio da estabilidade da instância*. O que não significa imutabilidade ou inalterabilidade, já que essa norma, para além de reafirmar o princípio vertido na al. b) do art.° 481.° – de que a identificação dos elementos essenciais da causa se faz através desses triplos elementos individualizadores –, logo ressalva as possibilidades de *modificação previstas na lei*[4].

São *modificações subjectivas*: a) – a *intervenção principal provocada* de novas partes para obviar à decretação da ilegitimidade de qualquer delas (art.°s 269.° e 325.° e ss); b) – a *substituição do transmitente pelo adquirente* no caso de transmissão, quer por sucessão, quer por acto inter vivos, da coisa ou direito litigioso (art.° 271.°); c) – a *intervenção principal espontânea* de quem, em relação ao objecto da causa, possua um interesse igual ao do autor ou do réu, nos termos dos art.°s 27.° e 28.°, ou daquele que, nos termos do art.° 30.°, pudesse coligar-se com o autor, sem prejuízo do disposto no art.° 31.° (art.° 320.° e ss). São *modificações*

---

[1] Cfr. ALBERTO DOS REIS, Comentário, vol. 3.° cit., p. 646.
[2] Cfr. ANTUNES VARELA/J. M. BEZERRA/SAMPAIO E NORA, Manual cit., p. 252.
[3] Cfr. J. RODRIGUES BASTOS, Notas, vol. II cit., pp. 11-12.
[4] Cfr. J. RODRIGUES BASTOS, Notas, vol. II cit., pp. 21 e 22.

548   *Direito Processual Civil*

objectivas: a) – a *alteração do pedido e da causa de pedir por acordo* (art.º 272.º); b) – a *alteração do pedido e da causa de pedir na falta de acordo* (art.º 273.º); c) – a *dedução* pelo réu (na contestação) de *pedidos* (*reconvencionais*) contra o autor, em ampliação do objecto do processo (art.º 274.º).

66.2. Modificações subjectivas.

Entre as modificações subjectivas típicas incluem-se as resultantes dos incidentes da *intervenção de terceiros* e da *transmissão, por sucessão mortis causa ou por acto inter-vivos, da relação substantiva em litígio* (art.ºs. 270.º e 271.º)[1].

O n.º 1 do art.º 325.º reconhece a qualquer das partes a faculdade de provocar a participação na acção dos interessados com direito a nela intervirem espontaneamente, a seu lado ou ao lado da parte contrária. Em termos paralelos e por idênticas razões de *economia processual*, permite o n.º 2 do art.º 269.º que o autor, até ao 30.º dia subsequente à data do trânsito em julgado do despacho saneador que julgue ilegítima alguma das partes por não estar em juízo determinada pessoa, chame essa pessoa a intervir, quer como seu associado, quer como associado da contraparte. O chamamento para a intervenção de novo interessado só pode ser requerido, em *articulado* da causa ou em *requerimento autónomo* (avulso), até ao momento em que podia deduzir-se a intervenção espontânea em articulado próprio, sem prejuízo do disposto no art.º 269.º, no n.º 1 do art.º 329.º e no n.º 2 do art.º 869.º (cfr. o n.º 1 do art.º 326.º)[2].

A instância é também susceptível de modificação em consequência de *sucessão*, a qual pode determinar a substituição de alguma das partes primitivas pelo herdeiro ou legatário (art.º 270.º, al. a)). Substituição essa a ser operada mediante a observância do procedimento previsto nos art.ºs 276.º, n.º 1, 277.º e 284.º, n.º 1, al. a) (*suspensão da instância*, que cessará quando for notificada a decisão que considere habilitado o sucessor da parte falecida ou extinta mediante o *incidente da habilitação* a que se reporta o art.º 371.º e ss).

---

[1] Acerca desta temática, cfr. PAULA COSTA E SILVA, in "Repensando a Transmissão da Coisa ou Direito em Litígio", Coimbra Editora, 2009.

[2] Sobre o incidente da intervenção principal, cfr. infra, n.º 73.

Capítulo VIII – A instância e suas vicissitudes 549

Aquela segunda modalidade de modificação subjectiva, a que se reporta o art.º 271.º, resulta da transmissão *inter vivos* da coisa ou direito litigioso, isto é da coisa ou direito que é objecto da controvérsia. Efectuada a transmissão, o transmitente (por ex., o alienante, o doador, o cedente, o permutante ou o transaccionante) continua a deter *legitimidade* para a lide, enquanto o adquirente ou cessionário não for admitido a substituí-lo através de *habilitação* (art.º 271º, n.º 1)[1]. Com efeito, a substituição dos sujeitos (partes) da *relação jurídica substantiva*, não produz, de forma automática ou necessária, a modificação subjectiva da instância ou *relação jurídica processual*, não sendo, pois, causa autónoma de suspensão da instância, já que a parte primitiva conserva a sua legitimidade (processual) originária (anterior ao acto de transmissão)[2].

A intervenção ou introdução do adquirente ou cessionário no processo, em substituição do transmitente, cedente ou alienante, faz-se por meio de *habilitação,* a *requerimento*, seja do próprio transmitente ou cedente, seja do adquirente ou cessionário (art.º 376.º, n.º 2), já que não pode ser ordenada *ex-officio* pelo juiz. Tendo, contudo, presente que a *substituição processual* é apenas *permitida* (que não imposta) por lei, pressupondo sempre o *acordo da parte contrária*. Mas, na falta deste, só deve ser recusada se os autos indiciarem, de forma inequívoca, que o acto translativo teve como único propósito tornar mais difícil ou onerosa a posição da parte contrária, ou seja, que as partes tenham agido com *fraude processual* (cfr. o n.º 2 do mesmo preceito)[3].

Não operada a substituição processual, prosseguindo assim a instância com as partes primitivas, a sentença que vier a ser proferida surtirá eficácia contra o (terceiro) adquirente ou cessionário, a menos que, havendo lugar a *registo da acção* (nos termos dos art.ºs 2.º e 3.º do CRPred), este

---

[1] Sobre o incidente da habilitação, cfr. infra, n.º 74. Sem embargo do carácter puramente obrigacional da relação locatícia, por força do estatuído no art.º 1057.º do CC, transmitido o direito de propriedade ou de usufruto (do locador), por acto inter vivos, no decurso da acção despejo, o senhorio-transmitente continua a ter legitimidade para a causa enquanto o senhorio-adquirente não for, por meio de habilitação, admitido a substituí-lo; o mesmo sucede com o arrendatário autorizado pelo senhorio a subarrendar totalmente o prédio arrendado ou a ceder a sua posição contratual, nos casos em que estes actos são válidos formalmente e eficazes – cfr. o n.º 1 do art.º 271.º do CPC.

[2] Ao contrário do que sucede com a suspensão por falecimento de parte ou por extinção de pessoa colectiva (art.º 277.º) – cfr. infra n.º 69.1.

[3] Acerca da fraude processual, cfr. supra, n.º 35.1.

550   *Direito Processual Civil*

só haja sido efectuado após o *registo da transmissão*[1-2]. Deste modo, o adquirente ou cessionário não interveniente na lide pode assumir, relativamente ao respectivo objecto, ou a posição de *terceiro* se a acção *se encontrar sujeita a registo* ou a posição de verdadeira *parte se a acção se não encontrar sujeita a registo*. Nesta última hipótese, tudo se passa como se o mesmo haja sido representado ou substituído na causa pelo transmitente ou cedente[3-4].

A *habilitação dos sucessores da parte falecida* na pendência da causa é operada por decisão judicial através do *incidente regulado* nos art.ºs 371.º a 375.º[5].

66.3. Modificações objectivas.

Distingue a lei, quanto à modificação objectiva da instância, por alteração do pedido ou da causa de pedir, as hipóteses de haver ou não acordo das partes quanto a essa alteração (art.ºs. 272.º e 273.º).

---

[1] Assim, por ex., a omissão do registo de uma acção de preferência (o direito de preferência como direito potestativo de aquisição com eficácia erga omnes não está sujeito a registo obrigatório a se, estando-o, porém, a acção de preferência destinado a reconhecê--lo), implica que a sentença que venha a reconhecer o direito de preferência não produza efeitos (de caso julgado) quanto ao posterior adquirente do prédio se este registar a seu favor a transmissão antes do registo dquela acção – cfr., neste sentido, o acórdão do STJ de 9-11-2004, CJSTJ, Tomo III/2004, p. 110 / Cons.º ALVES VELHO. Do mesmo passo, e mutatis mutandis, os adquirentes de um prédio objecto de acção judicial de preferência não podem ser habilitados como sucessores do réu transmitente se a respectiva trans-missão houver ocorrido antes da propositura daquela acção» – cfr. o acórdão da RP de 25-5-2004, CJ, Tomo III/2004, p. 182 / Des. PINTO DE ALMEIDA.

[2] Segundo ALBERTO DOS REIS, «a consequência natural e lógica de o acto de propositura da acção não produzir efeito relativamente ao adquirente, desde que não seja (tal acto) registado antes do registo da transmissão, é não poder executar-se contra o adquirente a sentença favorável que o autor obtiver – cfr. Comentário, vol. 1.º, p. 97.

[3] Conforme assinala ALBERTO DOS REIS, «na substituição, a qualidade de sujeito da relação material recai no substituído e a de sujeito da relação jurídica processual no substituto» – cfr. Comentário, vol. 3.º, p. 84, nota 1.

[4] Sobre as implicações processuais (quanto à legitimidade) da hipótese de, independentemente, de qualquer transmissão do litigante originário para terceiro, este (terceiro) vir a encontrar-se colocado na posição jurídica que ocupava o litigante, cfr. ALBERTO DOS REIS, Comentário, vol. 3.º cit., pp. 84 a 87.

[5] Cfr. infra, n.º 74.

Capítulo VIII – A instância e suas vicissitudes 551

Havendo acordo das partes, tanto o pedido como a causa de pedir podem ser alterados ou ampliados *livremente em qualquer altura*, em 1.ª ou 2.ª instância, salvo se da alteração ou ampliação resultar perturbação inconveniente da instrução, discussão e julgamento do pleito» (art.º 272.º). Exemplos de *alteração qualitativa:* substituição do pedido de anulação do contrato pelo pedido do respectivo cumprimento[1]; substituição do pedido de indemnização por interesse contratual positivo pelo de indemnização pelo interesse contratual negativo; ex. de *ampliação (alteração quantitativa)*: o autor solicitava na petição uma indemnização de €20.000, aumentando na réplica o pedido para €40.000[2].

Na falta de acordo, a causa de pedir só pode ser (directamente) alterada ou ampliada *na réplica*, se o processo a admitir, a fim de que o réu possa ainda responder na tréplica, já que esta é excepcionalmente admitida nesse articulado no caso de alteração do pedido ou da causa de pedir (art.º 503.º, n.º 1)[3]. Posteriormente, só é admissível a modificação quando seja consequência de confissão de factos feita pelo réu e aceite pelo autor (art.º 273.º, n.º 1).

Pode, porém, o autor, em qualquer momento, *reduzir* livremente o pedido ou *ampliá-lo* até ao encerramento da discussão em 1.ª instância, mas, neste último caso, só se a ampliação for o desenvolvimento ou a consequência do pedido primitivo (art.º 273.º, n.º 2)[4]. Se se tratar de *redução*, a modificação do pedido é livre, seja na réplica, seja em qualquer outra altura do processo; isto porque, sendo uma tal iniciativa do autor favorável ao réu, nenhuma restrição logicamente se coloca, não podendo o autor vir exigir (em nova acção) a parte do pedido correspondente à redução, o que equivale à *desistência parcial* (tácita) do *pedido*, com a consequente extinção parcial do direito arrogado em juízo (cfr. o n.º 1 art.º 295.º)[5].

---

[1] Cfr. ALBERTO DOS REIS, Comentário, vol. 3.º cit. p. 90.

[2] Cfr. ANTUNES VARELA/J. M. BEZERRA/SAMPAIO E NORA, Manual cit., p. 356.

[3] Não assim no *processo sumário*, uma vez que a *resposta à contestação* não exerce a mesma função que a *réplica* em processo ordinário – cfr. ALBERTO DOS REIS, Comentário, vol. 3.º cit., p. 92.

[4] A modificação do pedido feita na audiência de discussão e julgamento constará da acta respectiva (art.º 273.º, n.º 3).

[5] Cfr. ANTUNES VARELA/J. M. BEZERRA/SAMPAIO E NORA, Manual cit., p. 356.

ANTUNES VARELA/J. M. BEZERRA/SAMPAIO E NORA[1] dão como exemplos: – da *ampliação/desenvolvimento* o de, numa acção de reivindicação, apesar de haver alegado a má-fé do possuidor, o autor se limita a solicitar a restituição do imóvel, nada obstando assim a que, mesmo depois da réplica e até ao encerramento da discussão, venha pedir a entrega dos frutos percebidos e percipiendos[2]; – da *ampliação/ consequência*, o de, numa acção de simples apreciação negativa, o autor se haver confinado a pedir a declaração da inexistência do facto ofensivo ou desonroso para a sua pessoa (art.º 70.º do CC) e vir, já depois da réplica e até ao encerramento da discussão em 1.ª instância, solicitar ao tribunal a publicação da sentença, a expensas do réu, em um dos dois periódicos mais lidos no meio.

O pedido de aplicação de *sanção pecuniária compulsória*, ao abrigo do disposto no n.º 1 do art.º 829.º-A do CC, pode ser deduzido *até ao encerramento da discussão em 1.ª instância* (2.º segmento do n.º 2 do art.º 273.º) – cfr. n.º 4 deste preceito[3]. A *ratio essendi* da dedução de um tal pedido reside no propósito de *assegurar prontidão no cumprimento das decisões judiciais*, em termos semelhantes à *adstreinte* do direito francês, desde que em causa o cumprimento de *prestações de facto infungíveis* (cfr. o art.º 829.º-A, do CC).

Nas acções de indemnização fundadas em responsabilidade civil extracontratual, v.g. baseada em acidente de viação ou em lesão ilícita, e perante a natureza continuada dos danos sofridos (morte ou lesão corporal), pode o autor-lesado requerer, até ao encerramento da audiência de discussão e julgamento em (1.ª instância), a condenação do réu-lesante em *indemnização em renda vitalícia ou temporária* (n.º 1 do art.º 567.º do CC), mesmo que inicialmente tenha solicitado a condenação daquele em quantia certa (art.º 273.º, n.º 5). O autor pede, por exemplo, a quantia correspondente ao valor dos danos conhecidos no momento da propositura da acção e, mais tarde, antes de encerrada a discussão em 1.ª instância, tendo tomado conhecimento da verificação de novos ou de mais onerosos prejuízos, vem aumentar, em correspondência, o montante da indemnização.

---

[1] Cfr. Manual cit., pp. 356-357.

[2] ALBERTO DOS REIS, in Comentário cit., vol. 3.º cit., p. 93, dá ainda o exemplo de se ter pedido inicialmente a mera restituição de posse, ampliando-se depois o pedido para a indemnização pelos danos causados pelo esbulho.

[3] No sentido da possibilidade de requerer a *aplicação de uma sanção pecuniária*, mesmo em sede de *acção executiva*, vide supra n.º 14.

Capítulo VIII – A instância e suas vicissitudes   553

Permite ainda a lei (em homenagem ao princípio da economia processual) a *modificação simultânea do pedido e da causa de pedir* (na réplica) «desde que tal não implique convolação para relação jurídica diversa da controvertida» ou seja uma *total substituição* da relação material litigada ou controvertida (n.º 6 do art.º 273.º).

Entende LEBRE DE FREITAS[1] que «só quando for invocado um qualquer um facto constitutivo de um *novo direito* do autor» se deve concluir pela «convolação para uma relação jurídica diversa» da (originariamente) controvertida, em termos de a modificação dever ter-se por excluída. Será, assim, de admitir a modificação simultânea da instância «não só quando alguns dos factos que integram a *nova causa de pedir* coincidam com factos que integram a *causa de pedir originária* (ou a causa de pedir reconvencional) ou fundamentem excepções deduzidas, mas também quando, pelo menos, o novo pedido se reporte a uma relação material dependente ou sucedânea da primeira»[2].

Exemplo de convolação para uma relação inteiramente distinta resultante da invocação de um facto constitutivo de um novo direito é o dado por ANTUNES VARELA/ J. M. BEZERRA/SAMPAIO E NORA[3] de «proposta uma acção de condenação para cumprimento baseado em responsabilidade negocial, e tendo o réu vindo, na contestação, alegar factos integradores dos vícios da nulidade ou anulabilidade do contrato, o autor vir, na réplica, pedir a restituição da contra-prestação efectuada, eventualmente acrescida de uma indemnização». Isto por «o direito à restituição, bem como o direito à indemnização, integrarem relações jurídicas distintas, embora conexas, com as que, a ser válido o contrato, dele resultariam».

Uma outra hipótese de *modificação simultânea do pedido e da causa de pedir* será a de, numa acção de divórcio litigioso (ou sem consentimento do outro cônjuge), o autor vir ampliar na réplica a causa de pedir primitivamente indicada (invocando por exemplo outro diferente facto indiciador da ruptura definitiva do casamento – art.º 1781.º, al. d)) e ampliar também o próprio pedido, acrescentando ao primitivo pedido de decretamento da dissolução da sociedade conjugal também o de indemnização por danos não patrimoniais advenientes dessa dissolução, pedido

---

[1] Cfr. Introdução cit., pp. 185-186
[2] Cfr., Introdução cit. p. 186 e nota 24.
[3] Cfr. Manual cit., p. 282, reiterado por LEBRE DE FREITAS, in Introdução cit. p. 186, nota 23.

554 *Direito Processual Civil*

este último que deve ser sempre deduzido na acção de divórcio, designadamente se o fundamento deste radicar na alteração das faculdades mentais do outro cônjuge (cfr. os art.ºs 1781.º e 1792.º do CC).

67. A reconvenção.

67.1. Noção. Autonomia so pedido reconvencional.

Uma outra muito relevante hipótese de *modificação objectiva da instância* reside na *reconvenção*, instituto mediante o qual a lei faculta ao réu (demandado) aproveitar o articulado da contestação para nele formular pedidos contra o autor, assim *ampliando o objecto do processo*[1].

Relativamente ao pedido assim deduzido, o réu toma (pelo lado activo) a designação de *reconvinte* e o autor da acção (pelo lado passivo) a de *reconvindo*. Pela reconvenção, o réu faz valer, no seio de uma acção já introduzida em juízo, uma (sua) pretensão autónoma, assim se invertendo as posições das partes, num autêntico «cruzamento de acções»[2]. Através dela, exercita o réu um verdadeiro *direito de acção* (que não um simples direito de defesa ou de contraditório), dirigindo contra o demandante um novo e distinto pedido, verificadas que sejam certas conexões com a acção contra ele (réu) movida, assim assumindo a relação processual, por mor da reconvenção, «um conteúdo novo»[3]. A ela subjaz uma contra-pretensão (*Gegenanspruch*), um contra-ataque desferido pelo reconvinte contra o reconvindo, ou seja, uma nova acção dentro do mesmo processo, pois que «transcende a simples improcedência da pretensão do autor»[4].

---

[1] Corresponde ao instituto romanístico das *mutuae actiones*, depois absorvido pelos direitos germânico (Gegenanspruch) e canónico e pelo antigo direito português. PEREIRA E SOUSA definiu a reconvenção como «a acção proposta pelo réu contra o autor perante o mesmo juízo em que é demandado» (cfr. Primeiras Linhas §135); porém, a sua actual configuração é tributária da doutrina francesa – cfr. J. RODRIGUES BASTOS, Notas, vol. II cit., p. 29, nota 1.

[2] Cfr. ALBERTO DOS REIS, Comentário, vol. 3.º cit., p. 96.

[3] Cfr. J. RODRIGUES BASTOS, Notas, vol. II cit., p. 29.

[4] Cfr. ANTUNES VARELA/J. M. BEZERRA/SAMPAIO E NORA, Manual cit., p. 323.

Capítulo VIII – A instância e suas vicissitudes

Correspondendo a esse contra-pedido uma acção própria, sempre poderá o réu optar entre fazê-lo valer por via da reconvenção ou em acção proposta em separado, já que a reconvenção não é obrigatória, mas *meramente facultativa*[1-2]. Como nada impede que o réu-reconvinte requeira (em procedimento próprio e por apenso à respectiva acção), antes mesmo da apreciação/decisão da contestação-reconvenção, a adopção de uma qualquer medida cautelar, assim prevenindo os riscos das previsíveis delongas no reconhecimento do direito que se propõe alegar e deduzir no âm-bito reconvencional[3-4].

Face ao referido carácter autónomo e facultativo, *o réu pode deduzir reconvenção, ainda que se não defenda por contestação-defesa* do pedido do autor[5]. Por seu turno, a improcedência da acção, com a consequente absolvição do réu do pedido, bem como a absolvição do réu da instância «não obstam à apreciação do pedido reconvencional regularmente deduzido», salvo quando este seja dependente do formulado pelo autor» (art.º 274.º, n.º 6). Se o autor-reconvindo *não contestar* os factos articulados em sede de reconvenção, e uma vez que esta consubstancia uma acção cruzada, *devem ter-se por confessados os factos alegados pelo réu* (agora na veste de autor) na reconvenção (efeito da *revelia operante* cominado no n.º 1 do art.º 484.º), com as excepções previstas nas alíneas a), b), c) e d) do art.º 485.º (*revelia inoperante*).

O efeito jurídico pretendido pelo réu pode ser materialmente incompatível ou compatível com o pretendido pelo autor ou ser dependente deste.

LEBRE DE FREITAS[6], dá como exemplo de pedidos *incompatíveis*, os de reconhecimento do direito de propriedade sobre a mesma coisa e *compatíveis* os de anulação de contrato, de divórcio ou de condenação em prestações recíprocas. E de *pedidos dependentes* o pedido reconvencional de compensação (só se o crédito do autor existir) ou de benfeitorias (só se a entrega da coisa for devida),

---

[1] Cfr. J. RODRIGUES BASTOS, Notas, vol. II cit., p. 31.

[2] Sobre o «fenómeno da transmutação da faculdade de reconvir em *ónus de reconvir*», a «aplicação prática do caso julgado às hipóteses previstas no art.º 274.º, n.º 2» e a chamada «*reconvenção necessária*», cfr. MIGUEL MESQUITA, Reconvenção e Excepção no Processo Civil, Coimbra, Almedina, 2009, pp. 439 a 460 e 476 a 484.

[3] Cfr. o acórdão da RC de 16-9-97, BMJ n.º 469, p. 665 / Des. SERRA BAPTISTA.

[4] Cfr. o acórdão da RL de 21-2-2002, Proc. 128038/ Des.ª CATARINA MANSO.

[5] Cfr. A. MONTALVÃO MACHADO/PAULO PIMENTA, O Novo Processo Civil cit., p. 175.

[6] Cfr. A Acção Declarativa Comum cit. p. 188.

556 Direito Processual Civil

«verificando-se então a *subsidiariedade* da reconvenção relativamente à defesa (por impugnação ou por excepção) que o réu porventura deduza contra o pedido do autor». Assim, «o pedido reconvencional que não dependa, por sua natureza ou por vontade do réu, da procedência do pedido do autor ou da improcedência duma excepção é apreciado autonomamente, mas já não o é aquele que esteja em qualquer das duas indicadas relações de dependência». No fundo, e como bem observa J. RODRIGUES BASTOS[1], *o pedido reconvencional será dependente do pedido do autor* quando só possa ser conhecido na eventualidade deste último proceder.

67.2. Reconvenção e mera defesa.

Há que distinguir entre *reconvenção* e *defesa por impugnação* ou *defesa por excepção*[2].

Só há lugar a *reconvenção* quando o pedido formulado for substancialmente (que não apenas formalmente) autónomo, isto é, *ultrapasse a simples defesa* conducente à improcedência da pretensão (do autor) e acrescente *algo de inovatório* relativamente àquela. Não assim quando o pedido a esse título formulado apenas tenha em mira colocar em crise «a existência do direito que se quis fazer valer na acção»[3].

O réu defende-se por *excepção peremptória* quando, numa qualquer acção, não obstante contrariar ou impugnar os factos alegados pelo autor, invoque factos impeditivos, modificativos ou extintivos do direito por aquele arrogado, invocação esta que, se julgada procedente, conduzirá à sua absolvição (dele réu invocante) do pedido (cfr. art.º 493.º, n.º 3). Entre as *excepções peremptórias de carácter extintivo* incluem-se a prescrição (art.ºs 303.º e 304.º, n.º 1), a caducidade (art.ºs 303.º e 333.º, n.º 2), o cumprimento (art.º 762.º, n.º 1), a dação em cumprimento (art.º 837.º) a consignação em depósito (art.º 841.º), a compensação (art.º 765.º), a novação (art.º 857.º), a remissão (art.º 863.º) e a confusão (art.º 868.º), todos esses preceitos do CC[4]. Como *exemplos de defesa por*

---

[1] Cf. Notas, vol. II cit. p. 72, nota 2.

[2] Cfr. J. RODRIGUES BASTOS, Notas, vol. II cit., p. 30, nota 17.

[3] Cfr. o acórdão do STJ de 27-11-2003, Proc. 3126/2003 – 7.ª Sec. / Cons.º OLIVEIRA BARROS.

[4] Outras causas «atingem a relação obrigacional globalmente considerada», tais como a declaração de nulidade, a anulação, a resolução, a caducidade e ainda a denúncia nas relações obrigacionais duradouras» (como a locação); «a prescrição, além de constituir

Capítulo VIII – A instância e suas vicissitudes 557

excepção peremptória, poderão citar-se os seguintes: – numa acção de defesa da propriedade, v.g. de reivindicação intentada ao abrigo do disposto no art.º 1311.º do CC, o réu invoca, para legitimar a detenção do imóvel, a existência de um contrato de arrendamento (aspecto negativo da pretensão do autor) ou alega não existir fundamento para a impetrada demolição de uma obra ofensiva feita, mas apenas para a introdução nela de determinadas alterações[1]; – numa acção de condenação por incumprimento contratual (art.º 798.º do CC), o réu invoca a nulidade do respectivo negócio jurídico; – num contrato bilateral com prazos diferentes para as prestações, o réu excepciona a chamada condição resolutiva tácita (*exceptio non adimpleti contractus*) – cfr. o art.º 428.º do CC[2].

Deste modo, se o réu, numa acção de reivindicação, não impugnando (antes reconhecendo) o direito de propriedade invocado pelo autor, alega, contudo, não estar obrigado à restituição do prédio por existir um contrato de comodato que legitima a ocupação e (ainda) ser titular de um direito de retenção sobre o mesmo decorrente da realização de benfeitorias (art. 1311.º, n.º 2, do CC), adopta uma *defesa por excepção peremptória* tendente a impedir a procedência do pedido e não uma *defesa por reconvenção*, por não resultar do texto da contestação qualquer exteriorização da vontade de reconvir[3].

Mas se, por exemplo, o autor, invocando a celebração de um contrato de compra e venda de coisa cujo preço se encontra ainda em dívida (facto jurídico que serviu de fundamento ao pedido), solicita a condenação do réu no pagamento dessa quantia e se o réu, na contestação, reconhecer essa celebração, mas alegar ter já efectuado o pagamento, e se – além disso – pedir a entrega (pelo autor) da coisa vendida, estaremos perante um *pedido reconvencional*. Ao invocar o pagamento (facto extintivo), o réu assume uma posição meramente defensional (defesa por *excepção peremptória*); mas, ao aproveitar o articulado de defesa para solicitar a condenação do autor a entregar-lhe a coisa alienada, passa, nessa parte, a deduzir uma pretensão própria e autónoma, sendo que o autor a tal se

---

uma excepção e não uma verdadeira causa extintiva, é aplicável a outros direitos, além dos direitos de crédito (art.º 298.º)» – cfr. Antunes Varela, Das Obrigações em Geral, vol. II, 7.ª ed., p. 169.

[1] Cfr. J. Rodrigues Bastos, Notas, vol. II cit., p. 30.
[2] Cfr. J. Rodrigues Bastos, Notas, vol. II cit., p. 30.
[3] Cfr. o acórdão do STJ de 7-02-2006, Proc. 4208/05 – 6.ª Secção / Cons.º Nuno Cameira.

558   *Direito Processual Civil*

encontra obrigado por mor desse contrato (art.º 879.º, al. b), do CC) e daí a qualificação dessa pretensão como *pedido reconvencional*[1]. O mesmo sucede com a invocação pelo réu, na contestação, da invalidade do negócio por vício da vontade, v.g. por erro, dolo ou coacção (facto impeditivo), concluindo pelo pedido de anulação do negócio: se, excedendo essa defesa, o réu pretender ser indemnizado pelos prejuízos eventualmente advindos da conduta alegadamente ilícita do autor (v.g. com base em dolo do autor – art.º 898.º do CC), a tal pretensão corresponderá a dedução de um pedido reconvencional (tutela autónoma) fundada no facto jurídico traduzido no concreto vício invalidante do negócio que serviu de base à alegação defensional[2].

Em suma: se o pedido/conclusão do réu (na contestação) for efeito necessário da sua oposição não pode ele ser considerado como reconvenção mas como *mera defesa*; se o pedido (formulado pelo réu) se traduzir numa verdadeira pretensão autónoma deduzida contra o autor existirá um *pedido reconvencional*[3], sendo que se encontram «fora de questão, nesta sede processual, declarações de vontade fictas ou simplesmente presumidas»[4].

Já o pedido de *conversão de um negócio jurídico*, deduzido pelo réu ao abrigo do disposto no art.º 293.º do CC, se não reconduz a reconvenção mas a excepção peremptória. Isto porque a conversão supõe a invalidade integral do negócio e a sua substituição por outro que contenha os requisitos essenciais de substância e de forma[5].

---

[1] Cfr. A. MONTALVÃO MACHADO/PAULO PIMENTA, O Novo Processo Civil cit., p. 167.

[2] «A reconvenção impõe que o pedido reconvencional não seja o puro reverso do pedido formulado pelo autor, mas uma outra acção enxertada noutra, podendo ser diversa a causa de pedir, numa e noutra, embora tenha de haver uma certa conexão, no âmbito do artigo 274.º, n.º 2, alínea a) e n.º 6, do CPC» – cfr. o acórdão do STJ de 28-2-2000, Proc. 118/2000 – 1.ª Sec. / Cons.º ARAGÃO SEIA.

[3] Cfr. MONTALVÃO MACHADO/PAULO PIMENTA, O Novo Processo Civil cit., p. 167.

[4] cfr. o acórdão do STJ de 19-2-98, Proc. 643/98 – 2.ª Sec. / Cons.º FERREIRA DE ALMEIDA.

[5] Cfr. o acórdão da RP de 20-10-97, Proc. 9650355 / Des. ANÍBAL JERÓNIMO.

67.3. Dedução e admissibilidade. Requisitos formais e substanciais.

§1.° – Requisitos formais (processuais). Taxa de justiça. Despacho de admissão ou rejeição e suas consequências. Intervenção de terceiros. Incidências no valor da causa e na forma de processo. Actos subsequentes.

Como uma verdadeira acção (do réu), que se entrecruza no mesmo processo com uma outra já pendente contra ele proposta pelo autor – podendo, todavia, ser objecto de uma acção separada –, o regime processual da reconvenção não pode deixar de ser idêntico ao de qualquer acção própria e independente.

A reconvenção é deduzida *na contestação*, de modo separado, discriminado e destacado ou *isoladamente* (se não houver contestação-defesa) e *com subordinação a artigos* como qualquer outro articulado em processo comum[1], devendo conter os elementos e indicações constantes das alíneas c), d) e e) do art.° 467.° (cfr. o art.° 501.°, n.°s 1 e 2). Apresenta, assim, uma *estrutura formal idêntica à da petição inicial* (exposição dos factos e das razões de direito que servem de fundamento ao pedido reconvencional, indicação do valor correspondente ao pedido autónomo e demais elementos complementares cabíveis). Tudo em ordem a evitar a confusão com a matéria de defesa.

O (réu) reconvinte deve proceder ao pagamento prévio (juntando o respectivo comprovativo) da *taxa de justiça* logo aquando da apresentação do articulado de contestação/reconvenção[2-3], calculada essa taxa com base na soma do valor da acção e da reconvenção (art.°s 150.°-A, n.°s 1 a 4, 308.°, n.° 2 e 467.°, n.°s 3 a 6, do CPC e 6.° do RCP). Por sua vez, o (autor) reconvindo apenas está obrigado a pagar a taxa de justiça inicial complementar se contestar a reconvenção em articulado de réplica ou de resposta à contestação, conforme a forma respectiva (ordinária ou sumária).

---

[1] Com excepção do processo sumaríssimo, em que não há lugar a reconvenção (cfr. o art.° 793.°).

[2] Cfr. o n.° 3 do art.° 467.°.

[3] Ou, no prazo de 10 dias a contar da data da notificação do indeferimento do pedido de apoio judiciário que haja formulado (cfr. o n.° 5 do art.° 467.°).

Consubstanciando o exercício de um direito de acção, a petição inicial da reconvenção deverá ser *inscrita no registo (predial, de bens móveis e comercial)* – art.ºs 3.º a 8.º-A do CRPred, 11.º do CRBM e 9.º do CRCom – se respeitante a actos a ele sujeitos, sob pena de o (autor) reconvindo ser absolvido da instância, tal como quando o prosseguimento da acção reconvencional esteja dependente de qualquer outro acto a praticar pelo reconvinte (art.º 501.º, n.º 3).

A contestação não pode ser recusada pela falta de indicação do valor da reconvenção; mas esta não será atendida se o reconvinte, convidado a indicá-lo, o não fizer dentro do prazo cominado (art.º 501º, n.º 2).

Não impõe, contudo, a lei ao juiz a prolação de *despacho liminar* avulso (positivo ou negativo) acerca da admissibilidade/inadmissibilidade da reconvenção; em princípio, o juiz apenas se pronunciará expressamente sobre a dedução desse pedido *no despacho saneador*[1]. Poderá, porém, fazê-lo (a título liminar) por uma ideia de ordenação, estabilidade e consolidação da instância. Mas, um qualquer despacho de mera admissão do pedido reconvencional apenas garantirá a sua legalidade formal, que não o respectivo mérito substantivo[2]. Deste modo, poderá a reconvenção vir a ser rejeitada, por inadmissível, com a consequente absolvição do reconvindo da instância reconvencional, se faltar algum dos elementos de conexão de que depende a sua admissibilidade[3].

Se expressamente admitida, determinar-se-á então a *rectificação na distribuição* e *na autuação*, passando o processo a seguir, se for o caso, outra forma mais solene. Se, por hipótese, passar da forma sumária para a forma ordinária, a simples dedução da reconvenção implica, por aplicação das regras dos n.ºs 1 e 2 do art.º 308.º, que os prazos de apresentação

---

[1] O STJ já decidiu mesmo que «não há qualquer preceito a impor uma tomada de posição expressa no saneador a admitir a reconvenção». E mais: que «a que-sitação de factos-suporte da reconvenção significa uma admissão implícita da reconvenção. O indeferimento liminar não funciona na reconvenção» – cfr. o acórdão de 11-5-99, Proc. 294/99 – 1.ª Sec. / Cons.º GARCIA MARQUES.

[2] Daí que a circunstância de terem sido considerados provados os factos que o fundamentam não é suficiente para garantir a sua procedência. Esta depende ainda da operação de aplicação do direito aos factos e nada obsta a que daí resulte que o pedido seja improcedente» – cfr. o acórdão da RC de 6-12-2005, Proc. 2564/2005 / Des. CURA MARIANO.

[3] Cfr. LEBRE DE FREITAS, A Acção Declarativa cit., p. 107, nota 99.

Capítulo VIII – A instância e suas vicissitudes 561

dos articulados subsequentes passem a reger-se pela forma correspondente à soma dos valores da petição e da reconvenção (cfr. o n.º 2, in fine, do art.º 308.º).

A reconvenção pode ser *inepta*, como a petição inicial; essa ineptidão não gera, todavia, a nulidade de todo o processo, mas, tão-somente, a *nulidade da própria reconvenção*, com a consequente absolvição (do autor-reconvindo) da instância reconvencional.

A reconvenção pode ser deduzida não apenas pelo réu contra o autor (reconvindo) mas também por ou contra outros sujeitos que possam vir a associar-se ao reconvinte ou ao reconvindo através da suscitação do incidente de *intervenção principal provocada* (art.ºs 325.º e 326.º, n.ºs 1 e 2), como sucederá quando o pedido formulado pelo réu implicar um *litisconsórcio necessário passivo* entre o (autor) reconvindo e uma terceira pessoa (art.º 274.º, n.º 4)[1]. Assim, por ex., se, no âmbito da reconvenção, o pedido formulado pelo réu-reconvinte-inquilino se fundar no incumprimento contratual por banda do autor-reconvindo-senhorio, a legitimidade passiva (para o pedido reconvencional), no caso de compropriedade do prédio arrendado, assume necessariamente natureza plúrima e daí a necessidade de intervenção de todos os respectivos comproprietários em litisconsórcio necessário passivo (art.ºs 26.º e 28.º, n.º 2, do CPC e 1045.º, n.º 1, do CC)[2].

Não se tratando, contudo, de litisconsórcio necessário, mas de *litisconsórcio voluntário ou coligação* (de salientar, neste conspectu, que a lei faculta também ao réu devedor solidário a dedução, em reconvenção, do pedido de condenação dos seus condevedores, não demandados como réus, em satisfação do direito de regresso – art.º 329.º, n.º 2), «o juiz pode recusar a reconvenção se entender que, não obstante a verificação dos respectivos requisitos, há inconveniente grave na instrução, discussão e julgamento conjuntos». Nesta eventualidade, decretará, por *despacho fundamentado*, a absolvição da instância (quanto ao pedido reconvencional) de quem não seja parte primitiva na causa, com aplicação do disposto no n.º 5 do art.º 31.º (cfr. o n.º 5 do art.º 274.º). O autor e o réu supostos pelo art.º 274.º são aqueles a quem se reconheça legitimidade para, nessa

---

[1] É o caso de o pedido reconvencional haver de ser deduzido necessariamente contra marido e mulher ou de apenas um deles ser autor (art.º 28.º-A).

[2] Cfr. o acórdão do STJ de 9-05-2006, Proc. 730/06 – 6.ª Sec. / Cons.º SOUSA LEITE.

562 · Direito Processual Civil

qualidade, intervirem no pleito. Se o réu (também reconvinte) for julgado *parte ilegítima* para a acção principal no despacho saneador, esse julgamento prejudica também o conhecimento do pedido reconvencional[1].

A *contestação* é *sempre notificada* (pela secretaria) ao autor, haja ou não lugar a réplica (art.º 492.º, n.º 1). Efectivamente, ao autor – e não à secretaria – cabe verificar se, perante a contestação apresentada, pode ou não haver réplica, pelo que a notificação se destina a assegurar (ao autor) o eventual *direito de resposta* (art.º 229.º, n.º 2).

Para que a reconvenção seja admissível, exige a lei que entre o pedido original e o pedido reconvencional se verifique uma certa *conexão ou afinidade* (art.º 274.º, n.º 2). Para além dos *elementos* (*substantivos*) de conexão com o pedido do autor indicados no n.º 2 do art.º 274.º, cumpre ao réu observar, na dedução do seu pedido, todos os *requisitos* (*processuais ou formais*) legalmente exigidos para a obtenção de uma decisão de mérito, desde logo os pressupostos processuais, uns relativos à competência absoluta do tribunal (em razão da matéria, da nacionalidade e da hierarquia), outros ligados à forma do processo.

Assim, e quanto à *competência absoluta* do tribunal, o tribunal da causa pendente terá de ser também o competente para conhecer da questão reconvencional, sob pena de absolvição do autor-reconvindo da instância reconvencional (art.º 98.º, n.º 1). Já não assim, se se tratar de uma incompetência meramente relativa, em razão do território[2]. Quanto à *forma de processo*, contempla o n.º 3 do art.º 274.º, como requisito (formal) de admissibilidade, o de a ambos os pedidos (ao da acção original e ao da reconvenção) corresponder a mesma forma de processo comum (ordinária ou sumária) ou a mesma forma de processo especial, não podendo, assim, ocorrer qualquer um dos requisitos negativos de compatibilidade processual a que se refere esse preceito, sem prejuízo do disposto no art.º 31.º, n.ºs 2 e 3, por reporte ao art.º 470.º, n.º 1 (cumulação de pedidos). Com *duas ressalvas*: *por um lado*, à sua admissibilidade não obstará a diversidade dos processos derivada unicamente do valor (processo ordinário *versus* processo sumário e vice-versa); *por outro*, o juiz poderá

---

[1] Cfr. o acórdão do STJ de 10-3-61, BMJ n.º 105.º, p. 570, citado também por J. RODRIGUES BASTOS, in Notas, vol. II cit., p. 31, nota 1 / Cons.º SOUSA MONTEIRO.

[2] Cfr. A. MONTALVÃO MACHADO/PAULO PIMENTA, O Novo Processo Civil cit., pp. 174-175.

Capítulo VIII – A instância e suas vicissitudes

autorizar a reconvenção (mesmo que a forma diferente não resulte apenas do valor) no uso dos poderes conferidos pelo art.º 265.º-A (*princípio da adequação formal*)[1].

Este segundo requisito de ordem formal/processual constante do n.º 3 do art.º 274.º destina-se a obviar a que o enxerto da acção reconvencional possa causar perturbações e embaraços à normal e previsível tramitação do processo já pendente. Aferindo-se a idoneidade da forma do processo pelo pedido do autor, terá de existir – para fins de instrução, discussão e julgamento da causa reconvencional – «coincidência entre a forma de processo aplicável à acção e a forma de processo aplicável à reconvenção»[2]. Assim, numa acção (ordinária ou sumária) é admissível reconvenção se a esta couber a forma comum do processo. Já se a acção for comum e ao pedido reconvencional corresponder forma especial, não será em princípio permitida reconvenção. E, se a acção for especial, a reconvenção só é admitida se lhe corresponder a mesma forma especial e não outra forma especial ou a forma comum[3]. Todavia, se ao pedido inicialmente formulado pelo autor corresponder uma forma de processo especial, mas passar a corresponder processo comum em virtude da contestação do réu, a reconvenção já será admissível[4].

Para a determinação do *valor da causa* deve atender-se ao momento em que a acção é proposta, sem prejuízo da dedução do incidente do valor. Porém, havendo reconvenção, *o valor do pedido reconvencional soma-se ao valor do pedido da acção* quando os pedidos sejam *distintos* nos termos do n.º 4 do art.º 447.º-A, n.º 2 (art.º 308.º, n.º 2), sendo a esta soma que deve atender-se para efeitos do valor da causa e para determinação

---

[1] Apesar da diversidade das formas de processo, o juiz pode autorizar o enxerto reconvencional, nos casos do art.º 32.º, n.ºs 2 e 3 (cfr. o art.º 274.º, in fine). A. MONTALVÃO MACHADO/PAULO PIMENTA, ob cit., p. 174, nota 395, entendem – no que plenamente concordamos – «que, independentemente da autorização do juiz» é de admitir que, «numa acção de divórcio litigioso, o réu formule um pedido reconvencional tendente à fixação do direito a alimentos, por analogia com o previsto no n.º 2 do art.º 470.º do CPC». Em sentido contrário, cfr., v.g., o acórdão da RC de 4-4-95, BMJ n.º 446, p. 361 / Des. SILVA GRAÇA.

[2] Cfr. ALBERTO DOS REIS, Comentário, vol. 3.º cit., p. 117.

[3] Cfr. A. MONTALVÃO MACHADO/PAULO PIMENTA, O Novo Código de Processo Civil cit., p. 174.

[4] Cfr. o acórdão do STJ de 18-4-2006, Proc. 873/06 – 1.ª Sec./ Cons.º SEBASTIÃO PÓVOAS.

564   *Direito Processual Civil*

da competência do tribunal (respectiva alçada e recursos), ainda que o processo venha a ser anulado por ineptidão da petição inicial ou os pedidos venham a ser reduzidos ou a ser objecto de desistência, transacção ou de decisão de improcedência[1]. Não olvidando que, conforme o disposto no art.º 462.º, se o valor da causa exceder a alçada da Relação se empregará o processo ordinário.

O *aumento do valor* da causa, a *forma de processo* comum, o número dos *articulados*, os *prazos* dos actos judiciais, a definição do *direito ao recurso* e a *obrigatoriedade do patrocínio* decorrente da dedução do (novo) pedido reconvencional apenas se modificam para o futuro (*ex-nunc*), após a apresentação do respectivo articulado, só se repercutindo, pois, nos actos e termos posteriores/subsequentes à reconvenção (art.º 308.º, n.º 3)[2]. Regras processuais estas que não contendem com a admissibilidade da reconvenção. Mas, sendo esta julgada inadmissível e, como tal, rejeitada, aplicar-se-ão, após a sua dedução, a todos os actos, incluindo aos prazos processuais, as regras atinentes à forma de processo correspondente à soma dos valores da petição inicial e reconvencional.

Também se formulados diversos pedidos em reconvenção, a inadmissibilidade desta quanto ao pedido principal, por lhe corresponder diversa forma de processo, abrange os demais pedidos que se encontrem na dependência daquela[34].

§2.º – *Requisitos objectivos (materiais ou substantivos).*

O exercício do direito (autónomo) de reconvir depende ainda da verificação de certos limites ou *requisitos de ordem substancial, material ou objectiva*, em satisfação da exigência legal de uma certa *conexão entre o pedido do autor e o pedido reconvencional* (cfr. alíneas a), b) e c) do n.º 2 do art.º 274.º). Isto porque a sua facultação irrestrita poderia redundar em grave perturbação da regular e ordenada tramitação do processo.

---

[1] Cfr. SALVADOR DA COSTA, Os Incidentes da Instância cit., p. 36.

[2] Circunstância em que devem atentar oportunamente, quer a secretaria, quer os mandatários das partes.

[3] Cfr. o acórdão do STJ de 26-1-99, Proc. n.º 1062/98 – 1.ª Sec./ Cons.º MARTINS DA COSTA.

Capítulo VIII – A instância e suas vicissitudes 565

São as seguintes as hipóteses de reconvenção taxativamente contempladas nessas três alíneas: – emergir o pedido do réu do *mesmo facto jurídico* que serve de fundamento à acção ou à defesa; – propor-se o réu *obter a compensação ou tornar efectivo o direito a benfeitorias ou despesas* relativas à coisa cuja entrega lhe é pedida; – tender o pedido do réu a *conseguir, em seu benefício, o mesmo efeito jurídico que o autor se propõe* obter. Isto para a chamada *reconvenção pura*, uma vez que – nas situações das alíneas b) e c) do n.º 2 do citado art.º 274.º – a reconvenção pode ser deduzida a título eventual (*reconvenção subsidiária*) para o caso de o pedido (originário) vir a ser julgado procedente[1]; é o que tipicamente acontece quando o réu pede indemnização por benfeitorias, mas esclarecendo que a tal pedido só será de atender se for ordenada a restituição da coisa[2].

Atentemos em cada uma dessas enunciadas hipóteses legais.

a) – Quando o pedido do réu emerge do facto jurídico que serve de fundamento à acção ou à defesa.

Toda a acção (ou pedido formulado pelo autor) radica num certo acto ou facto jurídico – a *causa de pedir* que serve de fundamento à demanda (art.º 498.º, n.º 4). Torna-se, por isso, necessário que o pedido reconvencional se encontre em conexão com esse facto jurídico já processualmente adquirido (art.º 274.º, n.º 2, al. a)); isto é: que provenha da *mesma causa de pedir que serve de suporte ao pedido originário* (do autor) ou *emirja de acto ou facto jurídico que serve de fundamento à defesa*, embora, como é evidente, desse acto ou facto jurídico o réu-reconvinte pretenda, nessa eventualidade, obter um diferente efeito (jurídico) útil, medindo-se essa sua utilidade pela virtualidade para reduzir, modificar ou extinguir o pedido do autor.

Exemplos da 1.ª variante – ambos os pedidos emergirem do (*mesmo*) *facto jurídico que serve de fundamento à acção*: – numa acção em que o autor exige do réu uma prestação obrigacional a que teria direito por força de um contrato bilateral, o réu pede que aquele seja condenado a cumprir a sua parte nesse

---

[1] Cfr. Manuel de Andrade, Noções Elementares cit., p. 143.
[2] Cfr. A. Montalvão Machado/Paulo Pimenta, O Novo Processo Civil, cit., p. 175.

contrato; – numa acção de indemnização (responsabilidade extracontratual) por acidente de viação, o réu, imputando o acidente à exclusiva responsabilidade do autor, solicita, em consequência, a condenação deste (ou da respectiva seguradora) na competente indemnização; – numa acção para efectivação de responsabilidade contratual por uma compra e venda a termo, pedindo o comprador a condenação do vendedor a entregar-lhe a coisa, pode o vendedor pedir a condenação do comprador a entregar-lhe o preço, ou, depois de ambos haverem satisfeito a respectiva prestação, o vendedor pede a sua anulação por erro essencial, com a consequente condenação do comprador a restituir-lhe a coisa adquirida, podendo então este último reconvir pedindo a restituição do preço pago[1].

Exemplos da 2.ª variante – *mesmo facto jurídico que serve de fundamento à defesa*: – A pede a condenação de B a pagar-lhe €6.000, a título do preço de um coisa que lhe vendeu; B pode invocar que o autor agiu com dolo (*"exceptio doli"*) pedindo, com tal fundamento, a anulação do negócio e, simultaneamente, solicitar, em reconvenção, a condenação de A a pagar-lhe uma indemnização de €1.000 pelos danos causados; – numa acção de petição de herança por efeito de sucessão legítima, o réu defende-se com um testamento em que o *de cujus* o nomeou seu herdeiro universal e pede que o autor seja condenado a abrir mão de alguns dos bens hereditários que detém na sua posse; – em acção cível por acidente de viação instaurada contra a seguradora do lesante (alegado causador do acidente), a mesma pode deduzir reconvenção contra a seguradora do autor para indemnização dos prejuízos sofridos, no caso de atribuir o acidente a manifesta imperícia desse seu segurado; a demandada poderá, se for caso disso, exigir da seguradora do autor, por pedido reconvencional, a indemnização dos prejuízos materiais e morais sofridos pelo seu segurado, no caso de atribuir a causa do acidente ao mau estado de conservação em que o veículo se encontrava por culpa exclusiva do autor (o pedido reconvencional tem cabimento legal por emergir de facto jurídico – falta dos cuidados de conservação da viatura – que serve de fundamento à defesa)[2-3].

Se, contudo, a defesa improceder e a reconvenção emergir do facto jurídico que lhe serviu de fundamento, o conhecimento do mérito da

---

[1] Os três últimos exemplos são dados por MANUEL DE ANDRADE, Noções Elementares cit., p. 141.

[2] O n.º 6 do art.º 64.º do Dec.-Lei n.º 291/2007, de 21 de Agosto (seguro obrigatório) admite expressamente a reconvenção em todas as acções, cíveis ou penais, destinadas a efectivar responsabilidade civil extracontratual por acidente de viação.

[3] Cfr. ANTUNES VARELA/J. M. BEZERRA/SAMPAIO E NORA, Manual cit., p. 328.

Capítulo VIII – A instância e suas vicissitudes

reconvenção tornar-se-á prejudicado; daí que não deva ser admitida e, se já o tiver sido, deverá o tribunal abster-se de dela conhecer[1].

E quanto à *indemnização por danos causados ao réu-reconvinte com a própria propositura da acção*?

O Supremo Tribunal de Justiça teve já ensejo de se pronunciar no sentido da inadmissibilidade da reconvenção para ressarcimento dos danos alegadamente advenientes do simples acto de propositura da acção originária[2]. Por um lado, face ao *carácter meramente facultativo* da reconvenção no nosso sistema processual, não precludindo a sua omissão o (ulterior) direito de acção autónoma do réu; por outro, face à exigência (com o objecto da acção) de uma conexão taxativamente determinada *ope legis* nas três alíneas do n.º 2 do art.º 274.º, e não *ope iudicis*, como sucederia se se deixasse ao livre alvedrio do juiz a apreciação da existência de uma conexão mais ou menos consistente com a demanda do autor[3]. Assim, afora os casos de conexão previstos na lei ou os outros requisitos processuais exigidos, o réu tem de propor acção separada da do autor[4]. De resto, o nosso mais alto tribunal já antes se havia pronunciado sobre uma hipótese congénere no já provecto acórdão de 2 de Março de 1945, in BMJ, n.º 28, p. 99, no qual decidiu não se enquadrar a reconvenção no disposto no n.º 1 do art.º 279.º (actual alínea a) do n.º 2 do art.º 274.º), ademais por a intentação da acção constituir, na circunstância, um abuso de direito de accionar[5].

Será de *admitir a reconvenção* nas seguintes hipóteses: – numa acção de reivindicação, visando reconhecer que o réu adquiriu a coisa reivindicada através da acessão industrial imobiliária[6]; – numa acção de divórcio, relativamente aos

---

[1] Cfr. o acórdão do STJ de 27-09-2005, Proc. 2600/05 – 1.ª Secção / Cons.º LOPES PINTO.

[2] Cfr. o acórdão de 18-12-2003, Proc. n.º 3141/2003– 6.ª Sec/ Cons.º AFONSO DE MELO.

[3] Cfr., sobre a grande latitude da admissibilidade da reconvenção em França, os art.ºs 11.º, 12.º e 13.º do *Nouveau Code de Procédure Civile*.

[4] Sem, pois, que tal interpretação da al. a) do n.º 2 do art.º 274.º viole o princípio do acesso ao direito e à da tutela jurisdicional efectiva consagrado nos art.ºs 20.º da CRP e 2.º do CPC.

[5] Cfr. o citado acórdão do STJ de 18-12-2003.

[6] Cfr. o acórdão da RC de 25-5-97, BMJ n.º 467, p. 637 / Des. FERREIRA DE BARROS.

568   *Direito Processual Civil*

danos não patrimoniais causados pelo próprio divórcio contemplados no art.º 1792.º do CC, a cujo ressarcimento tem direito o cônjuge lesado, independentemente da circunstância de o divórcio ter ou não sido requerido por ele»[1]; – nas acções para reconhecimento e declaração de existência de servidão de passagem, o reconhecimento do direito de preferência dos réus na compra efectuada pelos autores do prédio dominante e para declaração judicial de extinção dessa servidão[2].

Casos de *inadmissibilidade do pedido reconvencional*: – numa acção de preferência relativa a arrendamento rural com base no art.º 28.º do Dec.-Lei n.º 385/88, de 25 de Outubro (LAR), constituindo sempre a causa de pedir nessa acção a transmissão da propriedade da coisa, vir deduzir-se reconvenção (com base na 1.ª variante da al. a) do n.º 2 do art.º 274.º), se a causa de pedir dos autores – quer no pedido principal quer no subsidiário – for complexa, comportando, como elemento comum, o contrato de arrendamento rural e, como elemento diferenciador, os factos concretos violadores da alínea b) do artigo 21.º da citada LAR (no pedido principal) e não convir aos autores a continuação do arrendamento (que respeita ao pedido subsidiário)»[3]; – numa empreitada de obra particular, não estando paga parte do preço convencionado, se o empreiteiro suspender a execução dos trabalhos invocando a excepção de não cumprimento, esta invocação inibe o dono da obra de reconvencionar quaisquer prejuízos daí decorrentes[4]; – numa acção de prestação de contas, dirigida por um dos dois

---

[1] Entre os efeitos do divórcio, há a distinguir: a) – *os danos* (patrimoniais e não patrimoniais) resultantes da própria dissolução do casamento; b) – *os danos* (patrimonais e não patrimoniais) resultantes dos factos que constituam fundamento para tal dissolução (deveres conjugais concretamente violados). Assim: a indemnização pelos danos exclusivamente não patrimoniais (*pretium doloris*) resultantes da dissolução do casamento com fundamento na alínea b) do art.º 1781.º do CC só pode ser pedida na própria acção de divórcio (art.º 1792.º, n.º 2 do CC); b)-a indemnização pelos danos (tanto patrimoniais como não patrimoniais) emergentes dos factos que constituem fundamento para a dissolução do casamento (art.ºs 1672.º e 1674.º a 1676.º do CC), deve (e só pode) ser pedida em acção declaratória comum de declaração e nos tribunais comuns (art.º 1792.º, n.º 1, do CC) – cfr., neste sentido, o acórdão do STJ de 14-11-2006, Proc. 2899/06 – 1.ª Sec. / Cons.º FARIA ANTUNES. O acórdão do TC n.º 118/2001, de 29-3-2001 (DR, II.ª Série, n.º 96, de 24-4-2001, pp. 7254 e ss) julgou conforme à Constituição a interpretação restritiva do n.º 1 do art.º 1792.º do CC, no sentido de excluir da sua previsão a ressarcibilidade dos danos morais e emergentes do comportamento do cônjuge que deu origem ao divórcio (culpado) e de abranger apenas os danos resultantes do próprio divórcio.

[2] Cfr. o acórdão do STJ de 29-2-2000, Proc. 118/2000 – 1.ª Sec. / Cons.º ARAGÃO SEIA.

[3] Cfr. o acórdão do STJ de 5-3-96, BMJ, n.º 455, p. 389 / Cons.º FERNANDES MAGALHÃES.

[4] Cfr. o acórdão do STJ de 28-3-96, CJSTJ, Tomo I, p. 161 / Cons.º ALMEIDA E SILVA.

Capítulo VIII – A instância e suas vicissitudes

sócios-gerentes contra o outro sócio-gerente de facto de uma sociedade comercial por quotas com dois sócios apenas (art.º 1014.º e ss) por as não ter prestado em assembleia geral, não pode o autor, em reconvenção, deduzir pedido de prestação de contas[1]; – basear-se a reconvenção em direito de propriedade e a acção originária em alegado incumprimento do contrato-promessa, embora esteja em causa o mesmo bem[2]; – em acção de despejo, pedir-se, em reconvenção, indemnização que não tenha por fundamento a relação locatícia[3].

b) – quando o réu se propõe obter a compensação ou tornar efectivo o direito a benfeitorias ou despesas relativas à coisa cuja entrega lhe é pedida.

Esta modalidade de reconvenção contempla duas situações distintas: a *reconvenção por compensação* e a *reconvenção por benfeitorias e despesas*.

§1.º – Quando o réu se propõe obter a compensação.

A compensação é um meio de extinguir as obrigações (cfr. o art.º 847.º, n.º 1, do CC): se dois sujeitos de direito forem *simultaneamente credores e devedores um do outro* poderá qualquer deles subtrair-se ao cumprimento (assim fazendo extinguir a obrigação respectiva) compensando a sua dívida com o seu crédito, desde que observados os requisitos das diversas alíneas desse n.º 1). Nesta primeira vertente, o réu dirige ao autor, *através da contestação*, a *declaração de compensação* prevista no art.º 848.º, n.º 1, do CC, com vista à *extinção recíproca de ambos os créditos*, não impedindo a compensação a iliquidez da dívida (art.º 847.º, n.º 3)[4].

A respeito da compensação, tem-se suscitado na doutrina e na jurisprudência a questão de saber se a sua dedução em processo civil deve

---

[1] Cfr. o acórdão da RL de 3-2-83, BMJ n.º 331, p. 597 / Des. Garcia da Fonseca.

[2] Cfr. o acórdão da RL de 15-12-94, CJ, Tomo V, p. 133 / Des. Tomé de Carvalho.

[3] Cfr. o acórdão da RL de 9-2-95, BMJ n.º 444, p. 696 / Des. Santos Bernardino.

[4] O Código Civil, na esteira do direito germânico e ao arrepio do direito francês, passou a determinar a efectivação da compensação mediante a simples declaração de uma das partes à outra (art.º 848.º), não a impedindo a iliquidez da dívida (art.º 847.º, n.º 3). A *compensação* está agora, pois, limitada a uma simples causa de extinção das obrigações, a operar unicamente pela via da *excepção peremptória* (art.ºs 487.º, n.º 2 e 493.º, n.º 3). – cfr. J. Rodrigues Bastos, Notas, vol. II cit., pp. 32-33.

570　　　*Direito Processual Civil*

juridicamente qualificar-se, e operar, como *excepção peremptória* ou antes como *reconvenção* ou *pedido reconvencional*. Isto sendo sabido que as excepções peremptórias se relacionam intimamente com a (própria) relação jurídica submetida ao escrutínio jurisdicional (a relação material controvertida), enquanto que, na compensação, o crédito e o contra-crédito podem emergir de uma outra relação jurídica substantiva (quiçá totalmente distinta) estabelecida entre o autor e o réu. Controvérsia a cujo propósito surgiram três diferentes propostas doutrinais, *vis a vis* o alcance da al. b) do n.º 2 do art.º 274.º[1].

Para a *primeira* dessas teses, a compensação deve ser sempre invocada como *excepção peremptória*, só assumindo o correspondente pedido *natureza reconvencional* quando excedendo o crédito compensando, ou seja nos casos em que o contracrédito (do réu) seja superior ao crédito do autor e apenas quanto ao montante do excesso. Isto porque a compensação não pode ser autonomamente operada pela via judicial, só o podendo ser por declaração (unilateral receptícia) de uma das partes à outra (art.º 848.º, n.º 1, do CC), por ela não podendo o réu formular qualquer pedido contra o autor, *recte* um pedido de condenação num pagamento[2].

Uma *segunda* orientação entende a invocação da compensação como uma *figura processual sui generis*, uma espécie de *tertium genus* com afinidades simultaneamente com as excepções peremptórias e com a reconvenção: com a *reconvenção* por representar um pedido autónomo radicado numa relação jurídica diversa da invocada pelo autor, pretendendo o réu não apenas a extinção da obrigação a seu cargo, mas também, por via reflexa, exercitar uma outra sua relação (creditícia) sobre o património do autor; *com as excepções peremptórias* pelo facto de o réu, com a sua dedução, pretender extinguir a obrigação reclamada pelo demandante[3-4].

---

[1] Cfr., acerca desta controvérsia e das três teses em presença, A. MONTALVÃO MACHADO/PAULO PIMENTA, O Novo Processo Civil cit., pp.167 a 171 e LEBRE DE FREITAS, A Acção Declarativa Comum cit., pp. 108 a 111.

[2] Cfr. VAZ SERRA, RLJ, ano 104.º, pp. 276 e ss, 105.º, pp. 6 e ss, 109.º, pp. 145 e ss e 110.º, pp. 254 e ss, ANSELMO DE CASTRO, A Acção Executiva Comum e Singular, p. 282, em nota de rodapé, e pp. 283 e ss e adenda e LEBRE DE FREITAS, A Acção Declarativa cit., pp. 108-113.

[3] Cfr. ANTUNES VARELA/J. M. BEZERRA/SAMPAIO E NORA, Manual cit., p. 332.

[4] Cfr. VAZ SERRA, RLJ, ano 104.º, p. 293.

Para a *terceira* tese, a compensação de créditos deve ser sempre objecto de um *pedido reconvencional* ou *reconvenção*. Isto por o pedido compensatório exceder (sempre) a mera defesa, traduzindo uma pretensão autónoma a ser invocada em reconvenção, o único meio ao dispor do réu para deduzir pedidos contra o autor. Pela compensação de créditos, o réu não se confina a invocar um facto extintivo do direito do autor, porquanto submete à apreciação do tribunal uma outra relação jurídica, quiçá de cariz perfeitamente distinto da configurada pelo demandante[1].

Perfilhamos 1.ª tese, segundo a qual só pelo excesso a favor do réu (liquidado ou não na contestação) existe reconvenção. A tal não obsta a possibilidade de apreciação de parte do contracrédito em sede de excepção e parte em sede de reconvenção, pois que (normalmente) será a mesma decisão a apreciá-lo na sua globalidade. De resto, face ao carácter facultativo da reconvenção, o risco de uma apreciação separada (no processo pendente ou noutro autonomamente instaurado) existirá sempre e não apenas nos casos em que as normas de competência absoluta o impeçam (art.º 98.º, n.º 1). Nada obstará, ademais, a que, quer o autor, quer o réu-reconvinte, se limitem a deduzir um pedido parcial do seu crédito, reservando a parte restante para uma ulterior acção[2]. Sendo o crédito reconvencional de montante superior ao do crédito da acção, operar-se-á a extinção recíproca dos créditos até ao montante do menor deles, não atingindo o excesso, e daí a autonomia do pedido (deduzido pelo réu) de condenação do autor face ao pedido (original) por este formulado na petição inicial. Hipótese em que se perfila com inteira nitidez a ampliação do objecto do processo em que se traduz a reconvenção.

Na esteira de MIGUEL MESQUITA[3], no caso de o réu pretende efectuar, no processo, a compensação de um contracrédito comum de valor superior ao do crédito do demandante, deverá *prima facie* declarar a compensação do montante (comum) dos créditos através da dedução de *uma*

---

[1] Cfr. CASTRO MENDES, DPC, vol. II, 1987, pp. 369 e ss., MANUEL DE ANDRADE, Noções Elementares cit., pp. 146 e ss, E. LOPES CARDOSO, CPC Anotado, 1967, em anotação ao art.º 274.º, M. J. ALMEIDA COSTA, Direito das Obrigações, 9.ª ed., pp. 1031 a 1035 e A. MONTALVÃO MACHADO/PAULO PIMENTA, O Novo Processo Civil cit., pp. 171-172.

[2] O credor de €20.000 por causa contratual pode, por exemplo, pedir apenas, ou repartir por várias acções, o montante de €5.000.

[3] Cfr. Reconvenção e Excepção no Processo Civil, Coimbra, Almedina, 2009, pp. 359-362.

excepção peremptória; depois, e quanto à parte excedente do contra-crédito exercitará a *faculdade de reconvir*, pedindo a condenação do autor no pagamento do excesso. Se porém, «por algum motivo de natureza processual (v.g. a falta de competência do tribunal), o pedido reconvencional for inadmissível, o réu tem de limitar-se a excepcionar (isto é a compensar o montante comum dos créditos), fazendo valer a parte sobejante do contracrédito através de uma *acção autónoma*»[1].

Assim, se A pede (no tribunal comum) a condenação de B a pagar-lhe a quantia mutuada no montante de €15.000, e se B lhe opuser um contracrédito laboral de €30.000, a eventualmente (pretendida) compensação terá que ser deduzida no processo comum como *excepção peremptória*, sendo para tal competente o foro comum por a questão laboral se tratar de uma questão conexa (art.º 96.º, n.º 1, do CPC), sem que sobre tal questão se possa formar caso julgado material. Se, porém, B pretender fazer valer a parte excedente do contracrédito laboral (€15.000) terá de intentar no foro laboral uma acção condenatória independente.

De resto, é esta a tese maioritária nos nossos tribunais, depois de o Supremo Tribunal de Justiça haver, nesse sentido, uniformizado jurisprudência através do acórdão de 2 de Julho de 1974, tirado por unanimidade em reunião conjunta das secções cíveis[2]. Nos termos deste aresto, "não se pode admitir que o preceito do n.º 2 alínea b) do art.º 274.º do CPC estabeleça a reconvenção para todos os casos de compensação; esta só será de invocar pela via reconvencional quando – tendo por base um *crédito líquido ou ilíquido* –, este (último) seja de montante superior ao do autor e o réu peça a sua condenação ou a declaração do crédito quanto ao excedente"[3].

A única modalidade de *defesa* que a compensação pode agora revestir é a de *excepção peremptória*, na própria expressão legal (art.ºs 487.º, n.º 2 e 493.º, n.º 3). Se, porém, o crédito oposto em compensação for de montante superior ao da dívida reclamada, assiste ao réu a seguinte alternativa: *se pretende apenas ver extinta a dívida* reclamada, limita-se a

---

[1] Porém a preclusão da excepção de compensação (isto é, do direito potestativo de compensar) torna inviável o exercício desse direito através da oposição à execução – cfr. MIGUEL MESQUITA, Reconvenção e Excepção no Processo Civil cit., p. 470.

[2] Cfr. BMJ, n.º 239, p. 120.

[3] Cfr., também nesta esteira, v.g., o acórdão do STJ de 8-11-01, Proc. n.º 3327/01 – 2.ª Sec. / Cons.º FERREIRA DE ALMEIDA.

Capítulo VIII – A instância e suas vicissitudes   573

invocar o seu crédito, vendo-o reduzido na medida da dívida compensada; *se pretende receber o excesso*, terá de deduzir pedido reconvencional, no qual solicitará a condenação do reconvindo a pagar-lhe a diferença, nos termos da al. b) do n.º 2 do art.º 274.º[1-2].

De ter presente, todavia, que o recurso à compensação, como excepção peremptória, ou por via de pedido reconvencional, postula, à semelhança do direito substantivo, o *reconhecimento de um crédito*, ao qual se opõe um contra-crédito, pelo que o reconvinte não pode pretender a compensação se negar a existência do crédito reclamado pelo reconvindo[3].

§2.º – Tornar efectivo o direito a benfeitorias ou a despesas relativas a uma coisa a entregar.

Legitima também o uso da reconvenção a panóplia de situações a que se reporta a al. b) do n.º 2 do art.º 274.º. Trata-se dos casos em que se torne necessário tornar efectivo o direito a *benfeitorias* ou a *despesas* relativas à coisa cuja entrega seja reclamada pelo autor ao réu, no fundo a concretização do correspondente direito indemnizatório por banda do demandado.

Quanto às *benfeitorias*, o pedido reconvencional pode surgir, por exemplo: – numa acção de reivindicação de um prédio, se o réu, que nele fez obras de conservação ou melhoria, pretender o respectivo reembolso ou ressarcimento – benfeitorias necessárias e úteis (cfr. o art.º 1273.º do CC)[4]; – numa acção de despejo (destinada a fazer cessar a relação jurídica

---

[1] Cfr. J. RODRIGUES BASTOS, Notas, vol. II cit., p. 33.

[2] Sustenta, contudo, MIGUEL MESQUITA, Reconvenção e Excepção no Processo Civil cit., p. 464, que a omissão da dedução da excepção de compensação (na contestação) não surte qualquer efeito preclusivo por violação do princípio da concentração de defesa do art.º 489.º; o que o réu não excipiente perde é, tão-somente, o poder de obter a extinção do crédito do autor, «mas jamais o poder de exigir o pagamento da quantia em dívida através de uma acção independente».

[3] cfr. o acórdão do STJ de 19-2-98, Proc. 643/98 – 2.ª Sec. / Cons.º FERREIRA DE ALMEIDA.

[4] Quanto às *benfeitorias voluptuárias* (as feitas no prédio para mero gozo, proveito ou divertimento do detentor) o problema não se põe, uma vez que a lei civil apenas confere ao possuidor de boa-fé o direito a levantá-las «não se dando o detrimento da coisa, pois que, no caso contrário, não poderá levantá-las nem haver o valor delas» (art.º

de arrendamento urbano habitacional) – art.º 14.º do NRAU aprovado pela Lei n.º 6/2006, de 27 de Fevereiro – e salva estipulação em contrário, poderá o arrendatário, em reconvenção, fazer valer o seu «direito a compensação pelas obras licitamente feitas» no prédio arrendado, «nos termos aplicáveis às benfeitorias realizadas por possuidor de boa--fé» (cfr. art.º 29.º, n.º 1, do mesmo diploma)[1].

Relativamente às *despesas* – por vezes em cumulação com as benfeitorias necessárias e úteis – será o caso de, pedida a restituição de uma coisa depositada, o réu depositário pretender que o depositante (autor) lhe pague as despesas de conservação da coisa depositada (art.º 1199.º, al. b) do CC)[2]. E não só o depositário, mas qualquer outro detentor da coisa, como o comodatário (art.º 1138.º), o mandatário (art.º 1167.º, al. c)), o locatário (art.º 1046.º), todos esses preceitos do CC, os quais, uma vez demandados para a entrega da coisa, poderão solicitar, na contestação, que o autor (comodante, mandante, locador, etc.) os indemnize de despesas que hajam feito com a mesma[3].

Outros exemplos: – em acção de preferência julgada procedente, o réu preferido, para além de ser reembolsado do preço que pagou pela coisa, pode ainda (mesmo que não haja contestado) reconvir para obter o pagamento de despesas resultantes da compra, em especial as notariais, de registo e de IMTI[4-5]; (o "preço devido" a que se refere o art.º 1410.º, n.º 1, do CC, a depositar na acção de preferência, abrange apenas a contraprestação paga ao alienante, que

---

1275.º do CC). Já o possuidor de má-fé «perde, em qualquer caso», as benfeitorias voluptuárias que haja feito» (n.º 2).

[1] Os fundamentos da resolução estão contemplados, a título exemplificativo, no art.º 1083.º do CC. A denúncia pelo senhorio com qualquer dos fundamentos previstos nas alíneas a) e b) do art.º 1101.º (necessidade de habitação pelo senhorio ou pelos seus descendentes em 1.º grau e para demolição ou realização de obras de remodelação ou restauro profundos respectivamente) é feita nos termos das leis do processo (a acção de despejo prevista no art.º 14.º do NRAU 2006), com antecedência não inferior a seis meses sobre a data pretendida para a desocupação (art.º 1103.º do CC).

[2] De qualquer modo, «a obrigação de indemnização por benfeitorias é susceptível de compensação com a responsabilidade do possuidor por benfeitorias» – cfr. art.º 1274.º do CC.

[3] Cfr. ANTUNES VARELA/J. M. BEZERRA/SAMPAIO E NORA, Manual cit., p. 328.

[4] O Código do Imposto Municipal Sobre Transmissão Onerosa de Imóveis (CIMTI) foi aprovado pelo Dec.-Lei n.º 287/2003, de 12 de Novembro.

[5] Cfr. o acórdão da RL de 22-1-98, CJ, Tomo I, p. 389 / Des. PAIXÃO PIRES.

Capítulo VIII – A instância e suas vicissitudes 575

não também as despesas feitas pelo adquirente com o IMTI, a escritura e o registo, as quais podem, por isso, ser pedidas em reconvenção)[1]; – em acção proposta por arrendatário comercial contra o senhorio para a efectivação de obras necessárias ao normal desempenho de tal actividade, nada obsta, formal ou substancialmente a que este deduza pedido reconvencional de acolhimento da resolução do contrato com fundamento em qualquer das causas legalmente previstas[2]; – numa acção em que, com fundamento em acessão industrial imobiliária, a autora peticiona a declaração de que é proprietária do prédio da ré no qual erigiu uma construção, é admissível o pedido reconvencional deduzido pela ré, pelo qual esta, negando a existência da acessão, pede que a autora seja condenada a indemnizá-la pelos prejuízos resultantes de ocupação ilegítima desse prédio[3].

c) – quando o pedido do réu tende a conseguir, em seu benefício, o mesmo efeito jurídico que o autor se propõe obter.

Prevê-se, na al. c) do n.º 2 do art.º 274.º, a possibilidade de o réu fazer reverter em seu proveito o efeito jurídico pretendido pelo autor.

Têm-se designadamente em vista, nesse preceito, as *acções de divórcio litigioso* (art.º 1779.º e ss do CC) ou de *separação judicial de pessoas e bens* (art.º 1794.º e ss do CC), em que o réu, concordando com o efeito jurídico essencial visado na acção (a dissolução ou a cessação transitória do vínculo matrimonial ou da sociedade conjugal), pretende que algum desses efeitos constitutivos seja antes decretado pelas causas por si alegadas na contestação, ou seja, a seu favor. Assim por exemplo, numa *acção de divórcio litigioso*, se ambos os cônjuges tiverem em vista obter o divórcio, o réu demandado pode aproveitar a acção contra si instaurada pelo seu consorte para obter (em seu benefício) o mesmo efeito jurídico (o divórcio), mas agora com base em fundamento diverso do invocado pelo autor[4]. O art.º 1795.º do CC é enfático a este respeito: «a separação

---

[1] Cfr., no sentido de que o n.º 1 do art.º 1410.º apenas exige o depósito do preço em singelo, os acórdãos do STJ de 13-3-2003, Proc. n.º 288/2003 – 2.ª Sec. / Cons.º Ferreira de Almeida e de 15-11-2005, Proc. 3064/05-1.ª Sec. / Cons.º Faria Antunes.

[2] Cfr. o acórdão da RC de 28-1-97, BMJ n.º 463, p. 647 / Des. Custódio de Matos.

[3] Cfr. o acórdão da RP de 4-3-97, CJ, Tomo II, p. 177 / Des. Araújo de Barros.

[4] Alberto dos Reis, Comentário, vol. 3.º cit., p. 11, entende que «o réu, numa acção de divórcio, pode também pedir em reconvenção a separação de pessoas e bens». A este propósito, refere Manuel de Andrade, Noções Elementares cit., p. 143, nota 1, que «pode ter importância para o réu pedir o divórcio por fundamento distinto, mesmo que o

576 *Direito Processual Civil*

judicial de pessoas e bens pode ser pedida em reconvenção, mesmo que o autor tenha pedido o divórcio; tendo o autor pedido a separação de pessoas e bens, pode igualmente o réu pedir o divórcio em reconvenção» (n.º 1). Em qualquer destes casos, «a sentença deve decretar o divórcio se o pedido da acção e da reconvenção procederem» (n.º 2).

Existirá igualmente, pedido reconvencional se, numa acção de reconhecimento/declaração de propriedade sobre imóvel, A demanda B pedindo se declare ser ele A o proprietário do prédio X; se A vier a soçobrar nesse pedido (saindo, pois, B vitorioso na lide) o tribunal, julgando a acção improcedente, limita-se a declarar não se haver provado ser ele A o proprietário do imóvel; mas o réu (B), além de impugnar tal direito, pode pedir, em reconvenção dirigida contra A, que o tribunal declare que o proprietário do prédio X é ele B e não A[1].

Nestes casos, a causa de pedir reconvencional é diversa da invocada pelo autor[2], mas a identidade do efeito jurídico pretendido (por exemplo, a declaração de propriedade sobre o mesmo bem, a anulação do mesmo contrato, a obtenção do divórcio dos mesmos cônjuges) justifica a admissão do pedido reconvencional.

67.4. A reconvenção nas acções de simples apreciação negativa, nos processos executivo e sumaríssimo e em outros processos e procedimentos especiais alternativos e abreviados. Pedido reconvencional e tréplica.

Sendo a causa de pedir, nas *acções de simples apreciação negativa*, constituída, não só pela inexistência do direito de que o réu se arroga, mas também pelos factos a este imputados, indiciadores de um *estado de incerteza objectiva* que o autor pretende fazer cessar, tendo o réu o ónus da prova da existência desse direito, passa a ocupar materialmente a posição de autor e daí não ser possível admitir reconvenção neste tipo de acções.

---

divórcio seja também decretado pelo fundamento invocado pelo autor» (por ex., para efeitos de fixação da indemnização por violação de deveres conjugais). Sobre as consequências do decretamento do divórcio, cfr. os art.ºs 1790.º (partilha), 1791.º (perda de benefícios) e 1792.º (reparação de danos patrimoniais e não patrimonais), todos do CC.

[1] Cfr. Castro Mendes, DPC, ed. da AAFDL, 1969, Tomo I, p. 230.

[2] Quando assim não seja, a reconvenção é, ao mesmo tempo, admissível por força da al. c) do art. 274.º, n.º 2.

Capítulo VIII – A instância e suas vicissitudes 577

Se o processo não admitir contestação do réu ou resposta à contestação deste por parte do autor, não poderá usar-se a reconvenção. A reconvenção sé é possível, em princípio, em *processo declarativo*; em *processo executivo* apenas se torna possível em caso de *oposição à execução com fundamento em benfeitorias* a que o executado tenha direito (art.º 929.º, n.º 1), que não nos restantes casos de oposição, já que a função desta se circunscreve a impedir (ou limitar) a execução, que não a obter a condenação do exequente numa qualquer prestação[1].

É inadmissível em *processo sumaríssimo* a figura da reconvenção, por aquele só comportar dois articulados – petição e contestação[2]. Só com uma modificação radical da estrutura da acção sumaríssima, com a perda das características de singeleza e celeridade que a justificam, seria possível enxertar nela o pedido reconvencional[3-4-5].

Há *processos especiais* em princípio incompatíveis com a admissão da reconvenção, mas em que a lei manda seguir, no caso de contestação,

---

[1] Cfr. o acórdão do STJ de 18-01-2005, Proc. 1293/04 – 1.ª Secção / Cons.º Reis Figueira.

[2] Em *processo sumaríssimo* não é de admitir pedido reconvencional por o autor não dispor de articulado para deduzir a respectiva defesa, não sendo de aplicar ao caso o regime consagrado no art.º 3.º, n.º 4, do CPC – cfr., neste sentido, Alberto dos Reis, CPC Anotado, vol. VI., p. 493, Manuel de Andrade, Noções Elementares cit., p. 367, E. Lopes Cardoso, Código de Processo Civil Anotado, 1967, em anotação ao art.º 794.º, Anselmo de Castro, DPCD, vol. I cit., p. 171 e vol. II, p. 380, F. Luso Soares, DPC, Coimbra, 1980, p. 515, Antunes Varela/J. M. Bezerra/Sampaio e Nora, Manual cit., p. 746, A. Colaço Canário, A Reconvenção e a Compensação em Processo Civil, Lisboa, 1993, p. 32, Paulo Pimenta, Reconvenção, pp. 492-495 e A. Montalvão Machado/Paulo Pimenta, O Dispositivo e os Poderes do Tribunal à Luz do Novo Código de Processo Civil, 2.ª ed., pp. 110-111, em nota de rodapé, e pp. 222-225. Em sentido contrário, cfr. M. Teixeira de Sousa, in As Partes, o Objecto e a Prova na Acção Declarativa, Lisboa, 1995, pp. 177-178 e Estudos sobre o Novo Processo Civil, 2.ª ed. cit., p. 366 e Lebre de Freitas, A Acção Declarativa Comum cit., pp. 315-316.

[3] Cfr. Castro Mendes, "Sobre A admissibilidade da Reconvenção em Processo Sumaríssimo", na Rev. da Fac. de Dir da Univ. de Lxa, vol. XVI, pp. 307 e ss»

[4] Cfr. J. Rodrigues Bastos, Notas, vol. II cit., p. 31, nota 28.

[5] «Numa acção com processo sumaríssimo, se o conteúdo material do articulado do réu tem um sentido reconvencional, há que avaliar da sua validade própria ao abrigo das regras gerais da instância, designadamente da do art.º 274.º do CPC. Se a soma do valor da acção e da reconvenção em litígio determinarem a revisão do valor da causa nos termos do art.º 308.º, n.º 2, nada obsta a que a acção passe a seguir a forma do processo sumário, podendo o juiz adaptar o processado à respectiva cumulação de pedidos» – cfr. o acórdão da RC de 19-11-2002, Proc. 2745/02 / Des. Araújo Ferreira.

os termos do processo ordinário ou sumário conforme o valor; em tais casos não haverá obstáculo processual a que se admita a reconvenção, desde que se verifique o requisito substancial da conexão dos pedidos que a lei contempla. Assim, requerida a providência de *injunção* (no caso de *obrigações emergentes de transacções comerciais independentemente do valor da dívida* – Dec.-Lei n.º 32/2003, de 17 de Fevereiro), se estiverem em causa valores superiores à alçada do tribunal da Relação (€30.000), porque a dedução de oposição no processo de injunção determina a remessa dos autos para o tribunal competente, aplicando-se a *forma do processo comum* (art.º 7.º, n.º 2, daquele Dec.-Lei), daí se segue ser admissível a dedução de reconvenção, reunidos que sejam os pressupostos do art.º 274.º[1].

No processo nos *julgados de paz* «não se admite reconvenção, excepto quando o demandado se propõe obter a compensação ou tornar efectivo o direito a *benfeitorias* ou *despesas* relativas à coisa cuja entrega lhe é pedida». Só é, pois, admissível reconvenção nas hipóteses das alíneas b) e c) do n.º 2 do art.º 274.º (cfr. o n.º 1 do art.º 48.º da Lei n.º 78/ /2001, de 13 de Julho)[2].

No *regime experimental* introduzido pelo Dec.-Lei n.º 108/2006, de 8 de Junho, admite-se implicitamente a reconvenção no n.º 3 do art.º 8.º.

A partir da reforma de 95/96 passou a ser permitida, na réplica, a modificação simultânea do pedido e da causa de pedir, desde que tal não implique a alteração da relação material litigada (art.º 273.º, n.º 6). Mas daí não resulta a admissibilidade da ampliação do pedido reconvencional *na tréplica*. Esta só é admissível nos casos expressamente previstos (art.º 503.º, n.º 1), isto é, se tiver havido *réplica* e nesta houver sido *modificado o pedido ou a causa de pedir* ou, em reconvenção, o autor tiver deduzido alguma excepção, podendo então o réu responder, por esta via, à matéria da modificação ou defender-se da *excepção oposta à reconvenção*. Há, porém, que entender, pela conjunção desse n.º 1 com o estatuído nos art.ºs 272.º e 273.º, que, *na falta de acordo inter partes*, não é de admitir a alteração da causa de pedir reconvencional na tréplica. Na verdade, ao admitir a alteração unilateral da causa de pedir na réplica, o art.º 273.º é um *preceito excepcional*, como tal não admitindo aplicação analógica

---

[1] Cfr. o acórdão da RL de 12-7-2006, Proc. 5904/2006 – 7.ª Sec./ Des. ORLANDO NASCIMENTO.

[2] Cfr. o n.º 1 do art.º 48.º da Lei n.º 78/2001, de 13 de Julho.

Capítulo VIII – A instância e suas vicissitudes 579

(art.º 11.º do CC), apenas sendo de aplicar à causa de pedir da acção que não já à da reconvenção[1]. De resto, como o autor não pode responder à tréplica, se fosse admissível a ampliação do pedido reconvencional (na tréplica), o autor/reconvindo ficaria restringido no seu pleno direito de defesa relativamente à (derradeira) pretensão contra si formulada, em clara violação do princípio do contraditório (art.ºs 3.º, n.º 3 e 3.º-A)[2].

Secção II
Apensação de acções.

68. Apensação de acções. Admissibilidade e requisitos.

Permite a lei (art.º 275.º, n.º 1) – no caso de propositura separada de acções que, por se verificarem os pressupostos de admissibilidade do *litisconsórcio* (art.º 29.º), da *coligação* (art.ºs 30.º e 31.º), *da oposição* (art.º 342.º) ou da *reconvenção* (art.º 274.º), pudessem ser (*ab initio*) reunidas num único processo – seja ordenada a *junção* (apensação) delas, a requerimento de qualquer das partes com *interesse atendível* nessa junção, ainda que pendentes em tribunais diferentes, a não ser que o estado do processo ou outra razão especial torne inconveniente a *apensação. Demandas diversas*, pois, ainda que com *pluralidade de partes* e *diversidade de relações jurídicas materiais* subjacentes a dirimir.

A *apensação ou junção* será feita *àquele* dos *processos que houver sido instaurado em primeiro lugar*, salvo se os pedidos forem dependentes uns dos outros, caso em que a apensação é feita segundo a *ordem da dependência*, ou se alguma das causas pender em tribunal de círculo, a ela se apensando as que corram em tribunal singular (n.º 2). E *deve ser requerida no tribunal perante o qual penda o processo* ao qual o outro ou os outros hajam de ser apensados, mas, se se tratar de *processos pendentes perante o mesmo juiz*, pode este determinar, mesmo *ex-officio* e depois de ouvidas as partes, essa apensação (art.º 275.º, n.ºs 3 e 4). Idêntico regime vale para os processos em *fase de recurso* pendentes nas Relações ou no

---

[1] Cfr., neste sentido, LEBRE DE FREITAS, A Acção Declarativa Comum, cit., pp. 119-120 e A. MONTALVÃO MACHADO/PAULO PIMENTA, O Novo Processo Civil cit., pp. 192-193.

[2] Cfr. A. MONTALVÃO MACHADO/PAULO PIMENTA, O Novo Processo Civil cit., p. 193.

580   *Direito Processual Civil*

Supremo, e correndo perante o mesmo relator, caso em que os diversos recursos serão apensados ao que tiver sido interposto em primeiro lugar; com a especialidade de, nesses tribunais (superiores), a apensação pode ser *oficiosamente ordenada pelos presidentes das Relações e pelo presidente do Supremo Tribunal de Justiça* (cfr. o art.º 275.º-A, n.ºs 1 a 4).

Não existe qualquer *data-limite* para a oportunidade do requerimento da apensação, pelo que deve entender-se a mesma como admissível *a todo o tempo*. Atenta, porém, a finalidade própria do instituto, manifestamente ditada por razões de *economia processual* proporcionada por uma instrução e apreciação conjuntas, impõe-se que em nenhum dos processos haja ainda decisão final; *encontrando-se as causas apensandas em fases processuais diferentes*, a oportunidade da apensação depende do prudente *critério do juiz*, em obediência ao princípio informador da norma. Tal faculdade pode, pois, ser exercitada *logo aquando da propositura*, em separado, de uma das acções apensandas ou, posteriormente, por qualquer das partes, *até à decisão final*, ponto sendo que o respectivo requerente nisso mostre *interesse atendível*. O momento mais adequado para a ordenação da apensação de acções que hajam sido propostas em separado será o *final dos articulados*.

Para aquilatar do *interesse atendível* e da respectiva titularidade, não basta ser parte principal no processo para cuja apensação se pretende demonstrar a existência de conexão entre as acções apensandas[1], já que sempre impenderá sobre o requerente o ónus de demonstrar que a apensação se destina, em concreto, a propiciar um mais correcto *«desenvolvimento da relação jurídica processual»*[2]. Isto tendo em vista que à apensação de acções subjazem razões, não só de *economia processual,* como também de interesse na *uniformidade de julgados*[3], quer todas as demandas atinjam a fase da audiência de julgamento, quer devam todas ser apreciadas e julgadas no despacho saneador.

O art.º 275.º tem em vista o *processo declarativo, não sendo, por isso, de aplicar à acção executiva*. Nesta, relevam sobretudo os concretos bens exequíveis, a cuja diversidade podem corresponder processos entre si distintos.

---

[1] Cfr. ALBERTO DOS REI, CPC Anotado, vol. I, 2.ª ed., p. 227.
[2] Cfr. J. RODRIGUES BASTOS, Notas, vol. II cit., p. 37.
[3] Cfr., v.g., o acórdão da RL de 23-6-99, Proc. 2474/99 / Des. PEREIRA RODRIGUES.

Capítulo VIII – A instância e suas vicissitudes 581

O primeiro *segmento* do n.º 1 do art.º 275.º parece apontar para um *poder vinculado*, ao adoptar a expressão imperativa *"será ordenada a junção"*, preenchidos que se encontrem os respectivos requisitos; contudo, o *segundo segmento* sugere claramente o exercício de um *poder essencialmente discricionário* por parte do juiz, ao permitir-lhe indeferir o pedido sempre que «o estado do processo ou outra razão especial torne inconveniente a apensação» (juízo de oportunidade e conveniência). É esta *natureza mista ou híbrida* que certamente tem levado a jurisprudência a considerar o despacho em causa como susceptível de recurso (controlo da legalidade dos respectivos pressupostos), já que, se se tratasse de uma pura decisão discricionária, o recurso não poderia ser admitido, face ao carácter taxativo do art.º 679.º[1]. Deste modo, só esse mero juízo sobre a *conveniência/inconveniência* da apensação é que é insindicável em sede de recurso. Se estiver em causa uma *controlo de legalidade* do despacho que ordena a apensação, poderá este despacho, como qualquer outro despacho de carácter jurisdicional (cfr. o n.º 1 do art.º 680.º), ser impugnado nos termos gerais, surtindo força obrigatória dentro do processo em que foi proferido, na ausência de oportuna impugnação (caso julgado formal – art.º 672.º).

Só, pois, se preenchidos os requisitos legais do n.º 1 do art.º 275.º (existência da conexão e não inconveniência da junção), a apensação de processos pode ser admitida[2-3].

---

[1] Em todo o caso, no acórdão da RL de 23-6-99, atrás citado, obtempera-se que «deve deixar-se ao prudente arbítrio do julgador a apreciação das suas vantagens ou inconvenientes no caso concreto. Não deverá ordenar-se a apensação de 5 processos que estão em fases processuais muito distintas, um com decisão final já proferida ainda que não transitada, tornando a instrução, discussão e julgamento muito complexos ou morosos».

[2] Não pode, assim, e por exemplo, ser "requisitado para apensação", em acção de responsabilidade civil por acidente de viação, o processo de *inquérito preliminar* arquivado por amnistia – cfr. o acórdão da RL de 29-2-84, BMJ n.º 342, p. 431 / Cons.º GOMES DE NORONHA.

[3] Podem/devem ser apensadas, por ex., duas acções originadas pelo mesmo acidente de viação – cfr., neste sentido, o acórdão da RP de 24-1-2000, Proc. 9951529 / Des. AZEVEDO RAMOS.

582   *Direito Processual Civil*

Secção III
Suspensão da instância.

69. Suspensão da instância. Causas.

São *causas de suspensão da instância* as seguintes (art.º 276.º, n.º 1): a) – o *falecimento* ou *extinção* de alguma das partes[1], sem prejuízo do disposto no artigo 162.º do CSC[2-3]; b) – nos processos em que é obrigatória a constituição de *advogado*, o *falecimento* deste ou a sua *absoluta impossibilitação* para o exercício do mandato ou, nos restantes processos, o *falecimento* ou a *impossibilitação* do representante legal do incapaz, salvo se houver mandatário judicial constituído; c) – a ordem do tribunal – *jussu judicis* (alínea c) do n.º 1 do art.º 276.º); d) – a determinação especial da lei – *ope legis* – (alíneas a), b) e d) do n.º 1 do art.º 276.º); e) – a vontade das partes – *voluntate partium* – mediante acordo na suspensão por um prazo não superior a seis meses (art.º 279.º, n.º 4).

A falta de demonstração pelo interessado do cumprimento de quaisquer *obrigações de natureza tributária*, sobre si abstractamente impendentes, não constitui hoje obstáculo ao recebimento ou prosseguimento das acções, incidentes ou procedimentos cautelares que corram perante os tribunais judiciais, salvo nos casos em que se trate de *transmissão de direitos* operada no próprio processo e dependente do pagamento do *imposto de transmissão*[4] (art.º 280.º, n.º 1)[5]. Também a inobservância de quaisquer *obrigações tributárias* não impede que os documentos a elas

---

[1] A al. a) apenas se reporta às partes principais. Só estas são os sujeitos da relação jurídica processual; e daí que só o seu desaparecimento por morte (pessoas singulares) ou por extinção (pessoas colectivas), justifiquem a sustação temporária da cadência processual.

[2] A morte ou extinção de alguma das partes darão lugar, não à suspensão, mas à extinção da instância quando tornem impossível ou inútil a continuação da lide.

[3] As acções em que seja parte a sociedade prosseguem após a respectiva extinção, pois que a sociedade se ficciona substituída pela generalidade dos sócios, representados pelos liquidatários, nos termos dos art.ºs 163.º, n.ºs 2, 4 e 5 e 164.º, n.ºs 2 e 5do CSC (cfr. o art.º 162.º do do mesmo diploma); a instância não se suspende nem é necessária a habilitação (cfr. n.º 2).

[4] Cfr. o CMITI aprovado pelo Dec.-Lei n.º 287/2003, de 12 de Novembro.

[5] Cfr., v.g., o n.º 1 do art.º 900.º.

Capítulo VIII – A instância e suas vicissitudes 583

sujeitos sejam valorados como meio de prova nas acções pendentes nos tribunais judiciais, sem prejuízo da *participação* (*às autoridades fiscais*) «das *infracções* que o tribunal constate» (n.º 2). Tratando-se, com efeito, de acções fundadas em actos provenientes do exercício de actividades passíveis de tributação, se o interessado não houver demonstrado o cumprimento de qualquer dever fiscal que lhe incumba, a *secretaria deve comunicar a pendência da causa e o seu objecto à administração fiscal*, sem que (todavia) o andamento regular do processo seja suspenso (n.º 3). Preceitos estes ditados por uma ideia de eliminação de todas as peias e obstáculos injustificados à obtenção de uma decisão de fundo, e com vista a uma justa, célere e definitiva composição do litígio, em evidente *prevalência*, também neste âmbito, *da decisão de fundo sobre a decisão de forma*.

69.1. Suspensão por falecimento de alguma das partes ou por extinção de pessoa colectiva.

Constitui fundamento determinante da suspensão da instância, por força da al. a) do n.º 1 do art.º 276.º,«o *falecimento* ou *extinção* de alguma das partes, sem prejuízo do disposto no artigo 162.º do CSC». Alínea essa que se co-relaciona directamente com o disposto nos art.ºs 277.º e 284.º, n.º 1, al. a).

Temos assim que: – *provado documentalmente* nos autos o falecimento ou a extinção de qualquer das partes, se suspende imediatamente a instância, *salvo se já tiver começado a audiência* de discussão oral *ou se o processo já estiver inscrito em tabela* para julgamento (em tribunal superior), casos em que a instância só se suspende depois de proferida a sentença ou o acórdão (art.º 277.º, n.º 1); – impende sobre a parte sobreviva, a quem tal conhecimento haja chegado, o *dever* de tornar conhecido no processo o facto da *morte ou da extinção* do seu comparte ou da parte contrária, providenciando pela *junção do documento comprovativo* (n.º 2).

Apesar de a suspensão só operar (*de jure*) a partir da junção do documento, o processo continua a correr a sua tramitação normal, mesmo depois de noticiado o facto em juízo por qualquer outro meio, sendo, porém, *nulos* os actos entretanto praticados quando em relação a eles fosse admissível o exercício do contraditório pela parte falecida ou extinta,

584   *Direito Processual Civil*

salva a *sanação* dessa nulidade por *ratificação* pelos respectivos sucessores (n.ºs 3 e 4).

A *regra da suspensão imediata* comporta, porém, algumas *excepções*: – não se poder produzir esse efeito por expressa determinação da lei[1] ou pela própria natureza da relação jurídica material controvertida[2]; – ter a acção atingido uma fase processual adiantada quando tornados certos o falecimento ou a extinção da parte. Em *1.ª instância*, se a certificação do facto ocorrer quando já iniciada a audiência de discussão oral, a suspensão só se verifica após a prolação da sentença; nos *tribunais de recurso*, se o facto se comprovar já depois da inscrição do processo em tabela para julgamento, a suspensão só ocorre depois de proferido o acórdão[3].

Nas *interdições e inabilitações*, o falecimento do arguido não obsta a que a acção prossiga, a requerimento do autor, para se averiguar se a incapacidade existia e qual o seu *dies a quo* (art.º 957.º).

Casos há, contudo, em que, para além de outro motivo plausível, o direito material controvertido se perfila como pessoal e intransmissível, o que torna a *lide impossível*. Exemplo clássico destas situações é o *decesso de um dos cônjuges na pendência da respectiva acção de divórcio*: destinando-se a acção de divórcio a obter a dissolução do vínculo conjugal, a morte de um dos cônjuges opera de direito (*ipso jure*) esse efeito, deixando sem conteúdo a acção, conduzindo à extinção da instância (cfr. o n.º 3 do art.º 276.º, por reporte à alínea e) do art.º 287.º).

Também se as *pessoas colectivas* houverem sido, entretanto, objecto de *transformação ou fusão*, a instância não se suspende, pois que falece, neste caso, a *ratio suspendendi* contida na alínea a) do n.º 1: a incerteza sobre a legítima titularidade da relação jurídica processual respectiva; nesta eventualidade, a personalidade jurídica (social) não se extingue, sofrendo, apenas uma modificação que deixa intacto o acervo de poderes e deveres jurídicos que lhe correspondem. O que pode é pôr-se o problema da respectiva representação face ao disposto no art.º 21.º, com possível reflexo no patrocínio judiciário (cfr. a este respeito, os art.ºs 277.º, 283.º, n.º 2 e 284.º, n.º 1, alínea c)).

---

[1] Cfr. os art.ºs 162.º do CSC e 957.º do CPC.
[2] Decesso de um dos cônjuges na pendência de uma acção de divórcio.
[3] Cfr. J. Rodrigues Bastos, Notas, vol. II cit., p. 41.

Capítulo VIII – A instância e suas vicissitudes

69.2. Suspensão por falecimento ou impossibilitação absoluta do mandatário ou do representante.

Nos processos em que é obrigatória a constituição de *advogado* (art.º 32.º para a *acção declarativa* e 60.º para a *acção executiva*), o *falecimento* deste ou a sua *absoluta impossibilitação* para o exercício do mandato ou, nos restantes processos, o *falecimento* ou a *impossibilitação* do representante legal do incapaz (salvo se houver mandatário judicial constituído) constituem factos geradores de suspensão da instância (cfr. a al. b) do n.º 1 do art.º 276.º).

A primeira parte dessa alínea b), contemplando como causa da suspensão da instância a *morte* ou a *impossibilidade absoluta do advogado* da parte exercer o mandato, nas causas com obrigatoriedade de patrocínio, é também aplicável ao *solicitador* quando este intervenha nos termos do n.º 4 do art.º 32.º (cfr. os art.ºs. 278.º, 283.º e 284.º, n.º 1, al. b)). Uma vez feita no processo a prova do facto, *suspender-se-á imediatamente a instância*; mas se o processo estiver concluso para *sentença* ou em condições de o ser, a suspensão só se verificará depois da respectiva prolação (art.º 278.º). Ressalva que, por similitude de razões, deve operar quando o processo (em recurso) estiver já inscrito em tabela para julgamento ou em condições de o ser, suspendendo-se, porém, a instância logo que publicado o *acórdão* (art.º 277.º, n.º 1)[1]. A suspensão cessa logo que observado o condicionalismo do art.º 284.º, n.ºs 1, al. b), e 3 e 4.

A 2.ª parte da al. b) do n.º 1 do art.º 276.º contempla a hipótese de o *representante do incapaz (parte na causa) morrer ou se impossibilitar de modo absoluto*. Nesta ventualidade, *suspender-se-à a instância não havendo mandatário* judicial constituído; *prosseguirá a instância se houver sido constituído mandatário*. Proceder-se-à, pois, sempre à substituição do representante, apesar de o incapaz ficar no processo representado (*assistido*) pelo seu mandatário judicial (art.º 10.º, n.º 1); só que será nomeado outro representante (*substituto*) nos termos do disposto no art.º 11.º.

---

[1] Cfr. J. Rodrigues Bastos, Notas, vol. II cit., p. 42.

69.3. Suspensão por determinação do tribunal (vontade do juiz – jussum judicis).

O tribunal *pode* ordenar a suspensão quando a decisão da *causa estiver dependente do julgamento de outra já proposta* ou quando *ocorrer outro motivo justificado* (art.º 279.º, n.º 1). A menos que – e não obstante a pendência de causa prejudicial – haja fundadas razões para crer que aquela foi intentada unicamente para se obter a suspensão ou se a causa dependente estiver tão adiantada que os prejuízos da suspensão superem as respectivas vantagens (n.º 2). Quando a suspensão não tenha por fundamento a pendência de causa prejudicial, fixar-se-á no despacho o *prazo* durante o qual ficará suspensa a instância (n.º 3).

O termo "tribunal" utilizado por aquele n.º 1 logo inculca que o poder legal de decretar a suspensão da instância pode ser exercitado *tanto em 1.ª instância como nos tribunais de recurso* e que o termo verbal *«pode»* logo sugere tratar-se de um *poder não vinculado*, mas em todo o caso de um *poder-dever* ao qual devem subjazer preocupações de *economia e celeridade processuais* e de *eficácia das decisões*. Do que resulta a irrecorribilidade dessas decisões nos termos gerais. A lei dá ao juiz a *faculdade*, mas lhe não impõe a obrigação de suspender a instância quando haja pendência de causa prejudicial[1]. Poder esse balizado pelo condicionalismo imposto no preceito: a existência de *causa prejudicial* (quando não se verifique o caso do n.º 2) ou a ocorrência de *motivo justificativo*. A suspensão pode, em tais circunstâncias, ser ordenada *ex-officio* (logo que o juiz se aperceba do facto gerador da suspensão) ou *a requerimento* das partes. Quando o evento ocorra na fase dos articulados, ou nela seja suscitada a questão, relegar-se-á normalmente para o respectivo *terminus* uma decisão mais conscienciosa.

Vem, a este propósito, assinalar que os n.ºs 1 e 2 do art.º 279.º se reportam a *toda e qualquer questão prejudicial*, enquanto que o art.º 97.º se refere apenas à *dependência da decisão da causa subordinada relativamente a uma decisão da competência do foro criminal ou administrativo*.

O critério aferidor decisivo dessa relação ou *«nexo de dependência»* reside em vir *controvertida na causa prejudicial uma questão cuja resolução possa modificar uma situação jurídica relevante para a decisão de*

---

[1] Cfr. o acórdão do STJ de 25-1-2000, 6.ª Sec., Sumários, n.º 37 / Cons.º PAIS DE SOUSA.

outro pleito. Na expressão de ALBERTO DOS REIS[1] «uma causa é *prejudicial* em relação a outra quando a decisão da primeira pode destruir o fundamento ou a razão de ser da segunda», apontando como exemplos de *nexo de prejudicialidade* os seguintes: a acção de anulação de casamento em relação à acção de divórcio; a acção de anulação de um contrato de arrendamento relativamente à acção de despejo; a acção de anulação de testamento em relação acção de entrega de legado ou da acção de petição de herança fundadas no mesmo testamento; a acção de anulação de contrato em relação à acção destinada a exigir o seu cumprimento.

Segundo aquele ilustre mestre[2], as duas causas não se reúnem nem apensam: «*suspende-se o julgamento da causa subordinada até que se decida a causa prejudicial*». «*No caso da coligação* (art.º 30.º, n.º 1), a dependência reveste o carácter de *acessoriedade* (há um pedido principal e um pedido acessório, dependendo o êxito deste da procedência daquele); *no caso do art.º 279.º*, a dependência pertence ao *tipo prejudicial*: há uma acção prejudicial que, se for julgada procedente, inutiliza a acção subordinada». «Isto sem embargo das *hipóteses* em que a questão pendente na causa prejudicial não pode discutir-se na causa subordinada, bem como de *outras* em que essa questão pode discutir-se nesta, mas somente a título incidental. Na primeira hipótese, o nexo de prejudicialidade é mais intenso (*dependência necessária*) na segunda, mais ténue (*dependência meramente facultativa ou de pura conveniência*)».

Obtempera, entretanto, o Prof. MANUEL DE ANDRADE[3], que «*verdadeira prejudicialidade e dependência* só existirá (existirão) quando na primeira causa se discuta, *em via principal*, uma questão que é essencial para a decisão da segunda e que não pode resolver-se nesta última por via incidental, como teria de o ser, desde que a segunda causa não é reprodução, pura e simples, da primeira». «Mas nada impede que se alargue a noção de prejudicialidade, em ordem a abranger outros casos. Assim, será prejudicial em relação a outra em que se discute a *título incidental* uma dada questão, a causa em que a mesma questão é discutida a *título principal*».

Existe, por exemplo, *nexo de dependência* entre uma demanda cível contra os proprietários das viaturas causadoras do acidente e respectivas seguradoras e a

---

[1] Cfr. Comentário, vol. 3.º cit., pp. 268 a 270.
[2] Cfr. Comentário, vol. 3.º cit., pp. 205-207.
[3] Cfr. Lições, pp. 491 e 492.

588 *Direito Processual Civil*

acção penal (quiçá com enxerto cível) que corre contra os condutores lesantes. Exemplos de *dependência necessária*: acção de anulação de casamento e acção de divórcio ou de separação; acção de anulação de testamento e acção de petição de herança proposta pelo herdeiro testamentário. Exemplos de *dependência facultativa*: acção de anulação de contrato e acção a exigir o respectivo cumprimento; acção de dívida e acção pauliana proposta pelo autor daquela[1].

Exemplos de *inexistência de nexo de dependência*[2]: entre duas acções de separação de pessoas e bens propostas por cada um dos cônjuges em separado; entre uma acção em que se pede a dissolução de uma sociedade e outra acção (posterior), em que se solicita a declaração de nulidade da venda de um imóvel à mesma pertencente. Fora de causa estará também o decretamento da suspensão da instância com fundamento em dependência enquanto a acção (principal), que se diz gerá-la, não estiver ainda proposta.

Exemplos de nexo de *prejudicialidade*: a acção de anulação de deliberações sociais e acção de anulação do testamento de cuja validade depende a qualidade de sócio do autor; processo de reversão relativo a bens sobre os quais está a correr nova expropriação; a anulação de um contrato de compra e venda e a acção para exercício do direito de preferência na respectiva aquisição.

Exemplo de *suspensão facultativa, útil e conveniente*: se o crédito dos réus em relação à autora depender de acção pendente, a decisão desta é essencial para a decisão da excepção de compensação deduzida[3].

A simples perspectiva de vir a ocorrer uma *contradição substancial de julgados* pode justificar a suspensão da instância.

Não obstante a *norma geral do art.º 279.º* sobre a suspensão da instância não distinguir entre acção declarativa e acção executiva, pela letra da 1.ª parte do seu n.º 1 é de *excluir a sua aplicação ao processo executivo*. Desde logo, porque neste não há que proferir decisão sobre o fundo da causa, uma vez que o direito que se pretende efectivar já se encontra pré-declarado. Neste sentido decidiu o Supremo Tribunal de Justiça, em relação ao art.º 284.º do Código anterior, pelo seu Assento de 24 de Maio de 1960[4]. Restrição que já não tem razão de ser, quanto ao primeiro segmento, relativamente às fases declarativas que, por vezes, se enxertam no processo executivo, nem, quanto à segunda parte, em relação a todo o processo de

---

[1] Cfr. ALBERTO DOS REI, Comentário, vol. 3.º cit., pp. 269-270.
[2] Exemplos jurisprudenciais colhidos por J. RODRIGUES BASTOS, Notas, vol. II cit., p. 44.
[3] Cfr. J. RODRIGUES BASTOS, Notas, vol. II cit., pp. 43-44.
[4] Cfr. o acórdão do STJ de10-11-72, BMJ n.º 221, p. 155 / Cons.º LUDOVICO COSTA.

Capítulo VIII – A instância e suas vicissitudes

execução[1-2]. É assim, e por ex., de admitir a suspensão da instância em sede de *oposição à execução* quando a decisão desta depender do julgamento de uma impugnação pauliana instaurada pelo executado[3].

Pode, também, o *juiz, em qualquer estado da causa,* e *sempre que o entenda por conveniente, determinar a remessa do processo para mediação, suspendendo a instância,* salvo quando alguma das partes expressamente se opuser a tal remessa (art.º 279.º-A, n.º 1).

O *reenvio prejudicial* para os tribunais da União Europeia, quando *facultativo,* representa, no fundo, uma causa (legal) *atípica* de suspensão da instância por ordem do tribunal. Com efeito, a necessidade do (*incidente*) do reenvio surge na pendência de uma causa em curso, cabendo a sua iniciativa, ou ao tribunal ou às próprias partes, ficando a instância (obrigatoriamente) suspensa no tribunal nacional reenviante[4].

69.4. Suspensão por determinação especial da lei (ope legis).

Não raras vezes, é *a própria lei* que expressamente determina a suspensão da instância (art.º 276.º, n.º 1, al. d)). Entre essas situações podem citar-se, designadamente, as seguintes: – *desacordo dos pais* na representação do menor (art.º 12.º, n.º 2); – *necessidade de intervenção de um menor* em causa pendente (art.º 12.º, n.º 5); – *suprimento da incapacidade judiciária ou da irregularidade judiciária* por iniciativa do juiz (art.º 24.º, n.º 2); – *falta de autorização ou deliberação* (art.º 25.º, n.º 1); – *falta de constituição de novo mandatário* no prazo legal em caso de revogação ou renúncia ao mandato inicial (art.º 39.º, n.º 3); – *suspensão dos termos do processo* decorrente do *recebimento dos embargos*

---

[1] O STJ entendeu, porém, no seu acórdão de 10-4-2003, Proc. 724/2003 – 2.ª Sec. / Cons.º Moitinho de Almeida, que «embora a suspensão da instância prevista na 1.ª parte do art.º 279.º seja, em princípio, inaplicável ao processo executivo, pode ocorrer motivo justificado para a suspensão, por ex. o de evitar julgados contraditórios e ainda razões de segurança jurídica e prestígio na administração da justiça». No sentido de que, neste caso, pode ser invocada a 2.ª parte do n.º 1 do art.º 279.º (ocorrência de motivo justificado), cfr. o acórdão do STJ de 8-2-2001, Proc. 3485/2000 – 6.ª Sec. / Cons.º Azevedo Ramos.

[2] Cfr. J. Rodrigues Bastos, Notas, vol. II cit., p. 45.

[3] Cfr. o acórdão do STJ de 18-6-96, CJSTJ, Tomo II, p. 149 / Cons.º Aragão Seia.

[4] Cfr. supra, n.º 41.3, § 1.º.

590   *Direito Processual Civil*

de terceiro quanto aos bens a que dizem respeito, bem como quanto à restituição provisória de posse (art.º 356.º); – *suspensão dos termos da causa* quando pendente o *incidente da ilisão da autenticidade ou da força probatória de documento* (art.º 549.º, n.º 3); – *arguição da falta de autenticidade ou da força probatória de documento em processo pendente de recurso* (art.º 550.º, n.º 3); – *arguição da falsidade do acto de citação* (art.º 551.º-A, n.º 4); – intentação pelo tutor de alguma *acção em contravenção ao disposto na al. e) do n.º 1 do art.º 1938.º do CC* (art.º 1940.º, n.º 3, do mesmo diploma); – o *reenvio prejudicial* para o TJEU nos casos em que é obrigatório (art.º 267.º do TFEU)[1].

Em todas essas situações a suspensão opera *ope legis,* portanto de forma automática, verificado que seja um qualquer dos citados pressupostos.

Com a publicação do Dec.-Lei n.º 116/2008, de 4 de Julho, e consequente eliminação do n.º 2 do art.º 3.º do CRPred. e do n.º 5 do art.º 15.º do CRCom., deixou de haver lugar a suspensão da instância (*ope legis*), findos os articulados, por falta de registo das acções relativas a *imóveis* e a actos sujeitos a *registo comercial*, ainda que subsistindo a obrigatoriedade desses registos. Estes passaram a ser promovidos *oficiosamente* pelos próprios tribunais por onde pende causa, pelos pelos agentes de execução e pelos administradores da insolvência (cfr. o art.º 8.º-B, n.º 3, al. a) do citado Dec.-Lei). E tal registo é *obrigatório*, não só para os factos a que se reporta o art.º 2.º do mesmo CRPredial (com as excepções das alíneas i), ii) e iii)), como ainda para as acções, decisões e providências referidas no art.º 1.º, salvas as acções de impugnação pauliana e as acções, decisões e providências a que se reporta a al. d) do n.º 1 do mesmo art.º 3.º, ou seja, os procedimentos que tenham por fim o decretamento do arresto e do arrolamento, bem como de quaisquer outras providências que afectem a livre disposição dos bens (art.º 8.º-A do mesmo Dec.-Lei)[1]. Estão igualmente sujeitas a *registo obrigatório*, as acções,

---

[1] O registo das acções «destina-se a dar conhecimento a terceiros de que determinada coisa está a ser objecto de litígio e a adverti-los de que devem abster-se de adquirir sobre ela direitos incompatíveis com o invocado pelo autor, sob pena de terem de suportar os efeitos da decisão que, a tal respeito, venha a ser proferida, mesmo que não intervenham no processo» – cfr. Antunes Varela, RLJ, ano 103.º-484». «A consequência principal e lógica de o acto de proposição da acção não produzir efeito relativamente ao adquirente (do direito ou da coisa litigiosa), desde que não registado antes do

decisões, procedimentos e providências cautelares previstas no art.º 9.º» (cfr. o n.º 5 do art.º 3.º, com a redacção do art.º 9.º do Dec.-Lei n.º 116/ /2008).

69.5. Suspensão por acordo das partes (voluntate partium).

As partes podem acordar na suspensão da instância por *prazo não superior a seis meses* (art.º 279.º, n.º 4).

A *ratio legis* foi, sem dúvida, a *propiciação da conciliação extrajudicial dos litígios*[1]. Daí que as partes não tenham que revelar as razões determinantes desse acordo, por via de regra ligado a negociações tendentes a pôr termo à lide por transacção ou a permitir ao réu a obtenção de meios financeiros indispensáveis à satisfação do crédito do autor, não podendo, nessa eventualidade, o tribunal opor-se à suspensão.

Podem, assim, as *partes requerer a suspensão da instância* até ao citado limite *ad quem*. E segundo J. RODRIGUES BASTOS[2], parece nada obstar a que a *faculdade* possa ser *exercida mais que uma vez*, conquanto que a suspensão, no seu conjunto, não ultrapasse os seis meses.

A *suspensão* pode também ser acordada pelas partes por *prazo não superior a seis meses* se (em conjunto) tiverem *optado por resolver o litígio por mediação* (cfr. o n.º 4 do art.º 279.º, aplicável ex-vi do n.º 2 do art.º 279.º-A). Suspensão esta que operará «*automaticamente* e *sem necessidade de despacho judicial*, com a *comunicação por qualquer das partes* do recurso a sistemas de mediação» (art.º 279.º-A, n.º 3).

69.6. Regime e efeitos da suspensão.

Sendo o processo uma série ordenada e sucessiva de actos, o decretamento da suspensão da instância *paralisa a tramitação normal da lide*, só podendo praticar-se validamente (enquanto subsistir a causa

---

registo de transmissão, é não poder executar-se contra o adquirente a sentença favorável que o autor obtiver – cfr. ALBERTO DOS REI, Comentário, vol. 1.º, p. 97.

[1] Cfr. M. TEIXEIRA DE SOUSA, Estudos cit., p. 259.

[2] Cfr. Notas, vol. II, cit., p. 45, nota 3.

592 *Direito Processual Civil*

suspensiva) os actos urgentes destinados a *evitar dano irreparável*. A parte impedida de assistir a estes actos é *representada pelo Ministério Público ou por advogado nomeado pelo juiz* (art.º 283.º, n.º 1).

A *simples suspensão* não obsta a que a instância se extinga por desistência, confissão ou transacção, contanto que estas não contrariem a razão justificativa da suspensão (art.º 288.º, n.º 3). Mas, durante a suspensão motivada pelo *falecimento ou extinção da parte*, não pode ser celebrada qualquer transacção e, após o falecimento do representante legal, será inválida a transacção celebrada pelo incapaz (art.º 276.º, n.º 1, al. b)). O n.º 3 do art.º 277.º, por reporte aos n.ºs 1 e 2 do art.º 3.º), eiva de *nulidade* os actos praticados no processo em relação aos quais fosse admissível o exercício do contraditório pela parte falecida extinta, salva a hipótese de *ratificação-sanação* por banda dos sucessores da parte falecida ou extinta.

Os *prazos judiciais não correm* enquanto durar a suspensão, como que operando a suspensão um *interregno dos prazos* em curso (art.º 283.º, n.º 2), os quais só continuarão a correr depois de a mesma cessar (art.º 284.º). *A fortiori*, não pode, durante o período da suspensão, *iniciar-se* o curso de qualquer prazo judicial.

Quanto ao *aproveitamento* ou não *da parte do prazo já decorrido*, há que distinguir, nos termos das alíneas a) e b) do n.º 1 do art.º 276.º e «ex-vi» do n.º 2 do art.º 283.º:

– se a suspensão é determinada pelo *falecimento ou extinção de alguma das partes* ou pelo *falecimento ou impossibilitação absoluta do advogado* (nos casos em que é obrigatória a sua constituição), nada se aproveita do prazo, iniciando-se, pois, *nova contagem* a partir do momento em que cessar a suspensão, pois não seria curial nem razoável facultar à nova parte ou ao novo mandatário, ainda desconhecedores do processo, um prazo incompleto, ou quase totalmente exaurido, para a defesa dos respectivos direitos;

– *se falecer o advogado da parte no 7.º dia do prazo de 30 dias em curso para a interposição do recurso*, suspende-se a instância, mas, aquando da sua reabertura, o novo advogado do réu disporá, para recorrer, não o prazo adicional de 23 dias, mas sim um novo prazo de 30 dias, assim se inutilizando a parte do prazo que tiver decorrido anteriormente;

– *em todas as outras hipóteses*, aproveita-se a parte do prazo já decorrido anteriormente à suspensão; o facto gerador da suspensão e a

Capítulo VIII – A instância e suas vicissitudes

sua remoção subsequente não são de molde a obstar a uma eficaz intervenção processual das partes em presença[1].

Em princípio – e salvas as aludidas excepções – *suspende-se o curso dos prazos*, os quais só voltarão a correr quando cessar a suspensão, não se inutilizando, porém, o período temporal já decorrido. Assim, por ex., se o réu foi citado para contestar no prazo de 30 dias e se passados 10 dias sobre a data da citação se suspende a instância, restar-lhe-á o prazo de 20 dias para contestar logo que cesse a causa suspensiva, sob pena de rejeição do respectivo articulado.

A al. c) do n.º 1 do art.º 284.º prevê o *modus* da cessação da suspensão da instância ordenada pelo tribunal: – se a suspensão se baseia na *pendência de causa prejudicial*, ela cessa quando essa causa deixar de estar pendente, ou porque houve julgamento com trânsito em julgado (quer do mérito, quer da instância) ou porque a instância se extinguiu; – *se a decisão da causa prejudicial fizer desaparecer o fundamento* ou a razão de ser (de fundo) da causa suspensa, julga-se esta improcedente, isto é, absolve-se o réu do pedido (cfr. n.º 2 da mesma disposição)[2].

Se na mediação (determinada por iniciativa do juiz) se verificar a *impossibilidade de acordo*, o *mediador dá conhecimento ao tribunal desse facto, preferencialmente por via electrónica*, cessando também de forma automática (e sem necessidade de qualquer acto do juiz ou da secretaria) a suspensão da instância (art.º 279.º-A, n.º 4).*Tendo-se alcançado acordo na mediação*, «o mesmo é remetido a tribunal, preferencialmente por via electrónica, seguindo-se os termos definidos na lei para a transacção» (n.º 5).

---

[1] Cfr. J. Rodrigues Bastos, Notas, vol. II cit., p. 47, nota 1.

[2] Sobre as dificuldades de aplicação deste preceito, cfr. J. Rodrigues Bastos, Notas, vol. II cit., p. 50.

SECÇÃO IV
Interrupção da instância.

70. Interrupção da instância.

Traduz-se a interrupção da instância na *paragem* (*paralisia*) do processo durante *mais de um ano* por *negligência das partes* em promover os seus termos ou os de algum incidente do qual dependa o seu andamento (art.º 285.º). Uma decorrência que representa como que uma *sanção* imposta pela lei à inobservância do ónus do incumprimento da promoção ou do *impulso processual subsequente* (art.º 265, n.º 1)[1].

Diversamente do que acontece com a suspensão da instância, que tem por fundamento um elenco legal diversificado de causas geradoras, a interrupção só pode ter um *único fundamento*: a negligência ou inércia da parte (ou dos respectivos sucessores)[2] em promover ou impulsionar os respectivos termos, em ordem ao prosseguimento normal do processo, assim se caracterizando pela omissão da prática de um acto processual (legalmente necessário) da responsabilidade do faltoso[3]. O que logo afasta, por ex., as situações de letargia por mais de um ano imputáveis à incúria ou inércia dos oficiais de justiça na respectiva movimentação, ainda que sem reacção por banda dos respectivos interessados.

Representa, assim, um grau intermédio entre a suspensão e a extinção, todavia mais aproximado daquela, já que enquanto na *suspensão* e na *interrupção* a paralisação da instância só dura enquanto subsistir a inércia da parte, a *extinção* da instância representa o seu ocaso definitivo. A atitude omissiva conducente à interrupção pode mesmo ocorrer com a instância suspensa, o que sucederá, por ex., no caso de haver falecido ou se haver extinguido alguma das partes (cfr. a al. a) do n.º 1 do art.º 276.º), hipótese em que o facto gerador da suspensão deve ser removido mediante a dedução, por qualquer das partes, do competente incidente de habilitação.

---

[1] Esta norma «não é aplicável aos processos emergentes de acidentes de trabalho, visto neles não recair sobre as partes o ónus do impulso processual» – cfr. J. RODRIGUES BASTOS, Notas, vol. II cit., p. 52, nota 6.

[2] Dos sucessores a partir do momento em que puderem ter deduzido a sua habilitação – cfr. J. RODRIGUES BASTOS, Notas, vol. II cit., p. 51, nota 1.

[3] Cfr. J. RODRIGUES BASTOS, Notas, vol. II cit., p. 52, nota 2.

Capítulo VIII – A instância e suas vicissitudes   595

O *instituto da interrupção da instância* (art.ºs 285.º e 286.º) *é de aplicação à acção executiva*. Assiste, porém, ao executado a faculdade de «requerer ao agente de execução o levantamento da penhora, se por acto ou omissão que não seja da sua responsabilidade, não forem efectuadas quaisquer diigências para a realização do pagamento efectivo do crédito nos seis meses anteriores ao requerimento» (art.º 847.º, n.º 1)[1].

São de *natureza substantiva* os *efeitos interruptivos* da instância. Segundo a lei material, a *prescrição* interrompe-se pela citação ou notificação judicial feita ao possuidor (prescrição aquisitiva ou usucapião) ou ao devedor (prescrição negativa)[2] de qualquer acto que exprima, directa ou indirectamente, a intenção de exercer o direito, seja qual for o processo a que o acto pertença e ainda que o tribunal seja incompetente (art.º 323.º, n.º 1, do CC). Uma vez interrompida a instância, *voltam*, em princípio, a *correr ex-novo*, quer o *prazo de prescrição* (propriamente dita), quer o *prazo de caducidade* fixado na lei para a propositura da acção.

Mas qual o *dies a quo* (início) do novo prazo prescricional? Se a interrupção (da prescrição) resultar de *citação, notificação* (ou acto equiparado) ou de *compromisso arbitral*, o *novo prazo de prescrição só começa a correr depois de transitada em julgado a decisão que puser termo ao processo* (art.º 327.º, n.º 1, do CC). Começará, todavia, a correr *logo após a ocorrência do acto interruptivo* se se verificar um das seguintes quatro situações: *desistência da instância; absolvição da instância; deserção da instância; cessação da eficácia do compromisso arbitral* (n.º 2 do mesmo preceito).

Nos casos de *absolvição* do réu *da instância* (art.ºs 288.º e 494.º do CPC) ou de *cessação dos efeitos do compromisso arbitral* – em ambas as situações por motivo processual não imputável ao titular do direito –, se o prazo da prescrição tiver entretanto expirado ou terminar nos 2 meses imediatos ao trânsito em julgado da decisão ou da verificação do facto que torna ineficaz o compromisso, *não se considera completada a prescrição antes de findarem esses dois meses* (n.º 3 do art.º 327.º do CC). Previsão esta última praticamente só relevante em relação às prescrições de curto prazo (cfr. art.º 310.º do CC). À ilharga da interrupção admite--se, pois, nos casos enumerados no n.º 1 do art.º 327.º do CC, o prolon-

---

[1] Cfr. J. RODRIGUES BASTOS, Notas, vol. II cit., p. 52, notas 3 e 4.
[2] Cfr. ALBERTO DOS REIS, Comentário, vol 3.º cit., pp. 335 e 336.

gamento dos efeitos da interrupção até ao julgamento da causa, só neste momento se iniciando a contagem do novo prazo prescricional. Exceptuam-se, porém, os quatro casos do respectivo no n.º 2, em que o novo prazo de prescrição começará a contar-se desde a interrupção (facto interruptivo *a se*).

Não é, assim, de exigir a instauração de nova acção no prazo de 30 dias (cfr., para a absolvição da instância, o n.º 2 do art.º 289.º), nem há que iniciar nova contagem de prazo a partir da interrupção da instância. Uma vez interrompida a instância, continua transitoriamente suspensa a contagem do prazo, havendo, por isso, que aguardar a deserção (2 anos) para se definir a posição do titular do direito prescribendo. Do que resulta – surtindo sempre a citação efeitos interruptivos com o início da contagem de um novo prazo prescricional e não se contando, para efeitos de caducidade, o prazo decorrido entre a data da proposição da acção e a data da interrupção da instância (n.º 2 do art.º 332.º do CC) – a possibilidade abstracta de o novo prazo (prescricional), entretanto iniciado, se esgotar antes de cessar a interrupção da instância. E *abstracta*, porque, *in concretum*, se torna praticamente impossível que até à absolvição da instância decorra um novo prazo por ex. de 20 anos (prescrição ordinária) ou até de 5 anos (prescrição de curto prazo)[1].

Quanto à *caducidade*, a doutrina do n.º 3 do art.º 327.º (relativa à prescrição) é-lhe mandada aplicar pelo n.º 1 do art.º 332.º, (ambos os preceitos do CC) sempre que a caducidade se reporte ao *direito de propor certa acção em juízo* (exercício jurisdicional de um direito potestativo) e ela tiver sido tempestivamente proposta. O que se justifica, não só pelo facto de os prazos de caducidade serem, em regra, muito mais curtos, mas também pelo interesse público subjacente à proposição de acções[2].

Já ALBERTO DOS REIS concluía, em ambas as situações (prescrição ou caducidade), pela similitude das consequências: «*voltar a correr, de novo, o prazo*»; «tendo a acção sido *tempestivamente instaurada*, o tempo decorrido desde a data em que o curso primitivo ficou detido, até à data em que ocorreu a interrupção da instância, é como se não tivesse existido»[3].

---

[1] Cfr. PIRES DE LIMA E ANTUNES VARELA, Código Civil Anotado, vol. I, 4.ª ed., p. 293.
[2] Cfr. PIRES DE LIMA E ANTUNES VARELA, Código Civil Anotado, vol. I, 4.ª ed., p. 297.
[3] Cfr. Comentário, vol. 3.º cit., pp. 340 a 342.

Capítulo VIII – A instância e suas vicissitudes

E isto tudo *sem necessidade de qualquer declaração judicial* expressa ou de qualquer notificação às partes. Deste modo, se se tratar da *caducidade do exercício jurisdicional de direitos potestativos*[1], a interrupção da instância provoca o *efeito* (*substantivo*) da não contagem, para efeitos dessa caducidade, do prazo decorrido entre a propositura da acção e a ocorrência do facto interruptivo (art.º 332.º, n.º 2, do CC)[2].

Consideram-se findos, para efeitos de arquivo, os processos em que se verifique a interrupção da instância (cfr. a al. c) do n.º 1 do art.º 156.º da LOFTJ/2008).

Secção V
Incidentes da instância.

71. Incidentes da instância. Caracterização, natureza jurídica e espécies.

71.1. Noção. Caracterização e natureza jurídica.

Os actuais *incidentes da instância*, designados no antigo direito por *artigos*, não gozavam de autonomia processual, apenas sendo considerados a propósito das *decisões intermédias* ou *interlocutórias* que lhes punham termo. Designavam-se por *incidentes* quando surgidos antes da contestação e por *emergentes* se ocorridos depois dela. As sentenças ou decisões interlocutórias eram qualificadas de *simples* e *mistas*, as primeiras, com o objecto circunscrito ao artigo respectivo e, as segundas, de natu-

---

[1] Por exemplo, o direito de requerer em juízo a anulação de um dado negócio jurídico por vício da vontade (art.º 287.º, n.º 1, do CC).

[2] O despacho a ordenar que «aguardem os autos nos termos do art.º 285.º do CPC» contém implicitamente a informação de que os autos se encontram parados a aguardar o decurso do prazo da interrupção da instância, o que fatalmente ocorrerá decorrido mais de um ano sobre a data da respectiva notificação à parte. Não se torna, pois, necessária a prolação de um segundo despacho a declarar solenemente interrompida a instância para que a interrupção opere – cfr. o acórdão do STJ de 14-9-2006, Proc. n.º 2400/06 – 2.ª Sec. / Cons.º Duarte Soares.

reza prejudicial relativamente ao conhecimento da questão principal objecto do processo[1]. Sem dúvida pela sua potencialidade perturbadora da marcha normal do processo, os incidentes mais comuns, que implicavam a suspensão dos feitos pendentes, eram, muito significativamente, designados por *atentados*[2].

O conceito de *incidente* passou paulatinamente a estender-se a *toda e qualquer questão incidental surgida na tramitação da lide*, distinta, pois, dado objecto principal da causa, mas com ela intimamente relacionada, face à repercussão (positiva ou negativa) que a respectiva resolução pudesse surtir, quer na relação jurídica processual, quer na própria relação jurídica substantiva ou material. Houve assim que "autonomizar" a regulamentação das "questões incidentais", em ordem a prevenir a proliferação de tais convulsões processuais, as mais das vezes de manifesta desnecessidade. *Incidente* ou *questão incidental* é, assim, qualquer ocorrência ou controvérsia estranha, anormal, extraordinária, surgida na pendência de uma dada causa, a cujo objecto (principal) se encontra ligada por um certo grau de conexão, de *natureza contenciosa*, e por isso com tramitação própria e autónoma e que, por sua natureza, exige uma *decisão prévia* e *especial*, e portanto *independente*, relativamente à da decisão final do litígio[3].

O conceito de incidente processual pressupõe a existência de uma causa. Representando um *enxerto* ou *incrustação* num processo em curso (acção principal ou recurso) de uma *questão acessória e secundária* com processado próprio e autónomo. À míngua de autonomia contenciosa/procedimental não são, por ex., de considerar como incidentes, mas como actividade processual normal em relação ao processo da acção ou do recurso, as reclamações da base instrutória (art.º 511.º, n.ºs 1 e 2) ou da decisão da matéria de facto (art.º 653.º, n.ºs 4 e 5).

A própria terminologia legal peca por vezes por heterodoxia técnica, ao qualificar como "*incidentes*" (mesmo como incidentes típicos) outras

---

[1] Cfr. SALVADOR DA COSTA, Incidentes da Instância, 5.ª ed., Coimbra, Almedina, 2008, pp. 10 a 12, e J. RODRIGUES BASTOS, Notas, vol. II cit., p. 81.

[2] Cfr. SOUSA LOBÃO, in "Tratado Prático Compendiário de Todas as Acções Summárias, Sua Índole e Natureza em Geral e em Especial; Das Summárias, Sumaríssimas, Preparatórias, Provisionais, Incidentes, Preceitos Cominatórios", Lisboa, 1886, pp. 214 a 230.

[3] Cfr. SALVADOR DA COSTA, Os Incidentes da Instância cit., pp. 10 a 12.

ocorrências a respeito das quais se não mostram preenchidos todos os citados pressupostos. Assim, por ex., o *incidente de liquidação* (art.ºs 378.º a 380.º-A), não se perfila propriamente como uma "questão acessória ou secundária" relativamente à da causa principal, pois que consequência lógica do facto de o autor ou (o réu reconvinte) haverem deduzido um pedido genérico ou ilíquido. Também *o incidente* de *verificação do valor* da causa não configura tecnicamente uma "questão anormal" do processo em que é deduzido, já que o respectivo apuramento assume importância decisiva, quer para a qualificação do objecto do processo, quer para a determinação da competência do tribunal, quer para efeitos de alçada.

Assume, ainda, o conceito de incidente particular relevância para efeitos da decisão da sua sujeição ou não a *custas* (cfr. os art.ºs 446.º do CPC e 1.º, n.º 2 e 7.º, n.º 3, do RCP).

71.2. Incidentes típicos ou nominados e atípicos, inominados ou anómalos. Enunciação e inserção sistemática.

Podendo embora ser classificados segundo os critérios da *oportunidade* do seu processamento, dos *efeitos* que produzem, da sua *denominação* e da *matéria* sobre que versam, importa distinguir entre incidentes *anteriores* ou *posteriores* à sentença final, incidentes *suspensivos* e não *suspensivos* da marcha do processo principal, incidentes *nominados* ou *inominados* e incidentes *civis, laborais* ou *penais*[1].

Excepcionalmente, o incidente não se enxerta na causa principal, antes sendo processado por *apenso* a ela, como por ex., o de *habilitação não documental dos sucessores* da parte falecida na pendência da causa (cfr. os art.ºs 371.º, n.º 1 e 372.º, n.º 2) e o *incidente de suspeição* do juiz ou dos funcionários da secretaria (art.ºs 129.º, n.º 1 e 136.º). Também não corre no decurso da causa, mas depois dela finda, o incidente da *reclamação da conta de custas*, regulado no art.º 31.º do RCP, e o de *emenda da partilha por acordo* dos diversos interessados, regulado nos art.ºs 1386.º, n.º 1 e 1387.º.

---

[1] Cfr. PABLO SAAVEDRA GALLO, "Estudo, Reflexiones Sobre Los Incidentes En El Proceso Declarativo Civil", pp. 191 e 192, citado por SALVADOR DA COSTA, Os Incidentes cit., p. 12.

600   *Direito Processual Civil*

Os chamados incidentes *típicos* ou *nominados* encontram-se previstos e regulados nas Secções II a VI do capítulo III do título I do Livro III do CPC (art.ºs 305.º a 380.º-A). Tipifica a lei, entre eles, apenas os de *verificação do valor da causa*, de *intervenção de terceiros*, de *habilitação* e de *liquidação*. Entre os incidentes de intervenção de terceiros, inclui a lei os de *intervenção principal* (espontânea e provocada), de *intervenção acessória* e de *oposição* (espontânea, provocada e mediante embargos de terceiro).

Mas, para além dos expressamente incluídos na nomenclatura legal, muitos outros são *previstos em normas processuais avulsas*, susceptíveis de enxertação na tramitação normal de uma causa. Constituem exemplos destes últimos os de *incompetência relativa* (art.ºs 108.º a 114.º), os conflitos de *competência ou de jurisdição* (art.ºs 115.º a 117.º-A, 118.º e 121.º) e os de *suspeição do juiz ou dos oficiais de justiça* (art.ºs 126.º a 136.º), relativamente aos quais, por contenderem directamente com a matéria da competência do tribunal, foi considerada inconveniente a sua inserção sistemática no elenco dos incidentes da instância, antes tida por mais plausível na parte do CPC relativa a essa matéria[1]. Também os incidentes de *impugnação de genuinidade de documento* (art.ºs 544.º e 545.º) e de *ilisão da autenticidade ou da força probatória de documento* (art.ºs 546.º a 551.º) não se encontram regulados sob a epígrafe própria dos incidentes da instância, mas sim integrados na fase de instrução do processo, pois que directamente conexionados com o meio de prova documental. O incidente de *falsidade de acto judicial*, neste incluída a citação (art.º 551.º-A), corre no seio da causa principal, não figurando no elenco dos incidentes típicos, porquanto integrador da epígrafe da "prova documental".

Isto para além de todo um leque de ocorrências não previstas em qualquer norma específica, os vulgarmente designados *incidentes anómalos, atípicos* ou *não especificados*, categoria que, assim, aparece como meramente residual: lá onde a lei não preveja um incidente típico para a regulação de uma determinada questão incidental surgida no decurso da acção, *há que considerar esse incidente como atípico, anómalo ou inominado*. Trata-se das *ocorrências estranhas ao desenvolvimento*

---

[1] Cfr., neste sentido, SALVADOR DA COSTA, Os Incidentes cit., pp. 11-12.

normal da lide (na expressão do n.º 1 do art.º 16.º do anterior CCJ) e desencadeadas na pendência da instância e mesmo depois da respectiva extinção. A sua dedução, se de carácter espúrio e impertinente, releva para a apreciação, quer da *conduta processual* das partes intervenientes, quer da conexa *responsabilidade tributária* (custas e multas processuais). Assim, no que tange aos actos e *incidentes inúteis ou supérfluos*, o encargo das custas recai, não sobre a parte vencida, mas sobre aquela que (escusadamente) os requereu (art.º 448.º, n.º 1). E «devem reputar-se *supérfluos* os actos e incidentes desnecessários para a declaração ou defesa do direito» (n.º 2). As *custas* dos restantes actos a que se refere o n.º 1 (diligências e actos que devam repetir-se por culpa de algum funcionário judicial) «são pagas pelo funcionário ou pela pessoa respectiva». Trata-se aqui da imposição de uma verdadeira sanção pelo uso inadequado do processo, ainda que o seu fautor haja sido o próprio vencedor do pleito ou o próprio funcionário negligente.

E, quanto à *conduta processual*, se a sua utilização revelar um uso (doloso ou gravemente negligente) do processo (ou dos meios processuais) manifestamente reprovável, visando conseguir objectivo ilegais, impedir a descoberta da verdade, entorpecer a acção da justiça ou protelar sem fundamento sério o trânsito em julgado da decisão, a respectiva dedução pode integrar a previsão abstracta da al. d) do n.º 2 do art.º 456.º (*condenação por litigância de má-fé*)[1].

71.3. Processamento. Regras gerais e especiais.

Em quaisquer incidentes inseridos na tramitação de uma causa, observar-se-á, na falta de regulamentação específica, o disposto nos art.ºs 302.º a 304.º (cfr. art.º 302.º), sendo, pois, de aplicar, a qualquer tipo de incidente, as regras gerais relativas ao *oferecimento das provas* e à respectiva *oposição*, ao limite do *número de testemunhas* e ao *registo de depoimentos*.

Prevê a lei, em geral, para os incidentes, apenas *dois articulados*: o *requerimento inicial* e a *oposição*. Neles devem o requerente e o requerido, desde logo, oferecer o rol de testemunhas e requerer outros meios de

---

[1] Cfr. supra, n.º 35.2.

602   *Direito Processual Civil*

prova[1]. *A oposição deve ser deduzida no prazo de 10 dias*, determinando a sua a falta (quanto à matéria do incidente) um «efeito cominatório que vigore na causa em que o incidente se insere» (art.º 303.º, n.ºs 1, 2 e 3). *Não pode a parte produzir mais de 3 testemunhas sobre cada facto*, nem ser superior a 8 o número total de testemunhas arroladas por cada parte (art.º 304.º, n.º 1). Se prestados *antecipadamente ou por carta*, os depoimentos são *gravados* ou *registados* nos termos do art.º 522.º-A. Mas, *se prestados no tribunal da causa*, os depoimentos «produzidos em incidentes que não devam ser instruídos e julgados conjuntamente com a matéria daquela são *gravados* se, comportando a decisão a proferir no incidente recurso ordinário, alguma das partes tiver requerido a gravação», requerimento este «que é apresentado conjuntamente com o requerimento ou com a oposição a que se reportam os art.ºs 302.º e 303.º» (art.º 304.º, n.ºs 2, 3 e 4).

Produzida a prova, o juiz declara quais os factos que julga provados e não provados, observando, com as devidas adaptações, o disposto no n.º 2 do art.º 653.º» (art.º 304.º, n.º 5).

72. Verificação do valor da causa.

Este incidente encontra-se regulado nos art.ºs 305.º a 319.º. Diz o n.º 1 desse art.º 305.º, que «a toda a causa deve ser atribuído um *valor certo, expresso em moeda legal*, o qual representa a *utilidade económica* imediata do pedido». A expressão *causa* é utilizada, nesse preceito, em sentido amplo, abrangendo não só o conceito de *acção*, litígio ou demanda, como também a *reconvenção*, os *procedimentos cautelares* e os próprios *incidentes*[2].

Porque seu elemento essencial, o valor da causa não reveste, em bom rigor, a natureza de uma *questão anormal* ou estranha em relação ao processo da acção. Mas, prevenindo a hipótese de se revelar controverso ou ser posto em crise, procedeu a lei à regulação específica do respectivo

---

[1] Também, nesta sede, e na falta de disposição especial, é de 10 dias o prazo para as partes deduzirem incidentes – cfr. o art.º 153.º.

[2] Cfr. SALVADOR DA COSTA, Os Incidentes cit., pp. 21 e ss e J. RODRIGUES BASTOS, Notas, vol. II cit., p. 84.

Capítulo VIII – A instância e suas vicissitudes 603

apuramento através do incidente típico em apreço. Até porque essa indagação revela fundamentalmente para a determinação da *competência* do tribunal, da *forma de processo* comum e da relação da causa com a *alçada* do tribunal (art.º 305.º, n.º 2)[1].

O que se não confunde com o *valor da causa para efeitos de tributação* (incidência ou isenção) em *custas* (taxa de justiça, encargos e procuradoria), o qual é calculado de harmonia com as regras vertidas no CPC e no RCP (cfr. n.º 3 do art.º 305.º). Há, assim, a considerar para cada causa um *valor processual* – a determinar exclusivamente pelas regras do CPC – e um *valor fiscal ou tributário* oficiosamente encontrado pelas regras simultaneamente do CPC e do RCP –, sendo que o valor que a parte tem o ónus de indicar na petição inicial (art.º 467.º, n.º 1, al. f)) é sempre e apenas o *valor processual*.

Na determinação do *valor da causa* deve atender-se ao momento da propositura da acção, excepto se houver sido deduzida reconvenção ou requerida intervenção principal (art.º 308.º, n.º 1). Todavia, o valor do (*novo*) *pedido* formulado pelo réu-reconvinte ou pelo interveniente principal só é adicionado ao valor do pedido formulado pelo autor, quando os dois pedidos sejam *distintos*, nos termos do n.º 4 do art.º 447.º-A. (cfr. o art.º 308.º, n.ºs 1 e 2).

Nos art.ºs 306.º a 316.º enunciam-se os *critérios gerais* e especiais a que deve atender-se para a fixação desse valor processual, enquanto que nos art.ºs 313.º a 319.º se regula a respectiva *tramitação* procedimental. Compete ao *juiz* fixar o valor (processual) da causa, sem prejuízo do dever de indicação que impende sobre as partes (art.º 315.º, n.º 1). Tal fixação terá lugar *no despacho saneador* (salvo nos processos de liquidação ou análogos) ou, não havendo lugar a esse despacho, *na sentença final* (art.º 315.º, n.º 2). Se interposto recurso antes da fixação do valor da causa pelo juiz, deve este fixá-lo *no despacho de apreciação liminar do requerimento de interposição do recurso* a que se reporta o art.º 685.º-C (cfr. o art.º 315.º, n.º 3).

O valor (processual) da causa pode, pois, ser encontrado, quer por por *decisão do juiz, quer por acordo* (expresso ou tácito) das partes, quer

---

[1] Admitem sempre recurso as decisões respeitantes ao valor da causa, dos incidentes ou dos procedimentos cautelares, com o fundamento de que o seu valor excede a alçada do tribunal de que se recorrer – cfr. a al. b) do n.º 3 do art.º 678.º.

604 *Direito Processual Civil*

mesmo (residualmente) por meio de *arbitramento* por um único perito nomeado pelo juiz (art.ºs 314.º a 318.º).

Como consequências da decisão (definitiva) do incidente do valor, temos que: – se se apurar que o *tribunal é incompetente*, são os autos oficiosamente remetidos ao juízo que for competente (art.º 319.º, n.º 1); – se da fixação do valor resultar ser *outra forma de processo* correspondente à acção (mantendo-se, porém, a competência do tribunal), será *mandada seguir a forma apropriada*, mas sem anulação do processado anterior, corrigindo-se apenas, se for caso disso, a distribuição efectuada (n.º 2).

73. Intervenção de terceiros.

A instância pode ser subjectivamente modificada, quer por *sucessão* nas posições jurídicas das partes iniciais, quer através dos *incidentes de intervenção de terceiros* (art.º 270.º, alíneas a) e b)). Através dessa modificação, opera-se a substituição de alguma das partes, chamando a juízo outros sujeitos da relação jurídica processual. A *intervenção de terceiros* constitui, pois, uma *excepção ao princípio da estabilidade da instância* (art.º 268.º) na sua vertente subjectiva (art.º 270.º, al. b)). A esses incidentes reportam-se os art.ºs 320.º a 359.º.

São quatro as causas determinantes da substituição das partes primitivas: – o *falecimento* de alguma delas; – a sua *extinção* (sendo pessoa colectiva); – um acto de *transmissão inter-vivos* (em que o transmitente seja um dos titulares da relação jurídica processual); – a *aquisição por um terceiro da titularidade da posição jurídica* em que se encontrava investida uma das partes iniciais[1]. Ocorrido o acto translativo antes da propositura da acção, o autor ou requerente alegarão (na petição ou no requerimento inicial), como fundamento da pretensão, esse facto jurídico – *habilitação legitimidade* –, o que logo arredará a necessidade de qualquer modificação ulterior da instância, pois que essa surge já, *ab initio*, com tal configuração subjectiva[2].

---

[1] Em caso de falecimento ou extinção de alguma das partes, é de observar o disposto nos art.ºs 276.º, n.º 1, 277.º e 284.º, n.º 1 al. a)) e, no caso de transmissão da coisa ou direito litigioso, é de atentar no preceituado art.º 271.º.

[2] Cfr. J. Rodrigues Bastos, Notas, vol. II cit., pp. 22-23.

Dos citados art.ºs 320.º a 359.º extrai-se que a intervenção de terceiros pode assumir as formas de *intervenção principal* (espontânea ou provocada), de *intervenção acessória* (provocada, do Ministério Público, e assistência) e de *oposição* (espontânea, provocada e mediante embargos de terceiro).

73.1. Intervenção principal: espontânea e provocada.

Diz-se *espontânea* a intervenção principal se deduzida por iniciativa do interveniente e *provocada* se resultante da iniciativa de alguma das partes primitivas da acção. A intervenção pode operar-se, quer pelo *lado activo*, quer pelo *lado passivo* da relação processual, assumindo o interveniente a posição de co-autor ou de co-réu respectivamente.

À *intervenção principal* reporta-se o art.º 320.º. Pendendo uma causa entre duas ou mais pessoas, pode nela intervir como parte principal: – quem, em relação ao objecto da causa tiver um *interesse igual* (ou *paralelo*) ao do autor ou do réu, nos termos dos art.ºs 27.º e 28.º (*litisconsórcio facultativo* e *necessário* – al. a) do art.º 320.º)[1]; – aquele que, nos termos do art.º 30.º, pudesse ter-se coligado com o autor aquando da propositura da acção, sem prejuízo do art.º 31.º (*coligação activa* – al. b) do art.º 320.º)[2].

Representa, assim, o incidente, uma *forma sucessiva de litisconsórcio ou de coligação de autores*[3].

J. Rodrigues Bastos[4] dá os seguintes exemplos de *intervenção principal espontânea*: 1.º-: A e B são conjuntamente credores de C. Se A intenta acção para haver de C a quota-parte que lhe pertence receber, pode B intervir como parte principal para ver declarado o seu direito ao crédito da parte correspondente. A conexão faz-se em atenção ao objecto da causa (o crédito de ambos em relação a C – (alínea a) do art.º 320.º – *litisconsórcio facultativo*); 2.º-: A e B, filhos de pai incógnito, têm por mãe C; A propõe acção de investigação de

---

[1] A massa insolvente do réu demandado numa acção de impugnação pauliana carece de legitimidade para requerer a sua intervenção principal (espontânea) na qualidade de associado do autor – cfr. o acórdão do STJ de 12-10-2006, Proc. 3026/06 – 7.ª Sec. / Cons.º Custódio Montes.

[2] Cfr. J. Rodrigues Bastos, Notas, vol. II cit., p. 107, nota 4.

[3] Sobre estas figuras processuais cfr. supra n.ºs 48 e 50.

[4] Cfr. Notas, Vol. II cit., p. 106.

paternidade contra D; B, que também atribui a sua paternidade a D, pode vir coligar-se com o irmão, desde que não haja obstáculo à coligação nos termos do art.º 31º (alínea b) do art.º 320.º – *coligação activa*).

Também a entidade seguradora do sinistrado em acidente de viação (simultaneamente acidente de trabalho) pode, na acção proposta contra a seguradora do lesante, requerer a sua *intervenção principal espontânea*[1]. Numa acção em que se pretende obter a anulação de deliberação social em que foram aprovadas propostas de trespasse do estabelecimento e da venda do imóvel onde o mesmo se situava, é de admitir o chamamento para *intervenção principal* (*provocada*) da sociedade trespassária, e, bem assim da que adquiriu o imóvel[2].

Os restantes processos incidentais neste âmbito são actualmente a *intervenção acessória* (art.ºs 320.º a 324.º), a *assistência* (art.ºs 335.º a 341.º) e a *oposição* (art.ºs 342.º a 359.º).

Neste quadro da *modificação subjectiva* da instância pela intervenção novas partes, prescreve o n.º 1 do art.º 269.º que até ao trânsito em julgado da decisão que julgue ilegítima alguma das partes por não estar em juízo determinada pessoa (*litisconsórcio necessário*) pode o autor ou o réu reconvinte chamar essa pessoa a intervir, nos termos dos art.ºs 325.º a 329.º (*intervenção principal provocada*). Chamamento, pois, com vista a *sanar a ilegitimidade plural*, o qual pode ocorrer mesmo após a absolvição do réu da instância[3]. Com efeito, conforme dispõe o n.º 2 do art.º

---

[1] Cfr., v.g., o acórdão da RC de 13-3-2007, CJ, Tomo I/2007, p. 11 / Des. ARLINDO DE OLIVEIRA; isto, desde logo porque o n.º 1 do art.º 31.º da Lei n.º 100/97, de 13 de Setembro, concede à entidade patronal e à respectiva seguradora o direito de intervir no processo em que o sinistrado exija aos responsáveis civis a indemnização por acidente de que foi vítima (consagra-se no n.º 4 desse preceito, o *direito de regresso* da seguradora que tiver pago a indemnização por acidente de trabalho contra os responsáveis civis, ainda que se trate, mais propriamente, de uma verdadeira *sub-rogação*, conforme se decidiu no AC UNIF de 14-1-97, in DR, 1.ªA– Série de 27 de Março). Cfr. ainda, no mesmo sentido, os acórdãos da RC de 2-3-99, Proc. 1821/98 e da RG de 11-2-2004, CJ, Tomo I/2004, pp. 287-289, sendo que, nos termos desse último aresto, como a intervenção da seguradora laboral se funda na sub-rogação dos direitos do lesado, que não propriamente no acidente laboral, o tribunal materialmente competente será o comum. Cfr., também, actualmente, os art.ºs 26.º e 27.º do Dec.-Lei n.º 291/2007, de 21 de Agosto, quanto ao seguro de responsabilidade civil obrigatório.

[2] Cfr., o acórdão da RP de 13-7-2000, JTRP00028654/Iwww.dgsi.pt / Des. VIRIATO BERNARDO.

[3] Sobre a sanação da ilegitimidade em casos de litisconsórcio necessário, cfr. supra n.º 48.5.

Capítulo VIII – A instância e suas vicissitudes 607

269.º, na hipótese de a *ilegitimidade ad causam* haver determinado a absolvição-extinção da instância, o chamamento ainda pode ocorrer nos 30 dias subsequentes ao trânsito em julgado da decisão respectiva, caso em que, uma vez admitido, *renasce a instância já extinta*. Não pode, todavia, o autor utilizar este expediente processual para proceder à substituição do réu contra quem, por lapso, dirigiu a acção, tendo, por isso de instaurar uma nova acção contra o verdadeiro réu[1].

Quanto à *oportunidade* da dedução do chamamento para *intervenção principal espontânea* temos que: – a fundada *na alínea a)* do art.º 320.º é admissível *a todo o tempo*, enquanto não estiver definitivamente julgada a causa; – a baseada *na alínea b)* do mesmo preceito só é admissível enquanto o interveniente possa deduzir a sua pretensão em articulado próprio (art.º 322.º, n.º 1). O interveniente espontâneo aceita a causa no estado em que se encontrar (sendo considerado revel quanto aos actos e termos anteriores), mas goza de todos os direitos de parte principal a partir do momento da sua intervenção» (n.º 2), podendo desde logo, por ex., passar a recorrer das decisões desfavoráveis (art.º 676.º, n.º 1) e ainda confessar, desistir ou transigir, *uti singuli* ou com a parte com que se associou, nos termos e com os efeitos dos art.ºs 293.º a 301.º.

Relativamente à *oportunidade* da dedução do chamamento para *intervenção principal provocada*, só pode o mesmo ser requerido – em articulado da causa ou em requerimento autónomo – *até ao momento em que podia deduzir-se a intervenção espontânea em articulado próprio*, sem prejuízo do disposto no art.º 269.º, no n.º 1 do art.º 329.º e no n.º 2 do art.º 869.º (cfr. o art.º 326.º, n.º 1).

Por ex., em *acção destinada à efectivação de responsabilidade civil emergente de acidente de viação no âmbito do seguro obrigatório*, pode a seguradora do réu, ao abrigo do disposto no n.º 6 do art.º 64.º do Dec.-Lei n.º 291/2007, de 21 de Agosto (requerida que seja a intervenção principal da seguradora do autor), deduzir pedido reconvencional apenas contra esta[2]. «No caso de *pluralidade de lesados* e limitação do capital objecto do contrato de seguro, pode a seguradora fazer intervir, ao lado do autor ou autores, os lesados não accionantes»[3]. Pode, por seu lado, a segura-

---

[1] Cfr., neste sentido, SALVADOR DA COSTA, Os Incidentes cit., p. 82.
[2] Cfr., v.g., o acórdão da RP de 14-3-95, CJ, Ano XX, Tomo II, p. 193 / Des. MATOS FERNANDES.
[3] Cfr. o acórdão da RL de 18-3-93, BMJ n.º 425, p. 614 / Des. LOPES PINTO.

608 *Direito Processual Civil*

dora (accionada isoladamente) requerer a *intervenção principal do seu segurado*, mas não com o objectivo de ele deduzir pedido reconvencional, embora, no quadro da intervenção, e se for caso disso, essa faculdade lhe não seja vedada.

Cabem tipicamente no âmbito do incidente todas as situações de existência de uma *pluralidade de devedores* (obrigados) ou de *garantes da obrigação objecto da causa principal*. Isto desde que se mostre interesse atendível, quer numa actuação defensional conjunta, quer no acautelamento de um eventual *direito de regresso* ou de *sub-rogação* que lhes assista[1].

Quanto ao *valor da sentença* relativamente ao chamado, rege o art.º 328.º. Se o chamado *intervie*r no processo, a sentença apreciará o seu direito e constituirá *caso julgado* em relação a ele» (n.º 1). Se *não intervier*, a sentença só constitui caso julgado: – nos casos da al. a) do art.º 320.º, «salvo tratando-se de chamamento dirigido pelo autor a eventuais litisconsortes voluntários activos»; – nos casos do n.º 2 do art.º 325.º» (n.º 2).

O incidente de intervenção principal provocada *não é admissível na acção executiva*, face ao escopo próprio desta e às regras de legitimidade que lhe são aplicáveis. Assim, por ex., não é de admitir, em execução de sentença para liquidação e pagamento de indemnização por danos resultantes de acidente de viação, o chamamento da seguradora do executado, se ela não figurar no título executivo[2-3].

O *incidente* de intervenção principal é processado por *incorporação no processo da causa principal*, ou seja, na causa em que o réu deduzir a sua defesa[4].

---

[1] Cfr. SALVADOR DA COSTA, Incidentes, cit. pp. 110-111.

[2] Cfr. v.g,. o acórdão da RC de 2-5-95, CJ, Ano XX, Tomo III, p. 21 / Des. FARIA ANTUNES.

[3] O incidente da intervenção principal provocada não é de admitir *na acção executiva* face ao específico objecto e às regras da legitimidade desta – cfr. SALVADOR DA COSTA, Os Incidentes cit., p.112. M. TEIXEIRA DE SOUSA é, todavia, de opinião de que, na acção executiva para entrega de coisa certa de imóvel, o executado-oponente pode chamar a intervir o respectivo cônjuge, nos termos da al. a) do art.º 320.º – cfr. "Acção Executiva Singular", Lisboa, 1998, p. 182.

[4] Cfr. SALVADOR DA COSTA, Os incidentes cit., p. 110.

Capítulo VIII – A instância e suas vicissitudes

73.2. Intervenção acessória: provocada, do Ministério Público e assistência.

A intervenção acessória pode assumir três modalidades: – *provocada* (art.ºs 330.º a 333.º); – *do Ministério Público* (art.º 334.º); – *assistência* (art.º 335.º a 341.º).

§1.º – Intervenção acessória provocada.

Pela primeira (antigo chamamento à autoria, com origem no instituto romanístico da *litis denuntiatio*), concede-se ao réu que tenha *acção de regresso* contra terceiro para ser indemnizado pelo prejuízo que lhe cause a perda da demanda poder chamá-lo a intervir como *assistente* para o auxiliar da defesa sempre que esse terceiro careça de legitimidade para intervir como parte principal (art.º 330.º, n.º 1). O terceiro é, nesta sede, chamado a colaborar (*a título auxiliar*) na defesa do réu que o chamou (*intervenção acessória*) para com ele conjuntamente se defender.

A intervenção contemplada no n.º 1 do art.º 330.º é *meramente facultativa*, não acarretando qualquer desvantagem para o réu a omissão do chamamento.

Dada a *ratio essendi* do incidente de intervenção acessória, é o mesmo incompatível com a dedução, pelo chamado (na sequência do chamamento) de *pedido reconvencional*; como incompatível é com a *acção executiva para pagamento de quantia certa*, mesmo em sede de oposição à execução, desde logo porque a execução não comporta decisão condenatória, pressuposto essencial do incidente[1].

Não deve confundir-se «*acção de regresso*, pressuposto do chamamento para intervenção acessória provocada», com o «*direito de regresso*» conferido pelos art.ºs 497.º, n.º 2, 521.º, n.º 1 e 524.º do CC[2]. É que o *prejuízo* relevante que subjaz à acção de regresso é apenas o «*derivado da perda da demanda*», isto é da procedência da acção pelo autor desencadeada contra o réu[3]. O cerne da

---

[1] Cfr. SALVADOR DA COSTA, Os Incidentes cit., p. 137.

[2] Cfr. SALVADOR DA COSTA, Os Incidentes cit., pp. 141-142.

[3] Cfr. C. LOPES DO REGO, "Os Incidentes de Intervenção de Terceiros em Processo Civil, Chamamento à Autoria", *Revista do Ministério Público,* Ano 4.º, vol. 14.º, pp. 80 a 83.

(futura) acção de regresso contra o chamado reside no «*direito de restituição ou de indemnização* do réu pelo quantitativo no qual (ele réu chamante) venha a ser condenado a pagar ao autor, direitos esses que podem advir «da lei, de negócio jurídico, de facto gerador de responsabilidade civil e de enriquecimento sem causa determinantes da obrigação de restituir»[1-2]. Assim, o interesse do chamado na improcedência do pedido do autor é simplesmente *reflexo* ou *indirecto*, porque emergente de um direito conexo (de regresso) com a relação material controvertida a *título principal* no seio da concreta causa relativamente à qual o chamado deve responder pelo *dano resultante da sucumbência para o chamante*[3-4].

Exemplos de *acções de regresso* serão: – o de, num contrato de empreitada, o dono da obra (autor) accionar o empreiteiro (réu) em virtude de defeitos da obra e este, por seu turno, accionar o sub-empreiteiro com quem contratou a realização da actividade em causa[5-6] – o do chamamento à acção do condutor (tomador do seguro ou segurado circulando com uma taxa de alcoolemia superior à legalmente admitida, ou acusando consumo de estupefacientes ou outras drogas ou produtos tóxicos) pela empresa de seguros que tenha pago a indemnização ao sinistrado (art.º 27.º, n.º 1, al. c), do Dec.-Lei n.º 291/2007,

---

[1] Cfr. SALVADOR DA COSTA, Incidentes cit., p. 141.

[2] No acórdão da RG de 29-3-2006, CJ, Tomo II, p. 273 / Des. VIEIRA E CUNHA, considerou-se ser possível o chamamento como interveniente acessório de um concedente comercial em acção de indemnização instaurada contra o réu vendedor (concessionário) de um veículo automóvel, com fundamento em que a privação do uso desse veículo por falta de entrega dos respectivos documentos era de imputar à empresa concedente.

[3] Cfr. o acórdão do STJ de 31-3-93, BMJ n.º 425, p. 473 / Cons.º ROGER LOPES.

[4] Sobre as diversas hipóteses em que assiste à empresa de seguros direito de regresso, uma vez satisfeita por si a indemnização ao lesado, cfr. o n.º 1 do art.º 27.º do Dec.-Lei n.º 291/2007, de 21 de Agosto.

[5] Cfr. o acórdão da RE, de 20-10-94, CJ, Ano XIX, Tomo 4, p. 278 / Des. RIBEIRO LUÍS.

[6] Sem embargo do disposto no art.º 1212.º do CC, que faz com que o empreiteiro seja como que o dono da obra face ao sub-empreiteiro, a simetria entre o contrato de empreitada e o de sub-empreitada não é total. O sub-empreiteiro é um mero auxiliar do empreiteiro, não sendo a sua autonomia completa, já que o empreiteiro mantém o poder de direcção e controlo que caracterizam o dever de guarda e vigilância. Assim, tendo o empreiteiro a guarda da coisa nos termos do n.º 1 do art.º 493.º, n.º 1, do CC e, não tendo ilidido a presunção de culpa aí prevista, é responsável pelos danos que a realização da obra causou – cfr. o acórdão do STJ, de 14-4-2005, Proc. 3741/04 – 2.ª Sec. / Cons.º BETTENCOURT DE FARIA.

Capítulo VIII – A instância e suas vicissitudes 611

de 21 de Agosto)[1-2]; – o de uma sociedade comercial demandada por um seu credor provocar a intervenção acessória de um seu gerente que alegadamente tenha exorbitado dos seus poderes representativos[3]; – o do chamamento (pela empresa de seguros que haja satisfeito a indemnização ao lesado) do condutor (do veículo causador do acidente) não legalmente habilitado ou quando houver abandonado o sinistrado (art.º 27.º, n.º 1, al. d), do mesmo Dec.-Lei); – o, de numa acção intentada por um comprador de um imóvel contra o respectivo vendedor, este (não o podendo fazer a título principal) fazer intervir como parte acessória o empreiteiro com o qual contratou a respectiva construção[4].

O lesado pode optar entre a indemnização por acidente de trabalho ou em serviço e por acidente de circulação. Caso opte pela indemnização por acidente de trabalho, pode beneficiar ainda da indemnização por acidente de circulação relativamente a certos danos que aquela não repare (danos não patrimoniais e certos danos patrimoniais)[5]. O responsável por acidente de trabalho tem *direito de regresso* contra o responsável por acidente de circulação (cfr. os art.ºs 31.º, n.º 4, da Lei n.º 100/97, de 13 de Setembro e 26.º, n.º 1, do Dec.-Lei n.º 291/ /2007, de 21 de Agosto. O FGA só repara, contudo, os danos que a legislação laboral ou relativa a acidentes em serviço não considere ressarcíveis (cfr. o n.º 1 do art.º art.º 51.º do citado Dec.-Lei n.º 291/2007).

Sobre a *oportunidade* da dedução do chamamento para intervencão principal acessória, audição da parte contrária e decisão sobre a sua ad-missibilidade ou inadmissibilidade, rege o art.º 331.º. O *terminus a quo* do prazo de dedução do chamamento coincide com o momento da citação do réu e o seu *terminus ad quem* é, em regra, o de 30 dias se a forma do processo utilizada for a *ordinária* e de 20 dias se a forma de processo utilizada for a *sumária*. Isto porque, tratando-se de um *incidente proces-sado nos próprios autos da causa principal* e que não admite produção

---

[1] Cfr. SALVADOR DA COSTA, Incidentes cit., p. 143 e nota 258, no qual se cita o acórdão da RC de 6-3-2007, Proc. n.º 640-A/2007, CJ, Tomo I/2007 / Des. COELHO DE MATOS.

[2] Para a exercitação com êxito do seu direito de regresso, basta agora à seguradora (se se houver apurado que o segurado foi causador ou concausador do acidente) que o condutor seguia com uma taxa de alcoolemia superior à legalmente permitida.

[3] Cfr. o acórdão da RL de 19-11-87, CJ, Tomo V, p. 119 / Des. RICARDO VELHA.

[4] Cfr. o acórdão da RP de 30-1-2003, JTRP00035432/, in www.dgsi.pt / Des. OLIVEIRA VASCONCELOS.

[5] Cfr. ARNALDO OLIVEIRA, Seguro Obrigatório de Responsabilidade Civil Automóvel, p. 88, n.º 93.

612   *Direito Processual Civil*

de prova, *é na contestação que deve ser deduzido*, só o podendo ser *em requerimento autónomo* caso a mesma não haja sido apresentada.

Ouvida a parte contrária, o juiz terá de formular um *juízo de viabilidade* (abstracta ou de prognose póstuma) da acção de regresso e da respectiva conexão com a causa principal (art.º 331.º, n.º 2), juízo esse ao qual se seguirá (se for positivo) o chamamento e a citação do chamado para contestar[1].

O chamado é *citado*, beneficiando de um *novo prazo para contestar*, passando a usufruir do *estatuto processual de assistente*, após o que se seguirá a tramitação a que se reportam os art.ºs 337.º e ss (cfr. o n.º 1 do art.º 332.º). O incidente será dado por findo se o juiz se convencer da inviabilidade da citação pessoal do chamado (art.º 332.º, n.º 2).

Os chamados podem, por seu turno, provocar o *chamamento sucessivo de terceiros* (seus devedores em via de regresso – art.º 332.º, n.º 3).

A *sentença de mérito* a proferir a final constituirá *caso julgado* quanto ao chamado, nos termos do art.º 341.º, porquanto relativa a questões «de que dependa o direito de regresso do autor do chamamento, por este invocável em ulterior acção de indemnização» (art.º 332.º, n.º 4).

Pode, entretanto, o autor, decorridos que sejam *três meses* sobre a data da dedução (inicial) do incidente sem que se hajam efectuado todas as citações tornadas exigíveis, requerer o *prosseguimento da causa principal*, prazo esse a contar da data da expiração do prazo para a contestação dos já citados (art.º 333.º).

§2.º – *Intervenção acessória do Ministério Público.*

Esta modalidade de intervenção pode ter lugar nas situações contempladas no art.º 5.º, n.º 4, do Estatuto do Ministério Público[2]. O Ministério Público intervém como *parte acessória* quando (não tendo de intervir como parte principal nos termos das alíneas a) a g) do n.º 1 do desse art.º 5.º) «sejam partes na causa as Regiões Autónomas, as autarquias locais, outras pessoas colectivas públicas, pessoas colectivas de utilidade pública,

---

[1] Se o autor se houver oposto, sem êxito, ao incidente, será condenado em custas, nos termos do n.º 1 do art.º 446.º do CPC e 7.º, n.º 3, do RCP.

[2] Cfr. supra n.º 73.2.

Capítulo VIII – A instância e suas vicissitudes   613

incapazes ou ausentes, ou a acção vise a realização de interesses colectivos ou difusos», bem como nos demais casos expressamente previstos na lei (cfr. o n.º 4, alíneas a) e b), do mesmo art.º 5.º).

Ser-lhe-á, para tal, *«oficiosamente notificada a pendência da acção,* logo que a instância se considere iniciada» (art.º 334.º, n.º 1). Isto para que possa «zelar pelos interesses que lhe estão confiados», designadamente (sem prejuízo das preclusões legais) *produzir alegações orais ou escritas* em defesa dos interesses da parte ou entidade assistida» (n.ºs 2 e 3 do mesmo preceito). Será também notificado para todos os *actos e diligências,* bem como *de todas as decisões* proferidas no processo, em similitude com as partes na causa, «tendo *legitimidade para recorrer* quando o considere necessário à defesa do interesse público ou dos interesses da parte assistida» (n.º 4).

O que significa que o Ministério Público intervém, nesta sede, por *dever de ofício* no exercício dos seus *poderes* (deveres) *orgânico-estatutários.* A eventual omissão de notificação da pendência da acção ao Ministério Público é geradora de *nulidade (nulidade principal)* nos termos dos n.ºs 1 e 2 do art.º 200.º, a qual pode ser arguida em qualquer estado da causa e será de conhecimento oficioso enquanto não dever considerar-se sanada (art.ºs 204.º, n.º 2 e 206.º, n.º 1).

Daí que, se o processo correr à *revelia da parte passiva* (que devesse ser assistida pelo Ministério Público), deverá será *anulado* desde o momento em que a notificação do respectivo representante devesse ter ocorrido (art.º 202.º, n.º 2).

§3.º – Assistência.

Quanto ao *incidente da assistência,* regem os art.ºs 335.º a 341.º. A intervenção como assistente (numa causa pendente entre duas ou mais pessoas), em auxílio de qualquer das partes, é permitido a quem tiver *interesse jurídico* «em que a decisão do pleito seja favorável a essa parte» (n.º 1 do art.º 335.º).

Trata-se, pois, de uma *intervenção espontânea* e, em todo caso *facultativa,* por banda do interventor (assistente), legitimada pela *titularidade* de «*uma relação jurídica cuja consistência prática ou económica dependa da pretensão do assistido*» (art.º 335.º, n.º 2).

Que deve entender-se por *interesse jurídico*? Tem ele que emergir de «uma relação jurídica em que figure como parte o candidato à assis-

614 *Direito Processual Civil*

tência», relação essa que «seja *conexa com a relação jurídica litigiosa*»[1]. O terceiro, para legitimar a sua intervenção, invocará, como pressuposto necessário, essa conexidade, a qual se traduz na susceptibilidade da *relação principal* poder vir a ser afectada (na sua consistência) pela solução dada à relação conexa. *Não se torna, todavia, necessária uma qualquer relação de prejudicialidade ou de dependência entre essas duas relações*, bastando-se a lei com que *a decisão* a proferir sobre o pedido (causa) principal, sem se repercutir directamente no direito do terceiro, *possa vir a comprometer a sua realização prático-económica*[2]. Daí que deva ser admitido como assistente qualquer credor que (embora estranho ao litígio) possa ver o património do (seu) devedor afectado positiva ou negativamente, quanto à satisfação do seu crédito, pela decisão de mérito (favorável ou desfavorável) do pleito.

Têm, assim, e a título de exemplo, interesse jurídico na intervenção como assistentes: – o fiador (em auxílio do devedor afiançado) em demanda contra este instaurada pelo credor de uma dívida; – o arrendatário (em auxílio do senhorio) em acção de reivindicação do prédio arrendado; – o sub-arrendatário (em auxílio do arrendatário) em acção de resolução do contrato de arrendamento contra este movida pelo senhorio; – o proprietário do prédio hipotecado (em auxílio do devedor mutuário) que alega nulidade do mútuo por cujo cumprimento foi accionado pelo mutuante; – o comproprietário não locador com interesse na prorrogação do contrato de arrendamento (em auxílio do arrendatário) em acção de resolução desse contrato proposta por outro comproprietário[3-4]; – a mãe de um menor na acção oficiosa de investigação de paternidade intentada pelo Ministério Público contra o presumível progenitor (art.ºs 1865.º, n.º 5 e 1869.º do CC) «por do seu êxito lhe poder advir a vantagem económica de poder partilhar com o investigado o sustento do filho»[5].

Exige-se, pois, a instauração prévia ou a pendência de uma dada *causa* (art.º 335.º), o que logo arreda a possibilidade da dedução do incidente

---

[1] Cfr. ALBERTO DOS REI, DPC, vol. I, 3.ª ed., p. 467.

[2] Cfr. J. RODRIGUES BASTOS, Notas, vol II cit., p. 122.

[3] Cfr. SALVADOR DA COSTA, Incidentes cit., p. 166.

[4] No acórdão da RP de 3-5-2001, Proc. n.º 0130390 / Des. MOREIRA ALVES, considerou-se mesmo ser permitido ao assistente proceder ao depósito de rendas em dívida, acrescidas da indemnização legal, a fim de fazer caducar o direito dos autores-senhorios.

[5] Cfr. os acórdãos do STJ de 11-10-74 / Cons.º JOÃO MOURA e de 29-4-75 / Cons.º BRUTO DA COSTA, BMJ n.ºs 240.º, p. 240 e 246.º, p. 122 respectivamente.

Capítulo VIII – A instância e suas vicissitudes

em sede de *procedimentos cautelares*, porque *meramente instrumentais* em relação a uma concreta causa.

Poderá o incidente da assistência ter lugar *na acção executiva?* SALVADOR DA COSTA é de opinião negativa, dado que o mesmo se «não se coaduna» com «a estrutura e ao fim da acção executiva»[1-2].

Mas, embora primacialmente concebido para acção declarativa, entendemos que nada obsta a que o incidente da assistência possa também ter lugar no âmbito do processo de execução, não só relativamente aos *procedimentos enxertados no seio da execução* propriamente dita, v.g.: – o reforço ou substituição dos bens penhorados (art.º 834.º); – a impugnação da penhora ou da execução por simples requerimento; – a apreciação de direitos de preferência e de remissão nela eventualmente exercitados (art.ºs 892.º a 898.º e 912.º a 915.º); –, a eventual sindicância dos pressupostos da venda por negociação particular (art.º 904.º) ou a arguição de irregularidades ou a invalidação da venda (art.ºs 907.º e 908.º); – quiçá mesmo para interposição de recurso (art.º 680.º, n.º 2). Como também em relação aos *procedimentos autónomos* (de cariz essencialmente declarativo/contencioso) *a correr por apenso* (como, por ex., a oposição à execução e/ou à penhora – art.ºs 806.º, n.º 3 e 813.º e ss.), a impugnação dos créditos reclamados (art.º 866.º e 867.º) ou a verificação e graduação de créditos (art.º 868.º e 869.º). E, desde logo, não tanto pela inserção sistemática das respectivas disposições ou da regra da subsidiariedade do

---

[1] Cfr. Incidentes, 5.ª ed. cit., p. 158.

[2] No sentido de que é de admitir o incidente *em sede de oposição à execução*, não só por esta se traduzir numa acção declarativa enxertada na execução, como ainda porque os incidentes da instância se encontram previstos e regulados nas «Disposições Gerais» (Título I) do Livro III do CPC, aplicáveis a qualquer processo, cfr. o acórdão do STJ de 30-6-1998, BMJ, n.º 478.º, p. 303 / Cons.º GARCIA MARQUES, cujo sumário é o seguinte: «Numa acção executiva com base em letra de câmbio movida contra uma sociedade por quotas e um seu avalista, que era também dela sócio, este pode – se a executada for revel (e apesar de o exequente ter desistido da acção relativa ao avalista) – vir deduzir deduzir embargos de executado, como assistente – visto, por um lado, ser titular enquanto avalista, de relação jurídica distinta da concernente ao aceite da letra e, por outro, ter interesse jurídico nessa intervenção, dado que, na qualidade de sócio, teria de compartilhar nos lucros e perdas da sociedade executada». «Se o assistido for revel, o assistente passa a figurar como seu *gestor de negócios* (hoje *substituto processual*). Consequentemente, se, numa acção executiva, o executado for revel, o assistente pode, ele próprio, deduzir embargos de executado, desde que ainda se não tenha esgotado o prazo para deduzir oposição».

616   *Direito Processual Civil*

processo comum de declaração contemplada nos art.ºs 466.º, n.º 1 e 801.º, como sobretudo pela *ratio essendi* do instituto: a intervenção em auxílio de qualquer das partes (exequente ou executado) por quem tiver interesse jurídico em que o desfecho da acção seja o mais favorável possível à parte assistida[1].

A pretensão do assistente carece de autonomia própria, já que o objectivo por ele perseguido é o de assegurar o sucesso da tese do assistido (*interventio ad adjuvandum*)[2]. Daí que lhe incumba o encargo de demonstrar (para que possa ser admitido a intervir) a existência (pela sua parte) de um interesse (juridicamente tutelado) no desfecho favorável do pleito à parte que se propõe coadjuvar[3]. O assistente assume a *posição* (*secundária*) de *auxiliar de uma das partes principais* (autor ou réu/requerente ou requerido) – art.º 337.º, n.º 1 –, visando, com a adução de factos e provas complementares ou instrumentais, reforçar a posição jurídico-processual e jurídico-substantiva de alguma ou algumas das parte principais, em ordem a conseguir que as mesmas obtenham ganho de causa.

O que *pressupõe que o assistido haja intervindo no processo* (isto é, que não haja incorrido em revelia absoluta), porquanto o assistente não se propõe fazer valer directamente nele um interesse próprio (mas um *interesse alheio*), não acarretando a sua intervenção uma qualquer modificação do objecto material da causa mas, tão-somente, da vertente subjectiva da instância.

A intervenção pode ter lugar *a todo o tempo* (sob condição de aceitação do processo no estado em que se encontrar), isto é, *até ao trânsito*

---

[1] Cfr., neste pendor, ALBERTO DOS REIS, Processo de Execução, vol. 1.º, 2.ª ed., Reimp., 1982, p. 204, nota 1, MANUEL DE ANDRADE, Lições, pp. 464-465, ANSELMO DE CASTRO, A Acção Executiva Singular, Comum e Especial, 3.ª edição, 1977, p. 83., LEBRE DE FREITAS, A Acção Executiva à Luz do Código Revisto, 2.ª ed., 1997, p. 115 e JORGE BARATA / M. LARANJO PEREIRA, Direito Processual Civil II – Parte I, 1976/1977, ed. da FDL, p. 150. Cfr. ainda, neste sentido, o acórdão da RC de 11-5-2004, Proc. n.º 970/04 / Des. ARTUR DIAS, versando um caso em que os candidatos à assistência se propunham intervir no processo executivo em auxílio dos executados para levantamento de uma penhora incidente sobre o prédio de que eram comproprietários.

[2] Cfr. J. RODRIGUES BASTOS, Notas, vol. II, cit., p. 121.

[3] O adquirente de um prédio, que entretanto lhe não foi entregue, tem interesse jurídico para intervir, na qualidade de assistente, na acção de reivindicação que o tenha por objecto, intentada por outrem contra o vendedor, pois que, em caso de procedência, se torna ineficaz o respectivo contrato de compra e venda – cfr. SALVADOR DA COSTA, Os Incidentes cit., p. 159.

Capítulo VIII – A instância e suas vicissitudes 617

em julgado da decisão final (mesmo, pois, nas acções ou recursos pendentes nos tribunais superiores), devendo o pedido ser deduzido em *articulado próprio* e autónomo (requerimento especial avulso) ou em *alegação* que o assistido esteja ainda a tempo de oferecer.

O assistente goza de um *estatuto processual equiparado* em direitos e deveres ao do assistido, ainda que a respectiva *actividade* esteja *subordinada* à do assistido (art.º 337.º, n.ºs 1 a 3). Assim, por ex., a intervenção do assistente cessará se a causa principal se extinguir por confissão, desistência ou transacção em relação ao pedido ou por desistência da instância por banda do assistido, não podendo ele próprio produzir uma qualquer declaração confessória ou qualquer outra de natureza autocompositiva relevante. Também a prática de qualquer acto processual seu só se tornará possível se ainda não exaurido o prazo respectivo para o assistido (v.g. contestação, réplica, tréplica ou alegação de recurso); inviabilidade que ocorrerá igualmente em caso deste ser revel, apesar de o assistente ser, em tal caso, considerado como seu *substituto processual* (cfr. o art.º 338.º). Não poderá, assim, o assistente contestar em vez do (réu) assistido ou invocar factos integrantes da causa de pedir (do autor) ou de qualquer excepção pelo (réu) pelo assistido não invocadas[1].

Não pode também o assistente *recorrer* de decisões com que o assistido se haja conformado, podendo, contudo, fazê-lo relativamente a situações de *prejuízo pessoal e directo* como, por ex., a rejeição de algum articulado ou alegação de recurso por si apresentados (cfr. o n.º 2 do art.º 680.º). Cfr. ainda, quanto à admissibilidade e regime dos recursos contra as decisões de indeferimento e de admissão do incidente, os art.ºs 692.º, n.ºs 1, 3 e 4, 691.º, n.º 2, alínea j) e 691.º-A, n.º 2).

O incidente é *processado nos próprios autos da causa principal*, devendo ser observados os requisitos gerais (formais) exigidos pelos art.ºs 152.º, n.ºs 1 e 2, 7 e 8 e 467.º, n.º 3, do CPC e 6.º, n.º 6, do RCP.

A *sentença* que vier a ser proferida na causa constitui *caso julgado* em relação ao assistente, tendo assim o mesmo que aceitar, em qualquer causa posterior, «os factos e o direito que a decisão judicial tenha estabelecido» (art.º 341.º), excepto se ocorrer qualquer das situações previstas nas alíneas a) e b) desse preceito.

---

[1] Cfr. SALVADOR DA COSTA, Incidentes cit., p. 166.

618   *Direito Processual Civil*

73.3. Oposição: espontânea, provocada e mediante embargos de terceiro.

A oposição representa uma das modalidades que pode assumir a *intervenção de um terceiro numa causa já pendente entre duas ou mais pessoas.*

A admissibilidade da oposição, propiciando a apreciação, numa única acção, de pretensões opostas sobre a titularidade do bem ou direito litigado, possui igualmente, na sua raiz, razões de *economia processual.* Assim se evita que o terceiro, preenchidos que sejam os requisitos legais (art.ºs 342.º a 359.º), tenha de aguardar o desfecho da causa para propor uma nova demanda destinada a declarar (ou a reconhecer) o seu direito.

Trata-se (a oposição) de uma «verdadeira *nova acção* que se enxerta na anterior»[1], podendo ser *espontânea* ou *voluntária* e *provocada* ou *forçada.* Nesta última incluída a *oposição mediante embargos de terceiro*, designadamente por parte dos cônjuges (art.ºs 351.º a 359.º).

§1.º – *Oposição espontânea.*

Através da *oposição espontânea*, pode um terceiro ser admitido como opoente numa causa já pendente entre duas ou mais pessoas (*acção própria em processo alheio*) «para fazer valer, no confronto de ambas as partes, um *direito próprio* (de natureza real, obrigacional ou outra) total ou parcialmente *incompatível* com a pretensão deduzida» *pelo autor ou pelo réu-reconvinte* na causa principal (art.º 342.º, n.º 1).

O *terceiro* (*opoente*) arroga-se, pois, a qualidade de sujeito (titular) de uma relação jurídica cujo reconhecimento importe a averiguação e a conclusão de que a coisa ou o direito litigiosos não pertencem a nenhuma das partes primitivas no pleito[2].

J. RODRIGUES BASTOS[3] dá a este respeito, três exemplos: – numa acção de divisão de coisa comum entre A, B e C, intervém D como opoente, alegando ser

---

[1] Cfr. J. RODRIGUES BASTOS, Notas, vol. II cit., p. 128.
[2] Cfr. SALVADOR DA COSTA, Os Incidentes cit., p. 173.
[3] Cfr. Notas, vol. II cit., p. 128.

Capítulo VIII – A instância e suas vicissitudes 619

exclusivo titular da coisa dividenda; – numa acção de dívida, intervém um terceiro arrogando-se a *titularidade única do crédito*; – numa acção constitutiva de servidão de passagem intervém um terceiro declarando-se *proprietário único do prédio serviente*. No primeiro exemplo, visa o opoente a exclusão de ambas as partes, no segundo, só a do autor e, no terceiro, só a do réu.

Como *exemplos jurisprudenciais* podem referir-se: – o de, «numa acção declarativa de nulidade por simulação de contrato de cessão de quotas sociais proposta pelo "cedente" contra o "cessionário" (na qual este confessou o pedido como se fosse o exclusivo titular dessas quotas), o ex-cônjuge do réu intervir como opoente sob invocação da sua contitularidade nas mesmas quotas pertencentes ao património conjugal ainda por partilhar»[1]. Se, porém, tiver por fundamento a titularidade de quota ideal de um direito real ou de crédito, a oposição só será viável se o autor (ou o réu-reconvinte) tiver invocado a titularidade global e exclusiva do direito em causa, porquanto «diversa situação só é susceptível de ser enquadrada, verificados os respectivos pressupostos, no incidente de intervenção principal»[2]; – e ainda o do *credor hipotecário*, com garantia sobre o prédio vendido acordada com o comprador, com legitimidade para intervir, na posição de opoente, na acção em que o vendedor pede a confirmação judicial da resolução do contrato de compra e venda com base na verificação da condição resolutiva[3].

Para efeitos de intervenção processual, a *incompatibilidade* (*total* ou *parcial*) entre o *direito do terceiro* (opoente) e o *direito litigado* (entre as partes principais) pode dar-se independentemente da natureza real, obrigacional ou outra da relação material controvertida. Assim, por ex., no âmbito dos direitos reais, a *oposição* será *total* se o opoente intervier para invocar – na acção já pendente – a (sua) aquisição, por usucapião, da propriedade sobre dois imóveis que o autor reivindica com base na mera presunção registral e ocupação sem título (e que o réu se recusa a entregar-lhe sob a alegação de os haver adquirido por usucapião), solicitando o opoente, com base nessa posse formal, a declaração a seu favor desse seu (alegado) direito de propriedade, com a consequente condenação do réu a entregar-lhos e correlativo cancelamento do registo; será *parcial* se

---

[1] Cfr. o acórdão do STJ de 4-11-93, CJSTJ, Ano I, Tomo III, p. 92 / Cons.º José de Magalhães e Salvador da Costa, Os Incidentes cit., p. 179, nota 313.

[2] Cfr. o citado acórdão do STJ, de 4-11-93 e ainda o acórdão do mesmo Supremo Tribunal de 15-4-97, CJSTJ, Ano V, Tomo 2, p. 45 / Cons.º Aragão Seia.

[3] Cfr. o acórdão da RE de 20-3-80, CJ, Tomo II, p. 90 / Des. Fidalgo de Matos.

o opoente cingir a sua oposição à aquisição de apenas um desses prédios por usucapião[1].

Já *não será de admitir o incidente de oposição* no quadro da questão de *alienação de participações sociais*, face à natureza e ao escopo do *processo especial de insolvência ou de recuperação de empresas.*

A oposição espontânea só pode ser oferecida *até à data da prolação do despacho designativo da audiência* de discussão e julgamento em 1.ª instância (que não o da conclusão para o efeito ou o da sua notificação) ou, se a ela não houver lugar, enquanto não tiver sido proferida a sentença (n.º 2 do art.º 342.º). O *despacho* a considerar é o *primitivo* e não o subsequente eventualmente resultante do adiamento da audiência[2], sendo que a esta não haverá lugar sempre que o réu não conteste e, por esse facto, devam considerar-se confessados os factos articulados pelo autor (art.ºs 463.º, n.º 1, 464.º e 484.º, n.º 1).

Também o *momento relevante quanto à prolação da sentença é aquele em que esta foi escrita ou registada em acta* e não o da data de abertura de conclusão para esse efeito, nem o da data da respectiva notificação. Assim, *em sede recursal*, é inadmissível o incidente de oposição, embora possa ser deduzido, se for caso disso, nas acções da competência dos tribunais da Relação ou do Supremo Tribunal de Justiça funcionando como tribunais de 1.ª instância[3].

Não admite a lei a dedução de *sucessivos de incidentes de oposição*, pois que, por um lado, a intervenção de terceiros numa causa pendente é excepcional e, por outro, a letra da lei não sugere uma tal possibilidade, ao contrário do que ocorre com o incidente de intervenção acessória provocada, nos termos do n.º 3 do art.º 332.º[4-5].

Sobre o meio processual de dedução do pedido de admissão como opoente, rege o art.º 343.º: se a oposição não for liminarmente rejeitada, seguir-se-ão os termos dos art.ºs 344.º a 346.º.

---

[1] Cfr. SALVADOR DA COSTA, Os Incidentes cit., pp. 175-176.

[2] Cfr. SALVADOR DA COSTA, Os Incidentes cit., pp. 179-180.

[3] Cfr. SALVADOR DA COSTA, Os Incidentes cit., p. 180.

[4] Há, porém, quem entenda que as razões que levaram a lei a admitir esta forma de intervenção valem para as oposições posteriores, porventura determinadas pela pretensão deduzida pelo opoente – cfr. J. RODRIGUES BASTOS, Notas, vol. II cit., p. 157.

[5] Cfr. SALVADOR DA COSTA, Os Incidentes cit., p. 180.

Capítulo VIII – A instância e suas vicissitudes

A oposição será apresentada por meio de *petição*, à qual serão subsidiariamente aplicáveis, para além das disposições próprias dos incidentes da instância (art.ºs 302.º a 304.º), as relativas à *petição inicial*, inclusive, no que respeita a *custas* (cfr. os art.ºs 138.º-A, 151.º, n.º 2, 152.º, n.ºs 1, 2, 7 e 8 e 467.º, n.º 3, do CPC, 6.º, n.º 6, do RCP e 8.º, n.ºs 1 e 2, da Portaria n.º 114/2008, de 6 de Fevereiro). Não sendo a oposição liminarmente rejeitada, o opoente assume no processo a qualidade de *parte principal*, com os direitos e responsabilidades inerentes, sendo ordenada a notificação das partes primitivas para contestarem o seu pedido (*deduzido em oposição)*, seguindo-se os articulados e as demais fases do processo declarativo cabível (cfr. o art.º 344.º). A menos que alguma das partes da causa principal venha reconhecer o direito do opoente (hipótese em que o processo seguirá apenas entre a outra parte e o opoente), tomará o opoente a posição de autor ou de réu conforme o seu adversário for o réu ou o autor da causa principal, o que representará uma *modificação subjectiva da instância*, que se traduz na substituição, pelo opoente, da parte que lhe reconheceu o direito de oposição (art.º 346.º, n.º 1).

Se ambas as partes (o autor e o réu ou o réu-reconvinte e o autor – reconvindo) *impugnarem o direito do opoente,* o processo prosseguirá entre as *três partes*, passando a correr no mesmo processo *duas causas conexas*, uma entre as partes primitivas e outra entre o opoente e as partes primitivas, assim acrescendo uma nova parte às partes principais e um novo objecto ao objecto inicial do litígio, o que consubstancia uma *modificação subjectiva e objectiva da relação jurídica processual* (art.º 346.º, n.º 2).

Regime este que é aplicável na eventualidade de dedução de *oposição ao direito invocado pelo réu-reconvinte*, caso em que, fazendo o opoente valer um direito totalmente incompatível com o do reconvinte, e só este reconhecer o direito do opoente, a causa principal seguirá apenas entre o opoente e o reconvindo.

§2.º – Oposição provocada.

Contempla o art.º 347.º os pressupostos da oposição provocada.

Esta pode ser *provocada pelo réu* da causa principal quando, estando pronto a satisfazer a prestação, mas tendo conhecimento de que um terceiro se arroga ou pode arrogar-se direito incompatível com o do autor, vem (ele réu) requerer, *dentro do prazo fixado para a contestação*, que esse terceiro seja citado para vir ao processo deduzir a sua pretensão.

Esta *modificação subjectiva* (*provocada* ou *forçada*) da instância depende, assim, dos seguintes três requisitos: – só pode ser desencadeada por *iniciativa do réu*; – em acção que verse sobre *prestação de coisas*; – e desde que *o réu reconheça a qualidade de sujeito passivo* da obrigação reclamada em juízo. Arredado, pois, se encontra a admissão do incidente se o réu contestar a acção[1].

Assim, por ex., dois ou mais credores arrogam-se o direito exclusivo à prestação de uma coisa (obrigação de *dare* ou *prestare*); o terceiro obrigado (devedor) está disposto a cumprir, mas em relação a quem for (realmente) o credor. Se só um dos alegados credores move a acção, o réu-demandado tem evidente interesse na intervenção do outro credor não demandante[2]. Desde logo para evitar colocar-se na situação de ter de pagar duas vezes[3].

Um outro exemplo extraído da jurisprudência: o credor falece deixando dois herdeiros; apenas um deles (alegando ter sucedido no crédito do *de cujus*) propõe acção de condenação contra o devedor; este está disposto a satisfazer a prestação, mas tem dúvidas sobre a titularidade do crédito, uma vez que o outro herdeiro já o havia interpelado extrajudicialmente para solver a dívida; daí que, para evitar ter de repetir o pagamento do mesmo débito (em dupla condenação), provoque a intervenção do herdeiro não demandado[4].

Não pode, assim, o réu-chamante contestar o pedido contra si deduzido pelo autor e simultaneamente provocar a intervenção do terceiro como opoente; *se deduzir contestação*, fica precludida possibilidade de provocar a intervenção de quem cogite ser titular ou co-titular do direito arrogado pelo autor. Daí que no seu requerimento para intervenção de terceiro deva, desde logo, o requerente *reconhecer o direito de crédito* pretendido fazer valer, para além de ter de alegar os factos donde se deduza que o terceiro (a chamar) se arroga ou possa arrogar na titularidade desse direito. Deve ainda o requerimento obedecer aos demais requisitos legais de ordem formal, v.g. aos estabelecidos nos art.ºs 151.º, n.º 2, 152.º, n.º 7 e 467.º, n.º 1, al. a).

---

[1] Cfr. J. RODRIGUES BASTOS, Notas, vol. II cit., pp. 131-132 e SALVADOR DA COSTA, Os Incidentes cit., pp. 190.

[2] Cfr. SALVADOR DA COSTA, Os Incidentes cit., p. 190-191.

[3] Cfr. J. RODRIGUES BASTOS, Notas, vol. II cit., p. 133.

[4] Cfr. o acórdão do STJ de 19-6-62, RT, 80.º, p. 309 / Cons.º JOSÉ DA FONSECA.

Apresentado o requerimento pelo réu e citado o terceiro (art.º 348.º) na sua própria pessoa e não se verificando nenhuma das excepções ao efeito cominatório da revelia, segue-se, em caso de *inércia do citado quanto à dedução da sua pretensão*, a consequência do art.º 349.º: condenação do réu a satisfazer a prestação (n.º 1) surtindo a sentença força de *caso julgado* relativamente ao terceiro citado (n.º 2).

Se o terceiro não intervier (não deduzindo a sua pretensão autónoma) mas houver circunstâncias obstativas daquele efeito cominatório (exigência de documento escrito, situar-se a causa no âmbito da incapacidade do chamado ou citação edital no caso de revelia absoluta), a acção segue os seus termos para que se decida sobre a titularidade do direito (art.º 349.º, n.º 3). Nessa última situação, «a sentença proferida não obsta a que o terceiro exija do autor o que este haja recebido indevidamente, nem a que reclame do réu a prestação devida, se mostrar que este omitiu, intencionalmente ou com culpa grave, factos essenciais à boa decisão da causa» (n.º 4). Se o terceiro não deduzir a sua pretensão nem dever considerar-se como citado pessoalmente, deve a acção prosseguir para que o autor tenha ensejo de fazer a prova dos factos integradores da alegada titularidade sobre o direito por si invocado, seguindo-se as fases da audiência preliminar, da instrução e do julgamento da matéria de facto (art.ºs 508.º a 664.º)

Se o terceiro deduzir a sua pretensão (oposição) seguir-se-ão os termos prescritos nos art.ºs 343.º a 346.º (ex-vi do n.º 1 do art.º 350.º). Impugnando o autor o direito arrogado pelo opoente, a causa terá de seguir com ambos, assumindo o opoente-interveniente a posição de réu. *O réu primitivo será excluído da instância*, mas desde que efectue o *depósito da coisa ou a quantia em litígio*; se não fizer o depósito, só permanecerá na instância para, a final, ser condenado a satisfazer a prestação à parte vencedora (n.º 2)[1].

---

[1] O depósito será lançado na conta do Instituto de Gestão Financeira e de Infra-Estruturas da Justiça, IP.

§3.º – Oposição mediante embargos de terceiro.

a) – âmbito do incidente.

Os embargos de terceiro[1] surgem hodiernamente, não como meio possessório autónomo, mas antes como um *incidente da instância*[2] numa «verdadeira subespécie da oposição espontânea» sob a designação de «*oposição mediante embargos de terceiro*»[3]. Trata-se de um meio de *reacção contra qualquer acto judicialmente ordenado de apreensão ou entrega de bens que ofenda a posse* ou *qualquer direito* – de que seja titular quem não é parte na causa – incompatível com a realização ou o âmbito da diligência e cujos pressupostos e tramitação são regulados pelos art.ºs 351.º e ss. Não tem lugar o incidente relativamente a uma execução cujo título contenha, não uma obrigação de *dare,* mas uma obrigação de *facere.*

Se deduzidos depois de requerida ou ordenada a penhora ou outra diligência judicial ofensiva, designam-se por *embargos preventivos* (art.º 359.º), se depois de já consumado o acto judicial lesivo, *embargos repressivos* ou *de restituição* (art.º 351.º). O terceiro que deduz os embargos designa-se por *embargante,* aquele contra quem são deduzidos por *embargado*, sendo que os embargos devem ser deduzidos contra as «partes primitivas» (art.º 357.º, n.º 1).

Entre os actos ou diligências judiciais de carácter lesivo susceptíveis de justificar a dedução do incidente encontram-se, não só a *penhora,* como também o *arresto*, o *arrolamento* e a *entrega da coisa* ao exequente em acção executiva para pagamento de quantia certa ou para entrega de coisa certa.

A posse relevante para efeitos de oposição por embargos de terceiro é, em regra, a que é exercida pelo *possuidor em nome próprio* (art.º 1285.º do CC), já que este goza da presunção da titularidade do direito

---

[1] Cfr., quanto a esta matéria, especialmente, SALVADOR DA COSTA, Os Incidentes da Instância, 5.ª ed., Coimbra, Almedina, pp. 200 a 242, AMÂNCIO FERREIRA, Curso de Processo de Execução, 11.ª ed., Coimbra, Almedina, pp. 298 a 315 e MIGUEL MESQUITA, Apreensão de Bens em Processo Executivo e Oposição de Terceiro, 2.ª ed., Rev. e Aum. Coimbra, Almedina, pp. 149 e ss.

[2] Cfr., quanto ao incidente de embargos de terceiro em execução fiscal, os art.ºs 166.º, n.º 1, e 237.º, n.ºs 1 e 2, do CPPTRIB.

[3] Cfr. AMÂNCIO FERREIRA, Curso cit., p. 298.

Capítulo VIII – A instância e suas vicissitudes 625

correspondente, salva a existência, a favor de outrem, de uma qualquer presunção fundada em registo anterior ao início da posse (art.º 1268.º, n.º 1, do CC). Mas já não assistirá, em princípio, o direito de embargar de terceiro ao *mero detentor ou possuidor precário* (art.º 1253.º do CC).

O *direito potestativo* subjacente à previsão do n.º 1 do art.º 351.º abrange hoje, contudo, não só a defesa da *posse*, como também do *direito de propriedade* sobre as coisas indevidamente objecto da diligência judicial. E não apenas do direito de *propriedade plena*, mas também de *«direitos reais menores de gozo*, como por exemplo o direito de *usufruto* ou o direito de *nua propriedade»* que indevidamente hajam sido atingidos pelo acto lesivo, perante a sua incompatibilidade com o âmbito da diligência efectuada[1]. Excepcionalmente, porém, *certos possuidores em nome alheio* que tenham a posição de terceiros, como é o caso do locatário[2-3], do parceiro pensador, do comodatário e do depositário, a que se reportam os art.ºs 1037.º, n.º 2, 1125.º, n.º 2, 1133.º, n.º 2 e 1188.º, n.º 2, respectivamente, todos do CC – cujos direitos se integram na categoria dos *direitos pessoais de gozo*[4] (art.ºs 407.º e 1682.º-A do CC) –, podem deduzir embargos de terceiro contra actos judiciais ofensivos[5].

---

[1] Cfr. SALVADOR DA COSTA, Os Incidentes cit., p. 208.

[2] Atento o disposto nos art.ºs 841.º, n.ºs 1 e 2 e 843.º, n.º 1, por reporte ao n.º 1 do art.º 351.º, n.º 1, se, por hipótese, a penhora (numa acção executiva instaurada contra o senhorio) viesse turbar a posse ou «desapossar» o arrendatário, este poderia embargar de terceiro com o objectivo de manter incólume o seu direito de detenção sobre o arrendado, ainda que não podendo lograr a retirada da execução da coisa (detida) penhorada – cfr. MIGUEL MESQUITA, ob. cit., p. 189.

[3] O promitente-trespassário, como mero detentor, não beneficia do regime do n.º 2 do art.º 1037.º e ss do CC, não podendo, por isso, embargar de terceiro ao abrigo do disposto no art.º 1285.º do mesmo diploma – cfr. o acórdão do STJ de 9-10-2006, Proc. 2868/06 – 1.ª Sec. / Cons.º SEBASTIÃO PÓVOAS.

[4] Os direitos pessoais de gozo não revestem natureza real, mas também não assumem natureza meramente creditícia, constituindo como que um *tertium genus*, que se caracteriza essencialmente pelo facto de os respectivos titulares poderem satisfazer o seu interesse agindo directa e autonomamente sobre a coisa que constitui objecto do direito e defendendo-o contra todas as agressões ilícitas, sem necessidade de recurso à outra parte, característica esta, a da imediação, «imanente a todos os direitos de gozo (reais ou pessoais) – cfr. M. HENRIQUE MESQUITA, Obrigações Reais e Ónus Reais, Coimbra, Almedina, 1990, p. 51 e J. ANDRADE MESQUITA, Direitos Pessoais de Gozo, Coimbra, Almedina, 1999, p. 13 e 134 e ss.

[5] Cfr., neste sentido, AMÂNCIO FERREIRA, Curso, 11.ª ed. cit., pp. 305-309, M. TEIXEIRA DE SOUSA, Estudos cit., p. 187 e o acórdão do STJ, de 27-11-97, BMJ, n.º 471,

626
Direito Processual Civil

Pode, assim, e por ex., qualquer dos *comproprietários de bens indivisos* deduzir embargos de terceiro, em ordem ao levantamento da penhora em execução movida apenas contra algum ou alguns dos contitulares, se houverem sido penhorados bens compreendidos no património comum, uma fracção de qualquer deles ou uma parte especificada desses mesmos bens (art.º 826.º)[1].

Poderão também socorrer-se dos embargos de terceiro: – o *alienante*, se a coisa for penhorada em execução requerida contra o comprador «quer com fundamento na posse, quer com fundamento no direito de propriedade»[2]; – os *titulares de depósitos bancários* afectados por um acto de penhora; com efeito, existindo pluralidade de titulares de uma conta bancária conjunta, solidária ou mista, a penhora incide sobre a *quota-parte do executado na conta comum*, presumindo-se iguais essas quotas, face ao disposto no n.º 2 do art.º 1403.º do CC, aplicável ex-vi do do art.º 1404.º do mesmo diploma (art.º 861.º-A, n.º 2); assim, sendo dois os titulares, deve o banco cativar apenas metade do saldo da conta, ficando salva ao outro contitular a possibilidade de reclamar, através de embargos de terceiro, uma quota-parte superior se a ela tiver direito (daí que o contitular alheio à execução deva ser notificado da penhora efectuada no saldo da conta comum e da respectiva proporção)[3].

As *universalidades jurídicas*, como por ex. o estabelecimento comercial (*a se* uma coisa incorpórea ou imaterial, mas integrando também um acervo de coisas corpóreas) são, como tais, susceptíveis de posse, assim podendo o terceiro, face a uma penhora ilegal, deduzir embargos de terceiro, seja com fundamento na posse, seja com base no direito (de fundo) incompatível com a execução, impendendo sobre o embargante o ónus de dedução dos actos tradutores do exercício dessa posse sobre o todo[4], ainda que não seja exigível ao comerciante (dele desapossado) a alegação e prova da sua posse sobre cada uma das coisas que o integram[5].

---

p. 343 / Cons.º Almeida e Silva. Cfr. ainda o acórdão da RP de 4-2-99,CJ, Ano XXIV, Tomo 1, p. 213 / Des. João Vaz. Contra esta orientação, cfr. Salvador da Costa, Os Incidentes cit., pp. 206-208.

[1] Cfr. J. Rodrigues Bastos, Notas, vol. II cit., pp. 137-138.

[2] Cfr. Miguel Mesquita, Apreensão de Bens cit., p. 213.

[3] Cfr. Amâncio Ferreira, Curso cit., p. 266-270 e os acórdãos da RC de 13-5-99, CJ, ano XXIV, Tomo III, p. 65 / Des. Silva Freitas e da RP de 13-11-2000, CJ, ano XXV, Tomo V, p. 188 / Des. Fernandes do Vale.

[4] Cfr. Miguel Mesquita, Apreensão de Bens cit., pp. 246-247. O STJ entendeu já que mesmo as quotas sociais são coisas susceptíveis de posse e que, por isso, é admissível a dedução de embargos de terceiro contra o acto da respectiva penhora – cfr. o acórdão de 6-5-98, CJSTJ, Ano VI, Tomo 2, p. 71 / Cons.º Fernandes Magalhães.

[5] Cfr. Miguel Mesquita, Apreensão de Bens cit., pp. 246-247.

Capítulo VIII – A instância e suas vicissitudes

O *credor pignoratício* pode também, através dos embargos de terceiro, obter a restituição da coisa empenhada (*se o dono desta não for o executado*) em defesa do seu *direito de retenção*, caso a penhora o prive dele (al. a) do art.º 670.º do CC). *Se o dono da coisa empenhada for o executado* (a penhora do seu crédito implica a apreensão do objecto do penhor, nos termos do n.º 6 do art.º 856.º), poderá o credor fazer valer *no processo de execução* a sua garantia real (art.º 604.º, n.º 2, do CC) de harmonia com o disposto no art.º 864.º, n.º 3, al. b)).

Não poderão, contudo, lançar mão deste incidente de oposição todos aqueles a quem a lei confere a faculdade de fazerem valer os seus direitos, por *via específica*.

Assim, v.g., o *titular de um direito de preferência legal e o titular de um direito real de aquisição ou de preferência convencional com eficácia real*, uma vez que tais direitos podem ser exercitados no âmbito da acção executiva através da notificação para preferência (art.º 892.º, n.º 1)[1].

E igualmente, os *titulares de direitos reais de garantia,* por exemplo de um direito de *penhor* ou de um *direito de retenção* (nem mesmo para se manter a incolumidade da posse da coisa até ao termo da acção executiva), por a respectiva pretensão poder ser satisfeita, através de reclamação, no seio da execução pendente por via do concurso de credores[2] (art.ºs 864.º, n.º 3, al. b) e 865.º, n.º 1)[3-4].

Não é de admitir esse remédio processual relativamente à apreensão de bens realizada no *processo especial de insolvência e da recuperação de empresas*[5]; neste, o terceiro (credor) deve socorrer-se da reclamação a que se reportam os art.ºs 128.º a 143.º do CIRE, ex-vi do art.º 141.º, n.º 1 e, se já exaurido o respectivo prazo (no caso de bens apreendidos tardiamente), exercitar acção para restituição ou separação de bens por meio de requerimento apenso ao processo

---

[1] Cfr. SALVADOR DA COSTA, Os Incidentes cit., p. 209.

[2] Cfr. os acórdãos do do STA, de 23-3-94, BMJ, n.º 435, p. 588 / Cons.º CASTRO MARTINS, do STJ, de 29-6-95, BMJ, n.º 448, p. 314 / Cons.º JOAQUIM DE MATOS, de 23-1-96, CJSTJ, Ano IV, Tomo 1, p. 70 / Cons.º PAIS DE SOUSA e de 22-9-2005, Proc. 1488/2005 – 7.ª Sec./ Cons.º OLIVEIRA BARROS.

[3] Cfr. AMÂNCIO FERREIRA, Curso cit., p. 289.

[4] Cfr. SALVADOR DA COSTA, Os Incidentes cit., p. 209 e o acórdão do STJ de 26-6-2001, CJSTJ, ano IX, tomo II, p. 135 / Cons.º FERREIRA RAMOS.

[5] O Código da Insolvência e da Recuperação de Empresas foi aprovado pelo Dec.-Lei n.º 53/2004, de 18 de Março, depois alterado pelo Dec.-Lei n.º 200/2004, de 18 de Agosto.

principal, a ser proposta contra os credores, o devedor e o administrador da insolvência (art.º 144.º, n.ºs 1 e 2, do mesmo diploma).

O *promitente-comprador* (mesmo tradiciário) não detém, em princípio, a *posse* sobre a coisa objecto do contrato. A regra é a de que da *traditio rei* resulta, para o promitente comprador, um *mero direito pessoal de gozo* que não comporta o *animus dominii*, não sendo, pois um *verdadeiro possuidor*. Daí que, faltando-lhe o "*animus*" ou intenção de exercer sobre a coisa possuída os poderes de facto correspondentes ao direito de propriedade ou de outro direito real (art.º 1251.º do CC), não deveria, em princípio, poder embargar de terceiro.

Isto salvo se a sua acção do promitente-comprador em relação à coisa revelar *inversão do título de posse*, nos termos do art.º 1265.º do CC[1]. Assim, ainda que, normalmente, ao *corpus* possessório não corresponda o *animus possidendi*, já se tem admitido, em *casos excepcionais*, o exercício, por banda do promitente-comprador, de uma *posse* equivalente a um direito real de propriedade[2], legitimadora da dedução de embargos de terceiro: assim, por. ex., se o promitente comprador passou, em consequência da *traditio*, a ser (de facto e na prática) o verdadeiro possuidor de uma fracção predial que lhe foi entregue e que passou a utilizar como se sua própria fosse, pagou a quase totalidade do preço e requisitou, em seu nome, a ligação da água, a energia eléctrica e o gás de cidade, agindo na veste de verdadeiro *dominus*[3]. O êxito dos referidos embargos sempre ficaria, no entanto, condicionado ao facto de o embargado não haver pedido o reconhecimento do direito de propriedade ao abrigo do n.º 2 do art.º 357.º ou de tal pedido haver, entretanto, soçobrado.

A posse de terceiro (com *traditio*) baseada em *direito de retenção*, não confere, em geral, de per se, o direito de deduzir embargos de terceiro contra a penhora do objecto possuído, na medida em que aquele direito real de garantia se destina apenas a garantir o *crédito* do promi-

---

[1] Cfr. J. CALVÃO DA SILVA, Sinal e Contrato-Promessa, 10.ª ed., p. 219, nota 55, citado ainda por MIGUEL MESQUITA, ob. cit., p. 179.

[2] Cfr. o acórdão do STJ de 10-1-02, Proc 3295/20001 – 2.ª Sec. / Cons.º MOITINHO DE ALMEIDA. Cfr. ainda PIRES DE LIMA e ANTUNES VARELA, Código Civil Anotado, vol. II, p. 6.

[3] Cfr. v.g., o acórdão do STJ, de 19-11-96, CJSTJ, Ano IV, Tomo 3, p. 109 / Cons.º FERNANDO FABIÃO.

Capítulo VIII – A instância e suas vicissitudes 629

tente-comprador a uma indemnização por (eventual) incumprimento do contrato, que não para lhe proporcionar o uso ou *gozo da coisa* prometida[1]. De resto, tal crédito, se não oportunamente reclamado, caduca com a venda executiva.

Mas o *promitente comprador que goze do direito de retenção*, nos termos da alínea f) do n.º 1 do art.º 755.º do CC, mormente se o direito de execução específica não puder ser arredado pelos contraentes (o que sucederá nos contratos-promessa relativos à transmissão ou constituição de direitos reais sobre edifícios ou fracções autónomas deles – cfr. os art.ºs 410.º, n.º 3, e 830.º, n.º 3, do CC), poderá embargar de terceiro, pois que o direito de retenção, em tal situação, se destina a garantir, não só o *pagamento da indemnização* devida por incumprimento, como também o *cumprimento contratual em espécie*, ex-vi dos n.ºs 2 e 3 do art.º 442.º do CC[2] (para além de que o direito à execução específica é em si mesmo colidente com a transmissão, em sede executiva, da coisa retida, na sequência de penhora sobre ela incidida)[3].

Também o *arresto de imóvel* é insusceptível de ofender qualquer direito do promitente-comprador tradiciário, pelo que, se ele optou pela execução específica do contrato-promessa, não pode, por falta de direito de crédito, invocar o direito de retenção em embargos de terceiro[4].

Não pode o *adquirente de coisa* (*que lhe foi*) *vendida com reserva de propriedade* (negócio realizado sob condição suspensiva) embargar de terceiro contra a penhora dessa coisa em acção executiva movida contra o vendedor, já que não actua sobre a coisa com *animus dominii*, não sendo, por isso, titular de qualquer direito definitivo oponível ao exequente e ao

---

[1] Cfr., neste sentido, MIGUEL MESQUITA, ob. cit., pp. 175-176 e acórdãos do STJ de 26-5-94, CJSTJ, Tomo II, p. 119/ Cons.º SOUSA MACEDO, de 11-3-99, CSTJ, Tomo I, p. 137/ Cons.º DIONÍSIO CORREIA e de 25-11-99, CJSTJ, Tomo III, p. 118/Cons.º HERCULANO NAMORA.

[2] Cfr., neste sentido, o acórdão do STJ de 20-1-99, BMJ, 483, p. 195 / Cons.º PEIXE PELICA. Contra, sustentando que, perante uma venda em execução, o direito de retenção do beneficiário da promessa de transmissão de direito real apenas lhe confere o direito de ser pago com preferência em relação aos demais credores reconhecidos do executado – cfr. os acórdãos do STJ de 9-11-2000, CJSTJ, ano VIII, tomo III, p. 114 / Cons.º ROGER LOPES e de 12-2-2004, in ibidem, ano XII, tomo I, p., 57 / Cons.º OLIVEIRA BARROS.

[3] Cfr. AMÂNCIO FERREIRA, Curso cit., pp. 305-306.

[4] Cfr. o acórdão do STJ de 19-9-2002, Proc. 1839/2002 – 2.ª Sec. / Cons.º DUARTE SOARES.

executado-alienante-reservante. Continuando a coisa na titularidade do vendedor, enquanto tal condição não for preenchida (o pagamento do preço) quem pode embargar de terceiro é apenas o vendedor em caso de acto lesivo desse seu direito. Isto salva a hipótese de se tratar de uma *coisa imóvel ou móvel sujeita a registo* (art.º 409.º, n.º 2, do CC), caso em que, se omitido o registo, o vendedor, como terceiro-embargante, nada poderá fazer contra uma penhora devidamente registada no âmbito de uma execução instaurada contra o adquirente[1].

A posse de terceiro (com *traditio*) baseada em *direito de retenção*, não confere, todavia, de per se, e em geral, o direito de deduzir embargos de terceiro contra a penhora do objecto da posse, na medida em que aquele direito real de garantia, quando não oportunamente reclamado, caduca com a venda executiva; de resto, a retenção destina-se apenas a garantir o crédito do promitente-comprador a uma indemnização por (eventual) incumprimento do contrato, que não para lhe proporcionar o uso ou gozo da coisa prometida[2].

Na *execução para entrega de coisa certa* não há concurso de credores, pelo que, quer o credor pignoratício, quer o retentor, podem nela embargar de terceiro (seja ou não o executado o dono da coisa), o que «impedirá o empossamento efectivo do exequente» (art.ºs 670.º, alínea a), 758.º e 759.º n.º 3, do CC). E ambos podem, de seguida, promover a venda executiva da coisa empenhada ou retida, com observância da tramitação da execução para pagamento de quantia certa (art.ºs 675.º, 758.º e 759.º do CC), começando a penhora pelo bem sobre que incidir a garantia (art.º 835.º, n.º 1, do CPC).

A *apreensão, no âmbito do processo penal*, de coisas que sejam instrumento, produto ou objecto de crime não é susceptível do *incidente típico de embargos de terceiro* regulado no CPC, por incompatibilidade com os princípios e fins da lei processual penal[3]. Poderão, contudo, os titulares dos direitos sobre as coisas apreendidas em violação do disposto

---

[1] Cfr. MIGUEL MESQUITA, Apreensão de Bens cit., pp. 232-233.

[2] Cfr., neste sentido, MIGUEL MESQUITA, ob. cit., pp. 175-176 e acórdãos do STJ de 26-5-94, CJSTJ, Tomo II, p. 119/ Cons.º SOUSA MACEDO, de 11-3-99, CSTJ, Tomo I, p. 137 / Cons.º DIONÍSIO CORREIA e de 25-11-99, CJSTJ, Tomo III, p. 118 / Cons.º HERCULANO NAMORA.

[3] Cfr. o acórdão da RC, de 16-2-93, CJ, Ano XVIII, Tomo I, p. 45 / Des. NUNO CAMEIRA.

Capítulo VIII – A instância e suas vicissitudes   631

nos art.ºs 110.º, n.º 1, do CP e 178.º do CPP deduzir na acção penal o *incidente atípico* tendente ao levantamento da apreensão ilegalmente ordenada. Já, todavia, *no âmbito da acção executiva instaurada por apenso à acção penal* podem ser deduzidos embargos de terceiro nos termos gerais, reunidos que sejam os respectivos pressupostos[1-2].

b) – embargos de terceiro pelos cônjuges.

Em geral, sempre que *o cônjuge tenha em relação à execução a posição de terceiro* pode defender por via de embargos de terceiro os direitos relativos aos bens próprios e aos bens comuns atingidos pelo acto de penhora (art.º 825.º, n.ºs 1, 2 e 6).

Nos *regimes de separação,* os *bens comuns do casal* são objecto duma relação de *compropriedade.* Nos *regimes de comunhão,* esses bens constituem um *património colectivo de afectação especial,* face à sua titularidade conjunta por marido e mulher e à sua adstrição à satisfação das necessidades da sociedade conjugal. Os *bens comuns* respondem, assim, pelas *dívidas de ambos* os *cônjuges,* pelas quais responderão também, na falta ou insuficiência daqueles bens, solidaria (ou conjuntamente, se o regime for o da separação de bens) os *bens próprios* de qualquer dos cônjuges, mesmo estando em causa dívida da responsabilidade de ambos os cônjuges (art.ºs 1695, n.ºs 1 e 2 e 1696.º, n.º 1, do CC).

Ora, o *cônjuge do executado,* que tenha em relação à execução a posição de *terceiro,* pode socorrer-se (mesmo sem autorização do outro cônjuge) dos embargos de terceiro, para *defender* os *bens próprios* e os *bens comuns* sobre que haja incidido a diligência ofensiva executória (art.º 352.º). No caso dos *bens próprios,* invocando não ser parte na acção executiva; e, no caso dos *bens comuns,* por não ter sido citado ou notificado para declarar se aceita a comunicabilidade da dívida ou para requerer a separação de bens.

Destarte, movida uma acção executiva apenas contra um dos cônjuges para pagamento de dívida própria, na qual sejam *penhorados bens*

---

[1] Cfr. SALVADOR DA COSTA, Os Incidentes cit, p. 214.

[2] Quanto ao procedimento cautelar de apreensão de veículos ao abrigo do disposto no art.º 16.º do Dec.-Lei n.º 54/75, de 24 de Fevereiro – decretado sem audiência prévia – os meios de defesa a utilizar são os contemplados no art.º 388.º do CPC.

comuns, pode o outro (cujo pedido de citação a que se reporta o n.º 1 do artigo 825.º haja sido omitido pelo exequente) deduzir embargos de terceiro, a fim de defender o seu *direito à meação* sobre eles. Se, penhorados *bens próprios do cônjuge não executado* em *execução movida apenas contra um dos cônjuges,* pode aquele embargar de terceiro para defesa do seu *direito de propriedade* ou de posse sobre esses bens.

Já quanto aos *rendimentos do trabalho* (e os *direitos de autor*) de cada um dos cônjuges (devedores) casados em regime de comunhão de bens, embora constituam *bem comum* do casal, destinam-se os mesmos a satisfazer as *obrigações próprias do cônjuge devedor* pelas quais respondem nos mesmos termos em que *respondem os seus bens próprios* (art.ºs 1696.º, n.º 2, al. b), 1724.º, al. a) e 1732.º do CC). Daí que, em *acção executiva apenas intentada contra o cônjuge devedor*, possa o exequente fazer penhorar os respectivos salários ou vencimentos, independentemente de requerer a citação do outro cônjuge, ao qual não assiste o direito a embargar de terceiro.

Permanece, entretanto, controvertida a questão de saber se, em acção de despejo apenas intentada contra o *cônjuge-locatário,* poderá o *cônjuge do arrendatário* não accionado (sob a invocação do seu direito à casa de morada de família) deduzir embargos de terceiro. SALVADOR DA COSTA[1] faz, a este respeito, uma cisão entre *arrendamentos de pretérito* e *arrendamentos posteriores* a 28 de Junho de 2006 (data da entrada em vigor do NRAU) para só relativamente aos segundos encarar positivamente a dedução de embargos de terceiro por banda do cônjuge (não accionado) do arrendatário. Já AMÂNCIO FERREIRA[2] vai no sentido da aplicação (temporalmente indiscriminada) da comunicabilidade do arrendamento da casa de morada de família e da consequente admissibilidade irrestrita dos embargos de terceiro em tal situação; o que se «torna mais evidente se o regime de bens for de comunhão, por então o direito do arrendatário se comunicar ao seu cônjuge, passando o contrato a ter dois arrendatários» (sic).

Mas já no domínio anterior ao actual NRAU se vinha sustentando, em parte da doutrina e da jurisprudência, a *tese ampliativa*, ainda que com preenchimento da aventada lacuna de regulamentação com apelo ao

---

[1] Incidentes cit., pp. 117 a 119.
[2] Curso, cit., pp. 290-292.

Capítulo VIII – A instância e suas vicissitudes   633

disposto no n.º 3 do art.º 10.º do CC ou à interpretação extensiva do art.º 352.º[1]. E, na verdade, o *espírito do sistema* parece apontar para essa última tese. A casa de morada de família goza de um especial regime substantivo, que emerge, além do mais, dos art.ºs 1682.º, n.º 2, 1682.º-B, 1775.º, n.ºs 2 e 3, 1778.º, 1793.º, 2103.º-A e 2103.º-C, todos do CC, em concretização, na lei ordinária, do postulado constitucionalmente consagrado no n.º 1 do art.º 65.º e no n.º 1 do art.º 67.º da CRP de defesa da família, a qual, «como elemento fundamental da sociedade, tem direito à protecção da sociedade e do Estado e à efectivação de todas as condições que permitam a realização pessoal dos seus membros»[2]. O que explica que, relativamente a ela, careçam de *consentimento de ambos os cônjuges* a resolução ou a denúncia do contrato de arrendamento pelo arrendatário, a revogação do arrendamento por mútuo consentimento, a cessão da posição de arrendatário e o subarrendamento ou o empréstimo total ou parcial da coisa (art.º 1682.º-B do CC).

Disposições que possuem o seu desenvolvimento lógico no âmbito do direito processual. Assim, devem ser propostas (por e) contra marido e mulher as acções que tenham directa ou indirectamente por objecto a casa de morada de família (art.º 28.º-A, n.ºs 1 e 3), pelo que o cônjuge do arrendatário (*ainda que entre os cônjuges vigore o regime de separação*) tem de ser conjuntamente accionado na acção de resolução do contrato de arrendamento habitacional, sob pena de ilegitimidade *ad causam* do cônjuge isoladamente demandado (*litisconsórcio necessário passivo*). Pode, de resto, o cônjuge não demandado, *sponte sua,* deduzir na acção o incidente de *intervenção principal espontânea* ou *interpor recurso ordinário* ou, mesmo, ocorrendo simulação do litígio entre senhorio e arrendatário,

---

[1] CCfr. os dois autores citados e as referências jurisprudenciais e doutrinais pelos mesmos referenciadas e, especialmente, o acórdão do STJ de 27-4-2004, Proc. n.º 992/04 – 6.ª Sec., CJSTJ, n.º 176, Ano XII, Tomo II-2004, p. 52 / Cons.º AZEVEDO RAMOS, no qual se considerou que «em execução para entrega de casa de morada de família, o cônjuge (não arrendatário), não demandado na acção declarativa na qual foi decretada a resolução do contrato de arrendamento habitacional, e ordenado o despejo, pode usar de embargos de terceiro contra tal execução».

[2] Não podem, contudo, proceder os embargos de terceiro instaurados por um dos membros da união de facto (já extinta) como reacção contra um acto de penhora do imóvel pertencente ao outro membro dessa união com fundamento em se tratar da casa de morada de família.

634 — Direito Processual Civil

interpor recurso extraordinário de revisão (art.°s 351.°, al. b), 353.°, n.° 1, 354.°, 680.°, n.° 2, e 771.°, n.° 1, al. g))[1].

Já, relativamente aos *arrendamentos a que seja aplicável o actual NRAU* (celebrados posteriormente à data da sua entrada em vigor), será inquestionavelmente de aplicar o *regime geral dos embargos de terceiro* contra actos ofensivos da *propriedade* ou da *posse* dos bens próprios ou comuns do embargante.

Matéria esta que, pela sua especial relevância, deverá justificar uma próxima intervenção uniformizadora do Supremo Tribunal de Justiça.

No que tange aos arrendamentos para *fim não habitacional*, mais propriamente para o *exercício do comércio, indústria, profissão liberal ou agricultura* celebrados por cônjuges casados num dos regimes de comunhão de bens, são os mesmos *comunicáveis* nos termos gerais do art.° 1068.° do CC. Poderá, assim, o cônjuge (não arrendatário) do réu (não accionado na acção de despejo intentada pelo senhorio nem vinculado por qualquer título executivo de formação extrajudicial) defender (v. g. reagindo contra a entrega do locado) os seus direitos ao arrendamento comercial por via de embargos de terceiro[2-3].

c) – noção de terceiros para efeitos de registo predial

Entende-se, em princípio, por *terceiro* o *titular* (do direito ofendido ou lesado incompatível com a realização da diligência) que não seja parte na causa, isto é, que não haja intervindo no processo ou no acto jurídico de que emana a diligência judicial[4], quer como autor ou como réu em acção declarativa, quer como exequente ou executado em acção executiva (cfr. art.° 351.°, *in fine*).

---

[1] O art.° 83.° do RAU 90 estabelecia, contudo, que o direito ao arrendamento era incomunicável ao cônjuge do arrendatário, fosse qual fosse o regime de bens do casamento.

[2] Cfr. Salvador da Costa, Incidentes cit., pp. 220-221.

[3] Sobre a comunicabilidade do direito ao arrendamento para comércio ou indústria nos regimes de comunhão geral de bens ou de separação com comunhão de adquiridos, cfr., v.g., o acórdão do STJ de 3-7-2003, Proc. n.° 1462/2003 – 6.ª Sec. e demais doutrina e jurisprudência nele mencionadas, in www.dgsi.pt / Cons.° Azevedo Ramos.

[4] O *dies a quo* relevante para a dedução de embargos é o da ocorrência da diligência judicial ofensiva, devendo, por isso, ser considerado terceiro quem foi parte na acção mas dela foi excluído, por exemplo em razão de desistência da instância.

Capítulo VIII – A instância e suas vicissitudes 635

Em princípio, pois, e por ex., o proprietário de um prédio (que veio a ser penhorado em execução a que é totalmente alheio) poderá deduzir embargos de terceiro. Mas se não *registou* a aquisição do seu direito (de propriedade) antes do registo da penhora?

O Supremo Tribunal de Justiça, no seu AC UNIF de JURISP n.º 15/97, de 20 de Maio[1], adoptando um *conceito amplo de terceiros para efeitos de registo predial*, considerou como detendo essa qualidade todos aqueles que «tendo obtido registo de um direito sobre determinado prédio, veriam esse direito arredado por facto jurídico anterior não registado, ou registado posteriormente». Assim, por ex., o exequente adquiriria através da penhora um direito de garantia oponível ao terceiro proprietário que não houvesse registado (a seu favor e com anterioridade) o direito de propriedade sobre a coisa penhorada – o que, de resto se encontrava de harmonia com o disposto no n.º 1 do art.º 5.º do CRPred., na redacção ao tempo em vigor. Deste modo, o penhorante (exequente-titular da penhora) e o titular do direito de propriedade não poderiam deixar de considerar-se (entre si) como terceiros para efeitos de registo, pelo que, se o proprietário deduzisse embargos de terceiro contra essa penhora, o respectivo incidente estaria votado ao malogro, ou seja, à improcedência.

Sucede, porém, que o Supremo, cerca de dois anos volvidos sobre esse primeiro acórdão, decidiu adoptar o *conceito restrito de terceiros para efeitos de registo predial*, passando a considerar como tais apenas «os adquirentes de boa-fé, de um mesmo transmitente comum, de direitos incompatíveis sobre a mesma coisa» – cfr. o AC UNIF de JURISP n.º 3/99, de 18 de Maio de 1999[2].

A hipótese considerada no segundo aresto citado foi a seguinte: A e B, marido e mulher, haviam adquirido uma fracção imobiliária por escritura pública datada de Junho de 1987, apenas registando a aquisição em Setembro de 1996. Esse bem foi, entretanto, penhorado em Março de 1995, tendo a penhora sido provisoriamente registada alguns dias depois dessa última data, registo depois convertido em definitivo em Julho de 1996. Deduziram A e B oportunamente embargos de terceiro contra essa

---

[1] Cfr. DR, I.ª Série-A, de 4 de Julho de 1997 e in BMJ n.º 467, pp. 88 e ss. / Cons.º Tomé de Carvalho.

[2] Cfr. o acórdão uniformizador de jurisprudência (AC UNIF) n.º 3/99 de 18-5-99 – DR, 1.ª Série-A, n.º 159, de 10-7-99 e BMJ, n.º 487, pp. 20 a 44 / Cons.º Pereira da Graça.

penhora, os quais foram julgados improcedentes pelo tribunal de 1.ª instância, com a consequente subsistência da penhora, com o fundamento de que o exequente-embargado-penhorante era terceiro para efeitos de registo pedial (art.º 5.º do CRPred.), pelo que o direito (de propriedade) dos embargantes (não registado com prioridade relativamente ao registo da penhora) lhe não seria oponível. Subido o processo, em *recurso per saltum*, ao Supremo, e reconhecida a necessidade de julgamento ampliado de revista, o Plenário das Secções Cíveis – pelo citado AC UNIF n.º 3/99 – concedeu a revista e, acolhendo o conceito restrito de terceiros, julgou procedentes os embargos de terceiro e ordenou o levantamento da penhora.

Em nosso entender, a melhor solução seria a consagrada pelo AC UNIF JURISP n.º 15/97, de 20 de Maio de 1997, no sentido da consideração do *conceito amplo ou abrangente de terceiros para efeitos de registo predial*[1]. Sendo embora certo possuir o registo entre nós uma eficácia meramente publicitária, que não constitutiva, não podendo assim fornecer uma absoluta e efectiva garantia da existência do direito na titularidade do registrante, deve, pelo menos, assegurar a qualquer interessado com legitimidade para inscrever actos no registo (nos quais haja ou não intervindo o titular inscrito) que, a ter existido esse direito, ele ainda se conserva integrado na respectiva esfera jurídica, isto é que não foi ainda transmitido a outrem[2].

Na esteira de ANTUNES VARELA e M. HENRIQUE MESQUITA[3] cuja retórica argumentativa em geral subscrevemos –, «não se vislumbram razões plausíveis para discriminar negativamente (para efeitos da regra do art.º 5.º, n.º 1, do Código do Registo Predial de 1984) todos aqueles que, confiando na situação publicitada através do registo e exercendo uma faculdade que a lei lhes atribui (de unilateralmente inscreverem direitos a seu favor, v. g. o registo de uma penhora, de um arresto ou de uma venda ou hipoteca judiciais, sem a vontade ou sem colaboração do titular inscrito), daqueles que, sobre os bens inscritos no registo, adquiram direitos com o assentimento do titular inscrito, v. g. através de negócios de aquisição derivada com ele realizados». Deveriam assim ser considerados

---

[1] Cfr. o voto de vencido do Cons.º FERREIRA DE ALMEIDA emitido nesse aresto, BMJ n.º 487, pp. 42 a 44.

[2] cfr. MANUEL DE ANDRADE, Teoria Geral da Relação Jurídica, vol. II, pp. 18 e ss.

[3] In RLJ, ano 126.º, pp. 374 a 384, e ano 127.º, pp. 19 a 32.

Capítulo VIII – A instância e suas vicissitudes 637

como «terceiros», relativamente a determinado negócio translativo, não só aqueles que "adquiram do mesmo *tradens* direitos incompatíveis", mas, outrossim, aqueles cujos direitos hajam sido adquiridos ao abrigo daqueles actos jurídicos unilaterais da autoridade judicial (penhora, arresto, arrolamento, venda judicial) e tenham esse transmitente como sujeito passivo. A tese que fez vencimento é assim postergadora dos princípios do registo predial e da certeza, segurança e comodidade ao mesmo intimamente associados – protecção daqueles que confiaram na aparência criada pelo registo. E vai ao arrepio das soluções adaptadas em termos de direito europeu comparado (v. g. nos sistemas de raiz latino-mediterrânica), das quais se fizeram adequado eco os citados ilustres mestres coimbrãos (cfr. v. g. os art.ºs 2644.º do Código Civil Italiano e 3.º, n.º 1, do Decreto de 4 de Janeiro de 1955, este último no direito francês)[1].

Temos para nós que as soluções *de jure condendo*, neste domínio, caminharão no sentido do alargamento da eficácia do registo, mormente perante a chamada «globalização» económica em curso, que não no da sua restrição ou limitação fazendo apelo a ancestrais hábitos de oralidade, indocumentação e alergia ao registo no âmbito dos direitos reais, o que reclamará uma nova alteração da redacção do actual n.º 4 do art.º 5.º do CRPredial; assim se eliminaria uma poderosa causa estiolante da actividade económica, mormente no sector imobiliário.

No actual estádio legal e jurisprudencial (cfr. o n.º 3 do art.º 8.º do CC) pode, pois, e em princípio, deduzir embargos de terceiro o proprietário (do prédio penhorado) totalmente estranho à execução em que foi efectuado o acto de penhora, mesmo que não haja registado a aquisição do seu direito antes do registo do acto da penhora e, assim, através dos embargos, obter o levantamento dessa penhora, ao abrigo da doutrina do citado AC UNIF n.º 3/99, depois reafirmada pelo n.º 4 do art.º 5.º do CRPred.[2] – em manifesto arredio do valor, função e eficácia do registo[3-4-5-6].

---

[1] Cfr., no sentido da orientação propugnada, L. A. CARVALHO FERNANDES, Lições de Direitos Reais, 5.ª ed., Quid Iuris, 2007, pp. 133 e ss.

[2] O n.º 4 foi introduzido pelo Dec.-Lei n.º 533/99, de 11 de Dezembro.

[3] A nova doutrina «legal» teve que ser seguida posteriormente pelo STJ, em observância do disposto no n.º 3 do art.º 8.º do C. CC – cfr., entre vários outros, os acórdãos de 13-1-2000, Proc. n.º 933/99 – 7.ª Sec. /Cons.º SOUSA INÊS, 8-2-2000, Proc. 1107/99 – 6.ª Sec. / Cons.º MARTINS DA COSTA, 17-2-2000, Proc. 1061/99 – 2.ª Sec. /Cons.º ROGER LOPES, 29-2-2001, Proc. 3751/2000 – 2.ª Sec / Cons.º FERREIRA DE ALMEIDA e de 25-1-2001, Proc. 299/2000 – 7.ª Sec. / Cons.º ARAÚJO DE BARROS.

Também o *credor-autor-registrante de acção pauliana* (tendo por objecto determinado bem imóvel) deveria poder embargar de terceiro caso o registo da acção fosse anterior ao do registo da penhora do imóvel transmitido, face à eficácia retroactiva do registo da sentença (que julgar a acção procedente) à data do registo da acção (art.ºs 3.º, n.º 1, alíneas a) e c), 6.º, n.º 3 e 92.º, n.º 1, al. a) e 3 do CRPred)[1]. Embargos, todavia, a operar, apenas até à quota-parte do bem necessária à satisfação dos interesses do credor (art.º 616.º, n.º 1, do CC) e caso este não tenha anteriormente requerido arresto sobre o bem em causa, circunstância em que deverá o seu crédito ser reclamado no próprio processo executivo, face à garantia real que o exorna (art.º 865.º, n.º 1). O Supremo Tribunal de Justiça, através do AC UNIF JURISP n.º 6/2004, de 27 de Maio de 2003 – Proc. n.º 1174/2002 – 6.ª Sec.[2] – veio, contudo, entender que «a acção pauliana individual não está sujeita a registo predial», mesmo que tendo por objecto bens imóveis[3]. É certo que o credor impugnante sempre

---

[4] O direito de terceiro baseado na posse ou na propriedade sobre um bem imóvel (impeditivo da sua venda em processo de execução) é incompatível com o acto (ofensivo) emergente da respectiva penhora nesse processo, que não com o acto de registo provisório ou definitivo da mesma – cfr. o acórdão do STJ de 30-11-2006, Proc 4244/06 – 7.ª Sec. / Cons.º SALVADOR DA COSTA.

[5] No acórdão do STJ de 9-1-2007, CJSTJ, n.º 198, Tomo I/2007, pp. 5 a 22 / Cons.º SOUSA LEITE, reiterou-se (ainda que com divisão de votos), a noção restrita de terceiros para efeitos de registo predial ao decidir-se que «o aquirente em venda voluntária não registada e o adquirente posterior do mesmo prédio em venda executiva registada não são terceiros para efeitos de registo», podendo aquele opor a este o direito de propriedade anteriormente adquirido. Isto com o fundamento de que, na venda executiva, o juiz vende no exercício de um acto de direito público e não como representante do executado.

[6] No sentido de que «não há razões para excluir da noção de terceiro o requisito da boa-fé daquele que, tendo adquirido em segundo lugar, registou primeiro, não obstante, nesse particular, a actual versão do n.º 4 do art.º 5.º do CRPredial não ter acompanhado o decidido no AC UNIF n.º 3/99» – cfr. QUIRINO SOARES, Cadernos de Direito Privado, n.º 9, Janeiro/Março de 2005, pp. 3 a 11.

[1] Cfr., neste sentido, ABRANTES GERALDES, louvado na doutrina do acórdão do STJ de 3-10-95, CJSTJ, Tomo III, p. 39 / Cons.º RAMIRO VIDIGAL, para quem «tratando-se de uma acção constitutiva, que vai interferir na eficácia do acto de transmissão, na medida em que afecta a garantia patrimonial do credor, tem este utilidade manifesta em proceder ao registo imediato da acção, a fim de se acautelar contra actos de alienação a favor de um terceiro de boa-fé, nos termos e com os efeitos previstos no art.º 613.º do CC».

[2] Cfr. DR, 1.ª Série, n.º 164, de 14 de Julho de 2004, pp. 4261 a 4266

[3] Cfr. voto de vencido do Cons.º FERREIRA DE ALMEIDA, in loc. cit. pp. 4264 a 4265.

Capítulo VIII – A instância e suas vicissitudes

poderá lançar mão, como preliminar ou como incidente da acção pauliana, do procedimento cautelar de arresto, a converter depois em penhora, «com a consequente apreensão judicial dos bens e a correlativa ineficácia dos actos de disposição relativamente ao requerente do arresto (art.ºs 406.º, n.º 2, do CPC e 622.º do CC); porém, para os sub-adquirentes do transmissário e respectivos credores, isto é, para a segurança do tráfico jurídico em geral, revelar-se-ia de manifesto interesse garantístico o registo da acção»[1]. Em todo o caso, deve entender-se que o registo é meramente *facultativo*, para efeitos do n.º 2 do art.º 3.º do CRPred., surtindo toda a sua eficácia sempre que efectuado, o que, de resto, vem sendo acolhido pela praxis registral e forense. Facultatividade que resulta, aliás (a contrario), do actual art.º 8.º-A do CRPred., introduzido pelo Dec.-Lei n.º 116/2008, de 4 de Julho, ao afastar a obrigatoriedade do registo da acção (impugnação) pauliana.

E poderá o *terceiro promitente-comprador com direito à execução específica* (art.º 830.º do CC), independentemente de ter havido ou não *traditio* ou direito de retenção, deduzir embargos de terceiro contra o acto de penhora (da coisa prometida alienar) operado em acção executiva instaurada por quem não disponha de garantia real?[2]. Em bom rigor, deveria ser incompatível com a adjudicação ou a venda executiva a execução específica do terceiro promitente comprador quando à promessa de transmissão tenha sido atribuída *eficácia real* (art.º 413.º do CC)[3] ou quando, tendo esta promessa eficácia meramente obrigacional, a acção de execução específica tenha sido registada antes da penhora (art.ºs 3.º, n.º 1, alínea a) e 5.º, n.º 1 do CRPred.)[4]. Porém, o STJ, através do AC UNIF de JURISP n.º 4/98, de 5, de Novembro de 1998[5] – considerando ser inconcebível que se pudesse executar especificamente um contrato

---

[1] Cfr., mesmo voto de vencido, loc. it. p. 4265.

[2] Responde afirmativamente Eliseu Figueira, "Contrato-Promessa de Compra e Venda – Função Inovadora dos Embargos de Terceiro no Código de Processo Civil Revisto de 1996", CJ, Ano V, Tomo II, pp. 5 a 10.

[3] Cfr., neste sentido, Miguel Mesquita, ob. Apreensão de Bens, pp. 187 e ss. Em sentido diverso, M. Teixeira de Sousa, in "Acção Executiva", pp. 309 e ss, entende que a promessa com eficácia real não confere ao promitente-comprador o direito de deduzir embargos de terceiro, mas apenas a faculdade de adquirir o bem através da venda executiva, nos termos do art.º 903.º.

[4] Cf. Miguel Mesquita, Apreensão de Bens, cit., pp. 166 e ss.

[5] In DR, I Série-A, de 18-12-98 e BMJ, n.º 481, p. 112.

640   *Direito Processual Civil*

cuja impossibilidade de cumprimento já ocorrera em momento anterior – decidiu que a execução específica do *contrato-promessa sem eficácia real* não é admitida no caso de impossibilidade de cumprimento por o promitente vendedor haver transmitido o seu direito real sobre a coisa objecto do contrato prometido antes do registo da acção de execução específica, ainda que o terceiro adquirente não haja obtido o registo da acção. Conferiu, assim, o Supremo protecção prevalecente ao adquirente não registrante em detrimento do autor da acção de execução específica devidamente registada.

d) – trâmites processuais.

No *processo de embargos de terceiro* – que corre *por apenso* à causa em que haja sido ordenada a diligência ofensiva (art.º 353.º, n.º 1) distinguem-se as seguintes fases: – *petição* de embargos (art.º 353.º n.ºs 1 e 2); – *despacho liminar* (art.º 354.º, 1.º segmento); – produção de *prova perfunctória* (art.º 354.º, 2.º segmento); – *despacho de recebimento ou de rejeição* (art.ºs 355.º e 356.º); – *contestação* (art.º 357.º); – *termos subsequentes do processo declaratório.*

A petição do embargante (sujeita aos requisitos fiscais dos art.ºs 14.º, n.º 1 do RCP e 467.º, n.º 5 do CPC) terá de dar entrada em juízo nos 30 dias subsequentes àquele em que a diligência ofensiva foi efectuada ou em que o mesmo dele tomou conhecimento, «mas nunca depois de os respectivos bens terem sido judicialmente vendidos ou adjudicados» (art.º 353.º, n.º 2)[1].

Se tiver havido *arresto*, depois convertido em penhora, o aludido prazo de 30 dias conta-se a partir da data da notificação do arresto, tendo-se em atenção que, face ao disposto no n.º 2 do art.º 342.º do CC, impende sobre o embargado (como excepcionante) a alegação e prova da extemporaneidade dos embargos.

A *causa de pedir* terá de ser substanciada com os factos integradores do direito alegadamente ofendido (posse, propriedade, direito real menor, etc.) pela diligência judicial em apreço (penhora, arrolamento, decretada venda etc.).

---

[1] Impende sobre o embargado o ónus de provar que o embargante sabia há mais de 30 dias da penhora ofensiva da posse – cfr. o acórdão do STJ de 23-1-2001, Proc. 1107/02 – 6.ª Sec.

Capítulo VIII – A instância e suas vicissitudes   641

Na fase introdutória, de forte pendor oficioso, o juiz indagará, após *prova sumária ou perfunctória*, da qualidade de terceiro invocada pelo embargante e da probabilidade séria da existência do direito pelo mesmo invocado. Destina-se, pois, essa fase à formulação de um juízo sério sobre a viabilidade do incidente, finda a qual o juiz profere *despacho liminar de admissão ou de rejeição.*

Porque se trata de uma fase prodrómica da *fase contenciosa ou contraditória propriamente dita*, corre a mesma *sem audiência prévia do embargado* (excepção contemplada nos n.ºs 1, 3 e 4 do art.º 3.º).

O *despacho de rejeição* não constitui caso julgado relativamente ao direito em causa, uma vez que, em tal eventualidade, o interessado pode propor acção em que «peça a declaração da titularidade do direito» (cfr. o art.º 355.º). O *despacho liminar* de recebimento dos embargos não garante, por seu turno, a sua procedência a final; apenas assegura o prosseguimento dos autos, determinando o respectivo despacho a *suspensão dos termos do processo* em que se inserem quanto aos bens a que dizem respeito, bem como a *restituição provisória da posse*, se o embargante a houver requerido, podendo, todavia, o juiz condicioná-la à prestação de caução pelo requerente (art.º 356.º), sendo essa prestação provocada regulada nos art.ºs 981.º e ss.

O processo prossegue, contudo, quanto aos bens não compreendidos nos embargos, ordenando-se a restituição provisória da posse em caso de esbulho violento (art.º 1279.º do CC).

Se recebidos os embargos, são *notificadas para contestar as partes primitivas*, seguindo-se os demais termos do processo ordinário ou sumário, consoante o valo (art.º 357.º).

Na *sentença de mérito* emitida a final, se favorável ao requerente, ordenar-se-á o levantamento ou a cessação da eficácia do acto lesivo. A decisão constituirá *caso julgado material* (art.º 671.º) quanto à existência e titularidade do direito invocado pelo embargante ou por algum dos embargados, quando requerido o julgamento com tal extensão nos termos do n.º 2 do art.º 357.º (cfr. o art.º 358.º).

Os embargos de terceiro podem, contudo, ser deduzidos a título *preventivo antes de realizada, mas depois de ordenada*, a penhora ou qualquer acto judiciamente ordenado de apreensão ou entrega de bens ofensivo da posse ou de qualquer direito incompatível com a realização ou o âmbito da diligência (art.º 359.º, por reporte ao art.º 351.º).

642 *Direito Processual Civil*

74. Habilitação.

O *incidente da habilitação* representa uma modificação subjectiva da instância traduzida na *substituição de uma das partes* na relação processual pelos respectivos sucessores (art.º 270.º, al. a))[1]. Trata-se de mais uma *excepção ao princípio da estabilidade da instância* plasmado no art.º 268.º. Destinando-se fundamentalmente a comprovar a aquisição, por sucessão ou transmissão, da titularidade de um direito ou de um complexo de direitos ou de situações jurídicas, pode ser feita por *via notarial* ou por *via judicial*, isto é, através de escritura pública (*habilitação notarial*) ou no âmbito de um processo judicial (*habilitação judicial*).

Entre as modalidades da habilitação, distinguia já ALBERTO DOS REIS[2] a *habilitação-incidente* – surgida como incidente de uma dada acção (ou de outro incidente) já pendente, face ao óbito ou à extinção de uma das partes, geradora da suspensão da instância (art.ºs 276.º, n.º 1, al. a), 277.º e 284.º, n.º 1, al. a)), em ordem a colocar os respectivos sucessores na mesma posição que o falecido ou a entidade extinta ocupavam no processo, com eles prosseguindo a lide – da *habilitação-acção* e da *habilitação-legitimidade*.

A *habilitação-incidente* prende-se directamente com os institutos da legitimidade das partes e da suspensão da instância (art.ºs 26.º e 276.º), sendo regulada, quanto aos respectivos processamento e função, pelos art.ºs 371.º a 377.º. Isto tendo presente a existência de dois tipos de habilitação incidental: uma – por *sucessão mortis causa* – de *carácter obrigatório*, regulada nos art.ºs 371.º a 375.º, face à *suspensão ex-lege* da causa desde o falecimento ou extinção de uma das suas partes originárias (art.ºs 276.º, n.º 1, al. a) e 284.º, n.º 1, al. a)); outra – por *sucessão inter-vivos* – de *natureza facultativa*, a que se reporta o art.º 376.º (habilitação de adquirente ou de cessionário da coisa ou direito em litígio), *não gerando ipso jure a suspensão da instância*, uma vez que o transmitente ou cedente continua a deter legitimidade para a causa até à habilitação do adquirente ou cessionário (art.º 271.º, n.º 1)[3-4]. «A *habilitação do adquirente ou do*

---

[1] Cfr. J. RODRIGUES BASTOS, Notas, vol. II cit., p. 142.

[2] Cfr. CPC Anotado, vol. 1.º, 3.ª ed., pp. 573 a 575.

[3] Cfr. SALVADOR DA COSTA, Os Incidentes da Instância, 2.ª ed. cit., p. 244.

[4] Nessa última situação, a sentença produzirá, todavia, efeitos em relação ao adquirente, ainda que este não haja intervindo no processo, excepto no caso de a acção

Capítulo VIII – A instância e suas vicissitudes 643

cessionário da coisa ou direito em litígio para com ele seguir a causa faz--se por *termo de cessão* lavrado no processo ou por *requerimento de habilitação»* (n.º 1 do art.º 376.º), ambas as modalidades a seguir o iter procedimental regulado no n.ºs 2 a 6 do mesmo preceito, na redacção do art.º 1.º do Dec.-Lei n.º 226/2008, de 20 de Novembro.

Na *habilitação-acção*, o autor propõe-se justificar a sua qualidade (*status*) de herdeiro duma pessoa falecida para fins gerais, sem qualquer conexão ou atinência com uma qualquer causa pendente, solicitando ao tribunal que, *por sentença*, reconheça essa qualidade. Por isso, a habilitação-acção é também designada por *habilitação-principal* ou *habilitação autónoma*, porquanto a habilitação é o objecto/fim próprio e único da acção proposta. Trata-se de uma habilitação dotada de inteira independência, a ser processada em acção declarativa de condenação, com processo comum, assim adjectivando o exercício (pelo autor da acção) dos direitos de herdeiro ao abrigo do preceituado nos art.ºs 2075.º a 2078.º do CC (petição da herança), solicitando, a um tempo, a declaração da sua qualidade de herdeiro de determinada pessoa e 'a correlativa condenação do réu a restituir-lhe os bens da herança de que se arroga titular.

A *habilitação-legitimidade* (requisito de legitimidade activa ou passiva) tem lugar sempre que na petição inicial de uma acção ou no requerimento para uma execução se alega que o autor ou o réu (ou o exequente ou o executado) já sucedeu (*ex-ante*) na titularidade da relação ou posição jurídica controvertida (v.g. de um crédito ou de uma obrigação) pertença de outrem, assim justificando a sua legitimidade *ad causam* para a acção ou execução (em apreço) através da invocação, além do mais, dos factos consubstanciadores da sucessão e da respectiva prova. Como requisito que é da legitimidade da parte, não possui autonomia processual, *enxertando--se*, por isso, *nos próprios autos da acção* e, se surgir em acção executiva, deverá o exequente, no próprio requerimento executivo, dar cumprimento ao disposto no n.º 1 do art.º 56.º, transformando-se depois em incidente caso haja contestação ou oposição (art.º 374.º, n.º 1).

No conceito de sucessão vertido na alínea a) do art.º 270.º – a propósito das *modificações subjectivas da instância – cabe, não só a sucessão* mortis causa (art.ºs 276.º, n.º 1, alínea a) e 374.º, n.º 3), como também

---

estar sujeita a registo e o adquirente registar a transmissão antes de efectuado o registo da acção.

644   *Direito Processual Civil*

a resultante da *extinção de uma pessoa colectiva ou de uma sociedade* (causa legal de suspensão da instância). Já no caso de *transformação* ou *fusão* de uma pessoa colectiva ou de uma sociedade que seja parte na causa não há, conforme decorre do disposto no artigo 276.º, n.º 2, fundamento legal para a suspensão[1]. A habilitação a que se reporta aquela al. a) é *facultativa*, não implicando a transmissão do direito em litígio a suspensão da instância, porquanto o transmitente continua a deter legitimidade *ad causam* até à habilitação do adquirente (art.º 271.º, n.º 1). Ao invés, o falecimento ou a extinção de alguma das partes principais no decurso do processo implica necessariamente a suspensão da instância, a qual só cessará na sequência do incidente de habilitação do sucessor da parte falecida ou extinta – *suspensão obrigatória* – (art.º 284.º, n.º 1, alínea a)).

Se tratar de *causas autónomas*, pode ter lugar, em cada uma delas, o incidente de habilitação e, conforme resulta do disposto no art.º 373.º, o reconhecimento da qualidade de herdeiro em acção especialmente proposta para esse fim não dispensa o reconhecido sucessor de *deduzir a sua habilitação em cada uma das causas pendentes*. A *causa de pedir* deverá substanciar facticamente a qualidade, por banda dos requeridos, de *únicos sucessores da parte falecida* e, se for caso disso, que aceitaram a herança e estão na posse dela; não basta a simples invocação da *qualidade de herdeiro* da parte falecida para que proceda o pedido de habilitação, tornando-se indispensável a demonstração de que, segundo o direito substantivo, o habilitando *sucedeu efectivamente* na relação jurídica em litígio.

Acerca da habilitação no processo de inventário, cfr. agora os art.ºs 15.º e 77.º, n.º 1, al. b), da Lei n.º 29/2009, de 29 de Junho. O incidente de *habilitação no processo de inventário*, incluindo o que resulte de uma decisão de divórcio, assume especialidade em relação à substituição de algum interessado na partilha ou de algum credor, donatário ou legatário que haja falecido (art.º 1332.º, n.ºs 1 a 5). Já a habilitação do *cessionário de quota hereditária* e dos *sub-adquirentes dos bens doados*, sujeitos ao ónus de redução, é realizada nos termos gerais (art.º 1332.º, n.º 6), sendo que o cessionário-donatário apenas com a notificação da sentença de habilitação transitada em julgado pode intervir no processo de inventário na posição do cedente-doador[2].

---

[1] Sobre esta matéria cfr. Cfr. SALVADOR DA COSTA, Os Incidentes cit., pp. 244.

[2] Cfr. SALVADOR DA COSTA, Os Incidentes cit., p. 245.

Através do incidente, determina-se quem assume a qualidade jurídica ou a *legitimidade substantiva* e não, em rigor, a sua legitimidade *ad causam* para ingressar na lide na posição da parte falecida ou extinta. Apenas pode habilitar-se quem seja *sucessor* da parte falecida *ao tempo do falecimento* desta, que não também o sucessor de pessoa que antes do decesso haja sido definitivamente excluída da causa por ilegitimidade ou por qualquer outro motivo. O facto de o falecido não haver deixado bens, mas apenas dívidas, não obsta à respectiva habilitação[1].

Nem sempre, conforme resulta do disposto no n.º 3 do art.º 276.º, a morte ou a extinção de uma das partes implica a habilitação dos respectivos sucessores; é que sucede na hipótese de ocorrência de factos geradores da *extinção da instância por inutilidade ou impossibilidade de continuação da lide*, por exemplo o falecimento do cônjuge na pendência da acção de divórcio, salvo o disposto no n.º 3 do art.º 1785.º do CC.

À luz do princípio da cooperação previsto no art.º 266.º, não pode ser indeferido o pedido do autor no sentido da notificação do réu, a fim de este informar sobre os elementos necessários à dedução do incidente de habilitação resultante do óbito do co-réu. A *suspensão da instância* por óbito da parte que tenha transmitido a coisa ou o direito litigioso não obsta a que o adquirente ou o cessionário requeiram a sua habilitação *qua tale*.

À *habilitação dos sucessores da parte falecida na pendência da causa* reporta-se o art.º 371.º, regulando-se no art.º 372.º as regras comuns do processamento do incidente, enquanto que nos art.ºs 373.º e 374.º se determina o processo a seguir no caso de a *legitimidade já estar conhecida* em documento ou noutro processo ou *ainda não estar reconhecida* e, nos art.ºs 375.º, 376.º e 377.º, se regulam, respectivamente, a habilitação em caso de *incerteza das pessoas*, a *habilitação do adquirente e do cessionário* e a *habilitação perante os tribunais superiores*.

75. Liquidação.

Trata-se, este meio processual, de um processo incidental previsto nos art.ºs 378.º a 380.º, destinado à regulação dos termos em que (*numa*

---

[1] Cfr. SALVADOR DA COSTA, Os Incidentes cit., p. 245.

acção declarativa) o *pedido genérico* – referente a uma universalidade ou às consequências de um facto ilícito – pode ser convertido em pedido específico[1]. Esta forma incidental não se confunde com a *liquidação operada pelo exequente no próprio requerimento executivo* quando for ilíquida a quantia a pagar pelo executado e quando a liquidação dependa de simples cálculo aritmético (art.º 805.º, n.º 1) ou, *pelo tribunal*, quando a obrigação for ilíquida e a liquidação não depender de simples cálculo aritmético (art.º 806.º, n.º 1).

A formulação de pedidos genéricos é permitida nas três hipóteses contempladas nas alíneas a) e b) do n.º 1 do art.º 471.º, ou seja, quando: – o objecto mediato da acção seja uma *universalidade de facto ou de direito*; – não seja ainda possível determinar, de modo definitivo, as *consequências do facto ilícito* (ou o lesado pretenda usar da faculdade que lhe confere o art.º 569.º do CC); – a fixação do quantitativo esteja dependente de *prestação de contas* ou de outro *acto que deva ser praticado pelo réu*.

Deverá o incidente – ónus que impende sobre o autor – ser deduzido *antes do primeiro acto integrado na audiência de julgamento*, ou seja, logo que ela seja declarada aberta pelo juiz e imediatamente antes da tentativa de conciliação das partes (art.ºs 378.º, n.º 1 e 652.º). Pode, porém, ser deduzido «*depois de proferida sentença de condenação genérica*, nos termos do n.º 2 do art.º 662.º e, caso seja admitido, a instância extinta considera-se renovada» (n.º 2 do art.º 378.º).

A dedução deste expediente processual não é obrigatória, mas *meramente facultativa*. Se não for oportunamente operada em *sede declarativa*, sempre assistirá ao autor ou o reconvinte a possibilidade de obter a liquidação em *sede executiva*, nos termos dos art.ºs 661.º, n.º 2, 805.º e 810.º, n.º 1, al. g). Privilegia, contudo, a lei a tentativa de deixar encerrada a operação de liquidação logo em sede declarativa e daí o n.º 2 do citado art.º 378.º facultar essa dedução mesmo *depois da prolação da sentença condenatória em montante ilíquido*, com a consequente renovação da instância (entretanto já extinta). Daí o entendimento de que a actividade liquidatória se reveste de uma natureza mais declarativa que executiva, não raro a liquidação em sede executiva não passando de uma repetição da fase declarativa. O que põe algum freio a uma certa ligeireza

---

[1] Cfr. J. RODRIGUES BASTOS, Notas, vol. II cit., p. 255.

dos tribunais em *relegar a liquidação para a execução de sentença* (art.º 661.º, n.º 2), sob a corrente alegação de "carência de elementos" para fixação do objecto ou quantidade, para o que se conferem agora ao autor ou reconvinte poderes de iniciativa (ainda em sede declarativa), em ordem a reservar-se essa relegação apenas para os casos de *manifesta necessidade*.

A *dedução do incidente* – mediante *requerimento em duplicado*, no qual o autor *relaciona* (ou fornece as indicações necessárias para se identificarem) os objectos compreendidos na universalidade ou *especfica os danos derivados do facto ilícito*, concluindo por pedir quantia certa, bem como os *termos subsequentes* –, seguem as fases e os actos-trâmite previstos nos art.ºs 379.º e 380.º, sendo de realçar que, com vista a assegurar a eficácia do incidente deduzido após a emissão da sentença condenatória ao abrigo do supra-citado n.º 2 do art.º 378.º, prevê o art.º 380.º-A, no seu n.º 1, que essa *liquidação* seja feita *por árbitros* «nos casos em que a lei o determine ou as partes o convencionem».

SECÇÃO VI

Absolvição da instância.

76. Absolvição da instância. Decisão, versus decisão de mérito.

Há que distinguir entre *decisão de mérito* e *decisão de absolvição da instância*. Quando o juiz decide do *fundo ou da substância da causa*, condenando ou absolvendo o réu do pedido – atentas as normas do direito substantivo ou material aplicáveis – diz-se que decidiu *de mérito* (*de meritis*); quando não chega a conhecer do mérito por para tanto não estarem reunidos os requisitos legais (recte os pressupostos processuais), diz-se que proferiu uma decisão *de mera forma*.

Temos, assim, uma *decisão de mérito substantivo* quando o juiz emita uma pronúncia sobre a *razão de fundo* (ou a falta dela) por parte do autor ou do reconvinte; teremos uma *decisão meramente processual ou formal* quando, na acção declarativa, *o tribunal não chega a proferir uma sentença de mérito* ou, na acção executiva, *não chega a ordenar as providências coercitivas* cabíveis por razão diferente da da inexistência da

648 Direito Processual Civil

obrigação exequenda (entrega de coisa, demolição de obra feita, penhora, venda, pagamento etc.), em ambos as hipóteses terminando o processo por uma sentença absolutória do réu da instância[1].

76.1. Causas. Ordem de conhecimento das excepções dilatórias.

Para que o tribunal possa emitir uma decisão de mérito substantivo, torna-se necessário o preenchimento de determinadas condições ou requisitos – os chamados *pressupostos processuais* – sendo que, se faltar ou não se verificar algum deles, ocorre uma *excepção dilatória*. O juiz deve abster-se de conhecer do pedido e absolver o réu da instância (art.º 288.º, n.º 1) quando: a) – julgue procedente a excepção de *incompetência absoluta* do tribunal; b) – *anule todo o processo*; c) – entenda que alguma das partes é destituída de *personalidade judiciária* ou que, sendo incapaz, não está devidamente *representada ou autorizada*; d) – considere *ilegítima* alguma das partes; e) – quando julgue procedente alguma *outra excepção dilatória*. Mas, «as excepções dilatórias só subsistem enquanto a respectiva falta ou irregularidade não for *sanada*, nos termos do n.º 2 do artigo 265.º». E, ainda que subsistam, não surtirão efeito absolutório da instância se, destinando-se a tutelar o interesse de uma das partes, nenhum outro obstáculo exista, no momento da respectiva apreciação, «a que se conheça do mérito da causa e a decisão deva ser integralmente favorável a essa parte» (n.º 3 do art.º 288.º).

Deve ser, pois, proferida decisão de absolvição da instância nos casos de *anulação de todo o processo* (cfr. v.g. em caso de ineptidão da petição inicial ou de erro na forma de processo – art.º 193.º, n.ºs 1 e 2 e 199.º) e de *procedência de qualquer excepção dilatória*, com excepção da *incompetência relativa*, cuja procedência apenas dá lugar ao reenvio ou remessa do processo ao tribunal competente (art.ºs 111.º, n.º 3)[2]. Não há, assim, lugar à absolvição da instância quando o processo haja de ser *remetido para outro tribunal*[3] e quando a falta ou *irregularidade* haja sido *sanada* (n.º 2 do art.º 288.º).

---

[1] Cfr. LEBRE DE FREITAS, Introdução cit., p. 39.

[2] Salvo se a incompetência radicar na violação do pacto privativo de jurisdição, caso em que o réu é absolvido da instância (art.º 111.º, n.º 2, *in fine*).

[3] Também na incompetência absoluta poderá haver lugar à remessa do processo ao tribunal onde a acção deveria ser proposta se a incompetência só for decretada depois de

Capítulo VIII – A instância e suas vicissitudes 649

A referência (sucessiva) expressa no art.º 288.º às excepções dilatórias da incompetência absoluta do tribunal, à personalidade judiciária, à incapacidade judiciária, à representação irregular do incapaz e à legitimidade (alíneas a), c) e d) do n.º 1) – porque redundante relativamente ao elenco do art.º 494.º – teve como propósito, não só a indicação de uma certa *ordem de precedência* pela qual o juiz deve conhecer das questões processuais/prejudiciais (em conjugação com o disposto no n.º 1 do art.º 660.º), como também dar o *devido destaque* às mais relevantes de entre elas[1]. Deve, porém, considerar-se tal ordem como *meramente indicativa*, que não peremptória, já que pode existir entre as diversas excepções dilatórias um nexo de precedência lógica ou de manifesta prejudicialidade; assim, e face ao seu carácter preclusivo, é manifestamente prioritário (porque de ordem pública) o conhecimento da questão da competência do tribunal, logo seguido do das excepções de litispendência ou de caso julgado, como inquestionável é a precedência lógica da questão da personalidade judiciária relativamente à da incapacidade judiciária e da legitimidade[2].

O conhecimento destas excepções – *todas igualmente pressupostos processuais* – tem o seu momento normal *no despacho saneador* (art.º 510.º, n.º 1, al. a)), podendo porém ter ainda lugar *na sentença final* (cit. n.º 1 do art.º 660.º). Isto salvos os casos em que haja lugar a *despacho liminar* (art.º 234.º), no qual, por ocorrência de excepções dilatórias insupríveis, pode ser proferido *despacho de indeferimento liminar* (art.º 234.º-A, n.º 1)[3], que não de *absolvição da instância*.

Na al. e) do art.º 288.º contemplam-se ainda quaisquer outras *excepções dilatórias inominadas*, como por exemplo os pressupostos processuais da *sujeição à jurisdição portuguesa* e do *interesse processual ou interesse em agir* (cfr. o elenco meramente exemplificativo do art.º 494.º). É ainda o caso da *fraude* e da *simulação processual* (*uso anormal do processo*) se detectada antes da sentença final (art.º 665.º).

---

findos os articulados e, estando as partes de acordo com o respectivo aproveitamento, o autor requeira essa remessa – cfr. o n.º 2 do art.º 105.º.

[1] Cfr. neste sentido, J. RODRIGUES BASTOS, Notas, vol. II cit., p. 57, nota 1.

[2] Cfr., acerca deste tema, M. TEIXEIRA DE SOUSA, Estudos cit., pp. 359-360.

[3] Na hipótese de indeferimento liminar, assiste ao autor o benefício concedido pelo art.º 476.º.

650   *Direito Processual Civil*

Sobre os pressupostos processuais e respectiva sanação, cfr. supra os n.ºs 48 a 98.

76.2. Alcance e efeitos.

A decisão de absolvição do réu da instância não produz efeito de *caso julgado material*, porquanto não contém uma pronúncia jurisdicional sobre uma relação material controvertida (art.º 671º). Trata--se de uma *pronúncia de sentido negativo* sobre o fundo da causa, unicamente incidente sobre a *relação processual*, pelo que apenas surte efeito de *caso julgado formal* (art.º 672.º)[1].

O seu decretamento não significa o fim inelutável do processo, podendo o respectivo objecto imediato ser ainda atingido. Pode, com efeito, haver lugar à *repetição da causa* entre as mesmas partes e com os mesmos pedido e causa de pedir (cfr. o n.º 1 do art.º 498.º), em ordem a adregar a mesma (pretendida) decisão de mérito ou a realização das mesmas providências (coercitivas) não adoptadas na primitiva causa. Na realidade, «a absolvição da instância não obsta a que se proponha outra acção sobre o mesmo objecto» (art.º 289.º, n.º 1).

Salvos os *efeitos civilísticos relativos à prescrição e à caducidade dos direitos*, os *efeitos* (*civis*) derivados da proposição da primeira causa e da citação do réu mantêm-se (se possível) «se a nova acção for intentada ou o réu for citado para ela dentro de 30 dias[2] a contar do trânsito em julgado da sentença de absolvição da instância (n.º 2) – cfr. art.ºs 327.º, n.ºs 2 e 3, e 332.º do CC. A propósito do significado da expressão «*quando seja possível*» vertida no n.º 2 do art.º 289.º, interroga-se a doutrina sobre se não será «sempre possível» manter os efeitos civis a que o preceito se reporta, bem como sobre se não exigirá a lei que na nova acção se respeite o *princípio da tríplice identidade*. Confrontando as teses de ALBERTO DOS REIS e BARBOSA DE MAGALHÃES, J. RODRIGUES BASTOS[3],

---

[1] Conforme observa LEBRE DE FREITAS, «na acção executiva não se forma nunca caso julgado material, sem prejuízo da possibilidade da sua formação nas acções declarativas que correm por apenso à acção executiva» – cfr. Introdução cit., p. 40, nota 60.

[2] Segundo VAZ SERRA, o prazo de 30 dias do n.º 2 do art.º 289.º é de natureza substantiva – cfr. RLJ, ano 102.º, p. 63.

[3] Cfr. Notas, vol. II cit., p. 59.

Capítulo VIII – A instância e suas vicissitudes   651

optando pela do primeiro, sustenta que a intenção do legislador foi a de a nova acção poder ter como partes pessoas que não intervieram na anterior acção. A que efeitos civis se reporta, pois, o preceito?

Se a nova acção possuir o *mesmo objecto* e correr entre as *mesmas partes*, dúvidas não podem existir sobre a incolumidade dos efeitos civis, quer da propositura, quer da citação do réu da primeira acção. Se a nova acção tiver um *autor diferente*, nunca quaisquer desses efeitos se poderão manter. Se a segunda acção for dirigida, pelo mesmo autor, contra um *réu diferente*, haverá que distinguir entre os efeitos civis derivados da propositura por um lado, e da citação por outro: – *os primeiros* manter-se-ão desde que a nova acção seja intentada no prazo de 30 dias a contar do trânsito em julgado da decisão absolutória da instância; – *os segundos* subsistirão, não só se a nova acção for proposta dentro daquele prazo de 30 dias, como também se a citação do réu for operada dentro desse mesmo prazo[1]. Assim, por ex., absolvido o réu da instância no saneador por ilegitimidade passiva, pode o mesmo requerer, no prazo de 30 dias a contar do trânsito em julgado desse despacho, a intervenção principal das pessoas que assegurarão a legitimidade passiva; daí resultará a possibilidade do aproveitamento do acto de propositura da acção na data da apresentação da petição inicial, mantendo-se os efeitos civis dessa propositura, designadamente em matéria de prescrição e caducidade (art.º 289.º, n.º 2)[2].

Um exemplo de *subsistência dos efeitos civis versus o prazo de caducidade do direito de acção*: se uma acção de investigação de paternidade foi proposta no último dia dos prazos cominados no art.º 1842.º do CC, ficará assegurada a sua tempestividade, a tal não obstando a circunstância de a citação se consumar já depois de expirado esse prazo substantivo; mas, se, seguindo o processo os seus regulares termos, o réu vier a ser absolvido (v.g., por ilegitimidade passiva) no despacho saneador, com a consequente absolvição da instância, e se o autor propuser nova acção dentro do prazo de 30 dias, o efeito civil derivado da propositura da primeira acção dentro do prazo mantém-se, ainda que a segunda acção seja intentada em data muito posterior à da exaustão dos prazos daquele art.º 1842.º e ainda que o réu não venha a ser citado para a nova acção dentro desse prazo mas já depois do seu decurso.

---

[1] Cfr. ALBERTO DOS REI, Comentário, vol. 3.º cit., p. 421.
[2] Cfr. o acórdão da RC de 4-2-92, in BMJ n.º 414, p. 640 / Des. COSTA MESQUITA e da RP de 1-7-96, CJ, Tomo IV, p. 192 / Des. ABÍLIO VASCONCELOS.

652   *Direito Processual Civil*

Um exemplo de *subsistência/insubsistência dos efeitos civis face à prescri-ção de direitos*: instaurou-se uma acção de honorários por serviços de arqui-tectura sujeita ao prazo de prescrição de dois anos (art.º 317.º, al. c), do CC), prescrição essa que se interrompe pela citação, que não pela simples propositura da acção (art.º 323.º, n.º 1, do CC); assim, se o réu foi citado antes de consumado o prazo de dois anos, ficou ipso facto interrompido esse prazo prescricional, ainda que o réu haja vindo depois (normalmente no saneador) a ser, por qualquer dos motivos dos art.ºs 288.º e 494.º, absolvido da instância; o que significa que numa nova acção de honorários intentada no prazo de 30 dias fixado no n.º 2 do art.º 289.º, se o autor fizer citar o réu dentro desse prazo, o efeito civil derivado da citação feita na primitiva acção se mantém na segunda, não podendo, pois, o réu, no segundo processo, deduzir a excepção de prescrição.

Em suma: o acto que tem de ser praticado dentro do considerado prazo de 30 dias depende do efeito civil de que se pretende extrair bene-fício: – se a acção estiver sujeita a *prazo de caducidade* e o autor desejar aproveitar do benefício de ter sido proposta em tempo a primeira acção, o acto que tem de praticar é o da apresentação da petição inicial da nova acção em juízo dentro desse prazo; – se o autor pretende aproveitar, na nova acção, algum dos *benefícios produzidos pela citação* do réu para a primeira acção (art.º 481.º) o acto que tem de obter é a citação do réu para a segunda acção dentro do aludido prazo de 30 dias[1].

Contempla o n.º 4 do art.º 289.º o *aproveitamento das provas* produ-zidas, conferindo ainda eficácia às decisões proferidas na primeira acção, se a decisão absolutória da instância resultar da procedência de *excepção dilatória não compreendida nas alíneas a), c) e d) do n.º 1 do art.º 288.º*. Mas, se houver *alteração das partes processuais* entre a primeira e a segunda acções, nada se aproveita. Só se *as partes forem as mesmas*, é que, não só poderão – ao alvedrio das mesmas – aproveitar-se as provas já produzidas, como deverão acatar-se as decisões interlocutórias proferi-das na primeira acção[2].

---

[1] Cfr. ALBERTO DOS REIS, Comentário, vol. 3.º cit., p. 423.
[2] Cfr. J. RODRIGUES BASTOS, Notas, vol. II cit., p. 60, nota 4.

Capítulo VIII – A instância e suas vicissitudes   653

Secção VII
Extinção da instância.

77. Extinção da instância. Causas e efeitos.

As causas de extinção da instância vêm tipificadas nas alíneas a) a e) do art.º 287.º, a saber: o *julgamento*; o *compromisso arbitral*; a *deserção*; a *desistência, confissão* ou *transacção*; a *impossibilidade* ou *inutilidade superveniente* da lide[1].

Uma vez proposta a acção, a instância cessa, por norma, pela prolação da *sentença final que conheça do fundo ou da substância da causa*. Não é, porém, a este desfecho que se reporta aquele preceito, mas sim à *extinção da instância por qualquer ocorrência anómala* surgida após a instauração do pleito e que impeça o juiz de se pronunciar sobre o respectivo mérito (art.ºs 288.º e 289.º).

Ao contrário da *suspensão* e da *interrupção* – que se reconduzem a uma *paralisação interina* ou *transitória* da instância, a qual prosseguirá logo que arredado o obstáculo impeditivo do seu curso normal –, a *extinção* determina o seu *desaparecimento definitivo*, pelo que só instaurando uma nova acção o autor poderá vir a ver reconhecido, pela via judicial, o (seu) direito material posto em crise pelo réu[2]. Com a extinção da instância *cessam todos os efeitos processuais e substantivos da pendência da acção* (cfr., v.g., os art.ºs 481.º do CPC e 323.º, n.ºs 1 e 2, 805.º, n.º 1 e 1292.º do CC).

A desistência, absolvição e deserção da instância, bem como a caducidade do compromisso arbitral (cfr. o art.º 4.º da LAV), implicam que o *prazo prescricional* – cujo decurso fora interrompido pela citação do réu (art.º 323.º, n.º 1, do CC) ou passados 5 dias depois de esta ter sido requerida (art.º 323.º, n.º 2, do CC) – comece a *correr de novo* (e desde o início) a partir desse acto interruptivo (art.ºs 323.º, n.º 2 e 326.º, n.º 1, do CC).

---

[1] Sobre outras causas de extinção da instância, cfr. os art.ºs 31.º, n.º 4, 40.º, n.º 2, 274.º, n.º 5 e 314.º, n.º 3. Sobre a extinção do pedido reconvencional, cfr., também, o art.º 501.º, n.º 3.

[2] Cfr. J. Rodrigues Bastos, Notas, vol. II cit., p. 51.

654   *Direito Processual Civil*

O julgamento de absolvição da instância, determinativo da respectiva extinção não obsta – repete-se – a que se proponha uma outra sobre o mesmo objecto.

77.1. Julgamento.

A sentença final sobre o fundo da causa, devidamente transitada em julgado, produz necessariamente a *extinção da instância*, tendo presente que esta, em caso de recurso, se compartimenta entre os graus de jurisdição concretamente percorridos. Por isso soi dizer-se que o *meio normal* de extinção da instância na acção declarativa é o *julgamento*.

Mas o julgamento pode decorrer ou de uma *sentença de mérito* ou de uma *decisão de absolvição da instância*, esta última nos sobreditos casos previstos no art.º 288.º e com os efeitos plasmados no art.º 289.º. Ora, o julgamento a que se reporta a al. a)) do art.º 287.º, como causa de extinção da instância, é, tão-somente, o *julgamento de mera forma,* assente numa concreta causa absolutória da instância. A extinção da instância é, nesta eventualidade, consequência de um *facto anormal* ou de uma *causa extraordinária* que impede a marcha (normal) da relação jurídica processual até à decisão final do litígio e diversa da da pronúncia judicial sobre o mérito. O facto gerador da cessação (extinção) da instância ocorre *depois da propositura da acção* mas *antes da emissão do juízo jurídico-substantivo final*, de que constitui, de resto, circunstância impeditiva. Por isso se apelidam tais causas de *excepções dilatórias*. Daí que, uma vez ocorrida uma dessas causas, deva o juiz bastar-se em decretar a correspondente absolvição do réu da instância ao abrigo do disposto nos art.ºs 288.º, 493.º, n.º 2 e 494.º.

A *extinção* da instância – que pode ser apenas *parcial,* v.g. no caso em que só uma das partes seja considerada ilegítima devendo a instância prosseguir entre as demais –, será a consequência natural, *ope legis*, da emissão dessa decisão meramente formal. Mas nada impede que o juiz, no despacho em que *absolver o réu da instância*, que proferir após a verificação/declaração da respectiva causa, «*declare*» em consequência, *extinta a instância* ao abrigo do disposto na al. a) do art.º 287.º[1], aplicando, no mais, as regras da condenação em custas.

---

[1] Para J. RODRIGUES BASTOS, Notas, vol. II cit., p. 55, «o juiz não terá que fazer mais que do que declarar extinta a instância, sem necessidade de absolver (da instância ou do pedido) ou condenar qualquer das partes, a não ser nas custas.

77.2. Compromisso arbitral.

A arbitragem voluntária é hoje fundamentalmente regida pela Lei n.º 31/86, de 29 de Agosto (LAV)[1].

Podem as partes atribuir (por *convenção*) a decisão de qualquer controvérsia a árbitros. Se a convenção se referir a *litígios eventuais* (*futuros*) emergentes de uma dada relação jurídica contratual ou extracontratual, é designada por *cláusula compromissória*; quando tiver por objecto um litígio actual, ainda que adstrito a tribunal judicial, designa-se por *compromisso arbitral*. O acordo pode ter lugar em qualquer estado de uma causa pendente, isto é, até ao trânsito da decisão que ponha termo à instância (art.ºs 290.º, n.ºs 1 e 2, do CPC e 1.º, n.ºs 1 e 2, da LAV).

O compromisso tem de ser celebrado por escrito *no processo* (por termo) ou fora dele por *documento particular* assinado pelas partes (art.ºs 2.º da citada Lei e 290.º, n.º 2, do CPC). E deve individualizar com clareza – sob pena de nulidade – os seus elementos formais ou seja, o objecto (total ou parcial) da causa a dirimir pelo tribunal arbitral (*res petita*), os respectivos sujeitos e a causa de pedir (*causa petendi*), devendo ainda identificar o árbitro ou árbitros a quem é confiada a decisão[2].

Lavrado o *termo*, ou junto o respectivo *documento*, o juiz aquilatará da validade do compromisso, em função do respectivo objecto e da qualidade dos sujeitos intervenientes; em caso afirmativo, dará a instância por finda e *remeterá as partes para o tribunal arbitral*, condenando cada uma delas em metade das custas, salvo acordo expresso em contrário (art.º 290.º, n.º 2). Nessa apreciação incluir-se-á a existência de qualquer irregularidade ou vício que afecte a validade da convenção, por exemplo a caducidade do compromisso (cfr. art.º 4.º da citada Lei). Torna-se, assim, evidente a similitude da fórmula usada no n.º 2 do art.º 290.º com a do no n.º 3 do art.º 300.º (esta para o exame da legalidade da confissão, desistência e transacção), certamente determinada pela semelhança entre o compromisso arbitral e a «autocomposição transaccional»[3].

O compromisso arbitral, quando julgado válido, é, pois, causa de extinção da instância, não só "ex-vi" do n.º 2 do art.º 290.º, como também – de forma algo redundante – por força do expressamente disposto na

---

[1] Os art.ºs. 1525.º a 1528.º do CPC referem-se apenas à arbitragem necessária.

[2] Cfr. J. RODRIGUES BASTOS, Notas, vol. II cit., p. 61.

[3] Cfr. J. RODRIGUES BASTOS, Notas, vol. II cit., p. 62.

656 *Direito Processual Civil*

alínea b) do art.º 287.º. Deve, assim, o juiz, *no próprio despacho* que julgue válido o compromisso, *declarar*, em consequência, *extinta a instância*.

77.3. Deserção da instância e dos recursos.

Sob a epígrafe *"Deserção da instância e dos recursos"*, o art.º 291.º, no seu n.º 1, postula que se «considera deserta a *instância*, independentemente de qualquer decisão judicial, quando esteja interrompida durante dois anos». A deserção da instância (art.º 287.º, al. c)) significa, pois, a *interrupção da instância durante dois anos* (art.º 291.º, n.º 1).

Já os *recursos* são julgados *desertos*, quer por falta de alegação do recorrente, nos termos do n.º 2 do art.º 684.º-B, quer quando, por inércia deste, estejam parados durante mais de um ano (art.º 293.º, n.º 2). Também, se tiver surgido algum *incidente com efeito suspensivo*, o recurso será julgado deserto se decorrer *mais de um ano* sem que se promovam os termos desse incidente (n.º 3).

A deserção é julgada (decretada) no próprio tribunal onde se verifique a falta por *simples despacho do juiz* ou *do relator* (n.º 4). Mas enquanto *em 1.ª instância* a deserção não depende de declaração jurisdicional, *na fase de recurso* tona-se necessário um *despacho que expressamente a declare*. Todavia, sem embargo da "dispensa" de declaração jurisdicional da deserção em 1.ª instância contida no n.º 1 do art.º 291.º, entendemos – na esteira, aliás, de uma consolidada *praxis* judiciária em tal domínio – não ser despicienda a prolação de uma decisão judicial que expressamente aprecie e declare a existência da causa interruptiva pelo período de dois anos e a consequente extinção da instância. Isto como forma de *obviar ao estado de incerteza ou dúvida* que não raras vezes continuará a pairar sobre a sobrevivência da (concreta) relação processual. À míngua de *decisão declarativa expressa sobre a deserção*, poderá o autor, numa eventual nova acção que propuser contra o mesmo réu, ver-se confrontado com a invocação por este da excepção (dilatória) de litispendência, fundada em que a inércia geradora da suposta deserção foi, afinal, devida a facto não imputável aos litigantes. E daí a suscitação de uma nova querela processual de duração e resultados imprevisíveis, que importaria atempadamente prevenir[1].

---

[1] Cfr, neste sentido, J. RODRIGUES BASTOS, Notas, vol. II cit., p. 64.

Capítulo VIII – A instância e suas vicissitudes

Quanto aos *efeitos* da deserção e seu *regime*, são eles distintos consoante verificada em 1.ª instância ou em fase de recurso. *Em 1.ª instância*, a deserção determina a *extinção da instância* – alínea c) do art.º 287.º; *na fase de recurso*, com o abandono deste, *transitará em julgado* a decisão recorrida. Pese embora o binómio uma instância/uma demanda, o legislador terá considerado que a parte respeitante ao recurso se apresenta, para efeitos de deserção, como um novo ramo autónomo e independente da relação jurídica processual. A deserção do recurso equivale, nestes termos, à falta da sua interposição.

A deserção ocorrida *após o oferecimento da contestação*, sem anuência do réu (art.º 296.º, n.º 1) *equivale à desistência do pedido*[1]. Mas, se a deserção houver ocorrido depois de o Supremo haver anulado o acórdão da Relação e ordenado a baixa do processo para se proceder à respectiva reforma (n.º 2 do art.º 731.º), subsistirá incólume o acórdão anulatório do Supremo, já transitado. Assim, se operada a deserção antes de ser conhecido pela primeira vez o recurso (da 1.ª para a 2.ª instância), a decisão que subsiste será a da 1.ª instância[2].

O autor ou o recorrente suportarão o encargo das custas da deserção (art.º 446.º, n.º 1).

77.4. Desistência, confissão e transacção.

§1.º – Âmbito e enquadramento.

Consagra a lei processual a *liberdade de desistência, confissão e transacção*, actos estes (eles próprios) *causas extintivas da instância* (art.º 287.º, al. d)). Pode, com efeito, o autor, em qualquer altura, *desistir* de todo o pedido ou de parte dele e pode o réu *confessar* todo ou parte do pedido (art.º 293.º, n.º 1), isto é «*em qualquer estado da causa*, enquanto não houver sentença com trânsito que ponha termo à instância». É também lícito às partes, em qualquer estado da instância, *transigir* sobre o

---

[1] Cfr. o acórdão do STJ, de 15-7-69, BMJ, n.º 189, p. 232 / Cons.º SANTOS CARVALHO, citado por J. RODRIGUES BASTOS, Notas, vol. II cit., pp. 64-65.

[2] Cfr. J. RODRIGUES BASTOS, Notas, vol. II cit., pp. 66-67.

658   *Direito Processual Civil*

objecto da causa (n.º 2), acordando em concessões mútuas em ordem a porem termo à lide (art.ºs 1248.º, n.º 1, do CC).

A *desistência* pode ser *do pedido* ou *da instância* (art.º 295.º): a desistência *do pedido* extingue o direito (substantivo) que se pretendia fazer valer em juízo, como que renunciando o autor à pretensão deduzida (n.º 1); a desistência *da instância* apenas faz cessar o processo instaurado, como que renunciando o autor ao meio processual utilizado (n.º 2)[1].

Tais actos (de confissão, de desistência do pedido e de transacção) são também qualificados como actos ou negócios de *auto-composição do litígio*, para significar que se inserem no âmbito da *autonomia privada*, por isso que, relativamente ao respectivo exercício, se verificam as limitações previstas na lei substantiva (disponibilidade, capacidade e representação). O que logo afasta a sua natureza de mera manifestação da disponibilidade do termo do processo do puro domínio processual/dispositivo[2].

Uma coisa é, porém, a *confissão do pedido* traduzida no reconhecimento (feito pelo réu) do direito que o autor pretende fazer valer por meio da acção – causa de extinção da instância prevista na al. d) do art.º 287.º do CPC –, outra é a chamada *confissão-meio de prova* a prevista no art.º 352.º do CC – «reconhecimento que a parte faz da realidade de um facto que lhe é desfavorável e favorece a parte contrária», a qual «pode incidir tanto sobre factos alegados pela parte contrária, como sobre factos não alegados»[3].

A *desistência do pedido* (pelo autor) e a *confissão do pedido* (pelo réu) são de qualificar como *actos jurídicos unilaterais*. Já a *desistência da instância*, se requerida depois do oferecimento da contestação, assume a natureza de *negócio jurídico bilateral* (art.º 296.º, n.º 1)[4]. A *transacção* é mesmo definida no CC como «o *contrato* pelo qual as partes previnem ou terminam um litígio mediante recíprocas concessões» (art.º 1248.º, n.º 1).

---

[1] Cfr. J. Rodrigues Bastos, Notas, vol. II cit., p. 69.

[2] Cfr. Lebre de Freitas, Introdução cit., pp. 125-127.

[3] A confissão meio de prova deve, em princípio ser *expressa*, podendo, porém, ser *tácita* (ficta ou presumida) nos casos contemplados na lei (art.ºs 314.º do CC e 484.º, n.º 1 e 490.º, n.º 1, do CPC) – cfr. Pires de Lima e Antunes Varela, Código Civil Anotado, vol. I, 4.ª ed. cit., p. 313, nota 1.

[4] Cfr. J. Rodrigues Bastos, Notas, vol. II cit., p. 69, nota 1.

Capítulo VIII – A instância e suas vicissitudes 659

No que respeita aos *limites objectivos* da confissão, desistência e transacção, o direito (liberdade) de desistência (do pedido) e de confissão e transacção sobre o objecto da causa (art.º 293.º, n.ºs 1 e 2) não valerá por inteiro se importar afirmação de vontade relativamente a *direitos indisponíveis* – com excepção das acções de divórcio ou de separação de pessoas e bens em que a desistência é livre (n.º 2 do mesmo art.º 299.º), sendo que mesmo esta dependerá de aceitação do réu se requerida depois do oferecimento da contestação (art.º 296.º, n.º 1). Essas relações jurídicas subtraídas ao domínio da vontade das partes podem sê-lo, ou por *expressa determinação da lei* substantiva ou *por sua própria natureza. De entre essa primeira categoria* são exemplos os previstos nos art.ºs 182.º (extinção de associações), 1103.º (denúncia do contrato de arrendamento para habitação do senhorio), 1556.º (constituição de servidões de passagem para aproveitamento de águas), 1564.º (regulação do exercício das servidões) e 2042.º (representação na sucessão legal), todos do CC; *de entre a segunda categoria* (as que afectam o estado civil das pessoas), são exemplo típico as *acções de estado* atinentes ao divórcio litigioso (art.º 1779.º), à investigação de maternidade (art.º 1814.º) e à investigação de paternidade (art.º 1869.º), todos do CC. A *ratio legis* reside na incongruência que representaria permitir às partes obter por via processual (pela via indirecta da desistência do pedido, da confissão ou da transacção judicial) um resultado que lhes seria proibido alcançar segundo a lei material.

É assim, e por princípio, inadmissível a *desistência do pedido* nas *acções de investigação de paternidade*. O que não exclui logicamente a admissibilidade da *desistência da instância*, ou mesmo do pedido, se circunscrita aos efeitos meramente patrimoniais, pois que de carácter disponível. Já quanto à *confissão*, importará distinguir: sendo a *acção exclusivamente movida contra o pretenso pai* (presumível progenitor-investigado), uma vez que este pode, em qualquer momento, efectuar o reconhecimento extrajudicial do autor-investigante através da perfilhação (art.ºs 1847.º, 1849.º e 1853.º do CC), nenhum obstáculo se depara à admissão da confissão do pedido; a via judicial não se perfila, nesta situação, como meio ínvio para a obtenção de um resultado impossível de obter por simples declaração unilateral de vontade. Mas se a acção pendente houver sido *dirigida contra os herdeiros ou representantes do presuntivo pai,* como a esses não é permitido o reconhecimento extrajudicial da filiação (v.g. através da perfilhação), também lhes não deve ser permitido confessar o pedido.

No que tange ao direito à *desistência dos recursos*, o mesmo pode ser exercitado mesmo depois de proferido acórdão pelo tribunal superior, conquanto o mesmo não haja ainda transitado em julgado[1-2].

No que se refere à *viabilidade da desistência, confissão e transacção em sede executiva*, correspondendo a oposição à execução (art.ºs 813.º a 820.º) a um *enxerto na instância executiva de uma outra instância de carácter declarativo*, aplicar-se-lhe-ão, por isso, mutatis mutandis, os mesmos institutos relativos à incerteza e indefinição dos direitos. Mas as dúvidas sobre a extensibilidade daqueles actos jurídico-processuais à acção executiva não deixam de ser legítimas. Constituindo objectivo específico da execução a reparação coercitiva de um direito já previamente declarado[3], pode, por isso, em sede executiva, o credor-exequente *desistir* (*renunciar*) *livremente* ao meio processual usado (da instância) ou à pretensão (pedido); a desistência do exequente é mesmo causa da extinção da execução (art.º 918.º, n.º 1). Contudo, se estiver pendente oposição à execução, a desistência da instância (da oposição) já dependerá da *aceitação do oponente* (n.º 2).

Mas *não poderão ser admitidas na acção executiva* a *confissão do pedido* e a *transacção judicial*. No que toca à *confissão,* afora a hipótese de oposição, o reconhecimento (pelo executado) da existência do direito exequendo é totalmente inócuo, pois que estribado no título (executivo) em que se fundamenta. Quanto à *transacção judicial*, jamais poderia a mesma representar uma composição de um litígio, sua base e *ratio essendi*; o direito já foi objecto de declaração judicial, embora não ainda voluntariamente acatado, circunstância esta geradora de uma nova relação jurídica processual, em ordem à reparação efectiva (coercitiva) do direito violado; daí que uma eventual renúncia contratual (total ou parcial) do exequente a troco de certas contrapartidas de efeito imediato oferecidas pelo executado (v.g. um pagamento ou uma entrega de certos bens) não integre a figura da *auto-composição litigiosa*.

---

[1] Cfr., neste sentido, v.g., o acórdão do STJ de 4-7-96, CJSTJ, Tomo III, p. 7 / Cons.º FERNANDO FABIÃO.

[2] Sobre a perda do direito de recorrer, a renúncia e a desistência do recurso, cfr. o art.º 681.º do CPC.

[3] Sobre esta matéria, cfr. J. RODRIGUES BASTOS, Notas, vol. II cit., pp. 69 a 71.

§2.° – Efeitos.

A confissão e a transacção operam a modificação do pedido ou fazem cessar a causa (instância) nos precisos termos em que se efectuem (art.° 294.°). Se judicialmente *homologadas*, passam a possuir a força e eficácia de *caso julgado* quanto ao conteúdo do acordado ou confessado, tal como uma qualquer decisão judicial sobre o mérito do litígio[1].

Assiste, em regra, aos *titulares do direito de acção* inteira *liberdade para desistir, confessar ou transigir*, atentos porém os limites legais cuja latitude depende da respectiva capacidade jurídica negocial. Assim, os *representantes das pessoas colectivas e dos incapazes* (que sejam partes principais no processo) só são admitidos a praticar tais actos nos precisos limites das suas atribuições ou precedendo a concessão da necessária autorização (art.° 297.°). Não pode, por ex., o tutor, sem autorização do tribunal, transigir relativamente aos actos referidos nas alíneas a) a i) do n.° 1 do art.° 1889.° do CC, ex-vi do art.° 1938.°, n.° 1, al. a), do mesmo diploma.

No caso de *litisconsórcio voluntário,* é livre a confissão, desistência e transacção individual, limitada ao interesse de cada um na causa (art.° 298.°, n.° 1). No caso de *litisconsórcio necessário*, a confissão, desistência ou transacção de algum dos litisconsortes só produz efeitos quanto a custas (n.° 2). Na verdade, subjazendo ao *litisconsórcio voluntário* uma mera acumulação de accões, a posição jurídico-processual de cada um dos litigantes permanece independente relativamente aos demais compartes, pelo que o acordo celebrado com a contraparte apenas respeita à acção que separadamente poderia ter proposto, acarretando sempre qualquer desses actos uma redução no objecto da causa. *Ex-adversum*, no *litisconsórcio necessário*, havendo uma única acção com pluralidade de sujeitos, já os mesmos actos não poderão produzir quaisquer efeitos, quer sobre a relação jurídica material, quer mesmo quanto à subsistência da relação processual, para além de o desistente, transigente ou confitente deixarem de arcar com qualquer responsabilidade tributária subsequente[2].

---

[1] Cfr. J. Rodrigues Bastos, Notas, vol. II cit., pp. 70-71.
[2] Cfr. J. Rodrigues Bastos, Notas, vol. II cit., pp. 73-74.

§3.º – Modus operandi. Sentença homologatória. Custas.

Quanto ao *modus operandi* da confissão, desistência ou transacção rege o art.º 300.º: *fora do processo, por documento autêntico ou particular* sem prejuízo das exigências de forma da lei substantiva e notarial; *dentro do processo, por termo* nele elaborado, com observância do preceituado nos art.ºs 161.º a 164.º (n.º 1) ou *em acta*, em esultado de conciliação obtida pelo juiz.

A *desistência do recurso* já interposto pode, porém, ser operada mediante *simples requerimento* subscrito pelo recorrente (cfr. o n.º 5 do art.º 681.º), ou mesmo pelo seu mandatário, mas, se este não se encontrar munido de *procuração com poderes especiais*, é de aplicar, por analogia, o regime prescrito no n.º 3 do art.º 300.º para a desistência da instância[1].

O *termo* é tomado pela secretaria a simples pedido verbal dos interessados (confitente, desistente ou transaccionante) – art.º 300.º, n.º 2. Uma vez lavrado o termo ou junto o documento, *o juiz examinará* se, pelo seu *objecto* e pela *qualidade das pessoas* que nelas intervieram, a confissão, desistência ou transacção são válidos (ou enfermam de algum *vício de invalidade*); se válidos, tal será declarado por sentença, a qual condenará ou absolverá as partes nos precisos termos constantes desses documentos ou instrumentos (n.º 3). A validade *em relação ao objecto* de qualquer dos actos em apreço, reclamada pelo n.º 3 do art.º 299.º, reporta-se à inexistência de infracção ao respeito pela indisponibilidade dos direitos; já *em relação à qualidade das pessoas*, prende-se a mesma com a (respectiva) titularidade dos direitos em presença e, designadamente, com a capacidade de exercício, com a devida representação e com as necessárias autorizações (legais) para a prática do acto.

A validade da confissão, desistência ou transacção é, assim, chancelada por uma decisão (despacho) com força e autoridade de sentença (de mérito) – a *sentença homologatória* – cujo dictat condenatório ou absolutório tem de ser plenamente conforme à vontade expressa (declarada) pelas partes no termo ou no documento habilitante, que não em função do direito material (objectivo) que em princípio se aplicaria aos factos provados. Repercute-se pois, directamente na esfera jurídico-substantiva das partes intervenientes, surtindo ainda influência decisiva no desenvolvimento subsequente da relação processual.

---

[1] Cfr. supra n.º 53.1.

Capítulo VIII – A instância e suas vicissitudes 663

Sendo a *transacção* feita *em acta*, em resultado de conciliação obtida pelo juiz (v.g na audiência preliminar ou na audiência final – art.ºs 508.º, n.º 1, al. a) e 652.º, n.º 2), este limitar-se-á a homologá-la por *sentença ditada imediatamente para a acta* (*da audiência*) ou *para o auto da diligência* em cujo decurso venha eventualmente a ocorrer (v.g um arbitramento ou uma inspecção ao local – art.ºs 520.º e 615.º). Só ao juiz, que não à secretaria ou ao funcionário que tomar o termo, cabe pronunciar-se sobre a validade do acto, apenas incumbindo ao funcionário tomador o acautelamento da observância dos requisitos formais[1].

Se a causa terminar *por desistência ou confissão total*, arcará com as custas o desistente ou confitente, mas, se se tratar de uma *desistência ou confissão meramente parcial*, a responsabilidade tributária será proporcional à parte de que se desistiu ou se confessou (art.º 451.º, n.º 1). Se terminar *por transacção*, o encargo de custas será repartido em partes iguais (salvo acordo em contrário), a menos que o acordo se faça entre uma parte isenta (ou dispensada do pagamento de custas) e outra não isenta ou dispensada, caso em que o juiz, ouvido o Ministério Público, fixará a proporção em que as custas deverão ser pagas (art.º 451.º, n.º 2).

§4.º – Nulidade e anulabilidade.

A confissão judicial, a desistência e a transacção podem ser *declaradas nulas* ou *anuladas* por *falta ou vícios da vontade*, tal como os restantes actos jurídicos da mesma natureza (art.º 301.º, n.º 1), sendo que «o erro, desde que essencial, não tem de satisfazer aos requisitos para a anulação dos negócios jurídicos» (cfr. n.º 2 do art.º 359.º do CC).

A declaração de nulidade ou o decretamento da anulação de qualquer desses actos é emitida pelo juiz do processo por *simples despacho*, com força de sentença. O respectivo trânsito não obsta a que se intente a *acção destinada à declaração de nulidade ou à anulação* de qualquer delas, nos termos dos art.ºs 285.º a 295.º do CC, sem prejuízo da caducidade do direito a esta última (art.º 301.º, n.º 2). A decisão anulatória, uma vez transitada, serve de base ao recurso de revisão, nos termos da alínea d) do art.º 771.º.

---

[1] Cfr. J. RODRIGUES BASTOS, Notas, vol. II cit., p. 78.

664   *Direito Processual Civil*

Quando, porém, o fundamento da nulidade resida exclusivamente na *falta de poderes do mandatário judicial ou da irregularidade do respectivo mandato*, proceder-se-á à notificação pessoal da sentença homologatória ao mandante, sob a cominação de, no *seu silêncio*, o acto se haver por *ratificado* e a *nulidade suprida*; se declarar expressamente que não ratifica o acto do mandatário, «este não produzirá quanto a si qualquer efeito» (n.º 3)[1].

Há, contudo, que destrinçar: – se a validade da confissão, desistência ou transacção se encontrar inquinada por qualquer dos *vícios geradores da nulidade ou da anulação dos negócios jurídicos*, a respectiva nulidade (ou anulação) tem de ser declarada por meio de *acção* e, só depois de obtida a sentença, com trânsito, é que se pode, com base nela, requerer a revisão da decisão transitada em julgado (art ºs 301.º, n.º 1 e 771.º, alínea d)); – se a nulidade desses actos resultar da inobservância do disposto nos art.ºs 37.º (*falta de poderes especiais do mandatário judicial*) e 297.º (*falta de poderes do representante da parte*), o meio próprio para obter a anulação é a interposição directa do *recurso de revisão*, sendo que a nulidade resultante da falta ou irregularidade do mandato (art.º 37.º) se considera suprida quando, notificada ao mandante a sentença homologatória, este nada disser (art.º 301.º, n.º 3)[2].

77.5. Impossibilidade e inutilidade superveniente da lide.

Contempla o art.º 287.º, de entre as causas de extinção anormal da instância, a *impossibilidade* e a *inutilidade superveniente da lide* (al. e)). Se a lide vir a tornar-se inútil ou impossível, depois de instaurada, a instância terá forçosamente que ser declarada extinta.

O que releva, além do mais, para efeitos de *repartição do ónus do pagamento de custas*. Assim, e afora os casos de alteração superveniente das circunstâncias (não imputáveis às partes) tipificadas nos n.ºs 1 e 2 do art.º 450.º, em que o encargo de custas é repartido em *partes iguais*, nos

---

[1] A transacção judicial efectuada por mandatário sem poderes especiais para transigir não está, assim, ferida de nulidade, mas de simples ineficácia relativa, pois que se tornará eficaz (ratificada) se, notificado pessoalmente o acto (acordo) ao mandante, este ao mesmo se não opuser (art.º 301.º, n.º 3) – cfr., v.g. o acórdão da RP de 10-1-2008, CJ, n.º 204, Tomo I/2008, p. 164 / Des. Telles De Menezes.

[2] Cfr. J. Rodrigues Bastos, Notas, vol. II cit., p. 79-80.

Capítulo VIII – A instância e suas vicissitudes 665

restantes casos de extinção da instância por impossibilidade ou inutilidade superveniente da lide a responsabilidade ficará *a cargo* do *autor ou requerente*, salvo se imputáveis essas causas ao *réu ou requerido*, caso em que será este último o responsável pala totalidade das custas (cfr. n.º 3). Para este efeito, considera-se (entre outras situações) que a inutilidade superveniente da lide é *imputável ao réu*, requerido ou demandado quando a mesma decorra da satisfação voluntária (por parte daquele) da pretensão do autor, salvo se as partes outra forma de repartição acordarem (na hipótese de ter havido acordo) – cfr. n.º 4 do mesmo preceito.

§1.º – Inutilidade superveniente.

A instância tornar-se-á *inútil* quando se evidencie que, por qualquer causa processual ou extraprocessual, *o efeito jurídico pretendido através do meio concretamente utilizado foi já plenamente alcançado*, isto é quando a actividade processual subsequente redunde em puro desperdício para as partes processuais envolvidas. A lide, em tal caso, será teoricamente possível, mas, na prática, e face ao seu objecto imediato, *praticamente desnecessária*. Daí que o juiz possa e deva decretar a respectiva *extinção* por inutilidade, *despacho* esse que produz apenas eficácia de *caso julgado formal*[1].

Exemplos: – assumindo a providência cautelar carácter provisório, pois que resultante de uma apreciação meramente sumária e perfunctória do subjacente conflito de interesses inter-subjectivos, a sua subsistência ficará posta em crise (cfr. o art.º 389.º) uma vez alcançada no processo principal (de que é instrumento) a tutela jurídica definitiva desses interesses[2]; – se A instaurou acção declarativa contra B na qual pedia a condenação do réu a solver-lhe determinado crédito, tendo o autor depois vindo reclamar esse mesmo crédito no processo de insolvência do devedor, deve, com base na existência daquela reclamação, e atento o disposto nos art.º 287.º, al. e) do CPC e 128.º do CIRE, julgar-se extinta a instância por inutilidade superveniente da lide[3]; – a acção do Ministério Público

---

[1] Cfr. os acórdãos do STJ de 5-11-92, BMJ n.º 421º, p. 338 / Cons.º BALTAZAR COELHO e de 11-5-2000, Proc. 709/2006 – 2.ª Sec. / Cons.º PEREIRA DA SILVA.
[2] Cfr. o acórdão do STJ de 20-10-99, Proc. 808/99 – 2.ª Sec. / Cons.º FERREIRA DE ALMEIDA.
[3] Cfr. o acórdão do STJ de 20-5-93 – 6.ª Sec. / Cons.º NUNO CAMEIRA.

666   *Direito Processual Civil*

para dissolução da sociedade comercial por insuficiência de capital social extingue-se por inutilidade se, na pendência da acção, se provar que o aumento devido já foi efectuado[1]; – a desistência do pedido executivo importa a inutilidade superveniente do incidente de embargos de terceiro contra a penhora naquele efectuada[2]; – a acção de despejo torna-se inútil se o arrendatário adquirir, na pendência da mesma (ao autor) a propriedade do prédio dela objecto[3]; – a extinção de uma execução por pagamento voluntário efectuado por um co-executado determina a extinção da oposição à execução por inutilidade superveniente da lide[4].

§2.º – Impossibilidade superveniente.

E quanto à impossibilidade superveniente da lide? ALBERTO DOS REIS, louvado em CARNELUTTI, estabelecia um paralelismo entre a *impossibilidade da lide* e a *impossibilidade da relação jurídica substancial*. Esta última cessaria quando desaparecesse (se extinguisse) um dos seus elementos essenciais, de todo insubstituível por outro. E assim teríamos[5]:

– *impossibilidade subjectiva*: tratando-se de relações jurídicas de natureza pessoal que se extinguem com a morte do sujeito necessário da relação, não sendo admissível o fenómeno da sucessão, porquanto *relações subjectivamente infungíveis*; exemplos de lides estritamente pessoais são as acções de divórcio e de separação de pessoas e bens (art.ºs 1779.º e 1794.º do CC) e as acções de alimentos (ex-vi, por por ex. dos art.ºs 1880.º do CC e 1412.º, n.º 1, do CPC), sendo que, se na pendência da causa falecer um dos cônjuges ou se morrer o alimentando, respectivamente, a prossecução da lide se tornará, pela própria natureza das coisas, impossível; a esta forma de impossibilidade da lide deve equiparar-se a da impossibilidade do efeito jurídico pretendido constituir, o que sucede nas acções de interdição (art.º 138.º do CC) com a morte do interdicendo

---

[1] Cfr. o acórdão da RL de 4-5-95, CJ, 1995, Tomo III, p. 92 / Des. NASCIMENTO GOMES.

[2] Cfr. o acórdão do STJ de 26-4-2001, Proc. 72/2000– 7.ª Sec. / Cons.º OLIVEIRA BARROS.

[3] Cfr. o acórdão da RC de 15-5-90, BMJ, n.º 397, p. 571 / Des. SILVA GRAÇA.

[4] Cfr. os acórdãos do STJ de 7-10-99, BMJ n.º 490, p. 215 / Cons.º FERREIRA DE ALMEIDA e da RP de 10-1-2008, CJ, n.º 204, Tomo I/2008 / Des. TELLES DE MENEZES.

[5] Nomenclatura de ALBERTO DOS REIS, Comentário, vol. 3.º cit., pp. 368 a 373.

Capítulo VIII – A instância e suas vicissitudes   667

e nas acções de inibição do exercício do poder paternal (1915.º) com o decesso do progenitor requerido;

– *impossibilidade objectiva*: perecimento da coisa, objecto da relação jurídica (por exemplo, da coisa dada em comodato – art.º 1129.º do CC), devendo, porém, «tratar-se de *coisa infungível, de species*, pois que *genus numquam perit*», ou seja, de *relações objectivamente infungíveis*[1-2], nas quais a coisa não pode ser substituída por outra e em que o facto não pode ser prestado por outrem; deste modo, a morte ou incapacitação do obrigado à restituição da coisa ou à execução do contrato (v.g. num contrato de empreitada celebrado em razão das qualidades pessoais do empreiteiro) acarretará a impossibilidade da prestação por causa não imputável a qualquer das partes (art.ºs 791.º, 817.º e 828.º do CC e 933.º do CPC)[3-4].

– *impossibilidade causal* – extinção de um dos interesses em conflito na causa; exemplo clássico é o da *confusão* que ocorre quando o devedor suceder no crédito ou o credor suceder numa certa dívida, assim se reunindo na mesma pessoa as qualidades de credor e de devedor da mesma obrigação, com a consequente extinção do crédito e da dívida (art.º 868.º do CC); outro exemplo será o de na pendência de uma acção de reconhecimento de servidão o prédio dominante e o prédio serviente vieram a ser reunidos no domínio da mesma pessoa (art.º 1569.º, al. a), do CC).

---

[1] Cfr. ALBERTO DOS REIS, ob. cit., p. 368.

[2] A regra é, contudo, a da fungibilidade da prestação – cfr. os art.ºs 207.º e 767.º, n.º 1, do CC.

[3] Cfr., acerca da distinção de regimes de fungibilidade/infungibilidade, ANTUNES VARELA, Das Obrigações em Geral, vol. I, 9.ª ed., pp. 99 a 102.

[4] Sobre o reflexo dos regimes da fungibilidade/infungibilidade da obrigação exequenda e seus reflexos na acção executiva para prestação de facto, cfr. ANTUNES VARELA, Das Obrigações em Geral, vol. I, 9.ª ed., p. 101.

ÍNDICE GERAL

CAPÍTULO I
**Acesso à justiça e aos tribunais. Direito de acção e direito ao processo.
Conceito e natureza do direito processual civil.
Fontes e evolução histórica.**

1. O acesso aos tribunais. Direito à tutela jurisdicional efectiva: Enquadramento jurídico-constitucional. O «prazo razoável». 13

2. Direito ao processo. Natureza jurídica do direito de acção. 17

3. Conceito, natureza, autonomia e relevância do direito processual civil. 20

4. Fontes e evolução histórica. 28

   4.1. Das raízes romanas. 28

   4.2. Evolução do direito processual civil português. 32

5. Legislação complementar, circum-processual e circum-judiciária. 42

CAPÍTULO II
Interpretação, integração e aplicação das leis processuais.

6. Interpretação das leis processuais. 49

7. Integração de lacunas das leis processuais. 52

8. Sucessão de leis processuais no tempo. 53

   8.1. Princípios gerais. A não retroactividade da lei. 53

   8.2. Aplicações práticas dos princípios de aplicação temporal. 58

CAPÍTULO III
Tipologia das acções e das formas de processo.

SECÇÃO I
Meios processuais declarativos clássicos.

9. Acções declarativas. 69

670   *Direito Processual Civil*

9.1. Acções de simples apreciação. 71
9.2. Acções constitutivas e de anulação. 73
9.3. Acções de condenação. 77
10. Formas de processo comum e processos especiais. 78
 10.1. Processos especiais de natureza mista e acções especiais constantes de leis avulsas. 82
 10.2. Processos de jurisdição voluntária. 84
 10.3. A alçada dos tribunais. 88

SECÇÃO II
Meios processuais e procedimentos alternativos.

11. Procedimentos alternativos de natureza judicial. 90
 11.1. Regime do processo civil simplificado. 90
 11.2. Acção declarativa especial para cumprimento de obrigações pecuniárias emergentes de contratos e injunção. 92
 11.3. Regime processual civil de natureza experimental (Dec.-Lei n.° 108//2006. 97
12. Procedimentos alternativos de natureza extrajudicial. 101
 12.1. O processo nos julgados de paz. 104
 12.2. A mediação nos julgados de paz e em outros litígios excluídos da competência dos julgados de paz. 106
 12.3. Mediação pré-judicial. 109
 12.4. O processo na arbitragem voluntária. 110
 12.5. O processo na arbitragem necessária e institucionalizada. 114

SECÇÃO III
Processo executivo.

13. O processo executivo. Função e autonomia. Espécies e forma aplicável. 116
14. Títulos executivos. 121
 14.1. Noção e exequibilidade. 121
 14.2. Espécies. 124

CAPÍTULO IV
Procedimentos cautelares.

15. Razão, natureza e âmbito da tutela cautelar. Providências conservatórias e antecipatórias. 145

Bibliografia   671

SECÇÃO I
Procedimento cautelar comum.

16. Procedimento cautelar comum. Requisitos. Processamento. 151
17. Meios de compulsão ao acatamento das providências cautelares. A exe-
cução cautelar. 167

SECÇÃO II
Procedimentos cautelares especificados previstos no CPC.

18. Caracterização sumária dos procedimentos cautelares especificados previstos no CPC. Execução das respectivas providências. 172
   18.1. Restituição provisória de posse. 173
   18.2. Suspensão de deliberações sociais. 176
   18.3. Alimentos provisórios. 180
   18.4. Arbitramento de reparação provisória. 188
   18.5. Arresto. 191
   18.6. Embargo de obra nova. 196
   18.7. Arrolamento. 202

SECÇÃO III
Procedimentos cautelares especificados previstos em legislação avulsa.

19. Procedimentos cautelares previstos em legislação avulsa. Caracterização.
Execução das respectivas providências. 207
   19.1. Apreensão de veículo automóvel. 207
   19.2. Entrega de coisa objecto de locação financeira e cancelamento do
registo. 213
   19.3. Nomeação de administrador judicial provisório e outras medidas
cautelares em processo de insolvência. 219

SECÇÃO IV
**Procedimentos cautelares dos foros laboral, administrativo, fiscal e penal.
Breve referência.**

20. Procedimentos cautelares do foro laboral. Enunciação e execução das
respectivas providências. 222
21. Procedimentos e processos cautelares dos foros administrativo, tributário e penal. Breve referência. 233

CAPÍTULO V
Princípios fundamentais de processo civil.

SECÇÃO I
Princípios relativos ao impulsionamento e à dinâmica da instância.

22. Princípio dispositivo e inquisitório. 237
    22.1. Princípio dispositivo. Princípio do pedido. 237
    22.2. Princípio inquisitório ou da oficialidade. 239
    22.3. Limitações legais aos princípios dispositivo e inquisitório. 239
23. Princípio da auto-responsabilidade das partes. 245
24. Príncípio do contraditório. 247
25. Princípio da igualdade das partes. 253
26. Princípio da preclusão. 256
27. Princípio da legalidade das formas processuais. 262
28. Princípio da economia processual. 264
29. Princípio da celeridade processual. 266

SECÇÃO II
Princípios relativos à produção das provas.

30. Princípio da livre apreciação das provas. 274
31. Princípio da aquisição processual. 277
32. Princípio da imediação. 279
33. Princípios da concentração, da oralidade, da identidade do juiz, e da continuidade e da publicidade da audiência e do processo. 280

SECÇÃO III
Princípios relativos à conduta das partes e demais intervenientes processuais.

34. Princípio da cooperação. Dever de boa-fé processual. Dever de recíproca correcção. 288
35. Uso anormal do processo. 294
    35.1. Simulação do processo. Fraude processual. 294
    35.2. Ligância de má-fé. 298

CAPÍTULO VI
Pressupostos processuais.

36. Pressupostos processuais. 306

Índice geral 673

36.1. Noção. Pressupostos processuais e condições da acção. 306
36.2. Classificação e espécies. 310

SECÇÃO I
Competência do tribunal.

37. A competência como pressuposto processual. Jurisdição e competência.
Conflitos de jurisdição e de competência. 311
38. Jurisdição comum e jurisdição administrativa. 314
    38.1. Critérios legais delimitativos. 315
    38.2. Competência em matéria de responsabilidade contratual e extra-
    contratual. 321
    38.3. O contencioso das empresas públicas e das entidades reguladoras. ... 328
    38.4. Competência em matéria de concorrência. 332
39. Competência internacional. 334
    39.1. Competência internacional e competência interna. 334
    39.2. Competência internacional aos tribunais portugueses. Critérios e
    factores de atribuição. 335
    39.3. Pactos de jurisdição. Princípio da consensualidade. 340
40. Direito convencional e direito comunitário com incidência em matéria
de competência internacional dos tribunais portugueses. 342
    40.1. Princípios de direito comunitário aplicáveis. Breve referência. 342
    40.2. As Convenções de Bruxelas e Lugano e os Regulamentos CE,
    N.ºs 44/2001 e 2201/2003, do Conselho. 344
    40.3. A regra geral do domicílio do réu ou demandado ou do «forum
    rei». 347
41. Tribunais supra-nacionais. 353
    41.1. O Tribunal Internacional de Justiça e outras jurisdições interna-
    cionais de competência especializada. 354
    41.2. O Tribunal Europeu dos Direitos do Homem. 356
    41.3. Os tribunais da União Europeia: o Tribunal de Justiça, o Tribunal
    Geral e os Tribunais Especializados. O Tribunal da Função Pública. 359
42. Competência interna. Modalidades. 365
    42.1. Competência em razão da matéria. 365
    42.2. Competência em razão da hierarquia. 369
    42.3. Competência em razão do valor e da forma de processo aplicável. 372
    42.4. Competência em razão do território. Elementos e factores de cone-
    xão relevantes. 373
    42.5. Extensão da competência. 382
    42.6. Modificação da competência: competência convencional. 386

674   *Direito Processual Civil*

43. Incompetência. Modalidades. 387
     43.1. Enunciação. 387
     43.2. Incompetência absoluta. Regime de arguição e suscitação. 388
     43.3. Incompetência relativa. Regime de arguição e suscitação. 390
     43.4. Preterição de tribunal arbitral. Suscitação e conhecimento da
         excepção. 391
     43.5. Impugnação das decisões proferidas sobre competência. 392

SECÇÃO II
Personalidade judiciária.

44. Personalidade judiciária. As partes processuais. 393
     44.1. Noção. Princípio da equiparação à personalidade jurídica. As par-
         tes processuais. 393
     44.2. Consequências da falta de personalidade judiciária. Sanação. 399

SECÇÃO III
Sujeição à jurisdição portuguesa.

45. Sujeição à jurisdição portuguesa. Imunidades de jurisdição. 400
     45.1. Imunidades dos sujeitos de direito internacional público. 400
     45.2. Imunidades diplomáticas. 402

SECÇÃO IV
Capacidade judiciária.

46. Capacidade judiciária. 405
     46.1. Noção. Princípio da equivalência. 405
     46.2. Suprimento. A assistência e a representação. 406
47. Representação judiciária. 410
     47.1. Espécies. 410
     47.2. Sanação dos vícios da incapacidade judiciária, da irregularidade
         de Representação e da falta de autorização ou deliberação. 413

SECÇÃO V
Legitimidade das partes.

48. Legitimidade das partes. Critério aferidor: o interesse relevante. 415
     48.1. Legitimidade singular e legitimidade plural. 420
     48.2. Litisconsórcio voluntário. 421

Índice geral 675

48.3. Litisconsórcio necessário: legal, convencional e natural. 424
48.4. Litisconsórcio eventual ou subsidiário. 435
48.5. Sanação da ilegitimidade (litisconsórcio necessário). 436
49. Legitimidade para a tutela de interesses difusos. A Acção popular. 437
50. Coligação ou conjunção de partes. 438

SECÇÃO VI
O interesse processual.

51. O interesse processual ou interesse em agir. 445

SECÇÃO VII
Patrocínio judiciário.

52. Noção e função. Os casos de obrigatoriedade. 453
53. Mandato e procuração forense. Exercício da advocacia. 457
    53.1. Poderes do mandatário. Responsabilidade civil e disciplinar. 458
    53.2. Revogação e renúncia ao mandato. 461
    53.3. Patrocínio a título de gestão de negócios. 462
    53.4. Falta de patrocínio. Falta, insuficiência ou irregularidade do mandato e/ou de procuração. Consequências. Sanação. 463
54. Direito à protecção jurídica. Apoio judiciário. Nomeação de patrono. Processamento do pedido. 464

CAPÍTULO VII
Actos processuais: das partes, do tribunal e do juiz.
Prazos processuais. Nulidades processuais.

SECÇÃO I
Actos processuais.

55. Actos processuais. Conceito e natureza. 474
    55.1. Forma e dos actos. 475
    55.2. Tempo e lugar da pática dos actos. 476
    55.3. Rectificação de erros materiais. 477

SECÇÃO II
Prazos processuais.

56. Prazos processuais. Noção, função e espécies. 478

676   *Direito Processual Civil*

56.1. Regras da continuidade e do cômputo dos prazos. Prorrogabili-
dade. Dilação. 481
56.2. Justo impedimento. 483
56.3. Prática do acto fora do prazo. Excepções à regra da preclusão.
Prazo de complacência: multa e respectiva liquidação. 485
56.4. Prazos para a propositura de acções. 486

SECÇÃO III
Actos das partes.

57. Actos das partes. Apresentação a juízo. Suporte digital. Taxa de justiça.
Prazo supletivo. 488

SECÇÃO IV
Actos dos magistrados. Dever de administrar justiça. Tipos de decisão.

58. Decisões judiciais: despachos, sentenças e acórdãos. Dever de acatamento. Prazos. 491
58.1. Dever de fundamentação. 494
58.2. Manutenção da ordem nos actos processuais. 495
58.3. Marcação e adiamento de diligências. 496
58.4. Documentação dos actos presididos pelo juiz. A acta. 496

SECÇÃO V
Actos da secretaria.
Funções e deveres das secretarias judiciais.

59. Actos da secretaria. Serviços de expediente e execução das decisões
judiciais. Prazo. Reclamação para o juiz. 497
59.1. Passagem de certidões. 499
59.2. Confiança e exame do processo. 500

SECÇÃO VI
Actos especiais. Distribuição.
Formas de requisição e comunicação dos actos (citações e notificações).

60. Distribuição e autuação do processo. 501
61. Citações e notificações. 503
61.1. Modalidades de citação. Regra da oficiosidade e suas excepções. 503
61.2. Notificações em processos pendentes e entre mandatários. 504

Índice geral   677

61.3. Notificação das decisões judiciais. Legibilidade. Notificações feitas em acto judicial. 507
62. Notificações judiciais avulsas. 508
   62.1. Procedimento. Execução. 512
   62.2. Notificação para revogação de mandato ou procuração. 513
63. Formas de requisição e comunicação dos actos por e entre tribunais. ... 514

SECÇÃO VII
Nulidades processuais

64. Nulidades processuais. Regime e efeitos das nulidades principais e das nulidades secundárias. 516
65. Nulidades principais. 523
   65.1. Ineptidão da petição inicial. 523
   65.2. Falta de citação. 531
      65.2.1. Nulidade de citação. 534
      65.2.2. Falsidade da citação. 536
   65.3. Erro na forma de processo. 538
   65.4. Falta de vista ou de exame ao Ministério Público como parte acessória. 540

CAPÍTULO VIII
A instância e suas vicissitudes

SECÇÃO I
Início e desenvolvimento da instância

66. O Objecto do processo. A relação jurídica processual ou instância. Facto gerador: propositura da acção. 544
   66.1. Princípio da estabilidade da instância. Causas modificativas. 547
   66.2. Modificações subjectivas. 548
   66.3. Modificações objectivas. 550
67. A reconvenção. 554
   67.1. Noção. Autonomia do pedido reconvencional. 554
   67.2. Reconvenção e mera defesa. 556
   67.3. Dedução e admissibilidade. Requisitos formais e substanciais. 559
   67.4. A reconvenção nas acções de simples apreciação negativa, nos processos executivo e sumaríssimo e em outros processos e procedimentos especiais e alternativos e abreviados. Pedido reconvencional e tréplica. 576

678 · Direito Processual Civil

SECÇÃO II
Apensação de acções.

68. Apensação de acções. Admissibilidade e requisitos. 579

SECÇÃO III
Suspensão da instância.

69. Suspensão da instância. Causas. 582
  69.1. Suspensão por falecimento de algumas das partes ou por extinção de pessoa colectiva. 583
  69.2. Suspensão por falecimento ou impossibilitação absoluta do mandatário ou do representante. 585
  69.3. Suspensão por ordem do tribunal (vontade do juiz). 586
  69.4. Suspensão por determinação especial da lei. 589
  69.5. Suspensão por acordo das partes (voluntate partium). 591
  69.6. Regime e efeitos da suspensão. 591

SECÇÃO IV
Interrupção da instância.

70. Interrupção da instância. 594

SECÇÃO V
Incidentes da instância.

71. Incidentes da instância. Caracterização, natureza jurídica e espécies. 597
  71.1. Noção. Caracterização e natureza jurídica. 597
  71.2. Incidentes típicos ou nominados e atípicos, inominados ou anómalos. Enunciação e inserção sistemática. 599
  71.3. Processamento. Regras gerais especiais. 601
72. Verificação do valor da causa. 602
73. Intervenção de terceiros. 604
  73.1. Intervenção principal: espontânea e provocada. 605
  73.2. Intervenção acessória: provocada, do Ministério Público e assistência. 609
  73.3. Oposição espontânea, provocada e mediante embargos de terceiro. .. 618
74. Habilitação. 642
75. Liquidação. 645

SECÇÃO VI
Absolvição da instância.

76. Absolvição da instância. Noção. Decisão versus a decisão de mérito. ... 647

    76.1. Causas. Ordem de conhecimento das excepções dilatórias. 648

    76.2. Alcance e efeitos. 650

SECÇÃO VII
Extinção da instância.

77. Extinção da instância. Causas e efeitos. 653

    77.1. Julgamento. 654

    77.2. Compromisso arbitral. 655

    77.3. Deserção da instância e dos recursos. 656

    77.4. Desistência, confissão e transacção. 657

    77.5. Impossibilidade e inutilidade superveniente da lide. 664